기출 알고리즘

출제기조전환 국어 완벽 대비

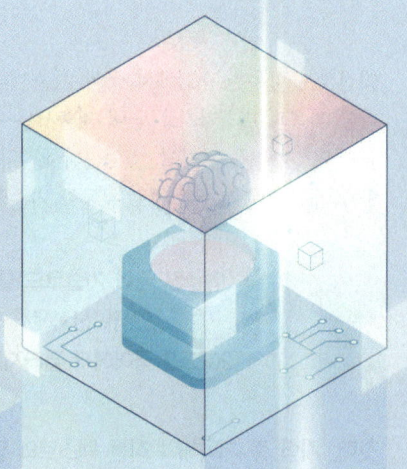
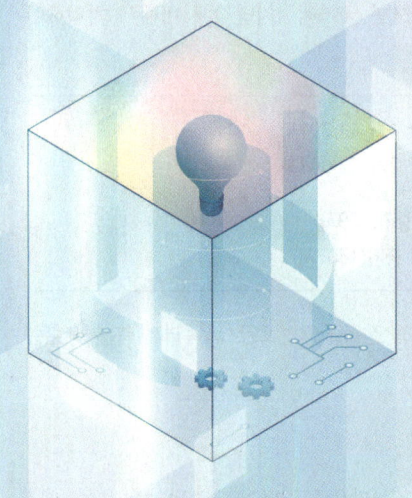
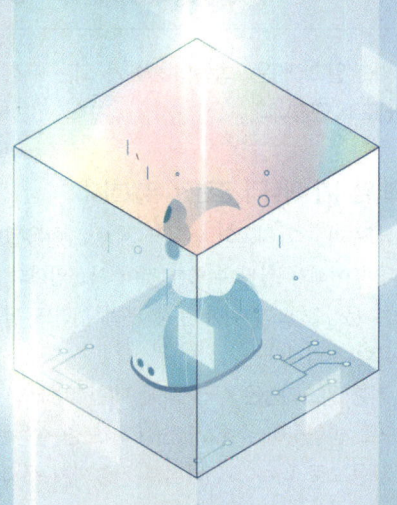

2025 공무원 국어 시험 대비

메가 공무원

2025 출제 기조 전환 국어, 기출 알고리즘으로 훈련하라!

이전까지 공무원 수험에서 국어 기출서의 의미는 '국어 학습의 시작이자 마무리'였습니다.
다른 과목과 마찬가지로 국어 기출서는 기본이론서와 함께 회독의 대상이자 '다 포기하더라도 꼭 풀어야만 하는 교재'의 지위를 가지고 있었습니다. 하지만 이제 국어 출제 기조는 유례없는 변화를 맞이하고 있습니다. 7~10개년 기출을 유형별로 분류한 기존의 기출서는 25년 여러분의 합격을 만드는 데 큰 도움이 되지 않습니다.

〈이유진 국어 기출코드〉를 버리고 새로 태어난 **이유진 국어 기출 알고리즘**은,
인사혁신처에서 공개한 1차, 2차 예시문항을 완벽하게 분석하여
2025년 국어에서 달라지는 부분은 네 가지에 대해 정확한 해결법을 제시합니다.

첫째, 시험 중 처리해야 하는 텍스트의 양이 증가했다.

인사혁신처 1차 예시평가에 비해 2차 예시평가의 텍스트 분량이 2.2%(257자) 증가하였습니다. 2차 예시평가를 공개하기까지 시간이 조금 더 있었다면 윤문을 통해 충분히 줄일 수 있는 분량이었기 때문에 4페이지가 될지 5페이지가 될지 확언하기는 어렵습니다. 하지만 **24년 국가직·지방직에 비해서 처리해야 할 텍스트의 양이 많을 것이라는 것**은 확실히 알 수 있습니다.

> 25년 출제기조 전환 인사혁신처 예시문항 1차 11,791자
> 25년 출제기조 전환 인사혁신처 예시문항 2차 12,048자
>
> 24 국가직(11,379자) → 2차 5.8793% 증가(669자)
> 24 지방직(10,741자) → 2차 12.1683% 증가(1307자)

⋯ 따라서 기출 알고리즘은 〈속독의 기초가 되는 구조 독해〉를 통해 정독을 기반으로 속독까지 충분히 훈련할 수 있도록 했습니다.

둘째, 문법은 이제 암기가 아니라 훈련만 유효하다.

문법 지식은 비문학 지문의 언어학 제재로 활용됩니다. 지문 내용만으로도 답이 도출되지만 문법 개념 지식이 있다면 이해가 훨씬 수월한 것이 사실입니다. **독해 유형 중 사례추론형으로 주로 출제될 것입니다.** 또, 바른 문장을 쓰기 위한 문장 문법 훈련도 필요합니다. **실용문의 고쳐쓰기 유형에서 문장 다듬기 훈련이 유효**할 것입니다.

⋯ 따라서 기출 알고리즘은 〈국어학에 대한 이해와 활용 능력〉에 문법 기출 중 우수 문항을 선별한 후 **지문형으로 변형하여 수록**하였습니다. 또한 실용문 고쳐쓰기 훈련을 충분히 할 수 있도록 **작문 영역을 형식과 내용으로 나누어 기타직렬 기출까지 폭넓게** 담았습니다.

셋째, 논리 추론과 강화·약화형, 문맥 추론형 독해 훈련이 필요하다.

빈칸추론 형태의 전제추론 유형도 여전히 출제되겠지만, 명제논리학을 바탕으로 논리식을 세워야 시간 안에 적절한 풀이가 가능한 문제도 됩니다. 하지만 명제논리는 낼 수 있는 유형이 한정되어 있으므로 적절한 훈련을 한다면 무난하게 풀 수 있을 것입니다. 오히려 지문에 대한 다각적 이해가 필요한 강화·약화형이나 문맥 추론형에서 변별력 있는 문제가 출제될 수 있으니 이에 대비해야 합니다.

⋯ 따라서 기출 알고리즘은 〈논리에 대한 이해와 적용〉, 〈맥락에서 조건을 추출하는 능력〉에 PSAT 언어 논리 중 우수 문항을 선정하여 충분한 난도와 분량의 훈련을 할 수 있도록 유도하였습니다. 문제풀이 과정별로 해설을 상세히 담아 독학자들도 난도 높은 문제를 이해하기 쉽도록 하였습니다.

넷째, 단일 지문 2문항의 세트 유형이 출제된다.

우리가 알던 방식의 문학 출제는 이루지지 않을 것이며, 한자나 성어 표기형도 출제되지 않을 것입니다. 다만 비문학 독해 지문으로 문학 관련 소재가 차용될 수 있으며 어휘로서의 한자어는 문맥 추론의 방식이나 대체 유의어 적절성을 판단하는 유형으로 출제될 것입니다. 어디까지나 비문학 독해에 필요한 수준의 문맥적 어휘력을 측정합니다.

⋯ 따라서 기출 알고리즘은 〈문제 해결 능력〉에서 문학 관련 소재의 비문학 지문과 단일지문 2문항 세트 유형을 제시하여, 실전 시험 상황에 어떻게 지문을 처리하고 대응해야 하는지 훈련할 수 있도록 하였습니다.

〈기출 알고리즘〉은 그냥 기출서가 아닙니다.
여러분의 순차적 독해 발달에 맞게 목차를 구성했으며
신경향에 맞는 우수한 문제들을 엄선 후 필요에 따라 변형하여 난도별 유형별로 배치하였습니다.

저는 늘 대비해 왔습니다.
그러니 무서워하지 않으셔도 됩니다.
걱정 대신 열정으로, 〈기출 알고리즘〉의 문제들을 딛고 올라서시면
합격의 영광이 기다리고 있을 것입니다.

강사 이유진

목차

PART 1 국어학에 대한 이해와 활용 능력
Chapter 01 언어학 … 8
Chapter 02 작문(형식) … 30

PART 2 속독의 기초가 되는 구조 독해
Chapter 01 중심 화제와 주제 … 44
Chapter 02 정보 관계와 접속어 … 58
Chapter 03 서술 전개 방식 … 64

PART 3 구조 이해와 응용 능력
Chapter 01 배치 … 76
Chapter 02 배열 … 82

PART 4 사실적 이해와 추론적 이해
Chapter 01 내용 확인과 일반 추론 부정 발문 … 102
Chapter 02 내용 확인과 일반 추론 긍정 발문 … 133

PART 5　맥락에서 조건을 추출하는 능력

Chapter 01 어휘 추론과 문맥 추론　158

Chapter 02 빈칸 추론　166

Chapter 03 사례 추론　180

PART 6　말과 글을 활용한 실용적 의사소통 능력

Chapter 01 화법　188

Chapter 02 작문(내용)　202

PART 7　논리에 대한 이해와 적용

Chapter 01 논리 추론　214

Chapter 02 비판 추론　229

PART 8　문제 해결 능력

Chapter 01 문학 추론　244

Chapter 02 단일 지문 2문항　252

정답 및 해설

PART 1
국어학에 대한 이해와 활용 능력

Chapter 01 언어학   8

Chapter 02 작문(형식)   30

Chapter 01 언어학

1 소리(음운론)

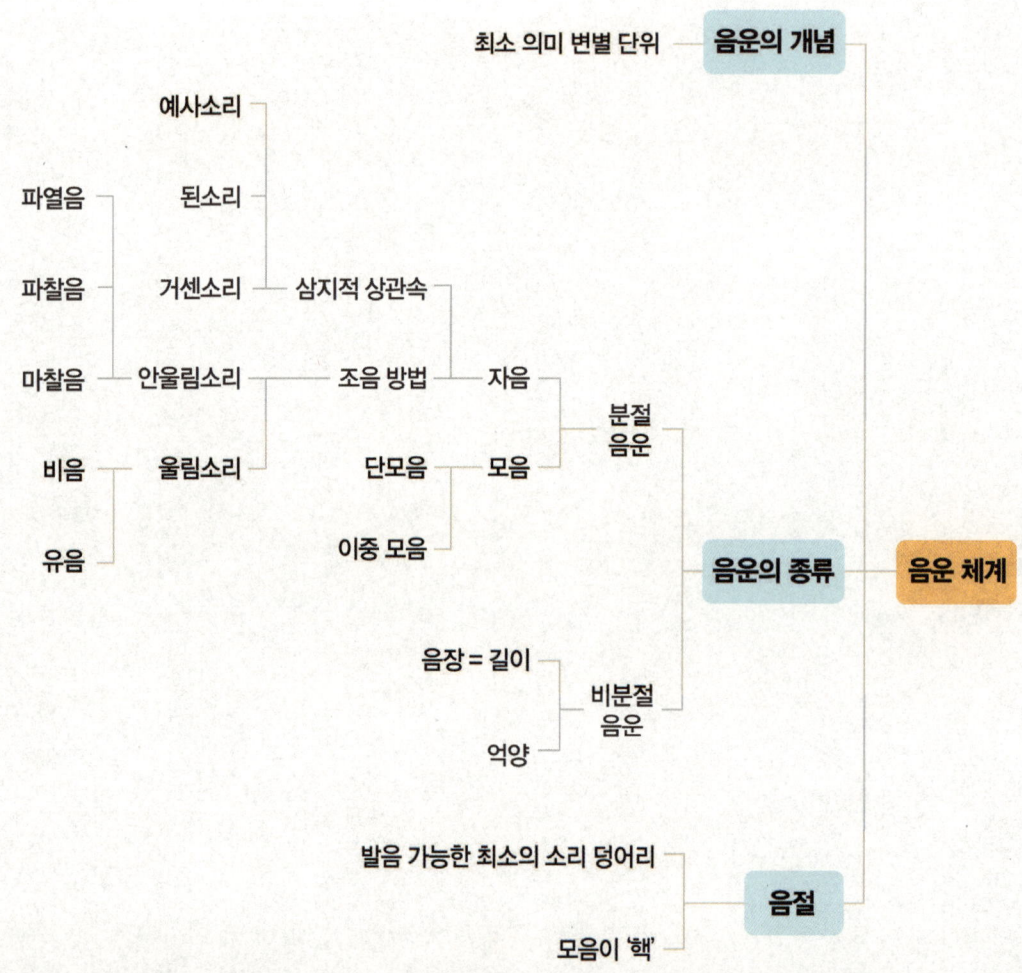

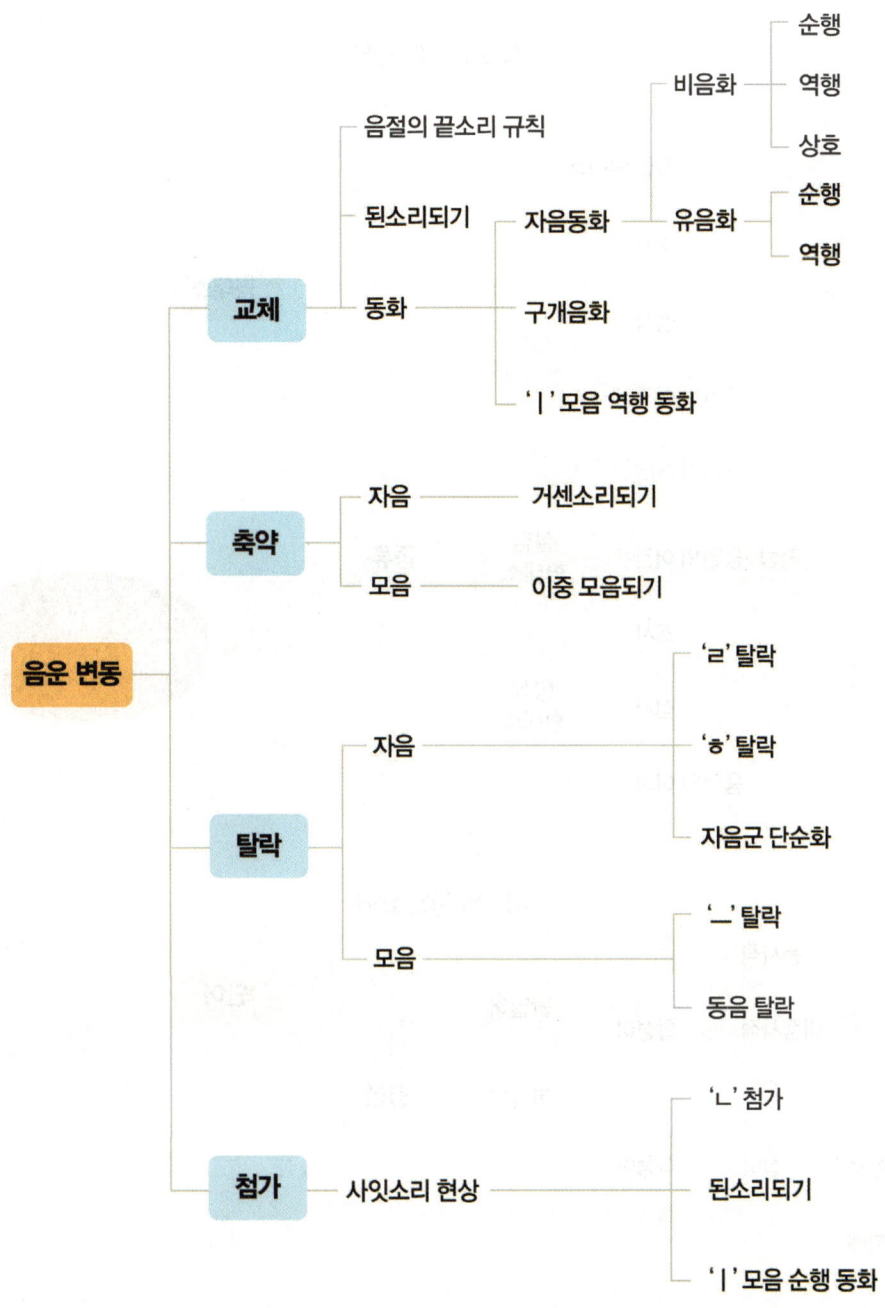

2 단어(형태론)

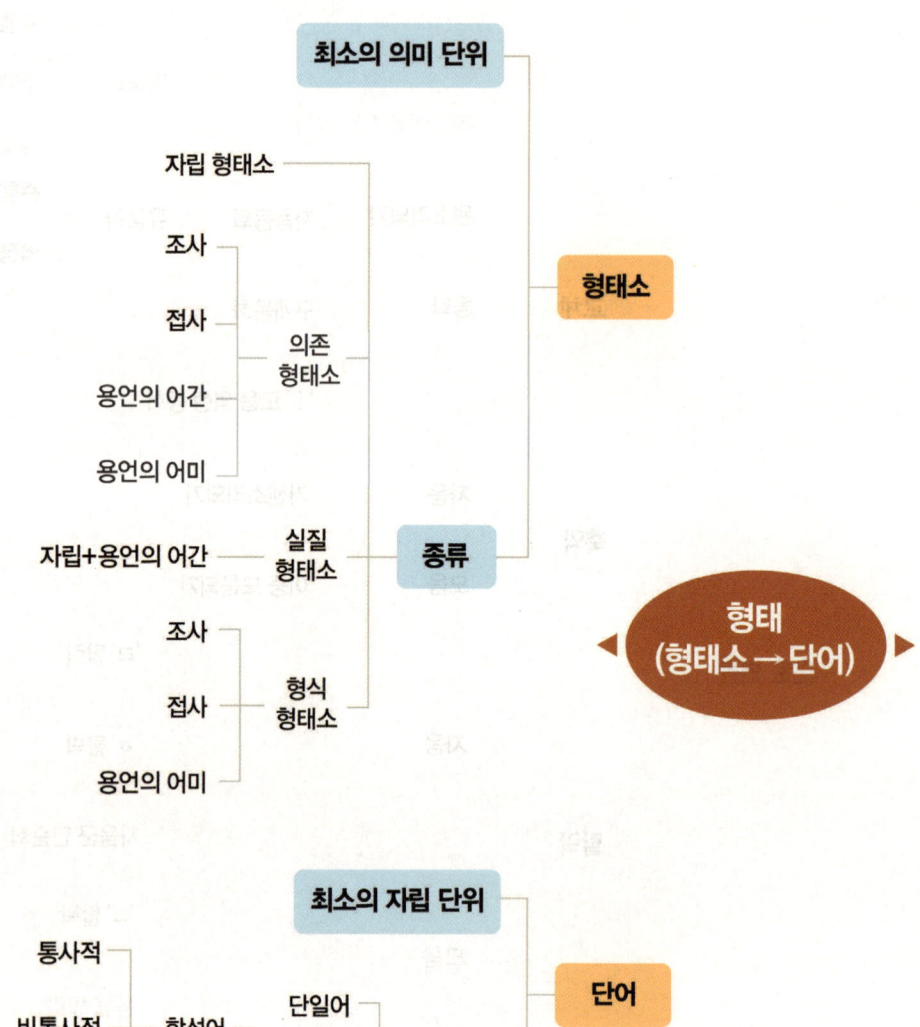

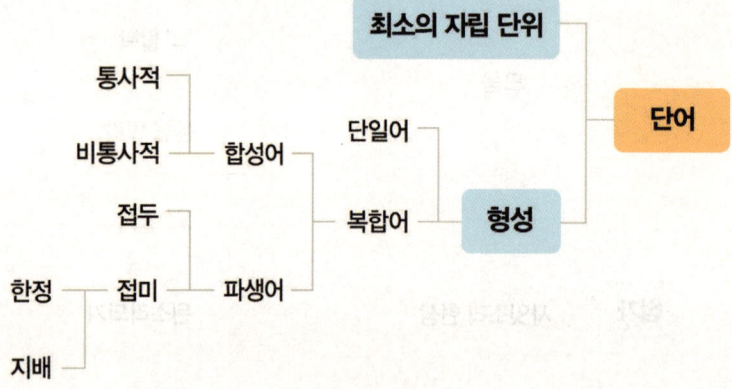

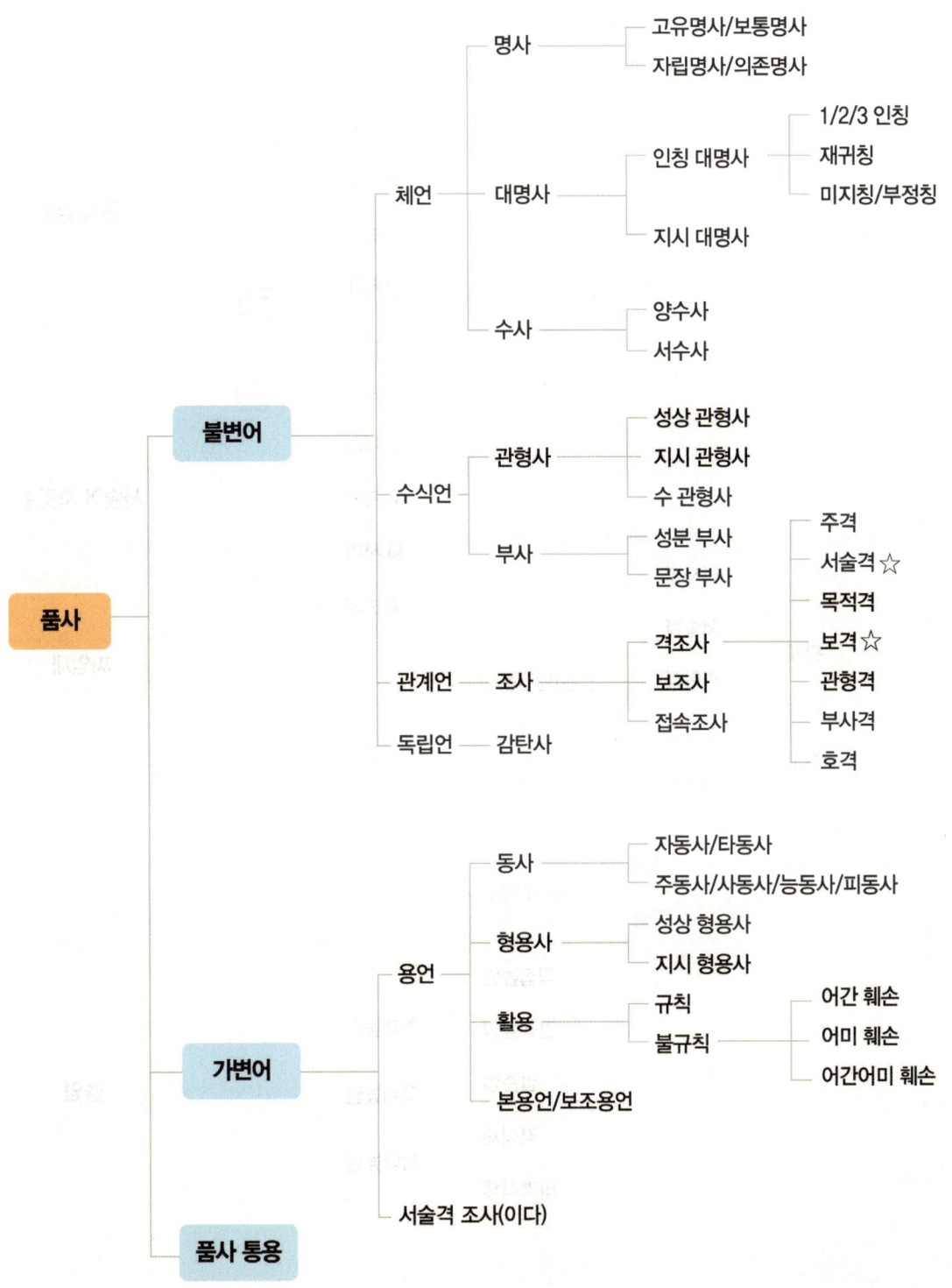

3 문장(통사론)

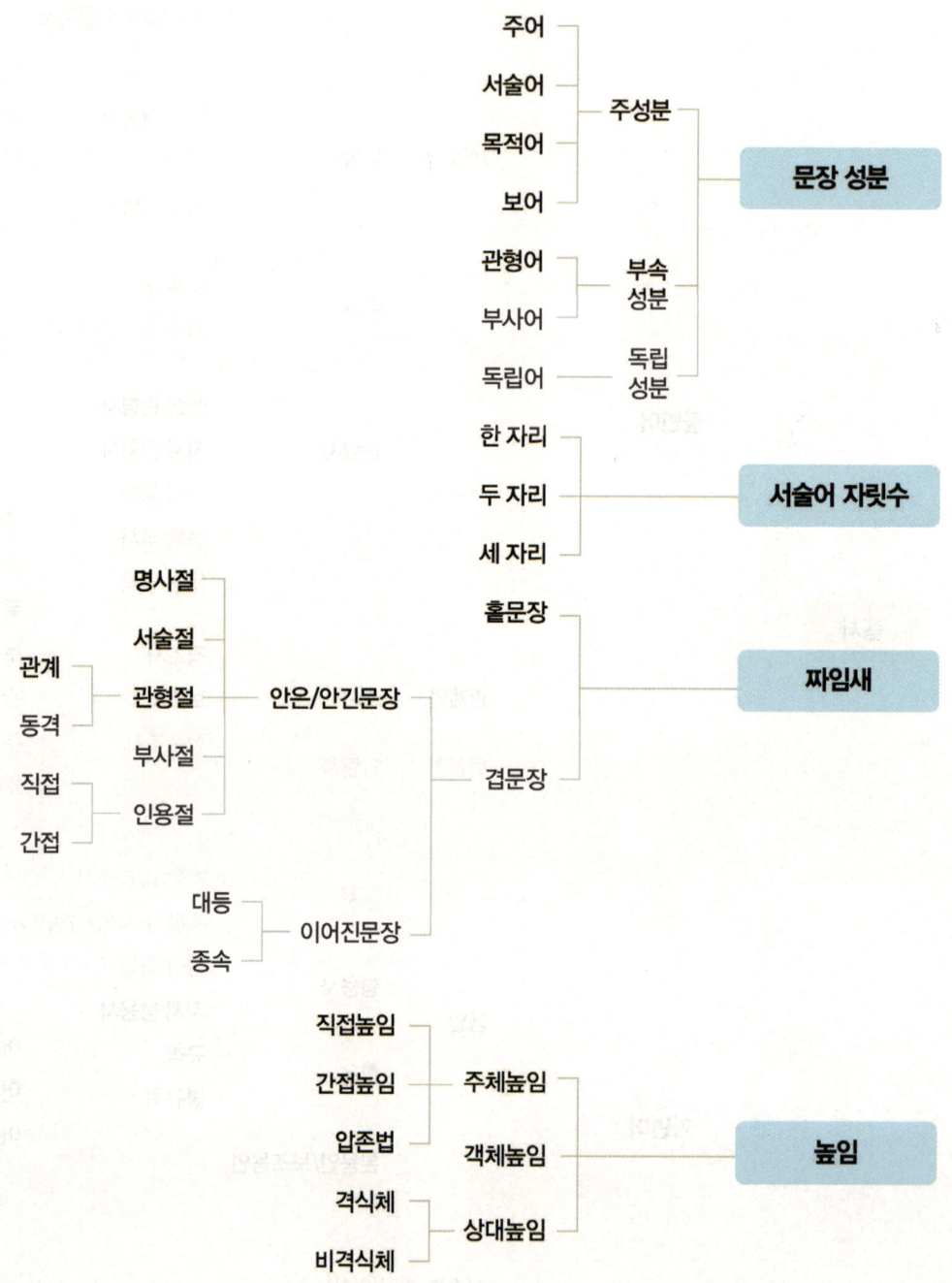

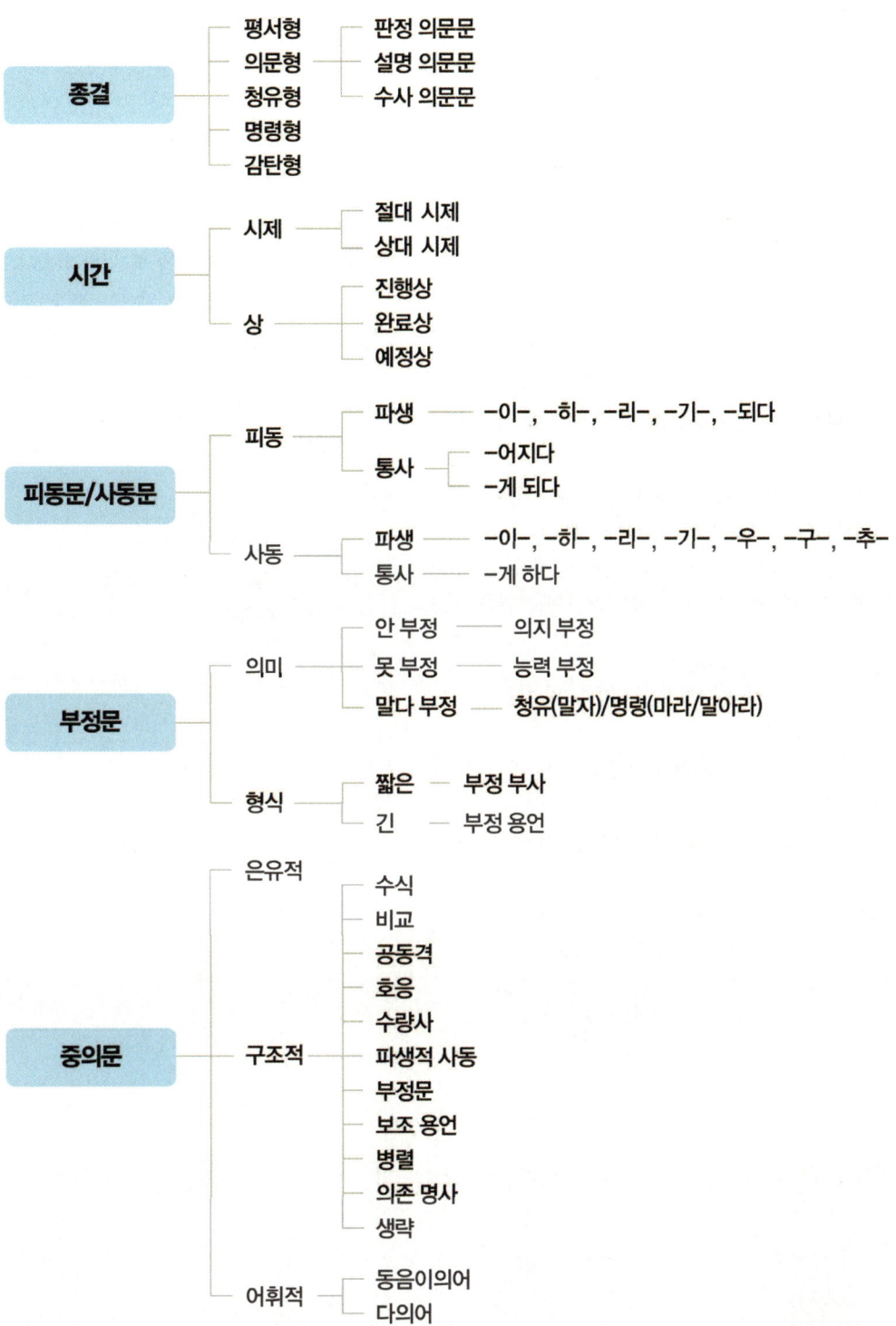

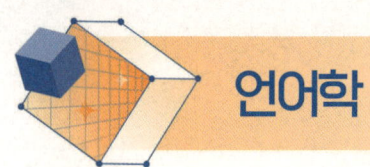

언어학

1 언어와 사고

1. 〈보기 1〉의 사례와 〈보기 2〉의 언어 특성이 가장 잘못 짝지어진 것은? 　19년 서울시 9급 변형

――――[보기 1]――――
- (가) '방송(放送)'은 '석방'에서 '보도'로 의미가 변하였다.
- (나) '밥'이라는 의미의 말소리 [밥]을 내 마음대로 [법]으로 바꾸면 다른 사람들은 '밥'이라는 의미로 이해할 수 없다.
- (다) '종이가 찢어졌어'라는 말을 배운 아이는 '책이 찢어졌어'라는 새로운 문장을 만들어 낸다.
- (라) '오늘'이라는 의미를 가진 말을 한국어에서는 '오늘[오늘]', 영어에서는 'today(투데이)'라고 한다.

――――[보기 2]――――
- ㉠ 규칙성: 언어는 하나의 체계를 이루고 일정한 규칙에 의해 배열된다.
- ㉡ 역사성: 시간의 흐름에 따라 언중도, 언중의 약속도 변화할 수 있다.
- ㉢ 창조성: 언어는 새로운 단어와 문장을 무한히 만들어 낼 수 있다.
- ㉣ 사회성: 의사소통을 위해 사회적 약속으로 수용된 언어는 개인이 임의적으로 바꿀 수 없다.

① (가) - ㉡
② (나) - ㉣
③ (다) - ㉢
④ (라) - ㉠

2. 다음은 어순 병렬의 원리에 대한 설명이다. 이와 가장 부합하지 않는 어순을 보이는 것은? 　20년 군무원 7급

국어에는 언어 표현이 병렬될 때 일정한 규칙이 반영된다. 시간 용어가 병렬될 때 일반적으로는 자연 시간의 순서를 따르거나 화자가 말하는 때를 기준으로 가까운 쪽이 앞서고 멀어질수록 뒤로 간다. 공간 관련 용어들은 일반적으로 위쪽이나 앞쪽 그리고 왼쪽과 관련된 용어가 앞서고 아래쪽이나 뒤쪽 그리고 오른쪽과 관련된 용어들이 나중에 온다.

① 꽃이 피고 지고 한다.
② 수입과 지출을 맞추어 보다.
③ 머리끝부터 발끝까지 달라졌다.
④ 문 닫고 들어와라.

2 소리(음운론)

3. <보기>의 (가)와 (나)에 해당하는 음운 현상의 유형을 순서대로 고르면?　15년 서울시 9급 변형

국어의 음운 현상에는 네 가지 유형이 있다. '대치'는 '교체'와 같은 의미로, 한 음운이 다른 음운으로 바뀌는 현상이며, '탈락'은 한 음운이 없어지는 현상이다. '첨가'는 없던 음운이 새로 생기는 현상이고, '축약'은 두 음운이 합쳐져 제삼의 음운으로 바뀌는 현상이다. 이를 연산 기호로 표현하면 다음과 같다.

㉠ XAY → XBY(대치)　㉡ XAY → X∅Y(탈락)
㉢ X∅Y → XAY(첨가)　㉣ XABY → XCY(축약)

[보기]
솥 + 하고 → [솓하고] → [소타고]
　　　　　　　(가)　　　(나)

① ㉠, ㉡　② ㉠, ㉣
③ ㉡, ㉢　④ ㉣, ㉡

4. <보기>의 ㉠~㉣에 대한 설명으로 가장 적절하지 않은 것은?　22년 법원직 9급

[보기]
음운의 변동은 한 음운이 다른 음운으로 바뀌는 교체, 한 음운이 없어지는 탈락, 새로운 음운이 생기는 첨가, 두 음운이 하나의 음운으로 합쳐지는 축약으로 구분된다. 한 단어가 발음될 때 이 네 가지 변동 중 둘 이상이 나타나는 경우도 있고 하나의 음운이 두 번 이상의 음운 변동을 겪기도 한다.

㉠ 꽃잎[꼰닙]　㉡ 맏며느리[만며느리]
㉢ 닫혔다[다쳗따]　㉣ 넓죽하다[넙쭈카다]

① ㉠~㉣은 모두 음운이 교체되는 현상이 일어난다.
② ㉠과 ㉡에서는 공통적으로 음운의 첨가가 일어난다.
③ ㉢에서는 두 개의 음운이 하나로 축약되는 현상이 일어난다.
④ ㉣에서는 음운의 탈락과 축약이 일어난다.

5. ㉠~㉣을 활용하여 음운변동을 설명한 것으로 적절한 것은?　24년 지방직 9급 변형

음소들이 결합될 때 앞뒤 음소들이 변하기도 하는데 이것을 음운 변동이라고 한다. 한 음운이 다른 음운으로 바뀌는 ㉠ 교체, 한 음운이 없어지는 ㉡ 탈락, 새로운 음운이 생기는 ㉢ 첨가, 두 음운이 하나의 음운으로 합쳐지는 ㉣ 축약으로 구분된다. 이 네 가지 변동 중 둘 이상이 나타나는 경우도 있는데, '색연필'은 '색'과 '연필'이 합성되면서 '연필'의 초성에 'ㄴ'이 첨가되고 이로 인해 앞말의 받침이 비음화된다. 따라서 [생년필]이라 발음된다.

우리말 받침에서는 7개의 자음(ㄱ, ㄴ, ㄷ, ㄹ, ㅁ, ㅂ, ㅇ)만 발음될 수 있으며, 그 외 자음은 7개 중 하나의 자음으로 교체된다. 이를 '음절의 끝소리 규칙'이라 한다. 또한 받침 자리에서는 두 개의 자음이 발음될 수 없는데, 이로 인해 일어나는 자음군 단순화는 탈락에 포함된다. 하지만 뒷말의 초성 'ㅎ'과 앞말의 받침이 한 음운으로 줄어들며 거센소리(ㅋ, ㅌ, ㅍ, ㅊ)가 되는 것은 축약으로 본다.

받침 'ㄱ, ㄷ, ㅂ' 뒤에 연결되는 예사소리는 예외 없이 된소리로 발음하게 되는데, 된소리는 한 개의 자음으로 보므로 이는 첨가가 아니라 교체로 본다. 다만 두 단어가 합성되면서 이유도 없이 나는 된소리는 수의적 현상이므로 첨가의 된소리되기로 본다.

① '가족여행'의 발음에서 교체와 첨가가 나타난다.
② '외곬'의 발음에서는 교체와 축약이 나타난다.
③ '값지다'의 발음에서는 탈락과 첨가가 나타난다.
④ '깨끗하다'의 발음에서는 첨가와 축약이 나타난다.

6. 다음 글에서 설명한 내용의 예로 옳지 않은 것은?

05년 국가직 9급 변형

> 우리말은 여러 가지 변천을 겪어 왔다. 그 변천 유형에는 음운 변화와 유추, 차용이 있다. 먼저 음운 변화 중에 대표적인 것으로는 동화(同化)를 들 수 있다.
> 동화란 어떤 음의 영향으로 다른 음이 그와 닮아지는 음운의 변화를 말한다. 동화에는 발음 순서를 기준으로 앞의 음의 영향으로 뒤의 음이 변하는 순행(循行) 동화와 그 반대인 역행(逆行) 동화가 있다.
> 자연적 음운 과정의 대부분은 동화이지만 축약이나 탈락, 첨가, 이화(異化) 등도 자주 일어난다. 이 중에서 이화는 동화와 반대로 한 음운을 다른 소리로 바꾸어 표현하는 음운의 변화이다. 이화에는 자음이 바뀌는 자음 이화와 모음이 바뀌는 모음 이화가 있다.

① '어미 > 에미[母]'는 '어'와 '미'의 모음이 비슷하여 '어'의 모음을 바꾼 것이므로 모음 이화에 속한다.
② 근대 국어의 '잡히다 > 잽히다'에서 '잡'의 'ㅏ'가 'ㅐ'로 바뀐 것은 '히'의 'ㅣ' 때문이므로 역행 동화이다.
③ 옛날에는 '거붑[龜]'으로 사용되던 것이 오늘날 '거북'으로 변화된 것은 자음 이화의 대표적인 경우이다.
④ '믈 > 물[水]'에서 모음 'ㅡ'가 'ㅜ'로 바뀐 것은 '입술소리'인 'ㅁ' 아래에서 일어난 것이므로 순행 동화이다.

3 형태(형태론)

7. 밑줄 친 단어에 대한 설명으로 적절하지 않은 것은?

21년 국회직 8급 변형

> 형성 방식에 따라 우리말 단어는 단일어와 복합어로 나눌 수 있다. 단일어는 어근이 하나이며 접사의 개입이 없는 단어이고, 복합어는 어근이 두 개 이상인 합성어나 접사가 개입한 파생어를 통칭하는 말이다. 이때 어근은 단어의 실질적인 의미를 나타내는 중심 부분을 의미하고, 접사는 일부 어근에 붙어서 그 의미를 제한하며 어근과 달리 독립적으로 쓰이지 못하는 주변 부분을 말한다.
> 어근이 하나인 단일어에 대해 형태소가 하나라고 오해하는 경우들이 많은데, 단일어인 동사나 형용사의 경우에는 고정부인 어간과 활용부인 어미를 각각의 형태소로 본다. 나아가 다양한 역할을 하는 어미들이 여러 개 결합된 경우 모두 각각의 형태소로 본다.
> 이렇게 어간과 어미로 구성되는 용언인 동사나 형용사가 파생어가 되는 경우에는, '-다'와 결합한 기본형의 어간 부분이 어근이며, 접미사는 기존 어근과 종결어미 사이에 들어오게 된다. 예를 들어 '서다'에 사동 접사 '-이우-'가 결합하는 경우 '서이우다'가 되고, 이것이 줄어들어 '세우다'가 되는 것이다.

① '아이가 예쁘다.'의 '예쁘다'는 어근이 하나인 단일어이다.
② '아기를 재우다.'의 '재우다'는 파생 접미사가 포함된 파생어이다.
③ '꽃이 피었다.'의 '피었다'는 둘 이상의 형태소로 구성된 복합어이다.
④ '색깔이 검붉다.'의 '검붉다'는 어근이 두 개 이상인 합성어이다.

8. 다음을 참고할 때, 단어의 종류가 같은 것끼리 묶인 것은?

📄 24년 국가직 9급 변형

> 어떤 구성을 두 요소로만 쪼개었을 때, 그 두 요소를 직접구성요소라 한다. 직접구성요소가 어근과 어근인 단어는 합성어라 하고 어근과 접사인 단어는 파생어라 한다. 예를 들어 '볶음밥'을 두 요소로만 쪼개면 '볶음-밥'이다. 따라서 '볶음'도 어근의 자격을 가진 명사이고, '밥'도 어근의 자격을 가진 명사이므로 '볶음밥'은 합성어이다. 물론 두 어근이 합성되기 전에 '볶다'의 '볶-'과 접사 '-음'이 결합하는 파생 과정이 먼저 일어났다 하더라도, 직접구성요소는 현존하는 최종 상태를 기준으로 쪼개어 도출한다.

① 지우개 – 새파랗다
② 조각배 – 드높이다
③ 짓밟다 – 저녁노을
④ 풋사과 – 돌아가다

9. 다음 중 ㉠과 ㉡에 들어갈 예시를 적절히 제시한 것은?

📄 12년 국회직 8급 변형

> 단어를 이룰 때 어기(語基)*를 도와주는 주변적 역할을 하는 것이 접사(接辭)이다. 따라서 접사는 언제나 어기와 결합해서 쓰이는데 어기 앞에 놓이면 접두사라 하고 어기 뒤에 놓이면 접미사라 한다.
> 접두사는 '새빨갛다'의 '새-'나 '맨손'의 '맨-'처럼 어기의 앞에서 의미를 수식하는 기능을 한다. 하지만 접미사는 '소리꾼'처럼 어기에 의미를 보태는 역할뿐 아니라 품사를 바꾸거나 피동이나 사동의 의미를 더하는 등 문법적 역할을 하기도 한다. 예를 들어 명사 '평화'에 형용사화 접사 '-롭다'가 결합하면 형용사 '평화롭다'가 파생되고, 명사 '다행'에 부사화 접사 '-히'가 결합하면 부사 '다행히'가 파생된다. 동사 '먹다'에 사동 접사 '-이-'를 결합하면 주체가 대상에게 무언가를 먹게 하는 사동 표현이 된다.
> 접두사가 사용된 예로는 (㉠) 등이 있고 접미사가 사용된 예로는 (㉡) 등이 있다.

* 어기(語基): 단어 형성의 근간을 이루는 부분 또는 요소 = 어근

① ㉠ 새파랗다   ㉡ 맨몸
② ㉠ 군식구   ㉡ 들볶다
③ ㉠ 일꾼   ㉡ 평화롭다
④ ㉠ 맏아들   ㉡ 조용히
⑤ ㉠ 웃어라   ㉡ 높이다

10. ㉠, ㉡에 해당하는 단어를 바르게 연결한 것은?
　　　　　　　　　　　　　　　　22년 지역인재 9급 변형

우리 국어의 합성어는 형성 방법에 따라 ㉠ 통사적 합성어와 ㉡ 비통사적 합성어로 나눌 수 있다.
통사적 합성어란 국어의 일반적인 문장 구성 방법과 일치하는 방식으로, '명사(논)와 명사(밭)의 결합 형태', '관형사(헌)와 명사(옷)의 결합 형태', '명사인 주어(본)에 조사를 생략하고 서술어(받다)와 결합한 형태', '용언의 관형사형(빈)과 그 수식을 받는 명사(집)의 결합 형태', '용언의 연결형(알아)에 용언(보다)이 결합한 형태'와 같이 우리말의 어순이나 단어 배열에 부합하는 합성어를 가리킨다.
이와 달리 비통사적 합성어는 '용언의 어간(늦-)에 관형사형 전성 어미 없이 명사(잠)가 결합한 형태', '용언의 어간(오르-)에 연결 어미 없이 바로 용언(내리다)이 결합한 형태', '부사(부슬)가 명사(비)와 결합한 형태'와 같이 우리말의 어순이나 단어 배열에 부합하지 않는 합성어를 가리킨다.

	㉠	㉡
①	굶주리다	곧잘
②	뛰놀다	덮밥
③	큰집	굳세다
④	힘들다	여름밤

11. 다음 밑줄 친 부분에 해당하는 것은? 　13년 국가직 9급

합성어는 형성 방식에 있어서 앞의 어근과 뒤의 어근이 의미상 결합 방식이 어떠하냐에 따라 나눌 수 있다. 예를 들어 '앞뒤'는 두 어근의 결합 방식이 대등하므로 대등 합성어, '돌다리'는 앞 어근이 뒤 어근에 의미상 종속되어 있으므로 <u>종속 합성어</u>, '춘추'는 두 어근과는 완전히 다른 제삼의 의미가 도출되므로 융합 합성어라 할 수 있다.

① 손발　　　　② 논밭
③ 책가방　　　④ 연세

12. 다음 글에서 추론한 내용으로 적절하지 않은 것은?
　　　　　　　　　　　　25년 출제기조 전환 예시문항 1차

'밤하늘'은 '밤'과 '하늘'이 결합하여 한 단어를 이루고 있는데, 이처럼 어휘 의미를 띤 요소끼리 결합한 단어를 합성어라고 한다. 합성어는 분류 기준에 따라 여러 방식으로 나눌 수 있다. 합성어의 품사에 따라 합성명사, 합성형용사, 합성부사 등으로 나누기도 하고, 합성의 절차가 국어의 정상적인 단어 배열법을 따르는지의 여부에 따라 통사적 합성어와 비통사적 합성어로 나누기도 하고, 구성 요소 간의 의미 관계에 따라 대등합성어와 종속합성어로 나누기도 한다.
합성명사의 예를 보자. '강산'은 명사(강)+명사(산)로, '젊은이'는 용언의 관형사형(젊은)+명사(이)로, '덮밥'은 용언 어간(덮)+명사(밥)로 구성되어 있다. 명사끼리의 결합, 용언의 관형사형과 명사의 결합은 국어 문장 구성에서 흔히 나타나는 단어 배열법으로, 이들을 통사적 합성어라고 한다. 반면 용언 어간과 명사의 결합은 국어 문장 구성에 없는 단어 배열법인데 이런 유형은 비통사적 합성어에 속한다. '강산'은 두 성분 관계가 대등한 관계를 이루는 대등합성어이고, '젊은이'나 '덮밥'은 앞 성분이 뒤 성분을 수식하는 종속합성어이다.

① 아버지의 형을 이르는 '큰아버지'는 종속합성어이다.
② '흰머리'는 용언 어간과 명사가 결합한 합성명사이다.
③ '늙은이'는 어휘 의미를 지닌 두 요소가 결합해 이루어진 단어이다.
④ 동사 '먹다'의 어간인 '먹'과 명사 '거리'가 결합한 '먹거리'는 비통사적 합성어이다.

13. ⊙~㉣을 활용하여 사례의 밑줄 친 부분을 분석한 것으로 옳지 않은 것은?

> 22년 지방직 7급 변형

> 동사나 형용사와 같은 용언에서, 고정부인 어간과 결합하는 활용부 어미는 다음과 같이 분류될 수 있다.
> 먼저 실현되는 위치에 따라 ⊙ 선어말 어미와 어말 어미로 나뉜다. 선어말 어미는 어간과 어말 어미 사이에 쓰인다. 다음으로 어말 어미는 그 기능에 따라 ⓒ 연결 어미, ⓒ 종결 어미, ㉣ 전성 어미로 나뉜다. 이때 이 각각의 어미들은 모두 각각의 형태소이다. 연결 어미는 어간에 붙어 다음 말을 연결하는 구실을 하는 어미이고, 종결 어미는 문장의 서술어 끝에 붙어 문장을 끝맺는 어미이며, 전성 어미는 용언의 어간에 붙어 다른 품사의 기능을 수행하게 하는 어미이다. 전성 어미는 용언 본디의 서술 기능을 유지하면서 관형사, 명사, 부사의 성격을 띠게 한다.
>
> 사례: 할머니는 집에 <u>계시겠지</u>(계시-/-겠-/-지)?
> 분석: 어간 + ⊙ + ⓒ

① 사례: 형이 어머니를 잘 <u>모시겠지만</u> 조금은 걱정돼.
  분석: 어간 + ⊙ + ⓒ

② 사례: 많은 사람들이 <u>오갔기</u> 때문에 소독을 해야 해.
  분석: 어간 + ⊙ + ㉣

③ 사례: 어머니께서 할머니께 전화를 <u>드리셨을</u> 텐데.
  분석: 어간 + ⊙ + ⊙ + ㉣

④ 사례: 아버지께서 지난주에 편지를 <u>보내셨을걸</u>.
  분석: 어간 + ⊙ + ⊙ + ⓒ

14. 밑줄 친 부분에 해당하는 것은?

> 17년 지방직 9급 추가채용 변형

> '-ㅁ/-음'은 'ㄹ'을 제외한 받침 있는 용언의 어간이나 어미 '-었-', '-겠-' 뒤에 붙어, 그 말이 <u>명사 구실을 하게 하는 전성 어미</u>로 쓰이는 경우와, 명사를 만드는 접미사로 쓰이는 경우가 있다.
> 명사형 전성 어미는 용언을 완전한 명사로 만드는 것이 아니라, 기존 품사를 유지한 채 명사형으로만 만드는 것이다. 따라서 용언이 활용되는 한 형태일 뿐 새로운 단어를 파생하는 것이 아니기 때문에 사전에 등재되지 않는다. 반면, 명사화 접미사 '-(으)ㅁ'은 특정한 단어에만 선택적으로 붙어 서술성이 없는 명사를 만들며 명사로서 사전에 등재된다.

① 나라를 위해 <u>젊음</u>을 바친 사람이 애국자다.
② 태산이 <u>높음</u>을 사람들은 알지 못한다.
③ 그는 <u>죽음</u>을 각오하고 일에 매달렸다.
④ 그는 <u>수줍음</u>이 많은 사람이다.

15. 〈보기〉의 밑줄 친 부분에 해당하는 사례가 아닌 것은?

> 23년 서울시 자체 출제 9급 변형

[보기]

> 용언이 문장 속에 쓰일 때에는 어간에 어미가 붙어서 활용함으로써 다양한 문법적인 기능을 나타낸다. 대부분의 용언은 활용할 때에 어간이나 어미의 기본 형태가 그대로 유지되거나 혹은 다른 형태로 바뀌어도 그 현상을 일정한 규칙으로 설명할 수 있지만, 일부의 용언 가운데에는 활용할 때 '<u>어간의 형태가 불규칙하게 활용하는 것</u>', '어미의 형태가 불규칙하게 활용하는 것', '어간과 어미가 불규칙하게 활용하는 것'이 있다.
> 예를 들어, '(선을) 긋다 → 그으니'는 어간의 'ㅅ'이 불규칙하게 떨어진 것이며, '(걸음을) 걷다 → 걸어서'는 어간의 'ㄷ'이 불규칙하게 'ㄹ'로 변한 것이다. '푸르다 → 푸르러'는 어미 '-어'의 형태가 불규칙하게 '-러'로 변한 것이다.

① 잇다 → 이으니
② 묻다(問) → 물어서
③ 이르다(至) → 이르러
④ 낫다 → 나으니

16. 〈보기〉의 Ⓐ의 사례로 가장 적절하지 않은 것은?

21년 법원직 9급 변형

[보기]

　하나의 단어는 보통 하나의 품사 부류에 속한다. 하지만 하나의 단어가 문장에서의 쓰임에 따라 여러 가지 품사의 역할을 할 때가 있다. 이런 단어는 사전에서도 두 가지 이상의 품사로 처리된다. 예를 들어 "마라톤을 좋아하는 사람 다섯이 대회에 참가했다."에서의 '다섯'은 수사이지만 "마라톤을 좋아하는 다섯 사람이 대회에 참가했다."에서의 '다섯'은 관형사이다. 이처럼 하나의 단어가 두 가지 이상의 품사로 처리되는 것을 Ⓐ<u>품사의 통용</u>이라고 한다.
　품사 통용을 하는 단어가 어떤 품사로 쓰였는지 판단하려면 예문이 필요하다. 예를 들어, 조사와 의존 명사로 통용하는 '뿐'의 경우 조사는 앞말에 붙여 쓰지만, 의존 명사는 띄어 쓴다. 또한 부사와 명사로 통용하는 '어제'는 용언을 직접 꾸미면 부사, 격 조사와 결합하여 쓰이면 명사로 본다. 동사와 형용사로 통용하는 단어들은 그 의미에 차이가 있는 경우가 많으며 현재형으로 '-는'이나 '-ㄴ다'와 결합할 수 있는지 적용해 보았을 때 결합이 가능하면 동사, 불가능하면 형용사이다.

① 나도 철수<u>만큼</u> 잘할 수 있다.
　각자 먹을 <u>만큼</u> 먹어라.
② 뉴스에서 <u>내일</u>의 날씨를 예보하고 있다.
　오늘은 이만하고 <u>내일</u> 다시 시작합시다.
③ 어느새 태양이 솟아 <u>밝은</u> 빛을 비춘다.
　벽지가 <u>밝아</u> 집 안이 환해 보인다.
④ 키가 <u>큰</u> 나무는 우리에게 그늘을 주었다.
　철수야, 키가 몰라보게 <u>컸구나</u>.

4 문장(통사론)

17. 〈보기〉를 바탕으로 아래 ㉠~㉢을 분석한 내용으로 가장 적절하지 않은 것은?

22년 법원직 9급 변형

[보기]

　문장 성분은 문장의 주된 골격을 이루는 주성분, 주로 주성분의 내용을 수식하는 부속 성분, 다른 문장 성분과 관계를 맺지 않는 독립 성분으로 나누어진다.
　주성분에는 주어, 서술어, 목적어, 보어가 있고, 부속 성분에는 부사어, 관형어가 있으며, 독립 성분에는 독립어가 있다.
　'주어'는 문장에서 동작이나 작용, 성질이나 상태의 주체를 나타내는 문장 성분이며, '서술어'는 주체의 동작이나 작용, 성질이나 상태를 진술하는 문장 성분이다. '서술어'가 타동사인 경우 그 동작 대상인 '목적어'가 요구되며, '서술어'가 '되다, 아니다'인 경우 '보어'가 요구된다.
　부속 성분 중 부사어는 주로 용언인 서술어를 수식하고, 관형어는 체언만을 수식한다. 부사어 중 서술어가 필수적으로 요구하기 때문에 생략이 불가능한 부사어를 '필수적 부사어'라 한다.

㉠ 아이가 작은 침대에서 예쁘게 잔다.
㉡ 그는 친구의 딸을 며느리로 삼았다.
㉢ 앗, 영희가 뜨거운 물을 엎질렀구나!

① ㉠~㉢은 모두 관형어가 존재한다.
② ㉠~㉢의 주성분의 개수가 일치한다.
③ ㉠의 부속성분의 개수는 ㉡, ㉢보다 많다.
④ ㉡은 ㉠과 달리 필수적 부사어가 존재한다.

18. 〈보기〉의 ㉠을 포함하고 있는 안은문장은?

22년 서울시 기술직(2월) 변형

[보기]

관형사가 문장에 쓰이면 관형어로 기능한다. 그래서 관형사는 항상 관형어로 쓰인다. 즉 관형사는 문장에서 관형어로서 체언을 수식한다. 그런데 관형사만 관형어로 쓰이는 것이 아니라, ㉠관형절이 체언을 수식하는 관형어로 쓰이기도 한다. 관형절이란, 서술성이 있는 동사나 형용사가 관형사형 전성어미 '-(으)ㄴ, -는, -(으)ㄹ, -던'과 결합하여 뒤에 오는 체언을 수식하는 절의 서술어를 담당하는 것이다.

예를 들어 '착한 아이가 여기에 있다'라는 문장에는 '아이가 착하다'라는 절이 관형절로 안겨 있다. 이때 관형절의 서술어 '착하다'는 관형사형 전성 어미 '-ㄴ'과 결합하여 안은문장의 주어인 아이를 수식하고 있으며 안긴문장인 관형절의 주어는 생략된다. 또한 '착한'은 관형사가 되는 것이 아니라 원래 품사인 형용사로서 서술성을 유지하며 관형어 역할을 하는 것이다.

① 그는 갖은 양념으로 맛을 내었다.
② 꽃밭에는 예쁜 꽃이 활짝 피었다.
③ 오랜 가뭄 끝에 비가 내렸다.
④ 사무실 밖에서 여남은 명이 웅성대고 있었다.

19. 〈보기〉에서 언급된 의문문에 해당하지 않는 것은?

07년 국가직 7급

[보기]

의문문 중에는 화자가 이미 알고 있거나 믿고 있으면서 그것을 청자의 동의를 구하여 확인하기 위한 의문문이나, 형태상으로는 의문문이지만 의미상으로는 긍정이나 부정을 단언(斷言)하는 의문문도 있다.

① 윤태가 나쁜 짓을 보고 가만히 있을 것 같아?
② 우리 여름에 유럽 여행 가서 정말로 재미있었지?
③ 아까 중국 음식점에 짬뽕하고 군만두 시키셨어요?
④ 아무리 그래도 그렇지, 아저씨가 널 안 도와주겠니?

20. 밑줄 친 부분에 해당하는 표현으로 옳은 것은?

14년 사회복지직 9급

[보기]

청유문은 화자가 청자에게 같이 행동할 것을 요청하는 문장이다. 즉, 청유문은 청유형 어미 '-자', '-(으)ㅂ시다' 등이 붙는 서술어의 행동을 화자와 청자가 공동으로 하도록 유발하는 것이다. 그러나 간혹 청자만 행하기를 바라거나 화자만 행하기를 바랄 때에도 쓰인다.

① (반장이 떠드는 친구에게) 조용히 좀 하자.
② (식사를 먼저 마친 사람들이 귀찮게 말을 걸 때) 밥 좀 먹읍시다.
③ (회의에서 논의가 길어질 때) 이 문제는 나중에 다시 다루도록 합시다.
④ (같은 반 친구에게) 영화표가 두 장 생겼어. 오늘 나와 같이 보러 가자.

21. 밑줄 친 부분의 예시로 적절한 것은?

23년 지역인재 9급

[보기]

국어에서 동사나 형용사에 붙어 새로운 단어를 형성하는 접미사는 다양한 문법적 특징을 지닌다. 첫째, 동사나 형용사에 붙어 새로운 어간을 형성하기도 한다. 둘째, 동사나 형용사의 어근에 붙어 품사를 바꾸기도 한다. 셋째, 동사나 형용사에 붙어 사동(시킴)의 의미를 더하기도 한다. 넷째, 타동사에 붙어 피동(당함)의 의미를 더하기도 한다.

① 소음이 섞여 주위가 시끄러웠다.
② 따스한 햇살이 고드름을 녹였다.
③ 친구에게 예쁜 꽃을 들려 보냈다.
④ 이 옷에 풀을 먹이면 상하기 쉽다.

22. (가)에 들어갈 문장으로 가장 적절한 것은?
21년 법원직 9급

교사: 능동문의 목적어가 피동문의 주어가 되는 것이니까 피동문에는 목적어가 없는 것이 원칙이야. 그건 너도 잘 알고 있지?
학생: 예, 선생님. 그런데 '원칙'이라고 하셨으면, 원칙의 예외가 되는 문장도 있다는 말씀이신가요?
교사: 응, 그래. 드물지만 피동문에 목적어가 나타날 때가 있어. 어떤 문장이 있을지 한번 말해 볼래?
학생: "_____(가)_____"와 같은 문장이 그 예에 해당하겠네요.

① 형이 동생에게 짐을 안겼다.
② 동생은 집 밖으로 짐을 옮겼다.
③ 동생이 버스 안에서 발을 밟혔다.
④ 그 사람이 동생에게 상해를 입혔다.

23. 다음 설명에 해당하지 않는 문장은?
22년 지역인재 9급

사동주가 피사동주로 하여금 어떤 행위를 하게 하거나 어떤 상황에 처하게 하는 표현법을 사동이라 하고, 사동이 표현된 문장을 사동문이라고 한다.

① 도둑이 경찰에게 잡혔다.
② 철호가 몸짓으로 나를 웃겼다.
③ 영애가 민수를 기쁘게 하였다.
④ 어머니가 아이에게 새 옷을 입혔다.

24. 〈보기〉의 ㉠~㉣에 들어갈 것을 바르게 연결한 것은?
16년 교육행정직 9급

— 보기 —

사동문은 사동주가 피사동주에게 어떤 행위를 하게 하는 것을 표현한 문장이다. 국어 사동문은 주어의 직접적 행위를 의미할 수도 있고, 주어의 간접적 행위를 의미할 수도 있다. (㉠)와 같이 주어의 직접적 행위와 간접적 행위를 모두 나타내는 경우도 있고, (㉡)와 같이 주어의 간접적 행위만을 나타내는 경우도 있다. 한편, 부정문은 (㉢)와 같이 단순 부정 혹은 의지 부정을 뜻하는 문장이 있고, (㉣)와 같이 능력 부정을 뜻하는 경우가 있다.

(가) 형은 동생에게 밥을 먹였다.
(나) 형은 동생에게 밥을 먹게 했다.
(다) 영호는 그림을 잘 그리지 않았다.
(라) 영호는 그림을 잘 그리지 못했다.

	㉠	㉡	㉢	㉣
①	(가)	(나)	(다)	(라)
②	(가)	(나)	(라)	(다)
③	(나)	(가)	(다)	(라)
④	(나)	(가)	(라)	(다)

25. 〈보기〉에서 밑줄 친 설명과 같은 문법 범주에 속하는 문장은?
22년 서울시 기술직(2월)

[보기]

(가) 온난화로 북극 빙하가 다 녹는다.
(나) 온난화가 북극 빙하를 다 녹인다.

'온난화'라는 사태와 '북극 빙하가 녹는 사태' 간에는 의미적으로 인과 관계가 성립하는데, (가)에서는 이 인과 관계를 드러내는 표지로 부사격 조사 '로'가 쓰였다. (나)는 '녹이다'라는 사동사를 사용한 문장이다. 주동문일 때 부사어 위치에 있던 '온난화'가 사동문에서는 주어 자리를 차지함으로써 '온난화'라는 현상이 '북극 빙하'라는 대상이 '녹도록' 힘을 가하는 의미로 읽힌다. 이로써 '북극 빙하가 녹는 사태'에 대하여 '온난화'가 온전히 책임을 져야 할 것처럼 보인다.

① 회사는 이것이 전파 인증을 받은 제품이라고 우긴다.
② 사장이 사장실을 넓히기 위해 직원 회의실을 좁힌다.
③ 온갖 공장에서 폐수를 정화하지도 않고 강에 버린다.
④ 이산화탄소가 적외선을 흡수하여 열이 대기에 모인다.

26. 다음 글은 시제에 대한 설명이다. 〈보기〉의 밑줄 친 부분의 시제를 옳게 설명한 것은?

📄 10년 국회직 8급 변형

> 시제(時制)란 화자가 발화시를 기준으로 삼아 앞뒤의 시간을 구분하는 문법 범주이다. 발화시와 사건시가 일치하면 현재, 사건시가 발화시에 선행하면 과거, 발화시가 사건시에 선행하면 미래라고 한다. 발화시란 화자가 문장을 발화한 시간을 뜻하고 사건시란 문장에 드러난 사건이 발생한 시간을 뜻한다.
> 그런데 시제에는 절대 시제와 상대 시제도 있다. 절대 시제는 발화시를 기준으로 삼아 결정되는 시제이고 상대 시제는 주절의 사건시를 기준으로 결정되는 시제를 말한다.
> 예를 들어, '나는 설거지하시는 어머니를 도왔다'라는 예문에서 밑줄 친 부분의 절대 시제는 과거이다. 말을 하는 발화시 기준으로는 이미 일어난 사건이기 때문이다. 하지만 상대 시제로는 현재이다. 이는 주절의 사건시인 '도왔다'를 기준으로 하면 어머니는 설거지를 하시는 중이기 때문이다.

[보기]
나는 아까 도서관에서 책을 <u>읽는</u> 철수를 보았다.

① 절대 시제나 상대 시제 모두 현재
② 절대 시제나 상대 시제 모두 과거
③ 절대 시제로는 현재, 상대 시제로는 과거
④ 절대 시제로는 과거, 상대 시제로는 현재
⑤ 절대 시제로는 과거, 상대 시제로는 미래

27. 다음 중 밑줄 친 부분의 설명이 적용될 수 있는 예로 가장 적절한 것은?

📄 24년 군무원 9급 변형

> 우리말 표현 중에는 문장의 의미가 두 가지 이상으로 해석될 수 있어 의사소통에 어려움을 초래하는 경우가 많다. 이런 문장을 '중의문'이라 한다.
> 그중 하나가 <u>비교 구문에서 나타나는 중의성(重義性)</u>인데, 이는 비교 대상을 분명하게 하지 않아 발생하는 현상이다.
> 그 외에도 관형격 조사로 인한 중의성, 접속 조사로 인한 공동격 구문의 중의성, 부정 표현으로 인한 중의성 등이 있다.

① 나는 내일 철수와 선생님을 만난다.
② 결혼식장에 손님들이 다 들어오지 않았다.
③ 그녀는 눈물을 흘리며 아버지의 그림을 어루만졌다.
④ 글쎄, 남편은 나보다 축구 중계를 더 좋아한다니까.

5 의미(의미론)

28. ㉠~㉣의 사례로 적절하지 않은 것은?
📄 22년 국가직 9급

　단어의 의미가 변화하는 양상은 다양하다. 첫째, "아침 먹고 또 공부하자."에서 '아침'은 본래의 의미인 '하루 중의 이른 시간'을 가리키지 않고 '아침에 먹는 밥'이라는 의미로 쓰인다. '밥'의 의미가 '아침'에 포함되어서 '아침'만으로도 '아침밥'의 의미를 표현하게 된 것으로, ㉠두 개의 단어가 긴밀한 관계여서 한쪽이 다른 한쪽의 의미까지 포함하는 의미로 변화하게 된 경우이다. 둘째, '바가지'는 원래 박의 껍데기를 반으로 갈라 썼던 물건을 가리켰는데, 오늘날에는 흔히 플라스틱 바가지를 가리킨다. 이것은 ㉡언어 표현은 그대로인데 시대의 변화에 따라 지시 대상 자체가 바뀌어서 의미 변화가 발생한 경우이다. 셋째, '묘수'는 본래 바둑에서 만들어진 용어이지만 일상적인 언어생활에서도 '쉽게 생각해 내기 어려운 좋은 방안'이라는 의미로 사용된다. 이는 ㉢특수한 영역에서 사용되던 말이 일반화되면서 단어의 의미가 변화한 경우에 해당한다. 넷째, 호랑이를 두려워하던 시절에 사람들은 '호랑이'라는 이름을 직접 부르기 꺼려서 '산신령'이라고 부르기도 했는데, 이는 ㉣심리적인 이유로 특정 표현을 피하려다 보니 그것을 대신하는 단어의 의미에 변화가 생긴 경우이다.

① ㉠: '아이들의 코 묻은 돈'에서 '코'는 '콧물'의 의미로 쓰인다.
② ㉡: '수세미'는 원래 식물의 이름이었지만 오늘날에는 '그릇을 씻는 데 쓰는 물건'이라는 의미로 쓰인다.
③ ㉢: '배꼽'은 일반적으로 '탯줄이 떨어지면서 배의 한가운데에 생긴 자리'를 가리키지만 바둑에서는 '바둑판의 한가운데'라는 의미로 쓰인다.
④ ㉣: 무서운 전염병인 '천연두'를 꺼려서 '손님'이라고 불렀다.

29. 글의 내용을 구체적으로 설명하기 위한 예로 적절하지 않은 것은?
📄 19년 국가직 9급

　하나의 개념에 두 개 이상의 단어가 필요한 것은 아니다. 따라서 동의어는 서로 경쟁을 통해 하나가 없어지거나 각기 다른 의미 영역을 확보하는 등의 다양한 양상을 보인다. 현실 언어에서 동의어로 공존하면서 경쟁을 계속하는 경우가 있으며, 한쪽은 살아남고 다른 쪽은 소멸하는 경우가 있다. 동의 충돌의 결과 의미 영역이 바뀌는 경우도 있다. 이는 의미 축소, 의미 확대, 의미 교체 등으로 구분된다.

① '겨레'는 '친척'의 뜻에서 '민족'의 뜻으로 의미가 확대되었다.
② '얼굴'은 '형체'의 뜻에서 '안면'의 뜻으로 의미가 축소되었다.
③ '말미'는 쓰지 않고 '휴가'라는 말을 사용하고 있다.
④ '가을걷이'와 '추수'는 공존하며 경쟁하고 있다.

6 담화(높임법과 예절)

30. 다음 글을 이해한 내용으로 가장 적절한 것은?

　　25년 출제기조 전환 예시문항 2차

　　언어의 형식적 요소에는 '음운', '형태', '통사'가 있으며, 언어의 내용적 요소에는 '의미'가 있다. 음운, 형태, 통사 그리고 의미 요소를 중심으로 그 성격, 조직, 기능을 탐구하는 학문 분야를 각각 '음운론', '문법론'(형태론 및 통사론 포괄), 그리고 '의미론'이라고 한다. 그 가운데서 음운론과 문법론은 언어의 형식을 중심으로 그 체계와 기능을 탐구하는 반면, 의미론은 언어의 내용을 중심으로 체계와 작용 방식을 탐구한다.
　　이처럼 언어학은 크게 말소리 탐구, 문법 탐구, 의미 탐구로 나눌 수 있는데, 이때 각각에 해당하는 음운론, 문법론, 의미론은 서로 관련된다. 이를 발화의 전달 과정에서 살펴보자. 화자의 측면에서 언어를 발신하는 경우에는 의미론에서 문법론을 거쳐 음운론의 방향으로, 청자의 측면에서 언어를 수신하는 경우에는 반대의 방향으로 작용한다. 의사소통의 과정상 발신자의 측면에서는 의미론에, 수신자의 측면에서는 음운론에 초점이 놓인다. 의사소통은 화자의 생각, 느낌, 주장 등을 청자와 주고받는 행위이므로, 언어 표현의 내용에 해당하는 의미는 이 과정에서 중심적 요소가 된다.

① 언어는 형식적 요소가 내용적 요소보다 다양하다.
② 언어의 형태 탐구는 의미 탐구와 관련되지 않는다.
③ 의사소통의 첫 단계는 언어의 형식을 소리로 전환하는 것이다.
④ 언어를 발신하고 수신하는 과정에서 통사론은 활용되지 않는다.

31. 다음 글의 괄호 안에 들어갈 문장으로 적절한 것은?

　　19년 국가직 9급 변형

　　현대 국어의 높임법은 상대 높임법, 주체 높임법, 객체 높임법으로 나뉜다. 상대 높임법은 화자가 청자를 높이거나 낮추어 표현하는 방법으로 주로 종결 어미에 의해 표현된다. 격식체와 비격식체로 나눌 수 있는데 격식체는 높임의 정도에 따라 하십시오체, 하오체, 하게체, 해라체로 나뉘고, 비격식체는 해요체와 해체로 나뉜다. 비격식체와 달리 격식체는 공식적이고 예의를 갖추어야 하는 상황에서 주로 사용된다.
　　주체 높임법은 서술어의 주체를 높이는 방법으로, 말하는이보다 서술어의 주체가 사회적 지위 등이 높을 때 사용한다. 주체 높임법은 일반적으로 조사 '께서'와 선어말 어미 '-(으)시-'에 의해 실현되지만, '계시다, 잡수시다'와 같은 특수한 어휘를 통해 실현되기도 한다. 그런데 경우에 따라서는 실제로 높여서 표현해야 할 인물과 밀접한 관계에 있는 신체, 소유물, 생각 등에 사용하여 서술어의 주체를 간접적으로 높이기도 한다. 이 경우 서술어로 '계시다'는 쓸 수 없다.
　　객체 높임법은 주어의 행위가 미치는 대상인 목적어나 부사어, 즉 서술어의 객체를 높이는 방법이다. 객체 높임은 일정한 어미를 사용하는 주체 높임이나 상대 높임과는 달리 '드리다', '모시다', '여쭙다', '뵙다' 등 몇몇 특수한 동사에 의해 실현된다.
　　이러한 높임 표현은 한 문장에서 복합적으로 실현되기도 하는데, (　　　　　　)의 경우 대화의 상대, 서술어의 주체, 서술어의 객체를 모두 높인 표현이다.

① 아버지께서 할머니를 모시고 댁에 들어가셨다.
② 제가 어머니께 그렇게 말씀을 드리면 될까요?
③ 어머니께서 아주머니께 이 김치를 드리라고 하셨습니다.
④ 주민 여러분께서는 잠시만 제 이야기에 귀를 기울여 주시기 바랍니다.

32. 다음 중 아래 글의 내용을 포괄하여 설명하기에 가장 적절한 것은? *22년 군무원 9급*

> 주체 경어법은 용언에 선어말 어미 '-시-'를 넣음으로써 이루어진다. 만약 여러 개의 용언이 함께 나타나는 경우라면 일률적인 규칙을 세우기는 어렵지만 대체로 문장의 마지막 용언에 선어말 어미 '-시-'를 쓴다. 또한 여러 개의 용언 가운데 어휘적으로 높임의 용언이 따로 있는 경우에는 반드시 그 용언을 사용해야 한다.

① 할머니, 어디가 어떻게 편찮으세요?
② 어머님께서 돌아보시고 주인에게 부탁하셨다.
③ 선생님께서 책을 펴며 웃으셨다.
④ 할아버지께서 주무시고 가셨다.

33. 다음 글의 ㉠의 사례가 포함되어 있지 않은 것은? *25년 출제기조 전환 예시문항 1차*

> 존경 표현에는 주어 명사구를 직접 존경하는 '직접존경'이 있고, 존경의 대상과 긴밀한 관련을 가지는 인물이나 사물 등을 높이는 ㉠'간접존경'도 있다. 전자의 예로 "할머니는 직접 용돈을 마련하신다."를 들 수 있고, 후자의 예로는 "할머니는 용돈이 없으시다."를 들 수 있다. 전자에서 용돈을 마련하는 행위를 하는 주어는 할머니이므로 '마련한다'가 아닌 '마련하신다'로 존경 표현을 한 것이다. 후자에서는 용돈이 주어이지만 할머니와 긴밀한 관련을 가진 사물이라서 '없다'가 아니라 '없으시다'로 존경 표현을 한 것이다.

① 고모는 자식이 다섯이나 있으시다.
② 할머니는 다리가 아프셔서 병원에 다니신다.
③ 언니는 아버지가 너무 건강을 염려하신다고 말했다.
④ 할아버지는 젊었을 때부터 수염이 많으셨다고 들었다.

34. 〈보기〉는 우리말 높임법에 관한 설명이다. (   ) 안에 들어갈 용례로 맞지 않는 것은? *23년 군무원 7급*

[보기]
- 상대 높임법: 말하는 이가 상대, 곧 듣는 이(청자)를 높이는 높임법. 일정한 종결 어미의 사용에 의해서 실현됨.
  (1) 격식체: 공식적이고 의례적인 표현으로, 심리적 거리감을 나타냄
    ① 해라체: 아주 낮춤
    ② 하게체: 예사 낮춤 … (㉠)
    ③ 하오체: 예사 높임 … (㉡)
    ④ 합쇼체: 아주 높임
  (2) 비격식체: 비공식적이며, 부드럽고 친근감을 나타냄
    ① 해체: 두루 낮춤 ……(㉢)
    ② 해요체: 두루 높임 … (㉣)

① ㉠: 내가 말을 함부로 했던 것 같네.
② ㉡: 이게 꿈인지 생시지 모르겠구려.
③ ㉢: 계획대로 밀고 나가.
④ ㉣: 선생님 안녕히 계십시오.

35. ㉠~㉣ 중 〈보기〉의 밑줄 친 부분에 해당하지 않는 것은? *23년 법원직 9급*

[보기]
> 높임 표현은 높임의 대상에 따라 주체 높임, 객체 높임, 상대 높임으로 나눌 수 있다. 이 중 객체 높임은 목적어나 부사어가 나타내는 대상, 즉 서술의 객체를 높이는 방법으로 주로 특수 어휘나 부사격 조사 '께'에 의해 실현된다.

지우: 민주야, 너 내일 뭐 할 거니?
민주: 응, 내일 할머니 생신이라서 할머니 ㉠<u>모시고</u> 영화관에 가기로 했어.
지우: 와, 오랜만에 할머니도 뵙고 좋겠다.
민주: 응, 그렇지. 오늘은 할머니께 편지도 써야 할 것 같아.
지우: ㉡<u>할머니께 드릴</u> 선물은 샀어?
민주: 응, 안 그래도 할머니가 허리가 아프셔서 엄마가 안마의자를 사서 ㉢<u>드린대</u>. 나는 용돈을 조금 보태기로 했어.
지우: 아, 할머니께서 ㉣<u>편찮으셨구나</u>.

① ㉠   ② ㉡   ③ ㉢   ④ ㉣

 **고전문법**

36. 다음 글에 대한 이해로 적절한 것은? 13년 국가직 7급

한자를 빌려 우리말을 표기한 유형과 방식은 대체로 다음의 네 가지로 분류된다.

첫째, 한자를 수용하여 그대로 사용하되 우리말의 순서대로 배열한 것을 흔히 서기체 표기라 한다. 서기체 표기는 우리말의 어순에 따라 한자가 배열되고 한자의 뜻이 모두 살아 있으므로, 우리말의 문법 형태소를 보충하면 전체적인 의미를 파악할 수 있다.

둘째, 이두체 표기로, 어휘 형태소와 문법 형태소가 구분되어 표기된다. 즉 어휘 형태소는 중국식 어휘가 그대로 사용되고 문법 형태소는 훈독, 훈차, 음독, 음차 등 다양한 방법으로 표기된다. 그리고 구나 절은 한문이 그대로 나타나기도 한다.

셋째, 어휘 형태소와 문법 형태소를 가리지 않고, 훈독, 훈차, 음독, 음차 등의 다양한 방법으로 표기되어 있는 것을 향찰체 표기라 한다. 국어 문장의 모습을 그대로 보여 주는 대표적인 차자 표기 방식이라 하겠다.

넷째, 한문 문장을 그대로 두고 필요한 곳에 구결(입곁)을 달아 이해의 편의를 도모한 문장이 있다. 이를 흔히 구결문이라고 한다.

① '서기체 표기'는 문법 형태소를 반영하였다.
② '이두체 표기'는 문법 형태소가 표기되지 않는다.
③ '향찰체 표기'는 중국어 어순에 따라 어휘가 배열된다.
④ '구결문'은 구결(입곁)이 없어도 문장의 의미를 파악할 수 있다.

37. 〈보기〉를 읽은 독자가 가질 수 있는 의문으로 가장 적절하지 않은 것은? 22년 서울시 기술직(6월)

[보기]

'무지개'를 '공중에 떠 있는 물방울이 햇빛을 받아 나타나는, 반원 모양의 일곱 빛깔의 줄'이라고 사전적으로 풀이하면, '무지개'가 우리에게 주는 아름다운 연상이 사라질 정도로 '무지개'는 아름다운 우리말이다. 국어의 역사를 잘 알지 못하면 '무지개'가 '물'과 '지개'로 분석될 수 있다는 사실에 언뜻 수긍하지 못할 것이다. '무지개'는 원래 '물'과 '지개'의 합성어인데, 'ㅈ' 앞에서 'ㄹ'이 탈락하여 '무지개'가 되었다. '무지개'에 '물'이 관계되는 것에 이의를 달 사람은 없을 것이므로, '물'은 이해가 되겠는데, '지개'는 무엇이냐고 묻는 사람이 있을 것이다. 문헌에 처음 보이는 형태는 '므지게'인데, 15세기 《용비어천가》나 《석보상절》과 같은 훈민정음 창제 초기의 문헌에 등장한다. '물[水]'의 15세기 형태인 '믈'에 '지게'가 합쳐진 것으로, '지게'의 'ㅈ' 앞에서 '믈'의 'ㄹ'이 탈락한 것이다.

① '물'의 'ㄹ'이 '지개'의 'ㅈ' 앞에서 탈락한 것이라면, 탈락의 조건은 무엇일까?
② '지개'가 '지게'에서 온 말이라면, 'ㅔ'와 'ㅐ'의 차이는 어떻게 설명할까?
③ '무지개'가 '물'과 '지게'가 합쳐져 변화한 말이라면, 변화한 때는 언제일까?
④ '무지개가 뜨다', '무지개가 걸리다'는 표현은 적절한 표현일까?

38. <보기1>을 바탕으로 <보기2>의 ㉠~㉣을 이해한 것으로 가장 적절하지 않은 것은?   21년 법원직 9급

[보기1]

[중세 국어 문장에서 목적어의 실현]
- 체언에 목적격 조사(을/를, 울/를, ㄹ)가 붙어서 실현됨.
- 체언에 목적격 조사 없이 체언 단독으로 실현됨.
- 체언에 목적격 조사 없이 보조사가 붙어서 실현됨.
- 명사구나 명사절에 목적격 조사가 붙어서 실현됨.

[보기2]

㉠ 내 太子를 셤기ᅀᆞᄫᅩ디
  = 내가 태자를 섬기되
㉡ 곶 됴코 여름 하ᄂᆞ니
  = 꽃 좋고 열매 많으니
㉢ 됴ᄒᆞᆫ 고즈란 ᄑᆞ디 말오
  = 좋은 꽃일랑 팔지 말고
㉣ 뎌 부텻 像을 밍ᄀᆞ라
  = 저 부처의 형상을 만들어

① ㉠: 체언에 목적격 조사 '를'이 붙어서 목적어가 실현되었군.
② ㉡: 체언에 목적격 조사 없이 단독으로 목적어가 실현되었군.
③ ㉢: 체언에 보조사 'ᄋᆞ란'이 붙어서 목적어가 실현되었군.
④ ㉣: 명사구에 목적격 조사 '을'이 붙어 목적어가 실현되었군.

39. A, B, C에 들어갈 중세 국어의 형태를 가장 올바르게 짝지은 것은?   22년 법원직 9급

[보기]

현대 국어 관형격 조사 '의'에 해당하는 중세 국어 관형격 조사는 '이/의', 'ㅅ'가 있다. 앞에 오는 체언이 무정물(식물이나 무생물)일 때는 'ㅅ'이 쓰이고, 유정물(사람이나 동물)일 때는 모음조화에 따라 '이/의'가 쓰인다. 다만 유정물이라도 종교적으로 높은 대상 등 존칭의 대상일 때는 'ㅅ'이 쓰인다.

- ⎡ A ⎦ 말ᄊᆞ미 中國에 달아
  (나라의 말이 중국과 달라)
- ⎡ B ⎦ ᄠᅳ들 거스디 아니ᄒᆞ노니
  (사람의 뜻을 거스르지 않는데)
- 世尊 ⎡ C ⎦ 神力으로 드외의 ᄒᆞ샨 사ᄅᆞ미라
  (세존*의 신통력으로 되게 하신 사람이다.)

* 세존: 석가모니의 다른 이름. 세상에서 가장 존귀한 존재라는 뜻이다.

	A	B	C
①	나라이	사ᄅᆞ미	의
②	나라의	사ᄅᆞ미	ㅅ
③	나랏	사ᄅᆞ미	ㅅ
④	나랏	사ᄅᆞ미	ㅅ

8 어문규정

40. 〈보기〉는 사이시옷 표기에 대한 규정인 한글 맞춤법 제30항이다. ㉠, ㉡, ㉢에 포함되는 예시가 바르게 연결된 것은?　　　　　　　　　 16년 서울시 7급 변형

[보기]

제30항 사이시옷은 다음과 같은 경우에 받치어 적는다.

1. 순우리말로 된 합성어로서 앞말이 모음으로 끝난 경우
   (1) 뒷말의 첫소리가 된소리로 나는 것 …… ㉠
      고랫재[고래째/고랟째]   귓밥[귀빱/귇빱]
   (2) 뒷말의 첫소리 'ㄴ, ㅁ' 앞에서 'ㄴ' 소리가 덧나는 것 …… ㉡
      뒷머리[뒨:머리]   아랫마을[아랜마을]
   (3) 뒷말의 첫소리 모음 앞에서 'ㄴㄴ' 소리가 덧나는 것
      도리깻열[도리깬녈]   뒷윷[뒨:뉻]

2. 순우리말과 한자어로 된 합성어로서 앞말이 모음으로 끝난 경우
   (1) 뒷말의 첫소리가 된소리로 나는 것
      전셋집[전세찝/전섿찝]   자릿세[자리쎄/자릳쎄]
   (2) 뒷말의 첫소리 'ㄴ, ㅁ' 앞에서 'ㄴ' 소리가 덧나는 것
      제삿날[제:산날]   양칫물[양친물]
   (3) 뒷말의 첫소리 모음 앞에서 'ㄴㄴ' 소리가 덧나는 것 …… ㉢
      가욋일[가왼닐/가웬닐]   사삿일[사산닐]

① ㉠ 못자리[모짜리/몯짜리]
　 ㉡ 멧나물[멘나물]
　 ㉢ 두렛일[두렌닐]
② ㉠ 아랫집[아래찝/아랟찝]
　 ㉡ 잇몸[인몸]
　 ㉢ 훗일(後日)[훈:닐]
③ ㉠ 잇자국[이짜국/읻짜국]
　 ㉡ 툇마루(退마루)[퇸:마루/퉨:마루]
　 ㉢ 나뭇잎[나문닙]
④ ㉠ 사잣밥(使者밥)[사:자빱/사:잗빱]
　 ㉡ 곗날(契날)[곈:날/겐:날]
　 ㉢ 예삿일(例事일)[예:산닐]

41. 〈보기〉를 참고하여 로마자 표기법을 적용할 때 가장 옳지 않은 것은?　　　　　　　　　 21년 법원직 9급

[보기]

(1) 로마자 표기법의 주요 내용
   ㉮ 'ㄱ, ㄷ, ㅂ'은 모음 앞에서는 'g, d, b'로, 자음 앞이나 어말에서는 'k, t, p'로 적는다.
   ㉯ 'ㄹ'은 모음 앞에서는 'r'로, 자음 앞이나 어말에서는 'l'로 적는다. 단, 'ㄹㄹ'은 'll'로 적는다.
      예 알약[알략] allyak
   ㉰ 자음동화, 구개음화, 거센소리되기는 변화가 일어난 대로 표기함.
      예 왕십리 [왕심니] Wangsimni, 놓다 [노타] nota
      ─ 다만, 체언에서 'ㄱ, ㄷ, ㅂ' 뒤에 'ㅎ'이 따를 때에는 'ㅎ'을 밝혀 적는다.
      예 묵호 Mukho
   ㉱ 된소리되기는 표기에 반영하지 않는다.
   ㉲ 고유 명사는 첫 글자를 대문자로 적는다.

(2) 표기 일람

ㅏ	ㅓ	ㅗ	ㅜ	ㅡ	ㅣ	ㅐ	ㅔ	ㅚ	ㅟ	ㅑ	ㅕ	ㅛ	ㅠ
a	eo	o	u	eu	i	ae	e	oe	wi	ya	yeo	yo	yu

ㅒ	ㅖ	ㅘ	ㅙ	ㅝ	ㅞ	ㅢ
yae	ye	wa	wae	wo	we	ui

ㄱ	ㄲ	ㅋ	ㄷ	ㄸ	ㅌ	ㅂ	ㅃ	ㅍ	ㅈ	ㅉ	ㅊ	ㅅ	ㅆ
g, k	kk	k	d, t	tt	t	b, p	pp	p	j	jj	ch	s	ss

ㅎ	ㄴ	ㅁ	ㅇ	ㄹ
h	n	m	ng	r, l

① '해돋이'는 [해도지]로 구개음화가 되므로 그 발음대로 haedoji로 적어야 해.
② '속리산'은 [송니산]으로 발음되지만 고유 명사이므로 Sokrisan으로 적어야 해.
③ '울산'은 [울싼]으로 된소리로 발음되지만 표기에는 반영하지 않고 Ulsan으로 적어야 해.
④ '집현전'은 [지편전]으로 거센소리로 발음되지만 체언이므로 'ㅂ'과 'ㅎ'을 구분하여 Jiphyeonjeon으로 적어야 해.

Chapter 02 작문(형식)

실용문 작성 단계에 따른 주의 사항

1. **글쓰기 계획** 단계에서는 **예상 독자** 및 **글의 목적**에 맞는 **주제**를 선정해야 한다. 주제를 선정한 뒤에는 예상 독자의 관심사나 배경지식의 수준에 맞는 글감을 수집해야 한다.

2. **글감**으로 활용되는 자료가 여러 개 제시되더라도 반드시 선지를 읽기 전에 처리해 두어야 한다. 선지를 읽은 뒤 자료를 확인하면 오답의 논리에 빠지기 쉽다.
   - 줄글로 이루어진 자료는 펜터치를 활용하여 중심 내용을 요약한다.
   - 그래프로 제시된 자료는 X축과 Y축을 기반으로 통시적 그래프인지 공시적 그래프인지, 항목 수가 몇 개인지, 각 항목의 최댓값이나 최솟값의 위치, 기울기의 변화 등을 파악한다.

3. **개요를 점검**할 때는 제시된 순서대로 읽는 것이 아니라, **개요를 작성할 때 작성자가 작성했을 순서대로** 읽으며 잘못된 점을 파악한다.

   [예시] 다음 개요는 이렇게 읽는다.
   - Ⅳ 결론에서 주제 확인 → Ⅰ 서론의 적합성 파악
   - Ⅱ, Ⅲ 문제의 원인과 해결에 대한 글이라는 것을 파악했으면 원인에 적합한 해결이 제시되었는지 확인하며 읽는다.
     - Ⅱ-1 가, 나 → Ⅲ에서 해결 방안이 있는지 확인
     - Ⅱ-2 가, 나 → Ⅲ에서 해결 방안이 있는지 확인

   ② Ⅰ. 서론: 다양한 분야의 청소년 문화 활동 실태와 문제점
   Ⅱ. 문제의 원인 분석
   　　1. 내부 요인: 청소년 자체 요인
   　　　가. 공연 관람에 치중된 문화 예술 활동
   　　　나. 청소년 문화에 대한 낮은 사회적 관심도
   ③ 　2. 외부 요인: 학교, 사회, 제도 측면
   　　　가. 형식적인 학교의 청소년 문화 예술 교육
   　　　나. 청소년 문화 육성을 위한 학교, 지방 자치 단체의 행·재정적 지원의 부족
   Ⅲ. 문제의 해결 방안
   　　1. 다양한 방과 후 교육 프로그램의 실시
   　　2. 청소년을 위한 문화 공간의 확보를 위한 재정적 지원
   　　3. 청소년 문화에 대한 인식 제고를 위한 홍보 확대
   ① Ⅳ. 결론: 문화 예술 활동의 육성을 위한 청소년, 학교, 사회의 노력 필요

4. <mark>고쳐쓰기</mark> 과정에서 검토해야 하는 사항은 다음과 같다.
   - 어휘 차원: 문맥에 맞는 적절한 어휘인지, 한글 맞춤법이나 표준어 규정 등의 어문규정에 맞는지 등
   - 문장 차원: 문장 성분 사이의 호응이 맞는지, 문법적 단위가 자연스럽게 연결되는지, 중의적 의미가 발생하지는 않는지, 시제나 피동·사동 표현이 적절히 활용되었는지, 높임 표현이 적절히 활용되었는지 등
   - 문단 차원: 통일성을 지켰는지(하나의 주제를 드러내기에 적절한 정보들로 이루어졌는지), 유기성이 높은지(지시어나 접속 부사가 적절히 활용되었는지, 문장의 순서가 적절한지), 완결성이 높은지(일반화 진술의 내용에서 누락된 정보는 없는지) 등

자주 출제되는 문장 차원의 고쳐쓰기

(1) 지나친 관형화 구성 및 수식 구조의 모호함을 해소해야 한다.
- 유구한 빛나는 전통문화를 단절시킬 가능성이 큰 융통성이 없는 문화 정책은 재고되어야 한다.
  ⇨ 유구하고 빛나는 전통문화를 단절시킬 가능성이 큰, 융통성이 없는 문화 정책은 재고되어야 한다.
  ↳ '유구한', '빛나는'이 '전통문화'를 꾸미고 있고, '유구한 빛나는 전통문화를 단절시킬 가능성이 큰'과 '융통성이 없는'이라는 두 관형절이 겹쳐서 사용되어 수식 관계가 모호해졌다. 따라서 지나친 관형화 구성을 해소하기 위해 연결어미를 사용하고, 쉼표를 활용하여 문장을 끊어 주어야 한다.
- 이 수술은 후유증이 없는 안전한 고도의 정밀한 수술로 비용도 저렴한 파격적인 저비용이다.
  ⇨ 이 수술은 고도로 정밀하여 후유증이 없이 안전하며, 비용도 파격적으로 저렴하다.
  ↳ '후유증이 없는', '안전한', '고도의 정밀한'이 모두 '수술'을 수식하고 있어 의미 파악이 어렵고 '비용'이라는 표현을 중복 사용하고 있다. 따라서 지나친 관형화 구성을 해소하고 수식 관계에 맞게 다시 배열한 뒤 중복을 해소해야 한다.

(2) 주어와 서술어의 호응이 맞아야 한다.
- 무엇보다 중요한 점은 문명의 이기를 사용할 때 그것이 인간 자신을 위해 슬기롭게 사용되어야 한다.
  ⇨ 무엇보다 중요한 점은 문명의 이기를 사용할 때 그것이 인간 자신을 위해 슬기롭게 사용되어야 한다는 것이다.
  ↳ 주어 '(무엇보다 중요한) 점은'에 대한 서술어가 없으므로, 이에 어울리는 서술어로 '~는 것이다'를 추가해야 한다.
- 우리가 패배한 까닭은 상대를 너무 업신여겼다.
  ⇨ 우리가 패배한 까닭은 상대를 너무 업신여겼기 때문이다.
  ↳ 주어 '(우리가 패배한) 까닭은'과 서술어 '업신여겼다'가 어울리지 않으므로, 이에 맞는 서술어로 '~때문이다.'를 추가해야 한다.
- 내가 하고 싶은 말은 다름이 아니라, 아직 늦지 않았으니 새로 시작하기를 바란다.
  ⇨ ~ 바란다는 것이다
  ↳ 주어 '(내가 하고 싶은) 말은'과 서술어 '바란다'가 어울리지 않으므로, 이에 맞는 서술어로 '~는 것이다'를 추가해야 한다.

(3) 목적어와 서술어의 호응이 맞아야 한다.
- 승객 여러분의 건강과 쾌적한 여행 환경을 조성하기 위하여 전 객실을 금연 구역으로 지정하여 운영하고 있습니다.
  ⇨ 승객 여러분의 건강을 지키고 쾌적한 여행 환경을 조성하기 위하여 전 객실을 금연 구역으로 지정하여 운영하고 있습니다.
  ↳ '분위기나 정세 따위를 만들다.'라는 의미의 '조성하다'에 대하여 '쾌적한 여행 환경'은 목적어가 될 수 있지만, '건강'은 목적어가 될 수 없다. 따라서 '건강'에 호응하는 서술어를 추가해야 한다.
- 월드컵에서 보여 준 국민적 에너지를 창조적 에너지로 바꾸어 국민 통합과 국가 경쟁력을 제고해야 한다.
  ⇨ ① 국민 통합을 이룩하고 국가 경쟁력을 ② 국민을 통합하고 국가 경쟁력을
  ↳ 목적어 '국민 통합'과 '국가 경쟁력'이 서술어인 '제고해야 한다.'를 공유하고 있으나, '국민 통합'은 '제고해야 한다.'를 서술어로 쓰지 못하므로 이에 대한 서술어를 따로 추가해야 한다.

(4) 부사어와 서술어의 호응이 맞아야 한다.
- 그것은 여간 재미있다. ⇨ 그것은 여간 재미있지 않다.
  ↳ 부사 '여간'은 '~지 않다, ~이 아니다'와 같은 서술어와 호응한다.
- 이것은 비단 우리 학교만의 문제였다. ⇨ 이것은 비단 우리 학교만의 문제가 아니었다.
  ↳ 부사 '비단(非但)'은 부정하는 말 앞에서 '다만, 오직'의 뜻으로 쓰인다.

(5) 필요한 성분이 생략되지 않도록 한다.
- 본격적인 공사가 언제 시작되고, 언제 개통될지 모른다.
  ⇨ 본격적인 공사가 언제 시작되고, 언제 그 도로가 개통될지 모른다.
  ↳ '공사가'는 '시작되고'의 주어이지, '개통될지'의 주어는 아니다. '모른다'에 호응하는 전체 주어(우리는)는 문맥상 지장이 없기 때문에 생략이 가능하다. 그러나 '개통될지'에 해당하는 '도로가(철도가)' 등의 주어를 생략할 경우에는 문맥상 결함이 생기므로 이를 추가해야 한다.
- 인간은 자연에 복종도 하고, 지배도 하며 살아간다.
  ⇨ 인간은 자연에 복종도 하고, 자연을 지배도 하며 살아간다.
  ↳ '지배하다'는 타동사이므로 적절한 목적어가 추가되어야 한다.

(6) 대등한 것끼리 접속할 때는 구조가 같은 표현을 사용해야 한다.
- 그들은 한적한 오솔길을 걸으며 사색에 잠기기도 하고 내일을 설계했다.
  ⇨ 그들은 한적한 오솔길을 걸으며 사색에 잠기기도 하고 내일을 설계하기도 했다.
  ↳ '-고'라는 연결 어미로 인해 두 문장이 병렬 관계에 있으나 문장의 구조가 서로 달라서 어색하므로 '~기도 하다'라는 서술어 구조를 통일해야 한다.
- 그 나라 주민과의 충돌이나 민족의 정체성을 상실하는 등의 문제가 발생되기도 한다.
  ⇨ ① 그 나라 주민과의 충돌이나 민족의 정체성 상실 등의 문제가 발생되기도 한다.
  ② 그 나라 주민과 충돌하거나 민족의 정체성을 상실하는 등의 문제가 발생되기도 한다.
  ↳ 명사구인 '그 나라 주민과의 충돌'과 문장인 '민족의 정체성을 상실하-'가 조사 '이나'로 연결되어 대등성이 깨져 있으므로, 구와 구 혹은 절과 절로 병렬되는 문법 단위를 통일해야 한다.

- 세계화를 반대하는 사람들은 빈국들끼리 관세장벽 철폐, 상호 무역량을 늘림으로써 경제를 부흥시키고 선진국에 맞서자고 주장한다.
  - ⇨ ① ~ 빈국들끼리 관세장벽을 철폐하고 상호 무역량을 늘림으로써 ~
  - ② ~ 빈국들끼리 관세장벽 철폐, 상호 무역량 증대로 경제를 ~
  - ↳ '관세장벽 철폐'는 명사구, '상호 무역량을 늘림으로써'는 절의 형태이므로 서로 구조가 맞지 않는다.

(7) 문장을 이루는 정보들 사이에 오류가 없어야 한다.
- 한국 상품에 대한 불만과 고쳐야 할 점으로는 품질 개선과 가격 인하를 많이 지적했다.
  - ⇨ ① 한국 상품에 대한 불만과 고쳐야 할 점으로는 품질과 가격을 많이 지적했다.
  - ② 한국 상품에 대한 요구 사항으로는 품질 개선과 가격 인하를 많이 지적했다.
  - ↳ '불만과 고쳐야 할 점'이 '품질 개선과 가격 인하'라는 것은 이치에 맞지 않는다. 따라서 '불만과 고쳐야 할 점'이라면 '품질과 가격'이라고 그 대상을 제시해야 한다.
- 기술의 기여도를 높이고 자본 축적을 위해 노력하여 외자 도입과 기술 도입을 최소한으로 줄여 나가야 하겠다. ⇨ ① 최대한으로 ② 최소한이 되도록
  - ↳ 우리에게 불리한 것은 많이 줄여 나갈수록 좋은 것이므로 '최소한으로 줄여 나간다.'는 말이 어색하다.
- 커피 한 잔은 되지만 한 잔 이상 마시면 해롭습니다. ⇨ 두 잔 이상
  - ↳ '한 잔 이상'은 '한 잔'을 포함하는 것이기 때문에 이를 '두 잔 이상'으로 바꾸어야 한다.

(8) 시제의 호응이 맞아야 한다.
- 내일은 비가 오면서 늦더위가 잠시 주춤할 것으로 예상되겠습니다. ⇨ 예상됩니다
  - ↳ '-겠-'은 '미래의 일이나 추측'을 나타내는 의미가 있으므로 앞의 '예상'이라는 의미에 덧붙은 군더더기 표현이다.
- 밤새 비가 오지만 아직 강물이 크게 붇지는 않았다. ⇨ 밤새 비가 왔지만
  - ↳ '밤새'는 '밤사이(밤이 지나는 동안)'의 준말이기 때문에 과거형으로 서술해야 옳다.

(9) 연결 어미를 적절히 사용해야 한다.
- 상해 임시 정부는 독립운동의 요람이지만 우리 민족의 산실이다. ⇨ 요람이자
  - ↳ 한 상황에 또 한 상황을 첨가해 나가는 표현이므로 대조를 나타내는 '-지만'은 부적절하고, 앞뒤를 포함하는 뜻을 나타내는 '-자'가 어미로 적절하다.
- 소비자보다는 사업자 위주로 운영하면서 이용자 배려에 소홀하였다. ⇨ 운영하여
  - ↳ 앞뒤 의미 관계가 인과를 나타내고 있는데, 연달아 일어나는 동작을 표시하는 '-(으)면서'를 써서 문장의 접속이 자연스럽지 못하다.

(10) 우리말답지 못한 번역 투 표현은 지양해야 한다.
- 그 사람은 선각자에 다름 아니다. ⇨ 선각자나 다름없다
  - ↳ '~에 다름 아니다.'는 일본어를 직역한 것으로 '~이나 다름없다.'로 고치는 것이 바람직하다.
- 우리 모두 내일 오전 10시에 회의를 갖도록 하자. ⇨ 하도록 하자
  - ↳ '~을 갖다, ~을 가지다.'는 표현은 'have a -'를 연상케 하는 영어식 표현이다.
- 우리에게 공격의 기회가 주어지면 ⇨ 공격할 기회가 오면
  - ↳ '진다, 된다, 되어진다, 불린다, 빚어지다, 이루어지다, 주어지다'와 같은 불필요한 피동형을 능동형으로 고쳐 쓰는 것이 좋다.

작문(형식)

정답 및 해설 P.17

1. (가)~(라)를 고쳐 쓴 것으로 옳지 않은 것은?

22년 국가직 9급 변형

> (가) 오빠는 생김새가 나하고는 많이 틀려.
> (나) 지난밤 검찰은 그를 뇌물 수수 혐의로 구속했다.
> (다) 내가 오직 바라는 것은 네가 잘됐으면 좋겠어.
> (라) 신은 인간을 사랑하기도 하지만 시련을 주기도 한다.

① (가): 오빠는 생김새가 나하고는 많이 달라.
② (나): 지난밤 검찰은 그를 뇌물 수수 혐의로 구속시켰다.
③ (다): 내가 오직 바라는 것은 네가 잘됐으면 좋겠다는 거야.
④ (라): 신은 인간을 사랑하기도 하지만 인간에게 시련을 주기도 한다.

3. 가장 자연스러운 문장은?

22년 간호직 8급

① 내가 가고 싶은 곳은 내 친구가 그곳을 방문했다.
② 이 시는 토속적인 시어의 사용과 현장감을 높이고 있다.
③ 사고 운전자가 구호 조치를 하지 않고 도주하면 가중 처벌을 받습니다.
④ 그 일이 설령 실패했지만 실패도 성공의 과정이므로 절대 실망할 필요가 없다.

2. 가장 자연스러운 문장은?

22년 국회직 8급 변형

① 그 회사는 품질 면에서 세계 최고이다.
② 내 생각은 네가 잘못을 인정하면 해결될 것이다.
③ 지도자는 자유 수호와 인권을 보장하는 것을 목표로 삼아야 한다.
④ 이사회는 재무 지표 현황과 개선 계획을 수립, 다음 달부터 시행하기로 하였다.
⑤ 이 여론조사 결과는 현재 무엇을 시급히 개선해야 한다는 점을 말해주고 있다.

4. 가장 자연스러운 문장은?

21년 국가직 9급

① 날씨가 선선해지니 역시 책이 잘 읽힌다.
② 이렇게 어려운 책을 속독으로 읽는 것은 하늘의 별 따기이다.
③ 내가 이 일의 책임자가 되기보다는 직접 찾기로 의견을 모았다.
④ 그는 시화전을 홍보하는 일과 시화전의 진행에 아주 열성적이다.

5. 우리말의 어법에 맞고, 의미가 정확한 문장은?

　　　　　　　　　　　　　　　　　21년 국회직 9급

① 지하철 공사가 이제 시작됐으니, 언제 개통될지는 불투명하다.
② 수출 증대를 위해서는 이 제품의 장점과 단점을 보완해야 한다.
③ 그 문제를 논의하자면 오후에는 팀원 전체가 모여 회의를 가질 겁니다.
④ 다행히 비상문이 열려져 있어 인명 피해가 크지 않았습니다.
⑤ 선배가 농담으로 한 말이 그에게 큰 상처를 입혔습니다.

6. 문장 성분의 호응이 자연스러운 것은?

　　　　　　　　　　　　　　　　　20년 국가직 9급

① 내가 강조하고 싶은 점은 우리가 고유 언어를 가졌다.
② 좋은 사람과 대화하며 함께한 일은 즐거운 시간이었다.
③ 내 생각은 집을 사서 이사하는 것이 좋겠다고 결정했다.
④ 그는 내 생각이 옳지 않다고 여러 사람 앞에서 말을 하였다.

7. 다음 중 가장 적절한 문장은?

　　　　　　　　　　　　　　　　　20년 군무원 9급

① 인생을 살다 보면 남을 도와주기도 하고 도움을 받기도 한다.
② 형은 조문객들과 잠시 환담을 나눈 후 다시 상주 자리로 돌아왔다.
③ 가벼운 물건이라도 높은 위치에서 던지면 인명 사고나 차량 파손을 일으킬 수 있다.
④ 중인이 보는 앞에서 병기에게 친히 불리어서 가까이 가는 것만 해도 여간한 우대였다.

8. 우리말 어법에 맞고 가장 자연스러운 문장은?

　　　　　　　　　　　　　　　　　20년 군무원 9급

① 그의 하루 일과를 일어나자마자 아침 신문을 읽는 데서 시작한다.
② 저녁노을이 지는 들판에서 농부 내외가 조용히 기도하는 모습이 멀리 보였다.
③ 졸업한 형도 못 푸는 문제인데, 하물며 네가 풀겠다고 덤볐다.
④ 제가 여러분에게 당부하고 싶은 것은 주변 환경을 탓하지 마시기 바랍니다.

9. 어법에 어긋난 문장을 수정하고 설명한 예로 적절하지 않은 것은? 　　　　　　　　　　　19년 지방직 9급

① 관련 도서는 해당 부서에 비치하고 관계자에게 열람한다.
→ 서술어 '열람하다'는 부사어 '관계자에게'와 호응하지 않으므로 '열람하게 한다.'와 같이 바꾼다.
② 해안선에서 200미터 이내의 수역을 제외된 상태에서 논의를 진행하겠습니다.
→ 목적어 '수역을'과 서술어 '제외되다'는 호응하지 않으므로 '제외된'은 '제외한'으로 바꾼다.
③ 안내서 및 과업 지시서 교부는 참가 신청자에게만 교부한다.
→ '과업 지시서 교부'와 서술어 '교부하다'는 의미상 중복되며 호응하지 않으므로 앞의 '교부'를 삭제한다.
④ 유사한 내용의 제안이 접수되었을 때에는 먼저 접수된 것이 우선한다.
→ '접수되었을 때에는'은 사건이나 행위가 완료된 상황을 나타내므로 '접수될 때에는'으로 바꾼다.

11. 어법에 어긋나는 문장을 수정하고 설명한 예로 옳지 않은 것은? 　　　　　　　　　　　18년 지방직 9급

① 전철 내에서 뛰지 말고, 문에 기대거나 강제로 열려고 하지 마십시오.
→ '열다'는 타동사이므로 '강제로'와 '열려고' 사이에 목적어 '문을'을 보충하여야 한다.
② ○○시에서 급증하는 생활용수를 안정적으로 공급하기 위하여 시행하는 사업임
→ 생활용수에 대한 수요가 급증하는 것이지 생활용수가 급증하는 것이 아니므로, '급증하는 생활용수의 수요에 대응하여 생활용수를 안정적으로 공급하기 위하여'로 고쳐야 한다.
③ 사고 원인 파악과 재발 방지 대책을 조속히 마련하여
→ '사고 원인 파악을 마련하여'로 해석될 수 있으므로 앞의 명사구를 '사고 원인을 파악하고'로 고쳐 절과 절의 접속으로 바꾸어야 한다.
④ 도량형은 미터법 사용을 원칙으로 하되 각종 증빙 서류 등을 미터법 이외의 도량형으로 작성할 경우 미터법으로 환산한 수치를 병기함
→ '하되'는 앞뒤 문장의 내용을 연결하는 어미로 적합하지 않으므로 '하며'로 고쳐야 한다.

10. 문장 쓰기 어법이 가장 옳은 것은? 　18년 서울시 9급

① 한국 정부는 독도 영유권 문제에 대하여 일본에 강력히 항의하였다.
② 경쟁력 강화와 생산성의 향상을 위해 경영 혁신이 요구되어지고 있다.
③ 이것은 아직도 한국 사회가 무사안일주의를 벗어나지 못했다는 생각이 든다.
④ 냉정하게 전력을 평가해 봐도 한국이 자력으로 16강 티켓 가능성은 높은 편이다.

12. 문장 성분의 호응이 가장 자연스러운 것은? 　18년 국가직 7급

① 세종이 한글을 만든 것은 모든 한자 사용을 없애고자 한 의도였다.
② 우리는 균형 있는 식단 마련과 쾌적한 실내 분위기를 조성하는 노력을 꾸준히 해 왔다.
③ 우리 팀에서는 가능한 한 많은 관중이 동원될 수 있도록 모든 홍보 방안을 고려해 왔다.
④ 아래에 제시된 두 가지 통계 자료를 살펴보면, 2000년대 이후 복지 정책에 상당히 큰 변화가 일어나고 있다.

13. 문장 성분의 호응이 가장 자연스러운 것은?

　　　　　　　　　　　　　18년 지방직 7급

① 대화명을 규정에 맞게 변경하지 않는 사람은 관리자가 카페 이용을 제한해야 한다.
② 그 일이 벌어졌을 때 아마 마음속으로라도 박수를 보내는 사람은 얼마나 되었을까.
③ 월드컵에서 보여 준 에너지를 바탕으로 국민 대통합과 국가 경쟁력을 제고해야 한다.
④ 행복의 조건으로서 물질적 기반 이외에 자질의 연마, 인격, 원만한 인간관계 등이 필요하다는 것이다.

14. ㉠~㉣에 해당하는 사례로 적절하지 않은 것은?

　　　　　　　　　　　　　20년 국가직 7급

> 문장 오류의 유형으로 ㉠서술어와 주어가 서로 호응하지 않는 경우, ㉡서술어와의 호응이 필요한 보어가 누락된 경우, ㉢서술어와의 호응이 필요한 목적어가 누락된 경우, ㉣서술어와의 호응이 필요한 필수적 부사어가 누락된 경우 등이 종종 관찰된다.

① ㉠: 내 말의 요점은 지속 가능한 기후 환경을 조성하기 위하여 우리 모두 열심히 노력하자.
② ㉡: 나는 이 일의 적임자를 찾는 것보다 내가 직접 되기로 결심했다.
③ ㉢: 겁이 많았던 나는 혼자 해외로 여행을 가는 것이 못내 무서워 동행하였다.
④ ㉣: 우리와 함께 살아가는 동물은 사람을 경계하기도 하지만 때때로 의지하기도 한다.

15. ㉠~㉣을 고쳐 쓴 것으로 적절하지 않은 것은?

　　　　　　　　　　　　　24년 지방직 9급

> 얼마 전 나는 유명 축구 선수의 성공 과정을 담은 다큐멘터리 프로그램을 시청했다. 방송을 본 대부분의 사람들은 ㉠괴로운 고난을 이겨낸 그 선수의 노력과 집념에 감동을 받았을 것이다. ㉡그러므로 나는 그 선수의 가족과 훈련 트레이너 등 주변 사람들에게 더 큰 감명을 받았다.
> 　선수의 가족들은 선수가 전지훈련을 가거나 원정 경기를 할 때 묵묵히 뒤에서 응원하는 역할을 했고, 훈련 트레이너는 선수의 체력 증진은 물론 컨디션 조절 등에도 많은 역할을 하고 있었다. ㉢나는 그런 훈련 트레이너가 되는 과정이 궁금해졌다. 비록 사람들의 관심이 최고의 자리에 오른 그 선수에게로 향하는 것은 당연한 ㉣일로, 나는 그 가족과 훈련 트레이너의 도움이 주목받지 못하는 것 같아서 안타까웠다.

① ㉠은 의미가 중복되므로 '고난'으로 고친다.
② ㉡은 앞뒤 문장의 연결을 고려하여, '그러나'로 바꾼다.
③ ㉢은 글 전체의 흐름을 고려하여 삭제한다.
④ ㉣은 부사와의 호응을 고려하여, '일이라면'으로 수정한다.

16. ㉠~㉣에 대한 고쳐 쓰기 방안으로 적절하지 않은 것은?

　　　　　　　　　　　　　22년 지역인재 9급

> 미디어의 영향 아래에 ㉠놓여진 대중은 자신의 신념과 사고 활동의 번거로움을 포기하고 모든 평가와 판단을 ㉡미디어에 맡긴다. 자신의 평가와 판단을 미디어에 양도하는 사람은 시간을 효율적으로 사용할 수 있게 되어 더 빨리 성공할 수 있을지는 모른다. ㉢그래서 그들은 세상 밖의 진실을 볼 수 있는 기회를 갖지 ㉣못할뿐만 아니라 인생의 깊이도 얻지 못할 것이다.

① ㉠은 이중피동이 사용되었으므로 '놓인'으로 고쳐 쓴다.
② ㉡은 부적절한 표현이므로 '미디어를 배격한다'로 고쳐 쓴다.
③ ㉢은 접속 부사가 잘못 사용되었으므로 '그러나'로 고쳐 쓴다.
④ ㉣은 띄어쓰기가 잘못되었으므로 '못할 뿐만'으로 고쳐 쓴다.

17. 다음 글을 고쳐 쓰기 위한 방안으로 적절하지 않은 것은? 　　　　　　　　　　17년 국가직 9급 추가채용

> 산업 폐기물 처리장이 들어서게 될 지역 주민들도 그 시설의 필요성은 인정하고 있다. ㉠그리고 그런 시설이 자기 고장에 들어서는 것을 받아들이려는 사람은 많지 않다. ㉡그 필요성은 인정하지만, 내 고장에는 안 된다는 것이다. 이러한 태도는 공공의 이익을 외면하는 ㉢지역 이기주의에 다름 아니다. 잊지 말아야 할 사실은 폐기물 처리장 건설을 뒤로 미루면 그로 인한 피해가 결국 ㉣우리 모두에게 돌아온다. 나와 내 이웃이 공존할 수 있는 사회를 만들기 위해서는 지역 이기주의를 타파해야 한다.

① ㉠은 앞뒤 문장을 자연스럽게 연결하기 위해 '그러나'로 바꾼다.
② ㉡은 주제와 상관없는 내용이므로 문단의 통일성을 위해 삭제한다.
③ ㉢은 우리말답지 않은 표현으로 '지역 이기주의이다'로 순화한다.
④ ㉣은 주어와 호응하지 않으므로 '우리 모두에게 돌아온다는 것이다'로 고친다.

18. 다음 글의 ㉠~㉣에 대한 고쳐 쓰기 방안으로 적절하지 않은 것은? 　　　　　　　　　　20년 지방직 9급

> 현재 리셋 증후군이 인터넷 중독의 한 유형으로 ㉠꼽혀지고 있다. 리셋 증후군 환자들은 현실에서 잘못을 하더라도 버튼만 누르면 해결될 수 있다고 생각해서 아무런 죄의식이나 책임감 없이 행동한다. ㉡'리셋 증후군'이라는 말은 1990년 일본에서 처음 생겨났는데, 국내에선 1990년대 말부터 쓰이기 시작했다. 리셋 증후군 환자들은 현실과 가상을 구분하지 못하여 게임에서 실행했던 일을 현실에서 저지르고 뒤늦게 후회하는 경우가 많다. 특히, 이러한 특성을 지닌 청소년들은 무슨 일이든지 쉽게 포기하고 책임감 없는 행동을 하며, 마음에 들지 않는 사람이 있으면 ㉢막다른 골목으로 몰 듯 관계를 쉽게 끊기도 한다.
> 리셋 증후군은 행동 양상이 명확히 나타나지 않는 편이라 쉽게 판별하기 어렵고 진단도 쉽지 않다. ㉣이와 같이 예방을 위해 지속적으로 주위 사람들과 대화를 나누고, 현실과 인터넷 공간을 구분하는 능력을 길러야 한다.

① 불필요한 이중 피동 표현으로 어법에 맞게 ㉠을 '꼽고'로 수정한다.
② 글의 맥락상 자연스럽지 않으므로 ㉡은 첫 번째 문장 뒤로 옮긴다.
③ 앞뒤 문맥을 고려할 때 ㉢은 '칼로 무를 자르듯'으로 수정한다.
④ 앞 문장과의 연결을 고려하여 ㉣을 '그러므로'로 수정한다.

19. 다음 글을 퇴고할 때, ⊙~㉣ 중 어법상 수정할 필요가 있는 것은? 📄 24년 국가직 9급

주지하듯이 ⊙<u>기후 위기는 날이 갈수록 심각해지고 있다</u>. 극지방의 빙하가 녹고, 유럽에는 사상 최악의 폭염과 가뭄이 발생하고 그 반대편에서는 감당하기 어려울 정도의 폭우가 쏟아져 많은 사람이 고통받고 있다. ㉡<u>우리의 삶을 지속적으로 위협하는 이러한 기상 재해 앞에서</u> 기후학자로서 자괴감이 든다. 무엇이 문제인지, 상황이 얼마나 심각한지 잘 알고 있으면서도 지구의 위기를 그저 바라만 볼 수밖에 없다.

그러나 우리가 기후 문제에 관심을 가지고 적극적으로 대처한다면 아직 희망이 있다. 크게는 신재생 에너지와 관련하여 ㉢<u>국가 정책 수립과 국제 협약을 체결하기 위해</u> 힘을 기울여야 한다. 작게는 일상생활에서 불필요한 소비를 줄이고 에너지 절약을 습관화해야 한다. 만시지탄(晚時之歎)일 수는 있겠으나, ㉣<u>지구가 파국으로 치닫는 것을 막을 기회는 아직 남아 있다</u>. 우리 모두 힘을 모아 지구의 위기를 극복하여야 한다.

① ⊙ ② ㉡
③ ㉢ ④ ㉣

20. 다음 글의 ⊙~㉣을 〈지침〉에 따라 수정하는 방안으로 적절하지 않은 것은? 📄 23년 지방직 7급

제목: ⊙△△시에서 개최하는 "△△시 취업 박람회"
1. 목적: ㉡지역 브랜드 홍보와 향토 기업 내실화로 지역 경제 활성화 도모
2. 행사 개요
   가. 일자: 2023. 11. 11.
   나. 장소: △△시청 세종홀
   다. 주요 행사: 구직자 상담 및 모의 면접, ㉢△△시 취업 지원 센터 활동 보고
3. 신청 방식: ㉣온라인 신청서 접수

[지침]
- 제목을 중복된 표현 없이 간결하게 쓴다.
- 목적과 행사 개요를 행사의 주요 대상인 지역민과 지역 기업을 중심으로 작성한다.
- 신청할 수 있는 방식을 다양하게 제시한다.

① ⊙을 '△△시 취업 박람회 개최'로 수정한다.
② ㉡을 '지역민의 취업률 제고'로 수정한다.
③ ㉢을 '△△시 소재 기업의 일자리 홍보'로 수정한다.
④ ㉣을 '행사 10일 전까지 시청 누리집에 신청서 업로드'로 수정한다.

21. 다음 대화의 ㉠에 따라 〈계획안〉을 수정한 것으로 적절하지 않은 것은? 　21년 국가직 7급 PSAT 언어논리

갑: 나눠드린 'A 시 공공 건축 교육 과정' 계획안을 다 보셨죠? 이제 계획안을 어떻게 수정하면 좋을지 각자의 의견을 자유롭게 말씀해 주십시오.

을: 코로나19 상황을 고려해 대면 교육보다 온라인 교육이 좋겠습니다. 그리고 방역 활동에 모범을 보이는 차원에서 온라인 강의로 진행한다는 점을 강조하는 것이 좋겠습니다. 온라인 강의는 편안한 시간에 접속하여 수강하게 하고, 수강 가능한 기간을 명시해야 합니다. 게다가 온라인으로 진행하면 교육 대상을 A 시 시민만이 아닌 모든 희망자로 확대하는 장점이 있습니다.

병: 좋은 의견입니다. 여기에 덧붙여 교육 대상을 공공 건축 업무 관련 공무원과 일반 시민으로 구분하는 것이 좋겠습니다. 관련 공무원과 일반 시민은 기반 지식에서 차이가 커 같은 내용으로 교육하기에 적합하지 않습니다. 업무와 관련된 직무 교육 과정과 일반 시민 수준의 교양 교육 과정으로 따로 운영하는 것이 좋겠습니다.

을: 교육 과정 분리는 좋습니다만, 공무원의 직무 교육은 참고할 자료가 많아 온라인 교육이 비효율적입니다. 직무 교육 과정은 다음에 논의하고, 이번에는 시민 대상 교양 과정으로만 진행하는 것이 좋겠습니다. 그리고 A 시의 유명 공공 건축물을 활용해서 A 시를 홍보하고 관심을 끌 수 있는 주제의 강의가 있으면 좋겠습니다.

병: 그게 좋겠네요. 마지막으로 덧붙이면 신청 방법이 너무 예전 방식입니다. 시 홈페이지에서 신청 게시판을 찾아가는 방법을 안내할 필요는 있지만, 요즘 같은 모바일 시대에 이것만으로는 부족합니다. A 시 공식 어플리케이션에서 바로 신청서를 작성하고 제출할 수 있도록 하면 좋겠습니다.

갑: ㉠오늘 회의에서 나온 의견을 반영하여 계획안을 수정하도록 하겠습니다. 감사합니다.

〈계획안〉
A 시 공공 건축 교육 과정
• 강의 주제: 공공 건축의 미래 / A 시의 조경
• 일시: 7. 12.(월) 19:00 ~ 21:00
　　　 / 7. 14.(수) 19:00 ~ 21:00
• 장소: A 시 청사 본관 5층 대회의실
• 대상: A 시 공공 건축에 관심 있는 A 시 시민 누구나
• 신청 방법: A 시 홈페이지 → '시민참여' → '교육' → '공공 건축 교육 신청 게시판'에서 신청서 작성

① 강의 주제에 "건축가협회 선정 A 시의 유명 공공 건축물 TOP3"를 추가한다.
② 일시 항목을 "• 기간: 7. 12.(월) 06:00 ~ 7. 16.(금) 24:00"으로 바꾼다.
③ 장소 항목을 "• 교육방식: 코로나19 확산 방지를 위해 온라인 교육으로 진행"으로 바꾼다.
④ 대상을 "A 시 공공 건축에 관심 있는 사람 누구나"로 바꾼다.
⑤ 신청 방법을 "A 시 공식 어플리케이션을 통한 A 시 공공 건축 교육 과정 간편 신청"으로 바꾼다.

22. ⟨공공언어 바로 쓰기 원칙⟩에 따라 ⟨공문서⟩의 ㉠~㉢을 수정한 것으로 적절하지 않은 것은?
　　25년 출제기조 전환 예시문항 1차

[공공언어 바로 쓰기 원칙]
- 중복되는 표현을 삼갈 것.
- 대등한 것끼리 접속할 때는 구조가 같은 표현을 사용할 것.
- 주어와 서술어를 호응시킬 것.
- 필요한 문장 성분이 생략되지 않도록 할 것.

[공문서]
한국의약품정보원

수신 국립국어원
(경유)
제목 의약품 용어 표준화를 위한 자문회의 참석 ㉠안내 알림

1. ㉡<u>표준적인 언어생활의 확립과 일상적인 국어 생활을 향상하기 위해</u> 일하시는 귀원의 노고에 감사드립니다.
2. 본원은 국내 유일의 의약품 관련 비영리 재단법인으로서 의약품에 관한 ㉢<u>표준 정보가 제공되고 있습니다</u>.
3. 의약품의 표준 용어 체계를 구축하고 ㉣<u>일반 국민도 알기 쉬운 표현으로 개선하여</u> 안전한 의약품 사용 환경을 마련하기 위해 자문회의를 개최하니 귀원의 연구원이 참석해 주시기를 바랍니다.

① ㉠: 안내
② ㉡: 표준적인 언어생활을 확립하고 일상적인 국어 생활의 향상을 위해
③ ㉢: 표준 정보를 제공하고 있습니다.
④ ㉣: 의약품 용어를 일반 국민도 알기 쉬운 표현으로 개선하여

23. ⟨공공언어 바로 쓰기 원칙⟩에 따라 수정한 것으로 적절하지 않은 것은?
　　25년 출제기조 전환 예시문항 2차

[공공언어 바로 쓰기 원칙]
○ 주어와 서술어의 호응
　- ㉠ <u>능동과 피동의 관계를 정확하게 사용함.</u>
○ 여러 뜻으로 해석되는 표현 삼가기
　- ㉡ <u>중의적인 문장을 사용하지 않음.</u>
○ 명료한 수식어구 사용
　- ㉢ <u>수식어와 피수식어의 관계를 분명하게 표현함.</u>
○ 대등한 구조를 보여 주는 표현 사용
　- ㉣ '-고', '와/과' 등으로 접속될 때에는 대등한 관계를 사용함.

① "이번 총선에서 국회의원 ○○○명을 선출되었다."를 ㉠에 따라 "이번 총선에서 국회의원 ○○○명이 선출되었다."로 수정한다.
② "시장은 시민의 안전에 관하여 건설업계 관계자들과 논의하였다."를 ㉡에 따라 "시장은 건설업계 관계자들과 시민의 안전에 관하여 논의하였다."로 수정한다.
③ "5킬로그램 정도의 금 보관함"을 ㉢에 따라 "금 5킬로그램 정도를 담은 보관함"으로 수정한다.
④ "음식물의 신선도 유지와 부패를 방지해야 한다."를 ㉣에 따라 "음식물의 신선도를 유지하고, 부패를 방지해야 한다."로 수정한다.

PART 2
속독의 기초가 되는 구조 독해

Chapter 01 중심 화제와 주제   44

Chapter 02 정보 관계와 접속어   58

Chapter 03 서술 전개 방식   64

Chapter 01 중심 화제와 주제

'중심 화제'를 찾는다?

지문의 세부 정보를 확인하였다 ➡ 누군가 전달하고자 하는 이야기의 핵심을 이해한다

↳ 정상의 시력 + 집중력 필요   ↳ 어휘력 + 문장 추론력 + 요약 능력 + 눈치 필요

중심 화제를 찾는 것은 지문에서 전달하고자 하는 이야기의 **주어**를 찾는 것입니다.
지문에 등장하는 모든 어휘 중에서 **가장 중요한 어휘**를 가려내야 하는 것이죠.

1 중심 화제를 찾기 위한 알고리즘

① 가장 많이 언급되고 있는 어휘가 무엇인지 확인한다.
  ↳ 핵심어를 파악할 때에는 가장 많이 쓰인 어휘를 확인해야 한다. 한 문단에 많이 나온 것이 아니라 각 문단에 골고루 사용된 것을 말한다.

② 끝까지 언급되고 있는 어휘가 무엇인지 확인한다.
  ↳ 처음에는 많이 언급되다가 뒷부분에 가면서 언급되지 않는 어휘는 핵심어라고 할 수 없다. 끝까지 관련 진술이 언급되는 어휘가 핵심어이다.

③ 각 문단의 핵심어를 먼저 파악한다.
  ↳ 글 전체의 핵심어를 파악하기 전에 먼저 각 문단에 언급되어 있는 핵심어를 파악해야 한다. 이러한 핵심어 중에서 글 전체를 통해서 가장 많이 언급되어 있는 것이 그 글의 핵심어라고 할 수 있기 때문이다.

④ 핵심어를 중심으로 필자가 초점을 맞추고 있는 부분을 확인한다.
  ↳ 글 전체의 핵심 내용을 파악할 때에는 필자가 초점을 맞추고 있는 내용이 무엇인가를 핵심어를 바탕으로 정리해야 한다. 또 필자가 가장 강조하는 내용이라든지, 제목으로 적절한 것도 모두 핵심 내용이라는 것을 알아야 한다.

'주제'를 찾는다?

지문에는 **주어(중심 화제)**에 대한 많은 정보가 담겨 있습니다.
주제란 지문에 제시된 중심 화제의 모든 서술어를 합해서 만든 **단 하나의 문장**입니다. 따라서 **주제**를 찾으려면 지문의 많은 서술어를 경쟁시켜서 가장 중요하고도 포괄적인 하나의 서술어를 찾아내야 합니다.
그런데 문제는 매력적인 오답도 내가 준비한 **가답안**(스스로 지문을 읽고 요약하여 만든 주제)과 유사하다는 것입니다. 따라서, 정답을 골라내기 위한 기준으로는 **가답안**을 사용하면서, 동시에 오답 패턴을 익혀 두고 소거 기준으로 함께 사용해야 합니다.
그렇다면 출제자는 어떻게 **주제 찾기**의 오답을 만들어 낼까요?

2 주제를 찾기 위한 알고리즘

1. 글에서 자주 반복되는 단어나 어구 등에 주목하여 핵심어를 찾는다.
   ↳ 주로 서두에 글의 화제가 제시되는데, 자주 반복되는 어휘나 추가적 정보를 파생시키는 어휘에 집중하자.

2. 핵심어를 통해 각 문단의 소주제를 파악한다.
   ↳ 문단별로 핵심어에 동그라미를 치고, 그에 대한 주요 서술에 밑줄을 긋는 등 펜터치를 하자. 문단별 소주제를 연결하면 그것이 결국 글의 흐름이 된다.

3. 문단 간의 관계를 파악한다.
   ↳ 문단 간의 관계를 파악하는 것은 글의 구조를 파악하는 일이다. 글의 구조, 즉 글의 짜임새는 필자가 논지를 전개해 나가는 방식이다.

4. 각 문단의 소주제 중 필자의 집필 의도가 집중된 부분을 찾는다.
   ↳ 주제는 각 문단의 소주제를 포괄한다. 중심 화제에 핵심어가 포함되듯 주제문에도 반드시 화제가 포함된다.

3 중심 화제 오답을 피하는 알고리즘

① '보조 화제'를 중심 화제로 착각하지 말 것!
  ↳ 중심 화제를 쉽게 설명하기 위해 활용하는 보조적인 글감

② '보조 관념'을 중심 화제로 착각하지 말 것!
  ↳ 중심 화제를 효과적으로 전달하기 위해 비유적으로 활용하는 글감
  예) 그녀는 장미다. → 중심 화제는 '그녀'(원관념)입니다.

③ '무의미어'를 중심 화제로 착각하지 말 것!
  ↳ 글의 내용을 이어 나가기 위해 활용하는 메타적인 어휘
  예) 이 사회에서 가장 중요한 것은 ○○○다.
    → '가장 중요한 것'은 무의미어, ○○○이 중심 내용입니다.

4 주제 오답을 피하는 알고리즘

① 중심 화제를 확대하여 만든 오답이 아닌지 주의할 것!
  ↳ 작은 옷은 못 입으니 단번에 알지만, 큰 옷은 입을 수 있으니 몸에 맞다고 착각!
  지문에서 선지 밖으로 나가는 내용이 없네? 안전하군. 이렇게 착각하는 것이죠.
  하지만 잊지 마세요. 주제 찾기 패턴은 항상 '가장 적절한 것'을 묻습니다.
  예) 공룡 발자국 화석을 분석한 지문의 주제를 '공룡 화석 탐구'로 만든다.

② 지문을 대표할 수 없는 부분적인 내용이 아닌지 점검할 것!
  ↳ 지문에 있는 내용이라고 모두 주제가 될 수는 없습니다.
  주제 찾기 패턴은 '참'을 찾는 것이 아닙니다.
  예) 사계절의 아름다움을 이야기한 지문의 주제를 '신록의 아름다움'으로 만든다.

③ 중심 화제에 대한 논점을 왜곡하거나 거짓 정보를 활용하지 않았는지 점검할 것!
  ↳ 글은 '무엇(중심 화제)'에 대해서 '어떠하다/어찌하다/무엇이다'라고 서술합니다.
  서술 부분에서 필자의 의도를 왜곡하거나 거짓을 만들 수 있습니다.
  예) 중심 화제의 문제점을 다룬 설명문의 주제를 '~해야 한다'는 식의 주장으로 만든다.

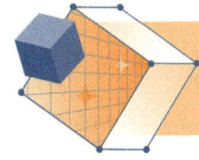

중심 화제와 주제

1. 다음 글의 제목으로 가장 적절한 것은?

12년 지방직 7급

고전 시대의 수사학자들은 여러 종류의 아이러니를 구별하는 데 능하였고, 바로크 시인들과 비평가들은 아이러니를 의식적으로 개발하여 18세기 작가들에게 전달해 주었는데 슐레겔과 티크 등 독일 낭만주의자들은 아이러니를 실제의 역설적(逆說的) 본질을 표현하는 수단으로 파악하였다. 이후 아이러니의 현대적 논의에서는 두 개의 주요한 유형인 말의 아이러니(verbal irony)와 극적 아이러니(dramatic irony)가 강조되고 있다. 말의 아이러니는 하나의 의미가 진술되고 정반대의 다른 의미가 의도되는 말하기의 한 형태이다. 반면에 극적 아이러니는 플롯 장치의 하나인데, 주로 등장인물이 적절하고 현명한 방법과는 반대로 반응하거나 등장인물과 상황들이 반어적 효과를 위해서 비교되거나 대조되는 경우를 지칭한다.

① 아이러니와 수사학의 정체성
② 아이러니의 역사와 유형
③ 아이러니의 내용과 창작
④ 아이러니의 현대적 계승과 사례

2. 다음 글의 제목으로 가장 적절한 것은?

19년 지방직 9급

계몽주의 사상가들은 명백히 모순되는 두 개의 견해를 취했다. 그들은 인간의 위치를 자연계 안에서 해명하려고 애썼다. 역사의 법칙이란 것을 자연의 법칙과 동일한 것으로 여겼다. 다른 한편, 그들은 진보를 믿었다. 그렇다면 그들이 자연을 진보하는 것으로, 다시 말해 끊임없이 어떤 목적을 향해서 전진하는 것으로 받아들인 데에는 어떤 근거가 있었던가? 헤겔은 역사는 진보하는 것이고 자연은 진보하지 않는 것이라고 뚜렷이 구분했다. 반면, 다윈은 진화와 진보를 동일한 것으로 주장함으로써 모든 혼란을 정리한 듯했다. 자연도 역사와 마찬가지로 진보하는 것으로 본 것이다. 그러나 이것은 진화의 원천인 생물학적인 유전(biological inheritance)을 역사에서의 진보의 원천인 사회적인 획득(social acquisition)과 혼동함으로써 훨씬 더 심각한 오해에 이를 수 있는 길을 열어 놓았다. 오늘날 그 둘이 분명히 구별된다는 것은 익히 알려진 것이다.

① 진보와 진화에 관한 견해들
② 역사의 법칙과 자연의 법칙
③ 인간 유전의 사회적 의미
④ 자연의 진보에 대한 증거

3. 다음 중 아래 글의 제목으로 가장 옳은 것은?

　방정식이라는 단어는 '정치권의 통합 방정식', '경영에서의 성공 방정식', '영화의 흥행 방정식' 등 다양한 분야에서 애용된다. 수학의 방정식은 문자를 포함하는 등식에서 문자의 값에 따라 등식이 참이 되기도 하고 거짓이 되기도 하는 경우를 말한다. 통합 방정식의 경우, 통합을 하는 데 여러 변수가 있고 변수에 따라 통합이 성공하거나 실패할 수 있으므로 방정식이라는 표현은 대체로 적절하다.
　그런데 방정식은 '변수가 많은 고차 방정식', '국내·국제·남북 관계의 3차 방정식'이란 표현에서 보듯이 차수와 함께 거론되기도 한다. 엄밀하게 따지면 변수의 개수와 방정식의 차수는 무관하다. 변수가 1개라도 고차 방정식이 될 수 있고 변수가 많아도 1차 방정식이 될 수 있다. 따라서 상황에 영향을 미치는 변수의 개수에 따라 m원 방정식으로, 상황의 복잡도에 따라 n차방정식으로 구분할 필요가 있다. 또 4차 방정식까지는 근의 공식, 즉 일반해가 존재하므로 해를 구할 수 없을 정도의 난맥상이라면 5차 방정식 이상이라는 표현이 안전하다.

① 수학 용어의 올바른 활용
② 실생활에서의 수학 공식의 적용
③ 방정식의 정의와 구성 요소
④ 수학 용어의 추상성과 엄밀성

4. 다음 글의 제목으로 가장 적절한 것은?

　당시 영국의 곡물법은 식량 가격의 인상을 유발하지 않으면서도 자국의 농업 생산을 장려하고자 하는 목적에서 제정된 것으로, 이 법에 따라 영국 정부는 수입 곡물에 대해 탄력적인 관세율을 적용하여 곡가(穀價)를 적정하게 유지하고자 하였다. 그런데 나폴레옹 전쟁 이후 전시 수요는 크게 둔화된 반면, 대륙 봉쇄가 풀리면서 곡물 수입이 활발해짐에 따라 식량 가격은 하락하기 시작했다. 이에 농부들은 수입 곡물에 대해 관세를 더욱 높일 것을 요구하였다. 아울러 이러한 요구는 국력의 유지와 국방의 측면을 위해서도 국내 농업 생산 보호가 필요하다는 지주들의 주장에 의해 뒷받침되었다. 이와는 달리, 공장주들은 수입 곡물에 대한 관세 인상을 반대하였다. 관세가 인상되면 곡가가 오르고 임금도 오르게 되며, 그렇게 되면 이윤이 감소하고 제조품의 수출도 감소하여 마침내 제조업의 파멸을 초래하게 된다는 것이었다. 이에 공장주들은 영국의 미래는 농업이 아니라 공업의 확장에 달려 있다고 주장하면서 곡물법의 즉각적인 철폐를 요구하기에 이르렀다.

① 영국 곡물법의 개념
② 영국 곡물법의 철폐
③ 영국 곡물법에 대한 의견
④ 영국 곡물법의 제정과 변화

5. 다음 글의 중심내용으로 가장 옳은 것은?

21년 군무원 9급

이제 우리는 세계의 변방이 아니다. 세계화는 점점 더, 과거와는 분명 다르게 우리가 주목과 관심의 대상이 되는 방향으로 진행되고 있다. 이제 한국은 더 이상 '작은 나라'라고만 생각하지 않게 되었다. 한국인의 예술성을 세계에서 인정하고 있는 지금 이 시기에 가장 중요한 것은 무엇일까? 그 무엇보다 시급한 것이 바로 '전략'이다. 지금이야말로 세계 시장에 우리의 예술을 알릴 수 있는 기회가 왔고, 우리만의 전략이 필요한 시기가 왔다.

한국인의 끼는 각별하다. 신바람, 신명풀이가 문화유전자로 등록되어 있는 민족이다. 게다가 신이 나면 어깨춤 덩실덩실 추던 그 어깨 너머로 쓱 보고도 뚝딱 뭔가 만들어낼 줄 아는 재주와 감각도 있고, 문화선진국의 전문가들도 감탄하는 섬세한 재능과 디테일한 예술적 취향도 있다. 문화예술의 시대를 맞은 오늘날, 우리가 먹거리로 삼을 수 있고 상품화할 수 있는 바탕들이 다 갖추어진 유전자들이다. 선진이 선진이고 후진이 후진이면 역사는 바뀌지 않는다. 선진이 후진 되고 후진이 선진될 때 시대가 바뀌고 새로운 역사가 시작되는 법이다. 우리 앞에 그런 전환점이 놓여 있다.

① 주어진 현실에 안주하는 실리감각
② 다가오는 미래에 대한 희망찬 포부
③ 냉엄한 국제질서에 따른 각박한 삶
④ 사라져 가는 미풍양속에 대한 아쉬움

6. 다음 글의 제목으로 적절한 것은?

21년 국회직 8급

철로 옆으로 이사를 가면 처음 며칠 밤은 기차가 지나갈 때마다 잠에서 깨지만 시간이 흘러 기차 소리에 친숙해지면 그러지 않는다. 왜 그럴까? 귀에서 포착한 소리 정보가 뇌에 전달되는 과정에서 물리학적인 음파의 속성은 서서히 의미를 가진 정보로 바뀐다. 이 과정에서 감정을 담당하는 변연계에도 정보가 전달되어 모든 소리는 의식적이든 무의식적이든 감정을 유발한다. 또 소리 정보 전달 과정은 기억중추에도 연결되어 있어서 현재 들리는 모든 소리는 기억된 소리와 비교된다. 친숙하며 해가 없는 것으로 기억되어 있는 소리는 우리의 의식에 거의 도달하지 않는다. 그래서 이미 익숙해진 기차 소음은 뇌에 전달은 되지만 의미없는 자극으로 무시된다. 동물들은 생존하려면 자기에게 중요한 소리를 들을 수 있어야 한다. 특히 즉각적인 반응을 보여야 하는 경우에는 더욱 그렇다. 그래서 동물들은 자신의 천적이나 먹이 또는 짝짓기 상대방이 내는 소리는 매우 잘 듣는다. 사람도 같은 방식으로 반응한다. 아무리 시끄러운 소리에도 잠에서 깨지 않는 사람이라도 자기 아기의 울음소리에는 금방 깬다. 이는 인간이 소리를 듣는다는 것은 외부의 소리가 귀에 전달되는 것을 그대로 듣는 수동적인 과정이 아니라 소리가 뇌에서 재해석되는 과정임을 의미한다. 자기 집을 청소할 때 들리는 청소기의 소음은 견디지만 옆집 청소기 소음은 참기 어려운 것도 그 때문이다.

① 소리의 선택적 지각
② 소리 자극의 이동 경로
③ 소리의 감정 유발 기능
④ 인간의 뇌와 소리와의 관계
⑤ 동물과 인간의 소리 인식 과정 비교

7. 다음 글의 제목으로 적절한 것은?

23년 국회직 9급

반대신문식 토론은 크게 입론-반대신문-반론의 순서로 이어진다. 토론에서 찬반 측이 처음으로 자신의 주장을 펼치는 입론은 앞으로 진행될 논의의 흐름을 제시한다는 점에서 매우 중요하다. 찬반 측은 토론을 준비하며 논제에 대한 찬반 의견을 모두 조사하고 이를 바탕으로 입론의 개요를 작성해야 한다. 입론에서 양측은 모두 토론에서 필수적으로 다루어야 하는 쟁점인 필수 쟁점과 관련하여 언급해야 한다. 찬성 측은 필수 쟁점을 바탕으로 현재 상태의 변화를 주장해야 하는 입증의 책임을 가지며 반대 측은 필수 쟁점을 바탕으로 현재 상태의 변화가 필요 없다는 주장을 펼쳐야 한다.

토론자는 상대측의 입론을 들으며 그에 나타난 주장과 이유, 근거를 정리하고 비판적으로 검토하며 오류를 검증하는 질문을 제시해야 한다. 이처럼 토론에서 상대측의 발언에 나타난 논리적 허점이 드러나도록 질문하고 이에 대해 상대측의 답변을 듣는 과정을 반대신문이라고 한다.

입론과 반대신문의 과정 후 토론자는 반박을 통해 자신의 주장을 정리하며 청중을 설득해야 한다. 반박 시 앞서 다룬 모든 쟁점을 언급하기보다 그중 자신에게 유리한 쟁점을 선별하여 정리하는 것이 자신의 주장을 강화하는 데에 효과적이다. 또 반박 단계에서는 새로운 주장을 펼쳐선 안 된다. 반박 단계는 찬반 측이 마지막으로 주장을 발언하는 단계이므로 새로운 주장에 대해 검토할 시간이 부족하기 때문이다.

① 토론의 과정
② 토론자의 태도
③ 입론과 반론의 방법
④ 반대 토론의 방법
⑤ 입론과 반대신문의 과정

8. 다음 글의 중심 내용으로 가장 적절한 것은?

24년 지방직 9급

범죄소설이 지닌 이데올로기의 뿌리는 죽음에 대한 공포이다. 범죄소설의 탄생은 자본주의의 출현이라는 사회적 조건과 맞물려 있다. 자본주의가 출현하자 죽음을 대하는 태도가 근본적으로 변화했다. 원시사회에서는 죽음이 자연스러운 결과로 받아들여졌다. 죽음은 사람들이 스스로 준비해야 하는 것이면서, 가족과 사회로부터의 관심과 도움이 필요한 것이었다. 그러나 부르주아 사회에서는 인간이 소외되고, 소외된 인간은 노동을 하고 돈을 버는 데 없어서는 안 될 도구인 육체에 얽매이게 된다. 그에 따라 인간은 죽음에 강박관념을 갖게 되었다. 게다가 죽음은 불가피한 삶의 종결이 아니라 파국적 사고라는 견해를 갖게 된다. 죽음은 예기치 않은 사고라고, 강박적으로 바라보게 되면 폭력에 의한 죽음에 몰두하게 되고, 결국에는 살인과 범죄에 몰두하게 된다. 범죄소설에서 죽음은 인간의 운명이나 비극이 아니라 탐구의 대상이 되어버린다.

① 범죄소설은 자본주의의 출현 이후 죽음에 대한 달라진 태도에 기반을 두고 있다.
② 범죄소설은 부르주아 사회의 인간소외와 노동 문제를 다루는 문학 양식이다.
③ 범죄소설은 원시사회부터 이어져 온 죽음에 대한 보편적 공포로부터 생겨났다.
④ 범죄소설은 죽음을 예기치 못한 사고가 아닌 자연스럽고 불가피한 것으로 받아들인다.

9. 다음 글의 주장으로 가장 적절한 것은?

20년 지방직 9급

> 예술 작품의 복제 기술이 좋아지고 있음에도 불구하고 원본을 보러 가는 이유는 무엇인가? 예술 작품의 특성상 원본 고유의 예술적 속성을 복제본에서는 느낄 수 없다고 생각하는 경향이 강하기 때문이다. 사진은 원본인지 복제본인지 중요하지 않지만, 회화는 붓 자국 하나하나가 중요하기 때문에 복제본이 원본을 대체할 수 없다고 생각하는 사람들이 많다.
>
> 그러나 이러한 생각은 잘못이다. 회화와 달리 사진의 경우, 보통은 '그 작품'이라고 지칭되는 사례들이 여러 개 있을 수 있다. 20세기 위대한 사진작가 빌 브란트가 마음만 먹었다면, 런던에 전시한 인화본의 조도를 더 낮추는 방식으로 다른 곳에 전시한 것과 다른 예술적 속성을 갖게 할 수 있었을 것이다. 이것은 사진의 경우, 작가가 재현적 특질을 선택하고 변형할 수 있는 방법이 다양함을 의미한다.

① 복제본의 예술적 가치는 원본을 뛰어넘을 수 없다.
② 복제 기술 덕분에 예술의 매체적 특성이 비슷해졌다.
③ 복제본의 재현적 특질을 변형하는 방법은 제한적이다.
④ 복제본도 원본과는 다른 별개의 예술적 특성을 담보할 수 있다.

10. 다음 발화에 나타난 주장으로 가장 적절한 것은?

20년 지방직 7급

> 신어(新語)에 대해 말할 때, 보통 유행어나 비속어, 은어와 같은 한정된 대상을 떠올리는 경우가 많습니다. 그런데 신어 연구의 대상은 특정한 범주의 언어, 소수 집단의 언어에 한정되지 않습니다. 어려운 전문 용어는 의사소통의 효율성이나 교육적 목적을 위해 순화된 신어로 대체할 필요가 있는데, 특히, 상당수의 전문 용어는 신어에 대한 정책적인 고려가 필요해 보입니다. 예를 들어 '좌창(痤瘡)'이라는 의학 용어를 대체한 '여드름'은 일상생활뿐만 아니라 전문 분야에서도 신어로 자리를 잡았습니다. 이와 같은 신어는 전문 용어의 순화에도 일정한 역할을 하고 있습니다. 이는 신어 연구가 단지 새로운 어휘와 몇 가지 주제를 나열하는 연구를 넘어서 한국어 조어론 전반에 대한 연구로 확장되어야 하는 이유이기도 합니다. 이러한 신어의 영역은 대중이 생산하는 '자연 발생적 신어'의 영역과 더불어 '인위적인 신어'의 영역으로 논의되어야 합니다.

① 신어에서 비속어나 은어가 빠져야 한다.
② 신어는 연구 대상과 영역을 확장해야 한다.
③ 자연 발생적인 신어에 대한 정책적 고려가 필요하다.
④ 신어는 의사소통의 효율성을 위해 그 범주를 특정해야 한다.

11. 다음 글의 주장으로 가장 적절한 것은?
　　　　　　　　　　　　　　　　　19년 국가직 7급

> 　사람은 일곱 자의 몸뚱이를 지니고 있지만 마음과 이치를 제외하고 나면 귀하다 할 만한 것은 없다. 온통 한 껍데기의 피고름이 큰 뼈 덩어리를 감싸고 있을 뿐이다. 배고프면 밥 먹고 목마르면 물 마신다. 옷을 입을 줄도 알고 음탕한 욕심을 채울 줄도 안다. 가난하고 천하게 살면서 부귀를 사모하고, 부귀하게 지내면서 권세를 탐한다. 성날 때는 싸우고 근심이 생기면 슬퍼한다. 궁하게 되면 못 하는 짓이 없고, 즐거우면 음란해진다. 무릇 백 가지 하는 바가 한결같이 본능에 따르니, 늙어 죽은 뒤에야 그만둘 따름이다. 그렇다면 이를 짐승이라 말하여도 괜찮을 것이다.

① 자연의 이치를 알고자 하는 욕구는 사람에게 본능적이다.
② 마음으로 본능을 다스리는 삶의 자세가 필요하다.
③ 빈부 격차는 인간 삶의 지향성에 영향을 준다.
④ 근심과 슬픔은 늙기 전까지 끊이지 않는다.

12. 다음 글의 필자가 궁극적으로 강조하는 내용으로 가장 적절한 것은?
　　　　　　　　　　　　　　　　　16년 국가직 9급

> 　로마는 '마지막으로 보아야 하는 도시'라고 합니다. 장대한 로마 유적을 먼저 보고 나면 다른 관광지의 유적들이 상대적으로 왜소하게 느껴지기 때문일 것입니다. 로마의 자부심이 담긴 말입니다. 그러나 나는 당신에게 제일 먼저 로마를 보라고 권하고 싶습니다. 왜냐하면 로마는 문명이란 무엇인가라는 물음에 대해 가장 진지하게 반성할 수 있는 도시이기 때문입니다. 문명관(文明觀)이란 과거 문명에 대한 관점이 아니라 우리의 가치관과 직결되어 있는 것입니다. 그리고 과거 문명을 바라보는 시각은 그대로 새로운 문명에 대한 전망으로 이어지기 때문입니다.

① 여행할 때는 로마를 가장 먼저 보는 것이 좋다.
② 문명을 반성적으로 볼 수 있는 가치관이 필요하다.
③ 문화 유적에 대한 로마인의 자부심은 본받을 만하다.
④ 과거 문명에서 벗어나 새로운 문명을 창조해야 한다.

13. 다음 글에서 이끌어 낼 수 있는 주장과 가장 가까운 것은?
　　　　　　　　　　　　　　　　　17년 서울시 7급

> 　우리 시대에 가장 두드러진 성향 하나는 시장과 시장 친화적 사고가 시장과는 거리가 먼 기준의 지배를 받던 전통적 삶의 영역까지 파고든다는 점이다. 이를테면 국가가 병역이나 죄수 심문을 민간 도급업체나 별도 인력을 고용해 맡길 때, 부모가 개발도상국가 사람들에게 돈을 주고 임신과 출산을 의뢰할 때, 콩팥을 공개시장에서 사고팔 때 어떤 도덕적 문제들이 생기는지 앞에서 살펴본 바 있다. 이런 예는 많다. 학업 성취도가 부진한 학교에 다니는 학생들이 표준화된 시험에서 좋은 성적을 낼 경우 상금으로 포상해야 하는가? 학생들의 성적이 올라갔다면 교사가 보너스를 받아야 하는가? 국가는 이익을 추구하는 기업에 재소자 수용을 맡겨야 하는가?
> 　이는 공리의 합의만을 묻는 게 아니다. 그것은 군 복무, 출산, 가르침과 배움, 범죄자 처벌 등을 받아들이는 일 같은 중요한 사회적 행위의 가치를 측정하는 올바른 방법에 관한 물음이기도 하다. 사회적 행위를 시장에 맡기면 그 행위를 규정하는 규범이 타락하거나 질이 떨어질 수 있기에, 시장이 침입하지 못하도록 보호하고 싶은 비시장 규범이 무엇인지 물을 필요가 있다.

① 시장 친화적 사고는 비도덕적이다.
② 사회적 행위는 올바른 규범이 전제되어야 하기 때문에 시장의 가치에 맡기는 것에 대해 고민할 필요가 있다.
③ 전통적인 삶의 영역으로 시장 친화적 사고가 침투하는 이유는 국가가 공리를 추구하기 때문이다.
④ 군 복무나 출산, 가르침과 배움 등은 시장과 시장 친화적 원리가 적용되기에 적합한 것들이다.

14. 다음 글의 중심 내용으로 가장 적절한 것은?

25년 출제기조 전환 예시문항 2차

> 플라톤의 『국가』에는 사람들이 살아가면서 가장 중요하게 생각하는 두 가지 요소에 대한 언급이 있다. 우리가 만약 이것들을 제대로 통제하고 조절할 수 있다면 좋은 삶을 살 수 있다고 플라톤은 말하고 있다. 하나는 대다수가 갖고 싶어하는 재물이며, 다른 하나는 대다수가 위험하게 생각하는 성적 욕망이다. 소크라테스는 당시 성공적인 삶을 살고 있다고 사람들에게 잘 알려진 케팔로스에게, 사람들이 좋아하는 재물이 많아서 좋은 점과 사람들이 싫어하는 나이가 많아서 좋은 점은 무엇인지를 물었다. 플라톤은 이 대화를 통해 우리가 어떻게 좋은 삶을 살 수 있는지를 보여준다.
> 케팔로스는 재물이 많으면 남을 속이거나 거짓말하지 않을 수 있어서 좋고, 나이가 많으면 성적 욕망을 쉽게 통제할 수 있어서 좋다고 말한다. 물론 재물이 적다고 남을 속이거나 거짓말을 하는 것은 아니며, 나이가 적다고 해서 성적 욕망을 쉽게 통제할 수 없는 것은 아니다. 그렇지만 누구나 살아가면서 이것들로 인해 힘들어하고 괴로워하는 경우가 많다는 것은 분명하다. 삶을 살아가면서 돈에 대한 욕망이나 성적 욕망만이라도 잘 다스릴 수 있다면 낭패를 당하거나 망신을 당할 일이 거의 없을 것이다. 인간에 대한 플라톤의 통찰력과 삶에 대한 지혜는 현재에도 여전히 유효하다.

① 재물욕과 성욕은 과거나 지금이나 가장 강한 욕망이다.
② 재물이 많으면서 나이가 많은 자가 좋은 삶을 살 수 있다.
③ 성공적인 삶을 살려면 재물욕과 성욕을 잘 다스려야 한다.
④ 잘 살기 위해서는 살면서 가장 중요한 것이 무엇인지 알아야 한다.

15. 다음 글은 정약용의 유배지에서 아들에게 보낸 답장이다. 이 편지에서 정약용이 아들에게 궁극적으로 전달하고자 한 것은?

05년 국회직 8급

> 천하에는 두 가지 큰 기준이 있는데 옳고 그름의 기준이 그 하나요, 다른 하나는 이롭고 해로움에 관한 기준이다. 이 두 가지 큰 기준에서 네 단계의 큰 등급이 나온다. 옳음을 고수하고 이익을 얻는 것이 가장 높은 단계이고, 둘째는 옳음을 고수하고도 해를 입는 경우이다. 세 번째는 그름을 추종하고도 이익을 얻음이요, 마지막 가장 낮은 단계는 그름을 추종하고 해를 보는 경우이다. 너는 편지에서 필천에게 편지를 해서 나를 잘 봐 달라고 하고 강 씨와 이 씨에게 꼬리 치며 동정을 받도록 애걸해 보라는 이야기를 했는데, 이것은 앞서 말한 세 번째 등급을 택하는 일이다. 그러나 그러다가는 마침내 네 번째 등급으로 떨어지고 말 것이 명약관화하니, 무엇 때문에 내가 그 짓을 하겠느냐.

① 작은 이익을 좇다 큰 해를 얻을 수 있음.
② 매사에 옳음을 고수하면 해를 얻을 수 있음.
③ 인생에서 이익을 좇는 것보다 중요한 것이 있음.
④ 사람은 항상 자신의 처지를 겸허하게 받아들여야 함.
⑤ 행동에 대한 옳고 그름의 판단 기준은 이해와 관련이 있음.

16. 다음 글의 중심 내용으로 가장 적절한 것은?

22년 지역인재 9급

> 과거 농경 사회에서는 한 사람이 태어나서 죽을 때까지 반경 10킬로미터를 벗어나지 않았다고 한다. 그렇다보니 마을 사람들은 서로 다 아는 사이였다. 이런 작은 마을에서는 일거수일투족이 감시를 당하고 뉴스거리가 될 수 있다. 반면 지금의 도시민들은 어디를 가든 내가 모르고 나를 모르는 사람들에게 둘러싸여 있다. 그래서 우리가 해외여행을 가서 느끼는 그런 편안함이 일상 속에 있는 것이 사실이다. 누군가는 이런 모습을 '군중 속의 외로움'이라고 했지만, 사실 이는 '군중 속의 자유'이기도 하다. 1980년대에 우리가 아파트로 이사 갔던 큰 이유 중 하나는 문을 잠그고 외출하는 게 가능했기 때문이다. 이는 다른 말로 하면 내가 집에 있으나 없으나 무슨 일을 하든지 주변인들이 간섭하지 않는 자유를 가졌다는 뜻이다. 그게 우리의 도시 생활이다.

① 과거에 비해 현대인들은 더 넓은 반경의 공간을 경험하고 있다.
② 자유를 누리기 위해 살던 곳을 벗어나 해외여행을 떠나야 한다.
③ 현대인들은 주로 아파트에서 살고 있고 이웃에 대해 잘 알지 못한다.
④ 도시에 살게 되면서 익명성에 따른 자유를 누릴 수 있게 되었다.

17. 다음은 〈보기〉에 제시된 글의 핵심 내용을 정리한 것이다. 가장 잘 이해한 것은?

23년 군무원 7급

[보기]

> '무엇인가', '어떠한 것인가'라는 물음에 대응하는 내용이 '질'이고 '어느 정도'라는 물음에 대응하는 내용이 '양'이다. '책상이란 무엇인가' 또는 '책상이 어떠한 것인가'를 알기 위해 사전에서 '책상'을 찾으면, "책을 읽거나 글을 쓰는 상"으로 나와 있다. 이것이 책상을 의자와 찬장 및 그 밖의 유사한 사물들과 구분해 주는 책상의 '질'이다. 예를 들어 "이 책상의 높이는 어느 정도인가?"라고 물으면 "70cm이다"라고 답한다. 이때 말한 '70cm'가 바로 '양'이다. 그런데 책상의 높이는 70cm가 60cm로 되거나 40cm로 된다고 하더라도 그것이 책상임에는 변함이 없다. 성인용 책상에서 아동용 책상으로, 의자 달린 책상에서 앉은뱅이책상으로 바꾼다고 하더라도 그것이 '책을 읽거나 글을 쓰는 상'으로서의 기능은 수행할 수 있기 때문이다. 그러나 책상의 높이를 일정한 한도가 넘는 수준, 예컨대 70cm를 1cm로 낮추어 버리면 그 책상은 나무판에 가까운 것으로 변하여 책상의 기능을 수행할 수 없게 되어 더 이상 책상이라 할 수 없게 될 것이다.

① 양의 변화는 질의 변화를 초래하고 질의 변화는 양의 변화를 이끈다.
② 양의 변화가 누적되면 질의 변화가 일어나므로 양의 변화는 변화된 양만큼 질의 변화를 이끈다.
③ 양의 변화는 일정한 한도 내에서 질의 변화를 이끌지 못하지만 어느 한도를 넘으면 질의 변화를 초래한다.
④ 양의 변화든 질의 변화든 변화는 모두 본래의 상태로 환원되는 과정이기 때문에 두 변화는 본질적으로 동일하다.

18. 다음 글의 논지와 가까운 것은? 　22년 국회직 8급

괴테는 인간의 목표가 각자의 개성과 존엄성을 통해 보편성에 이르는 데 있다고 보았다. 즉 그는 자연이라는 근원에서 나온 개체에 대해서는 자연과 동일한 권리를 부여하였지만, 개체와 근원 사이에 존재하는 중간 단계에 대해서는 상대적으로 관심이 적었다. 그리하여 나폴레옹이 그의 조국을 점령하였을 때에 그는 피히테만큼 열성적으로 활동하지는 않았다. 물론 그도 자기 민족의 자유를 원했고 조국에 대해 깊은 애정을 표시했지만, 그의 마음을 더욱 사로잡은 것은 인간성이나 인류와 같은 관념이었다. 이런 점에서 볼 때, 괴테는 집단의식보다는 개인의 존엄성을 더 중시했다고 할 수 있다.

그런데 이전보다 훨씬 다양한 집단에 속한 채 살아야 하는 현대인에게는 개인과 집단의 관계를 어떻게 설정하느냐 하는 문제가 더욱 중요하게 떠오른다. 이러한 문제가 발생할 때 다수의 논리를 내세워 개인의 의지를 배제한다면 그것은 바람직한 해결책이라 할 수 없다. 현대사회가 추구하는 효율성의 원칙만을 내세워 집단을 개인의 우위에 두면 '진정한 인간성'이 계발되기 어렵다. 그러므로 우리는 개인이 조직 사회에 종속됨으로써 정신적 독립성을 잃게 되는 위험성을 항상 경계해야 한다.

오늘날 우리는 괴테의 의미를 새롭게 발견한다. 그는 현대의 공기를 마셔 보지 않았지만 대단히 현대적인 시각에서 우리에게 충고를 하고 있다. 지금 진행되고 있는 이 무서운 드라마를 끝내기 위해서는 모든 사람이 다 함께 '진정한 인간성'을 추구해야 한다. 물질적 편리함을 위해 정신적 고귀함을 간단히 양보해 버리고, 집단의 목적을 위해 개인의 순수성을 쉽게 배제해 버리는 세태 속에서 우리는 자신의 혼을 가진 인간으로 살기 위해 노력해야 한다. 이런 점에서, 순수하고 고결한 인간성을 부르짖는 괴테의 외침은 사람 자체를 존중하는 마음이 사라져 가는 오늘날의 심각한 병폐를 함께 치유하자는 세계사적 선서의 의미를 지닌다. 모든 사람들이 각자 '진정한 인간성'을 행동으로 실천한다면, 현대 사회의 비인간화 현상은 극복될 수 있을 것이다.

① 개인과 집단 사이에는 갈등이 있을 수 없다. 집단의 이익이 개인의 이익이며, 개인의 이익이 집단의 이익이다.
② 개인이 집단의 목적에 맹목적으로 따르는 것은 민주 시민의 올바른 자세가 아니다. 비판이 없는 집단은 자기 발전이 없다.
③ 개인의 존엄성은 상대적인 것이다. 따라서 개인도 자기 목소리만을 높일 것이 아니라 집단의 목표에 부합하도록 노력해야 한다.
④ 진정한 인간성은 이기주의와는 다르다. 개인의 독립성을 지나치게 주장하여 운영에 차질을 주면 그것도 바람직하지 않다.
⑤ 다수의 논리를 내세워 개인의 의지를 꺾는 것도 잘못이지만, 개인의 의지가 다수의 논리를 무시하는 것은 더 큰 문제이다.

19. 다음 글의 핵심 논지로 가장 적절한 것은?

　지방분권화 시대를 맞아 지역의 균형 발전과 경제 활성화를 함께 도모할 수 있는 방안으로 지역문화콘텐츠의 역할이 강조되고 있다. 이와 관련하여 생태환경, 문화재, 유적지 등의 지역 자원을 이용해 지역에 생명을 불어넣고 지역의 특화된 가치를 창출하는 사례가 늘고 있다. 지역문화콘텐츠의 성공은 지역 산업의 동력이 될 뿐 아니라 지역민의 문화향유권 확장에 이바지한다는 점에서도 주목할 만하다.
　그러나 지역문화콘텐츠의 전망이 밝기만 한 것은 아니다. 지역 내부의 문제로 우수한 문화자원이 빛을 보지 못하거나 특정 축제를 서로 자기 지역에 유치하기 위한 과잉 경쟁으로 지방자치단체가 몸살을 앓기도 한다. 또한, 불필요한 시설과 인프라 구축, 유사한 콘텐츠의 양산 및 미흡한 활용 등의 문제로 지역 예산을 헛되이 낭비한 사례도 적지 않다.
　이러한 문제들이 많아지자, ○○부는 유사·중복 축제 행사를 통폐합하는 지방재정법 시행령과 심사 규칙 개정안을 내놓았다. 이 개정안은 특색 없는 콘텐츠를 정리하고 경쟁력 있는 콘텐츠 개발을 장려하는 것이 주목적이다. 하지만 이러한 방식만으로는 지역문화콘텐츠의 성공을 기대하기 어렵다.
　그동안 지역문화 정책과 사업이 새로운 콘텐츠를 발굴·제작하는 데만 주력해 온 탓에 향유의 지속성 측면을 고려하지 못했다. 이로 인해, 관련 사업은 일부 향유자만을 대상으로 하거나 단발적인 제작 지원에 그쳐 지역민의 문화자원 향유가 지속되는 데 어려움이 있었다. 향유자에 초점을 둔 실효성 있는 정책을 실현하려면, 향유의 지속성까지 염두에 두어야 한다. 콘텐츠와 향유자를 잇고, 향유자의 향유 경험을 지속시킬 때 콘텐츠는 영속할 수 있다. 향유자에 의한 콘텐츠의 공유와 확산이 활발하게 이루어지는 향유, 아울러 향유자가 콘텐츠의 소비·매개·재생산의 주체가 되는 향유를 위한 방안이 개발되어야 한다. 이러한 방안을 통해 이미 만들어진 우수한 지역문화콘텐츠의 생명력을 연장하고 콘텐츠 향유의 활성화를 꾀할 수 있다.

① 중앙정부와 지방자치단체의 협력을 통해 지역문화콘텐츠의 경쟁력을 강화해야 한다.
② 새로운 콘텐츠의 발굴과 제작을 통해 지역문화콘텐츠의 생명력을 연장하고 활성화해야 한다.
③ 지역문화콘텐츠를 향유자와 연결하고 향유자의 향유 경험을 지속하게 할 방안을 마련해야 한다.
④ 지역문화콘텐츠 향유자 스스로 자신이 콘텐츠의 소비·매개·재생산의 주체임을 인식해야 한다.
⑤ 지역문화콘텐츠가 지역 산업의 발전과 지역민의 문화 향유 기회 확대에 기여할 수 있도록 중앙정부의 경제적 지원이 증대되어야 한다.

20. 다음 글의 핵심 논지로 가장 적절한 것은?

22년 국가직 7급 PSAT 언어논리

독일 통일을 지칭하는 '흡수 통일'이라는 용어는 동독이 일방적으로 서독에 흡수되었다는 인상을 준다. 그러나 통일 과정에서 동독 주민들이 보여준 행동을 고려하면 흡수 통일은 오해의 여지를 주는 용어일 수 있다.

1989년에 동독에서는 지방선거 부정 의혹을 둘러싼 내부 혼란이 발생했다. 그 과정에서 체제에 환멸을 느낀 많은 동독 주민들이 서독으로 탈출했고, 동독 곳곳에서 개혁과 개방을 주장하는 시위의 물결이 일어나기 시작했다. 초기 시위에서 동독 주민들은 여행·신앙·언론의 자유를 중심에 둔 내부 개혁을 주장했지만 이후 "우리는 하나의 민족이다!"라는 구호와 함께 동독과 서독의 통일을 요구하기 시작했다. 그렇게 변화하는 사회적 분위기 속에서 1990년 3월 18일에 동독 최초이자 최후의 자유총선거가 실시되었다.

동독 자유총선거를 위한 선거운동 과정에서 서독과 협력하는 동독 정당들이 생겨났고, 이들 정당의 선거운동에 서독 정당과 정치인들이 적극적으로 유세 지원을 하기도 했다. 초반에는 서독 사민당의 지원을 받으며 점진적 통일을 주장하던 동독 사민당이 우세했지만, 실제 선거에서는 서독 기민당의 지원을 받으며 급속한 통일을 주장하던 독일동맹이 승리하게 되었다. 동독 주민들이 자유총선거에서 독일동맹을 선택한 것은 그들 스스로 급속한 통일을 지지한 것이라고 할 수 있다. 이후 동독은 서독과 1990년 5월 18일에 〈통화·경제·사회보장동맹의 창설에 관한 조약〉을, 1990년 8월 31일에 〈통일조약〉을 체결했고, 마침내 1990년 10월 3일에 동서독 통일을 이루게 되었다.

이처럼 독일 통일의 과정에서 동독 주민들의 주체적인 참여를 확인할 수 있다. 독일 통일을 단순히 흡수 통일이라고 부른다면, 통일 과정에서 중요한 역할을 담당했던 동독 주민들을 배제한다는 오해를 불러일으킬 수 있다. 독일 통일의 과정을 온전히 이해하기 위해서는 동독 주민들의 활동에도 주목할 필요가 있다.

① 자유총선거에서 동독 주민들은 점진적 통일보다 급속한 통일을 지지하는 모습을 보여주었다.
② 독일 통일은 동독이 일방적으로 서독에 흡수되었다는 점에서 흔히 흡수 통일이라고 부른다.
③ 독일 통일은 분단국가가 합의된 절차를 거쳐 통일을 이루었다는 점에서 의의가 있다.
④ 독일 통일 전부터 서독의 정당은 물론 개인도 동독의 선거에 개입할 수 있었다.
⑤ 독일 통일의 과정에서 동독 주민들의 주체적 참여가 큰 역할을 하였다.

Chapter 02 정보 관계와 접속어

'정보 관계'를 따져라!

문단이란 하나 이상의 문장이 모여서 **통일된 하나의 생각**을 나타내는 글의 단위를 말합니다. 하나의 문단에는 하나의 중심 생각을 효과적으로 전달할 수 있는 뒷받침 문장들이 유기적 관계를 맺으며 주제를 뒷받침하고 있습니다.

문장 속의 정보 관계를 묻는 유형을 해결하기 위해서만이 아니라, 글을 빠르고 정확하게 읽기 위해서는 '정보의 요약 능력'이 필수입니다. 지문에서 새로운 정보를 확인할 때마다 주제에 대한 정보의 기여도(중요도)를 따지고 그 근거를 명확히 판단하려고 노력해야 합니다. 그리고 대등한 정보는 묶어 놓으면 편리하죠.

1 문장과 문단 간의 관계 패턴을 해결하는 팁!

- **주지가 보조보다 힘세다**
  - 보조는 주지를 뒷받침하는 부연, 구체화, 상술, 예시, 강조, 연결, 인용, 비유 등이다.

- **설득이 설명보다 힘세다**
  - 사실 정보보다 의견이 더 힘이 세다. 사실 정보는 의견의 근거로 활용되는 경우가 많다.

- **가장 포괄적인 '문장/문단'이 힘세다**
  - 지문의 문장/문단들 가운데 가장 포괄적, 추상적, 일반적인 문장/문단이 중심 문장/문단이 된다.

- **초점이 이동되었다면 이동된 초점을 가진 문장/문단이 힘세다**
  - 필자는 의도하에 초점을 이동한다. 주제는 이동된 초점 쪽에 있다.

- **문제 제기보다 해결 방안이 힘세다**
  - 지문에 제기된 문제에 대한 해결 방안이 주제인 경우가 많다.

- **전제보다 결론이, 원인보다 결과가 힘세다**
  - 전제가 조건이 되는 것은 맞지만 그래도 주제는 결론에 있다.
  - 인과 관계의 정보가 있다면 원인보다 결과가 중요하다.

- **상식·통념보다 비판이 힘세고, 비판보다 결론이 힘세다**
  - 지문이 상식이나 통념으로 시작하는 경우, 이것을 비판하는 것이 필자의 목적인 경우가 많다.

- **열거, 비교, 대조되는 대상은 서로 힘이 같다**
  - 열거, 비교, 대조되는 정보는 대등한 중요도를 가진다.
  - 의미 간의 교집합이 없다면 열거, 비교, 대조될 수 없기 때문이다.

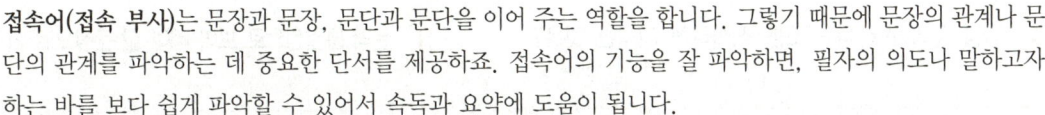
'접속어 파악'의 중요성

접속어(접속 부사)는 문장과 문장, 문단과 문단을 이어 주는 역할을 합니다. 그렇기 때문에 문장의 관계나 문단의 관계를 파악하는 데 중요한 단서를 제공하죠. 접속어의 기능을 잘 파악하면, 필자의 의도나 말하고자 하는 바를 보다 쉽게 파악할 수 있어서 속독과 요약에 도움이 됩니다.

또한, 제시된 접속어를 통해 **앞에 나올 정보나 이어질 정보를 추론**하는 능력은 **배치나 배열** 패턴에서도 정답을 찾는 데에 아주 중요하게 활용됩니다.

2 중심 내용과 접속어의 위치

중심 내용이 앞에 있는 접속어: 즉, 왜냐하면, 다시 말해, 가령, 예를 들어, 예컨대
중심 내용이 뒤에 있는 접속어: 그러나, 따라서, 요컨대, 결국, 그런데, 그러므로, 그렇다면, 이제

3 접속어(접속 부사)의 종류와 의미

관계		예
순접(병렬)/ 보충(첨가)/선택	순접(병렬)	그리고, 또, 또한, 덧붙여 등
	보충(첨가)	게다가, 더구나, 하물며, 더욱이, 특히 등
	선택	또는, 혹은 등
대립(역접)/전환	대립(역접)	그러나, 그렇지만, 하지만, 한편, 반면에, 거꾸로 등
	전환	그러나, 그렇지만, 하지만, 그런데, 아무튼, 그렇다 하더라도, 다만 등
인과/귀결	원인	왜냐하면, 그 이유는, 그 이유로 등
	결과	그러므로, 그러니까, 따라서, 그러한즉(그런즉), 그래서, 결론적으로 등
예		예를 들어, 가령, 예컨대 등
상술/정의/정리		곧, 즉, 말하자면, 다시 말해서, 달리 말하면, 요컨대 등

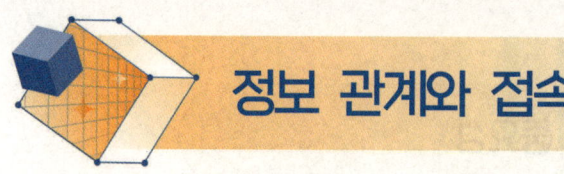

정보 관계와 접속어

1. 다음 글의 논리적 구조를 적절하게 지적한 것은?

　11년 기상직 9급

　　엄격하게 이야기하자면 국민적 정체성은 근대적 산물이다. 그것은 국민국가의 형성과 그것들 간의 경쟁과 전쟁으로 점철되는 국제 정치 체제의 발전 과정에서 생겨난다. 한국의 경우 국민적 정체성은 일제 등의 열강에 대한 저항 과정에서 싹텄고 다른 한편으로는 총독부 명령 체제하에서 이루어진 황국신민 교육의 결과로 정착되었다. 근대의 내셔널리즘은 기본적으로 국가 구성원 간의 형식적·법적 평등을 기초로 하며 과학적 이성과 합리적 계산에 바탕을 두고 있다. 따라서 그것은 봉건적 신분 질서와는 모순되는 운동이다. 그러나 자생적인 근대적 개혁이 좌절되면서 식민화되었던 역사적 경험으로 말미암아 한국의 국가적 정체성에는 매우 전근대적인 요소가 스며들게 되었다.

① 원인 – 결과　　② 보편 – 특수
③ 전체 – 부분　　④ 일반 – 사례

2. 글의 통일성을 고려할 때, 삭제하는 것이 바람직한 문장은?

　17년 지방직 7급

　　'천재'라는 말은 18세기에 갑자기 영예로운 칭호가 되었다. 천재는 예술의 창조자이며, 예술의 창조는 과학처럼 원리나 법칙에 의거하지 않는다. ㉠과학은 인간의 이성과 감성 사이에 분열을 가져왔다. ㉡예술에는 전래의 비방이 있을 수 없으며 있다 하더라도 전수될 수 없다. ㉢예술가 스스로도 자신이 완성한 작품의 진정한 비밀이 무엇인지 명확히 알지 못한다. ㉣마침내, 사람들은 천재라는 개념으로 예술 창조의 비밀을 표현하였다.

① ㉠　　② ㉡
③ ㉢　　④ ㉣

3. 글의 통일성으로 보아 빼야 할 문장으로 가장 적절한 것은?

　09년 지방직 9급

　　군청에서는 관 위주 행정의 관행을 없애고 군민들이 불편하지 않도록 '감동 행정'을 펼치기 위한 사전 작업이 이뤄지고 있다. (가) 특히 군청에 변화의 새 바람을 일으키기 위해 군민과 공직자를 상대로 군민 행복을 위한 참신한 의견을 수렴하고 '공직자 변화 노력 선포식'을 열기로 하는 등 변화의 바람이 감지되고 있다. (나) 김 군수는 "공무원들의 변화만이 군민들에게 희망을 줄 수 있다."면서, '공무원들의 낡은 사고, 관 위주 행정의 낡은 관행을 우선 변화시켜야 할 대상으로 규정하고 전체 공직자가 자기 계발과 의식 전환을 위해 노력하도록 할 방침'이라고 밝혔다. (다) 다음 달 정례 조회 때 있을 공직자 변화 노력 선포식에서는 전체 공직자가 결의문을 채택해 자기 개혁에 적극 나서도록 분위기를 조성한다는 방침이다. (라) 특히 음주운전자 차량에 동승하여 음주운전을 적극 만류하지 못해 음주운전에 이르게 한 공무원도 사안에 따라 문책할 방침이다.

① (가)　　② (나)
③ (다)　　④ (라)

4. 다음 글의 (가)와 (나)에 들어갈 적절한 말을 순서대로 바르게 짝지은 것은?
📄 23년 군무원 9급

비즈니스 화법에서는 상사에게 보고할 때 결론부터 말하라고 한다. 이것도 맞는 말이다. 그렇지 않아도 바쁜데 주저리주저리 이야기를 길게 늘어놓으면 짜증이 난다. (가) 현실은 인간관계의 미묘한 심리가 복잡하게 얽혀 있는 비즈니스 사회다. 때로는 일부러 결론을 뒤로 미뤄 상대의 관심을 끌게 만들어야 할 때도 있다. 예를 들어, 회사에서의 라이벌 동료와의 관계처럼 자기와 상대의 힘의 균형이 미묘할 때이다.

당신과 상사, 당신과 부하라는 상하관계가 분명한 경우는 대응이 항상 사무적이 된다. 사무적인 관계에서는 쓸데없는 시간과 노력을 들이지 않아도 된다. (나) 같은 사내의 인간관계라도 라이벌 동료가 되면 일을 원활하게 해나가는 것만이 능사는 아니다. 권력관계에서의 차이가 없는 만큼 미묘한 줄다리기가 필요하다. 이렇게 권력관계가 미묘한 상대와의 대화에서 탁월한 최면 효과를 발휘하는 것이 '클라이맥스 법'이다. 비즈니스 현장에서뿐만 아니라 미묘한 줄다리기를 요하는 연애 관계에서도 초기에는 클라이맥스 법이 그 위력을 발휘한다.

① 그러므로 - 그러므로
② 하지만 - 하지만
③ 하지만 - 그러므로
④ 그러므로 - 하지만

5. 아래 글의 (㉠)과 (㉡)에 들어갈 가장 적절한 접속어로 옳은 것은?
📄 21년 군무원 9급

히포크라테스가 분류한 네 가지 기질이나 성격 유형에 대한 고대의 개념으로 성격에 대한 논의를 시작하는 것이 일반적인 방식이지만, 나는 여기에서 1884년 《포트나이트리 리뷰》에 실렸던 프랜시스 골턴 경의 논문 성격의 측정으로 이야기를 시작하겠다.

찰스 다윈의 사촌이었던 골턴은 초기 진화론자로서 진화가 인간에게도 영향을 끼쳤다고 주장한 사람이다. (㉠) 그의 관념은 빅토리아 시대적 편견을 가지고 있었고, (㉡) 그의 주장이 오늘날에는 설득력이 떨어진다. 그럼에도 불구하고 결국에는 자연 선택 이론이 인간을 설명하는 지배적인 학설이 될 것이라는 그의 직관은 옳았다.

	㉠	㉡
①	그래서	그리하여
②	그리고	그래서
③	그러나	따라서
④	그런데	그리고

6. ㉠~㉢에 들어갈 말을 바르게 연결한 것은?

📄 17년 지방직 9급 추가채용

　많은 사람들에게 유일한 현실은 '타이타닉호'라는 배뿐입니다. 타이타닉호 속에는 판에 박은 일상사가 있습니다. (㉠) 선원은 엔진에 연료를 넣지 않으면 안 되고, 배가 전진하기 위해서는 온갖 기계를 확실히 관리하지 않으면 안 됩니다. 모두 각자 일상사를 가지고 있고 그것을 계속하는 사람이 현실주의자입니다.
　누군가가 "엔진을 멈추어야 한다."라고 말하면, 그것은 비현실주의적입니다. 왜냐하면 타이타닉호라는 배는 전진하도록 되어 있어서 전진하지 않으면 저마다의 일거리가 없어지기 때문입니다. 오늘날 세계 경제에 퍼져 있는 현실주의는 바로 그러한 현실주의라고 생각됩니다. 현실주의적인 경제학자가 타이타닉호에 "전속력으로!"라는 명령을 하려고 합니다. 이것이 타이타닉호의 논리입니다.
　이 논리는 타이타닉호가 전 세계라는 점을 전제로 성립합니다. 마찬가지로 경제학자의 논리도 세계 경제 시스템 이외에 아무런 현실이 없다고 한다면 합리적인 논리라고 할 수 있습니다. (㉡) 타이타닉호의 바깥에는 바다가 있고 빙산이 있습니다. 세계 경제의 바깥에는 재난이 있습니다. 바로 이것이 문제입니다. 여기서 타이타닉호의 비유가 갖는 한계를 알 수 있는데, 타이타닉호의 경우는 하나의 빙산이 있고, 장래에 배가 거기에 부딪힌다는 것입니다. 그러나 우리들의 세계 경제 시스템은 장래에 빙산이 기다리고 있는 게 아닙니다. 재난은 이미 시작되었습니다. (㉢) 차례차례 빙산에 부딪히고 있는 중입니다.

	㉠	㉡	㉢
①	그리고	그러면	만약
②	그리고	그렇지만	만약
③	예를 들면	그러면	말하자면
④	예를 들면	그렇지만	말하자면

7. ㉠~㉢에 들어갈 적절한 접속어를 순서대로 나열한 것은?

📄 17년 국가직 9급 추가채용

　역사의 연구는 개별성을 추구하는 것이라고 할 수가 있다. (㉠) 구체적인 과거의 사실 자체에 대해 구명(究明)을 꾀하는 것이 역사학인 것이다. (㉡) 고구려가 한족과 투쟁한 일을 고구려라든가 한족이라든가 하는 구체적인 요소들을 빼 버리고, 단지 "자주적 대제국이 침략자와 투쟁하였다."라고만 진술해 버리는 것은 한국사일 수가 없다. (㉢) 일정한 시대에 활약하던 특정한 인간 집단의 구체적인 활동을 서술하지 않는다면 그것을 역사라고 말할 수 없는 것이다.

	㉠	㉡	㉢
①	즉	가령	요컨대
②	가령	한편	역시
③	이를테면	역시	결국
④	다시 말해	만약	그런데

8. 다음 글의 ㉠~㉢에 들어갈 말로 모두 옳은 것은?

📄 19년 국회직 9급

　서사의 장르에 관해 이야기하는 것은 서사물들을 구획 짓고 유형화하고자 하는 욕구와 무관할 수 없다. 여기에는 배타적인 범주화와 환원적인 단순화의 위험성이 개입하게 된다. 그러나 보통 사람들이 생각하는 장르는 사실상 이론적이고 체계적인 유형화라기보다는 직관적, 실용적, 임의적 분류에 가깝다. (㉠) 리얼리즘 소설, 판타지, SF, 멜로드라마 등과 같은 장르가 그렇다. 우리는 이들 각각의 장르들을 배타적인 범주가 아니라 유사한 서사적 특성들로 이루어진 좌표적 군집으로 보고자 한다. (㉡) 어떤 장르들은 때로는 다른 장르와 교차할 수 있으며, 여러 장르들을 포괄하는 보다 느슨한 장르도 있을 수 있다. (㉢) 장르를 개방적이고 유연한 개념으로 받아들인다면, 장르의 설정이 초래할 수 있는 모순점과 문제점들 때문에 그것을 아예 폐기해 버리는 것보다는 서사물들 간의 공통점과 상이점을 이야기하는 데 훨씬 도움이 된다.

	㉠	㉡	㉢
①	더구나	즉	이처럼
②	이를테면	즉	이처럼
③	가령	요컨대	반대로
④	더구나	요컨대	반대로
⑤	이를테면	하지만	반대로

9. 다음 글의 ㉠~㉢에 들어갈 말로 적절한 것은?

📄 15년 국회직 8급

　우리 민족사를 일별하여 문화부흥의 중대한 전환기를 찾으려면 대개 세 시기를 들 수가 있으니, 통일신라와 세종성대와 갑오경장이 그것이다. (㉠) 삼국시대의 불교의 전래라든지 여말의 송유학(宋儒學)의 수입이며 영조 이후 서학·북학의 섭취를 비롯한 군소의 전환기가 일대의 문운을 울흥(蔚興)시킨바 여러 번 있었다 해도, 그는 실상 이 3대 전환기의 바탕을 이루는 역사적 작은 기복이요, 그 뚜렷한 분수령은 아무래도 앞에 든 세 시기에다 조정(措定)하지 않을 수 없을 것이다. (㉡) 이 세 시기는 한결같이 국민 정신 발흥의 정점을 이룬 시기요, 또 다 같이 우리 민족의 어문 운동사에 획기적인 빛을 나타낸 시기이다. (㉢) 어문 운동의 획기적인 대두가 국민 정신 발흥의 시기에 일치한다는 것은 너무도 당연한 일이지만, 우리에게 항상 새로운 시사를 주는 바 있다.

	㉠	㉡	㉢
①	그런데	물론	따라서
②	물론	다시 말하면	그러므로
③	그러나	즉	이와 같이
④	물론	그런데	이와 같이
⑤	그런데	즉	따라서

Chapter 03 서술 전개 방식

'전개 방식' 유형을 해결하려면 우선!

이 유형을 해결하기 위해서는 일단 용어에 대한 이해가 필요합니다. 지문에서 파악한 다양한 내용을 논지전개 방식과 서술 방식의 개념어를 활용해 일반화시킨 정답을 찾아야 하기 때문이죠. 이는 문학에서 표현상의 특징이나 서술상 특징에 대한 개념어를 알고 있어야 하는 것과 같습니다. 또, 선지의 구조에 따라 O/×를 따질 줄 아는 능력도 당연하고요.

1 전개 방식 유형의 선지 개념어

1. **설명**: 사실이나 정보 등을 전달하거나 독자의 이해를 돕는 진술 방식으로, 감정적 표현을 배제한 객관성에 근거한 진술 방식
   (1) **정의**: 유개념으로 어떤 대상의 범위를 규정짓고 종차로 그 본질을 진술하는 방식
   (2) **확인(지정)**: '누구냐, 무엇이냐?'에 대해 그 특성을 통해 단순히 답변하는 방식
   (3) **분석**: 하나의 대상(전체)을 구성 요소(부분)들로 나누어 진술하는 방식
   (4) **분류와 구분**: 한 무리의 사물을 일정한 기준에 따라 갈래 짓는 것
      - 분류: 종개념들을 모아 유개념으로 묶어가는 것
      - 구분: 유개념(類概念)에서 종개념(種概念)으로 내려오면서 가르는 것
   (5) **예시**: 일반적·추상적 진술의 타당성을 뒷받침할 수 있도록 구체화하여 설명하는 방식
   (6) **유추**: 생소한 어떤 개념이나 현상을 친숙한 대상에 빗대어 설명하는 방식
   (7) **비교와 대조**: 둘 이상의 대상을 견주어 공통점이나 차이점을 찾는 일
      - 비교: 대상 간의 공통점 위주로 설명하는 것
      - 대조: 대상 간의 차이점 위주로 설명하는 것
   (8) **과정(過程)**: 어떤 결과를 가져오게 한 변화나 단계 또는 기능, 작용 등을 밝히는 진술 방식
   (9) **인과(因果)**: 원인(原因)과 결과(結果), 왜 그것이 일어났는가, 결과가 무엇인가
2. **묘사**: 구체적인 대상을 감각적으로 구체화하여 표현하는 진술 방식
3. **서사**: 대상의 움직임(행동)을 시간의 흐름에 따라 진술하는 방식
4. **논증**: 불확실한 사실이나 원칙을 논거를 통해 밝혀 독자를 설득시킴으로써 주장을 입증하는 진술 방식
   (1) **연역적 방법**: 일반적인 원리나 원칙을 근거로 하여 구체적인 어떤 사실을 이끌어 내는 방법, 이미 알고 있는 일반적 명제를 바탕으로 새로운 명제를 이끌어 내는 추론 방법이다.
   (2) **귀납적 방법**: 구체적인 사실로부터 일반적인 사실을 결론으로 이끌어 내는 방법, 가능한 한 많은 사례를 통해 결론을 도출하는 것이 중요하지만 예외가 있을 때는 주장을 완벽하게 증명하기 어렵다.
   (3) **변증법적 방법**: 비판적 의문을 제기하여 가장 완벽한 결론에 도달하고자 하는 것, 하나의 이론[정(正)]에 대해 이의를 제기[반(反)]하면 그것을 받아들여 새로운 이론[합(合)]을 정립하고 이 과정을 반복한다.

2 선지 구조에 따른 O/X의 판단 기준

1 A: O/X의 판단 기준이 한 개
- 문제에 대한 대립적인 두 견해를 소개하고 있다.
- 문제에 대한 새로운 관점을 제시하고 있다.
- 사물이나 현상에 대해 관찰한 내용을 소개하고 있다.

2 A하면 B는 그냥 따라오는 경우: O/X의 판단 기준이 한 개
- 화제에 대한 인식의 변화 과정을 통시적으로 설명하고 있다.
- 인용을 통하여 흥미를 유발하고 있다.
- 대조를 통하여 대상의 이해를 돕고 있다.
- 질문에 대해 답변하는 방식으로 독자의 이해를 돕고 있다.
- 예시를 통하여 설명을 구체화하고 있다.
- 통계 수치를 활용하여 객관적 자료를 제시하고 있다.
- 비유를 통하여 설명의 효과를 높이고 있다.
- 예상되는 반론을 비판함으로써 글쓴이의 주장을 강화하고 있다.

3 A와 B: O/X의 판단 기준이 두 개
- 개념의 정의와/설명 대상의 유형화하고 있다.
- 실제 사례와/시각 자료를 통해 구체적으로 설명하고 있다.
- 주장을 요약하면서/논지를 강화하고 있다.
- 두 견해의 특징과/장단점을 제시하고 있다.

4 A해도 B를 의심해야 하는 경우: O/X의 판단 기준이 두 개 이상
- 독자의 관심을 환기하기 위해 묻고 답하는 방식으로/주장을 제시하고 있다.
- 대상 간의 관계를 설명하기 위해/예를 들고 있다.
- 구체적인 예를 들어/추상적인 개념을 설명하고 있다.

5 A한 후 B: O/X의 판단 기준이 세 개 이상
- 기존 이론의 문제점을 밝히고 새로운 이론을 제시하고 있다.
- 사물이나 현상의 의미를 밝히고 그 종류를 들고 있다.
- 통념에 대한 의문을 제기하고 근거를 들어가며/주장을 펼치고 있다.

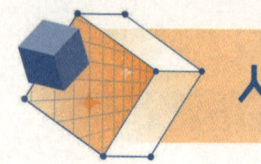

서술 전개 방식

1. **다음 글에서 설명한 '정의'에 가장 적절한 것은?**
   16년 지방직 7급

   글에서 다루게 되는 대상을 명확하게 규정해 주는 방법을 정의라고 한다. 이때 정의하고자 하는 대상을 피정의항이라고 하고, 그 나머지 진술 부분을 정의항이라고 한다. 정의를 할 경우에는 다음 사항에 유의해야 한다. 첫째, 개념을 명확하게 드러낼 수 있도록 풀이해야 한다. 둘째, 정의하고자 하는 대상이나 개념이 정의항에서 되풀이되어서는 안 된다. 셋째, 정의항이 부정적인 진술로 나타나서는 안 된다. 넷째, 대상에 대한 묘사나 해석은 정의가 아니다.

   ① 책이란 지식만을 보존해 두는 것이 아니다.
   ② 입헌 정치란 헌법에 의하여 행해지는 정치이다.
   ③ 딸기는 빨갛고 씨가 박혀 있는 달콤한 과일이다.
   ④ 문학은 언어로 인간의 사상과 감정을 표현한 예술이다.

2. **다음 중 〈보기〉와 같은 서술 방식이 쓰인 문장은?**
   15년 서울시 9급

   [보기]

   포장한 지 너무 오래되어 길에는 흙먼지가 일고 돌이 여기저기 굴러 있었다. 길 양쪽에 다 쓰러져 가는 집들, 날품팔이 일꾼들이 찾아가는 장국밥집, 녹슨 함석지붕이 찌그러져 있었고, 흙먼지가 쌓인 책방, 조선기와를 올린 비틀어진 이층집, 복덕방 포장이 찢기어 너풀거린다.

   ① 탈피 후 조금 쉬었다가 두 번째 먹이를 먹고 자리를 떠났다.
   ② 잎은 어긋나게 붙고 위로 올라갈수록 작아지면서 윗줄기를 감싼다.
   ③ 사람을 접대하는 것은 글을 잘 짓는 것과 같다.
   ④ 성장이 둔화되어 일자리가 늘지 않았기 때문이다.

3. **㉠~㉢에 들어갈 말로 맞는 것은?**
   13년 지방직 9급

   말하기의 중요한 목적 중에 하나가 설명이다. 설명은 청자가 모르는 사실을 알아듣기 쉽게 풀어서 말하는 것으로, 우리가 알아낸 정보를 전달하거나 지식 체계를 쉽게 이해시키고자 하는 경우에 사용된다. 설명의 방법에는 지정, 정의, (㉠)와/과 (㉡), (㉢)와/과 (㉣), 예시가 있다.
   지정은 가장 단순한 설명의 방법으로 사물을 지적하듯이 말하기를 통하여 지적하는 방법이다. 정의는 어떤 용어나 단어의 뜻과 개념을 밝히는 것으로 충분한 지식을 가지고 있어야 정확한 정의를 내릴 수 있다. 어떠한 대상을 파악하고자 할 때 대상을 적절히 나누거나 묶어서 정리해야 하는데, 하위 개념을 상위 개념으로 묶어 가면서 설명하는 (㉠)의 방법과 상위 개념을 하위 개념으로 나누어 가면서 설명하는 (㉡)의 방법이 있다. 설명을 할 때에 서로 비슷비슷하여 구별이 어려운 개념에 대하여 그들 사이의 공통점이나 차이점을 지적하면 이해하기가 쉬운데, 둘 이상의 대상 사이의 유사점에 대하여 설명하는 일을 (㉢)(이)라 하고, 그 차이점에 대하여 설명하는 일을 (㉣)(이)라 한다. 이러한 방법을 통해서 말하게 되면 평이한 화제를 가지고도 개성 있는 말하기를 할 수 있게 된다. 예시는 어떤 개념이나 사물에 대한 이해를 돕기 위하여 이에 해당하는 예를 직접 보여 주거나 예를 들어 설명하는 것이다.

	㉠	㉡	㉢	㉣
①	대조	비교	구분	분류
②	비교	대조	분류	구분
③	분류	구분	비교	대조
④	구분	분류	대조	비교

4. 다음 글의 주된 서술 방식으로 가장 적절한 것은?　　22년 지방직 7급

> 배의 돛은 바람의 힘을 이용하여 배를 멀리까지 항해할 수 있게 한다. 별도의 동력에 의지하지 않고도 추진력을 얻는 것이다. 이와 마찬가지로 우주선도 별도의 동력 없이 먼 우주 공간까지 갈 수 있을 것이다. 우주 공간에도 태양에서 방출되는 입자들이 일으키는 바람이 있어서 '햇살 돛'을 만들면 그 태양풍의 힘으로 추진력을 얻을 수 있기 때문이다.

① 정의　　② 분류
③ 서사　　④ 유추

5. 다음 글의 주된 서술 방식은?　　22년 지방직 9급

> 이지러는 졌으나 보름을 가제 지난 달은 부드러운 빛을 흐뭇이 흘리고 있다. 대화까지는 칠십 리의 밤길. 고개를 둘이나 넘고 개울을 하나 건너고, 벌판과 산길을 걸어야 된다. 길은 지금 긴 산허리에 걸려 있다. 밤중을 지난 무렵인지 죽은 듯이 고요한 속에서 짐승 같은 달의 숨소리가 손에 잡힐 듯이 들리며, 콩 포기와 옥수수 잎새가 한층 달에 푸르게 젖었다.

① 묘사　　② 설명
③ 유추　　④ 분석

6. 다음 글에 나타나는 서술 방식은?　　23년 지역인재 9급

> 우리는 웹을 더 이상 주체적으로 서핑하지 않는다. 웹에 올라탄 이들을 특정 방향으로 휩쓰는 어떤 조류에 올라탔을 뿐이다. 그 조류의 이름은 개인화 추천 알고리즘이다. 페이스북뿐만 아니라 우리가 대부분의 시간을 보내는 유튜브, 아마존, 인스타그램, 트위터 같은 인터넷 사이트는 우리가 누구인지를 읽어내고, 그것에 맞춰 특정한 방향으로 우리를 계속해서 끌고 간다.

① 예시　　② 대조
③ 서사　　④ 인용

7. ㉠을 설명한 방식으로 적절한 것은?　　21년 지방직 7급

> 담배가 해로운데도 ㉠<u>담배를 피우는 이유</u>는 무엇일까? 첫째, 담배 피우는 모습이 멋있고 어른스럽다고 생각하는 것이다. 요즘은 담배를 마약과 같이 부정적으로 보는 시각이 크지만 과거에는 담배에 대해 긍정적인 인식이 있었다.
> 둘째, 담배를 피우면 정신이 안정되어 집중이 잘된다고 생각하는 점도 있다. 이것은 담배를 피움으로써 니코틴 금단 증상이 해소되기 때문인 것으로, 담배를 안 피우는 사람에 비해 더 안정되거나 집중이 잘되는 것은 아니다.
> 셋째, 담배를 피우는 이유는 니코틴 의존에도 있다. 체내에 니코틴이 없어지면 여러 가지 금단 증상으로 불안하고 초조해지는 등 고통스럽고, 이 고통 때문에 담배를 끊기 어렵다.
> 넷째, 담배를 피우는 이유에는 습관도 있다. 주위에 재떨이, 라이터, 꽁초 등이 눈에 보이면 자기도 모르게 담배에 손이 가고, 식후나 술을 마실 때도 습관적으로 담배 생각이 나서 피우게 된다.

① 정의　　② 분석
③ 서사　　④ 비교

8. 아래의 글에 나타나지 않는 설명 방식은?

22년 군무원 9급

> 텔레비전에서는 여러 종류의 자막이 쓰인다. 뉴스의 경우, 앵커가 기사를 소개할 때에는 앵커의 왼쪽 위에 기사 전체의 내용을 요약하거나 핵심을 추려 제목 자막을 쓴다. 보도 중간에는 화면의 하단에 기사의 제목이나 소제목을 자막으로 보여준다. 그리고 보도 내용을 이해하는 데 꼭 필요한 핵심적인 내용이나 세부 자료도 자막으로 보여준다.
>
> 관객이나 시청자가 읽을 수 있도록 화면에 보여 주는 글자라는 점에서 영화에서 쓰이는 자막도 텔레비전 자막과 비슷하게 활용된다. 그런데 영화의 자막은 타이틀과 엔딩 크레디트 그리고 번역 대사가 전부이다. 이는 모두 영화 제작과 관련된 정보를 알려주는 제한된 용도로만 사용된다. 번역 대사는 더빙하지 않은 외국영화의 대사를 보여주기 위한 수단으로 사용된다.
>
> 텔레비전에서는 영화에서 쓰는 자막을 모두 사용할 뿐 아니라 각종 제목과 요약 내용을 나타내기도 하고 시청자의 흥미를 돋우기 위해 말과 감탄사를 표현하기도 한다. 음성으로 전달할 수 없는 다양한 정보를 제작자의 의도에 맞게끔 자막을 활용하여 제공하는 것이다.

① 정의 ② 유추
③ 예시 ④ 대조

9. 다음 글의 설명 방식으로 적절하지 않은 것은?

21년 국가직 9급

> 빛 공해란 인공조명의 과도한 빛이나 조명 영역 밖으로 누출되는 빛이 인간의 건강하고 쾌적한 생활을 방해하거나 환경에 피해를 주는 상태를 말한다. 국제 과학 저널인 『사이언스 어드밴스』의 '전 세계 빛 공해 지도'에 따르면, 우리나라는 빛 공해가 심각한 국가이다. 빛 공해는 멜라토닌 부족을 초래해 인간에게 수면 부족과 면역력 저하 등의 문제를 유발하고, 농작물의 생산량 저하, 생태계 교란 등의 문제를 일으킨다.

① 빛 공해의 정의를 제시하고 있다.
② 빛 공해의 주요 요인인 인공조명의 누출 원인을 제시하고 있다.
③ 자료를 인용하여 빛 공해가 심각한 국가로 우리나라를 제시하고 있다.
④ 사례를 들어 빛 공해의 악영향을 제시하고 있다.

10. 다음 글의 글쓰기 전략으로 볼 수 없는 것은?

19년 국가직 9급

고전파 음악은 어떤 음악인가? 서양 음악의 뿌리는 종교 음악에서 비롯되었다. 바로크 시대까지는 음악이 종교에 예속되어 있었으며, 음악가들 또한 종교에 예속되어 있었다. 고전파는 이렇게 종교에 예속되었던 음악을, 음악을 위한 음악으로 정립하려는 예술 운동에서 출발하였다. 따라서 종래의 신을 위한 음악에서 탈피해 형식과 내용의 일체화를 꾀하고 균형 잡힌 절대 음악을 추구하였다. 즉 '신'보다는 '사람'을 위한 음악, '음악'을 위한 음악을 이루어 나가겠다는 굳은 결의를 보여 준 것이다.

또한 고전파 음악은 음악적 형식과 내용의 완숙을 이룬 음악이기도 하다. 이 시기에는 하이든, 모차르트, 베토벤 등 음악의 역사에서 가장 위대한 작곡가들이 배출되기도 하였다. 이때에는 성악이 아닌 기악만으로도 음악이 가능하게 되었으며, 교향곡의 기본을 이루는 소나타 형식이 완성되었다. 특히 옛 그리스나 로마 때처럼 보다 정돈된 형식을 가진 음악을 해 보자고 주장하였기에 '옛것에서 배우자는 의미의 고전'과 '청정하고 우아하며 흐림 없음, 최고의 예술적 경지에 다다름으로서의 고전'을 모두 지향하게 되었다.

이렇듯 역사적으로 고전파 음악은 종교의 영역에서 음악 자체의 영역을 확보하였으며 최고 수준의 음악적 내용과 형식을 수립하였다. 고전파 음악이 서양 전통 음악 전체를 대표하게 된 것은 고전파 음악이 이룩한 역사적인 성과에서 비롯된 것일지도 모른다. 따라서 고전 음악의 개념을 이해하기 위해서는 고전파 음악의 성격과 특질에 대한 이해가 선행되어야 할 것이다.

① 질문을 통해 화제를 제시함으로써 호기심을 유발한다.
② 고전파 음악의 특징이 형식과 내용의 분리에 있음을 강조한다.
③ 고전파 음악의 음악가를 예시하여 이해를 돕는다.
④ 고전파 음악이 지닌 음악사적 의의를 밝힌다.

11. 다음 글의 진술 방식에 대한 설명으로 적절하지 않은 것은?

17년 지방직 7급

언어도 인간처럼 생로병사의 과정을 겪는다. 언어가 새로 생겨나기도 하고 사멸 위기에 처하기도 하는 것이다.
… (중략) …
하와이어도 사멸 위기를 겪었다. 하와이어의 포식 언어는 영어였다. 1778년 당시 80만 명에 달했던 하와이 원주민은 외부로부터 유입된 감기, 홍역 등의 질병과 정치 문화적 박해로 1900년에는 4만 명까지 감소했다. 당연히 하와이어 사용자도 급감했다. 1898년에 하와이가 미국에 합병되면서부터 인구가 증가하였으나, 하와이어의 위상은 영어 공용어 교육 정책 시행으로 인하여 크게 위축되었다. 1978년부터 몰입식 공교육을 통한 하와이어 복원이 시도되고 있으나, 하와이어 모국어를 구사할 수 있는 원주민 수는 현재 1,000명 정도에 불과하다.
… (중략) …
언어의 사멸은 급속하게 진행된다. 어떤 조사에 따르면 평균 2주에 1개 정도의 언어가 사멸하고 있다. 우비크, 쿠페뇨, 맹크스, 쿤월, 음바바람, 메로에, 컴브리아어 등이 사라진 언어이다. 이러한 상태라면 금세기 말까지 지구에 존재하는 언어 가운데 90%가 사라지게 될 것이라는 추산도 가능하다.

① 통계 수치를 활용하여, 언어 사멸 현상을 설명하고 있다.
② 예상되는 반론을 제기하고, 언어가 사멸된다고 주장하였다.
③ 구체적인 예를 활용하여, 언어 사멸의 위기를 증명하였다.
④ 언어를 생명체에 비유하고, 수많은 언어가 사멸할 수 있다고 주장하였다.

12. 다음 글에 대한 설명으로 적절하지 않은 것은?

　　어떤 사회적 현상을 설명할 때, 상징적 행동을 배제하게 되면 남는 것은 실용성과 관련된 설명뿐이다. 그러나 아메리카에서 시가가 유행하는 현상에 대해서는 그런 기능적 설명이 통하지 않는다. 가령, 사람들이 여전히 담배를 피우고 싶어 하기 때문에 그런 현상이 생긴다는 주장을 들어 보자. 일견 수긍되는 점이 있다. 사람들의 흡연 욕구가 여전하다는 것은 전혀 틀린 말이 아니기 때문이다. 그러나 그것만으로는 아메리카 사회가 시가를 피우는 사람들에게는 관대하고, 궐련을 피우는 사람들에게는 관대하지 않은 까닭을 설명할 수가 없다.
　　궐련을 피우는 사람들은 이제 공공건물 앞의 보도에 한데 모여서 흡연을 해야 하는 신세가 되었다. 그들 사이에 즉각적 연대감을 형성하면서 말이다. 그런 그들에게 더러 경멸의 눈길을 보내는 사람들도 있지만, 대부분의 사람들은 그들에게 관심을 보이지 않는다. 그들이 공공건물 밖에서 흡연을 하는 한, 남에게 해가 될 게 전혀 없다고 생각하기 때문이다. 그런데 시가를 피우는 사람들의 사정은 전혀 다르다. 그들은 저녁 식사가 끝날 즈음에, 또는 파티 도중에 전리품을 자랑하듯이 당당하게 시가를 꺼내어 입에 문다. 그들의 행동에 눈살을 찌푸리는 사람은 아무도 없다.
　　어찌하여 이런 차별이 생긴 것일까? 연기를 삼키지 않기 때문에 시가가 몸에 덜 해롭다는, 일반적 주장은 설득력이 없다. 연기를 들이마시지 않고 뱉어 내는 것은 간접흡연의 피해를 줄이기는커녕, 오히려 실내 공기를 더욱 심하게 오염시키기 때문이다. 그렇다면 진짜 이유는 무엇일까? 가장 설득력 있는 설명은 다음과 같다. 먼저 보건 당국에서 국민 건강을 위한 캠페인의 일환으로 궐련과의 투쟁을 선포했다. 그러자 궐련은 죽음의 상징이 되었고, 그 캠페인은 상류층 사람들 사이에 즉각적 반향을 불러일으켰다. 이제 최고급 레스토랑에서는 아무도 궐련을 피우지 않지만, 싸구려 술집에는 여전히 궐련 연기가 자욱하다.

① 자문자답 형식을 사용하여 독자의 흥미를 유발하고 있다.
② 난해한 용어의 정의를 제시하여 독자의 이해를 돕고 있다.
③ 자신과 다른 견해를 일부 인정하면서도 그 한계를 지적하고 있다.
④ 다른 현상과의 비교를 통해 특정 현상에 담긴 의미를 밝히려 한다.

13. (가)~(라)의 말하기 전략으로 적절하지 않은 것은?

(가) 지난달 제 친구는 퇴근 후 오토바이를 타고 집으로 돌아가다가 사고를 당했습니다. 그 친구는 어떻게 사고가 일어났는지도 기억하지 못할 정도로 심한 뇌진탕을 입어 2개월 동안 병원에서 치료를 받았습니다.

(나) 매년 2천여 명이 오토바이를 타다가 머리를 다쳐 심각한 정도의 두뇌 손상을 입고 고생합니다. 오토바이 사망 사고 원인의 80%가 두뇌 손상입니다. 콘크리트 지면에서는 30 cm 이하의 높이에서도 뇌진탕을 일으킬 수 있습니다.

(다) 오토바이를 타는 사람은 헬멧을 착용하여 머리를 보호할 수 있습니다. 헬멧의 착용은 두뇌 손상의 위험을 90% 정도 줄여 줍니다. 저는 헬멧을 쓰는 것이 보기에도 좋지 않고 거추장스럽다고 여겼습니다. 그렇지만 친구의 사고 후 헬멧을 쓰는 것이 현명한 일이라고 생각하여 오토바이를 탈 때면 항상 헬멧을 착용합니다.

(라) 만약 오토바이를 타는 모든 사람이 헬멧을 착용한다면 오토바이 사고로 인한 신체 피해를 75% 줄일 수 있습니다. 여러분은 오토바이가 주는 즐거움과 편리함을 안전하게 누릴 수 있게 됩니다. 안전을 위해서 헬멧을 반드시 착용하시기 바랍니다.

① (가)는 실제 사건을 사례로 들어 청자의 주의를 끌고 있다.
② (나)는 통계 정보를 제시하여 문제의 심각성을 부각하고 있다.
③ (다)는 헬멧을 썼을 때의 긍정적인 면보다 부정적인 면을 강조하고 있다.
④ (라)는 문제 해결 방안에 따른 청자의 이익과 청자에게 요구하는 행동을 명확하게 제시하고 있다.

14. 다음 글의 글쓰기 방식에 대한 설명으로 가장 적절한 것은?
　　　24년 지방직 9급

> 인간을 움직이게 하는 두 축은 당근과 채찍, 즉 보상과 처벌이다. 우리가 의욕을 갖는 것은 당근 때문이다. 채찍을 피하기 위해서 살아가는 것도 한 방법일 테지만, 그건 너무 가혹할 것이다. 가끔이라도 웃음을 주고 피로를 풀어 주는 당근, 즉 긍정적 보상물이 있기에 고단한 일상을 감수한다. 어떤 부모에게는 아이가 꾹꾹 눌러 쓴 "엄마 아빠, 사랑해요."라는 카드가 당근이다. 어떤 직장인에게는 주말마다 떠나는 여행이 당근이다.

① 예시를 사용하여 독자의 이해를 돕고 있다.
② 전문가의 의견을 인용하여 글의 신뢰성을 높이고 있다.
③ 묻고 답하는 형식을 사용해 독자의 관심을 끌고 있다.
④ 비유를 사용하여 문제의 심각성을 강조하고 있다.

15. 다음 글의 논지 전개 방식을 바르게 설명한 것은?
　　　05년 국가직 9급

> 법치주의는 법의 지배를 말한다. 권력자가 자기 마음대로 국민을 지배해서는 안 되고 국회에서 통과시킨 법률에 따라 권력을 행사해야 한다는 정치적 원칙이다. 절대 군주제나 독재체제에서는 왕이나 권력자의 말이 곧 법이었다. 설사 법이 있다 하더라도 통치자의 의사에 따라 아무 쓸모가 없는 물건으로 되는 경우가 많았다. 우리나라에서도 1970년대에는 대통령이 헌법 기능을 중지시킬 수조차 있었다. 대통령은 헌법을 초월하는 최고 기관이었던 것이다. 이것은 법 대신 사람이 지배하는 것이므로 법치주의라 부를 수 없다. 법치주의 국가에서는 어떤 경우든지 오직 법에 의해서만 국민을 통치할 수 있다.

① 말의 원래 의미를 분명히 밝혀내어 규정하는 방법으로 글을 펼치고 있다.
② 상반된 내용을 제시한 뒤에 하나를 반박하고 다른 하나를 옹호하고 있다.
③ 어떤 진술을 뒷받침하기 위해 반대되는 사실을 예로 들어 설명하고 있다.
④ 글의 중심 내용을 강조하기 위해 딴 사람의 글이나 말을 빌려 쓰고 있다.

16. 다음 글의 전개 방식에 대한 설명으로 적절한 것은?
　　　21년 국회직 8급

> 부여의 정월 영고, 고구려의 10월 동맹, 동예의 10월 무천 등은 모두 하늘에 제사를 지내고, 나라 안 사람들이 모두 모여서 음주가무를 하였던 일종의 공동 의례였다. 이것은 상고시대 부족들의 종교·예술 생활이 담겨 있는 제정일치의 표현이라고 볼 수 있다. 제천행사는 힘든 농사일과 휴식의 관계 속에서 형성된 농경사회의 풍속이다. 씨뿌리기가 끝나는 5월과 추수가 끝난 10월에 각각 하늘에 제사를 지냈는데, 이때는 온 나라 사람이 춤추고 노래 부르며 즐겼다. 농사일로 쌓인 심신의 피로를 풀며 모든 사람들이 마음껏 즐겼던 일종의 공동체적 축제이자 동시에 풍년을 기원하고 추수를 감사하는 의식이었던 것이다.
> 이러한 고대의 축제는 국가적 공의(公儀)와 민간인들의 마을굿으로 나뉘어 전해 내려오게 되었다. 이것은 사졸들의 위령제였던 신라의 '팔관회'를 거쳐 고려조에서는 일종의 추수감사제 성격의 공동체 신앙으로 10월에 개최된 '팔관회'와, 새해 농사의 풍년을 기원하는 성격으로 정월 보름에 향촌 사회를 중심으로 향촌 구성원을 결속시켰던 '연등회'라는 두 개의 형식으로 구분되어서 전해 내려오게 되었다. 팔관회는 지배 계층의 결속을 강화하는 역할을 하였고, 연등회는 농경의례적인 성격의 종교 집단행사였다고 볼 수 있다. 오늘날의 한가위 추석도 이런 제천의식에서 그 유래를 찾을 수 있다.
> 조선조에서는 연등회나 팔관회가 사라지고 중국의 영향을 받아 산대잡극이 성행했다. 즉 광대줄타기, 곡예, 재담, 음악 등이 연주되었다. 즉 공연자와 관람자가 분명히 구분되었고, 직접 연행을 벌이는 사람들의 사회적 지위는 그들을 관람하는 사람들보다 낮은 것으로 평가되었다. 그러나 민간 차원에서는 마을굿이나 두레가 축제적 고유 성격을 유지하였다. 즉 도당굿, 별신굿, 단오굿, 동제 등이 지역민을 묶어주는 역할을 하였다는 것이다.

① 두 개념의 장단점을 비교하여 서술하고 있다.
② 시대별로 비판을 제시하며 대안을 서술하고 있다.
③ 다양한 사례를 제시하여 개념을 정당화하고 있다.
④ 두 개의 이론을 제시하고 새로운 이론을 도출하고 있다.
⑤ 시대별로 중심 화제의 성격 변화를 서술하고 있다.

17. 다음 글의 논지를 전개하는 과정에서 가장 주요하게 사용된 진술 방식은?

> 우리의 자아는 그 과거적 상태로부터 현재적 상태를 분리하기를 거부한다. 과거와 현재는 하나의 유기적인 전체를 형성하며, 이 전체 내부에서는 변별이 없는 연속성 속에 상호 침투의 흐름이 지배한다. 왜냐하면 지속 속에서의 과거는, 미래를 먹어 들어가는(gnawing into the future) 현재의 분할 불가능한 진행과 함께 살아남기 때문이다.
> 그러므로 수학화와 공간화에 기초한 객관적 시간의 개념은 인간의 이성이 발명한 추상일 뿐이다. 이 시간개념은 자연과학적 논의의 층위에서는 대단히 유용할 수 있겠지만 경험의 원천적인 데이터를 실재적, 직접적으로 조회할 수는 없다. 측정이 수량화를 뜻하고 또 수량화가 결국 쪼갤 수 없는 연속체인 지속의 가분성(可分性)을 전제할 수밖에 없는 한 지속은 공간화되거나 수량화될 수 없다. 그러나 불행하게도 과학은 종종 이러한 사실을 망각하고 이론적인 구조물과 형식들이 원천적 경험의 층을 대신할 수 있는 권위를 가진 것으로 오해하는 몰상식을 범해 왔다.
> 그러므로 베르그송에 따르면, 참된 직관의 과학(science of intuition)은 언제나 인간 경험의 원천적인 지속에 주목한다.

① 대상의 정의(定義)를 통해 설명하고 있다.
② 구체적인 사례를 제시하여 논지를 전개하고 있다.
③ 비교·대조를 통해 대상의 특징을 드러내고 있다.
④ 문제 상황을 해결할 수 있는 대안을 제시하고 타당성을 논의하고 있다.
⑤ 비유를 통해 풍부한 해석 가능성을 보여 주고 있다.

18. 다음 글의 전개 방식에 대한 설명으로 적절한 것은?

> 유럽의 18~19세기는 혁신적 지성의 열기로 가득 찬 시대였다. 혁신적 지성은 정치적, 경제적, 사회적 여건의 성숙과 더불어 서양 근대 사회의 확립에 주도적 역할을 하였다. 수많은 개혁 사상과 혁명 사상의 제공자는 물론이요, 실천 면에서도 개혁가와 혁명가는 지성인 출신이었다. 그들은 새로운 미래를 제시하고, 그것을 뒷받침할 이데올로기를 마련하고, 그것을 실현할 구체적인 방안을 제시하는 동시에, 현실의 모순을 과감하게 비판하고 몸소 실천에 뛰어들기도 하였다.
> 하지만 20세기에 이르러 사태는 달라지기 시작하였다. 근대 사회 성립에 주도적 역할을 담당했던 혁신적 지성은 그 혁신적 성격과 개혁적 정열을 점차로 상실하고, 직업이고 기술적인 지성으로 변모하였다. 이는 근대 사회가 완성되고 성숙함에 따른 당연한 귀결일지도 모르며, 오늘날 고도로 발달한 서구 사회에 직업적이고 기술적인 지성이 필요 불가결하기도 하다. 그러나 지성이 고도로 발달한 사회에서 직업적이고 전문적인 지식과 기술을 제공하는 것으로 만족할 것인가의 문제는 다시 한번 생각해 봄직하다.
> 만일 서구 사회가 현재에 안주하고 현상 유지를 계속할 수가 있다면 문제는 다르다. 그러나 그것은 사회의 전면적인 침체를 가지고 올 것이며, 그것은 또한 불길한 몰락의 징조일지도 모른다.
> 현재의 모순과 문제를 파헤치고 이를 개혁하여 새로운 미래로 나아가는 구체적 방안을 모색하는 임무는 누가 져야 할 것인가? 그것은 역시 지성의 임무이다. 지성은 거의 영구불변의 기능이라고 할 수 있는 문화 창조의 기능을 가져야 한다. 현대의 지성은 전문 지식과 기술을 제공하는 데 그치지 말고, 현실을 비판하며 실현 가능한 구체적 방안을 모색하여 새로운 미래를 제시하는 혁신적 성격을 상실해서는 안 될 것이다.

① 시대적 변천 양상을 살피면서 바람직한 방향을 제시하고 있다.
② 용어에 대한 개념 차이를 밝히며 자신의 주장을 펼치고 있다.
③ 상호 대립된 견해를 제시하고 자신의 입장을 밝히고 있다.
④ 자신의 주장을 밝히고 이와 상반된 견해를 반박하고 있다.

19. ⟨보기⟩의 설명에 활용된 방식과 가장 가까운 것은?

[보기]

유학자들은 자신이 먼저 인격자가 될 것을 강조하지만 궁극적으로는 자신뿐 아니라 백성 또한 올바른 행동을 할 수 있도록 이끌어야 한다는 생각을 원칙으로 삼는다. 주희도 자신이 명덕(明德)을 밝힌 후에는 백성들도 그들이 지닌 명덕을 밝혀 새로운 사람이 될 수 있도록 가르쳐야 한다고 본다. 백성을 가르쳐 그들을 새롭게 만드는 것이 바로 신민(新民)이다. 주희는 대학을 새로 편찬하면서 고본(古本) 대학의 친민(親民)을 신민(新民)으로 고쳤다. '친(親)'보다는 '신(新)'이 백성을 새로운 사람으로 만든다는 취지를 더 잘 표현한다고 보았던 것이다. 반면 정약용은, 친민을 신민으로 고치는 것은 옳지 않다고 본다. 정약용은 친민을 백성들이 효(孝), 제(弟), 자(慈)의 덕목을 실천하도록 이끄는 것이라 해석한다. 즉 백성들로 하여금 자식이 어버이를 사랑하여 효도하고 어버이가 자식을 사랑하여 자애의 덕행을 실천하도록 이끄는 것이 친민이다. 백성들이 이전과 달리 효, 제, 자를 실천하게 되었다는 점에서 새롭다는 뜻은 있지만 본래 글자를 고쳐서는 안 된다고 보았다.

① 시는 서정시, 서사시, 극시로 나뉜다.
② 소는 식욕의 즐거움조차 냉대할 수 있는 지상 최대의 권태자다.
③ 언어는 사고를 반영한다는 말이 있는데, 그 예로 무지개 색깔을 가리키는 7가지 단어에 의지하여 무지개 색깔도 7가지라 판단한다는 것을 들 수 있다.
④ 곤충의 머리에는 겹눈과 홑눈, 더듬이 따위의 감각기관과 입이 있고, 가슴에는 2쌍의 날개와 3쌍의 다리가 있으며, 배에는 끝에 생식기와 꼬리털이 있다.

20. 다음 글과 같은 방식으로 논리를 전개한 것은?

진리가 사상의 체계에 있어 제일의 덕이듯이 정의는 사회적 제도에 있어 제일의 덕이다. 하나의 이론은 그것이 아무리 멋지고 간명한 것이라 하더라도 만약 참되지 않다면 거부되거나 수정되어야 한다. 이와 마찬가지로 법과 제도는 그것이 아무리 효율적으로 잘 정비되어 있다고 하더라도 만약 정의롭지 않다면 개혁되거나 폐기되어야 한다.

① 의지의 자유가 없는 사람에게는 책임을 물을 수 없다. 인간에게는 책임을 물을 수 있다. 그러므로 인간의 의지는 자유롭다고 보아야 한다.
② 여자는 생각하는 것이 남자와 다른 데가 있다. 남자는 미래를 생각하지만 여자는 현재의 상태를 더 소중하게 여긴다. 남자가 모험, 사업, 성 문제를 중심으로 생각한다면 여자는 가정, 사랑, 안정성에 비중을 두어 생각한다.
③ 우리 강아지는 배를 문질러 주면 등을 바닥에 대고 누워 버려. 그리고 정말 기분 좋은 듯한 표정을 짓지. 그런데 내 친구 강아지도 그렇더라고. 아마 모든 강아지가 그런 속성을 가지고 있는 것 같아.
④ 인생은 여행과 같다. 간혹 험난한 길을 만나기도 하고, 예상치 않은 일을 당하기도 한다. 우연히 누군가를 만나고 그들과 관계를 맺기도 한다. 여행을 끝내고 집으로 돌아왔을 때 편안함을 느끼는 것처럼 생을 끝내고 죽음을 맞이할 때 우리는 더없이 편안해질 것이다.

PART 3
구조 이해와 응용 능력

Chapter 01 배치   76

Chapter 02 배열   82

Chapter 01 배치

> ## '배치'는 완결성

배치는 제시된 보기(문장/문단)를 지문의 어느 부분에 두는 게 가장 적절할지 판단하는 유형입니다. 이때 지문은 보기 부분의 내용이 빠진 불완전한 지문이겠죠? 즉, 출제자는 '배치'를 출제할 때 의도적으로 지문의 완결성을 훼손합니다.
　↳ 한 편의 글은 필요한 요소들을 모두 갖춘다.

1 완결성이 결여된 대표적인 경우

① 중심이 되는 부분이 드러나지 않은 경우

> 아무도 쥐를 보고 후덕하다고 생각은 아니할 것이고, 할미새를 보고 진중하다고는 생각하지 아니할 것이오, 돼지를 소담한 친구라고는 아니할 것이다. 토끼를 보면 방정맞아 보이지마는, 고양이처럼 표독스럽게는 아무리 해도 아니 보이고, 수탉을 보면 걸걸은 하지마는, 지혜롭지는 아니하여 보이며, 뱀은 그림만 보아도 간특하고 독살스러워 보이고, 개는 얼른 보기에 험상스럽지마는 간교한 모양은 조금도 없다. 그는 충직하게 생겼다.

↳ 이 지문의 맨 앞이나 맨 뒤에 주제문이 들어가야 한다.
　'외모로 사람을 취하지 말라고 하였으나, 대개는 속마음이 외모에 나타나는 것이다.'

② 보조적인 부분의 충분한 뒷받침이 없는 경우

> 우리나라의 자연은 네 계절이 다 아름답다. 봄에는 산과 들에 진달래, 개나리가 피고, 여름에는 울창한 숲에서 시원한 바람이 불어오며, 겨울에는 함박눈이 소복이 쌓여 온 세상을 하얗게 순화시켜 주니 그 얼마나 아름다운가?

↳ 주제문에 의하면 네 계절의 아름다움이 공평하게 열거되어야 한다.
　여름과 겨울 사이에 가을의 아름다움이 들어가야 한다.

2 지문 먼저 읽을까, 보기 먼저 읽을까?

1 배치해야 할 보기가 접속어나 지시어(이, 그, 저)로 시작하는 경우
↳ 앞에 올 내용을 추론할 수 있으므로 보기 먼저 읽는다.

2 그 외의 경우
↳ 지문을 먼저 읽으며 어색한 부분을 찾거나 주제를 파악한다.
그 뒤 보기를 보고 보기가 맡아야 하는 역할을 따져 배치한다.

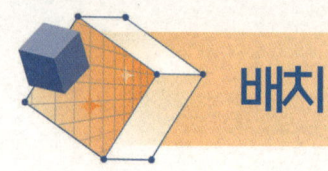

배치

1. 다음 문장이 들어가기에 가장 적절한 곳을 (가)~(라)에서 고르면?   24년 국가직 9급

> 나라에 위기가 닥쳤을 때 제 몸을 희생해 가며 나라 지키기에 나섰으되 역사책에 이름 한 줄 남기지 못한 이들이 이순신의 일기에는 뚜렷하게 기록된 것이다.

> 『난중일기』의 진면목은 7년 동안 전란을 치렀던 이순신의 인간적 고뇌가 가감 없이 드러나 있다는 데 있다. (가) 왜군이라는 외부의 적은 물론이고 임금과 조정의 끊임없는 경계와 의심이라는 내부의 적과도 싸우며, 영웅이기 이전에 한 사람의 인간으로서 느낀 극심한 심리적 고통이 잘 나타나 있다. (나) 전란 중 겪은 원균과의 갈등도 적나라하게 드러나 있어 그가 완벽한 인간이 아니라 감정에 휘둘리는 보통의 인간이었음을 보여 준다. (다) 그뿐만 아니라 이순신은 『난중일기』에서 사랑하는 가족의 이름과 함께 휘하 장수에서부터 병졸들과 하인, 백성들의 이름까지도 언급하고 있다. (라) 『난중일기』의 위대함은 바로 여기에 있다.

① (가) ② (나)
③ (다) ④ (라)

2. 다음 내용을 아래 글의 (가)~(라)에 넣을 때 가장 적절한 위치는?   23년 군무원 9급

> 공감의 출발은 상대방의 이야기를 경청하면서 상대방의 감정과 느낌이 어떠했을까를 헤아리며 그것을 이해하도록 노력하는 것이다. 그리고 상대방의 입장을 이해한다는 것을 언어적, 비언어적으로 표현하는 것이 중요하다.

> (가) 공감은 상대방의 생각과 느낌을 자신의 생각과 느낌처럼 받아들이고 이해하는 것이다. (나) 상대방이 나를 분석하거나 판단하지 않고, 있는 그대로 나의 감정을 이해하고 있다고 느끼게 될 때 사람들은 그 상대방을 나를 이해하는 사람, 나를 알아주는 사람으로 여기게 된다.
> 판단 기준과 가치관이 다른 사람의 생각과 느낌을 공감을 하면서 이해하는 것은 여간 어려운 일이 아니다. (다) 사람은 누구나 자신의 느낌과 생각을 바탕으로 말하고 판단하고 일을 결정하게 되므로, 상대방의 입장을 헤아리고 그의 느낌과 생각을 내가 그렇게 생각하고 느끼는 것처럼 이해하기가 어렵다. (라) 상대방의 말투, 표정, 자세를 관찰하면서 그와 같은 관점, 심정, 분위기 또는 태도로 맞추는 것도 공감에 도움이 된다.

① (가) ② (나)
③ (다) ④ (라)

3. ⟨보기 1⟩을 ⟨보기 2⟩에 삽입하려고 할 때 문맥상 가장 적절한 곳은?
23년 서울시 자체 출제 9급

[보기 1]

왜냐하면 학문의 세계에서는 하나의 객관적 진실이 백일하에 드러나 모든 다른 견해를 하나로 귀결시키는 일은 일어나지 않기 때문이다.

[보기 2]

민족이 하나로 된다면 소위 "민족의 역사"가 하나로 통합되는 것은 너무나 당연한 일이라고 생각할 수 있다. (㉠) 그러나 좀 더 곰곰이 생각해 보면 역사학을 포함한 학문의 세계에서 통합이란 말은 성립되기 어렵다. (㉡) 학문의 세계에서는 진실에 이르기 위한 수많은 대안이 제기되고 서로 경쟁하면서 발전이 이루어진다. (㉢) 따라서 그 다양한 대안들을 하나로 통합한다는 것은 학문을 말살하는 것이나 다름없다. (㉣) 학문의 세계에서는 통합이 아니라 다양성이 더 중요한 덕목인 것이다.

① ㉠
② ㉡
③ ㉢
④ ㉣

4. ㉠~㉤ 중 ⟨보기⟩의 문장이 들어가기에 적절한 곳은?
22년 국회직 9급

[보기]

그리하여 가축과 그 고기를 먹는 인간의 건강뿐만 아니라, 세계 전역의 농지들이 그 피해를 고스란히 입고 있는 것이다.

곡물 사료는 비단 가축뿐만 아니라 세계의 가난한 사람들에게도 구조적인 폭력을 행사한다. ㉠ 우리가 다 알고 있듯이, 쇠고기를 비롯한 육류는 곡식에 비해서 낭비적 요소를 내포하고 있는 식품이다. ㉡ 오늘날 1인분의 쇠고기 생산을 위해서 20인분의 곡물이 투입되고 있고, 1칼로리의 쇠고기를 생산하는 데 보통 35칼로리의 석유가 소모되고 있다. ㉢ 그 결과는 전 세계적으로 10억의 비만 인구와 10억의 기아 인구의 공존이라는 비극적 현실이다. ㉣ 또한 여기서 간과할 수 없는 것은 사료용 곡물 재배에는 살충제가 무제한적으로 남용되고 있다는 점이다. ㉤ 오늘날 육류 소비가 늘어가는 것과 병행해서 아까운 열대 우림이 끝없이 훼손되고, 전 세계적으로 심각한 토양 오염 및 토지 열화 현상이 확대되고 있는 것은 결코 우연이 아니다.

① ㉠
② ㉡
③ ㉢
④ ㉣
⑤ ㉤

5. 아래의 문장이 들어가기에 가장 적절한 위치로 옳은 것은?
21년 군무원 9급

> 문학의 범위를 좁게 잡는 것은 나중에 나타난 새로운 관습이다.

(가) 문학의 범위는 시대에 따라서 달라져왔다. 한문학에서 '문(文)'이라고 하던 것은 '시(詩)'와 함께 참으로 큰 비중을 차지하고 실용적인 글도 적지 않게 포함했다.
(나) 시대가 변하면서 '문'이라는 개념은 뒷전으로 밀려나고, 시·소설·희곡이 아닌 것 가운데는 수필이라고 이름을 구태여 따로 붙이는 글만 문학세계의 준회원 정도로 인정하기에 이르렀다.
(다) 근래에 와서 사람이 하는 활동을 세분하면서 무엇이든지 전문화할 때 문학 고유의 영역을 좁게 잡았다.
(라) 문학의 범위를 좁게 잡는 오늘날의 관점으로 과거의 문학을 재단하지 말고, 문학의 범위에 관한 오늘날의 통념을 반성해야 한다.

① (가)문단 뒤 ② (나)문단 뒤
③ (다)문단 뒤 ④ (라)문단 뒤

6. ㉠~㉣ 중 〈보기〉의 문장이 들어가기에 가장 적절한 곳은?
21년 국회직 8급

(㉠) 서구에서는 고대부터 인간을 정신과 신체로 양분하여 탐구하였다. 정신은 이성계로서 지식에 관여하는 반면, 신체는 경험계로서 행위에 관계되는 것으로 간주했다. (㉡) 플라톤은 정신계와 물질계를 본질계와 현상계로 구분한다. (㉢) 전자는 이데아계로서 이성적인 영역이고 후자는 경험계로서 감각적 영역이라고 보았다. (㉣) 그러나 그의 이데아론을 기반으로 신체를 경시하거나 배척하던 경향과는 달리, 최근에는 신체에 가치를 부여하여 그것을, 영혼을 보호하는 공간으로 인식하는 경향이 대두되었다. (㉤)

[보기]
여기서 참된 실체는 이데아계로서 경험계가 추구해야 할 궁극적 대상이며, 경험계는 이데아의 그림자, 허상, 모사에 불과하다고 간주했다.

① ㉠ ② ㉡ ③ ㉢
④ ㉣ ⑤ ㉤

7. 다음 글에서 〈보기〉의 문장이 들어갈 위치로 가장 적절한 것은?
14년 국가직 7급

[보기]
이것은 논리의 결함에서 오는 것이 아니라 사실에 관한 주장들조차도 이미 그 안에 '삶을 위한 것'이라는 대전제를 본질적으로 깔고 있기 때문에 나오는 결과이다.

서구 과학이 지닌 한 가지 중요한 특징은 이것이 당위성이 아닌 사실성으로 시작하고 사실성으로 끝난다는 점이다. 삶의 세계 안에서 당위성은 매우 중요한 것이지만, 이것은 학문 그 자체 속에서 자연스레 도출되는 것이 아니라 이를 활용하는 당사자가 별도로 끌어들여야 하는 것이다. 이 점에서 왕왕 혼동이 일어나기도 하지만 이는 이른바 '자연주의적 오류'라 하여 경계의 대상으로 삼고 있다. (㉠) 특히 자연 과학의 논리적 구조를 살펴보면 이 속에 당위성이 끼어들 어떠한 공간도 허락되어 있지 않다. (㉡) 그런데 매우 흥미롭게도 동양의 학문에서는 당위성과 사실성이 하나의 체계 속에 자연스럽게 서로 연결되고 있음을 볼 수 있다. (㉢) 동양에서 학문을 한다고 하면 선비를 떠올리는 것도 바로 이러한 데서 연유하게 된다. (㉣) 한편 동양 학문이 지닌 이러한 성격이 치르게 되는 대가 또한 적지 않다. 결국 물질 세계의 질서를 물질 세계만의 논리로 파악하는 체계, 곧 근대 과학을 이루는 데에 실패하고 만 것이다.

① ㉠ ② ㉡
③ ㉢ ④ ㉣

8. 다음 〈보기〉의 글이 들어갈 부분으로 가장 적절한 것은?

14년 국회직 9급

[보기]

즉, 처음에 생각한 바를 음성 언어로만 표현하다가 차차 그것을 일정한 의미로 어느 정도 분명하게 설명할 수 있게 되자 다시 그것을 문자로도 표현할 수 있게 되었다는 것이다. 이미 언급한 설형문자의 예로 문자의 발전을 추측해 볼 수 있다.

가 메소포타미아 유적지를 발굴하던 중에 설형문자가 새겨진 점토판 몇천 개가 발견되었다. 그 점토판에 쓰인 설형문자를 해독해 본 결과 여러 가지 맥주 조제법, 곡식을 배달한 뒤 주고받은 영수증, 가축의 종류와 마릿수, 건물 축조를 위한 규정 등이 새겨져 있음을 알게 되었다. 물론 그 밖에도 종교적, 역사적 사실이 적힌 문자판도 발견되었다.

나 이러한 일련의 점토판들은 우리에게 성서가 쓰이기 전, 그리고 예수가 탄생하기 이전의 고대 사회의 모습을 전해 주고 있다. 어떤 것들은 그 문자판을 읽는 독자에 대한 정보도 알게 한다. 그는 분명히 사제 계급의 교육 혜택을 누린 자였을 것이며 행정과 거래에서도 여러 기능을 담당한 사람이었을 것이다.

다 이집트 문자의 발생에서도 역시 그림문자가 큰 역할을 담당했다. 학자들은 항아리나 다른 생활용품들에 새겨 넣었던 그림 장식에서 이집트 문자가 발전했을 것이라고 추측한다. 이 장식된 그림문자들은 그림을 보는 독자에게 영상적인 의미를 제시했다. 그러나 우리가 어떤 것을 엄격한 의미에서의 문자라고 부르려면 그 사용된 표식이 말소리로도 옮겨질 수 있어야만 한다.

라 이집트, 메소포타미아, 인더스 중에 어느 지역에서 문자가 최초로 만들어졌는지에 대해서는 학자들 사이에 아직도 의견이 분분하다. 거론된 세 고문화에서 기원전 약 5,500년 ~ 4,800년경에 최초로 문자가 만들어졌다. 언어학자들은 처음에는 한정적이던 문자의 체계가 시간이 지나감에 따라 완전한 형태로 발전했을 것이라고 가정한다.

마 수메르 인들의 사원학교에서 발견된 점토판을 연구함으로써 설형문자가 발전된 여러 단계의 과정을 따라가 볼 수 있다. 점토판의 한쪽 면에는 교사의 모범 글씨가 새겨져 있고 다른 한쪽에는 학생들이 그것을 따라 연습한 글씨가 새겨져 있다. 전문가의 의견에 따르면, 이러한 최초의 문자 표본은 무엇인가를 기억하기 위한 목적으로 사용된 것이며 실제의 물체를 단순화하여 표식으로 만든 것이었다. 예를 들면 소의 표식으로 소의 머리를 그렸고 단순화된 삼각형 모양으로 여성의 성기 모양을 나타내어 '여자'에 해당하는 그림문자를 만들었다. 그것들은 일종의 픽토그램과 같은 것으로서 하나의 그림 표식마다 그에 해당하는 사물이나 생물을 나타내었다.

① **가** 의 뒤   ② **나** 의 뒤
③ **다** 의 뒤   ④ **라** 의 뒤
⑤ **마** 의 뒤

Chapter 02 배열

'배열'은 퍼즐 맞추기

배열은 순서가 뒤섞인 퍼즐 조각들(문장/문단)을 <u>유기성</u>에 맞게 배치하여 적절한 구조를 만드는 과정입니다.

↳ 전체의 부분들은 서로 밀접한 관계를 맺고 있다.

퍼즐을 맞출 때, 뒤섞인 조각들 중에서 맨 윗줄의 좌측 모서리에 위치할 첫째 조각부터 찾으려면 시간이 아주 오래 걸릴 것입니다. 그 옆에 위치할 조각을 찾으려고 퍼즐 조각 더미를 뒤질 때에도 아주 오랜 시간이 걸리겠죠. 빠르게 퍼즐을 맞추는 방법은 다음과 같습니다.

※ 1000피스 퍼즐을 빨리 맞추는 방법 ⇒   ※ 문장/문단을 빨리 맞추는 방법

1. 퍼즐 조각을 색깔별로 분류한다.
2. 색깔별로 분류한 퍼즐 조각들의 모양을 살핀다.
3. 부분적으로 조립한 뒤
4. 전체 판 위에 올리고 나머지 부분들을 연결한다.

1. 각 부분의 중요 정보를 파악한다.
2. 접속어, 지시어, 보조사, 어미를 파악한다.
3. 반드시 연결될 부분이나 선후를 파악한 뒤
4. 조건을 충족하는 정답을 선지에서 찾는다.

배열해야 하는 대상이 짧은 문장들인 경우, 퍼즐의 색깔보다 퍼즐의 모양(접속어, 지시어, 보조사, 어미 등)이 더 강력한 힌트가 됩니다.

장문(문단)의 **배열**에는 **퍼즐 조각의 모양**보다 **색깔**을 파악하는 능력이 요긴하게 쓰입니다.
즉, 표지(접속어, 지시어, 보조사, 어미)보다 각 부분의 주요 정보를 요약하여 지문 논리 구조에 알맞게 배치하는 것이죠.

그리고 명심할 것!

배열을 적당히 해서 읽었을 때 별 문제가 없도록 만드는 것이 아니라,
가장 적절하게 배열하는 것이 목적입니다.
따라서, 선지대로 급하게 읽어 보려는 것은 최악의 방식입니다.

1 유기성의 요소

1 명시적 연결: 접속어나 지시어를 사용하여 문장과 문장, 문단과 문단을 연결하는 것
  ↳ 주로 문장 연결 패턴에 활용된다.

2 내용적 연결: 명시적 연결어 없이 글 전체가 끊어진 듯한 느낌이 없이 잘 연결되어 있는 것
  ↳ 주로 문단 연결 패턴에 활용된다.

🔍 **문단 배열에서 주로 활용하는 내용적 연결 방식**
- ⋯▸ 주제 문단은 두괄 혹은 미괄이다.
- ⋯▸ 의문, 문제, 통념 제시는 시작 부분이다.
- ⋯▸ 일반적 진술 뒤에 그에 대한 구체적 진술이 이어진다.
- ⋯▸ 포괄 문단에서 제시한 순서대로 보충 문단이 진행된다.

2 유기성에 따라 배열하는 순서

1. 배열할 각 부분을 요약하며 읽기 + 표지(접속어와 지시어) 확인
   ⬇
2. 핵심 화제나 표지를 통해 부분적 조립
   ⬇
3. 가장 중요한 문장/문단 선별
   ⬇
4. 두괄/미괄식으로 정리

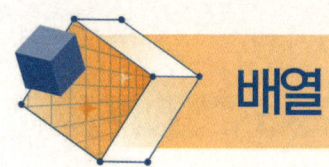

배열

1 문장 배열

1. (가)~(라)를 맥락에 따라 가장 자연스럽게 배열한 것은?

24년 국가직 9급

> 약물은 질병을 치료하거나 예방할 목적으로 사용되는 의약품이다. 우리 주변에는 약물이 오남용되는 경우가 있다.
> (가) 더구나 약물은 내성이 있어 이전보다 더 많은 양을 사용하기 마련이므로 피해는 점점 커지게 된다.
> (나) 오남용은 오용과 남용을 합친 말로서 오용은 본래 용도와 다르게 사용하는 일, 남용은 함부로 지나치게 사용하는 일을 가리킨다.
> (다) 그러므로 약물을 사용할 때는 반드시 의사나 약사와 상의하고 설명서를 확인하여 목적에 맞게 적정량을 사용해야 한다.
> (라) 약물을 오남용하면 신체적 피해는 물론 정신적 피해를 입을 수 있다.

① (나) – (다) – (라) – (가)
② (나) – (라) – (가) – (다)
③ (라) – (가) – (나) – (다)
④ (라) – (다) – (나) – (가)

2. (가)~(라)의 전개 순서로 가장 자연스러운 것은?

24년 지방직 9급

> 청소년 노동자를 바라보는 시각에는 양극단이 존재한다. '경제적으로 어려운 아이들'이라는 시각과 '지나치게 돈을 좋아하는 아이들'이라는 시각이 그것이다.
> (가) 이런 시각은 비행만을 강조하기에 청소년들이 스스로 노동하고 있다는 사실을 부끄러워하거나 다른 사람들에게 숨기는 경우도 많이 발생한다.
> (나) 전자는 청소년이 노동을 선택하는 이유를 '생계비 마련' 하나만으로 축소해 버리고 피해자로만 바라본다는 점에서 문제가 있다.
> (다) 그러다 보니 생활비 마련뿐만 아니라 의미 있는 시간 활용, 부모의 눈치를 보지 않는 독립적인 생활, 진로 탐색 등 노동을 선택하는 복합적인 이유가 삭제돼 버린다.
> (라) 후자의 시각은 청소년 노동을 학생의 본분을 저버린 그릇된 행위로 만들어 버림으로써, 문제의 원인을 노동 현장의 구조적 문제가 아니라 '청소년이 노동하고 있다는 사실' 자체로 돌려 버린다.
> 두 시각 모두 도달하게 되는 결론은 청소년을 노동에서 빨리 구원해야 한다는 것이다.

① (나) – (가) – (다) – (라)
② (나) – (가) – (라) – (다)
③ (나) – (다) – (라) – (가)
④ (나) – (라) – (다) – (가)

3. 다음 글의 전개 순서로 가장 자연스러운 것은?

20년 지방직 9급

ㄱ. 1700년대 중반에 이미 미국 이주민들의 평균 소득은 영국인들의 평균 소득을 넘어섰다.
ㄴ. 그러나 미국은 사실 그러한 분야에서는 다른 산업 국가들에 비해 특별한 우위를 갖고 있지 않았다.
ㄷ. 미국 이주민들의 평균 소득이 높아지게 된 배경에는 좋은 환경으로부터 비롯된 낙관성과 자신감이 있었다. 이후로도 다소 불안정하기는 했지만 미국인들의 소득은 계속해서 크게 증가했다.
ㄹ. 대부분의 미국인들은 남북 전쟁 이후 급속히 경제가 성장한 이유를 농업적 환경뿐만 아니라 19세기의 과학적, 기술적 대전환, 기업가 정신과 규제가 없는 시장 경제 때문이라고 단순하게 생각하는 경향이 있다.
ㅁ. 미국인들이 이처럼 초기 정착기에 풍요로움을 누릴 수 있었던 것은 비옥한 토지, 풍부한 천연자원, 흑인 노동력에 힘입은 농산물 수출 덕분이었다.

① ㄱ - ㄷ - ㅁ - ㄹ - ㄴ
② ㄱ - ㄹ - ㄷ - ㄴ - ㅁ
③ ㄹ - ㄴ - ㅁ - ㄱ - ㄷ
④ ㄹ - ㅁ - ㄴ - ㄷ - ㄱ

4. 다음 글의 전개 순서로 가장 자연스러운 것은?

20년 국가직 7급

(가) 이처럼 면 대 면 소통에는 시간과 공간의 제약이 따른다.
(나) 인간의 소통 방식 중 가장 오래되고 직접적인 것은 면 대 면 소통이다.
(다) 그러나 점차 매체가 발달함에 따라 현대 사회에서는 인간이 시간과 공간의 제약을 벗어나 전신, 전파, 인터넷 등을 통해 의미를 주고받는 다양한 소통 방식이 가능해졌다.
(라) 면 대 면 소통은 소통에 참여하는 사람들이 같은 시간과 공간에 존재하면서 음성, 몸짓, 표정 등을 통해 의미를 주고받는 방식으로 이루어진다.

① (나) - (라) - (가) - (다)
② (나) - (라) - (다) - (가)
③ (라) - (가) - (나) - (다)
④ (라) - (나) - (다) - (가)

5. ㉠~㉣의 전개 순서로 가장 자연스러운 것은?

20년 지방직 7급

1900년대 이후로 다른 문자를 지양하고 한글로만 문자 생활을 영위하고자 하는 경향이 나타났다.
㉠ 이에 따라 각급 학교 교재에 한자는 괄호 안에 넣는 조치를 취했다.
㉡ 그 과정에서 그들이 가장 고심했던 일은 우리말 어휘의 반 이상을 차지하는 한자어를 어떻게 처리하느냐 하는 것이었다.
㉢ 한글학회의 『큰사전』에서는 모든 단어의 표제어는 한글로 적었고 괄호 속에 한자, 로마자 등 다른 문자를 병기하였다.
㉣ 이로 인해 1930년대 이후에 우리 어문 연구가들은 맞춤법과 외래어 표기법을 제정하고 표준어를 사정하였으며 이를 바탕으로 사전 편찬 사업을 추진했다.

① ㉡ - ㉠ - ㉢ - ㉣
② ㉡ - ㉢ - ㉠ - ㉣
③ ㉣ - ㉡ - ㉢ - ㉠
④ ㉣ - ㉢ - ㉠ - ㉡

6. 문맥에 따른 배열로 가장 적절한 것은?

17년 지방직 9급 추가채용

(가) 그러나 사람들은 소유에서 오는 행복은 소중히 여기면서 정신적 창조와 인격적 성장에서 오는 행복은 모르고 사는 경우가 많다.
(나) 소유에서 오는 행복은 낮은 차원의 것이지만 성장과 창조적 활동에서 얻는 행복은 비교할 수 없이 고상한 것이다.
(다) 부자가 되어야 행복해진다고 생각하는 사람은 스스로 부자라고 만족할 때까지는 행복해지지 못한다.
(라) 하지만 최소한의 경제적 여건에 자족하면서 정신적 창조와 인격적 성장을 꾀하는 사람은 얼마든지 차원 높은 행복을 누릴 수 있다.
(마) 자기보다 더 큰 부자가 있다고 생각될 때는 여전히 불만과 불행에 사로잡히기 때문이다.

① (나) - (라) - (가) - (다) - (마)
② (나) - (가) - (마) - (라) - (다)
③ (다) - (마) - (라) - (나) - (가)
④ (다) - (라) - (마) - (가) - (나)

7. 다음 글의 전개 순서로 가장 자연스러운 것은?

📄 14년 지방직 9급

> ㄱ. 상품 생산자, 즉 판매자는 화폐를 얻기 위해 자신의 상품을 시장에 내놓는다. 하지만 생산자가 만들어 낸 상품이 시장에 들어서서 다른 상품이나 화폐와 관계를 맺게 되면, 이제 그 상품은 주인에게 복종하기를 멈추고 자립적인 삶을 살아가게 된다.
> ㄴ. 이처럼 상품이나 시장 법칙은 인간에 의해 산출된 것이지만, 이제 거꾸로 상품이나 시장 법칙이 인간을 지배하게 된다. 이때 인간 및 인간들 간의 관계가 소외되는 현상이 나타난다.
> ㄷ. 상품은 그것을 만들어 낸 생산자의 분신이지만, 시장 안에서는 상품이 곧 독자적인 인격체가 된다. 사람이 주체가 아니라 상품이 주체가 된다.
> ㄹ. 또한 사람들이 상품들을 생산하여 교환하는 과정에서 시장의 경제 법칙을 만들어 냈지만, 이제 거꾸로 상품들은 인간의 손을 떠나 시장 법칙에 따라 교환된다. 이런 시장 법칙의 지배 아래에서는 사람과 사람 간의 관계가 상품과 상품, 상품과 화폐 등 사물과 사물 간의 관계에 가려 보이지 않게 된다.

① ㄱ - ㄷ - ㄴ - ㄹ
② ㄱ - ㄷ - ㄹ - ㄴ
③ ㄷ - ㄹ - ㄱ - ㄴ
④ ㄷ - ㄹ - ㄴ - ㄱ

8. 다음 글의 전개 순서로 가장 적절한 것은?

📄 12년 국가직 9급

> ㄱ. 또한 실천적 측면 가운데 내적 측면으로 나타나는 것이 선, 외적 측면으로 나타나는 것이 정의이다.
> ㄴ. 인간이라면 누구나 이념과 가치를 소중히 여기기 마련이다.
> ㄷ. 흔히들 숭고한 이념이나 가치로 진리·선·정의를 언급하기도 한다.
> ㄹ. 진리는 인간 생활의 이론적 측면으로 나타나고, 선·정의는 인간 생활의 실천적 측면으로 나타난다.

① ㄴ - ㄷ - ㄹ - ㄱ
② ㄴ - ㄹ - ㄱ - ㄷ
③ ㄷ - ㄴ - ㄱ - ㄹ
④ ㄷ - ㄹ - ㄱ - ㄴ

9. 다음 글을 문맥에 맞게 배열한 것은?

📄 13년 서울시 7급

> ㄱ. 탈세, 특히 재계 거물들의 탈세는 국가권력의 기초를 허무는 것으로, 심각한 반국가 행위로 다스리는 것이 옳다.
> ㄴ. 우리가 세금에 대해 일반적으로 갖는 인식은 '억울하게 뜯기는 돈'인 경우가 많고 그래서 탈세자들에게도 굉장히 관대하다.
> ㄷ. 특히 재계 인사들이 탈세를 했다는 소식에는 '고래가 물을 뿜었나 보다' 정도로 무덤덤하게 받아들일 때가 많다. 이러한 인식은 크게 잘못된 것이다.
> ㄹ. 병역을 기피한 자들과 똑같은 의미에서 '조세도피자'라고 부르는 것이 옳다.
> ㅁ. 그런 의미에서 이들을 '조세피난자'라고 불러서는 안 된다.

① ㄱ - ㄴ - ㄷ - ㅁ - ㄹ
② ㄴ - ㄷ - ㄱ - ㅁ - ㄹ
③ ㄴ - ㄱ - ㄷ - ㄹ - ㅁ
④ ㄴ - ㄱ - ㅁ - ㄷ - ㄹ
⑤ ㄱ - ㄴ - ㄷ - ㄹ - ㅁ

10. 다음 예문들을 문맥이 통하도록 배열한 것은?

📄 12년 국가직 7급

> ㄱ. 하지만 덴마크의 왕 프레데릭 3세는 애써 태연한 척하며 그것을 세 번 반복해 달라 요청했다.
> ㄴ. 어쨌든 여기서 우리는 이 새로운 매체의 효과가 '공포'에 있었음을 알 수 있다.
> ㄷ. 발겐슈텐이 코펜하겐에서 '마술 환등'을 시연했을 때의 일이다.
> ㄹ. 신하들 앞에서 군왕으로서 용기를 과시하고 싶었던 것이다.
> ㅁ. 어둠 속에서 갑자기 해골이 등장하는 모습에 모두 겁을 집어먹었다.

① ㄷ - ㅁ - ㄱ - ㄹ - ㄴ
② ㄷ - ㄹ - ㅁ - ㄴ - ㄱ
③ ㅁ - ㄷ - ㄹ - ㄱ - ㄴ
④ ㅁ - ㄷ - ㄴ - ㄹ - ㄱ

11. (가)~(라)의 전개 순서로 가장 자연스러운 것은?
23년 지역인재 9급

(가) 자기 재물을 혼자서 쓰는 것은 형체가 있는 재물을 형체가 있는 것으로 쓰는 것이요, 남에게 재물을 베푸는 것은 형체가 있는 재물을 형체가 없는 마음으로 쓰는 것이다.
(나) 그렇다면 형체가 있는 것을 마음껏 쓰면서도 닳아 없어지지 않게 하는 방법으로는 남에게 베푸는 것만 한 것이 없을 테니, 이는 어째서인가?
(다) 그런데 형체가 있는 것을 형체로 쓰면 다 닳아 없어지기에 이르나, 형체가 있는 것을 마음으로 쓰면 변하거나 없어지는 법이 없다.
(라) 형체가 있는 것이 이미 다른 사람의 집에 있으니 도둑이 훔쳐갈까 염려하지도 않고, 불에 타 없어질까 걱정하지도 않으며, 소나 말에 실어 운반해야 하는 수고로움도 없다.

재물을 씀으로써 얻는 아름다운 이름은 죽고 난 뒤에도 없어지지 않고 천년토록 전해질 것이니, 천하에 이같이 큰 이익은 없다.

① (가) - (나) - (다) - (라)
② (가) - (다) - (나) - (라)
③ (라) - (가) - (나) - (다)
④ (라) - (나) - (가) - (다)

12. 다음 중 (가)~(다)를 문맥에 맞는 순서대로 나열한 것은?
22년 군무원 9급

최근 수십 년간 세계 각국의 정부들은 공격적인 환경 보호 조치들을 취해왔다. 대기오염과 수질오염, 살충제와 독성 화학물질의 확산, 동식물의 멸종 위기 등을 우려한 각국의 정부들은 인간의 건강을 증진하고 인간 활동이 야생 및 원시 지역에서 만들어 낸 해로운 결과를 줄이기 위해 상당한 자원을 투자해왔다.

(가) 그러나 이러한 규제 노력 가운데는 막대한 비용을 헛되이 낭비한 것들도 상당수에 달하며, 그중 일부는 해결하고자 했던 문제를 오히려 악화시키기도 했다.
(나) 이 중 많은 조치들이 커다란 성과를 거두었다. 이를테면 대기오염을 줄이려는 노력으로 수십만 명의 조기 사망과 수백만 가지의 질병을 예방할 수 있었다.
(다) 예를 들어, 새로운 대기 오염원을 공격적으로 통제할 경우, 기존의 오래된 오염원의 수명이 길어져서 적어도 단기적으로는 대기오염을 가중시킬 수 있다.

① (나) → (가) → (다)
② (나) → (다) → (가)
③ (다) → (가) → (나)
④ (다) → (나) → (가)

13. 다음 글을 논리적 순서에 맞게 나열한 것은?

□ 21년 군무원 7급

> (가) 그 위계를 정하는 데 나이는 매우 결정적인 요인이 된다.
> (나) 그래서 우리는 사람들을 만나면 상대와 나의 위계를 자기도 모르게 측정하게 된다.
> (다) 그 위계를 따져서 말을 하지 않으면 상대를 기분 나쁘게 할 수도 있고 상대를 불편하게 만들 수도 있다.
> (라) 한국어에서 높임법을 결정하는 요인에는 앞서 언급한 나이 외에도 직업, 지위, 친밀감, 공식성 등이 있다.
> (마) 한국어로 말을 하려면 늘 상대와 나와의 위계부터 따져야 한다.

① (라) - (마) - (가) - (다) - (나)
② (라) - (다) - (가) - (마) - (나)
③ (마) - (다) - (나) - (가) - (라)
④ (마) - (나) - (다) - (가) - (라)

14. 다음 문장들을 논리적 순서로 배열할 때 가장 적절한 것은?

□ 09년 수탁 지방직 9급

> ㄱ. 이는 말레이 민족 위주의 우월적 민족주의 경향이 생기면서 문화적 다원성을 확보하는 데 뒤처진 경험을 갖고 있는 말레이시아의 경우와 대비되기도 한다.
> ㄴ. 지금과 같은 세계화 시대에 다원주의적 문화 정체성은 반드시 필요한 것이기 때문에 이러한 점은 긍정적이다.
> ㄷ. 영어 공용화 국가의 상황을 긍정적 측면에서 본다면, 영어 공용화 실시는 인종 중심적 문화로부터 탈피하여 다원주의적 문화 정체성을 수렴하는 계기가 될 수 있다.
> ㄹ. 그러나 영어 공용화 국가는 모두 다민족 다언어 국가이기 때문에 한국과 같은 단일 민족 단일 모국어 국가와는 처한 환경이 많이 다르다.
> ㅁ. 특히, 싱가포르인들은 영어를 통해 국가적 통합을 이룰 뿐만 아니라 다양한 민족어를 수용함으로써 문화적 다원성을 일찍부터 체득할 수 있는 기회를 얻고 있다.

① ㄷ - ㅁ - ㄹ - ㄱ - ㄴ
② ㄷ - ㄴ - ㄱ - ㅁ - ㄹ
③ ㄷ - ㅁ - ㄴ - ㄹ - ㄱ
④ ㄷ - ㄴ - ㅁ - ㄱ - ㄹ

2 문단 배열

15. 다음 글의 전개 순서로 가장 자연스러운 것은?

20년 지방직 7급

(가) 미술 작품에 등장하는 동물은 그 성격에 따라 나누어 보면 종교적·주술적인 동물, 신을 위한 동물, 인간을 위한 동물로 구분할 수 있다. 물론 이 구분은 엄격한 것이 아니므로 서로의 개념을 넘나들기도 하며, 여러 뜻을 동시에 갖기도 한다.

(나) 인류가 남긴 수많은 미술 작품을 살펴보다 보면 다양한 동물들이 등장하고 있음을 알 수 있다. 미술 작품 속에 등장하는 동물에는 일상에서 흔히 접할 수 있는 개나 고양이, 꾀꼬리 등도 있지만 해태나 봉황 등 인간의 상상에서 나온 동물도 적지 않음을 알 수 있다.

(다) 종교적·주술적인 성격의 동물은 가장 오랜 연원을 가진 것으로, 사냥 미술가들의 미술에 등장하거나 신앙을 목적으로 형성된 토템 등에서 확인할 수 있다. 여기에 등장하는 동물들은 대개 초자연적인 강대한 힘을 가지고 인간 세계를 지배하거나 수호하는 신적인 존재이다. 인간의 이지가 발달함에 따라 이들의 신적인 기능은 점차 감소되어, 결국 이들은 인간에게 봉사하는 존재로 전락하고 만다.

(라) 동물은 절대적인 힘을 가진 신의 위엄을 뒷받침하고 신을 도와 치세(治世)의 일부를 분담하기 위해 이용되기도 한다. 이 동물들 역시 현실 이상의 힘을 가지며 신성시되는 것이 보통이지만, 이는 어디까지나 신의 권위를 강조하기 위한 것에 지나지 않는다. 이들은 신에게 봉사하기 위해서 많은 동물 중에서 특별히 선택된 것들이다. 그리하여 그 신분에 알맞은 모습으로 조형화되었다.

① (나) – (다) – (라) – (가)
② (나) – (가) – (다) – (라)
③ (가) – (나) – (다) – (라)
④ (가) – (나) – (라) – (다)

16. 다음 글을 문맥에 맞게 배열한 것은?

16년 국가직 7급

욕은 공격성의 표현이자, 말로 하는 폭력이다. 아이가 욕을 배워 친구 앞에서 욕을 하는 것은 어른 세계에 대한 반항이자 거기서 벗어나고 싶다는 표현이다.

(가) 그들이 집회에서 내뱉는 폭언은 자신들과 기성세대의 차이를 분명하게 구분 짓는 행동 양식이었다. 기성세대와는 다른 그들만의 독자성을 가진 집단을 만들어내기 위한 방법이었다.

(나) 그러나 욕은 특수 용어가 아니다. 특수 용어는 개념을 더 정확하게 나타내고 미묘한 뉘앙스 차이를 분명하게 한다. 언어 그 자체를 약화시키는 것이 아니라 오히려 이해에 도움을 주는 것이다. 하지만 욕과 같은 추한 말은 언어를 저하시키고 못쓰게 만든다.

(다) 1968년 이탈리아에서 학생 운동이 시작되었을 당시, 학생들이 귀에 담기에 힘든 폭언을 내뱉은 것도 같은 이유에서였다. 자신들은 규범을 깨뜨릴 것이며 이제 기성세대에, 국가 권력에 따르지 않겠다는 성명이었다. 학생 집회에 참가했던 사람들은 놀라서 그 자리에 못이 박히고 말았다. 입만 열면 욕설이 난무하는 집단 속에서는 말을 할 수가 없었다. 바보나 멍청이로 밖에 보이지 않을 것이기 때문이다. 그렇다고 해서 학생들 흉내를 내며 학생들 편에 설 수도 없었다.

(라) 어떤 집단이나 직업에도 특수한 말이 있다. 의사, 변호사, 공증인 등 이들이 외부 사람들이 알아듣기 어려운 전문 용어를 쓰는 것은 동료 간의 의사소통에 편리할 뿐만 아니라 타 분야와 확실히 구별을 짓고 싶기 때문이다. 그래서 화자가 특수 용어를 쓰지 않고 일반적인 말을 쓰면 그 분야 사람들은 화를 낸다. 배신당한 기분이 들기 때문이다.

① (다) – (가) – (나) – (라)
② (다) – (가) – (라) – (나)
③ (라) – (나) – (가) – (다)
④ (라) – (나) – (다) – (가)

17. 다음 글의 전개 순서로 가장 자연스러운 것은?

📄 15년 지방직 7급

(가) 현대 사회에서의 사회 계층은 일반적으로 학력, 직업, 재산이나 수입 등의 요소를 기준으로 구분한다. 이에 따른 사회 계층의 분화가 분명히 상정될 수 있을 때 그에 상응하여 언어 분화의 존재도 인정될 터이지만 현대 한국 사회는 그처럼 계층 사이의 경계가 확연한 그런 사회가 아니다. 언어와 연관해서는 그저 특정 직업 또는 해당 지역의 주요 산업에 의거한 구분 정도가 제기될 수 있을 뿐이다.

(나) 사회 계층은 한 사회 안에서 경제적·신분적으로 구별되는 인간 집단을 말한다. 그러기에 동일한 계층에 속하는 구성원들끼리 사회적으로 더 많이 접촉하며, 상이한 계층에 속하는 구성원들 사이에 그러한 접촉이 훨씬 더 적은 것은 매우 자연스러운 일이다.

(다) 그런데 한 사회를 구성하는 성원들 사이에 접촉이 적어지고 그러한 상태가 오래 지속되면 언어적으로 분화가 이루어진다. 이러한 사실을 고려할 때 사회 계층의 구별이 엄격한 사회일수록 그에 따른 언어 분화가 쉬 일어나리라는 점은 충분히 예상하고도 남는다. 반상(班常)의 구별이 있었던 한국의 전통 사회에서 양반과 평민(상민, 서얼 등)의 언어가 달랐다는 여럿의 보고가 이러한 사실을 뒷받침해 준다.

(라) 그렇더라도 사회 계층에 따른 언어의 변이를 확인하려는 시도가 전혀 없었던 것은 아니다. '잽히다(잡히다)' 등에 나타나는 움라우트의 실현율이 학력과 밀접히 관련된다는 보고는 바로 그러한 시도 중의 하나라 할 수 있다.

① (가) - (다) - (나) - (라)
② (가) - (라) - (나) - (다)
③ (나) - (다) - (가) - (라)
④ (나) - (라) - (가) - (다)

18. 다음 글을 논리적 순서에 따라 적절히 배치한 것은?

📄 13년 서울시 7급

ㄱ. 언론의 자유가 얼마나 중요한 것임을 통감하지 아니할 수 없다. 오직 언론의 자유가 있는 나라에만 진보가 있는 것이다.

ㄴ. 이 독재정치 밑에서 우리 민족의 문화는 소멸되고 원기는 마멸된 것이다. 주자학 이외의 학문은 발달하지 못하니 이 영향은 예술·경제·산업에까지 미치었다. 우리나라가 망하고 민력이 쇠잔하게 된 가장 큰 원인이 실로 여기에 있다.

ㄷ. 그러나 모든 계급 독재 중에서도 가장 무서운 것은 철학을 기초로 한 계급 독재다. 수백 년 동안 이조 조선에 행하여 온 계급 독재는 유교, 그중에도 주자학파의 철학을 기초로 한 것이어서, 다만 정치에 있어서만 독재가 아니라 사상·학문·사회생활·가정생활·개인생활까지도 규정하는 독재였다.

ㄹ. 왜 그런고 하면 국민의 머릿속에 아무리 좋은 사상과 경륜이 생기더라도 그가 집권계급의 사람이 아닌 이상, 또 그것이 사문난적(斯文亂賊)이라는 범주 밖에 나지 않는 이상 세상에 발표되지 못하기 때문이다. 이 때문에 싹이 트려다가 눌려 죽은 새 사상, 싹도 트지 못하고 밟혀 버린 경륜이 얼마나 많았을까.

ㅁ. 우리나라의 양반 정치도 일종의 계급 독재이어니와 이것은 수백 년 계속하였다. 이탈리아의 파시스트, 독일의 나치스의 일은 누구나 다 아는 일이다.

📄 김구, 「나의 소원」 중에서

① ㄱ - ㄷ - ㄴ - ㄹ - ㅁ
② ㄱ - ㄴ - ㄷ - ㄹ - ㅁ
③ ㅁ - ㄷ - ㄴ - ㄹ - ㄱ
④ ㄷ - ㅁ - ㄹ - ㄱ - ㄴ
⑤ ㅁ - ㄷ - ㄹ - ㄴ - ㄱ

19. 다음 글의 전개 순서로 가장 자연스러운 것은?

　　　　　　　　　　　　　　　　10년 국가직 9급

> ㄱ. 이 세상에서 가장 결백하게 보이는 사람일망정 스스로나 남이 알아차리지 못하는 결함이 있을 수 있고, 이 세상에서 가장 못된 사람으로 낙인이 찍힌 사람일망정, 결백한 사람에게서마저 찾지 못할 아름다운 인간성이 있을지도 모른다.
> ㄴ. 소설만 그런 것이 아니다. 우리의 의식 속에는 은연중 이처럼 모든 사람을 좋은 사람과 나쁜 사람 두 갈래로 나누는 버릇이 도사리고 있다. 그래서인지 흔히 하선을 다루는 신문 보도에는 모든 사람이 '경찰' 아니면 도둑놈인 것으로 단정한다. 죄를 저지른 사람에 관한 보도를 보면 마치 그 사람이 죄의 화신이고, 그 사람의 이력이 죄만으로 점철되었고, 그 사람의 인격에 바른 사람으로서의 흔적이 하나도 없는 것으로 착각하게 된다.
> ㄷ. 이처럼 우리는 부분만을 보고, 또 그것도 흔히 잘못 보고 전체를 판단한다. 부분만을 제시하면서도 보는 이가 그것이 전체라고 잘못 믿게 만들 뿐만이 아니라, '말했다'를 '으스댔다', '우겼다', '푸념했다', '넋두리했다', '뇌까렸다', '잡아뗐다', '말해서 빈축을 사고 있다' 같은 주관적 서술로 감정을 부추겨서, 상대방으로 하여금 이성적인 사실 판단이 아닌 감정적인 심리 반응으로 얘기를 들을 수밖에 없도록 만든다.
> ㄹ. '춘향전'에서 이 도령과 변학도는 아주 대조적인 사람들이었다. 흥부와 놀부가 대조적인 것도 물론이다. 한 사람은 하나부터 열까지가 다 좋고, 다른 사람은 모든 면에서 나쁘다. 적어도 이 이야기에 담긴 '권선징악'이라는 의도가 사람들을 그렇게 믿게 만든다.

① ㄱ - ㄴ - ㄷ - ㄹ
② ㄹ - ㄴ - ㄷ - ㄱ
③ ㄱ - ㄷ - ㄹ - ㄴ
④ ㄹ - ㄷ - ㄴ - ㄱ

20. 다음은 '감옥으로부터의 사색'이란 글의 일부를 손질한 것이다. 의미가 자연스럽게 연결되도록 배열한 것은?

　　　　　　　　　　　　　　　　06년 국가직 9급

> ㄱ. 노인들의 불만은 젊은이들은 일을 여기저기 벌여 놓기만 하고 마무리를 않는다는 것입니다. 먼저 하고 나중 할 일을 혼동하는가 하면, 일손을 모아서 함께해야 할 것도 제각각 따로따로 벌여 놓기 때문에 부산하기만 하고 진척이 없다는 것입니다.
> ㄴ. 농사일은 파종에서 수확에 이르기까지 하나의 일관된 노동입니다. 일의 선후가 있고 기다림이 있습니다. 그것은 한 생명인, 이를테면 볍씨의 일생이면서 그 우주를 가꾸는 일입니다. 부품을 분업 생산하여 조립, 완성하는 공업 노동에서는 경험할 수 없는 의미를 담고 있습니다.
> ㄷ. 노소가 함께 일하는 경우에 노인들은 흔히 젊은이들에 대하여 일정한 불만을 갖게 됩니다. 그 이유는 주로 젊은이들의 일하는 자세, 일에 대한 태도 때문입니다.
> ㄹ. 젊은이들의 이러한 태도가 어디서 온 것인가를 언젠가 좌상님께 여쭈어 보았더니 한마디로 농사일을 해 보지 않아서 그렇다고 하였습니다. 간결하고 정곡을 찌른 지적이라고 생각됩니다.
> ㅁ. 요즘 젊은이들은 노동을 수고스러움, 즉 귀찮은 것으로 받아들이는 데 비하여, 노인들은 거기에다 자신을 실현하고 생명을 키우는 높은 뜻을 부여합니다. 요컨대, 젊은이들은 노동을 소비라고 생각합니다. 이 점에서 노동을 생산으로 인식하는 노인들의 사고와 정면에서 대립하고 있습니다.

① ㄱ - ㄴ - ㄷ - ㄹ - ㅁ
② ㄱ - ㄹ - ㄷ - ㅁ - ㄴ
③ ㄷ - ㄱ - ㄴ - ㄹ - ㅁ
④ ㄷ - ㄱ - ㄹ - ㄴ - ㅁ

21. 다음 (가)~(마)를 논리적 순서대로 바르게 나열한 것은?
　　　　　　　　　　　　　　　　　　　23년 국회직 9급

(가) 최근 여성가족부 통계를 보면 여성 고용률은 20대에 가장 높다가 30대에 추락하는 'M자형' 곡선을 그린다. 변곡점은 결혼과 출산이다. 여성이 출산과 함께 육아 부담을 떠안으면서 다니던 직장을 그만두는 것이다.
(나) 직장 여성이 출산과 육아로 인해 노동시장에서 이탈하는 경력단절, 이른바 '경단녀' 현상은 코로나19 사태를 거치면서 악화된 것으로 나타났다. 코로나19 3년간 여성이 직장을 그만둔 경력단절 경험 비율은 35.0%에서 42.6%로 뛰었고, 재취업까지 걸리는 기간은 7.8년에서 8.9년으로 늘어났다.
(다) 경단녀가 어렵게 구한 새 일자리는 전 직장에 비해 임금과 고용 안정성이 떨어지는 것으로 나타났다. 사업주가 경단녀 고용을 꺼리는 게 그 이유일 것이다.
(라) 한국의 성별 격차가 큰 것은 국가와 사회가 여성에게 계속 일할 수 있는 환경을 제공하지 못하기 때문이다.
(마) 현실이 이러니 임금이 낮아도 육아를 병행할 수 있는 시간제 근로자 등 비정규직 업종으로 여성이 몰리고, 일터로 복귀하더라도 저임금 탓에 직장을 관두는 상황으로 이어진다.

① (가) → (나) → (다) → (라) → (마)
② (가) → (나) → (다) → (마) → (라)
③ (가) → (라) → (나) → (다) → (마)
④ (라) → (가) → (나) → (다) → (마)
⑤ (라) → (가) → (다) → (나) → (마)

22. 다음 (가)~(마)를 논리적 순서대로 바르게 나열한 것은?
　　　　　　　　　　　　　　　　　　　23년 국회직 9급

　사회가 공동체로서 유지되고 발전하는 데 필요한 것 중 하나가 사회 구성원 간의 의사소통이다.
(가) 그래서 언어는 지역이나 연령, 성별, 사회 집단 등에 따른 사회적 특성이 드러난다. 하지만 한국인이 사용하는 한국어라고 해서 모두 똑같은 것이 아니다.
(나) 예를 들어, '팽이'는 지역에 따라 '패이(강원)', '평갱이(경북)', '팽데기(경남)', '도로기(제주도)', '뺑도리(전북)', '팽구래미(충북)', '세루(평안)', '뽀애(함경)' 등으로 불린다. 같은 '팽이'임에도 지역에 따라 그 형태가 조금씩 다르다.
(다) 또 같은 사회에 속한 사람들은 같은 말을 사용함으로써 공동체 의식을 강화하는 효과를 얻는다. 즉, 언어는 사회와 유기적인 관계를 맺고 있는 것이다.
(라) 언어는 이러한 의사소통의 수단이다. 인간은 언어를 사용하여 사회적인 관계를 형성하고 유지하며 사회를 발전시킨다.
(마) 또 지역이 같더라도 연령, 성별, 사회 집단 등의 차이로 인해 같은 뜻을 지닌 언어가 형태를 달리하는 예도 있다. 이는 개인의 언어 속에 그가 속한 공동체의 특성이 담겨 있기 때문이다. 같은 말을 사용하는 사람들은 같은 사회의 구성원이라는 공동체 의식을 공유한다.

① (가) → (나) → (라) → (다) → (마)
② (가) → (다) → (마) → (나) → (라)
③ (나) → (가) → (마) → (다) → (라)
④ (라) → (가) → (나) → (다) → (마)
⑤ (라) → (가) → (나) → (마) → (다)

23. (가)~(라)의 전개 순서로 가장 자연스러운 것은?

📑 21년 지역인재 9급

(가) 이뿐만 아니라 중앙부의 돌길 좌우에는 정일품부터 종구품의 품직을 새겨 넣은 품석(品石)들이 중앙부의 돌길보다 낮은 위치에 세워져 있어 마치 만조백관들이 아래에서부터 위로 왕을 호위하는 형상을 나타내고 있다.

(나) 왕이 거처하는 궁궐은 그것을 구성하는 모든 요소들이 왕의 권위를 드러내는 방향으로 설계되어 있다. 좁게는 궁궐 안의 돌길에서부터 넓게는 부속 건물의 배치에 이르기까지 궁궐 안의 크고 작은 부분들에 이러한 의도가 반영되어 있다.

(다) 예를 들어, 경복궁의 중문(中門)에서부터 왕이 조회를 행하던 근정전 사이에는 세 겹의 돌길이 나란히 놓여 있다. 중앙의 돌길은 양측의 돌길보다 높이 솟아 있으며, 이곳은 왕만이 지나갈 수 있었다. 중앙의 돌길은 근정전으로 올라가는 계단까지 직선으로 곧게 뻗어 있는데, 이는 왕의 정사(政事)가 조금의 막힘도 없이 순탄하기를 기원하는 것으로 보인다.

(라) 이와 같이 조선의 궁궐은 신하를 포함한 백성들의 삶을 높은 곳에서 굽어살피고 어루만지는 절대적인 존재가 왕이라는 의미를 외적으로 구현하고 있으며, 그러한 왕의 보살핌 아래 조선의 무궁한 번영을 기원하는 의미 역시 내재되어 있다. 이렇게 볼 때, 조선의 궁궐은 조선 전체를 작게 옮겨 놓은 일종의 축도(縮圖)와 같다.

① (나) - (가) - (다) - (라)
② (나) - (다) - (가) - (라)
③ (나) - (라) - (가) - (다)
④ (나) - (라) - (다) - (가)

24. (가)~(라)를 논리적 순서에 맞게 나열한 것은?

📑 23년 국회직 8급

(가) 아동 정신의학자 존 볼비는 엄마와 아이 사이의 애착을 연구하면서 처음으로 이 현상에 관심을 갖게 되었다. 그가 처음 연구를 시작할 때만 해도 아이가 엄마와 계속 붙어 있으려고 하는 이유는 먹을 것을 얻기 위해서라는 생각이 지배적이었다.

(나) 아동 정신의학자로 활동하며 연구를 이어간 끝에, 볼비는 엄마와의 애착관계가 불안정한 아이는 정서 발달과 행동 발달에 큰 문제가 생길 수 있음을 알게 됐다. 또한 아이가 애착을 느끼는 대상이 아이를 세심하게 돌보고 보살필 때 아이는 보호받는 기분, 안전함, 편안함을 느끼고, 이는 아이가 건강하게 발달해서 생존할 확률을 높이는 요소라는 사실을 밝혀냈다.

(다) 애착이란 시간이 흐르고 멀리 떨어져 있어도 유지되는 강력한 정서적 유대감으로 정의할 수 있다. 특정한 사람과 어떻게든 가까이 있고 싶은 감정이 애착의 핵심이지만 상대가 반드시 똑같이 느껴야 하는 것은 아니다.

(라) 하지만 볼비는 아이가 엄마와 분리되면 엄청나게 괴로워하며, 다른 사람이 돌봐 주거나 먹을 것을 줘도 그러한 고통이 해소되지 않는다는 사실을 발견했다. 엄마와 아이의 유대에 뭔가 특별한 것이 있다는 의미였다.

① (가) - (나) - (다) - (라)
② (가) - (다) - (나) - (라)
③ (나) - (가) - (다) - (라)
④ (다) - (가) - (라) - (나)
⑤ (다) - (라) - (가) - (나)

25. 다음 글의 전개 순서로 가장 적절한 것은?

📄 22년 군무원 7급

(가) 성선설은 '인간의 선하다'는 이론이다. 따라서 성선설을 주장하는 이들은 집안이든 나라든 모든 사회는 '인간'이 이끌어나가야 한다고 본다. 이들은 인간 안에서 '선한 요소'를 찾는데, 이들이 찾는 선한 요소란 곧 도덕 이성이라고 할 수 있다.

(나) 인간을 규정하는 관점은 여러 가지가 있어 왔다. 죄나 업을 가진 존재라는 종교적 이해 방식도 있었고, 억압된 존재라는 심리적 이해 방식도 있었다. 하지만 이보다 훨씬 이전부터 인간을 애초부터 긍정적 혹은 부정적인 방식으로 규정해오기도 했다. 다시 말해 인간은 선하다는 것과 악하다는 관점이 그러하다.

(다) 반면, 성악설은 '인간이 악하다'고 보기 때문에 사회나 국가를 인간이 이끌어서는 안 된다고 보고, 인간의 바깥에서 국가 사회를 이끌 수 있는 원동력을 찾는다. 그것을 한비자는 법과 권력, 묵자는 하느님이라고 했다.

(라) 이렇게 볼 때, 인간을 보는 관점은 인간이란 어떠하다는 인간론을 넘어서서, 누가 권력을 잡아야 하는가에 대한 논의로 연결된다. 그것이 사회 정치 이론의 받침돌이다.

① (라) – (가) – (나) – (다)
② (나) – (가) – (다) – (라)
③ (가) – (다) – (나) – (라)
④ (가) – (나) – (라) – (다)

26. 다음 (가)~(마)를 문맥에 맞게 순서대로 나열한 것은?

📄 22년 국회직 9급

(가) 선천성 면역은 다시 둘로 나뉩니다. 하나는 제1 방어선으로서 피부, 점막, 정상미생물상이고, 다른 하나는 제2 방어선으로서 식세포, 염증, 발열, 항미생물 물질 등입니다.

(나) 면역은 크게 선천성(비특이적) 면역과 후천성(특이적) 면역으로 나뉩니다. 선천성과 후천성은 말 그대로 면역을 태어날 때부터 완비했느냐, 살아가면서 습득했느냐에 따라 구분됩니다.

(다) 다른 하나는 세포성 면역으로, T세포에 의존하며 세포 내부에 침투한 병원체를 제거합니다.

(라) 후천성 면역에도 두 가지 종류가 있습니다. 하나는 체액성(항체 매개) 면역으로, 항원에 대항할 수 있는 항체를 내뿜는 면역 방식입니다. 체액에 엄청난 양의 항체를 뿌리는 세포는 B세포입니다.

(마) T세포는 자기 자신의 세포가 비자기로 돌변한 것, 예컨대 암세포를 파괴하기도 합니다. T세포는 면역을 활성화하기도 억제하기도 합니다.

① (가) – (라) – (다) – (마) – (나)
② (나) – (가) – (다) – (마) – (라)
③ (나) – (가) – (라) – (다) – (마)
④ (나) – (라) – (가) – (마) – (다)
⑤ (라) – (다) – (나) – (마) – (가)

27. (가)~(라)를 맥락에 맞추어 가장 적절하게 나열한 것은?

📑 25년 출제기조 전환 예시문항 1차

(가) 다음으로 시청자의 마음을 사로잡을 수 있는 참신한 인물을 창조해야 한다. 특히 주인공은 장애를 만나 새로운 목표를 만들고, 그것을 이루는 과정에서 최종적으로 영웅이 된다. 시청자는 주인공이 목표를 이루는 데 적합한 인물로 변화를 거듭할 때 그에게 매료된다.

(나) 스토리텔링 전략에서 제일 먼저 해야 할 일이 로그라인을 만드는 것이다. 로그라인은 '장애, 목표, 변화, 영웅'이라는 네 가지 요소를 담아야 하며, 3분 이내로 압축적이어야 한다. 이를 통해 스토리의 목적과 방향이 마련된다.

(다) 이 같은 인물 창조의 과정에서 스토리의 주제가 만들어진다. '사랑과 소속감, 안전과 안정, 자유와 자발성, 권력과 책임, 즐거움과 재미, 인식과 이해'는 수천 년 동안 성별, 나이, 문화를 초월하여 두루 통용된 주제이다.

(라) 시청자가 드라마나 영화에 대해 시청 여부를 결정하는 데 걸리는 시간은 8초에 불과하다. 제작자는 이 짧은 시간 안에 시청자를 사로잡을 수 있는 스토리텔링 전략이 필요하다.

① (나) - (가) - (라) - (다)
② (나) - (다) - (가) - (라)
③ (라) - (나) - (가) - (다)
④ (라) - (나) - (다) - (가)

28. (가)~(다)를 맥락에 맞게 순서대로 나열한 것은?

📑 25년 출제기조 전환 예시문항 2차

　북방에 사는 매는 덩치가 크고 사냥도 잘한다. 그래서 아시아에서는 몽골 고원과 연해주 지역에 사는 매들이 인기가 있었다.

(가) 조선과 일본의 단절된 관계는 1609년 기유조약이 체결되면서 회복되었다. 하지만 이때는 조선과 일본이 서로를 직접 상대했던 것이 아니라 두 나라 사이에 끼어있는 대마도를 매개로 했다. 대마도는 막부로부터 조선의 외교·무역권을 위임받았고, 조선은 그러한 대마도에게 시혜를 베풀어줌으로써 일본과의 교린 체계를 유지해 나가려고 했다.

(나) 일본에서 이 북방의 매에 접근할 수 있는 길은 한반도를 통하는 것 외에는 없었다. 그래서 한반도와 일본 간의 교류에 매가 중요한 물품으로 자리 잡았던 것이다. 하지만 임진왜란으로 인하여 교류는 단절되었다.

(다) 이러한 외교관계에 매 교역이 자리하고 있었다. 대마도는 조선과의 공식적, 비공식적 무역을 통해서도 상당한 이익을 취했다. 따라서 조선후기에 이루어진 매 교역은 경제적인 측면과 정치·외교적인 성격이 강했다.

① (가) - (다) - (나)　② (나) - (가) - (다)
③ (나) - (다) - (가)　④ (다) - (나) - (가)

29. 다음 글의 전개 순서로 가장 자연스러운 것은?

　　18년 지방직 9급

가 생명체들은 본성적으로 감각을 갖고 태어나지만, 그들 가운데 일부의 경우에는 감각으로부터 기억이 생겨나지 않는 반면 일부의 경우에는 생겨난다. 그리고 그 때문에 후자의 경우에 해당하는 생명체들은 기억 능력이 없는 것들보다 분별력과 학습력이 더 뛰어난데, 그중 소리를 듣는 능력이 없는 것들은 분별은 하지만 배움을 얻지는 못하고, 기억에 덧붙여 청각 능력이 있는 것들은 배움을 얻는다.

나 앞에서 말했듯이, 유경험자는 어떤 종류의 것이든 감각을 가지고 있는 사람들보다 더 지혜롭고, 기술자는 유경험자들보다 더 지혜로우며, 이론적인 지식들은 실천적인 것보다 더 지혜롭다는 것이 일반적인 견해이다. 그러므로 지혜는 어떤 원리들과 원인들에 대한 학문적인 인식임이 분명하다.

다 하지만 발견된 다양한 기술 가운데 어떤 것들은 필요 때문에, 어떤 것들은 여가의 삶을 위해서 있으니, 우리는 언제나 후자의 기술들을 발견한 사람들이 전자의 기술들을 발견한 사람들보다 더 지혜롭다고 생각한다. 그 이유는 그들이 가진 여러 가지 인식은 유용한 쓰임을 위한 것이 아니기 때문이다. 그러므로 그런 종류의 모든 발견이 이미 이루어지고 난 뒤, 여가의 즐거움이나 필요, 그 어느 것에도 매이지 않는 학문들이 발견되었으니, 그 일은 사람들이 여가를 누렸던 여러 곳에서 가장 먼저 일어났다. 그러므로 이집트 지역에서 수학적인 기술들이 맨 처음 자리 잡았으니, 그곳에서는 제사장(祭司長) 가문이 여가의 삶을 허락받았기 때문이다.

라 인간 종족은 기술과 추론을 이용해서 살아간다. 인간의 경우에는 기억으로부터 경험이 생겨나는데, 그 까닭은 같은 일에 대한 여러 차례의 기억은 하나의 경험 능력을 만들어 내기 때문이다. 그리고 경험은 학문적인 인식이나 기술과 거의 비슷해 보이지만, 사실 학문적인 인식과 기술은 경험의 결과로서 사람들에게 생겨나는 것이다. 그 까닭은 폴로스가 말하듯 경험은 기술을 만들어 내지만, 무경험은 우연적 결과를 낳기 때문이다. 기술은, 경험을 통해 안에 쌓인 여러 관념들로부터 비슷한 것들에 대해 하나의 일반적인 관념이 생겨날 때 생긴다.

① 가 - 다 - 나 - 라
② 가 - 다 - 라 - 나
③ 가 - 라 - 나 - 다
④ 가 - 라 - 다 - 나

30. (가)~(마)를 논리적 순서에 맞게 나열한 것은?

24년 국회직 8급

(가) 앙리 르페브르가 묘사한 현대사회의 모습, 즉 일상이 지배하는 현대사회의 특징은 무엇인가? 현대사회는 덧없음을 사랑하고, 탐욕적이며, 생산적이고, 역동적이다. 그러나 사람들은 끊임없이 공허감을 느끼고, 뭔가 지속적인 것, 영원한 것, 균형 잡힌 것을 갈구하며, 소외감과 무력감을 느끼고 있다. 그것은 과거에 사람들을 견고하게 떠받쳐 주었던 양식(style)이 사라졌기 때문이라고 르페브르는 말한다. 그는 현대성(moernité), 즉 일상성(quotidienneté)의 제일 첫 번째의 특징으로 양식의 부재를 들었다.

(나) 행동방식이라는 측면에서도 일상성은 양식을 완전히 추방해 버렸다. 그리고 이러한 양식에 대한 그리움은 한층 더 진하여, 그것을 되살리려는 노력은 거의 필사적이다. 우리의 추석 명절, 차례 풍습을 생각해 보자. 제기와 의복을 고루 갖춘 명문 선비가의 차례의식을 TV화면이 비추는 것은 이 양식에 대한 현대인의 강한 노스탤지어의 표현이다. (중략) 양식은 하찮은 물건, 하찮은 행위, 무의미한 제스처 하나하나에까지 의미를 부여한다. 옛날 사람들은 모든 것을 양식에 의거해서 행동했다. 자신의 행동에 의미를 부여해 줄 양식이 사라진 오늘날, 사람들이 공허감, 권태, 무기력을 느끼는 것은 너무나 당연하다.

(다) 양식이란 무엇인가? 우선 예술분야에서 말해 본다면 한 작품을 만들기 위한 목적으로 어떤 소재와 형태를 다루는 특정의 개인적 또는 집단적 방법을 뜻한다. 이렇게 만들어진 작품은 그와 비슷한 성격의 다른 작품들과 함께 그 시대의 어떤 미학적 전형을 이룬다. 어떤 미술 유파의 양식이라든가, 또는 영국 양식의 가구라든가 하는 말이 그것이다.

(라) 그러나 양식이 사라지면 사라질수록 그것에 대한 향수는 한층 더 짙어진다. 우리의 일상생활은 양식에 대한 노스탤지어와 그에 대한 악착같은 추구로 특징지어진다고 르페브르는 말한다. 1960년대의 프랑스를 묘사한 이와 같은 현상은 1980년대의 우리나라와 너무도 비슷하다. 19세기의 농민들이 마지못해 가졌을 시골 가구들이 현대 부르주아의 거실을 장식하고 있다고 르페브르가 말했듯이, 지금 서울의 상류층 가정들은 시골 행랑채에나 있었을 투박한 원목가구를 거실의 가장 중심부에 두고 애지중지하고 있다. 골동품이나 옛 양식의 가구에 대한 취미는 단순히 개인적인 여가선용이나 고가품에 대한 취미가 아니라 양식에 대한 노스탤지어, 그리고 일상과의 단절이라는 염원을 담고 있음을 그는 우리에게 깨우쳐 준다.

(마) 또 한편으로는 개인의 행동방식을 뜻하기도 한다. 생활양식이니 행동양식이니 하는 말들이 그것이다. 옛날에는 농부의 옷장에도 양식이 있었으나 지금은 비싼 가구에도 양식이 없다. 형태, 기능, 구조의 어떤 통일성이 양식을 형성하는 것인데, 현대에 와서는 이것들이 분리되거나 마구 뒤섞였다. 대중사회의 부상은 필연적으로 양식의 종말을 고한다. 대중의 수용에 부응하는 대량생산은 기능 이외의 것에 신경을 쓸 여유가 없기 때문이다.

① (가) – (다) – (라) – (마) – (나)
② (가) – (다) – (마) – (라) – (나)
③ (다) – (나) – (가) – (라) – (마)
④ (다) – (마) – (가) – (라) – (나)
⑤ (다) – (마) – (라) – (가) – (나)

31. 〈보기〉에서 (가)~(마)를 문맥에 맞게 순서대로 바르게 나열한 것은?   　21년 국회직 9급

[보기]

(가) 외부 불경제는 시장에서 자율적으로 해결되지 않는 경우가 많기 때문에 정부의 적절한 개입이 불가피하다. 하지만 세금 제도는 취지가 좋다고 쉽게 정착되는 것이 아니며, 정부가 선한 의도로 개입한다고 해서 늘 좋은 결과가 나오는 것도 아니다. 외부 효과를 근거로 정부가 개인의 선택에 어디까지 개입할 수 있는지는 논쟁거리이다.

(나) 외부 효과란 누군가의 행동이 타인에게 이익이나 손실을 발생시키는 것을 말한다. 외부 효과가 타인에게 이익을 주면 외부 경제(긍정적 외부 효과), 반대로 손실을 끼치면 외부 불경제(부정적 외부 효과)가 된다. 예컨대 꽃집에서 화사한 화분을 진열해 놓은 모습을 보면 기분이 좋아지지만, 낡은 트럭에서 내뿜는 시커먼 매연은 불편을 초래한다. 꽃집은 타인에게 외부 경제를, 매연을 내뿜는 트럭은 외부 불경제를 제공한 것이다.

(다) 피구세 중에서도 국민 건강과 복지에 나쁜 영향을 끼치는 특정 품목의 소비를 억제하기 위해 물리는 세금을 죄악세라고 부른다. 일부 국가에서 논의되었던 설탕세, 소다세 등이 이에 해당한다. 설탕, 탄산음료 등과 같은 식품은 본인의 건강을 해치는 것은 물론 사회적으로도 의료 수요 증가, 건강 보험 재정 악화 등의 부정적 외부 효과를 유발하므로 이를 억제하고자 세금을 부과하는 것이다.

(라) 따라서 외부 불경제를 법으로 규제하거나 수혜자에게 비용(세금)을 물려 수요를 줄이는 정책이 널리 이용되고 있다. 이렇게 부정적 외부 효과를 시정하기 위해 고안된 세금을 '피구세'라고 부른다. 피구세는 첫 제안자인 영국의 경제학자 아서 피구의 이름을 딴 것으로, 외부 불경제를 유발한 당사자에게 세금을 물림으로써 외부 효과를 내부화, 즉 본인 부담이 되게끔 만드는 것이다. 환경세, 교통세 등이 피구세의 범주에 속한다.

(마) 누이 좋고 매부 좋은 외부 경제는 권장할 일이다. 그러나 본인에게는 좋지만 타인에게는 해를 끼치는 외부 불경제는 심각한 갈등과 비용을 유발하기에 늘 사회적 관심사가 된다. 부정적 외부 효과를 유발하는 대표적인 사례가 공해와 환경 문제이다. 술, 담배, 비만 유발 식품 등도 마찬가지다. 이러한 것들은 즐기는 자신은 좋을지 몰라도, 과할 경우 갈등을 유발하고 사회적 비용을 낳는다.

① (가) - (나) - (라) - (다) - (마)
② (가) - (나) - (라) - (마) - (다)
③ (나) - (마) - (라) - (가) - (다)
④ (나) - (마) - (라) - (다) - (가)
⑤ (마) - (나) - (라) - (다) - (가)

32. (가)~(마)를 논리적 순서에 맞게 나열한 것은?

22년 국회직 8급

(가) 작센의 아우구스투스 2세는 독일 마이센 성의 연금술사인 요한 프리드리히 뵈트거를 가두고 황금을 만들라 명한다. 하지만 실패를 거듭하자 아우구스투스는 화학 반응으로 금을 만들 수 없다는 결론을 내리고 금과 맞먹는 대체품으로 백자를 만들라 명령한다. 뵈트거는 백자를 만들기 위해 대리석이나 뼛가루를 사용했지만 번번이 실패한다. 그는 1708년, 3년 만에 마이센에서 고령토 광산을 발견했고 장석 성분을 추가해 백자의 성분 문제를 해결한다.

(나) 18세기 대항해 시대가 열리면서 유럽은 상류층에서 살롱 문화가 급속하게 번진다. 살롱에서 담론을 펼칠 때 아프리카 커피와 중국 차를 마시는 게 최고의 호사였으며, 백자는 거기에 품격을 더했다. 하지만 백자를 만드는 기술은 중국인들만의 비밀이었기 때문에 유럽은 비싼 가격을 중국에 지불하면서 백자를 수입할 수밖에 없었다.

(다) 또 발터 폰 치른하우스의 도움으로 렌즈와 거울을 이용한 1400도 가마가 가능해졌다. 하늘에서의 고온과 땅에서의 고령토, 그러니까 천지의 조화를 통해 백자가 만들어졌고, 뵈트거는 이 결과를 기록에 남겼다. 이후 마이센의 백자 기술이 오스트리아 빈, 프랑스 스트라스부르, 덴마크 코펜하겐, 이탈리아 피렌체, 영국 런던 등으로 유출되면서 백자의 유럽 생산 시대가 열렸다.

(라) 이탈리아의 메디치 포슬린을 비롯하여 유럽 각지에서 백자를 만들려는 다양한 시도가 있었다. 흰색을 내는 온갖 재료를 사용했지만 유리를 섞어 만드는 수준이었다. 실패의 원인은 백자의 주원료인 고령토를 알지 못했고, 1100도 이상의 가마를 만들지 못했던 데 있다. 중국 백자의 제조 비밀은 유럽의 과학기술도 밝혀내지 못했던 것이다.

(마) 17세기 유럽 전역에 백자의 인기가 폭발적이었다. 중국의 백자가 유럽에 들어오자 '하얀 금'이라 불리며 비싼 가격에 거래되었다. 유럽의 왕실과 귀족들은 백자를 비롯한 중국적 취향을 '시누아즈리'라면서 바로크나 로코코 양식과 결합시킨다.

① (가) – (다) – (나) – (라) – (마)
② (가) – (다) – (마) – (나) – (라)
③ (가) – (마) – (라) – (나) – (다)
④ (마) – (가) – (다) – (라) – (나)
⑤ (마) – (나) – (라) – (가) – (다)

PART 4
사실적 이해와 추론적 이해

Chapter 01 내용 확인과 일반 추론 부정 발문　　102

Chapter 02 내용 확인과 일반 추론 긍정 발문　　133

Chapter 01 내용 확인과 일반 추론 부정 발문

내용 확인/일반 추론의 부정 발문이란, 지문과 **일치하지 않는/부합하지 않는 것, 미루어 알 수 없는 것**을 정답으로 합니다. 따라서 정답을 제외한 선지들은 지문에서 증명됩니다. 이 패턴은 긍정 발문 패턴보다 좀 더 과감한 접근이 필요합니다.

우리가 지문을 꼼꼼하게 보려고 노력하면 당연히 시간이 오래 걸립니다. 하지만 시험은 시간과의 싸움이기도 하지요. 모든 발문에 똑같이 대응해서는 시간을 잡을 수 없습니다. 지문과 선지를 비교해서 참과 거짓을 가려내는 목적은 똑같지만, 부정 발문은 긍정 발문보다 훨씬 진행을 빠르게 할 수 있습니다.

'참'인 선지가 3개일 경우, **선지를 먼저 보았을 때** '거짓'인 선지를 보고 지문을 합리화할 위험은 훨씬 줄어듭니다. 오히려 선지와 관련된 정보를 지문에서 찾을 수 있는 **검색 능력이 강화**되지요. 하지만, 모든 선지를 완벽히 기억하기는 쉽지 않습니다. 지문처럼 앞뒤 정보의 맥락이 없기 때문이지요. 그렇다면 선지를 최대한 기억하면서도 지문을 이해하는 데 방해를 받지 않는 방법은 무엇일까요? 바로, **변별 키워드를 미리 파악하고 지문에서 찾으면** 됩니다.

선지 전체를 외우려고 하지 말고, 지문에서 선지 정보를 찾을 때 사용할 만한 변별적이고 필수적인 단어를 '변별 키워드'로 잡습니다. 주어나 목적어 중에서 잡되, 지문에 자주 등장할 중심 화제는 아닌 것이 좋겠지요? 중심 화제는 선지에서 반복해서 제시된 '공통 키워드'일 테니, 선지들 속에서 반복되는 것은 '변별 키워드'로 잡아서는 안 됩니다.

4개 선지의 '변별 키워드'를 외우는 것이 힘들어 보이시나요? 그렇다면 지문을 다 외우고 나서 선지를 처리할까요? 어느 것이 더 어려울까요? 이 발문 열쇠는 정보량이 많은 지문에서 지문을 반복해 보기 때문에 생기는 시간의 낭비를 줄여 줍니다. 어색함과 불편함을 이겨내고 훈련을 통해 숙달되고 나면, 속도와 정확도의 두 마리 토끼를 잡을 수 있습니다.

내용 확인 부정 발문 알고리즘

1. 각 선지의 '변별 키워드' 잡기
   ※ 변별 키워드 잡는 법
   - 선지에서 반드시 필요한 주어나 목적어
   - 선지들이 공유하는 공통 키워드(= 중심 화제)가 아니어야 한다.
   ↓
2. 지문에서 '변별 키워드'가 나오면 동그라미 하고 그것에 대한 정보에는 밑줄
   ↓
3. 바로 선지로 가서 참/거짓 확인
   ↓
4. 참입니까? ➡ yes ➡ 선지를 소거하고 더 읽어나가기
   ↓ no
   종료

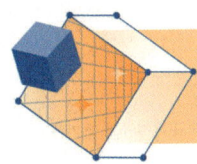

내용 확인과 일반 추론 부정 발문

정답 및 해설 P.38

1 부합하지 않는 것

1. 다음 글의 내용에 부합하지 않는 것은?

19년 국가직 7급

세계 각국의 정부와 기업에 미래 전략을 연구하는 부서가 급증하고 있다. 미래에 대한 다양한 정보를 수집하면 의사 결정의 질을 높일 수 있다는 인식하에 이들은 의사 결정 지원 시스템과 미래 예측 시스템을 지속적으로 개선하고 있다. 그렇지만 빠른 변화와 복합적인 세계화로 미래에 대한 정보를 판단하는 것은 점점 어려워지고 있다.

그 결과, 기관은 컴퓨터 시스템에 더욱 의존하게 되었으며, 빅데이터와 연결된 인공지능을 의사 결정에 적극적으로 이용하게 되었다. 이러한 현상을 증폭시킨 것이 적시에 지식을 제공해 의사 결정에 도움을 주는 집단 지성 시스템이다. 이는 인간의 두뇌, 지식 정보 시스템 등의 개체들이 협력이나 경쟁을 통해 기존의 지적 수준을 뛰어넘는 새로운 지성을 얻는 시스템을 의미한다. 예를 들어 집단 지성 시스템을 활용하면 재해 예방 및 대응에 관한 의사 결정 과정에서 재해를 예측하고, 재해에 대응하고, 재해로부터 회복하는 복원 시스템을 수립할 수 있다.

그러기에 미래 전략을 수립하고 분별 있는 결정을 내리기 위해 의사 결정자들은 미래학자에게서 단순히 전망 보고나 브리핑을 받는 데서 그치지 않고, 그들과 정기적으로 장기적인 사안을 논의할 수 있어야 한다. 이러한 장기적 관점의 논의 과정이야말로 빠르고 정확한 의사 결정 수립에 필수적이기 때문이다. 입법부에 미래위원회가 설립되고 정부 지도자 의사 결정 과정에 미래학자가 참여하는 이유가 여기에 있다.

① 기관은 미래에 대한 정보를 판단하기 위해 컴퓨터 시스템을 활용하고 있다.
② 미래학자가 의사 결정 과정에 참여하는 주된 의의는 미래 예측 시스템의 경쟁력을 제고하기 위해서이다.
③ 정부와 기업의 의사 결정자들은 의사 결정의 질을 높이기 위해서 미래 예측 능력을 개선해야 한다고 생각한다.
④ 발생 가능한 재해를 예측하고 이에 대응하기 위한 복원 시스템을 수립하는 데 집단 지성 시스템을 이용할 수 있다.

2. 다음 글의 내용과 부합하지 않는 것은?

18년 국가직 9급

세잔이, 사라졌다고 느낀 것은 균형과 질서의 감각이다. 인상주의자들은 순간순간의 감각에만 너무 사로잡힌 나머지 자연의 굳건하고 지속적인 형태는 소홀히 했다고 느꼈던 것이다. 반 고흐는 인상주의가 시각적 인상에만 집착하여 빛과 색의 광학적 성질만을 탐구한 나머지 미술의 강렬한 정열을 상실하게 될 위험에 처했다고 느꼈다. 마지막으로 고갱은 그가 본 인생과 예술 전부에 대해 철저하게 불만을 느꼈다. 그는 더 단순하고 더 솔직한 어떤 것을 열망했고 그것을 원시인들 속에서 발견할 수 있으리라고 기대했다. 이 세 사람의 화가가 모색했던 제각각의 해법은 세 가지 현대 미술 운동의 이념적 바탕이 되었다. 세잔의 해결 방법은 프랑스에 기원을 둔 입체주의(cubism)를 일으켰고, 반 고흐의 방법은 독일 중심의 표현주의(expressionism)를 일으켰다. 고갱의 해결 방법은 다양한 형태의 프리미티비즘(primitivism)을 이끌어 냈다.

① 세잔, 고흐, 고갱은 인상주의의 문제를 극복하고자 각자 새로운 해결 방법을 모색했다.
② 고갱은 인상주의가 충분히 솔직하고 단순했다고 생각했다.
③ 고흐는 인상주의가 강렬한 정열을 상실할 위험에 처했다고 생각했다.
④ 세잔은 인상주의가 균형과 질서의 감각을 잃었다고 생각했다.

3. 다음 글의 내용에 부합하지 않는 것은?

검증되지 않은 지식은 인간의 의식 공간에서 믿음의 체계를 구성한다. 믿음의 체계는 허구를 기초로 해서라도 성립될 수 있는 것이라는 점에서 사실의 체계와 구별된다. 물론 이 말은 스스로 허구라고 믿으면서도 그것을 가지고 자신의 의식 공간에서 믿음의 체계를 구성한다고 하는 얘기가 아니다. 어떤 사람이 허구임을 인정한 것이라면 이는 그 사람의 의식 공간에서는 어떠한 영향력도 행사할 수 없을 것이기 때문이다. 따라서 개인의 의식 공간에서 구성된 사실의 체계에 동원된 지식이나 믿음의 체계에 동원된 지식이나 모두 다 그 사람에게 있어서는 사실이 아니면 안 된다. 믿음의 체계를 구성하는 데 사용된 지식이라고 하더라도 그러한 체계를 구성해 갖추고 있는 사람에게 그것은 사실로 받아들여지는 지식이어야 하는 것이다. 일단 사실임이 전제되지 않는 것은 한 사람의 의식 공간에서 일정한 영역을 확보하지 못할 것이기 때문이다.

하나하나의 지식을 놓고 볼 때는 그것이 믿음의 체계를 구성하는 검증되지 않은 지식인지 아니면 사실의 체계를 구성하는 검증된 지식인지 구별해 볼 수 있다. 그러나 이들이 총체적으로 작용해서 이루어지는 인간의 의식 세계는 저러한 두 가지 체계가 서로 분명하게 구별되지 않고 뒤엉켜 있다. 그러므로 의식 세계에서 사실의 체계와 믿음의 체계를 확실하게 구분해 낼 수는 없을 것이다.

① 믿음의 체계는 검증되지 않은 지식이 인간의 의식 공간에 구성한 것이다.
② 어떤 이가 믿음의 체계에 포함시킨 지식이라면 그 지식은 그가 사실로 수긍한 것이다.
③ 검증된 지식과 검증되지 않은 지식의 변별이 인간의 의식 세계에서는 명확하지 않다.
④ 검증되지 않은 지식이라도 한 사람에게 사실로 인정되면 사실의 체계를 구성할 수 있다.

4. 다음 글의 내용에 부합하지 않는 것은?

'쓰나미'는 항구를 뜻하는 '쓰[津]'와 파도를 뜻하는 '나미[波]'로 이루어진 일본어 합성어이다. 쓰나미는 위협적인 파도를 동반해 일본의 항구 지역에 수시로 타격을 입히지만 신기하게도 같은 시간 먼바다에 나가 있는 어부들은 아무런 이상을 느끼지 못한다고 한다. 즉 쓰나미는 해안에 나타나 엄청난 파괴력을 발휘하지만 먼바다에서는 눈에 잘 띄지 않는다는 것이다. 심지어 쓰나미를 목격한 대부분의 사람들은 당시 날씨가 아주 평온하고 바다도 무척 잔잔했다고 말한다. 이는 쓰나미가 일반적인 태풍처럼 특정 기상 조건 때문에 생성되는 것이 아니라는 뜻이다.

끈을 양쪽으로 묶은 다음, 한쪽 끝에서 수직 방향으로 갑작스러운 충격을 보내면 어떻게 될까? 위로 솟았다가 내려가는 연속적인 움직임이 끈을 타고 나아갈 것이다. 이것이 바로 간단하게 파동을 만드는 방법이다. 쓰나미의 원리도 바로 이 파동 현상으로 설명할 수 있다.

해안에 나타나는 파도는 끈의 끝에서 일어나는 파동과 같다. 끈 자체가 움직이는 게 아닌 것처럼, 바닷물도 그 자체가 이동하는 것이 아니라 물결의 일렁임이 해안 쪽으로 옮겨 오면서 확대되는 것이다. 쓰나미의 규모가 큰 경우에는 마지막에 파도가 크게 부서지면서 바닷물이 땅으로 넘치고, 그중 일부는 원래의 바다로부터 떨어져 나와 물 자체가 이동하게 된다.

① 쓰나미는 물 자체의 이동보다는 파동의 전달에서 비롯되는 것이다.
② 쓰나미는 태풍과 같이 특정 기상 조건에 따라 생성되는 것이 아니다.
③ 쓰나미는 물결의 일렁임이 해안 방향으로 이동하며 확대되는 것이다.
④ 쓰나미는 일본어 합성어로, 가까운 바다보다 먼바다에서 더 위협적이다.

5. 다음 글의 내용과 부합하지 않는 것은?

15년 국가직 9급

> 글의 기본 단위가 문장이라면 구어를 통한 의사소통의 기본 단위는 발화이다. 담화에서 화자는 발화를 통해 '명령', '요청', '질문', '제안', '약속', '경고', '축하', '위로', '협박', '칭찬', '비난' 등의 의도를 전달한다. 이때 화자의 의도가 직접적으로 표현된 발화를 직접 발화, 암시적으로 혹은 간접적으로 표현된 발화를 간접 발화라고 한다.
>
> 일상 대화에서도 간접 발화는 많이 사용되는데, 그 의미는 맥락에 의존하여 파악된다. '아, 덥다.'라는 발화가 '창문을 열어라.'라는 의미로 파악되는 것이 대표적인 예이다. 방 안에 시원하지 않다는 상황을 고려하여 청자는 창문을 열게 되는 것이다. 이처럼 화자는 상대방이 충분히 그 의미를 파악할 수 있다고 판단될 때 간접 발화를 전략적으로 사용함으로써 의사소통을 원활하게 하기도 한다.
>
> 공손하게 표현하고자 할 때도 간접 발화는 유용하다. 남에게 무언가를 요구하려는 경우 직접 발화보다 청유 형식이나 의문 형식의 간접 발화를 사용하면 공손함이 잘 드러나기도 한다.

① 발화는 구어를 통한 의사소통의 기본 단위이다.
② 간접 발화의 의미는 언어 사용 맥락에 기대어 파악된다.
③ 간접 발화가 직접 발화보다 화자의 의도를 더 잘 전달한다.
④ 요청할 때 청유문이나 의문문을 사용하면 더 공손해 보이기도 한다.

6. 다음 글의 내용과 부합하지 않는 것은?

23년 국가직 7급 PSAT 언어논리

> 정부는 공공사업 수립·추진 과정에서 사회적 갈등이 예상되는 경우 갈등영향분석을 통해 해결책을 마련하여야 한다. 갈등은 다양한 요인 및 양태 그리고 복잡한 이해관계를 갖고 있다. 따라서 갈등영향분석의 실시 여부는 공공사업의 규모, 유형, 사업 관련 이해집단의 분포 등 다양한 지표들을 고려하여 판단하여야 한다.
>
> 갈등영향분석 실시 여부의 대표적인 판단 지표 중 하나는 실시 대상 사업의 경제적 규모이다. 해당 사업을 수행하는 기관장은 예비타당성 조사 실시 기준인 총사업비를 판단 지표로 활용하여 갈등영향분석의 실시 여부를 판단하되, 그 경제적 규모가 실시 기준 이상이라도 갈등 발생 여지가 없거나 미미한 경우에는 갈등관리심의위원회 심의를 거쳐 갈등영향분석을 실시하지 않을 수 있다.
>
> 실시 대상 사업의 유형도 갈등영향분석 실시 여부의 판단 지표가 된다. 쓰레기 매립지, 핵폐기물처리장 등 기피 시설의 입지 선정은 지역사회 갈등을 유발하는 대표적 유형이다. 이러한 사업 유형은 경제적 규모와 관계없이 반드시 갈등영향분석이 이루어져야 한다. 해당 사업을 수행하는 기관장은 대상 시설이 기피 시설인지 여부를 판단할 때, 단독으로 판단하지 말고 지역 주민 관점에서 검토할 수 있도록 민간 갈등관리전문가 등의 자문을 거쳐야 한다.
>
> 갈등영향분석을 시행하기로 결정했다면, 해당 사업을 수행하는 기관장 주관으로, 갈등관리심의위원회의 자문을 거쳐 해당 사업과 관련된 주요 이해당사자들이 중립적이라고 인정하는 전문가가 갈등영향분석서를 작성하여야 한다. 이렇게 작성된 갈등영향분석서는 반드시 모든 이해당사자들의 회람 후에 해당 기관장에게 보고되고 갈등관리심의위원회에서 심의되어야 한다.

① 정부가 갈등영향분석 실시 여부를 판단할 때 예비타당성 조사 실시 기준인 총사업비를 판단 지표로 활용한다.
② 기피 시설 여부를 판단할 때 해당 사업을 수행하는 기관장이 별도 절차 없이 단독으로 판단해서는 안 된다.
③ 갈등영향분석서는 정부가 주관하여 중립적 전문가의 자문하에 해당 기관장이 작성하여야 한다.
④ 갈등영향분석서를 작성한 후에는 이해당사자가 회람하는 절차가 있어야 한다.
⑤ 갈등관리심의위원회는 갈등영향분석 실시 여부의 판단에 관여할 수 있다.

2 알 수 없는 것

7. 다음 글에서 알 수 있는 내용이 아닌 것은?

📄 24년 지방직 9급

　'저작권'이란 인간의 사상이나 감정을 창의적으로 표현한 저작물을 보호하기 위해 저작자에게 부여한 권리를 말한다. 저작물은 '인간의 사상 또는 감정을 표현한 창작물'이며 저작자란 '저작 행위를 통해 저작물을 창작해 낸 사람'을 가리킨다. 그러므로 숨겨져 있던 다른 사람의 저작물을 발견했거나 발굴해 낸 사람, 저작물 작성을 의뢰한 사람, 저작에 관한 아이디어나 조언을 한 사람, 저작을 하는 동안 옆에서 도와주었거나 자료를 제공한 사람 등은 저작자가 될 수 없다. 저작물에는 1차적 저작물뿐만 아니라 2차적 저작물과 편집 저작물도 포함되어 있으므로 2차적 저작물 또는 편집 저작물의 작성자 또한 저작자가 된다.

　저작권 보호와 관련하여 "거인의 어깨 위 난쟁이는 거인보다 멀리 볼 수 있다."라는 말이 있다. '거인'이란 현재의 저작자들보다 앞서 창작 활동을 통해 저작물을 남긴 선배 저작자를 가리키는 것인데, 이 말은 창작자는 다른 사람이 만들어 놓은 저작물을 모방하거나 인용할 수밖에 없다는 점을 강조한 것이다. 다만, 난쟁이가 거인의 어깨 위에 올라서는 특권을 누리기 위해서는 거인으로부터 허락을 받아야 하거나 거인에게 그에 따르는 대가를 지불해야 한다는 뜻도 내포하고 있다는 사실을 잊지 말아야 할 것이다.

　창작물을 저작한 사람에게 저작권이라는 권리를 부여해서 보호하는 이유는 '저작물은 문화 발전의 원동력이 되므로 좋은 저작물이 많이 나와야 그 사회가 문화적으로 풍요로워질 수 있기 때문'이라고 할 수 있다. 그런데 만일 저작자에게 아무런 권리를 부여하지 않는다면 저작자가 장기간 노력해서 창작한 저작물을 누구든지 아무런 대가를 치르지 않고도 마음대로 이용하게 될 것이므로, 저작자로서는 창작 행위를 계속하지 않을 가능성이 높다.

① 저작물의 개념과 저작자의 정의
② 1차적 저작물과 2차적 저작물의 차이
③ 저작물에 대해 창작자가 지녀야 할 태도
④ 저작권을 보호해야 하는 이유

8. 다음 글을 통해서 답을 찾을 수 없는 질문은?

📄 17년 지방직 9급

　해안에서 밀물에 의해 해수가 해안선에 제일 높게 들어온 곳과 썰물에 의해 제일 낮게 빠진 곳의 사이에 해당하는 부분을 조간대라고 한다. 지구상에서 생물이 살기에 열악한 환경 중 한 곳이 바로 이 조간대이다. 이곳의 생물들은 물에 잠겨 있을 때와 공기 중에 노출될 때라는 상반된 환경에 삶을 맞춰야 한다. 또한 갯바위에 부서지는 파도의 파괴력도 견뎌내야 한다. 또한 빗물이라도 고이면 민물이라는 환경에도 적응해야 하며, 강한 햇볕으로 바닷물이 증발하고 난 다음에는 염분으로 범벅된 몸을 추슬러야 한다. 이러한 극단적이고 변화무쌍한 환경에 적응할 수 있는 생물만이 조간대에서 살 수 있다.

　조간대는 높이에 따라 상부, 중부, 하부로 나뉜다. 바다로부터 가장 높은 곳인 상부는 파도가 강해야만 물이 겨우 닿는 곳이다. 그래서 조간대 상부에 사는 생명체는 뜨거운 태양열을 견뎌 내야 한다. 중부는 만조 때에는 물에 잠기지만 간조 때에는 공기 중에 노출되는 곳이다. 그런데 물이 빠져 공기 중에 노출되었다 해도 파도에 의해 어느 정도의 수분은 공급된다. 가장 아래에 위치한 하부는 간조시를 제외하고는 항상 물에 잠겨 있다. 땅 위 환경의 영향을 적게 받는다는 점에선 다소 안정적이긴 해도 파도의 파괴력을 이겨 내기 위해 강한 부착력을 지녀야 한다는 점에서 생존이 쉽지 않은 곳이다.

　조간대에 사는 생물들은 불안정하고 척박한 바다 환경에 적응하기 위해 높이에 따라 수직으로 종이 분포한다. 조간대를 찾았을 때 총알고둥류와 따개비들을 발견했다면 그곳이 조간대에서 물이 가장 높이 올라오는 지점인 것이다. 이들은 상당 시간 물 밖에 노출되어도 수분 손실을 막기 위해 패각과 덮개 판을 꼭 닫은 채 물이 밀려올 때까지 버텨 낼 수 있다.

① 조간대에서 총알고둥류가 사는 곳은 어느 지점인가?
② 조간대의 중부에 사는 생물에는 어떠한 것이 있는가?
③ 조간대에서 높이에 따라 생물의 종이 수직으로 분포하는 이유는 무엇인가?
④ 조간대에 사는 생물들이 견뎌야 하는 환경적 조건에는 어떠한 것이 있는가?

9. 다음 글에서 알 수 없는 것은?

18년 지방직 9급

되새김 동물인 무스(moose)의 경우, 위에서 음식물이 잘 소화되게 하려면 움직여서는 안 된다. 무스의 위는 네 개의 방으로 나누어져 있는데, 위에서 나뭇잎, 풀줄기, 잡초 같은 섬유질이 많은 먹이를 소화하려면 꼼짝 않고 한곳에 가만히 있어야 하는 것이다. 한편, 미국 남서부의 사막 지대에 사는 갈퀴발도마뱀은 모래 위로 눈만 빼꼼 내놓고 몇 시간 동안이나 움직이지 않는다. 그렇게 있으면 따뜻한 모래가 도마뱀의 기운을 북돋아 준다. 곤충이 지나가면 도마뱀이 모래에서 나가 잡아먹을 수 있도록 에너지를 충전해 주는 것이다. 반대로 갈퀴발도마뱀의 포식자인 뱀이 다가오면, 그 도마뱀은 사냥할 기운을 얻기 위해 움직이지 않았을 때의 경험을 되살려 호흡과 심장 박동을 일시적으로 멈추고 죽은 시늉을 한다. 갈퀴발도마뱀은 모래 속에 몸을 묻고 움직이지 않기 때문에 수분의 손실을 줄이고 사막 짐승들의 끊임없는 위협에서 벗어날 수 있는 것이다.

① 무스가 움직이지 않는 것은 생존을 위한 선택이다.
② 무스는 소화를 잘 시키기 위해 식물을 가려먹는 습성을 가지고 있다.
③ 갈퀴발도마뱀은 움직이지 않는 방식으로 먹이를 구한다.
④ 갈퀴발도마뱀은 모래 속에 몸을 묻을 때 생존 확률을 높일 수 있다.

10. 다음 글에서 알 수 있는 내용이 아닌 것은?

15년 교육행정직 9급

우리는 흔히 나무와 같은 식물이 대기 중에 이산화탄소로 존재하는 탄소를 처리해 주는 것으로 알고 있지만, 바다 또한 중요한 역할을 한다. 예를 들어 수없이 많은 작은 해양생물들은 빗물에 섞인 탄소를 흡수한 후에 다른 것들과 합쳐서 껍질을 만드는 데 사용한다. 결국 해양생물들은 껍질에 탄소를 가두어 둠으로써 탄소가 대기 중으로 다시 증발해서 위험한 온실가스로 축적되는 것을 막아 준다. 이들이 죽어서 바다 밑으로 가라앉으면 압력에 의해 석회석이 되는데, 이런 과정을 통해 땅속에 저장된 탄소의 양은 대기 중에 있는 것보다 수만 배나 되는 것으로 추정된다. 그 석회석 속의 탄소는 화산분출로 다시 대기 중으로 방출되었다가 빗물과 함께 땅으로 떨어진다. 이 과정은 오랜 세월에 걸쳐 일어나는데, 이것이 장기적인 탄소 순환과정이다. 특별한 다른 장애 요인이 없다면 이 과정은 원활하게 일어나 지구의 기후는 안정을 유지할 수 있다.

그러나 불행하게도 인간의 산업 활동은 자연이 제대로 처리할 수 없을 정도로 많은 양의 탄소를 대기 중으로 방출한다. 영국 기상대의 피터 쿡스에 따르면, 자연의 생물권이 우리가 방출하는 이산화탄소의 영향을 완충할 수 있는 데에는 한계가 있기 때문에, 그 한계를 넘어서면 이산화탄소의 영향이 더욱 증폭된다. 지구 온난화가 걷잡을 수 없이 일어나게 되는 것은 두려운 일이다. 지구 온난화에 적응을 하지 못한 식물들이 한꺼번에 죽어 부패해서 그 속에 가두어져 있는 탄소가 다시 대기로 방출되면 문제는 더욱 심각해질 것이기 때문이다.

① 식물이나 해양생물은 기후 안정성을 유지하는 데에 기여한다.
② 생명체가 지니고 있던 탄소는 땅속으로 가기도 하고 대기로 가기도 한다.
③ 탄소는 화산 활동, 생명체의 부패, 인간의 산업 활동 등을 통해 대기로 방출된다.
④ 극심한 오염으로 생명체가 소멸되면 탄소의 순환 고리가 끊겨 대기 중의 탄소도 사라진다.

11. 다음 글에서 알 수 있는 내용으로 적절하지 않은 것은?

23년 지역인재 9급

편의점이 동네를, 도시를, 그리고 세상을 덮고 있다. 인구 대비 편의점 밀도를 따질 경우 편의점의 최초 발상지인 미국은 물론 편의점의 최대 발흥지였던 일본과 대만을 제치고 대한민국이 목하 세계 최고 수준이다. 우리나라는 편의점 1개당 일일 평균 방문객이 359명이라는데, 이는 하루 평균 880만 명 이상이 출입한다는 것을 의미한다. 전국 방방곡곡으로 편의점이 확산되는 가운데, 웬만한 길가나 건물에서 편의점을 만나기란 파출소나 우체국 찾기보다 훨씬 쉬워졌다. 시나브로 편의점이 우리 일상에 성큼 들어와 있는 것이다.

현재 우리나라에서 아파트가 국민 주택이라면 편의점은 국민 점포라 해도 과언이 아니다. 그런데 편의점은 결코 단순한 점포에 그치는 것이 아니다. 편의점의 시작은 분명히 소매 유통업이었지만, 그 끝이 어디일지는 누구도 장담하지 못하는 상태다. 편의점은 일상에 필요한 대부분의 상품과 서비스를 판매하면서 주변 상권을 흡수 통일하고 있을 뿐 아니라 금융이나 치안, 복지 등에 관련된 공적 영역으로도 적극 진출하고 있다. 편의점이 자임하는 문화적 기능도 크게 확대되고 있다. 이제 일상 대화에서도 편의점 아르바이트나 편의점 창업이라는 말이 자연스럽게 오간다. 이처럼 언제부턴가 우리에게 편의점은 삶의 일부가 되었다.

① 편의점은 한국에서 일상에 가까운 시설이 되었다.
② 편의점은 한국에서 미국과 일본, 대만보다도 인구 대비 밀도가 높다.
③ 편의점은 한국에서 공적 영역으로 진출하면서 새로운 진입 장벽에 부딪혔다.
④ 편의점은 한국에서 일상 대화에서의 화제가 될 만큼 삶의 일부가 되었다.

12. 다음 글을 통해 알 수 있는 내용으로 적절하지 않은 것은?

14년 국가직 9급

우리나라를 찾는 외국인들이 가장 즐겨 찾는 곳은 이태원이다. 여기서 '원(院)'이란 이곳이 과거에 여행자들을 위한 휴게소였다는 것을 말해 준다. 사리원, 조치원 등의 '원'도 마찬가지이다. 조선 전기에는 여행자가 먹고 자고 쉴 수 있는 휴게소를 '원'이라고 불렀다. 1530년에 발간된 「신증동국여지승람」에 따르면 원은 당시 전국에 무려 1,210개나 있었다고 한다.

조선 전기에도 여행자를 위한 편의 시설은 잘 갖추어져 있었다. 주요 도로에는 이정표와 역(驛), 원(院)이 일정한 원칙에 따라 세워졌다. 10리마다 지명과 거리를 새긴 작은 장승을 세우고, 30리마다 큰 장승을 세워 길을 표시했다. 그리고 큰 장승이 있는 곳에는 역과 원을 설치했다. 주요 도로마다 30리에 하나씩 원이 설치되다 보니, 전국적으로 1,210개나 될 정도로 많아진 것이다.

역이 국가의 명령이나 공문서, 중요한 군사 정보의 전달, 사신 왕래에 따른 영송(迎送)과 접대 등을 위해 마련된 교통 통신 기관이었다면, 원은 그런 일과 관련된 사람들을 위해 마련된 일종의 공공 여관이었다. 원은 주로 공공 업무를 위한 여관이었지만 민간인들에게 숙식을 제공하기도 했다.

원은 정부에서 운영했기 때문에 재원도 정부에서 마련했는데, 주요 도로인 대로와 중로, 소로 등에 설치된 원에는 각각 원위전(院位田)이라는 땅을 주어 운영 경비를 마련하도록 했다. 그렇다면 누가 원을 운영했을까? 역에는 종육품 관리인 찰방(察訪)이 파견되어 여러 개의 역을 관리하며 역리와 역노비를 감독했지만, 원에는 정부가 일일이 관리를 파견할 수 없었다. 그래서 대로변에 위치한 원에는 다섯 가구, 중로에는 세 가구, 소로에는 두 가구를 원주(院主)로 임명했다. 원주는 승려, 향리, 지방 관리 등이었는데 원을 운영하는 대신 각종 잡역에서 제외시켜 주었다.

조선 전기에는 원 이외에 여행자를 위한 휴게 시설이 따로 없었으므로 원을 이용하지 못하는 민간인 여행자들은 여염집 대문 앞에서 "지나가는 나그네인데, 하룻밤 묵어 갈 수 있겠습니까?"라고 물어 숙식을 해결할 수밖에 없었다. 그러나 임진왜란과 병자호란을 거치면서 점사(店舍)라는 민간 주막이나 여관이 생기고, 관리들도 지방 관리의 대접을 받아 원의 이용이 줄어들게 되면서 원의 역할은 점차 사라지고 지명에 그 흔적만 남게 되었다.

① 여행자는 작은 장승 두 개를 지나 10리만 더 가면 '역(驛)'이 나온다는 것을 알았을 것이다.
② '원(院)'을 운영하는 승려는 나라에서 요구하는 각종 잡역에서 빠졌을 것이다.
③ 외국에서 사신이 오면 관리들은 '역(驛)'에서 그들을 맞이 하거나 보냈을 것이다.
④ 민간인 여행자들도 자유롭게 '원(院)'에서 숙식을 해결했을 것이다.

13. 다음 글에서 알 수 없는 것은?
22년 국가직 7급 PSAT 언어논리

인간에 대한 혐오의 감정을 긍정적으로 바라보는 인식을 바탕으로, 이를 사회 안정의 도구로 활용해야 한다거나 법적 판단의 근거로 삼아야 한다는 주장은 영미법의 오래된 역사에서 그리 낯설지 않다. 그러나 혐오의 감정이 특정 개인과 집단을 배척하기 위한 강력한 무기로 이용되었다는 사실을 고려하면 이러한 주장이 얼마나 그릇된 것인지 이해할 수 있다.

일반적으로 우리는 분비물이나 배설물, 악취 등에 대해 그리고 시체와 같이 부패하고 퇴화하는 것들에 대해 혐오의 감정을 갖는다. 인간은 타자를 공격하는 데 이러한 오염물의 이미지를 사용한다. 이때 혐오는 특정 집단을 오염물인 것처럼 취급하고 자신은 오염되지 않은 쪽에 속함으로써 얻게 되는 심리적인 우월감 및 만족감과 연결되어 있다. 역사적으로 볼 때 이런 과정을 거쳐 오염물로 취급된 집단 중 하나가 유대인이다.

중세 이후 반유대주의 세력이 유대인에게 부여한 부정적 이미지는 점액성, 악취, 부패, 불결함과 같은 혐오스러운 것들과 결부되어 있다. 히틀러는 유대인을 깨끗하고 건강한 독일 민족의 몸속에 숨겨진, 썩어 가는 시체 속의 구더기라고 표현했다. 혐오스러운 적대자를 설정함으로써 자신의 야욕을 달성하려 했던 것이다. 불행하게도 대다수의 독일인은 이러한 야만적인 정치적 선동에 동의를 표했다. 심지어 유대인을 암세포, 종양, 세균 등으로 묘사하면서 이들을 비인간적 존재로 전락시키는 의학적 담론이 유행하기도 했다. 비인간적으로 묘사되는 유대인의 이미지는 나치가 만든 허상이었음에도 불구하고, 유대인과 연관된 혐오의 이미지는 아이들이 보는 당대의 동화 속에 담겨 있을 정도로 널리 퍼져 있었다.

① 혐오는 정치적 선동의 도구로 이용되지 않았다.
② 개인뿐만 아니라 집단도 혐오의 대상이 될 수 있다.
③ 혐오의 대상이 되는 집단은 비인간적으로 묘사되기도 한다.
④ 혐오의 감정을 법적 판단의 근거로 삼아야 한다는 입장이 있었다.
⑤ 인간에 대한 혐오의 감정은 타자를 혐오함으로써 주체가 얻을 수 있는 심리적인 만족감과 연관되어 있다.

14. 다음 글에서 알 수 없는 것은?

'계획적 진부화'는 의도적으로 수명이 짧은 제품이나 서비스를 생산함으로써 소비자들이 새로운 제품을 구매하도록 유도하는 마케팅 전략 중 하나이다. 여기에는 단순히 부품만 교체하는 것이 가능함에도 불구하고 새로운 제품을 구매하도록 유도하는 것도 포함된다.

계획적 진부화의 이유는 무엇일까? 첫째, 기업이 기존 제품의 가격을 인상하기 곤란한 경우, 신제품을 출시한 뒤 여기에 인상된 가격을 매길 수 있기 때문이다. 특히 제품의 기능은 거의 변함없이 디자인만 약간 개선한 신제품을 내놓고 가격을 인상하는 경우도 쉽게 볼 수 있다. 둘째, 중고품 시장에서 거래되는 기존 제품과의 경쟁을 피할 수 있기 때문이다. 자동차처럼 사용 기간이 긴 제품의 경우, 기업은 동일 유형의 제품을 팔고 있는 중고품 판매 업체와 경쟁해야만 한다. 그러나 기업이 새로운 제품을 출시하면, 중고품 시장에서 판매되는 기존 제품은 진부화되고 그 경쟁력도 하락한다. 셋째, 소비자들의 취향이 급속히 변화하는 상황에서 계획적 진부화로 소비자들의 만족도를 높일 수 있기 때문이다. 전통적으로 제품의 사용 기간을 결정짓는 요인은 기능적 특성이나 노후화·손상 등 물리적 특성이 주를 이루었지만, 최근에는 심리적 특성에도 많은 영향을 받고 있다. 이처럼 소비자들의 요구가 다양해지고 그 변화 속도도 빨라지고 있어, 기업들은 이에 대응하기 위해 계획적 진부화를 수행하기도 한다.

기업들은 계획적 진부화를 통해 매출을 확대하고 이익을 늘릴 수 있다. 기존 제품이 사용 가능한 상황에서도 신제품에 대한 소비자들의 수요를 자극하면 구매 의사가 커지기 때문이다. 반면, 기존 제품을 사용하는 소비자 입장에서는 크게 다를 것 없는 신제품 구입으로 불필요한 지출과 실질적인 손실이 발생할 수 있다는 점에서 계획적 진부화는 부정적으로 인식된다. 또한 환경이나 생태를 고려하는 거시적 관점에서도, 계획적 진부화는 소비자들에게 제공하는 가치에 비해 에너지나 자원의 낭비가 심하다는 비판을 받고 있다.

① 계획적 진부화로 소비자들은 불필요한 지출을 할 수 있다.
② 계획적 진부화는 기존 제품과 동일한 중고품의 경쟁력을 높인다.
③ 계획적 진부화는 소비자들의 요구에 대응하기 위하여 수행되기도 한다.
④ 계획적 진부화를 통해 기업은 기존 제품보다 비싼 신제품을 출시할 수 있다.
⑤ 계획적 진부화로 인하여 제품의 실제 사용 기간은 물리적으로 사용 가능한 수명보다 짧아질 수 있다.

15. 다음 글에서 알 수 없는 것은?

재화나 용역 중에는 비경합적이고 비배제적인 방식으로 소비되는 것들이 있다. 먼저 재화나 용역이 비경합적으로 소비된다는 말은, 그것에 대한 누군가의 소비가 다른 사람의 소비 가능성을 줄어들게 하지 않는다는 것을 뜻한다. 예컨대 10개의 사탕이 있는데 내가 8개를 먹어버리면 다른 사람이 그 사탕을 소비할 가능성은 그만큼 줄어들게 된다. 반면에 라디오 방송 서비스 같은 경우는 내가 그것을 이용한다고 해서 다른 사람의 소비 가능성이 줄어들게 되지 않는다는 점에서 비경합적이다.

재화나 용역이 비배제적으로 소비된다는 말은, 그것이 공급되었을 때 누군가 그 대가를 지불하지 않았다고 해서 그 사람이 그 재화나 용역을 소비하지 못하도록 배제할 수 없다는 것을 뜻한다. 이러한 의미에서 국방 서비스는 비배제적으로 소비된다. 정부가 국방 서비스를 제공받는 모든 국민에게 그 비용을 지불하도록 하는 정책을 채택했다고 하자. 이때 어떤 국민이 이런 정책에 불만을 표하며 비용 지불을 거부한다고 해도 정부는 그를 국방 서비스의 수혜에서 배제하기 어렵다. 설령 그를 구속하여 감옥에 가두더라도 그는 국방 서비스의 수혜자 범위에서 제외되지 않는다.

비경합적이고 비배제적인 방식으로 소비되는 재화와 용역의 생산과 배분이 시장에서 제대로 이루어질 수 있을까? 국방의 예를 이어나가 보자. 대부분의 국민은 자신의 생명과 재산을 보호받고자 하는 욕구가 있고 국방 서비스에 대한 수요도 있기 마련이다. 그러나 만약 국방 서비스를 시장에서 생산하여 판매한다면, 경제적으로 합리적인 국민은 국방 서비스를 구매하지 않을 것이다. 왜냐하면 다른 이가 구매하는 국방 서비스에 자신도 무임승차할 수 있기 때문이다. 결과적으로 국방 서비스는 과소 생산되는 문제가 발생하고, 그 피해는 모든 국민에게 돌아가게 될 것이다. 따라서 이와 같은 유형의 재화나 용역을 사회적으로 필요한 만큼 생산하기 위해서는 국가가 개입해야 하기에 이런 재화나 용역에는 공공재라는 이름을 붙이는 것이다.

① 유료 공연에서 일정한 돈을 지불하지 않은 사람의 공연장 입장을 차단한다면, 그 공연은 배제적으로 소비될 수 있다.
② 국방 서비스를 소비하는 모든 국민에게 그 비용을 지불하도록 한다면, 그 서비스는 비경합적으로 소비될 수 없다.
③ 이용할 수 있는 수가 한정된 여객기 좌석은 경합적으로 소비될 수 있다.
④ 무임승차를 쉽게 방지할 수 없는 재화나 용역은 과소 생산될 수 있다.
⑤ 라디오 방송 서비스는 여러 사람이 비경합적으로 소비할 수 있다.

3 이해한 내용으로 적절하지 않은 것

16. 다음 글을 이해한 내용으로 적절하지 않은 것?
24년 지방직 9급

몸의 곳곳에 분포한 통점이 자극을 받아서 통각 신경을 통해 뇌로 통증 신호를 전달할 때 통증을 느낀다. 통점을 구성하는 세포의 세포막에는 통로라는 구조가 있다. 이 통로를 통해 세포의 안과 밖으로 여러 물질들이 오가면서 세포 사이에 다양한 신호를 전달한다.

통점의 세포에서 인식한 통증 신호는 통각 신경을 통해 뇌로 전달된다. 재미있는 사실은 통각 신경이 다른 감각 신경에 비해서 매우 가늘어 신호를 느리게 전달한다는 것이다. 예를 들어 몸길이가 30m인 흰긴수염고래는 꼬리에 통증이 생기면 최대 1분 후에 아픔을 느낀다.

통각 신경이 다른 감각 신경에 비해 가는 이유는 더 많이 배치되기 위해서다. 피부에는 $1cm^2$당 약 200개의 통점이 빽빽이 분포하는데, 통각 신경이 굵다면 이렇게 많은 수의 통점이 배치될 수 없다. 이렇게 통점이 빽빽이 배치되어야 아픈 부위를 정확하게 알 수 있다. 반면 내장 기관에는 통점이 $1cm^2$당 4개에 불과해 아픈 부위를 정확하게 알기 어렵다. 폐암과 간암이 늦게 발견되는 것도 폐와 간에 통점이 거의 없기 때문이다.

① 통로는 여러 물질들이 세포의 안팎으로 오가며 신호를 전달하는 구조이다.
② 통증을 느끼지 못하게 되면, 치명적인 질병에 걸려도 질병의 발견이 늦을 수 있다.
③ 통각 신경은 다른 감각 신경에 비해서 매우 가늘기 때문에, 신호의 전달이 빠르다.
④ 아픈 부위가 어디인지를 정확하게 알기 위해서는, 통점이 빽빽하게 배치되어야 한다.

17. 다음 글을 이해한 내용으로 적절하지 않은 것?
23년 지방직 9급

고소설의 유통 방식은 '구연에 의한 유통'과 '문헌에 의한 유통'으로 나눌 수 있다. 구연에 의한 유통은 구연자가 소설을 사람들에게 읽어 주는 방식으로, 글을 모르는 사람들과 글을 읽을 수 있지만 남이 읽어 주는 것을 선호하는 이들을 대상으로 이루어졌다. 구연자는 '전기수'로 불렸으며, 소설 구연을 통해 돈을 벌던 전문적 직업인이었다. 하지만 이 방식은 문헌에 의한 유통에 비해 시간과 공간의 제약이 많아서 유통 범위를 넓히는 데 뚜렷한 한계가 있었다.

문헌에 의한 유통은 차람, 구매, 상업적 대여로 나눌 수 있다. 차람은 소설을 소유하고 있는 사람에게 직접 빌려서 보는 것으로, 알고 지내던 개인들 사이에서 이루어졌다. 구매는 서적 중개인에게 돈을 지불하고 책을 사는 것인데, 책값이 상당히 비쌌기 때문에 소설을 구매할 수 있는 사람은 그리 많지 않았다. 상업적 대여는 세책가에 돈을 지불하고 일정 기간 동안 소설을 빌려 보는 것이다. 세책가에서는 소설을 구매하는 것보다 훨씬 적은 비용으로 빌려 볼 수 있었기 때문에 경제적으로 넉넉하지 않은 사람도 소설을 쉽게 접할 수 있었다. 이로 인해 조선 후기 사회에서 세책가가 성행하게 되었다.

① 전기수는 글을 모르는 사람들에게 소설을 구연하였다.
② 차람은 알고 지내던 사람에게 대가를 지불하고 책을 빌려 보는 방식이다.
③ 문헌에 의한 유통은 구연에 의한 유통에 비해 시간과 공간의 제약이 적었다.
④ 조선 후기에 세책가가 성행한 원인은 소설을 구매하는 비용보다 세책가에서 빌리는 비용이 적다는 데 있다.

18. 다음 글을 이해한 내용으로 적절하지 않은 것은?

23년 국가직 9급

> 사람의 '지각과 생각'은 항상 어떤 맥락, 관점 혹은 어떤 평가 기준이나 가정하에서 일어난다. 이러한 맥락, 관점, 평가 기준, 가정을 프레임이라고 한다. 지각과 생각은 인간의 모든 정신 활동을 뜻한다. 따라서 우리의 모든 정신 활동은 진공 상태에서 일어나는 것이 아니라, 어떤 맥락이나 가정하에서 일어난다. 한마디로 우리가 프레임이라는 안경을 쓰고 세상을 보고 있음을 의미한다. 간혹 어떤 사람이 자신은 어떤 프레임의 지배도 받지 않고 세상을 있는 그대로, 객관적으로 본다고 주장한다면, 그 주장은 진실이 아닐 것이다.

① 인간의 정신 활동은 프레임 없이 일어나지 않는다.
② 프레임은 인간이 세상을 바라볼 때 어떤 편향성을 가지게 한다.
③ 인간의 지각과 사고를 확장하는 과정에서 프레임은 극복해야 할 대상이다.
④ 프레임은 인간의 정신 활동에 영향을 미치는 어떤 맥락이나 평가 기준이다.

19. 다음 글에 대한 이해로 적절하지 않은 것은?

22년 국가직 9급

> 국가정보자원관리원과 ○○시는 빅데이터 기반의 맞춤형 복지 서비스 분석 사업을 수행했다. 국가정보자원관리원은 자체 확보한 공공 데이터와 ○○시로부터 받은 복지 사업 관련 데이터를 활용하여 '복지 공감 지도'를 제작하고, 복지 기관 접근성 분석을 통해 취약 지역 지원 방안을 제시했다.
> 복지 공감 지도는 공간 분석 시스템을 활용하여 ○○시에 소재한 복지 기관들의 다양한 지원 항목과 이를 필요로 하는 복지 대상자, 독거노인, 장애인 등의 수급자 현황을 한눈에 확인할 수 있도록 구현한 것이다. 이 지도를 활용하면 복지 혜택이 필요한 지역과 수급자를 빨리 찾아낼 수 있으며, 생필품 지원이나 방문 상담 등 복지 기관의 맞춤형 대응이 가능하고, 최적의 복지 기관 설립 위치를 선정할 수 있다.
> 이 사업을 통해 ○○시는 그동안 복지 기관으로부터 도보로 약 15분 내 위치한 수급자에게 복지 혜택이 집중되고 있는 것도 확인했다. 이에 교통이나 건강 등의 문제로 복지 기관 방문이 어려운 수급자를 위해 맞춤형 복지 서비스가 절실하게 필요한 상황임을 발견하고, 복지 셔틀버스 노선을 4개 증설할 계획을 수립했다.

① 빅데이터를 활용하여 복지 사각지대를 줄이는 방안을 마련할 수 있다.
② 복지 기관과 수급자 거주지 사이의 거리는 복지 혜택의 정도에 영향을 준다.
③ 복지 기관 접근성 분석 결과는 복지 셔틀버스 노선 증설의 근거가 된다.
④ 복지 공감 지도로 복지 혜택에 대한 수급자들의 개별 만족도를 파악할 수 있다.

20. 다음 글에 대한 이해로 적절하지 않은 것은?

　　22년 지방직 9급

　올해 A시는 '청소년 의회 교실' 운영에 관한 조례를 발표함으로써 청소년들이 지방의회의 역할과 기능을 이해하고 민주 시민으로서의 소양과 자질을 함양할 수 있는 근거를 마련하였다. 청소년 의회 교실이란 청소년을 대상으로 실시하는 의회 체험 프로그램을 의미한다. 여기에 참여할 수 있는 대상은 A시에 있는 학교에 재학 중인 만 19세 미만의 청소년이다. 이 조례에 따르면 시의회 의장은 의회 교실의 참가자 선정 및 운영 방안을 결정할 수 있다. 운영 방안에는 지방자치 및 의회의 기능과 역할, 민주 시민의 소양과 자질 등에 관한 교육 내용이 포함된다. 또한 시의회 의장은 고유 권한으로 본회의장 시설 사용이 가능하도록 지원할 수 있다. 최근 A시는 '수업 시간 스마트폰 사용 제한에 관한 조례안'을 주제로 본회의장에서 첫 번째 의회 교실을 운영하였다. 참석 학생들은 1일 시의원이 되어 의원 선서를 한 후 주제에 관한 자유 발언 시간을 가졌다. 이어서 관련 조례안을 상정한 후 찬반 토론을 거쳐 전자 투표로 표결 처리하였다. 학생들이 의회 과정 전반에 대해 체험할 수 있었던 뜻깊은 시간이었다.

① A시에 있는 학교의 만 19세 미만 재학생은 청소년 의회 교실에 참여할 수 있는 대상이다.
② A시의 시의회 의장은 청소년 의회 교실의 민주 시민 소양과 관련된 교육 내용을 결정할 수 있다.
③ A시에서 시행된 청소년 의회 교실에서 시의회 의장은 본회의장 시설을 사용하도록 지원해 주었다.
④ A시의 올해 청소년 의회 교실은 의원 선서, 조례안 상정, 자유 발언, 찬반 토론, 전자 투표의 순서로 진행되었다.

21. 다음 글에 대한 이해로 적절하지 않은 것은?

　　20년 지방직 7급

　우리 헌법에는 신체의 자유, 거주·이전의 자유, 직업의 자유, 주거의 자유, 통신의 자유 등 명시적으로 개별적인 기본권을 정하고 있다. 하지만 인간의 삶에 필요한 자유가 특정 시점을 기준으로 모두 구체적인 이름을 띠고 있을 수는 없다. 그런 이유로 인간이 살아가면서 발견하게 될 자유도 헌법상 보장되는 장치를 할 필요가 있어서 헌법 제37조 제1항에 "국민의 자유와 권리는 헌법에 열거되지 아니한 이유로 경시되지 아니한다."라고 정함으로써 모든 영역에 걸쳐 자유를 보장하고 있다.
　그런데 자유는 무한하지도 않고, 방임도 아니다. 이런 자유는 타인의 자유와 권리를 침해하지 않는 범위 내에서 인정되며, 공동체의 존속과 발전을 침해하지 않는 범위 내에서 향유할 수 있는 것이다. 우리 헌법이 규율하는 공동체 질서 내에서의 자유는 어디까지나 공동체의 존속, 안전, 평화, 그리고 타인과 더불어 살아가는 상생을 전제로 하는 것이다.
　헌법에서 보장하는 자유도 이러한 범위에서 제한을 받는 것이기는 하지만 국가안전보장, 질서유지, 공공복리라는 가치들이 있기만 하면 국민의 자유가 마음대로 제한될 수 있는 것은 아니다. 이런 가치에 의해 자유를 제한하는 경우에도 과잉금지원칙이 적용되고 기본권의 본질적인 내용은 침해할 수 없다.

① 인간의 자유는 공동체의 존속과 발전을 침해하지 않는 범위 내에서 향유할 수 있다.
② 헌법 제37조 제1항은 헌법에 열거되지 않은 자유에 대해서 보장하는 장치를 마련하고 있다.
③ 헌법에 명시된 자유 외에 새롭게 발견하게 될 자유를 제한할 경우에 과잉금지원칙을 적용한다.
④ 자유는 무한하지도 않고, 방임도 아니므로 특정 시점을 기준으로 구체적인 이름을 부여할 필요가 있다.

22. 다음 글에 대한 이해로 적절하지 않은 것은?

22년 지방직 9급

르네상스가 일어나게 된 요인으로 많은 것들이 거론되어 왔지만, 의학사의 관점에서 볼 때 흥미롭고 논쟁적인 원인은 페스트이다. 페스트가 유럽의 인구를 격감시킴으로써 사회 경제 구조가 급변하게 되었고, 사람들은 재래의 전통이 지니고 있던 강력한 권위에 의문을 품기 시작했다. 예컨대 사람들은 이 무시무시한 질병을 예측하지 못한 기존의 의학적 전통을 불신하게 되었으며, 페스트로 인해 '사악한 자'들만이 아니라 '선량한 자'들까지 무차별적으로 죽는 것을 보고 이전까지 의심하지 않았던 신과 교회의 막강한 권위에 대해서도 회의하게 되었다.

속수무책으로 당할 수밖에 없었던 죽음에 대한 경험은 사람들을 여러 방향에서 변화시켰다. 사람들은 거리에 시체가 널려 있는 광경에 익숙해졌고, 인간의 유해에 대한 두려움 또한 점차 옅어졌다. 교회에서 제시한 세계관 및 사후관에 대한 신뢰가 떨어지고, 삶과 죽음 같은 인간의 본질적인 문제에 대해 새롭게 사유하기 시작했다. 중세의 지적 전통에 대한 의구심은 고대의 학문과 예술, 언어에 대한 재평가로 이어졌으며, 이에 따라 신에 대한 무조건적 찬양과 복종 대신 인간에 대한 새로운 관심과 사유가 활발해졌다.

이러한 움직임은 미술사에서 두드러지게 포착된다. 인간에 대한 관심의 증대에 따라 인체의 아름다움이 재발견되었고, 인체를 묘사하는 다양한 화법도 등장했다. 인체에 대한 관심은 보이는 부분뿐만 아니라 보이지 않는 부분에 대한 관심으로 이어졌다. 기존의 의학적 전통을 여전히 신봉하던 의사들에게 해부학적 지식은 불필요한 것으로 인식되었던 반면, 당시의 미술가들은 예술가이면서 동시에 해부학자이기도 할 만큼 인체의 내부 구조를 탐색하는 데 골몰했다.

① 전염병의 창궐은 르네상스의 발생을 설명하는 다양한 요인 가운데 하나이다.
② 페스트로 인한 선인과 악인의 무차별적인 죽음은 교회가 유지하던 막강한 권위를 약화시켰다.
③ 예술가들이 인체의 아름다움을 재발견함으로써 고대의 학문과 언어에 대한 재평가도 이루어졌다.
④ 르네상스 시기에 해부학은 의사들보다도 미술가들의 관심을 끌었다.

23. 다음 글에 대한 이해로 적절하지 않은 것은?

19년 지방직 7급

다음 세대에 자신의 모어(母語)를 전달하지 않고자 하는 행위를 '언어 자살(language suicide)'이라고 한다. 언어 자살은 명백한 외부의 강압이 없으며 비교적 단기간에 집단적으로 이루어진다는 특징이 있다. 가령, 멕시코 정부에서 공식적으로 토토낙어 사용을 금지하는 정책을 취하지 않고 지역 문화를 존중하는 태도를 보였는데도 이 지역 사람들은 모어 대신 스페인어를 사용했다. 이러한 언어 교체 현상을 멕시코 정부가 부추겼다고 보기는 어렵다. 연구에 의하면 언어 자살은 '정체성 상실, 사회 붕괴, 세대 간 문화적 연속성의 결여' 등이 앞서거니 뒤서거니 하는 원인이자 결과이자 배경이다. '나는 부모님들처럼 이렇게 살지는 않겠어.'라는 집단적 자각이 한 세대로 하여금 단체로 모어 사용을 그만두게 할 수도 있는 셈이다.

① 서구 열강들의 식민지 지배 전략 가운데 언어 말살 정책은 언어 자살 현상의 대표적 사례이다.
② 모어를 계승하려는 언중의 의지가 언어 자살 현상의 발생 가능성에 변수가 될 수 있다.
③ 멕시코 정부의 공식적인 언어 정책이 특정 지역의 언어 교체 현상을 유도했다고 보기 어렵다.
④ 부모 세대와 다르게 살겠다는 자식 세대의 집단적 자각은 언어 자살의 원인이 될 수 있다.

24. 다음 글의 내용을 이해한 것으로 적절하지 않은 것은?

17년 국가직 7급

기생 생물과 숙주는 날을 세운 창과 무쇠를 덧댄 방패와 같다. 한쪽은 끊임없이 양분을 빼앗으려 하고, 한쪽은 어떻게든 방어하려 한다. 이때 문제가 발생한다. 기생 생물은 가능한 한 숙주로부터 많은 것을 빼앗는 것이 유리하지만 숙주가 죽게 되면 기생 생물에게도 오히려 해가 된다. 기생 생물에게 숙주는 양분을 공급해 주는 먹잇감인 동시에 살아가는 서식처이기 때문이다. 따라서 기생 생물은 최적의 생활 조건을 유지하기 위해 '중용의 도'를 깨달아야 하는 상황에 놓인다. 이때쯤 되면 기생 생물은 자신의 종족이 장기적으로 번성하려면 많은 양분을 한꺼번에 빼앗아 숙주를 죽이는 것이 아니라 견딜 수 있을 만큼만 빼앗아 숙주를 살려 둔 상태로 장기간 수탈하는 것이 더 낫다고 판단한다.

보통, 미생물은 인간과 처음 마주치게 되면 낯선 숙주인 인간을 강력하게 공격한다. 설상가상으로 낯선 미생물을 접해 본 적이 없는 인간의 면역계는 그에 대한 항체를 만드는 데 서투르기 때문에 낯선 미생물과 인간의 초기 전투는 미생물의 일방적인 승리로 끝난다. 2세기경 로마 제국에서는 알 수 없는 역병이 두 번에 걸쳐 유행했다. 이 역병의 대유행으로 지칠 대로 지친 로마는 4세기경 게르만족이 침입했을 때 이미 싸울 기력조차 없었다. 학자들은 지중해의 패권을 쥐었던 로마를 속으로부터 골병들게 만들었던 장본인을 홍역으로 보고 있다. 이제는 유아 질환으로 자리 잡은 홍역의 위력이 당시에는 어마어마했던 것이다. 소에서 유래된 것으로 알려진 홍역 바이러스가 처음 인간의 몸에 유입되었을 때 인간은 이에 대한 항체가 거의 없었기 때문에 속수무책으로 당할 수밖에 없었다. 그러나 대유행이 몇 번 지나가고 나면 점차 독성이 약해진다. 이는 미생물이 숙주를 장기간 착취하려고 한발 물러서는 한편 숙주가 항체를 만들어 내면서 미생물 퇴치에 한발 나아감에 따라 저울의 추가 균형점으로 이동하기 때문이다.

① 대체로 미생물과의 초기 전투에서 인간은 일방적으로 패배했다.
② 홍역 바이러스의 독성이 약화되는 과정에서 숙주가 하는 역할은 미미하다.
③ 홍역은 로마의 전투력 약화에 중요한 원인을 제공했다.
④ 숙주는 기생 생물의 서식처이다.

25. 다음 글에 대한 이해로 적절하지 않은 것은?

22년 지역인재 9급

장기기억에는 서술기억과 비서술기억이 있다. 서술기억은 개인적으로 경험한 사건을 저장하는 일화기억과 사실이나 정보를 기억하는 의미기억으로 나눌 수 있다. 비서술기억은 반복적인 연습을 통하여 습득하는 운동기술이나 습관 등의 기억이다.

뇌의 퇴행 과정에서 나타나는 신경학적 질환군인 치매는 기억력과 정보처리 능력을 감소시킨다. 치매에 걸리면 자신의 일화기억과 의미기억 모두와 단절된다. 또한 이전에 없었던 사실이나 정보를 새롭게 학습하여 기억하는 것도 어렵다. 요리, 금융거래와 같은 일상적 활동과 혼자서 옷 입기와 같은 자기 관리 능력도 완전히 상실하게 된다.

치매의 약 50~60%에서 나타나는 알츠하이머병은 뇌세포의 광범위한 변성에서 비롯되는 지적 능력 및 성격의 진행성 퇴화 질환이다. 알츠하이머병에 걸리면 친숙한 장소 근처에서 길을 찾는 데 어려움을 보인다. 병이 진행될수록 알고 지내던 사람들을 알아보지 못하게 되며 화를 잘 내고 자기 관리 능력이 점점 더 떨어지게 된다.

① 최근에 읽은 책 내용에 대한 기억은 서술기억이다.
② 치매에 걸린 사람은 서술기억을 상실하게 된다.
③ 알츠하이머병은 지적 능력이 퇴화되는 질환이다.
④ 알츠하이머병이 진행되더라도 자기 관리 능력이 강화된다.

26. 다음 글에 대한 이해로 적절하지 않은 것은?

21년 지역인재 9급

자본주의 시스템하에서 성공의 판타지는 어려운 현실을 극복하고 모든 것을 거머쥐는 소수의 영웅들을 전면에 내세움으로써 그 이면에 있는 다수의 실패자들을 은폐하는 역할을 한다. 예를 들어, 공개 오디션 프로그램에서는 본선에 오른 십여 명의 성공을 화려하게 비추는 대신, 본선에 오르지 못한 나머지 수백만 명의 실패에 대해서는 주목하지 않는다. 합리적으로 이해하기 힘든 이 방정식은 '너희도 열심히 노력하면 이 사람들처럼 될 수 있다'는 자본주의의 정언명령 앞에서 이상한 것으로 인식되지 않는다. 이 때문에 자본주의는 지극히 공정하고 정당한 방식으로 운영되고 있으며, 오직 부족한 것은 개인의 능력과 노력인 것처럼 보인다. 슬라보이 지젝이 "왜 오늘날 그 많은 문제들이 불평등, 착취 또는 부당함의 문제가 아닌 불관용의 문제로 여겨지는가?"라고 말했듯, 이 성공의 판타지는 가장 순수한 의미에서 이데올로기적인 기능을 수행한다. 사회적 불평등과 부당함이 관용과 불관용이라는 문화적 차원으로 환원돼 버리는 현상과 마찬가지로 자본주의 체제가 만들어 내는 여러 가지 사회적 문제들은 '그럼에도 불구하고 승리한' 영웅의 존재 때문에 능력과 노력이라는 지극히 개인적 차원으로 환원된다.

① 자본주의 사회에서 경쟁은 합리적이고 공정한 방식으로 이루어진다.
② 공개 오디션 프로그램은 탈락한 대다수의 실패자들을 주목하지 않는다.
③ 자본주의 사회는 열심히 노력하면 누구나 성공할 수 있다는 판타지를 제시한다.
④ 자본주의 체제하의 사회적 문제들은 성공한 소수의 존재로 인해 개인적 차원으로 치부될 가능성이 있다.

27. 다음 글에 대한 이해로 적절하지 않은 것은?

24년 국회직 8급

왜 일반적으로 말은 쉽게 하는 사람이 많지만, 글은 쉽게 써내는 사람이 적은가?

거기에 말과 글이 같으면서도 다른 점이 존재하는 것이다.

말과 글이 같으면서 다른 점은 여러 각도에서 발견할 수 있다. 우선 말은 청각에 이해시키는 점, 글은 시각에 이해시키는 점이 다르다. 말은 그 자리, 그 시간에서 사라지지만 글은 공간적으로 널리, 시간적으로 얼마든지 오래 남을 수 있는 것도 다르다. 그러나 여기서 더 중요한 지적이 있다.

먼저, 글은 말처럼 저절로 알게 되는 것이 아니라 일부러 배워야 글자도 알고, 글 쓰는 법도 알게 된다는 점이다. 말은 외국어가 아닌 이상엔 커가면서 거의 의식적인 노력 없이 배워지고, 의식적으로 연습하지 않아도 날마다 말하는 것이 절로 연습이 된다. 그래서 누구나 자기 생활만큼은 별 걱정 없이 말로 표현하고 있다. 그러나 글은 배워야 알고, 연습해야 잘 쓸 수 있다.

또 말은 머리도 꼬리도 없이 불쑥 나오는 대로, 한 마디 혹은 한두 마디로 쓰이는 경우가 거의 전부다. 한두 마디만 불쑥 나오더라도 제3자가 이해할 수 있는 환경과 표정과 함께 지껄여지기 때문이다. 연설이나 무슨 행사에서 쓰는 말 외에는 앞에 할 말, 뒤에 할 말을 꼭 꾸며 가지고 할 필요가 없다.

① 음성 언어가 청각에 기반하며 순간적으로 사라지는 특성을 지니는 반면 문자 언어는 시각에 기반하며 기록으로 전승된다.
② 말의 형식이 자유로운 것은 말하는 상황과 분위기, 표정과 몸짓 등 비언어적 표현의 효과 때문이기도 하다.
③ 말은 노력하지 않아도 저절로 배울 수 있지만 글은 의식적인 노력이 필요하기 때문에 더 큰 가치를 지닌다.
④ 글은 문자를 습득하고 글의 형식을 익히는 의식적인 노력이 필요하며 연습을 통해 이를 체화해야만 쓸 수 있다.
⑤ 외국어를 배우는 상황에서는 말도 글처럼 의식적인 노력과 연습이 필요할 수 있다.

28. 다음 글에 대한 이해로 옳지 않은 것은?
22년 국회직 9급

 묘사란 원래 그린다는 뜻의 회화 용어다. 어떤 사물이나 어떤 사태를 그림 그리듯 그대로 그려냄을 가리킨다. 역사나 학술처럼 조리를 세워 끌어나가는 것은 기술이지 묘사는 아니다. 실경(實景), 실황(實況)을 보여주어 독자로 하여금 그 경지에 스스로 들고, 분위기까지 스스로 맛보게 하기 위한 표현이 묘사다.
 아름다운 풍경을 보고 '아름답구나!' 하는 것은 자기의 심리다. 자기의 심리인 '아름답구나!'만 써가지고는, 독자는 아무 아름다움도 느끼지 못한다. 독자에게도 그런 심리를 일으키기 위해서는 그 풍경이 아름다운 까닭을, 즉 하늘, 구름, 산, 내, 나무, 돌 등 풍경의 재료를 풍경대로 조합해서 문장으로 표현해주어야 독자도 비로소 작자와 동일한 경험을 그 문장에서 얻고 한가지로 '아름답구나!' 하는 심리에 이를 수 있는 것이다.
 이렇듯 제재의 현상을 문장으로 재현하는 것이 묘사다.
 묘사를 할 때 명심해야 할 사항으로는 다음의 몇 가지가 있다.
 첫째, 객관적일 것. 언제든지 냉정한 관찰을 거쳐야 하기 때문이다.
 둘째, 정연할 것. 시간적으로든 공간적으로든 순서가 있어야 전체 인상이 선명해지기 때문이다.
 셋째, 사진을 찍는 것과는 달라야 할 것. 대상의 핵심과 특색은 취하되, 불필요한 것은 버려야 하기 때문이다.

① 묘사는 실경(實景)과 실황(實況)을 보여주는 것이다.
② 묘사는 객관적이어야 하므로 주관적인 심정을 표현할 수는 없다.
③ 질서정연하게 묘사할수록 대상은 분명하게 전달된다.
④ 대상을 제대로 묘사하기 위해서 대상의 모든 정보를 표현해야 할 필요는 없다.
⑤ 묘사는 제재의 현상을 문장으로 재현하는 것이다.

29. 다음 글에 대한 이해로 옳지 않은 것은?
22년 국회직 9급

 몸을 닦는 일(修身)은 효도와 우애로써 근본을 삼아야 한다. 효도와 우애에 자기 본분을 다하지 않으면 비록 학식이 고명하고 문체가 찬란하고 아름답다 하더라도 흙담에다 아름답게 색칠해놓은 것에 지나지 않는다. 자기 몸을 이미 엄정하게 닦았다면 그가 사귀는 벗도 자연히 단정한 사람일 것이므로 같은 기질로써 인생의 목표가 비슷하게 되어 친구 고르는 일에 특별히 힘쓰지 않아도 된다.
 이 늙은 아비가 세상살이를 오래 경험하였고 또 어렵고 험난한 일을 고루 겪어보아서 사람들의 심리를 두루 알고 있다. 무릇 천륜에 야박한 사람은 가까이해서도 안 되고 믿어서도 안 되며, 비록 충직하고 인정 있고 부지런하고 재빠르게 온 정성을 다하여 나를 섬기더라도 절대로 가까이해서는 안 된다. 이들은 끝내 은혜를 배반하고 의리를 잊어먹고 아침에는 따뜻이 대해주다가도 저녁에는 차갑게 변하고 만다.
 대체로 이 세상에 깊은 은혜와 두터운 의리는 부모형제보다 더한 것이 없는데 부모형제를 그처럼 가볍게 버리는 사람이 벗들에게 어떠하리라는 것은 쉽게 알 수 있는 이치다. 너희는 이 점을 반드시 기억해두도록 하거라. 무릇 불효자는 가까이 하지 말고 형제끼리 우애가 깊지 못한 사람도 가까이해서는 안 된다.

① 자기 몸을 엄정하게 닦는 것의 중요성을 역설하고 있다.
② 효와 우애의 덕목을 충실하게 지키는 사람을 친구로 삼기를 권하고 있다.
③ 학문에 깊이가 있고 충직한 사람이라면 반드시 곁에 두어야 한다고 말하고 있다.
④ 좋은 친구를 사귀려면 먼저 스스로가 단정하고 좋은 사람이 되어야 한다고 충고하고 있다.
⑤ 어떤 일이 있어도 천륜을 어기는 사람은 경계할 것을 조언하고 있다.

30. 다음 글에 대한 이해로 적절하지 않은 것은?

22년 국회직 8급

정신에 대한 전통적인 설명에 따르면, 인간의 육체는 비물질적 실체인 영혼으로 가득 차 있으며 그 영혼이 때때로 유령이나 귀신의 모습으로 나타난다. 그러나 이 이론은 극복할 수 없는 문제에 부딪힌다. 그 유령이 어떻게 유형의 물질과 상호 작용하는가? 무형의 비실체가 어떻게 번쩍이고 쿡 찌르고 삑 소리를 내는 외부 세계에 반응하고 팔다리를 움직이게 만드는가? 그뿐 아니라 정신은 곧 뇌의 활동임을 보여 주는 엄청난 증거들도 극복할 수 없는 문제. 오늘날 밝혀진 바에 따르면, 비물질적이라 생각했던 영혼도 칼로 해부되고, 화학물질로 변질되고, 전기로 나타나거나 사라지고, 강한 타격이나 산소 부족으로 인해 소멸되곤 한다. 현미경으로 보면 뇌는 풍부한 정신과 완전히 일치하는 대단히 복잡한 물리적 구조를 갖고 있다.

정신을 어떤 특별한 형태의 물질에서 발생하는 것으로 보는 견해도 있다. 피노키오는 목수 제페토가 발견한, 말하고 웃고 움직이는 마법의 나무에서 생명력을 얻는다. 그러나 애석한 일이지만 그런 신비의 물질은 어디에서도 발견되지 않았다. 우선 뇌 조직이 그 신비의 물질이 아닌가 생각해 볼 수 있다. 다윈은 뇌가 정신을 '분비한다'고 적었고, 최근에 철학자 존 설은 유방의 세포 조직이 젖을 만들고 식물의 세포 조직이 당분을 만드는 것처럼, 뇌 조직의 물리화학적 특성들이 정신을 만들어 낸다고 주장했다. 그러나 뇌종양 조직이나 접시 안의 배양 조직은 물론이고 모든 동물의 뇌 조직에도 똑같은 종류의 세포막, 기공, 화학물질들이 존재한다는 사실을 생각해 보라. 그 모든 신경세포 조직이 동일한 물리화학적 특성들을 갖고 있지만, 그것들 모두가 인간과 같은 지능을 보이진 않는다. 물론 인간 뇌를 구성하는 세포 조직의 어떤 측면이 우리의 지능에 필수적인 것은 사실이지만, 그 물리적 특성들로는 충분하지 않다. 벽돌의 물리적 특성으로는 음악을 설명하기에 불충분한 것과 같다. 중요한 것은 신경세포 조직의 '패턴' 속에 존재하는 어떤 것이다.

① 다윈과 존 설은 뇌 조직이 인간 정신의 근원이라고 주장했다.
② 인간의 뇌를 구성하는 세포 조직의 물리적 특성은 인간 지능의 필요충분조건이다.
③ 지능에 대한 전통적 설명 방식은 내적 모순으로부터 자유롭지 않다.
④ 뇌의 물리적 특성보다 신경세포 조직의 '패턴' 속에 존재하는 어떤 것이 중요하다.
⑤ 뇌와 정신이 밀접하게 연결되어 있음을 시각적으로 확인할 수 있는 물리적 증거가 있다.

31. 다음 글에 대한 이해로 옳지 않은 것은?

자동화가 급속하게 발전하면서 사람이 하는 일이 줄어들고 공산품의 가격이 하락한다는 예측이 있다. 그런데 그것이 우리가 원하는 이상적인 사회일까? 좋은 물건을 싸게 살 수 있으니 좋겠지만, 다른 한편으로 생산 공정의 합리적 발달 때문에 인간의 일자리가 줄어들고, 결국 소비가 줄어드는 세상이 되는 것은 아닐지 걱정되기도 한다. 뉴스에서도 한번 크게 보도된 적이 있는데, 중국에서 종업원 규모가 만 명 되는 공장을 독일식의 '산업 4.0 시스템'을 적용해서 합리화했더니 종업원 수가 500명으로 줄었다고 했다. 그러면 나머지 9,500명은 어디로 갔겠는가 말이다.

인공지능이 대거 활약하게 되는 4차 산업혁명이 가속화돼서 이런 일이 상품과 지식 생산의 모든 영역에서 일어난다면 어찌 될 것인가. 어쨌건 상품이나 지식의 값은 싸지겠지만, 그것을 돈 주고 사는 소비자는 점점 없어져 버리는 사회가 될 수도 있다. 이는 분명히 우려할 만한 일이다.

과학 기술의 발전이 분명히 우리가 사는 사회를 더 괜찮은 사회, 살기 좋은 사회로 만드는 측면이 있지만, 동시에 일하는 사람이 점점 없어진다든지 아니면 조금 다른 용어로 사회의 불평등이 점점 심해져서 아주 많은 돈을 버는 소수의 사람들과 일자리가 없는 다수의 사람들로 세상이 양극화될 가능성을 크게 하는 측면도 있다. 그야말로 유토피아와 디스토피아의 공존이 일어날 수 있는 것이다.

이러한 문제의식을 가지고 있다면 주목할 책이 1516년 출간된 영국 작가 토머스 모어의 《유토피아》이다. 이 책이 선구적인 이유는 유토피아(utopia)라는 말이 여기서 처음으로 사용되었다는 사실에서 쉽게 찾을 수 있다. 모어는 '좋은 곳'이라는 뜻의 'eu-topia'와 '아무 데도 존재하지 않는 곳'이라는 뜻의 'ou-topia'를 동시에 나타내는 중의적 개념으로 유토피아라는 말을 만들었는데, 이때부터 유토피아는 존재하지 않는 이상향을 뜻하게 되었다.

디스토피아(dystopia)는 유토피아의 반대말로, 상당히 끔찍한 미래의 어떤 사회를 이야기할 때 사용하는 단어이다. 접두어 'dys'는 '나쁜', '고된'이란 뜻이다. 디스토피아는 19세기에 만들어진 말로 역사가 오래되지 않은 표현이다. 산업혁명 이후에 사회적 불평등이 확산되고 기계화로 인한 인간성 상실에 대한 논의가 시작되면서 디스토피아라는 단어가 만들어지고 널리 사용되었다.

① 인공지능 기술은 유토피아적 세계와 디스토피아적 세계의 가능성을 동시에 갖고 있는 기술이다.
② '디스토피아'는 사회적 불평등이 확산되고 인간성 상실의 문제가 발생하면서 만들어진 용어이다.
③ 4차 산업혁명이 가속화될 경우 우리 사회의 불평등과 양극화 현상은 점점 심해질 수 있다.
④ '유토피아'는 토머스 모어의 책에서 처음으로 사용된 표현이다.
⑤ '유토피아'는 '디스토피아'의 문제점을 해결하기 위해 고안된 표현이다.

32. 다음 글에 대한 이해로 적절하지 않은 것은?

21년 국회직 8급

인간은 주로 언어를 통해 마음을 표현하고 상대방의 마음을 이해한다. 그래서 정신적인 문제를 지닌 사람을 치료하는 정신 치료에서도 언어가 주된 수단이다. 그러나 언어는 인간의 마음을 표현하기에는 불완전하고 제한된 도구이다. 사실, 인간은 과거 기억의 많은 부분을 언어적 명제의 형태보다는 시각적 이미지의 형태로 기억 속에 담고 살아간다. 이러한 시각적 이미지 속에 포함되어 있는 풍부하고 생생하며 미묘한 경험들은 언어로 표현되는 과정에서 왜곡될 수 있다. 이에 정신 치료에서는 언어가 아닌 다른 치료수단을 모색해왔으며, 그 결과 미술 치료가 하나의 대안으로 제시되었다.

미술 치료는 미술과 심리학의 결합이다. 언어로 온전하게 표현할 수 없는 심리상태를 그림으로 표현하고, 그 과정에서 감정의 이완을 유도하는 방법이다. 미술 치료는 심리적으로 큰 충격을 경험한 아동들에게 큰 도움이 될 수 있다. 고통스러운 일을 겪은 아이들은 그림을 그리거나 만들기를 통해 심리적인 안정을 얻을 뿐만 아니라, 자신이 경험한 것에 대해 더 자세히 전달할 수 있다. 학대를 받거나 폭력적인 사건을 경험했을 때 말하는 것 자체가 공포나 불안을 일으킬 수 있는데, 미술은 그러한 아동의 불안을 감소시키면서 감정을 표현할 수 있게 한다. 말로써 자신의 어려움을 표현하는 것을 어려워하거나 꺼릴 경우, 미술은 성인에게도 유용한 매개체가 될 수 있다. 단지, 아동은 발달학적으로 미숙한 부분이 있으므로 이를 고려한 미술 활동이 진행되어야 한다는 점에서 차이가 있을 뿐이다. 미술 치료가 작용하는 원리는 성인과 아동 모두에게 근본적으로 같다고 할 수 있다.

① 대화만을 통한 정신치료는 온전한 효과를 얻을 수 없다.
② 인간은 미술을 통해 자신의 경험을 거리낌 없이 표현할 수 있다.
③ 인간이 언어를 통해 감정을 표현하는 데에는 한계가 있다.
④ 인간의 시각적 경험은 언어로 전환되는 과정에서 사실과 달라질 수 있다.
⑤ 아동과 성인의 미술 치료 원리는 근본적으로 동일하다.

33. 다음 글에 대한 이해로 적절하지 않은 것은?

21년 국회직 8급

"워싱턴 : 1 = 링컨 : x(단, x는 1, 5, 16, 20 가운데 하나)"라는 유추 문제를 가정해보자. 심리학자 스턴버그는 유추 문제의 해결 과정을 다음과 같이 제시하였다. 첫 번째, '부호화'는 유추 문제의 각 항들이 어떠한 의미인지 파악하는 과정이다. '워싱턴', '1', '링컨' 등의 단어가 무슨 뜻인지 이해하는 것이 부호화이다. 두 번째, '추리'는 앞의 두 항이 어떠한 연관성을 갖는지 규칙을 찾는 과정이다. 조지 워싱턴이 미국의 초대 대통령이라는 지식을 갖고 있는 사람이라면, '워싱턴'과 숫자 '1'로부터 연관성을 찾아낼 수 있을 것이다. 세 번째, '대응'은 유추의 근거 영역의 요소들과 대상 영역의 요소들을 연결하는 단계이다. '워싱턴'과 '링컨'을 연결하고, 숫자 '1'과 미지항 x를 연결하는 과정이 이에 해당한다. 네 번째, '적용'은 자신이 찾아낸 규칙을 대상 영역에 적용하는 과정이다. 조지 워싱턴이 미국의 초대 대통령이며 아브라함 링컨이 미국의 열여섯 번째 대통령임을 안다면, 적용의 단계에서 미지항 x의 답이 '16'이라고 생각할 것이다. 다섯 번째, '비교'는 자신이 찾아낸 미지항 x의 값과 다른 선택지들을 비교하는 과정이다. 만약 '16'을 답으로 찾은 사람에게 조지 워싱턴이 1달러 지폐의 인물이고 아브라함 링컨이 5달러 지폐의 인물이라는 정보가 있다면, 정답의 가능성이 있는 두 개의 선택지 사이에서 비교를 진행하게 될 것이다. 여섯 번째, '정당화'는 비교의 결과 더 적합하다고 생각되는 답을 선택하는 과정이며, 마지막으로 '반응'은 자신이 찾아낸 최종적인 결론을 말하거나 기록하는 과정이다.

① 미국과 관련된 어떠한 정보도 갖고 있지 않은 사람이라면, '부호화' 단계에서 실패할 것이다.
② '워싱턴'이 미국의 도시 이름이라는 정보만 갖고 있는 사람이라면, '추리'의 단계에서 실패할 것이다.
③ '링컨'이 몇 번째 대통령인지에 대한 정보와 미국의 화폐에 대한 정보가 없는 사람이라면, '대응'의 단계에서 실패할 것이다.
④ 미국의 화폐에 대한 정보는 갖고 있지만 미국 역대 대통령의 순서에 대한 정보가 없는 사람이라면, '적용'의 단계에서 '5'를 선택할 것이다.
⑤ 'x'에 들어갈 수 있는 답으로 '5'와 '16'을 찾아낸 사람이라면, 'x는 순서를 나타낸다'라는 새로운 기준을 제시했을 때 '정당화'의 단계에서 '16'을 선택할 것이다.

34. 다음 중 글에 대한 이해로 옳지 않은 것은?

📄 21년 국회직 9급

2015년 5월 미국 국립과학아카데미는 인간 유전체 편집과 관련해 중요한 발의를 했다. 중국 과학자들이 인간배아 유전자 편집에 관한 논문을 발표한 직후이다. 논란의 주인공이 된 기술은 크리스퍼, 즉 저렴한 가격으로 간단하게 원하는 생물의 유전체를 편집할 수 있는 기술이다.

크리스퍼는 생물학이 사회에 던져온 몇 가지 윤리적 논란들의 연장선상에 서 있다. 그 하나는 인간을 대상으로 하는 실험의 문제다. 우생학, 시험관 아기, 배아줄기세포로 이어온 윤리적 논란은 크리스퍼에도 재현될 것이다. 인간배아실험에 관한 초국가적 법률이 존재하지 않는 상황에서, 중국의 과학자들이 인간배아 유전자의 편집을 시도했다는 것은 당연한 수순이다. 크리스퍼는 소비자 우생학의 문제도 야기한다. 치명적인 유전적 질환의 치료 목적이 아니라, 자식의 유전적 자원을 증강하려는 의도로 크리스퍼 기술을 사용하는 특권층이 탄생할 수 있다. 인류는 자식을 위해 좋은 형질을 향상시키고, 나쁜 형질을 제거하는 일을 계속할 것이다.

크리스퍼가 초래할 더 큰 문제는 생태계 교란이다. 이미 30개가 넘는 종의 유전자 편집이 가능하다고 보고되었고, 그 숫자는 계속 늘고 있다. 생명공학의 생태계 교란은 유전자 조작 농산물을 중심으로 선진국에서는 오래된 논란이고, 크리스퍼는 이 논란에 기름을 부을 예정이다.

① 유전체 편집이 사회적으로 끼치는 영향력은 막대하다.
② 크리스퍼 기술의 사용에 대한 국제적 협약이 필요하다.
③ 과학기술이 생태계의 균형을 깨뜨리는 한 원인이다.
④ 생명과학의 발달이 국가 간의 관계를 악화시킬 수 있다.
⑤ 생명공학 문제의 해결에는 특권층의 결단이 요구된다.

35. 다음 글에 대한 이해로 적절하지 않은 것은?

📄 23년 국회직 8급

오픈AI사에서 개발해 내놓은 '챗지피티(chatGPT)'의 열기가 뜨겁다. 챗지피티는 인터넷에 존재하는 다양한 텍스트 데이터를 학습해 구축된 인공지능으로, 사용자와 채팅을 통해 상호작용하는 형식으로 사용자의 요구에 응답한다. 예를 들어 "3+4를 계산하는 파이썬 코드를 짜 줘"라고 요구하면, 챗지피티는 실제로 작동하는 코드를 출력해서 알려 준다. 뒤이어 "같은 작업을 R에서 사용하는 코드로 짜 줘"라고 말하면, 대화의 맥락을 파악하고 같은 기능의 R 코드를 제공한다.

우리는 어떻게 시시각각 신기술로 무장하는 인공지능과 '함께' 살아갈 수 있을까? 첫째, '인공지능이 해 줄 수 있는 일'과 '인간이 할 필요가 없는 일'이 동의어가 아니라는 점을 명확히 인지해야 한다. 다시 말해, 인공지능이 잘할 수 있는 일이라고 해서 인간이 그것을 할 줄 몰라도 된다는 것이 아니라는 것이다. 둘째, 인공지능을 지혜롭게 사용하려면 인공지능이 가진 성찰성의 한계를 이해해야 한다. 챗지피티의 흥미로운 특징은 매우 성찰적인 인공지능인 척하지만, 사실은 매우 형편없는 자기반성 능력을 갖추고 있다는 데 있다.

인공지능의 기능에 대해 성찰하는 것은 결국 인간의 몫이지, 기계의 역할이 아니다. 물론 인공지능은 다양한 상호작용을 통해 스스로의 오류를 교정하고 최적화하는 기능을 탑재하고 있다. 머신러닝(machine learning)이라는 개념이 바로 그것이다. 그러나 이 메커니즘은 명백하게도 인간 사용자의 특성과 의사에 따라 좌우될 수 있다. 사용자 경험을 통해 성능을 향상시켜 가고 있는 구글 번역기는 영어-스페인어 사이의 전환은 훌륭하게 수행하지만 영어-한국어 사이의 전환은 그만큼 잘하지 못한다. 그 사용자의 수가 적기 때문이다. 사회의 소수자는 인공지능의 메커니즘에서도 소수자이다. 다시 말해, 인공지능에 대해 성찰하는 역할만큼은 인간이 인공지능에게 맡기지 말아야 할 영역이다.

인공지능의 범람 속에서 살아남는 방법은, 인공지능과 '함께 살아가는 인간'이 되는 것이다. 인공지능을 과소평가하지 않고, 또한 인간 스스로의 가치와 주체성도 과소평가하지 않는, 용감하고 당당한 인간으로 살아가고자 하는 태도가 필요하다.

① 인간은 인공지능과 공존하는 방법을 모색해 인공지능을 지혜롭게 사용해야 한다.
② 인공지능을 활용한 머신러닝에도 인간 사용자의 특성이 반영된다.
③ 인공지능이 글쓰기를 잘 수행하더라도 인간은 글쓰기 능력을 길러야 한다.
④ 인공지능을 지혜롭게 사용할 수 있으려면 인공지능이 가진 성찰성의 한계를 이해해야 한다.
⑤ 인공지능은 스스로 양질의 정보를 가려낼 수 있어 자신의 오류를 교정하고 최적화한다.

36. 다음 글에 대한 이해로 적절하지 않은 것은?

18년 지방직 7급

요트 중에서도 엔진과 선실을 갖추지 않은 1~2인용 딩기(dinghy)는 단연 요트의 백미라고 할 수 있다. 딩기는 엔진이 없기에 오로지 바람에 의지해 나아가는 요트다. 그러므로 배 다루는 기술도 중요하지만 바람과 조화를 이루고 그 바람을 어떻게 타느냐에 따라 속도가 달라진다.

배는 바람을 받고 앞으로 전진하는 게 상식이다. 그러나 요트는 맞바람이 불어도 거뜬히 전진할 수 있다. 도대체 요트에 어떤 비밀이 숨어 있는 걸까? 해답은 삼각형 모양의 지브세일(jib sail)에 숨어 있다. 바람에 평행하게 맞춘 돛이 수직 방향으로 부풀어 오르면 앞뒤로 공기의 압력이 달라진다.

요트의 추진력은 돛이 바람을 받을 때 생기는 풍압과 양력에 의하여 생긴다. 따라서 요트의 추진 원리를 이해하기 위해서는 풍압이 추진력의 주(主)가 되는 풍하범주(風下帆舟)와, 양력이 주(主)가 되는 풍상범주(風上帆舟)를 구분하여야 한다.

요트가 바람을 뒤쪽에서 받아 주행하는 풍하범주의 경우에는 바람에 의한 압력이 돛을 경계로 하여 풍상 측에서 높고 풍하 측에서 낮게 된다. 따라서 압력이 높은 풍상 측에서 압력이 낮은 풍하 측으로 나아가려는 힘이 발생하는데 이 힘을 총합력이라고 한다. 이 총합력의 힘은 평행사변형 법칙에 의하여 요트를 앞으로 추진시키는 전진력과 옆으로 밀리게 하는 횡류력으로 분해될 수 있다. 센터보드나 킬(keel)과 같은 횡류 방지 장치에 의하여 횡류를 방지하면서 전진력을 이용하여 앞으로 나아갈 수 있게 된다.

요트가 바람을 거슬러 올라가는 풍상범주의 경우는 비행기 날개에서 양력이 발생하여 비행기가 뜨게 되는 원리와 동일한 원리에 의하여 요트가 추진하게 된다. 베르누이의 정리에 의하면 유체의 속도가 빠르면 압력이 낮아지고, 속도가 느리면 압력이 높아진다. 비행기 날개와 비슷한 모양을 하고 있는 돛의 주위에 공기가 흐를 때 돛을 경계로 하여 풍상 측의 공기 속도는 느려지고 풍하 측의 공기 속도는 빨라진다. 그러므로 베르누이의 정리에 의하여 풍하 측으로 흡인력이 발생하게 되는데 이것이 총합력이 된다. 이 총합력은 풍하범주의 경우와 마찬가지로 전진력과 횡류력으로 분해된다. 횡류력은 요트를 옆 방향으로 미는 힘으로서 센터보드 등의 횡류 방지 장치에 의하여 상쇄된다. 따라서 요트는 전진력에 의하여 앞으로 나아갈 수 있게 된다.

① 딩기는 순풍이 불 때는 횡류력으로, 역풍이 불 때는 전진력으로 나아간다.
② 센터보드나 킬로 인해 요트는 옆으로 가지 않고 앞으로 나아갈 수 있게 된다.
③ 풍하범주는 풍압이 추진력의 주(主)가 되며, 풍상범주는 양력이 추진력의 주가 된다.
④ 요트가 바람을 등지고 갈 때는 풍압에 의존하고, 맞바람을 받고 갈 때는 양력에 의존하게 된다.

37. 다음 중 아래 글의 내용에 대한 설명으로 가장 옳지 않은 것은?

신문학이란 말이 어느 때 누구의 창안으로 쓰이기 시작했는지는 알 수 없다.

그러나 현재 우리가 쓰는 의미의 개념으로 쓰이기는 육당(六堂), 춘원(春園) 이후에 비롯하지 않은가 한다.

그 전에는 비록 신문학이란 문자를 왕왕 대할 수 있다 하더라도 그것은 지금 우리가 사용하는 의미보다는 훨씬 광의로 사용되었다.

광무(光武) 3년* 10월 모(某)일 분의 《황성신문》*(皇城新聞) 논설에 성(盛)히 문학이라는 말을 썼는데 그것은 현재 우리가 사용하는 의미의 문학은 아니었다. 즉 학문 일반의 의미로 문학이란 말이 사용되었다. 그러므로 신문학이란 말은 곧 신학문의 별칭이라 할 수 있었다. 이것은 지금 우리로서 보면 실로 가소로운 혼동이다. 그러나 문학이란 말을 literature의 역어(譯語)*로 생각지 않고 자의(字義)대로 해석하여 사용한 당시에 있어 이 현상은 극히 자연스러운 일이라 아니할 수 없다. 이 '문학'('literature'의 역어) 가운덴, 시, 소설, 희곡, 비평을 의미하는 문학, 즉 예술문학까지가 포함되어 있는 것은 물론이다.

《황성신문》 신문논설을 보면 오히려 학문이란 말을 문학이란 문자로 표현하는 데 문장상의 참신미를 구한 흔적조차 발견할 수 있다.

거기에선 문학이란 말이 분명히 그대로 신학문이란 의미로 사용되고 있다.

이것은 문학이란 말에 대한 자의대로의 해석일 뿐더러 문학에 대한 동양적 해석, 전통적 이해의 일 연장(延長)이라는 데도 의미가 있다.

— 임화, 〈개설신문학사〉

* 광무 3년: 대한제국의 연호. 1899년.
* 《황성신문》: 1898년 창간한 일간신문.
* 역어(譯語): 번역어. 외국어를 번역한 말.

① '신문학'이라는 말의 유래와 현재적 개념을 서술하고 있다.
② 현재 '신문학'이라는 말은 '신학문'이라는 말과 같은 의미로 사용된다.
③ '문학'은 육당, 춘원 이전의 과거에는 '학문 일반'의 의미였기 때문에 《황성신문》에서 나타나는 '신문학'이라는 말은 곧, '신학문'의 별칭이다.
④ 현재 사용하는 '문학'이라는 말은 'literature'의 역어(譯語)다.

38. 다음 글을 이해한 내용으로 적절하지 않은 것은?

한국 신화에 보이는 신과 인간의 관계는 다른 나라의 신화와 견주어 볼 때 흥미롭다. 한국 신화에서 신은 인간과의 결합을 통해 결핍을 해소함으로써 완전한 존재가 되고, 인간은 신과의 결합을 통해 혼자 할 수 없었던 존재론적 상승을 이룬다. 한국 건국신화에서 주인공인 신은 지상에 내려와 왕이 되고자 한다. 천상적 존재가 지상적 존재가 되기를 바라는 것인데, 인간들의 왕이 된 신은 인간 여성과의 결합을 통해 자식을 낳음으로써 결핍을 메운다. 무속신화에서는 인간이었던 주인공이 신과의 결합을 통해 신적 존재로 거듭나게 됨으로써 존재론적으로 상승하게 된다. 이처럼 한국 신화에서 신과 인간은 서로의 존재를 필요로 한다는 점에서 상호의존적이고 호혜적이다. 다른 나라의 신화들은 신과 인간의 관계가 한국 신화와 달리 위계적이고 종속적이다. 히브리 신화에서 피조물인 인간은 자신을 창조한 유일신에 대해 원초적 부채감을 지니고 있으며, 신이 지상의 모든 일을 관장한다는 점에서 언제나 인간의 우위에 있다. 이러한 양상은 북유럽이나 바빌로니아 등에 퍼져 있는 신체 화생 신화에도 유사하게 나타난다. 신체 화생 신화는 신이 죽음을 맞게 된 후 그 신체가 해체되면서 인간 세계가 만들어지게 된다는 것인데, 신의 희생 덕분에 인간 세계가 만들어질 수 있었다는 점에서 인간은 신에게 철저히 종속되어 있다.

① 히브리 신화에서 신과 인간의 관계는 위계적이다.
② 한국 무속신화에서 신은 인간을 위해 지상에 내려와 왕이 된다.
③ 한국 건국신화에서 신은 인간과의 결합을 통해 완전한 존재가 된다.
④ 한국 신화에 보이는 신과 인간의 관계는 신체 화생 신화에 보이는 신과 인간의 관계와 다르다.

4 추론한 내용으로 적절하지 않은 것

39. 다음 글에서 추론한 내용으로 적절하지 않은 것?

24년 국가직 9급

오늘날 인터넷과 디지털 미디어를 통해 '온라인'에서의 '비대면' 접촉에 의한 상호 관계가 급속도로 확장되고 있다. '오프라인'이나 '대면'이라는 용어는 물리적 실체감이 있는 아날로그적 접촉을 가리킨다. 그런데 우리는 온라인과 오프라인을 함께 경험할 수도 있고, 이러한 이분법적인 용어로 명료하게 분리되지 않는 활동들도 많다. 예를 들어 누군가와 만나서 대화하는 중에 문자를 주고받음으로써 대면 상호작용과 온라인 상호작용을 동시에 할 수 있다.

한편 오프라인 대면 상호작용에서보다 온라인 비대면 상호작용에서 만난 사람들에게 더 끈끈한 유대감을 느끼기도 한다. 서로 관계를 형성하고 유지할 때 아날로그 상호작용 수단과 디지털 상호작용 수단을 동시에 활용할 수도 있다. 이처럼 오늘날과 같은 초연결 사회에서 우리의 경험은 비대면 혹은 대면, 온라인 혹은 오프라인 같은 이분법적 범주로 온전히 분리되지 않는다. 상호작용 양식들이 서로 겹치거나 교차하는 현상들을 이해하고자 할 때 이분법적인 범주는 심각한 한계를 지닌다.

① 이분법적 시각으로는 상호작용 양식이 교차하는 양상을 이해하기 어렵다.
② 비대면 온라인 상호작용으로는 사람들 간에 깊은 유대 관계를 형성할 수 없다.
③ 온라인 비대면 활동과 오프라인 대면 활동이 온전히 분리되어 있는 것은 아니다.
④ 오늘날에는 대면 상호작용 중에도 디지털 수단에 의한 상호 관계가 이루어질 수 있다.

40. 다음 글에서 추론한 내용으로 적절하지 않은 것은?

24년 국가직 9급

새의 몸에서 나오는 테스토스테론은 구애 행위나 짝짓기와 밀접하게 관련된다. 따라서 번식기가 아닌 시기에는 거의 분비되지 않는데, 번식기에 나타나는 테스토스테론의 수치 변화 양상은 새의 종류에 따라 다르다.

노래참새 수컷의 테스토스테론 수치는 짝짓기에 성공하여 암컷의 수정이 이루어지는 시점을 전후하여 달라진다. 번식기가 되면 수컷은 암컷의 마음을 얻는 데 필요한 영역을 차지하려고 다른 수컷과 싸워야 한다. 이 시기 수컷의 테스토스테론 수치는 암컷의 수정이 이루어질 때까지 계속 높아진다. 그러다가 수정이 이루어지면 수컷은 곧바로 새끼를 돌볼 준비를 하게 되는데, 이때부터 그 수치는 떨어진다. 새끼가 커서 둥지를 떠나게 되면 수컷은 더 이상 영역을 지킬 필요가 없기 때문에 번식기가 끝나지 않았는데도 테스토스테론 수치는 좀 더 떨어지고, 번식기가 끝나면 테스토스테론은 거의 분비되지 않는다.

검정깃찌르레기 수컷은 테스토스테론 수치가 번식기가 되면 올라갔다가 암컷이 수정한 이후부터 번식기가 끝날 때까지 떨어지지 않는다. 이 수컷은 자신의 둥지를 지키면서 암컷과 새끼를 돌보는 대신 다른 암컷과의 짝짓기를 위해 자신의 둥지를 떠나 버린다.

① 노래참새 수컷은 번식기 동안 테스토스테론 수치가 새끼를 양육할 때보다 양육이 끝난 후에 높게 나타난다.
② 번식기 동안 노래참새 수컷의 테스토스테론 수치는 암컷의 수정이 이루어지기 전보다 이루어진 후에 낮게 나타난다.
③ 검정깃찌르레기 수컷은 암컷이 수정한 이후 번식기가 끝날 때까지 테스토스테론 수치가 떨어지지 않는다.
④ 노래참새 수컷과 검정깃찌르레기 수컷 모두 번식기의 테스토스테론 수치는 번식기가 아닌 시기의 테스토스테론 수치보다 높다.

41. 다음 글에서 추론한 내용으로 적절하지 않은 것은?

24년 지방직 9급

모든 문화가 감정에 관한 동일한 개념적 자원을 발전시켜 온 것은 아니다. 이를테면 미국인들은 보통 당혹감, 수치심, 죄책감, 수줍음을 구별하지만 자바 사람들은 이러한 감정을 하나의 단어로 표현한다. 감정 어휘들은 문화마다 다를 뿐만 아니라 역사적으로도 다르다. 중세 시대에는 우울감이 '검은 담즙(melan chole)'으로 인해 발생한다고 생각했기에 우울증을 '멜랑콜리(melancholy)'라고 불렀지만 오늘날 그렇게 생각하는 사람은 거의 없다. 또한 인터넷의 발명과 함께 감정 어휘는 이메일 보내기, 문자 보내기, 트위터하기에 스며든 관습에 의해서도 형성된다. 이제는 내 감정을 말로 기술하기보다 이모티콘이나 글자의 일부를 따서 표현하기도 한다. 이러한 기술 주도적인 상징의 창조와 확산은, 사람들이 자신의 감정을 묘사하기 위한 새로운 선택지를 만든다는 점에서 또 다른 역사의 발전일 것이다.

① 감정에 대한 개념적 자원은 문화에 따라 달리 형성된다.
② 동일한 감정이라도 그것을 표현하는 방식은 시대에 따라 다를 수 있다.
③ 감정 어휘를 풍부하게 갖고 있는 집단은 그렇지 않은 집단보다 기술 발전에 더 유연한 태도를 보인다.
④ 오늘날 인터넷에서 이모티콘을 사용하는 것과 같이 과거에는 없었던 감정 표현 방식이 활용되기도 한다.

42. 다음 글에서 추론한 내용으로 적절하지 않은 것은?

23년 지방직 9급

우리는 개별적으로 고립된 채 살아가는 존재일 수 없다. 사회 속에서 여럿이 모여 '복수(複數)'의 상태로 살아갈 수밖에 없는 존재라는 것이다. 복수의 상태로 살아가는 우리는 종(種)적인 차원에서 보면 보편적이고 동등한 존재이다. 그러나 우리는 각각 유일무이성을 지닌 '단수(單數)'이기도 하다. 즉 모든 인간은 개인으로서 고유한 인격체라는 특수성을 지닌다. 사회 속에서 우리는 보편적 복수성과 특수한 단수성을 겸비한 채 살아가고 있는 셈이다. 바로 이러한 이유로 우리는 다원적 존재이다. 이러한 존재들로 구성된 다원적 사회에서는 어떠한 획일화도 시도되어서는 안 된다. 우리가 이 같은 사회에서 살아가기 위해서는 타인을 포용하는 공존의 태도가 필요하다. 공동체 정화 등을 목적으로 개별적 유일무이성을 제거하는 것은 우리가 살아가는 사회의 다원성을 파괴하는 일이다.

① 우리는 고립된 상태에서 '단수'로 살아가는 존재가 아니다.
② 우리는 다원성을 지닌 존재로서 포용적으로 공존해야 한다.
③ 개인의 유일무이성을 보존하려는 제도는 개인의 보편적 복수성을 침해한다.
④ 개인의 특수한 단수성을 제거하려는 시도는 사회의 다원성을 파괴하는 결과로 이어질 수 있다.

43. 다음 글에서 추론한 내용으로 적절하지 않은 것은?

23년 지방직 9급

프랑스에서 의무교육 제도를 실시하면서 정규학교에 입학하기 어려운 지적장애아, 학습부진아를 가려내고자 하였다. 이에 기초 학습 능력 평가를 목적으로, 1905년 최초의 IQ 검사가 이루어졌다. 이 검사를 통해 비로소 인간의 지능을 구체적으로 수치화하고 객관적으로 비교할 수 있게 되었다.

이후 오랫동안 IQ가 높으면 똑똑한 사람, 그렇지 않으면 머리가 좋지 않고 학습에도 부진한 사람으로 판단했다. 물론 IQ가 높은 아이는 그렇지 않은 아이에 비해 읽기나 계산 등 사고 기능과 관련된 과목에서 높은 성취도를 보이는 경우가 많다. 이는 IQ 검사가 기초 학습에 필요한 최소 능력인 언어 이해력, 어휘력, 수리력 등을 측정하기 때문이다. 학습의 기초 능력을 측정하는 IQ 검사에서 높은 점수를 받은 아이는 동일한 능력을 측정하는 학업 평가에서도 높은 점수를 받을 가능성이 크다. 하지만 문제는 IQ 검사가 인간의 지능 중 일부만을 측정한다는 점이다.

① 최초의 IQ 검사는 학습 능력이 우수한 아이를 고르기 위해 시행되었다.
② IQ 검사가 만들어지기 전에는 인간의 지능을 수치로 비교할 수 없었다.
③ IQ가 높은 아이라도 전체 지능은 높지 않을 수 있다.
④ IQ가 높은 아이가 읽기 능력이 좋을 확률이 높다.

44. 다음 글에서 추론한 내용으로 적절하지 않은 것은?

23년 지방직 9급

한글은 소리를 나타내는 표음문자여서 한국어 문장을 읽는 데 학습해야 할 글자가 적지만, 한자는 음과 상관없이 일정한 뜻을 나타내는 표의문자여서 한문을 읽는 데 익혀야 할 글자 수가 훨씬 많다. 이러한 번거로움에도 한글과 달리 한자가 갖는 장점이 있다. 한글에서는 동음이의어, 즉 형태와 음이 같은데 뜻이 다른 단어가 많아 글자만으로 의미를 파악하지 못하는 경우가 많다. 하지만 한자는 그렇지 않다. 예컨대, 한글로 '사고'라고만 쓰면 '뜻밖에 발생한 사건'인지 '생각하고 궁리함'인지 구별할 수 없다. 한자로 전자는 '事故', 후자는 '思考'로 표기한다. 그런데 한자는 문맥에 따라 같은 글자가 다른 뜻으로 쓰이지는 않지만 다른 문장성분으로 사용되기도 해 혼란을 야기한다. 가령 '愛人'은 문맥에 따라 '愛'가 '人'을 수식하는 관형어일 때도, '人'을 목적어로 삼는 서술어일 때도 있는 것이다.

① 한문은 한국어 문장보다 문장성분이 복잡하다.
② '淨水'가 문맥상 '깨끗하게 한 물'일 때 '淨'은 '水'를 수식한다.
③ '愛人'에서 '愛'의 문장성분이 바뀌더라도 '愛'는 동음이의어가 아니다.
④ '의사'만으로는 '병을 고치는 사람'인지 '의로운 지사'인지 구별할 수 없다.

45. 다음 글에서 추론한 내용으로 적절하지 않은 것은?

📄 20년 지방직 7급

> 금융 회사와 은행 상당수가 파랑을 상징색으로 쓰고 있다. 파랑의 긍정적 속성에는 정직과 신뢰가 있다. 파랑을 사용한 브랜드는 친근성과 전문성이 높아 보인다. 또한 파랑은 테크놀로지 업계에서 선호하는 색이다. 파랑은 소통의 색으로서 소셜 미디어와 잘 어울린다. 페이스북, 트위터, 링크드인의 색을 생각해 보라. 파랑을 상징색으로 사용한 브랜드가 파랑의 긍정적인 가치로 드러날 경우도 있지만, 그렇지 못할 경우에 차갑고 불친절하고 무심한 느낌의 부정적인 가치로 나타나기도 한다.
>
> 파랑은 기업의 단체복에 자주 사용한다. 약간 어두운 톤의 파란색은 친근하고 진지하며 품위 있는 분위기를 전달한다. 어두운 파란색 단체복은 약간의 보수성과 전통을, 밝은 파란색 단체복은 친근한 소통과 창의적인 사고를 표현한다. 이 색은 교복에도 적합하다. 톤을 잘 선택하면 파랑은 집중에 도움을 주고 차분하게 해 주며 활발한 토론과 의견 교환에 도움을 준다.

① 브랜드의 로고를 만들 때 색이 주는 효과를 고려해야 한다.
② 테크놀로지 업계에서 브랜드에 파란색을 써서 성공한 것은 우연한 선택의 결과로 봐야 한다.
③ 색을 효과적으로 사용하려면 색이 주는 긍정적 속성을 잘 파악해야 한다.
④ 색의 톤에 따라 전달하는 분위기가 다르니, 인테리어에 쓸 때 파랑이 지닌 다양한 톤을 알아봐야 한다.

46. 다음 글을 통해 추론한 생각으로 적절하지 않은 것은?

📄 20년 국가직 7급

> 영문자와 달리 한글은 여러 가지 자모를 조합하여 글자를 만들기 때문에 다양한 인코딩(encoding)을 생각할 수 있으며 그만큼 그동안 많은 논의가 있었다. 한글의 코딩 방식, 다시 말해 컴퓨터에서의 한글 구현 방식은 크게 '조합형'과 '완성형'으로 구분할 수 있다. 조합형은 한글의 모든 자모(ㄱ, ㄴ, ㅏ, ㅓ…)에다 일련의 코드를 할당하고, 이를 불러와 조합하여 글자를 구현하는 방식임에 반해, 완성형은 이미 만들어진 글자(가, 각, 간, 갈…) 자체에다 각각의 코드를 할당하여 그 글자를 불러오는 방식이다.
>
> 조합형으로는 한글의 구성 원리에 따라 19개의 초성, 21개의 중성, 그리고 28개의 종성을 조합하여 나올 수 있는 11,172자를 표현할 수 있다. 초기 완성형에서는 실제로 우리가 주로 사용하는 2,350개의 글자만을 코드에 반영하여 사용하였기 때문에 자주 사용하지 않는 '뙘', '횃', '쀍'과 같은 글자는 쓸 수 없었다. 이를 보완하기 위해 '확장 완성형'이 나왔고 이어서 '유니코드 2.0'이 개발되었다. 유니코드 2.0은 조합형에서 구현할 수 있는 11,172자 모두를 포함하고 있으며, 각각의 자모 또한 포함하여 조합까지 할 수 있다.

① '뙘', '횃', '쀍'과 같은 글자를 쓰려면 조합형 방식을 사용할 수밖에 없겠군.
② 유니코드 2.0을 사용하면 조합형 방식을 사용해 만들 수 있는 글자를 모두 표현할 수 있겠군.
③ 한글과 달리 영문자를 인코딩할 때에는 완성형 방식의 한계에 대해 고민할 필요가 없겠군.
④ 컴퓨터로 글자를 입력하기 전에 이미 컴퓨터에는 한글 자모나 글자 각각에 코드가 할당되어 있겠군.

47. 다음 글을 통해 추론한 것으로 적절하지 않은 것은?

20년 국가직 7급

로컬푸드(local food)는 일차적으로 일정한 지역을 기준으로 해당 지역에서 생산되는 농식품을 의미한다. 로컬푸드를 물리적 거리로써 구체적으로 규정하는 경우 좁게는 반경 50 km, 넓게는 반경 100 km의 농촌 지역 내에서 생산되는 농식품을 지칭하곤 한다. 그렇다고 해서 로컬푸드가 이 정도의 물리적 거리나 농촌을 중심으로 한 지역사회의 농식품에 국한되는 것은 아니다. 일본은 행정구역을 중심으로 로컬푸드를 규정하는 경향이 있고, 미국의 경우 넓게는 반경 160 km 정도 내에서 생산되는 농식품으로까지 확대하기도 한다. 이는 생산·유통·소비에 있어서 건강성, 신뢰성, 친환경성 등이 유지될 수 있는 거리를 고려한 것이다.

로컬푸드가 일정한 거리 이내에서 생산된 농식품을 의미하는 것이라면, 로컬푸드 운동은 친환경적이고 자립적이며 지속 가능한 먹거리를 생산·유통·소비하고자 하는 공동체적 노력을 일컫는다. 농업의 해체와 식품 안전성의 위기가 만나는 접점은 로컬푸드 운동이 발아하는 배경이 된다. 전통적인 농업은 관련 인구 감소, 농촌 경제 영세화, '종자에서 식탁까지' 지배하는 거대자본의 위협을 받고 있다. 농약의 과다 사용으로 인해 식품은 물론 자연환경이 위기에 처하게 되었다. 이러한 문제점에 대응하기 위해 친환경 먹거리 생산과 건강한 소비를 연결하고, 나아가 지역 정체성을 강화하는 등 대안적 공동체 운동으로 선순환시키려는 노력이 로컬푸드 운동으로 나타났다.

① 로컬푸드의 범위는 경제적 요소를 고려해서 규정될 수 있다.
② 식품 안전성에 주목하는 로컬푸드 운동은 환경보호 운동과도 밀접한 관련을 지닌다고 볼 수 있다.
③ 지역적 정체성을 드러내는 하나의 전략으로 해당 지역에서 산출되는 로컬푸드를 활용할 수 있다.
④ 지역 농가가 거대자본에 의존하여 생산과 소비를 연결하려는 시도는 로컬푸드 운동의 일환일 수 있다.

48. 다음 글을 통해 추론한 생각으로 적절하지 않은 것은?

20년 국가직 7급

21세기에 우리가 맞닥뜨린 도전은 나 자신을 위해 가장 좋은 것을 하고 싶은 욕망과 윤리적·도덕적 기준에 맞춰 살아가는 태도 사이에서 균형을 잡는 일이다. 나를 위해 물건을 사고 싶은 충동이 부수적으로 어떤 피해의 원인을 제공하지는 않는지 확실히 따져 보는 것, 나 자신에게 가장 좋은 일을 하는 행동이 생태계와 다른 사람들에게 어떤 피해도 입히지 않도록 노력하는 것, 나에게 이익이 되는 선택을 하고자 하는 욕망과 다른 사람을 돕고자 하는 욕구를 결합하는 것. 이것들이 바로 이기적 이타주의의 자세이다.

우리는 자긍심을 충족하려는 과시적 소비가 이끌었던 소비의 시대에서 더 신중하게 소비하는 이기적 이타주의 시대로의 점진적 전환을 맞고 있다. 이미 몇 세대에 걸쳐 과시적인 소비를 경험했기에 사람들은 쇼핑 중독에서 완전히 벗어나거나 흥미로운 물건을 사는 기쁨을 포기하지는 않을 것이다. 쇼핑이라는 탐험이 사회와 생활 방식에 제공하는 혜택은 많은 사람에게 큰 즐거움을 준다. 자긍심을 높이고자 하는 욕망 또한 언제나 존재할 것이다. 그러므로 사람들이 지금보다 쇼핑을 줄일 것 같지는 않다. 그러나 앞으로 소비 패턴과 품목은 가치관과 태도 변화와 함께 바뀔 것이다.

과시적인 소비는 자긍심을 향한 인간의 욕구로 주도되었지만 사람들은 이런 소비가 가진 함의나 그 영향에 대해서는 별로 신경을 쓰지 않았다. 이기적 이타주의는 개인적 욕구와 사회적 고려 사이에서 균형을 추구한다. 모든 사람들이 갑자기 지나치게 동정심이 많아지거나 비정한 자본주의자에서 사회복지사로 바뀌고 있는 것은 아니다. 또한 어떤 구매 시스템에서 다른 시스템으로 갑자기 옮겨 가지도 않는다. 이기적 이타주의 소비는 단지 우리가 무엇을 구입하고 어떻게 구입할지를 결정하는 과정에서 새로운 균형을 이루는 법을 배우는 것이다.

① 이기적 이타주의의 시대에도 소비의 시대와 비교하여 적지 않은 쇼핑 행위가 이루어질 것 같군.
② 가격 대비 성능 비율을 뜻하는 가성비에 집착한 구입이 이기적 이타주의 소비는 아닐 것 같군.
③ 동물 보호를 위해 가죽제품보다 면제품을 사는 경우도 이기적 이타주의 소비의 예에 해당될 것 같군.
④ 이기적 이타주의 소비에 있어서는 소비자의 필요보다 사회적 영향을 더 고려해서 물건을 구매할 것 같군.

49. 다음 글에서 추론한 것으로 적절하지 않은 것은?

23년 지역인재 9급

도파민은 쾌락, 욕망, 동기 부여, 감정, 운동 조절 등에 영향을 미치는 뇌의 신경 전달 물질이다. 스웨덴 아르비드 칼손 박사는 도파민이 과다하면 조현병이 발생하고, 지나치게 적으면 우울증이 생기는 인간의 두뇌 현상을 의학적으로 규명한 바 있다. 도파민은 생명 유지에 필수적이지만, 끊임없이 더 많은 쾌락과 자극을 추구하게 하여 각종 중독과 병리적 현상을 유발하기도 한다. 어떤 행동을 할 때 일정한 감각적 자극을 받으면 도파민이 분비되면서 만족감을 느끼고, 그 행동이 습관화된다. 도파민에 휩싸인 뇌가 그 자극에 적응하면, 더 많은 자극을 요구하게 된다. 최근 미국에서는 소셜미디어나 게임 중독에서 벗어나기 위해 도파민 단식에 돌입하는 사람들이 나타났다. 인간의 심리적 본능과 취약점을 노린 디지털 서비스 이용 방식에 대한 성찰에서 출발한 도파민 단식 방법은 가능한 한 모든 감각적 자극을 최소화하기 위하여 디지털 기기의 사용은 물론 음악 감상이나 격렬한 운동 등의 활동을 전면 중단하고, 가벼운 독서와 간단한 스트레칭 그리고 실내 산책 등으로 소일하는 것이다.

① 도파민이 과다하면 우울증에 시달릴 수 있겠군.
② 도파민 단식 방법으로 격렬한 운동을 중단할 수도 있겠군.
③ 뇌가 감각적 자극에 적응하면 더 강력한 쾌락을 추구하겠군.
④ 디지털 서비스 이용 과정에서 인간의 심리적 본능과 취약점이 드러날 수도 있겠군.

50. 다음 글에서 추론할 수 없는 것은?

22년 국가직 7급 PSAT 언어논리

감염병 우려로 인해 △△시험 관리본부가 마련한 대책은 다음과 같다. 먼저 모든 수험생을 확진, 자가격리, 일반 수험생의 세 유형으로 구분한다. 그리고 수험생 유형별로 시험 장소를 안내하고 마스크 착용 규정을 준수하도록 한다.

〈표〉 수험생 유형과 증상에 따른 시험장의 구분

수험생	시험장	증상	세부 시험장
확진 수험생	생활치료센터	유무 모두	센터장이 지정한 센터 내 장소
자가격리 수험생	특별 방역 시험장	유	외부 차단 1인용 부스
		무	회의실
일반 수험생	최초 공지한 시험장	유	소형 강의실
		무	중대형 강의실

모든 시험장에 공통적으로 적용되는 마스크 착용 규정은 다음과 같다. 첫째, 모든 수험생은 입실부터 퇴실 시점까지 의무적으로 마스크를 착용해야 한다. 둘째, 마스크는 KF99, KF94, KF80의 3개 등급만 허용한다. 마스크 등급을 표시하는 숫자가 클수록 방역 효과가 크다. 셋째, 마스크 착용 규정에서 특정 등급의 마스크 의무 착용을 명시한 경우, 해당 등급보다 높은 등급의 마스크 착용은 가능하지만 낮은 등급의 마스크 착용은 허용되지 않는다.

시험장에 따라 달리 적용되는 마스크 착용 규정은 다음과 같다. 첫째, 생활치료센터에서는 각 센터장이 내린 지침을 의무적으로 따라야 한다. 둘째, 특별 방역 시험장에서는 KF99 마스크를 의무적으로 착용해야 한다. 셋째, 소형 강의실과 중대형 강의실에서는 각각 KF99와 KF94 마스크 착용을 권장하지만 의무 사항은 아니다.

① 일반 수험생 중 유증상자는 KF80 마스크를 착용하고 시험을 치를 수 없다.
② 일반 수험생 중 무증상자는 KF80 마스크를 착용하고 시험을 치를 수 있다.
③ 자가격리 수험생 중 유증상자는 KF99 마스크를 착용하고 시험을 치를 수 있다.
④ 자가격리 수험생 중 무증상자는 KF94 마스크를 착용하고 시험을 치를 수 없다.
⑤ 확진 수험생은 생활치료센터장이 허용하는 경우 KF80 마스크를 착용하고 시험을 치를 수 있다.

51. 다음 글에서 추론할 수 없는 것은?

23년 국가직 7급 PSAT 언어논리

물속에서 눈을 뜨면 물체를 뚜렷하게 볼 수 없다. 이는 공기에 대한 각막의 상대 굴절률이 물에 대한 각막의 상대 굴절률과 달라서 물속에서는 상이 망막에 선명하게 맺히기 힘들기 때문이다. 그런데 수경을 쓰면 빛이 공기에서 각막으로 굴절되어 망막에 들어오므로 상이 망막에 선명하게 맺혀서 물체를 뚜렷하게 볼 수 있다.

초기 형태의 수경은 덮개 형태의 두 부분으로 구성되어 있고 두 부분은 각각 오른쪽 눈과 왼쪽 눈을 덮고 있다. 한쪽 부분 안의 공기량이 약 7.5mL인 이 수경을 쓸 경우 3m 이상 잠수하면 결막 출혈이 생길 수 있다. 이런 현상은 다음과 같은 이유로 나타난다. 잠수를 하면 몸은 물의 압력인 수압을 받게 되는데, 수압은 잠수 깊이가 깊어질수록 커진다. 잠수 시 수압에 의해 신체가 압박되어 신체의 부피가 줄어들면서 체내 압력이 커져 수압과 같아지게 되는 반면, 수경 내부 공기의 부피는 변하지 않으므로 수경 내의 공기압인 수경 내압은 변하지 않는다. 이때 체내 압력이 수경 내압보다 일정 수준 이상 커지면 안구 안팎에 큰 압력 차이가 나타나 눈의 혈관이 압력차를 견디지 못하고 파열되어 결막 출혈이 일어난다. 초기 형태의 수경을 사용하던 해녀들은 깊이 잠수해 들어갈 때 흔히 이러한 결막 출혈을 경험하였다.

이러한 문제를 극복할 수 있도록 만들어진 수경 '부글래기'는 기존 수경에 공기가 담긴 고무주머니를 추가한 것인데 이 고무주머니는 수경 내부와 연결되어 있다. 이 수경은 잠수 시 수압에 의해 고무주머니가 압축되면, 고무주머니 내의 공기가 수압과 수경 내압이 같아질 때까지 수경 내로 이동하여 안구 안팎에 압력 차이가 나타나는 것을 막아 잠수 시 나타날 수 있는 결막 출혈을 방지한다. 우리나라에서는 모슬포 지역의 해녀들이 부글래기를 사용한 적이 있다.

오늘날 해녀들은 '큰눈' 또는 '왕눈'으로 불리는, 눈뿐만 아니라 코까지 덮는 수경을 사용한다. 이런 수경을 쓰면 잠수 시 수압에 의하여 폐가 압축되어 수압과 수경 내압이 같아질 때까지 폐의 공기가 기도와 비강을 거쳐 수경 내로 들어온다. 따라서 잠수 시 결막 출혈이 일어나지 않는다.

① 부글래기를 쓰고 잠수하면 빛이 공기에서 각막으로 굴절되어 망막에 들어와 물체를 뚜렷하게 볼 수 있다.
② 수경 내압은 큰눈을 쓰고 잠수했을 때보다 초기 형태의 수경을 쓰고 잠수했을 때가 더 크다.
③ 잠수 시 결막 출혈을 방지할 수 있는 수경이 모슬포 지역에서 사용된 적이 있다.
④ 왕눈을 쓰고 잠수하면 수경 내압과 체내 압력이 같아진다.
⑤ 체내 압력은 잠수하기 전보다 잠수했을 때가 더 크다.

52. 다음 발화에 대한 청자의 반응으로 적절하지 않은 것은?

17년 국가직 7급 추가채용

"말을 없앤다는 건 멋있는 일이야. 없애는 건 동의어뿐 아니지. 반의어도 있어. 예를 들어 '좋다(good)'라는 낱말을 생각해 보게. '좋다'라는 말이 있으면 구태여 '나쁘다(bad)'라는 말이 필요하겠나? '안 좋다(ungood)'로 충분하지. '좋다'는 것을 더욱 강조하고 싶을 때 '훌륭하다(excellent)'느니 '멋있다(splendid)'느니 하는 따위의 말들이 필요할까? '더 좋다(plusgood)'라는 말이면 충분하고 그걸 더욱 강조하고 싶으면 '더욱 더 좋다(doubleplusgood)'로 하면 되지. 결국 《신어사전(新語辭典)》최종판에는 '좋다(good)' 하나만 남을 걸세. 멋있지 않나, 윈스턴? 물론 이건 애초에 빅브라더의 아이디어야."

① 《신어사전》에 등재된 단어를 활용한 표현들이 나타나겠군.
② '좋다(good)'의 반의어는 '안 나쁘다(unbad)'로 표현되겠군.
③ 동의어와 반의어의 숫자가 줄어들 것으로 예상되는군.
④ 빅브라더는 인간의 언어 사용에 개입하고 싶어 했군.

53. 다음 글을 읽고 추론한 내용으로 적절하지 않은 것은?

24년 국회직 8급

요즘 우리가 먹는 배추가 100여 년 전의 요리책에 나오는 배추와 같다고 누가 단언할 수 있겠는가? 옛 문헌에 나오는 '배추'와 오늘날의 배추가 같은 것이라 생각하고 조선시대 배추김치를 복원할 수 있을까? 만약 비슷하게 복원했더라도 당시 사람들의 생각까지 이 음식에 담을 수 있을까? 음식의 역사를 다루면서 어떤 문헌에 이러이러한 내용이 나온다는 식으로 단순 나열만 한다면 그것은 역사가 아니다. 당시 사람들이 왜 그러한 음식을 만들어 먹을 수밖에 없었는지를 밝혀야만 그 음식의 역사에 다가갈 수 있다. 음식의 역사는 결코 에피소드 모둠이 아니다. 그 속에는 경제와 정치와 사회가 있다.

(중략)

음식의 역사는 거시적인 관점에서 접근하면 사소한 것처럼 보일 수도 있다. 하지만 음식의 역사만큼 거시사와 미시사를 아우르는 것도 없다. 사람은 잘났건 못났건 누구나 먹어야 살고, 먹기 위해 경제 활동은 물론이고 사회활동도 정치활동도 하기 때문이다. 그러니 한 개인이나 사회가 무엇을 어떻게 먹고 살아왔는지를 알면 그 사회의 역사가 보인다.

① '배추'와 '배추김치'는 음식의 역사 기술과 관련된 예시로서 언급되었고, 냉면, 잡채, 빈대떡 등 여러 예시로 확장될 수 있다.
② 음식에 관한 문헌학적 고증만으로는 음식의 역사를 설명하기에 부족하므로 정치, 사회, 경제적 맥락을 살피는 과정이 수반되어야 한다.
③ 식사라는 개인의 사적인 행위는 그가 속한 사회와 불가분의 관계를 맺고 있기 때문에 미시적인 차원에 머무르지 않는다.
④ 음식의 역사가 에피소드 모둠이 아니라는 점에서 특정 음식이 등장하는 사회적 기반과 경제적 여건 등을 통찰하는 시각이 필요하다.
⑤ 음식이라는 극히 구체적이고 현실적인 차원으로부터 한 개인이 속한 정치, 경제, 사회적 상황을 추론함으로써 거시적 관점이 지니는 추상적 한계를 극복할 수 있다.

54. 다음 글에 대한 독자의 반응으로 적절하지 않은 것은?

23년 지역인재 9급

미국의 법학자 선스타인에 따르면, "나는 네 의견에 동의하지 않는다."라고 말하지 않는 사람들은 집단의 의견에 동조하거나 자기 의견을 강화하며 그곳에 안주한다. 그런 사람들은 자기 합리화에 몰두하거나 상호 비방만을 일삼게 된다. 이러한 상황에서 벗어나기 위해서는 반대 의견을 내고 기꺼이 논쟁하는 사람들이 필요하다. 생산적인 논쟁에 나서는 사람들이 많아진다면 우리 사회의 의견 스펙트럼은 지금보다 다양해질 것이다. 논쟁이 활발한 사회의 경우에는 의견 스펙트럼의 중간층이 두껍다. 반면에 의견 양극화와 쏠림 현상이 두드러진 사회에서는 의견 스펙트럼의 양극단만 보일 뿐, 중간층은 보이지 않는다. 왜냐하면 그런 사회에서는 집단 간 공유되지 않는 정보가 많아지고 소수 의견을 가진 사람들은 침묵하게 되기 때문이다. 따라서 이러한 사회는 의견이 제시되지 않고 논쟁이 없는 곳이 되기 쉽다.

① 논쟁을 회피하는 사람들은 자기 합리화에 빠지기 쉽겠군.
② 의견 양극화가 심화되면 소수 의견을 가진 사람들은 침묵하겠군.
③ 의견 스펙트럼의 중간층이 좁다면 논쟁이 활발하게 이루어지지 않겠군.
④ 의견 양극화로 인한 갈등을 해소하기 위해서는 반대 의견 개진을 최소화해야 하겠군.

Chapter 02 내용 확인과 일반 추론 긍정 발문

> 지문 위에 있는 정보를 확인한다
> 정상의 시력 + 집중력 필요

➡

> 누군가 전달하고자 하는 이야기의 핵심을 이해한다
> 어휘력 + 문장 추론력 + 요약 능력 + 눈치 필요

출제자가 '내용 확인이나 일반 추론'을 출제했을 때에는, 많은 정보를 **빠르고 정확하게** 처리하는지 궁금해하는 것입니다. 요약하면서 버려지는 세부적이고 부수적인 정보까지 선지로 활용할 수 있죠. 그래서 주제를 도출하기 위해 '요약'하며 읽는 방식과는 전혀 다른 전략이 필요합니다.

'**내용 확인/일반 추론의 긍정 발문**'이란, 지문과 '**일치하는/부합하는/바르게 이해한/미루어 알 수 있는 것**'을 정답으로 하는 발문입니다. 정답을 제외한 나머지 3개의 선지는 당연히 지문에 의하면 옳지 않은 정보이거나 언급된 적이 없는 정보입니다. 따라서 선지를 먼저 보고 지문을 읽었다가는 오히려 오답 선지에 맞춰 지문을 합리화(오독-잘못 해석)할 가능성이 높습니다.

가장 좋은 방법은 지문을 처음부터 끝까지 완.벽.히 기억하는 것이겠지요? 하지만 지문을 한 번 읽고 세부적인 정보까지 모두 기억하는 것은 불가능합니다. 자세히 기억하자니 시간이 흐르고, 후다닥 읽자니 필요한 정보를 놓칠 것 같고……

이 패턴을 위한 알고리즘은 '**공통 키워드에 대한 정보 정리**'입니다.
선지에 반복해서 등장하는 '공통 키워드'는 백발백중 지문의 중심 화제입니다. 지문의 중심 화제를 따라다니며 정보를 정리해 나가다가, **기억의 한계선에서 욕심부리지 않고 정지!**
지문을 한 번 읽기 시작하면 끝까지 읽어야 한다는 편견을 버리세요. 주제 유형은 글의 흐름이 중요하지만, 이렇게 정보 처리가 목적인 패턴에서는 나눠 읽어도 됩니다.

내용 확인 긍정 발문 알고리즘

1. 선지에서 공통 키워드만 쏘옥 뽑아내기
   ⬇
2. 지문에서 공통 키워드에는 동그라미, 공통 키워드의 정보에는 밑줄
   ⬇
3. 최대한 읽고 기억의 한계에서 정지 ⬅
   ⬇
4. 선지 확인하고 처리할 수 있는 선지 처리하기
   ⬇
5. 정답이 나왔나? ➡ no ➡ 남은 선지에서 변별 키워드를 잡고 3으로
   ⬇ yes
6. 이 문제는 종료, 다른 문항을 위해 나머지 부분 더 읽기

※ 변별 키워드 : 지문에서 선지 정보를 찾을 때 사용할 만한 변별적이고 필수적인 단어

내용 확인과 일반 추론 긍정 발문

정답 및 해설 P.48

1 일치/부합하는 것

1. 〈보기〉의 내용과 일치하는 것은? `22년 서울시 기술직(2월)`

[보기]

　독일어식이나 일본어식으로 사용해오던 화학 용어가 국제기준에 맞는 표기법으로 바뀐다. 산업자원부 기술표준원은 주요 원소 이름 109종과 화합물 용어 325종의 새 표기법을 KS규격으로 제정, 다음 달 6일 고시해 시행키로 했다고 30일 밝혔다.
　새 표기법은 세계적으로 통용되는 발음에 가깝게 정해진 것으로, '요오드'는 '아이오딘', '게르마늄'은 '저마늄' 등으로 바뀐다. 화합물 용어도 구성 원소 이름이 드러나도록 '중크롬산칼륨'을 '다이크로뮴산칼륨'으로 표기한다.
　예외적으로 '나트륨'과 '칼륨'은 갑작스러운 표기 변경에 따른 혼란을 피하기 위해 지금까지 사용한 대로 표기를 허용하되 새 이름 '소듐', '포타슘'도 병행해 사용토록 했다. 또 '비타민'도 당분간 '바이타민'을 병행 표기한다.

`2005.03.30.자 ○○신문`

① '요오드'가 '아이오딘'보다 세계적으로 통용되는 발음에 가깝다.
② '저마늄'은 화합물의 구성 원소 이름을 드러낸 표기이다.
③ '나트륨'보다는 '소듐'이 국제기준에 맞는 표기법이다.
④ '비타민'이라는 용어는 KS규격에 맞지 않으므로 쓰지 않아야 한다.

2. 다음 글의 내용과 일치하는 것은? `19년 국가직 7급`

　엄마가 아이에게 하는 "지금 뭐 하니?"라는 말의 의미는 상황에 따라 달라질 수 있다. 아이가 컴퓨터로 학교 숙제를 하고 있다면 엄마의 말은 단순한 질문이 될 수 있지만, 게임에 열중하고 있다면 질책이 될 수 있다. 여러 가지 상황을 가정하면 엄마의 말은 더 다양한 의미로 이해될 수도 있다. 예를 들어 엄마도 컴퓨터를 좀 쓰자는 제안의 기능을 수행할 수도 있고, 심부름을 해 달라는 요청의 기능을 수행할 수도 있고, 식사 시간이 되었으니 밥을 먹으러 나오라는 명령의 기능을 수행할 수도 있다. 이처럼 같은 말도 상황에 따라 의미가 다르게 해석되기 때문에 우리가 주고받는 말은 일정한 상황을 전제하지 않고서는 제대로 이해되지 않는다. 상황에 따른 의미의 해석이 제대로 이루어지지 않으면 여러 가지 오해와 갈등이 생기기 십상이다.

① 같은 의미라도 어감의 차이는 생길 수 있다.
② 같은 말이라도 억양에 따라 의미가 다를 수 있다.
③ 같은 발화라도 상황에 따라 기능이 다를 수 있다.
④ 발화 의미를 해석할 때에는 문자 텍스트 그 자체를 우선시해야 한다.

3. 다음 글의 내용과 부합하는 것은?

22년 국가직 7급 PSAT 언어논리

979년 송 태종은 거란을 공격하러 가는 길에 고려에 원병을 요청했다. 거란은 고려가 참전할 수도 있다는 염려에서 크게 동요했다. 하지만 고려는 송 태종의 요청에 응하지 않았다. 이후 거란은 송에 보복할 기회를 엿보는 한편, 송과 다시 싸우기 전에 고려를 압박해 앞으로도 송을 군사적으로 돕지 않겠다는 약속을 받아내고자 했다.

당시 거란과 고려 사이에는 압록강이 있었는데, 그 하류 유역에는 여진족이 살고 있었다. 이 여진족은 발해의 지배를 받았지만, 발해가 거란에 의해 멸망한 후에는 어느 나라에도 속하지 않은 채 독자적 세력을 이루고 있었다. 거란은 이 여진족이 사는 땅을 여러 차례 침범해 대군을 고려로 보내는 데 적합한 길을 확보했다. 이후 993년에 거란 장수 소손녕은 군사를 이끌고 고려에 들어와 몇 개의 성을 공격했다. 이때 소손녕은 "고구려 옛 땅은 거란의 것인데 고려가 감히 그 영역을 차지하고 있으니 군사를 일으켜 그 땅을 찾아가고자 한다."라는 내용의 서신을 보냈다. 이 서신이 오자 고려 국왕 성종과 대다수 대신은 "옛 고구려의 영토에 해당하는 땅을 모두 내놓아야 군대를 거두겠다는 뜻이 아니냐?"라며 놀랐다. 하지만 서희는 소손녕이 보낸 서신의 내용은 핑계일 뿐이라고 주장했다. 그는 고려가 병력을 동원해 거란을 치는 일이 없도록 하겠다는 언질을 주면 소손녕이 철군할 것이라고 말했다. 이렇게 논의가 이어지고 있을 때 안융진에 있는 고려군이 소손녕과 싸워 이겼다는 보고가 들어왔다.

패배한 소손녕은 진군을 멈추고 협상을 원한다는 서신을 보내왔다. 이 서신을 받은 성종은 서희를 보내 협상하게 했다. 소손녕은 서희가 오자 "실은 고려가 송과 친하고 우리와는 소원하게 지내고 있어 침입하게 되었다."라고 했다. 이에 서희는 압록강 하류의 여진족 땅을 고려가 지배할 수 있게 묵인해 준다면, 거란과 국교를 맺을 뿐 아니라 거란과 송이 싸울 때 송을 군사적으로 돕지 않겠다는 뜻을 내비쳤다. 이 말을 들은 소손녕은 서희의 요구를 수용하기로 하고 퇴각했다. 이후 고려는 북쪽 국경 너머로 병력을 보내 압록강 하류의 여진족 땅까지 밀고 들어가 영토를 넓혔으며, 그 지역에 강동 6주를 두었다.

① 거란은 압록강 유역에 살던 여진족이 고려의 백성이라고 주장하였다.

② 여진족은 발해의 지배에서 벗어나기 위해 거란과 함께 고려를 공격하였다.

③ 소손녕은 압록강 유역의 여진족 땅을 빼앗아 강동 6주를 둔 후 그곳을 고려에 넘겼다.

④ 고려는 압록강 하류 유역에 있는 여진족의 땅으로 세력을 확대한 거란을 공격하고자 송 태종과 군사동맹을 맺었다.

⑤ 서희는 고려가 거란에 군사적 적대 행위를 하지 않겠다고 약속하면 소손녕이 군대를 이끌고 돌아갈 것이라고 보았다.

4. 다음 글의 내용과 부합하는 것은?

23년 국가직 7급 PSAT 언어논리

고려 숙종 9년에 여진이 고려 동북면에 있는 정주성을 공격하였다. 고려는 윤관을 보내 여진을 막게 하였으며, 윤관이 이끄는 군대는 정주성 북쪽의 벽등수라는 곳에서 여진과 싸워 이겼다. 이에 여진은 사신을 보내 화의를 요청하였고, 고려는 이를 받아들였다. 그러나 윤관은 전투 과정에서 여진의 기병을 만나 고전하였기 때문에 대책을 세워야 한다고 생각하고, 숙종의 허락을 받아 별무반을 창설하였다. 별무반에는 기병인 신기군과 보병인 신보군, 적의 기병을 활로 막아내는 경궁군 등 다양한 부대가 편성되어 있었다.

윤관은 숙종의 뒤를 이은 예종 2년에 별무반을 이끌고 여진 정벌에 나섰다. 그는 정주성 북쪽으로 밀고 올라가 여진의 영주, 웅주, 복주, 길주를 점령하고 그곳에 성을 쌓았다. 이듬해 윤관은 정예 병사 8,000여 명을 이끌고 가한촌이라는 곳으로 나아갔다. 그런데 가한촌은 병목 지형이어서 병력을 지휘하기 어려웠다. 여진은 이러한 지형을 이용하여 길 양쪽에 매복하고 있다가 고려군을 기습하였다. 이때 윤관은 큰 위기를 맞이하였지만 멀리서 이를 본 척준경이 10여 명의 결사대를 이끌고 분전한 덕분에 영주로 탈출할 수 있었다. 이후 윤관은 여진의 끈질긴 공격을 물리치면서 함주, 공험진, 의주, 통태진, 평융진에도 성을 쌓아 총 9개의 성을 완성하였다. 윤관이 별무반을 이끌고 출정한 후 여진 지역에 쌓은 성이 모두 9개였기 때문에 그 지역을 동북 9성이라고 부른다.

하지만 여진은 이후 땅을 되찾기 위하여 여러 차례 웅주와 길주 등을 공격하였다. 윤관이 이끄는 고려군은 가까스로 이를 물리쳤지만, 여진이 성을 둘러싸고 길을 끊는 바람에 고립되는 일이 잦았다. 고려는 윤관 외에도 오연총 등을 파견하여 동북 9성에 대한 방비를 강화하였지만, 전투가 거듭될수록 병사들이 계속 희생되었고 물자 소비도 점점 많아졌다. 그래서 예종 4년에 여진이 자세를 낮추며 강화를 요청했을 때 고려는 이를 받아들이고 여진에 동북 9성 지역을 돌려주기로 하였다.

① 고려는 동북 9성을 방어하는 과정에서 병사들이 계속 희생되고 물자 소비도 늘어났기 때문에 여진의 강화 요청을 받아들였다.
② 오연총은 웅주에 있던 윤관이 여진군에 의해 고립된 사실을 알고 길주로부터 출정하여 그를 구출하였다.
③ 윤관은 여진군과의 끈질긴 전투 끝에 가한촌을 점령하고 그곳에 성을 쌓아 동북 9성을 완성하였다.
④ 척준경은 가한촌 전투에서 패배한 고려군을 이끌고 길주로 후퇴하였다.
⑤ 예종이 즉위하고 다음 해에 신기군과 신보군, 경궁군이 창설되었다.

2 알 수 있는 것

5. 다음 글에서 알 수 있는 것은? 　　18년 국가직 7급

우리가 들은 특정 소리는 머릿속에 존재하는 어휘 목록 속에서 어떻게 의도된 단어에 접속하여 그 의미만을 활성화할 수 있는 것일까? 즉 우리가 어떤 단어를 들었을 때, 그 단어와 다른 모든 단어들이 구별되는 과정을 거치지 않고서도 어떻게 해당 단어의 의미가 정확하게 활성화될 수 있을까? 마슬렌-윌슨(Marslen-Wilson)은 어떤 단어를 듣고 인식하는 데 필요한 조건에 관련된 실험을 진행했다. 그는 실험을 통해 앞부분이 같은 다른 단어들과 구별되는 지점까지 들어야 비로소 어떤 단어가 인식된다는 것을 알아냈다. 예를 들어 'slander'는 /d/를 들었을 때 비로소 앞부분이 같은 다른 단어들과 확실하게 구별되며, 이 지점에 도달하기 전까지는 'slant'와 구별되지 않는다. 여기서 청각 체계로 들어온 소리가 머릿속 어휘 목록의 해당 항목에 접속할 뿐만 아니라 그것을 활성화한다는 점이 중요하다. 이러한 과정은 금고를 열기 위한 숫자 조합의 원리와 유사하다. 숫자 조합 자물쇠의 회전판을 올바른 순서로 회전시킬 때, 모든 숫자를 끝까지 회전시키지 않고도 맞아떨어질 수 있다. 이와 유사하게, 특정 소리 연속체를 요구하는 신경 회로들은 진행 중인(하지만 아직 완전히 진행되지 않은) 소리의 연속체로 인해 활성화될 수 있다. 그에 따르면 /slan/은 'slander'와 'slant'에 관련되는 신경 회로들 전부를 활성화할 것이다.

① 머릿속에 저장된 단어들에, 청각 체계로 들어온 음성 신호가 접속하여 의미가 활성화된다.
② 'slander'와 'slant'의 의미를 서로 구별하기 위해서는 각 단어의 발음을 끝까지 들어야 한다.
③ 어떤 단어를 머릿속 어휘 목록에서 선택하여 발화하는 과정은 숫자 조합 자물쇠의 원리로 설명할 수 있다.
④ 특정 단어와 관련되는 신경 회로는 그 단어와 소리가 유사한 다른 단어들이 구별될 때까지 활성화되지 않는다.

6. 다음 글에서 알 수 있는 것은? 　　23년 국가직 7급 PSAT 언어논리

○○시 교육청은 초·중학교 기초학력 부진학생의 기초학력 향상을 위해 3단계의 체계적인 지원체계를 구축하였다. 이는 학습 사각지대에 놓여있는 학생들을 조기에 발견하고, 학생 여건과 특성에 맞는 서비스를 제공하여 기초학력 부진을 해결하기 위한 조치이다.

1단계 지원은 기초학력 부진 판정을 받은 모든 학생을 대상으로 하며, 해당 학생에 대한 지도는 학교 내에서 담임교사가 담당한다. 학교 내에서 교사가 특별학습 프로그램을 진행하는 것이다.

2단계 지원은 기초학력 부진 판정을 받은 학생 중 복합적인 요인으로 어려움을 겪는 것으로 판정된 학생인 복합요인 기초학력 부진학생을 대상으로 권역학습센터에서 이루어진다. 권역학습센터는 권역별 1곳씩 총 5곳에 설치되어 있으며, 이곳에서 학습멘토 프로그램을 운영한다. 이 프로그램에 참여하는 지원 인력은 ○○시의 인증을 받은 학습상담사이며, 기초학력 부진학생의 학습멘토 역할을 담당하게 된다.

3단계 지원은 복합요인 기초학력 부진학생 중 주의력 결핍 과잉행동장애 또는 난독증 등의 문제로 학습에 어려움을 겪는 학생을 대상으로 ○○시 학습종합클리닉센터에서 이루어진다. ○○시 학습종합클리닉센터는 교육청 차원에서 지역사회 교육 전문가를 초빙하여 해당 학생들을 위한 전문학습클리닉 프로그램을 운영한다. 이에 더해 소아정신과 전문의 등으로 이루어진 의료지원단을 구성하여 의료적 도움을 줄 수 있도록 한다.

① ○○시 학습종합클리닉센터는 ○○시에 총 5곳이 설치되어 있다.
② 기초학력 부진학생으로 판정된 학생은 학습멘토 프로그램에 참여할 수 없다.
③ 복합요인 기초학력 부진학생으로 판정된 학생 중 의료지원단의 의료적 도움을 받는 학생이 있을 수 있다.
④ 학습멘토 프로그램 및 전문학습클리닉 프로그램에 참여하는 지원 인력은 ○○시의 인증을 받지 않아도 된다.
⑤ 난독증이 있는 학생은 기초학력 부진 판정을 받지 않았더라도 ○○시 학습종합클리닉센터에서 운영하는 프로그램에 참여할 수 있다.

7. 다음 글에서 알 수 있는 것은?

23년 국가직 7급 PSAT 언어논리

고려 정부는 범죄를 예방하고 사회질서를 유지하기 위하여 여러 가지 방책을 마련하였다. 특히, 수도인 개경은 국왕을 위시하여 정부 관료 등 주요 인사들이 거주하고 있을 뿐 아니라 중요 기관이 밀집된 가장 핵심적인 곳이었다. 그래서 고려 정부는 개경의 중요한 기관과 거점을 지키기 위한 군사 조직을 두었다. 도성 안의 관청과 창고를 지키는 간수군, 도성의 여러 성문을 방어하는 위숙군, 시장이나 시가의 주요 장소에 배치되는 검점군이 그것이다. 간수군을 포함한 이들 세 군사 조직은 본연의 업무뿐 아니라 순찰을 비롯한 도성 안의 치안 활동까지 담당하였다.

하지만 개경의 도시화가 진전됨에 따라 전문적인 치안 기구의 필요성이 증대되었다. 이에 성종은 개경 시내를 순찰하고 검문을 실시하는 전문적인 치안 조직인 순검군을 조직하였다. 순검군의 설치는 도성을 방위하고 국왕을 지키는 군대의 기능과 도성의 치안 유지를 위한 경찰의 기능이 분리되고 전문화된 것을 의미한다. 기존 군사 조직은 본연의 업무만을 담당하게 되었으며, 순검군은 치안과 질서 유지를 위하여 도성 안에서 순찰 활동, 도적 체포, 비행이나 불법을 저지르는 사람에 대한 단속 등의 활동을 담당하게 되었다.

그런데 범죄 행위나 정치적 음모, 범죄자의 도피 등은 주로 야간에 많이 일어났다. 이에 정부는 야간 통행을 금지하고 날이 저물면 성문을 닫게 하였으며, 급한 공무나 질병, 출생 등 부득이한 경우에만 사전 신고를 받고 야간에 통행하도록 하였다. 야간 통행이 금지되는 매일 저녁부터 새벽까지 도성 내를 순찰하는 활동, 즉 야경은 순검군의 중요한 업무가 되었다. 순검군은 도성 내의 군사 조직인 간수군, 위숙군, 검점군과 함께 개경의 안전을 책임지는 핵심적인 역할을 수행하였던 것이다.

① 개경은 고려의 다른 어떤 지역보다 범죄 행위가 많이 발생한 곳이었다.
② 순검군이 설치된 이후에도 도성의 성문을 지키는 임무는 위숙군에게 있었다.
③ 야간에 급한 용무로 시내를 통행하려는 사람은 먼저 시가지를 담당하는 검점군에 신고를 하였다.
④ 순검군은 야간 통행이 금지되는 저녁부터 새벽 시간까지 순찰 활동을 하며 성문 방어에도 투입되었다.
⑤ 순검군의 설치 이후에 간수군을 비롯한 개경의 세 군사 조직은 군대의 기능과 경찰의 기능을 모두 수행하였다.

8. 다음 글에서 알 수 있는 것은?

22년 국가직 7급 PSAT 언어논리

세종이 즉위한 이듬해 5월에 대마도의 왜구가 충청도 해안에 와서 노략질하는 일이 벌어졌다. 이 왜구는 황해도 해주 앞바다에도 나타나 조선군과 교전을 벌인 후 명의 땅인 요동반도 방향으로 북상했다. 세종에게 왕위를 물려주고 상왕으로 있던 태종은 이종무에게 "북상한 왜구가 본거지로 되돌아가기 전에 대마도를 정벌하라!"라고 명했다. 이에 따라 이종무는 군사를 모아 대마도 정벌에 나섰다.

남북으로 긴 대마도에는 섬을 남과 북의 두 부분으로 나누는 중간에 아소만이라는 곳이 있는데, 이 만의 초입에 두지포라는 요충지가 있었다. 이종무는 이곳을 공격한 후 귀순을 요구하면 대마도주가 응할 것이라 보았다. 그는 6월 20일 두지포에 상륙해 왜인 마을을 불사른 후 계획대로 대마도주에게 서신을 보내 귀순을 요구했다. 하지만 대마도주는 이에 반응을 보이지 않았다. 분노한 이종무는 대마도주를 사로잡아 항복을 받아내기로 하고, 니로라는 곳에 병력을 상륙시켰다. 하지만 그곳에서 조선군은 매복한 적의 공격으로 크게 패했다. 이에 이종무는 군사를 거두어 거제도 견내량으로 돌아왔다.

이종무가 견내량으로 돌아온 다음 날, 태종은 요동반도로 북상했던 대마도의 왜구가 그곳으로부터 남하하던 도중 충청도에서 조운선을 공격했다는 보고를 받았다. 이 사건이 일어난 지 며칠 지나지 않았음을 알게 된 태종은 왜구가 대마도에 당도하기 전에 바다에서 격파해야 한다고 생각하고, 이종무에게 그들을 공격하라고 명했다. 그런데 이 명이 내려진 후에 새로운 보고가 들어왔다. 대마도의 왜구가 요동반도에 상륙했다가 크게 패배하는 바람에 살아남은 자가 겨우 300여 명에 불과하다는 것이었다. 이 보고를 접한 태종은 대마도주가 거느린 병사가 많이 죽어 그 세력이 꺾였으니 그에게 다시금 귀순을 요구하면 응할 것으로 판단했다. 이에 그는 이종무에게 내린 출진 명령을 취소하고, 측근 중 적임자를 골라 대마도주에게 귀순을 요구하는 사신으로 보냈다. 이 사신을 만난 대마도주는 고심 끝에 조선에 귀순하기로 했다.

① 해주 앞바다에 나타나 조선군과 싸운 대마도의 왜구가 요동반도를 향해 북상한 뒤 이종무의 군대가 대마도로 건너갔다.
② 조선이 왜구의 본거지인 대마도를 공격하기로 하자 명의 군대도 대마도까지 가서 정벌에 참여하였다.
③ 이종무는 세종이 대마도에 보내는 사절단에 포함되어 대마도를 여러 차례 방문하였다.
④ 태종은 대마도 정벌을 준비하였지만, 세종의 반대로 뜻을 이루지 못하였다.
⑤ 조선군이 대마도주를 사로잡기 위해 상륙하였다가 패배한 곳은 견내량이다.

9. 다음 글에서 알 수 있는 것은?

21년 국가직 7급 PSAT 언어논리

우리나라 국기인 태극기에는 태극 문양과 4괘가 그려져 있는데, 중앙에 있는 태극 문양은 만물이 음양 조화로 생장한다는 것을 상징한다. 또 태극 문양의 좌측 하단에 있는 이괘는 불, 우측 상단에 있는 감괘는 물, 좌측 상단에 있는 건괘는 하늘, 우측 하단에 있는 곤괘는 땅을 각각 상징한다. 4괘가 상징하는 바는 그것이 처음 만들어질 때부터 오늘날까지 변함이 없다.

태극 문양을 그린 기는 개항 이전에도 조선 수군이 사용한 깃발 등 여러 개가 있는데, 태극 문양과 4괘만 사용한 기는 개항 후에 처음 나타났다. 1882년 5월 조미수호조규 체결을 위한 전권대신으로 임명된 이응준은 회담 장소에 내걸 국기가 없어 곤란해 하다가 회담 직전 태극 문양을 활용해 기를 만들고 그것을 회담장에 걸어 두었다. 그 기에 어떤 문양이 담겼는지는 오랫동안 알려지지 않았다. 그런데 2004년 1월 미국 어느 고서점에서 미국 해군부가 조미수호조규 체결 한 달 후에 만든 『해상 국가들의 깃발들』이라는 책이 발견되었다. 이 책에는 이응준이 그린 것으로 짐작되는 '조선의 기'라는 이름의 기가 실려 있다. 그 기의 중앙에는 태극 문양이 있으며 네 모서리에 괘가 하나씩 있는데, 좌측 상단에 감괘, 우측 상단에 건괘, 좌측 하단에 곤괘, 우측 하단에 이괘가 있다.

조선이 국기를 공식적으로 처음 정한 것은 1883년의 일이다. 1882년 9월에 고종은 박영효를 수신사로 삼아 일본에 보내면서, 그에게 조선을 상징하는 기를 만들어 사용해본 다음 귀국하는 즉시 제출하게 했다. 이에 박영효는 태극 문양이 가운데 있고 4개의 모서리에 각각 하나씩 괘가 있는 기를 만들어 사용한 후 그것을 고종에게 바쳤다. 고종은 이를 조선 국기로 채택하고 통리교섭사무아문으로 하여금 각국 공사관에 배포하게 했다. 이 기는 일본에 의해 강제 병합되기까지 국기로 사용되었는데, 언뜻 보기에 《해상 국가들의 깃발들》에 실린 '조선의 기'와 비슷하다. 하지만 자세히 보면 두 기는 서로 다르다. 조선 국기 좌측 상단에 있는 괘가 '조선의 기'에는 우측 상단에 있고, '조선의 기'의 좌측 상단에 있는 괘는 조선 국기의 우측 상단에 있다. 또 조선 국기의 좌측 하단에 있는 괘는 '조선의 기'의 우측 하단에 있고, '조선의 기'의 좌측 하단에 있는 괘는 조선 국기의 우측 하단에 있다.

① 미국 해군부는 통리교섭사무아문이 각국 공사관에 배포한 국기를 《해상 국가들의 깃발들》에 수록하였다.
② 조미수호조규 체결을 위한 회담 장소에서 사용하고자 이응준이 만든 기는 태극 문양이 담긴 최초의 기다.
③ 통리교섭사무아문이 배포한 기의 우측 상단에 있는 괘와 '조선의 기'의 좌측 하단에 있는 괘가 상징하는 것은 같다.
④ 오늘날 태극기의 우측 하단에 있는 괘와 고종이 조선 국기로 채택한 기의 우측 하단에 있는 괘는 모두 땅을 상징한다.
⑤ 박영효가 그린 기의 좌측 상단에 있는 괘는 물을 상징하고 이응준이 그린 기의 좌측 상단에 있는 괘는 불을 상징한다.

3 이해한 내용으로 적절한 것

10. 다음 글을 이해한 내용으로 가장 적절한 것은?

24년 국가직 9급

A가 주장한 다중지능이론은 기존 지능이론의 대안으로 제시되었다. 그는 기존 지능이론이 언어지능이나 논리수학지능 등 인간의 인지 능력에만 초점을 맞추고 있다고 비판하면서 이뿐 아니라 신체와 정서, 대인 관계의 능력까지 포괄한 총체적 지능 개념을 창안해 냈다. 다중지능이론은 뇌과학 연구에 일정 부분 영향을 받았는데, 뇌과학 연구에 따르면 인간의 좌뇌는 분석적, 논리적 능력을 담당하고, 우뇌는 창조적, 감성적 능력을 담당한다. 다중지능이론에서는 좌뇌의 능력에만 초점을 둔 기존의 지능 검사에 대해 반쪽짜리 검사라고 혹평한다.

그런데 다중지능이론에 대해 비판적인 연구자들은 다음과 같은 점들을 지적한다. 우선, 다중지능이론에서 주장하는 새로운 지능의 종류들이 기존 지능이론에서 주목했던 지능의 종류들과 상호 독립적일 수 있는가 하는 점이다. 그들에 따르면, 전자는 후자의 하위 영역에 속해 있고, 둘 사이에는 유의미한 상관관계가 있으므로 서로 독립적일 수 없으며, 따라서 '다중'이라는 개념이 성립하지 않는다. 다음으로, 다중지능을 정확하게 측정할 수 있는 도구가 만들어질 수 있겠는가 하는 점이다. 그들은 지능이라는 말이 측정 가능한 인지 능력을 전제하는 것인데, 다중지능이론이 설정한 새로운 종류의 지능들을 정확하게 측정할 수 있는 도구가 만들어지기는 어려울 것이라 주장한다.

① 논리수학지능은 다중지능이론의 지능 개념에 포함되지 않는다.
② 대인 관계의 능력과 관련된 지능을 정확하게 측정할 수 있는 도구의 개발 가능성에 대해 회의적인 사람들이 있다.
③ 다중지능이론에서는 인간의 우뇌에서 담당하는 능력과 관련된 지능보다 좌뇌에서 담당하는 능력과 관련된 지능에 더 많이 주목한다.
④ 다중지능이론에 대해 비판적인 연구자들은 인간의 모든 지능 영역들이 상호 독립적이라는 이유에서 '다중' 개념이 성립하지 않는다고 주장한다.

11. 다음 글을 이해한 내용으로 적절한 것은?

23년 국가직 9급

디지털 트윈은 현실 세계와 똑같은 가상의 세계이다. 최근 주목받고 있는 메타버스와 개념은 유사하지만 활용 목적의 측면에서 구별된다. 메타버스는 가상 세계와 현실 세계가 융합된 플랫폼으로 이용자들에게 새로운 경제·사회·문화적 경험을 제공하는 데 목적을 둔다. 반면 디지털 트윈은 현실 세계에 존재하는 사물, 공간, 환경, 공정 등을 컴퓨터상에 디지털 데이터 모델로 표현하여 똑같이 복제하고 실시간으로 서로 반응할 수 있도록 한다. 그래서 디지털 트윈의 이용자는 가상 세계에서의 시뮬레이션을 통해 미래 상황을 예측할 수 있게 된다. 디지털 트윈에 대한 수요가 증가하면서 관련 시장도 확대되고 있으며, 국내외의 글로벌 기업들은 여러 산업 분야에서 디지털 트윈을 도입하여 사전에 위험 요소를 제거하고 수익 모델의 효율성을 높이고 있다. 디지털 트윈이 이렇게 주목받는 이유는 안정성과 경제성 때문인데 현실 세계를 그대로 옮겨 놓은 가상 세계에 데이터를 전송, 취합, 분석, 이해, 실행하는 과정은 실제 실험보다 매우 빠르고 정밀하며 안전할 뿐 아니라 비용도 적게 든다.

① 디지털 트윈을 활용함에 따라 글로벌 기업들의 고용률이 향상되었다.
② 디지털 트윈의 데이터 모델은 현실 세계의 각종 실험 모델보다 경제성이 낮다.
③ 디지털 트윈에서의 시뮬레이션으로 현실 세계의 위험 요소를 찾아내고 방지할 수 있다.
④ 디지털 트윈은 현실 세계의 이용자에게 새로운 문화적 경험을 제공하는 데 목적이 있다.

12. 다음 글에 대한 이해로 가장 적절한 것은?

20년 국가직 7급

자유지상주의자에게 있어서 사회는 개인의 자유가 극대화될 때 정의롭다. 그런데 자유에 대한 자유지상주의자의 입장을 명확하게 이해하기 위해서는 '제약으로부터의 자유'인 '프리덤(freedom)'과 '강제로부터의 자유'인 '리버티(liberty)'가 동의어가 아니라는 것을 알아야 한다. 프리덤이 강제를 비롯한 모든 제약의 전적인 부재라면, 리버티는 특정한 종류의 구속인 강제의 부재로 이해될 수 있다. 일반적으로 강제는 물리적 힘을 직접적으로 행사하거나 피해를 주겠다고 위협하는 형태로 나타난다.

프리덤과 리버티가 동의어일 수 없는 이유는 다음 사례에서 잘 드러난다. 일부 국가의 어떤 시민은 특정 도시에서 생활하고 일하기 위해서 정부의 허가를 받아야 한다. 이때 정부는 법률에 복종하지 않을 경우 피해를 주겠다고 위협하거나 직접적인 물리력을 행사해 해당 시민의 자유를 제한할 수 있다. 이와 달리 A국 시민은 거주지 이전의 허가가 필요 없어서 국가로부터의 어떠한 물리적 저지나 위협도 받지 않는다고 하자. 그렇다고 해서 모든 A국 시민이 원하는 곳에 실제로 이사 갈 수 있는 것은 아니다. 일부 시민은 이사 갈 수 있을 만큼의 돈이 없거나, 이사 가려는 곳에서 원하는 직업을 찾지 못할 수도 있다. 결과적으로 이런 경우는 그들이 원하는 바를 충분히 실현할 자유가 제한되는 것이다. 따라서 어떤 개인이 누릴 수 있는 자유는 국가로부터의 강제와 무관하게 다른 많은 방식으로 제한될 수 있다.

자유지상주의자들이 자유를 극대화해야 한다고 말할 때, 이들이 두 가지 자유를 모두 극대화해야 한다고 주장하는 것은 아니다. 자유지상주의자들은 강제를 극소화하는 것, 특히 정부의 강제적인 간섭을 최소화하는 것을 통해 얻는 자유에 초점을 맞추고 있다.

① 자유지상주의자들은 '제약으로부터의 자유'를 최대한 확보할 때 정의로운 사회가 된다고 주장한다.
② A국 시민들은 다양한 법률이나 제도를 통해 국가로부터 거주지 이전에 관한 '프리덤'을 보장받고 있다.
③ '리버티'에 대한 제한은 직접적인 물리적 힘보다 피해를 주겠다는 위협을 통해 이루어지는 경우가 더 많다.
④ 개인의 행동에 대해 정부 허가가 필요하다면, 그 개인의 '강제로부터의 자유'가 제한되는 것이라고 볼 수 있다.

13. 다음 글에 대한 이해로 적절한 것은?

20년 지방직 7급

생산량이나 소득처럼 겉보기에 가장 간단할 것 같은 경제학적 개념도 이끌어 내는 데 각종 어려움이 따른다. 거기에 수많은 가치 판단이 들어가기 때문이다. 생산량 통계에 가사 노동을 포함하지 않는 것이 한 예이다. 숫자 자체에 이의를 제기하지 않더라도 생산량이나 소득 통계가 생활수준을 정확히 나타낸다고 말하기는 어렵다. 특히, 가난한 나라보다 식량, 주거, 의료 서비스 등 기본적 필요를 충족한 상태인 부유한 나라들은 더욱 그렇다.

또 구매력, 노동 시간, 생활수준을 결정하는 비금전적인 요인, 비합리적인 소비 행위, 위치재 등이 초래하는 차이도 고려해야 한다. 행복측정 연구는 이런 문제들을 피하려고 노력하지만, 그 연구에는 더 심각한 문제들이 있다. 행복은 그 자체로 측정이 어렵다는 점과 다양한 선호의 문제가 개입된다는 점 때문이다. 행복은 가치의 영역으로서 그에 대해 부여하는 우리의 관념과 욕망, 선호의 지점이 각기 다를 뿐만 아니라 비금전적인 요인 등 복잡한 차이가 존재하므로 행복측정 연구와 같은 영역은 그 대상을 측정하는 것이 그만큼 어려워진다.

물론 이렇게 문제가 있다고 해서 경제학에서 숫자를 사용하면 안 된다는 말이 아니다. 생산량, 성장률, 실업률, 불평등 수준 등에 관한 주요 숫자를 모르고서는 우리는 실제 세상의 경제를 제대로 이해할 수 없다. 그렇지만 이 숫자들이 무엇을 말해 주고, 무엇을 말해 주지 않는지를 항상 명심해야 한다.

① 행복측정 연구에서 측정의 어려움은 선호의 문제로 보완될 수 있다.
② 사람들의 생활수준을 측정하는 것은 가난한 나라보다 부유한 나라에서 더 어렵다.
③ 가치 판단은 측정이 불가능하기 때문에 경제학적 개념을 추출하는 데 어려움을 초래한다.
④ 경제학에서 사용하는 숫자는 객관성이 부족하기 때문에 실제 경제를 이해하는 데 도움이 되지 않는다.

14. 다음 글에 대한 이해로 가장 적절한 것은?

19년 지방직 9급

> 책은 벗입니다. 먼 곳에서 찾아온 반가운 벗입니다. 배움과 벗에 관한 이야기는 《논어》의 첫 구절에도 있습니다. '배우고 때때로 익히니 어찌 기쁘지 않으랴. 벗이 먼 곳에서 찾아오니 어찌 즐겁지 않으랴.'가 그런 뜻입니다.
> 그러나 오늘 우리의 현실은 그렇지 못합니다. 인생의 가장 빛나는 시절을 수험 공부로 보내야 하는 학생들에게 독서는 결코 반가운 벗이 아닙니다. 가능하면 빨리 헤어지고 싶은 불행한 만남일 뿐입니다. 밑줄 그어 암기해야 하는 독서는 진정한 의미의 독서가 못 됩니다.
> 독서는 모름지기 자신을 열고, 자신을 확장하고, 자신을 뛰어넘는 비약이어야 합니다. 그렇기 때문에 독서는 삼독(三讀)입니다. 먼저 글을 읽고 다음으로 그 글을 집필한 필자를 읽어야 합니다. 그 글이 제기하고 있는 문제뿐만 아니라 필자가 어떤 시대, 어떤 사회에 발 딛고 있는지를 읽어야 합니다. 그리고 최종적으로 그것을 읽고 있는 독자 자신을 읽어야 합니다. 그렇게 함으로써 자신의 처지와 우리 시대의 문맥을 깨달아야 합니다.

① 자신이 배운 것을 제때에 적용하기 위해서는 친밀한 교우(交友) 관계가 중요하다.
② 시대와 불화(不和)한 독자일수록 독서를 통해 자신의 위치를 발견하기 쉽다.
③ 반가운 벗과의 독서야말로 진정한 독자로 거듭날 수 있는 첩경(捷徑)이다.
④ 독서는 타인의 경험이나 생각 등을 자기화(自己化)하는 과정이다.

15. 다음은 안중근 의사의 재판 기록 중 최후 진술의 일부분이다. 이에 대한 이해로 가장 적절한 것은?

19년 지방직 7급

> 앞에서 검찰관의 논고와 변호사의 변론을 들으니, 모두들 이등(伊藤)의 시정 방침은 완전무결한데, 내가 그것에 대하여 오해를 하고 있다고 말했는데, 이것은 그 내용을 잘 알지 못하고 하는 말들이다. 이등의 시정 방침은 결코 완비된 것이 아닐진대 어찌 오해라고 할 수 있겠는가? 나는 이등의 시정 방침이라는 것들을 잘 알고 있으나, 이등이 한국에서 주재하며 대한 정책으로 무엇을 했는지는 자세히 말할 시간이 없으므로 그 줄거리만을 말하고자 한다. … (중략) … 이와 같이 오늘 내가 말한 여러 계급의 인사들에게 다시 물어 봐도 모두 동양의 평화를 희망하고 있다는 것을 알 수 있을 줄 안다. 그와 동시에 간신 이등을 얼마나 증오하고 있는지 그 정도를 짐작할 수 있으리라고 생각한다. 일본인도 그러하거늘, 하물며 한국인으로서는 자기의 친척과 지기(知己)의 죽임을 당하는 마당에 어찌 증오해 마지않을 수 있겠는가. 따라서 내가 이등을 죽인 것도 전에 말한 바와 같이 의병 중장의 자격으로 한 것이지 결코 자객으로서 한 것은 아니다. 한국과 일본 두 나라의 친선을 저해하고 동양의 평화를 어지럽힌 장본인은 바로 이등이므로, 나는 한국의 의병 중장의 자격으로서 그를 제거한 것이다.

① 안중근 의사는 검찰관의 논고를 듣기도 전에 최후 진술을 하고 있다.
② 안중근 의사는 이등을 제거한 자신의 행위가 잘못되었음을 시인하고 있다.
③ 안중근 의사는 이등의 시정 방침이 완벽하지만 동양 평화에 기여하지 못한다고 생각하고 있다.
④ 안중근 의사는 여러 일본인의 의견을 언급하면서 이등을 제거한 행위의 정당성을 역설하고 있다.

16. 다음 글에 대한 이해로 적절한 것은?

이산화탄소와 온실효과가 처음부터 자연에 해가 되었던 것은 아니었다. 오히려 온실효과는 지구의 환경을 생태계에 적합하도록 해 주었다. 만약 자연적인 온실효과가 없다면 지구 표면에서 복사된 열이 모두 외계로 방출되어 지구의 온도는 지금보다 평균 3, 4도 정도 낮아져서 생물들이 살아갈 수 없게 될 것이다. 그런데 화석연료의 사용이 늘어나면서 대기 중에 이산화탄소가 너무나 많아져서 지구 온난화 현상이 생기는 것이 문제이다.

특히 이산화탄소는 공기 중에 50~200년이나 체류하기 때문에 그 효과가 크다. 이산화탄소 외에도 온실효과를 일으키는 기체로는 프레온, 아산화질소, 메탄, 수증기 등이 있다. 프레온은 전자 제품을 생산할 때 세척제 혹은 냉장고의 냉매로 쓰인다. 아산화질소와 메탄은 공장과 자동차의 배기가스에서 생긴다. 수증기도 지구 온난화에 영향을 미치기는 하지만 cm^2 양은 자연 생태계가 조절하고 있어서 별 문제가 되지는 않는다.

① 프레온, 아산화질소, 메탄 등의 기체는 지구 온난화에 직접적인 영향이 없다.
② 자연적인 온실효과 때문에 지구 표면에서 복사된 열이 모두 외계로 방출된다.
③ 이산화탄소는 공기 중에 체류하는 기간이 길어서 지구 온난화 방지에 도움을 준다.
④ 수증기도 이산화탄소처럼 온실효과를 나타내지만 지구 온난화에 미치는 영향은 작다.

17. 다음 지문을 이해한 것으로 가장 적절한 것은?

변증술은 한 사람이 주장하는 바를 다른 사람이 논파하려 드는 게임과 같은 것으로서 아리스토텔레스는 『토피카』에서 하나의 주장을 공격 또는 방어하는 요령을 가능한 한 체계적으로 정리해 놓는 시도를 했다. 공방의 대상이 되는 주장이 성립하려면 무엇보다도 논쟁을 하는 두 사람이 같이 설정한 주제가 있어야 한다. 서로 다른 주제에 대해 말을 한다면 그냥 서로 딴 이야기를 하는 것뿐이니 논쟁이 성립되지 않는다. 두 사람이 서로 다른 이야기를 하는 상황은 언어적으로는 결국 주어는 같고 술어는 서로 상반되는 두 명제에 의해 반영된다. 아리스토텔레스는 이 점을 염두에 두고 주어를 술어에 귀속시키는 서술 방식을 유형별로 나누어 공방의 요령을 정리했다. 그때 그가 유형 구별의 일차적인 표지로 삼은 것은 무엇인지(ti), 어떤지(poion), 얼마인지(poson), 언제(pote), 어디서(pou) 등과 같은 의문사였다. 이런 의문사는 요구되는 적절한 답의 범위를 우선적으로 한정하는 기능을 한다. 가령 나뭇가지에 앉아 있는 참새를 가리키며 그것이 무엇인지 물을 때 그것이 아주 작다는 답을 하는 경우를 생각해 보자. 그 새가 작은 것이 사실이라 하더라도 그 답은 그저 엉뚱한 동문서답일 뿐이다. 반면 종달새라고 답을 했다면 그 답은 틀리기는 해도 동문서답은 아니다. 그럴 경우는 진위를 판가름하기 위한 시비를 시작할 수 있지만, 작다는 답은 맞고 틀리고 이전에 답을 하는 쪽이 질문을 제대로 이해하지 못했다는 판정을 할 수밖에 없다. 그렇듯 의문사는 적절한 답의 범위를 정해 주면서 곧 진위 문제보다 더 근본적인 수준에서 논의 주제에 적실한 서술 범위의 경계를 표시해 준다.

① 주어를 술어에 귀속시키는 서술 방식을 유형별로 구별하는 일차적인 표지는 의문사이다.
② 공방의 대상이 되는 주장이 성립한다는 것은 언어적으로는 서로 주어가 다른 명제를 사용하는 것으로 반영된다.
③ "나무의 색깔이 무엇인가"라고 물었을 때 "나무의 종류가 무엇이다"라고 대답한다면 대답의 진위 판단이 가능하다.
④ 의문사는 답의 범위를 정해 주지만 논의 주제에 적실한 서술 범위의 경계를 표시하지는 않는다.

18. 다음 글의 내용을 적절하게 이해한 것은?

16년 지방직 7급

조선 시대에 금속 활자는 희귀한 물건이었고, 오로지 국가만이 소유할 수 있었다. 조선 전기는 물론이고 조선 후기에도 사정은 다르지 않았다. 민간에도 금속 활자가 몇 종 있었지만 극소수 양반가의 소유였을 뿐이다. 그것을 제외하면, 금속 활자는 온전히 국가의 소유였다. 왜 국가가 금속 활자를 독점했던 것일까?

구텐베르크의 금속 활자 고안에는 상업적 동기가 작용했다. 당시 독일에서는 라틴어 문법 서적 등 인쇄물에 대한 민간의 수요가 많았고, 그 수요는 주로 목판 인쇄에 의해 충족되고 있었다. 구텐베르크는 인쇄물의 생산 가격을 낮추기 위해 금속 활자 인쇄술을 고안했던 것이다. 즉 서양의 인쇄술은 상업적 목적으로 민간의 필요에 의해 민간에서 제작되었다. 반면 조선의 금속 활자는 국가의 필요에 의해 국가에서 제작한 것이었다.

구텐베르크의 인쇄술은 어떻게 널리 전파될 수 있었을까? 조선에서는 왜 국가가 금속 활자 인쇄술을 독점했을까? 여기에는 이루 다 말할 수 없을 정도로 복잡한 이유가 있겠지만, 가장 본질적인 요인은 표의 문자인 '한자'와 표음 문자인 '라틴 자모' 사이의 차이 때문이다. 조선조의 금속 활자는 한자 활자가 대부분이었다. 극단적으로 말해 한문으로 쓰인 책을 어떤 장애도 없이 인쇄하자면 한자 수만큼이나 많은 활자가 필요하다는 의미다. 더욱이 자주 쓰이는 글자는 더 많은 수가 필요하니, 실제 필요한 한자 활자는 한자 전체의 수에 몇을 곱해야 할 것이다.

금속 활자는 결코 대량 인쇄를 목적으로 한 것이 아니었다. 목판은 일단 새겨지기만 하면 수요가 많은 책을 복제하는 데 유리했지만, 새로운 수요에 재빨리 대응하기에는 속도가 너무나 더디었다. 또한 책의 종 수만큼 별도의 목판을 제작해야 하는 번거로움이 있었다. 금속 활자는 새로운 수요에 신속하게 응할 수 있다는 것이 장점이었다. 다시 말해 다품종 소량 생산이 조선 금속 활자의 존재 의의였다.

① 문자의 성격 차이가 금속 활자 인쇄술의 전파에 영향을 미쳤다.
② 일반적으로 조선의 목판 인쇄는 새로운 수요에 빠르게 대응할 수 있었다.
③ 서양과 조선에서의 금속 활자 인쇄는 서적의 대량 생산, 대량 공급을 목적으로 하였다.
④ 서양에서는 개인이 경제적 이익을 얻기 위하여 금속 활자로 인쇄하였지만, 조선에서는 국가가 경제적 이익을 독점하기 위하여 금속 활자로 인쇄하였다.

19. 다음 글의 내용을 이해한 것으로 가장 적절한 것은?

22년 군무원 7급

1950년 아인슈타인의 특수 상대성 이론이 발표되기 전까지 물리학자들은 시간과 공간을 별개의 독립적인 물리량으로 보았다. 공간은 상대적인 물리량인 데 비해, 시간은 절대적인 물리량으로서 공간이나 다른 어떤 것의 변화에 의해 변하지 않는다는 것이다. 하지만 아인슈타인은 시간도 상대적인 물리량으로 보고, 시간과 공간을 합쳐서 4차원 공간, 즉 시공간(spacetime)이라고 하였다. 이 시공간은 시간과 공간으로 서로 구별되지 않는다. 다만 이 시공간은 시간에 해당하는 차원이 한 방향으로만 진행한다는 한계가 있기 때문에 제한적인 4차원 공간이라는 특징이 있다.

① 아인슈타인의 시공간은 시간과 공간으로 구별되어 존재했다.
② 아인슈타인 등장 전까지 시간과 공간은 독립적인 물리량이 아니었다.
③ 아인슈타인 등장 전까지 시간은 상대적인 물리량으로 변화 가능한 것이었다.
④ 아인슈타인의 시공간은 시간에 해당하는 차원이 한 방향으로만 진행되었다.

20. 다음 글에 대한 이해로 적절한 것은? 24년 국회직 8급

　20세기 이후 선진국을 중심으로 영양의 과소비가 일어나면서 고도 비만이 문제가 되었다. 전체적으로 발육상태가 좋아지고 영양분의 섭취는 필요 이상으로 많아졌다. 이에 대한 반작용으로 날씬함의 기준은 오히려 살과 뼈가 만나는 수준의 깡마른 체형으로 역주행하였다. 그러다 보니 다이어트에 집착하는 사람들이 갈수록 늘어나게 되었고, 급기야 지나친 다이어트의 한 극단인 '신경성 식욕 부진증', 즉 '거식증'이라는 병이 생기게 되었다.
　신경성 식욕 부진증은 10대 전후에서 시작해서 20대에 가장 많이 발견된다. 인구의 4% 정도까지 이 병에 걸렸을 것이라고 추정된다. 흥미롭게도 이 병에 걸린 환자는 직접 요리를 해서 다른 사람을 먹이는 것을 좋아한다. 그리고 칼로리 소모를 위해 하루 종일 쉬지 않고 움직이고 음식물의 칼로리나 영양분에 대한 지식이 해박하다. 이들은 일반적으로 머리가 좋고 자신을 완벽하게 통제하려는 완벽주의적 성향이 강하다.
　신경성 식욕 부진증의 근본적인 문제는 '나는 뚱뚱하다.'라고 자신의 신체 이미지를 심각하게 왜곡한다는 것이다. 아무리 거울을 보여주며 다른 사람과 비교해도 자신은 아직 뚱뚱하고 만족스럽지 않다고 여긴다. 깡말랐음에도 불구하고 1~2kg만 늘면 무척 불편해하고, 쓸데없는 살덩이가 몸 안에 들어와 있는 것처럼 힘들어한다. 주변에서 볼 때는 별다른 문제가 없는 사람으로 보이고, 특히 부모들은 다이어트를 열심히 하는 것뿐이라며 대수롭지 않게 여긴다. 그러나 10명 중에 1명의 환자는 결국 사망에 이르는 무서운 병이다.

① 신경성 식욕 부진증 환자는 스스로 식욕을 통제하는 데 어려움을 느낀다.
② 신경성 식욕 부진증에 걸리면 건강 악화로 생명을 잃을 확률이 4% 정도이다.
③ 신경성 식욕 부진증 환자는 영양분의 섭취뿐만 아니라 음식 냄새조차 맡기를 거부한다.
④ 신경성 식욕 부진증은 영양분과 칼로리에 대해 무지하기 때문에 발병한다.
⑤ 신경성 식욕 부진증 환자의 문제는 자신의 신체에 대해 왜곡된 이미지를 갖고 있다는 것이다.

21. 다음 글에 대한 이해로 적절한 것은? 24년 국회직 8급

　자신들이 살고 있는 환경에 철저하게 적응하고 있는 각 종들은 유용한 과학 지식의 방대한 원천을 제공해 주는 진화의 결작품이다. 오늘날 살아 있는 종들은 수천 년에서 수백만 년 정도 된 것들이다. 그들의 유전자는 수많은 세대를 거치며 역경을 견뎌 왔기 때문에 그 유전자를 운반하는 유기체의 생존과 번식을 돕기 위해 극도로 복잡한 일련의 생화학적 장치들을 솜씨 있게 작동시킨다.
　이것이 바로 야생종들이 인류가 살 만한 환경을 만들어 줄 뿐만 아니라 우리의 생명 유지를 도와주는 생성물들의 원천이 되는 이유이다. 이러한 산물들 중 적지 않은 부분이 약물에 관한 것들이다. 미국의 약국에서 구할 수 있는 약물의 40% 이상이 원래 식물, 동물, 곰팡이, 미생물 등에서 추출된 것이다. 예를 들어 세계에서 가장 널리 쓰이는 약인 아스피린은 살리실산에서 만들어 낸 것인데, 살리실산은 다시 톱니꼬리조팝나무의 한 종에서 발견된다. 하지만 약으로 쓰일 수 있는 자연 생성물이 들어 있는지 검사된 것은 그 종 중 극히 일부에 지나지 않는다.
　새로운 항생물질과 항말라리아제 발견을 서둘러야 할 필요가 있다. 오늘날 가장 널리 쓰이는 물질들은 질병 유기체가 약에 대한 유전적 저항성을 획득함에 따라 그 효과가 점점 줄어들고 있다. 예를 들어 보편적인 포도상구균 박테리아는 잠재적으로 치명적인 병원체로서 다시 등장했고 폐렴을 일으키는 미생물은 점점 더 위험해지고 있다. 의학 연구자들은 앞으로 더욱 격렬해질 것이 분명한, 빠르게 진화하는 병원체들과의 군비 경쟁에 붙잡혀 있다. 21세기 의학의 새로운 무기를 얻기 위해서는 더 광범위한 야생종들로 관심을 돌려야 한다.

① 인간의 생명 유지에도 도움이 될 수 있기 때문에 유기체의 생존과 번식을 돕는 야생종들의 유전자를 연구해야 한다.
② 유전자 자체의 진화보다 유전자를 작동시키는 생화학적 장치들이 야생종들의 현존에 더 크게 기여했다.
③ 현재 살아남은 종들은 철저하게 환경에 적응한 결과물이므로 인간이 처한 환경 문제와는 무관하다.
④ 인간이 질병 유기체에 대한 유전적 저항성을 획득하게 되었기 때문에 새로운 항생물질과 항말라리아제 발견이 시급하다.
⑤ 의학 연구자들에게 새로운 무기가 필요한 것은 잠재적으로 치명적인 병원체들이 새롭게 등장하기 때문이다.

22. 다음 글에 대한 이해로 적절한 것은? 23년 국회직 8급

환경 보호는 정도의 차이는 있을지라도 모든 사람의 이익에 도움이 되는 일이라고 주장하는 사람도 있다. 초창기 환경 운동의 목표는 전통적인 자연 보호, 곧 특정 습지의 특정 조류를 보호하려는 좁은 생각을 극복하는 것이었다. 그렇지만 특정 종의 동물이나 식물에 대한 사랑에서는 열정적 투쟁 욕구가 생겨나는 반면, 대상을 특정하지 않은 자연 사랑은 어딘지 모르게 산만한 게 사실이다. 바로 그래서 생겨나는 것이 올슨 패러독스이다. 이것은 특별한 공동 이해관계로 묶인 소규모 그룹이 얼굴을 맞대고 단호히 일을 추진할 때, 대단히 애매한 일반적 이해를 가진 익명의 대규모 집단보다 훨씬 더 뛰어난 추진력을 보인다는 것이다. 이런 역설대로 소규모 그룹에는 로비할 좋은 기회가 주어지며, 마찬가지로 특정 사안을 반대하는 지역 저항 운동이 성공을 거둔다. 그렇기 때문에 포괄적 의미에서 환경 정책이 아주 까다로워진다.

무조건적인 타당성을 갖는 환경법을 요구하는 환경 정책은 애초부터 좌절될 수밖에 없다. 비록 나라와 문화마다 정도가 매우 다르기는 하지만, 현대화 과정에서 족벌에 대한 충성심을 넘어서서 다른 가치를 더욱 중시하는 충성심이 발달했다. 환경 정책은 이 과정에서 중요한 기회를 얻는다. 이기적 이해관계를 넘어서 환경 전체를 바라보는 안목이 현대화 과정에서 발달했기 때문이다. 동시에 물론 자신의 직접적인 생활 환경을 지키려는 각오도 환경 정책에 결정적 영향을 미친다. 이처럼 환경 운동은 완전히 보편적 방향으로 발달하기는 힘들다. 우선 자신의 이해관계부터 생각하는 인간의 본성 탓에 근본적 긴장은 항상 사라지지 않기 때문이다.

① 현대화 과정에서 부각된 인간의 이기적 이해관계는 인간이 가진 자연 지배권에 대한 인식과 함께 발달하게 되었다.
② 환경 운동은 특정 생물 집단의 번식과 지속성을 보전하는 것에서 시작하여 궁극적으로 자연 경관의 보호를 목적으로 한다.
③ 환경 운동에서 발생하는 올슨 패러독스는 근본적으로 해소되기 어렵다.
④ 환경 운동은 대규모 집단의 이해관계가 소규모 집단의 이해관계와 일치할 때 이루어지는 과정이라고 할 수 있다.
⑤ 환경 운동은 생물학적 다양성을 위한 공리주의 원칙에 따라 진행되어야 하며, 이 과정에서 개인의 이기심은 환경 운동을 위한 직접적인 동기로 작용하지 않는다.

23. 다음 글에 대한 이해로 적절한 것은? 23년 국회직 8급

표현적 글쓰기는 왜 그렇게 효과가 있을까? 우리가 흔히 경시하는 고통스러운 감정을 마주해야 되기 때문이다. 우리는 자수성가를 칭송하고 강인한 사람을 미화하는 세상에 살고 있다. 이 문화적 메시지와 그것이 우리에게 가하는 모든 압박 때문에 우리는 우리의 욕구를 간과하도록 배운다. 심지어 나약하다는 느낌을 갖거나 힘든 감정을 품었다고 스스로를 혐오하기도 한다. 표현적 글쓰기는 종일 꾹꾹 참고 발설하지 않은 취약한 측면을 찾아내고 그것에 대해 경청할 기회를 주기 때문에 효과가 있는 것이다.

또한 글쓰기 과정이 다른 사람을 염두에 두지 않았다는 점도 매우 중요하다. 우리는 보통 타인이 볼 글을 쓸 때, 스스로 검열하고 글이 충분히 좋은지에 관심을 두게 된다. 그러나 표현적 글쓰기는 그렇지 않다. 두서없고, 누가 읽기에도 적합하지 않은 글을 쓴 후 버리면 된다. 이것은 자신이 가진 모든 감정과 교감하는 데 도움을 줄 수 있다.

① 표현적 글쓰기는 고통스러운 감정을 피하는 데 효과가 있다.
② 표현적 글쓰기는 자수성가를 칭송하고 강인한 사람을 미화하는 데 필요하다.
③ 표현적 글쓰기는 타인을 의식하여 스스로 검열하는 특징을 지닌다.
④ 표현적 글쓰기는 참고 발설하지 않은 것에 대해 경청할 기회를 준다.
⑤ 표현적 글쓰기는 두서없이 편하게 써서 간직하도록 고안되었다.

24. 다음 글에 대한 이해로 적절한 것은? 23년 국회직 8급

현대에 들어서 성격에 대한 체계적인 접근은 프로이트를 중심으로 하는 정신역동학에서 이루어졌다. 지그문트 프로이트는 인간 행동에 미치는 무의식의 영향을 강조하면서 무의식이 억압된 욕구에 의해 형성된다고 주장했는데 개인이 스스로의 욕구를 조절하는 방식을 성격이라고 보았다. 어려서부터 자신의 욕구가 좌절되고 충족되는 과정을 통해 성격이 형성되고 그중에서 충족될 수 없는 욕구와 그를 둘러싼 갈등이 무의식으로 억압된다는 것이다. 그런데 정신역동학은 성격의 형성 과정과 성격이 개인행동에 미치는 영향에는 관심이 있었지만, 성격을 유형화하려는 시도는 하지 않았다.

융은 다른 정신역동학자와 달리 오랫동안 역사와 문화를 공유한 집단의 구성원들에게 존재하는 무의식을 강조했다. 이 때문에 융은 부모와 아이의 상호작용이라는 개인적 요인보다는 집단 무의식 수준의 보편적 원리들이 작동하여 성격이 형성된다고 보았다. 특히 융은 인간의 정신이 대립원리에 의해 작동한다고 주장했는데, 대립원리란 개인 내에 존재하는 대립 혹은 양극적인 힘이 갈등을 야기하고, 이 갈등이 정신 에너지를 생성한다는 것을 의미한다. 이 같은 융의 주장을 근거로 1940년대 MBTI와 같은 유형론적 성격 이론이 만들어지기도 하였다.

1980년대 이후 유전학과 뇌과학 등 생물학적 방법론이 크게 발전하면서 성격에 대한 접근은 새로운 전기를 마련한다. 부모의 양육 방식 등 환경을 강조한 정신역동학에 비해 유전적으로 타고나는 기질의 중요성을 뒷받침하는 증거들이 발견되기 시작한 것이다. 특히 내향성과 외향성은 성격 형성에 대한 기질의 영향을 잘 보여 주는 특성이다. 이처럼 인간의 행동에 영향을 미치는 보편적인 특성을 발견하려는 노력이 이어졌고 그 결과 성격 5요인 모델과 같은 특성론적 성격 이론이 확립되었다.

① 프로이트는 개인이 자신의 욕구를 적절한 방법으로 해결하는 데 관심을 두고, 이를 조절하는 방식을 유형화하였다.
② 생물학적 방법론은 정신역동학이 전제하는 욕구의 억압 조절 문제에 관심을 가지며 부모의 양육 태도를 강조했다.
③ 융 이전의 정신역동학자들은 집단의 구성원들에게 존재하는 무의식 수준의 보편적인 원리가 성격 형성에 영향을 미친다고 보았다.
④ 유전학의 발전에 따른 일련의 발견들은 인간이 지닌 보편적 특성들을 통해 개인의 성격을 설명하고자 하는 이론으로 발전하였다.
⑤ 외향성과 내향성은 서로 대립하며 정신적 에너지를 창출하는 일종의 정신 작용으로 받아들여지며, 유형론적 성격 이론이 해체되는 계기를 가져왔다.

25. 다음 글에 대한 이해로 적절한 것은? 23년 지역인재 9급

재물은 비유하자면 우물이다. 우물에서 물을 퍼내면 물이 가득 차지만, 길어 내지 않으면 물이 말라 버린다. 마찬가지로 비단옷을 입지 않으므로 나라에는 비단을 짜는 사람이 없고, 그 결과로 베를 짜는 여인의 모습을 볼 수 없게 되었다. 조잡한 그릇을 트집 잡지 않고 물건을 만드는 기교를 숭상하지 않기에 나라는 공장과 도공, 풀무장이가 할 일이 사라졌고, 그 결과 기술이 사라졌다. 나아가 농업은 황폐해져 농사짓는 방법이 형편없고, 상업을 박대하므로 상업 자체가 실종되었다. 사농공상 네 부류의 백성이 누구나 할 것 없이 다 가난하게 살기 때문에 서로를 구제할 길이 없다. 나라 안에 보물이 있어도 쓰지 않아 다른 나라로 흘러간다.

― 박제가, 〈시장과 우물〉에서

① 농업의 성행과 비교하여 상업의 위축을 경고하고 있다.
② 상품 공급 부족으로 소비가 줄어드는 현상을 설명하고 있다.
③ 독자의 이해를 돕기 위해 경제 활동을 일상생활에 비유하고 있다.
④ 다른 나라와 교류하지 않아 기술이 실종되고 있음을 분석하고 있다.

26. 다음 글에 대한 이해로 적절한 것은? 22년 국회직 8급

데이터 권력은 역사의 객관적이고 원본에 입각한 사실 기록의 방식과 해석에도 심각한 변화를 일으킨다. 디지털 기록은 알고리즘 분석을 위해 축적되는 재료에 불과하고, 개별의 구체적 가치와 질감을 거세한 무색무취의 건조한 데이터가 된다. 이용자들의 정서 데이터는 데이터베이스 어딘가에 데이터 조각으로 저장되지만, 누군가에 의해 알고리즘 명령으로 호출되기 전까지 그 어떤 사건사적·사회사적 의미도 만들어내지 못한다. 어떤 데이터를 선별적으로 남기고 무엇을 포기할 것인가에 대한 고민이나, 왜 특정의 데이터가 사회적 의미를 지니는지 등에 관한 역사성과 객관성을 중시하는 역사기록학적 물음들은, 오늘날 인간 활동으로 뿜어져 나오는 비정형 데이터에 의존한 많은 닷컴 기업들에 그리 중요하지 않다. 데이터 취급을 통해 생존을 도모하는 데이터 기업 자본은 거대한 데이터 센터를 구축해 인간의 움직임과 활동, 감정의 흐름 모두를 실시간으로 저장해 필요에 의해 잘 짜인 알고리즘으로 원하는 정보 패턴이나 관계를 찾는 데 골몰한다. 진본성이나 공공성을 담지한 공식 기록을 선별해 남기려는 역사학적 관심사는, 이 새로운 무차별적인 기억과 감정적 흐름의 공장을 돌리는 데이터 권력 질서와 자주 경합하거나 때론 데이터 권력에 의해 억압당한다.

새로운 데이터 권력의 질서 속에서는 개별적 기록이 지닌 가치와 진실 등 그 사회사적 사건의 특수한 흔적들이 거의 완전히 지워진다. 지배적 알고리즘의 산식에는 개인적 차이, 감수성, 질감들이 무시되고 이리저리 움직이고 부유하는 집단 욕망들의 경향과 패턴을 포착하는 것만이 중요하다.

① 공적이고 질적으로 의미 있는 데이터를 선별하려는 역사기록학적 시도는 데이터 권력에 의해 방해받는다.
② 거대한 기업을 경영하는 데이터 권력은 개인들의 섬세한 차이를 기록한 데이터의 가치를 높이 평가한다.
③ 데이터 가공을 통해 생존하는 데이터 기업은 알고리즘 산식을 이용하여 데이터를 체계적으로 저장한다.
④ 데이터 권력의 지배적 알고리즘을 수용함으로써 역사학은 개인과 사회의 관계를 더 잘 파악할 수 있다.
⑤ 역사학은 데이터 센터에 저장된 비정형 데이터를 활용함으로써 집단의 움직임을 파악하려 시도한다.

27. 다음 글에 대한 이해로 적절한 것은? 22년 지역인재 9급

우리나라는 독서율이 8.4%로 경제협력개발기구(OECD) 가입 국가의 평균이 20.2%인 것에 비교할 때 턱없이 낮은 편이다. 독서가 인간의 삶과 국가 경쟁력에 미치는 영향력이 크다는 점에서 독서문화진흥에 관한 정책들을 시급히 마련할 필요가 있다.

이에 따라 우리나라는 범정부적으로 독서문화진흥을 위한 정책을 추진하기 위하여 모두가 보편적으로 누리는 '포용적 독서복지 실현'이라는 추진 전략을 수립하였다. 이 전략은 「독서문화진흥법」 제2조에 명시된 독서 소외인, 즉, 시각 장애, 노령화 등의 신체적 장애 또는 경제적·사회적·지리적 제약 등으로 독서문화에서 소외되어 있거나 독서 자료의 이용이 어려운 자를 위한 독서복지 체계를 마련하는 데에 목적이 있다.

포용적 독서복지를 실현하기 위하여 정부는 초등 저학년 대상의 책 꾸러미 프로그램과 함께 독서 소외인의 실태를 고려한 맞춤형의 프로그램을 제공할 계획이다. 구체적으로는 취약 지역의 작은 도서관 설치, 순회 독서활동가의 파견, 점자 및 수화영상 도서 보급, 병영 도서관 확충, 교정 시설에 대한 독서 치유 프로그램 운영 등을 들 수 있다.

① 우리나라의 독서율은 경제협력개발기구 가입 국가의 평균 독서율과 차이가 없다.
② 초등학교 저학년은 한글 해득을 완전히 숙달하지 못해 독서 자료의 이용이 어려운 자에 속하므로 독서 소외인에 해당한다.
③ 「독서문화진흥법」 제2조에 따르면 신체적 장애로 인해 독서 자료의 이용이 어려운 사람은 독서 소외인에 해당한다.
④ 군 장병의 독서 소외를 해소하기 위한 맞춤형 프로그램으로 독서 치유 프로그램이 있다.

28. 다음 글에 대한 이해로 적절한 것은? 22년 국회직 8급

한나라 무제는 춘추학자 동중서의 헌책을 받아들여, 도가나 법가의 사상을 멀리하고 그때까지 제자백가의 하나에 지나지 않았던 유가의 사상을 한나라의 정통 사상으로 인정했다.

그렇다면 무엇 때문에 제자백가 중에서 유가가 정통 사상의 지위를 얻을 수 있었을까? 당시 유가 외의 유력한 사상으로는 도가와 법가가 있었다. 법가는 법률에 의한 강제 지배를 국가 통치의 최상 형태라고 주장한다. 이러한 사상은 전국시대 한비에 의해 이론화되고, 이사에 의해 시황제 치하 진나라의 통치에 실제로 이용되었다. 그러나 법에 의한 지배가 실효성을 갖기 위해서는 그것을 뒷받침할 만한 국가 권력, 구체적으로는 강대한 군사력이나 용의주도하게 구축된 경찰 조직을 필요로 한다. 진나라의 시황제는 그것을 실현하여 중국 최초의 중앙집권적 국가를 만들었으나, 진나라는 곧 붕괴해 버리고 말았다. 법에 의한 지배를 유지하는 일이 국가의 경제적인 측면에서는 대단히 큰 부담이 되었던 것이다.

한나라 초기의 위정자나 사상가는 이러한 역사를 반성하는 인식을 공통적으로 갖고 있었다. 가의는 〈과진론〉을 통해 진나라가 실행한 법치주의의 가혹함을 혹독하게 비난하였다. 그리고 항우와 치열한 천하 쟁탈의 싸움을 벌인 끝에 한나라를 세운 고조 유방은 비용이 많이 드는 법가 사상을 채용할 만한 국가적 여유를 갖고 있지 못했다.

한편 무위자연을 주창하는 도가는 전란으로 피폐해진 한나라 초기의 국가 정세 및 백성들의 사정에 가장 적합한 사상이었다. 사실 문제 시대에 도가 사상이 일세를 풍미했던 적도 있었다. 그렇지만 결국 외부적 강제를 부정하는 도가 사상은 국가의 지배 이데올로기가 될 수 없었다. 한나라가 국력을 회복하고 국가의 여러 가지 제도를 정비함에 따라 도가 사상은 결국 후퇴하지 않을 수 없었던 것이다.

여기에서 등장한 것이 효제충신의 가족 도덕을 근간으로 하는 유가 사상이다. 당시 '리(里)'라고 불린 촌락 공동체는 생활 관습이나 가치관을 구현하는 '부로(父老)'와 일반 촌락민인 '자제(子弟)'로 구성되어 있었는데, 공동체 내부의 인간관계는 흡사 가족 생활이 연장된 것 같은 모습을 보여주고 있었다. 즉, 촌락 공동체에서는 자연 발생적으로 유교적인 윤리나 규범이 지켜지고 있었던 것이다.

여기에서 만약 국가가 유교적 권위를 승인하고 촌락 공동체에서 행해지고 있는 윤리나 규범을 국가 차원에까지 횡적으로 확대 적용한다면 절대주의적인 황제 권력을 확립하는 가장 유효한 수단이 될 것이었다. 부로를 존경하는 향리의 자제는 동시에 황제를 숭배하는 국가의 좋은 백성이 될 것이 틀림없었다. 무제는 가족 도덕이 국가의 지배 이데올로기로서 그대로 기능할 수 있는 점에 매력을 느껴 유교를 국교로 정했던 것이다.

① 도가를 통치 이념으로 채택할 경우 비용이 많이 드는 약점이 있었다.
② 한나라 초기에는 법가의 경제 정책에 대한 비판적 논의가 활발했다.
③ 한나라 가의에 의해 도가 사상이 사상계를 주도하게 되었다.
④ 유교가 국교로 지정되기 이전부터 한나라의 촌락 공동체는 유교의 도덕규범을 준수하고 있었다.
⑤ 도가의 무정부주의적 성격은 한나라의 국가 정비를 정면에서 가로막았다.

4 추론한 내용으로 적절한 것

29. 다음 글에서 추론한 내용으로 가장 적절한 것은?

24년 국가직 9급

> 진화 개념에 대해 흔히 오해되는 측면이 있다. 첫째, 인간의 행동은 철저하게 유전적으로 결정되어 있다는 생각이다. 그런데 진화 이론이 유전자 결정론을 주장하는 것은 아니다. 인간의 행동은 유전적인 적응 성향과 이러한 적응 성향을 발달시키고 활성화되게 하는 환경으로부터의 입력이 상호작용한 결과이다.
>
> 둘째, 현재 인간의 마음이나 행동 체계는 오랜 진화 과정에 의한 최적의 적응 방식이라는 생각이다. 그것이 항상 맞는 것은 아니다. 가령 구석기시대의 적응 방식을 오늘날 인간이 지니고 있어 생기는 문제점이 있다. 원시시대에 사용하던 인지적 전략 등이 현재 그대로 남아 있기 때문에 문제가 생길 수 있는 것이다. 우리가 복잡한 상황에 적응하는 데는 원시시대의 적응 방식이 부적절한 경우가 있을 수 있다.

① 인간의 행동은 환경의 영향으로, 마음은 유전의 영향으로 결정된다.
② 우리에게 주어진 상황의 복잡한 정도가 클수록 인지적 전략의 최적화가 이루어진다.
③ 같은 조상을 둔 후손이라도 환경에서 얻은 정보가 다르면 행동은 다르게 나타날 수 있다.
④ 조상의 유전적 성향보다 조상이 살았던 과거 환경이 인간의 진화 방향을 우선적으로 결정한다.

30. 다음 글에서 추론한 것으로 가장 적절한 것은?

20년 지방직 7급

> 현재 약 7,000개의 언어가 있지만, 그 본질은 다르지 않다. 인간이 언어를 가지게 된 것이 대략 6만 년 전인데, 그동안 많은 언어가 분기하고 사멸하였다. 오늘날의 모든 언어는 나름대로 특별한 역사를 갖는다. 언어는 살아 있는 생명체와 같아서 지금 이 시간에도 변화는 계속되고 있다. 개별 언어들은 발음과 규칙, 그리고 의미의 세밀한 변화를 현재 진행형으로 겪고 있다. 또한 '피진(pidgin)'과 같이 의사소통의 편의를 위해 급조된 언어도 있는데, 이 언어를 사용하는 집단의 후대는 자연스럽게 '크리올(creole)'과 같은 새로운 언어를 탄생시키기도 한다. 피진과 크리올은 비교적 근래에 형성된 것이므로 그 변화의 역사적 과정을 살필 수 있다. 이를 통해 고대의 언어들이 명멸하는 과정도 이와 유사했을 것이라고 짐작할 수 있다.
>
> 언어 중에는 영어와 같이 국제적으로 세력을 얻어 글로벌 시대에 의사소통의 가교 역할을 하는 언어도 있다. 이러한 언어들을 '링구아 프랑카(lingua franca)'라고 부른다. 과거에 서양에서는 그리스어나 라틴어가, 동양에서는 한자가 그 역할을 수행하기도 했다. 그러나 지금과 같은 글로벌 사회에서는 미디어나 교통수단의 발달에 힘입어 현재의 국제 통용어로 사용되는 영어가 과거의 국제 통용어들보다 훨씬 많은 힘을 발휘하고 있다.

① 교류와 소통이 증가하면 언어의 분기와 사멸의 속도가 빨라질 것이다.
② 그리스어나 라틴어는 서양의 다른 언어보다 발음, 규칙, 의미가 쉽게 변하지 않는다.
③ 국제사회에서 영향력이 강한 나라가 등장하면 그 나라의 언어가 링구아 프랑카가 될 수 있다.
④ '어리다'의 의미가 '어리석다'에서 '나이가 적다'로 변화한 것은 피진에서 크리올로 변화한 사례이다.

31. (가)를 바탕으로 (나)에 담긴 글쓴이의 생각을 적절히 추론한 것은?   19년 국가직 9급

> (가) 철학사에서 합리론의 전통은 감각에 대해 매우 비판적이었다. 예컨대 플라톤은 감각이 보여 주는 세계를 끊임없이 변화하는, 전적으로 불안정한 세계로 간주하고 이에 근거하여 지식을 얻는 것은 불가능하다고 생각했다. 반대로 경험론자들은 우리의 모든 관념과 판단은 감각 경험에서 출발한다고 주장하면서 어떤 지식도 절대적으로 확실할 수는 없다고 결론짓는다.
>
> (나) 모든 사람은 착시 현상 등을 경험해 본 적이 있기에 감각이 우리를 속일 수 있다는 것을 분명히 알고 있고 감각에 대한 어느 정도의 경계심을 지니고 있다. 하지만 그렇다고 해서 일상생활에서 자신의 감각을 신뢰하고 이에 따라 행동하는 것은 잘못이 아니다. 모든 감각적 정보를 검증 절차를 거친 후 받아들이다가는 정상적 생활을 영위하는 것 자체가 불가능해질 것이기 때문이다. 반대로, 실용적 기술 개발이나 평범한 일상적 행동과는 달리 과학적 연구는 상당한 정도의 정확성을 요구하므로 경험적 자료에 대해 어느 정도의 경계심을 유지하는 것도 당연하다.

① 실용적 기술을 개발하는 것은 일차적으로 경험론적 사고에 토대를 둔다.
② 세계는 끊임없이 변화하므로 일상생활에서는 합리론적 사고를 우선하여야 한다.
③ 과학 연구는 합리론을 버리고 철저히 경험론을 바탕으로 이루어져야 한다.
④ 감각에 대한 신뢰는 어느 분야에나 전적으로 차별없이 요구된다.

32. 〈보기〉와 관련하여 다음 글을 읽고 추론한 내용으로 적절한 것은?   24년 국회직 8급

> (가) 사람에게는 외형의 변화와 행동 발달을 조절하는 호르몬이 있다. 성장기에는 테스토스테론이 얼굴 길이와 눈썹활 돌출 정도를 조절한다. 사춘기에 테스토스테론이 많이 분비될수록 눈썹활이 두드러지며 얼굴이 길어진다. 따라서 남자가 여자보다 눈썹활이 더 두드러지고 얼굴이 약간 더 긴 경향이 있어서 이런 얼굴을 '남성적'이라고 말한다.
>
> (나) 테스토스테론은 사춘기가 시작되게 하고 적혈구 세포를 생성하는 등 우리 몸에서 많은 역할을 담당한다. 하지만 가장 널리 알려진 특성은 공격성과의 관계다. 테스토스테론이 사람의 공격성을 직접적으로 유발하지는 않는다. 일부 동물에게서는 그런 효과가 확인되기도 하지만, 인위적으로 테스토스테론을 주입한다고 해서 그 사람이 더 높은 공격성을 보이는 것은 아니다. 다만 테스토스테론 수치와 다른 호르몬의 상호작용이 공격적 반응을 유발하며, 경쟁 상황에서는 특히 더 큰 효과가 나타나는 듯 보인다.
>
> (다) 스티브 처칠과 그의 학생 밥 케이리는 20만 년 전에서 9만 년 전 사이인 플라이스토세 중기의 두개골 13점, 3만 8,000년 전에서 1만 년 전 사이인 플라이스토세 후기의 두개골 41점을 포함하여 총 1,421점 두개골의 눈썹활 돌출 정도와 얼굴 길이를 분석했다. 양 볼 사이의 거리, 코 상단에서 치아 상단까지의 길이를 측정해 얼굴의 너비와 길이를 분석했고 눈에서 눈썹활까지의 높이로 눈 위 뼈가 얼마나 돌출되어 있는지도 측정했다.
>
> (라) 평균적으로 플라이스토세 후기의 두개골에서 눈썹활 높이가 이전 두개골에 비해 10% 낮아졌다. 또 플라이스토세 후기의 얼굴이 플라이스토세 중기보다 10% 더 짧아지고 5% 더 좁아졌다. 다양한 패턴을 띠면서도 변화는 계속되어 현대 수렵채집인과 농경인에 이르자 플라이스토세 후기인들의 얼굴보다도 한층 더 동안인 얼굴을 발견할 수 있었다.

[보기]

사람 자기가축화 가설은 자연선택이 공격성이 낮고 다정하게 행동하는 개체들에게 우호적으로 작용하여 우리가 유연하게 협력하고 의사소통할 수 있는 능력을 향상시켰을 것이라고 가정한다. 친화력이 높아질수록 협력적 의사소통 능력이 강화되는 발달 패턴을 보이고 관련 호르몬 수치가 높은 개인들이 세대를 거듭하면서 더욱 성공하게 되었다고 보는 것이다.

① 경쟁 상황에서는 테스토스테론을 주입하는 것만으로도 공격성이 높아진다.
② 사람 자기가축화 가설을 전제할 때 테스토스테론은 친화력을 저해하는 요소로서 이를 감소시키기 위한 노력의 결과가 현생 인류이다.
③ 〈보기〉에서 언급한 '관련 호르몬'이란 (나)의 '다른 호르몬'과 같은 것으로 인간의 성공 욕구를 자극함으로써 발전을 도모하게 한다.
④ 연구자들이 1,421점에 달하는 두개골의 눈썹활 및 얼굴 길이와 폭을 조사한 것은 친화력이 증가하는 인간 진화의 방향을 확인하기 위해서이다.
⑤ (라)의 '동안인 얼굴'은 눈썹활이 낮고 얼굴이 짧고 좁은 여성적인 얼굴을 말하는 것으로 인류의 사회성 발달에 여성호르몬이 필수적인 역할을 했음을 나타낸다.

33. 다음 글에서 추론할 수 있는 것은?

22년 국가직 7급 PSAT 언어논리

국제표준도서번호(ISBN)는 전세계에서 출판되는 각종 도서에 부여하는 고유한 식별 번호이다. 2007년부터는 13자리의 숫자로 구성된 ISBN인 ISBN-13이 부여되고 있지만, 2006년까지 출판된 도서에는 10자리의 숫자로 구성된 ISBN인 ISBN-10이 부여되었다.

ISBN-10은 네 부분으로 되어 있다. 첫 번째 부분은 책이 출판된 국가 또는 언어 권역을 나타내며 1~5자리를 가질 수 있다. 예를 들면, 대한민국은 89, 영어권은 0, 프랑스어권은 2, 중국은 7 그리고 부탄은 99936을 쓴다. 두 번째 부분은 국가별 ISBN 기관에서 그 국가에 있는 각 출판사에 할당한 번호를 나타낸다. 세 번째 부분은 출판사에서 그 책에 임의로 붙인 번호를 나타낸다. 마지막 네 번째 부분은 확인 숫자이다. 이 숫자는 0에서 10까지의 숫자 중 하나가 되는데, 10을 써야 할 때는 로마 숫자인 X를 사용한다. 부여된 ISBN-10이 유효한 것이라면 이 ISBN-10의 열 개 숫자에 각각 순서대로 10, 9, …, 2, 1의 가중치를 곱해서 각 곱셈의 값을 모두 더한 값이 반드시 11로 나누어 떨어져야 한다. 예를 들어, 어떤 책에 부여된 ISBN-10인 '89-89422-42-6'이 유효한 것인지 검사해 보자. $(8 \times 10) + (9 \times 9) + (8 \times 8) + (9 \times 7) + (4 \times 6) + (2 \times 5) + (2 \times 4) + (4 \times 3) + (2 \times 2) + (6 \times 1) = 352$이고, 이 값은 11로 나누어 떨어지기 때문에 이 ISBN-10은 유효한 번호이다. 만약 어떤 ISBN-10의 숫자 중 어느 하나를 잘못 입력했다면 서점에 있는 컴퓨터는 즉시 오류 메시지를 화면에 보여줄 것이다.

① ISBN-10의 첫 번째 부분에 있는 숫자가 같으면 같은 나라에서 출판된 책이다.
② 임의의 책의 ISBN-10에 숫자 3자리를 추가하면 그 책의 ISBN-13을 얻는다.
③ ISBN-10이 '0-285-00424-7'인 책은 해당 출판사에서 424번째로 출판한 책이다.
④ ISBN-10의 두 번째 부분에 있는 숫자가 같은 서로 다른 두 권의 책은 동일한 출판사에서 출판된 책이다.
⑤ 확인 숫자 앞의 아홉 개의 숫자에 정해진 가중치를 곱하여 합한 값이 11의 배수인 ISBN-10이 유효하다면 그 확인 숫자는 반드시 0이어야 한다.

34. 다음 글에서 추론할 수 있는 것은?

📄 21년 국가직 7급 PSAT 언어논리

생쥐가 새로운 소리 자극을 받으면 이 자극 신호는 뇌의 시상에 있는 청각시상으로 전달된다. 전달된 자극 신호는 뇌의 편도에 있는 측핵으로 전달된다. 측핵에 전달된 신호는 편도의 중핵으로 전달되고, 중핵은 신체 여러 기관에 전달할 신호를 만들어 반응이 일어나게 한다.

연구자 K는 '공포'나 '안정'을 학습시켰을 때 나타나는 신경생물학적 특징을 탐구하려고 두 개의 실험을 수행했다.

첫 번째 실험에서 K는 생쥐에게 소리 자극을 준 뒤에 언제나 공포를 일으킬 만한 충격을 가하여, 생쥐에게 이 소리가 충격을 예고한다는 것을 학습시켰다. 이렇게 학습된 생쥐는 해당 소리 자극을 받으면 방어적 행동을 취했다. 이 생쥐의 경우, 청각시상으로 전달된 소리 자극 신호는 학습을 수행하기 전 상태에서 전달되는 것보다 훨씬 센 강도의 신호로 증폭되어 측핵으로 전달된다. 이 증폭된 강도의 신호는 중핵을 거쳐 신체의 여러 기관에 전달되고 이는 학습된 공포 반응을 일으킨다.

두 번째 실험에서 K는 다른 생쥐에게 소리 자극을 준 뒤에 항상 어떤 충격도 주지 않아서, 생쥐에게 이 소리가 안정을 예고한다는 것을 학습시켰다. 이렇게 학습된 생쥐는 이 소리를 들어도 방어적 행동을 전혀 취하지 않았다. 이 경우 소리 자극 신호를 받은 청각시상에서 만들어진 신호가 측핵으로 전달되는 것이 억제되기 때문에 측핵에 전달된 신호는 매우 미약해진다. 대신 청각시상은 뇌의 선조체에서 반응을 일으킬 수 있는 자극 신호를 만들어서 선조체에 전달한다. 선조체는 안정 상태와 같은 긍정적이고 좋은 느낌을 느낄 수 있게 하는 것에 관여하는 뇌 영역인데, 선조체에서 반응이 세게 나타나면 안정감을 느끼게 되어 학습된 안정 반응을 일으킨다.

① 중핵에서 만들어진 신호의 세기가 강한 경우에는 학습된 안정 반응이 나타난다.
② 학습된 공포 반응을 일으키지 않는 소리 자극은 선조체에서 약한 반응이 일어나게 한다.
③ 학습된 공포 반응을 일으키는 소리 자극은 청각시상에서 선조체로 전달되는 자극 신호를 억제한다.
④ 학습된 안정 반응을 일으키는 청각시상에서 받는 소리 자극 신호는 학습된 공포 반응을 일으키는 청각시상에서 받는 소리 자극 신호보다 약하다.
⑤ 학습된 안정 반응을 일으키는 경우와 학습된 공포 반응을 일으키는 경우 모두, 청각시상에서 측핵으로 전달되는 신호의 세기가 학습하기 전과 달라진다.

35. 다음 글의 〈실험 결과〉에서 추론할 수 있는 것은?

📄 21년 국가직 7급 PSAT 언어논리

연구자 K는 동물의 뇌 구조 변화가 일어나는 방식을 규명하기 위해 다음의 실험을 수행했다. 실험용 쥐를 총 세 개의 실험군으로 나누었다. 실험군 1의 쥐에게는 운동은 최소화하면서 학습을 시키는 '학습 위주 경험'을 하도록 훈련시켰다. 실험군 2의 쥐에게는 특별한 기술을 학습할 필요 없이 수행할 수 있는 쳇바퀴 돌리기를 통해 '운동 위주 경험'을 하도록 훈련시켰다. 실험군 3의 쥐에게는 어떠한 학습이나 운동도 시키지 않았다.

〈실험 결과〉

- 뇌 신경세포 한 개당 시냅스의 수는 실험군 1의 쥐에서 크게 증가했고 실험군 2와 3의 쥐에서는 거의 변하지 않았다.
- 뇌 신경세포 한 개당 모세혈관의 수는 실험군 2의 쥐에서 크게 증가했고 실험군 1과 3의 쥐에서는 거의 변하지 않았다.
- 실험군 1의 쥐에서는 대뇌 피질의 지각 영역에서 구조 변화가 나타났고, 실험군 2의 쥐에서는 대뇌 피질의 운동 영역과 더불어 운동 활동을 조절하는 소뇌에서 구조 변화가 나타났다. 실험군 3의 쥐에서는 뇌 구조 변화가 거의 나타나지 않았다.

① 대뇌 피질의 구조 변화는 학습 위주 경험보다 운동 위주 경험에 더 큰 영향을 받는다.
② 학습 위주 경험은 뇌의 신경세포당 시냅스의 수에, 운동 위주 경험은 뇌의 신경세포당 모세혈관의 수에 영향을 미친다.
③ 학습 위주 경험과 운동 위주 경험은 뇌의 특정 부위에 있는 신경세포의 수를 늘려 그 부위의 뇌 구조를 변하게 한다.
④ 특정 형태의 경험으로 인해 뇌의 특정 영역에 발생한 구조 변화가 뇌의 신경세포당 모세혈관 또는 시냅스의 수를 변화시킨다.
⑤ 뇌가 영역별로 특별한 구조를 갖는 것이 그 영역에서 신경세포당 모세혈관 또는 시냅스의 수를 변화시켜 특정 형태의 경험을 더 잘 수행할 수 있게 한다.

5 설명으로 적절한 것

36. 〈보기〉에 대한 설명으로 가장 옳은 것은?

18년 서울시 9급

[보기]

내가 어렸을 때만 하더라도 미국의 어린이들은 원래 북아메리카에는 100만 명가량의 인디언밖에 없었다고 배웠다. 이렇게 적은 수라면 거의 빈 대륙이라고 할 수 있으므로 백인들의 정복을 정당화하는 데 유용했다. 그러나 고고학적인 발굴과 미국의 해안 지방을 처음 밟은 유럽인 탐험가들의 기록을 자세히 검토한 결과 인디언들이 처음에는 약 2000만 명에 달했다는 것을 알게 되었다. 신세계 전체를 놓고 보았을 때 콜럼버스가 도착한 이후 한두 세기에 걸쳐 인디언의 인구는 최대 95%가 감소했을 것으로 추정된다.

인디언들이 죽은 주된 요인은 구세계의 병원균이었다. 인디언들은 그런 질병에 노출된 적이 없었으므로 면역성이나 유전적인 저항력이 전혀 없었다. 살인적인 질병의 1위 자리를 놓고 다투었던 것은 천연두, 홍역, 인플루엔자, 발진티푸스 등이었고, 그것으로도 충분하지 않다는 듯 디프테리아, 말라리아, 볼거리, 백일해, 페스트, 결핵, 황열병 등이 그 뒤를 바싹 따랐다. 병원균이 보인 파괴력을 백인들이 직접 목격한 경우도 헤아릴 수 없이 많았다. 1837년 대평원에서 가장 정교한 문화를 가지고 있던 만단족 인디언들은 세인트루이스에서 미주리 강을 타고 거슬러 올라온 한 척의 증기선 때문에 천연두에 걸렸다. 만단족의 한 마을은 몇 주 사이에 인구 2000명에서 40명으로 곤두박질쳤다.

— 제레드 다이아몬드, 〈총균쇠〉

① 유럽은 신세계였고, 아메리카는 구세계였다.
② 인디언들은 구세계의 병원균에 대한 면역성이 없었다.
③ 만단족 인디언들의 인구 감소는 백인들의 무기 때문이었다.
④ 콜럼버스 이전에 북아메리카에는 100만 명가량의 인디언이 있었다.

37. ㉠~㉢에 대한 설명으로 적절한 것은?

17년 지방직 9급 추가채용

㉠ 르네상스 이래 화가들은 자신의 그림이 세상을 향한 창처럼 보이기를 바랐다. 그리하여 그림의 장면이나 주제를 하나의 고정된 시점에서 본 것처럼 그렸으며, 이러한 환영을 더욱 심화하기 위해 원근법적인 형태 묘사를 택했다. 그러나 1907년부터 피카소와 브라크는 전통적인 원근법의 관례를 버리고 리얼리티를 묘사하기 위한 새로운 방식을 실험하기 시작했다. 정물화에서 그들은 눈이 카메라 렌즈처럼 하나의 시점으로 세상을 인식한다는 기존의 믿음에 도전하여 뇌가 어떻게 다양한 시점과 연속적인 시간에 걸친 시각적인 정보를 점진적으로 축적해 나가는지를 보여 주고자 했다.

피카소와 브라크의 혁명적인 그림은 과거의 어떤 그림과도 완전히 다르게 보이지만, 두 화가는 모두 ㉡ 세잔의 작업 방식에서 영향을 받았다. 과거의 화가들은 일관된 원근법 체계를 이용해 그림에 안정성과 깊이감을 부여하고자 했으나, 세잔은 회화적 공간을 의도적으로 왜곡하고 불안한 각도로 면을 기울여 안정적인 정물화에 역동감과 긴장감을 부여했다. 그는 정물의 적절한 위치를 찾기 위해 고심하며 매우 조심스럽게 화면을 구성했다. 다양한 각도와 시점을 미묘하게 결합하여 세잔은 세심하게 배열한 정물에 더욱 완벽한 시점을 부여하고자 노력했다.

세잔이 죽은 지 1년 후 파리에서 열린 세잔의 대규모 회고전은 피카소와 브라크에게 커다란 영향을 끼쳤으며, ㉢ 피카소와 브라크는 즉각 세잔의 발상을 도입하여 초기 입체주의 회화로 발전시켰다. 이들은 초기 정물화에 동시적인 시점의 결합 가능성을 지속적으로 실험했다. 피카소와 브라크는 사물의 형태를 파편화할 때까지 왜곡했으며, 그림을 그리는 동안 정물의 주위를 걸어 다니며 각 단계의 다양한 세부 사항을 관찰하는 것 같은 인상을 만들어 냈다. 결과적으로 이들의 그림은 시간과 공간에 따른 움직임의 감각을 만들어 냈다.

① ㉠과 달리 ㉡과 ㉢은 대상을 바라보는 관점의 다양성을 인정한다.
② ㉡과 달리 ㉠과 ㉢은 단일한 시간과 공간을 기준으로 대상을 파악한다.
③ ㉢과 달리 ㉠과 ㉡은 대상을 있는 그대로 묘사하는 것이 회화의 목적이라 여긴다.
④ ㉠, ㉡, ㉢은 모두 가까이 있는 대상은 크게, 멀리 있는 대상은 작게 표현하는 방식을 취한다.

PART 5
맥락에서 조건을 추출하는 능력

Chapter 01 어휘 추론과 문맥 추론   158

Chapter 02 빈칸 추론   166

Chapter 03 사례 추론   180

Chapter 01 어휘 추론과 문맥 추론

문맥을 통해 찾는 어휘의 의미

'사전적 의미'란 일반적으로 그 어휘가 갖는 기본적 의미로서 사전에 실려 있는 의미를 말하고, '문맥적 의미'란 특정한 글의 맥락에서 그 어휘가 의미하는 것을 뜻합니다.

'문맥적 의미가 가장 유사한 것'을 찾는 유형은 다의어나 동음이의어를 이용하여 출제되고, '대체 가능한 어휘'를 찾는 문제는 동의어나 유의어를 이용하여 출제됩니다.

1 다의어와 동음이의어

다의어(多義語): 기본적인 의미를 중심으로, 연상되는 주변적인 의미들을 가진 말
동음이의어(同音異義語): 단어의 소리가 우연히 같을 뿐, 의미의 유사성은 없는 말

㉮ 그는 머리가 작다. (목 위의 머리)
㉯ 그는 머리를 잘랐다. (머리카락)
㉰ 그는 머리가 뛰어나다. (지능)
→ ㉮의 '머리'가 가장 기본적인 의미이고 ㉯, ㉰의 '머리'는 주변적 의미이다.

㉮ 사람의 다리   ㉯ 책상의 다리   ㉰ 한강의 다리
→ ㉮는 '사람이나 동물의 몸통 아래 붙어 있는 신체의 부분'을 의미하고, ㉯는 '물체의 아래쪽에 붙어서 그 물체를 받치거나 직접 땅에 닿지 아니하게 하거나 높이 있도록 버티어 놓은 부분'을 의미하므로 다의 관계이다. 그러나 ㉰는 아무런 의미의 유사점이 없다. 따라서 나머지 '다리'와 동음이의 관계이다.

2 동의어와 유의어

동의어(同義語): 서로 소리는 다르나 의미는 같은 단어
유의어(類義語): 의미가 비슷한 단어

동의어와 달리 유의어는 문맥에 따라 대체가 되지 않는 경우도 있습니다. 이 점을 이용하여 '대체가 가능한 단어'를 고르게 하는 문제를 출제할 수 있습니다.

3 문맥적 의미가 가장 유사한 문장을 찾는 알고리즘

1. **문맥을 유지하면서** 밑줄 친 단어와 대체해서 쓸 수 있는 유의어나 상위어를 떠올려 본다.

   ↓

2. 유의어나 상위어를 공유할 수 있는 예문 중

   밑줄 친 단어가 서술어일 경우, 문장의 필수 구조와 필수 성분의 의미가 가장 유사한 것이 답

   밑줄 친 단어가 명사일 경우, 수식어 구조나 수식어의 의미, 그리고 그 명사의 서술어가 유사한 것이 답

문맥을 통해 찾는 문장의 의미

문맥 추론 유형은 주제에서 벗어나지 않을 것을 전제로, 지문 속 특정 문장과 관련된 정보를 찾아 묻는 말에 답하는 것입니다. 이때 묻는 말은 해당 문장의 의미나 전제, 또는 결론 등이 될 수 있습니다.

전체 주제를 파악하며 지문을 모두 읽은 뒤, **다시 밑줄 주변의 정보를 초점화**하여 **조건을 샅샅이 찾는 것**이 중요합니다. 그리고 미리 구한 조건을 가장 완벽히 충족한 선지를 답안으로 골라야 합니다.

1 문맥 추론 알고리즘

1. 지문을 읽으며 주제 파악 및 표지(접속어와 지시어) 등의 힌트 확인

   ↓

2. 문맥적 의미를 해석해야 하는 밑줄 부분의 주변 범위에서 조건 더 찾기

   ↓

3. 가답안 형성

   ↓

4. 가답안과 가장 유사한 선지 찾기

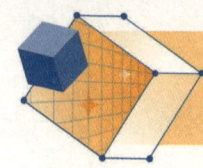

어휘 추론과 문맥 추론

정답 및 해설 P.56

1 어휘 추론

1. 다음은 다의어 '알다'의 뜻풀이 중 일부이다. ㉠~㉣의 예로 적절하지 않은 것은? 　24년 국가직 9급

> ㉠ 어떤 일을 할 능력이나 소양이 있다.
> ㉡ 다른 사람과 사귐이 있거나 인연이 있다.
> ㉢ 어떤 일에 대하여 관여하거나 관심을 가지다.
> ㉣ 어떤 일을 어떻게 할지 스스로 정하거나 판단하다.

① ㉠: 그 외교관은 무려 7개 국어를 할 줄 <u>안다</u>.
② ㉡: 이 두 사람은 서로 <u>알고</u> 지낸 지 오래이다.
③ ㉢: 그 사람이 무엇을 하든 내가 <u>알</u> 바 아니다.
④ ㉣: 나는 그 팀이 이번 경기에서 질 줄 <u>알았다</u>.

2. 밑줄 친 단어와 의미가 같은 것은? 　24년 지방직 9급

> 아이가 말을 참 잘 <u>듣는다</u>.

① 이 약은 나에게 잘 <u>듣는다</u>.
② 학교에 가면 선생님 말씀을 잘 <u>들어라</u>.
③ 이번 학기에는 여섯 과목을 <u>들을</u> 계획이다.
④ 브레이크가 말을 <u>듣지</u> 않아 사고가 날 뻔했다.

3. 밑줄 친 단어와 의미가 같은 것은? 　21년 국회직 9급

> 그 녀석은 생긴 <u>품</u>이 제 아버지를 닮았다.

① 허름한 옷을 입은 여인의 <u>품</u>에는 두어 살 가량 난 애가 안겨 있었다.
② 겨울옷은 <u>품</u>이 넉넉해야 다른 옷을 껴입을 수 있다.
③ 이 마을의 모든 머슴들은 <u>품</u> 갚기를 함으로써 일을 줄여 나가고 싶어 한다.
④ 옷 입는 <u>품</u>을 보면 그 사람을 알 수 있다.
⑤ 어머니는 이 집 저 집에 <u>품</u>을 팔아 우리 가족의 생계를 꾸려 나가셨다.

4. 밑줄 친 부분의 의미가 ㉠의 '에'와 가장 가까운 것은? 　21년 지역인재 9급

> 우리는 더운 여름날이면 시냇가에서 미역을 감고 젖은 옷을 ㉠<u>햇볕에</u> 말리고는 했다.

① 매일 화분<u>에</u> 물을 주는 일은 동생의 몫이었다.
② 나는 요란한 소리<u>에</u> 잠을 깨서 한동안 뒤척였다.
③ 예전에는 등잔불<u>에</u> 책을 읽는 일이 흔했다고 한다.
④ 어머니께서 끓여 주신 차는 특히 감기<u>에</u> 잘 듣는다.

2 문맥 추론

5. ㉠~㉣에 들어갈 말로 가장 적절한 것은?

19년 지방직 7급

> 근대 국가가 형성되면서 언어의 단일화를 이루기 위한 언어 정책이 (㉠)되었다. 러시아의 경우가 대표적인데, 당시 러시아 사회는 칭기즈 칸의 침략 후 문장어와 방언 사이의 (㉡)가 컸다. 표트르 대제는 불가리아 문장어를 버리고 모스크바어를 (㉢)으로 한 러시아어 표준어 정책을 강력하게 실시했다. 이때부터 푸시킨을 비롯한 국민적 작가에 의해 러시아의 문예어가 발달하기 시작했다. 이렇게 서양에서 봉건제가 붕괴되고 민주 의식이 (㉣)되면서 표준어가 결정되고 국민 문예가 성립하는 과정을 거쳤다. 한 나라의 표준어 형성, 나아가 국어의 통합은 이렇게 문예 작품의 발달과 밀접하게 관련을 맺고 있는 것이다.

	㉠	㉡	㉢	㉣
①	시행	격차	기반	고양
②	시행	편차	기반	지양
③	중단	격차	방식	지양
④	중단	편차	방식	고양

6. 다음 글의 ㉠~㉣에 들어갈 말을 바르게 연결한 것은?

21년 국회직 9급

> 유전자의 (㉠)을/를 이용하여 먼 과거까지 들여다볼 방법이 있다. 한 종의 유전자 풀은 과거 특정 환경에서 살아남은 서로 (㉡) 카르텔이다. 이는 그 환경에 일종의 (㉢)을 남긴다. 지식이 있는 유전학자라면 한 동물의 (㉣)로부터 그 조상이 살았던 환경을 읽어 낼 수 있을 것이다.
>
> 원칙대로라면, 두더지의 DNA는 축축하고 깜깜하며, 지렁이 냄새, 딱정벌레 애벌레 냄새로 가득한 지하 세계를 드러내야 한다. 우리가 읽어낼 줄만 안다면 아라비아 낙타의 DNA에는 고대의 사막, 모래바람, 사구, 목마름이 코딩되어 있을 것이다.

	㉠	㉡	㉢	㉣
①	사상	협력하는	음각 도장	유전체
②	정보	경쟁하는	양각 도장	유전체
③	사상	경쟁하는	음각 도장	생태
④	정보	협력하는	음각 도장	유전체
⑤	사상	협력하는	양각 도장	생태

7. 다음 글에 나타난 '그림 : 액자'의 관계와 가장 비슷한 것은?
　　　　　　　　　　　　　　　　📄 15년 국가직 9급

> 2000년이 된 기념으로 ○○화랑에서 화가 200인의 작품 전시회를 개최하였다. 큐레이터가 보내 준 카탈로그를 보고 전화로 김○○ 화백의 그림을 바로 예약했다. 큐레이터는 "작품이 작은데 병 속에 세 명이 들어가 있어 답답한 느낌이 들지 않느냐?"라고 했지만, 나는 내가 설정한 '가족'이라는 주제에 어울린다고 생각하여 구입하기로 하였다. 시회가 끝난 뒤 작품을 받아 보니 액자가 그림보다 훨씬 컸다. 이렇게 액자가 크니, 큐레이터의 걱정과는 달리 그림이 답답해 보이지는 않았다. 이것이 바로 '액자의 힘'이다. 내가 아는 어떤 애호가는 좋은 액자를 꾸준히 모은다. 갖고 있는 그림의 액자를 바꾸기 위해.

① 유명 인사들의 사회적 성공은 어디에서 비롯되었을까. 그들은 그 요인으로 하나같이 좋은 습관을 든다.
　- '성공 : 습관'
② 나는 가끔 책을 장난감 블록처럼 다양하게 쌓아 본다. 책의 무거움, 진부함, 지루함을 해소하고 즐겁고 유쾌하게 책을 재발견하고자 하는 것이다.
　- '책 : 장난감 블록'
③ 로댕은 돌을 바라봅니다. 그 안에서 손을 발견합니다. 그리고 자신의 손을 움직여 돌 속의 손을 끄집어내려고 합니다. 그러다 실패하지요. 실패했다고 포기하지 않고 로댕은 다시 새 돌을 꺼내 바라봅니다.
　- '돌 : 손'
④ 인간은 단 몇 초 만에 상대방에 대한 호감도를 결정한다고 한다. 몇 초 만에 자신의 내면을 드러내기가 쉽지 않다는 것을 고려하면, 내면을 돋보이게 할 수 있는 옷차림은 분명 무시할 수 없는 요인이다.
　- '내면 : 옷차림'

8. 밑줄 친 ㉠~㉪에 대한 이해로 적절한 것은?
　　　　　　　　　　　　　　　　📄 21년 국회직 8급

> 용(龍)은 한반도 곳곳에서 풍요의 신으로 숭배되곤 하였다. 해안 지역의 경우, 물을 관리하는 용의 능력은 곧 어획량을 좌우하는 능력으로 인식되었다. 충남 서산에는 ㉠황금산 앞바다의 황룡과 ㉡칠산 앞바다의 청룡이 조기 떼를 두고 경쟁하였다는 전설이 있다. 황룡은 공씨 성을 가진 청년에게 청룡을 쏘아 줄 것을 부탁하는데, 이 청년이 실수로 황룡을 쏘는 바람에 황금산 앞바다에서 조기가 잡히지 않게 되었다는 이야기이다. 한편 농경 지역에서도 물의 많고 적음은 농사의 성패로 이어지는 중요한 문제였기에, 용이 풍흉을 결정지을 수 있는 존재로 인식되었다. 황해도 장연군 용정리에는 연못을 두고 ㉢젊은 청룡과 싸우던 ㉣늙은 황룡을 ㉤활 잘 쏘는 청년이 도와준 뒤 기름진 논을 얻었다는 전설이 있으며, 전북 김제에는 ㉥벽골제를 수호하는 백룡과 대립하며 ㉦가뭄을 발생시키던 청룡이 스스로를 제물로 바친 태수의 외동딸에게 감동하여 물러났다는 전설이 있다.
> 한 가지 눈여겨볼 점은 용과 관련된 전설들에서 종종 용들의 대립에 개입하거나 용을 도와주는 인간 존재의 모습이 나타난다는 점이다. 비범한 재주를 지닌 이 인물들은 종종 실패하는 경우도 있지만, 대개의 경우 용을 도와주는 데 성공하고 그 대가로 옥토를 일구거나 높은 지위에 오른다. 이때 용은 풍요의 신에서 권력의 신으로 변형된다. 고려를 건국한 왕건의 경우, 그의 할아버지 ㉧작제건이 ㉨서해 용왕을 괴롭히던 ㉩늙은 여우를 제거하고 용왕의 딸을 아내로 맞이하였다는 전설이 있다. 용이 영웅의 강력한 힘에 대한 증거로, 나아가 왕권의 신성성을 나타내는 상징으로 변화하게 된 것이다.

① ㉠과 ㉩은 선한 용과 대립하는 악한 존재이다.
② ㉡과 ㉦은 풍요의 신에서 권력의 신으로 변형된 존재이다.
③ ㉢과 ㉥은 영웅의 권력을 뒷받침하는 존재이다.
④ ㉣과 ㉨은 인간 존재의 도움을 받은 신적 존재이다.
⑤ ㉤과 ㉧은 용을 도와준 대가로 옥토를 얻는 영웅적 존재이다.

9. 다음 글의 ㉠~㉣ 중 성격이 다른 것은?

　자신의 신념과 일치하는 정보는 받아들이고 ㉠그렇지 않은 정보는 무시하는 경향을 확증 편향(confirmation bias)이라고 한다. 기존의 믿음이나 견해와 일치하는 정보는 적극적으로 수용하되 ㉡그에 반대되는 정보는 무시하거나 주목하지 않는 심리 경향을 말한다. 사회심리학자인 로버트 치알디니에 따르면 자신이 가진 기존의 견해와 일치하는 정보에는 두 가지 이점이 있다고 한다. 첫째, ㉢그러한 정보는 어떤 문제에 대해 더 이상 고민하지 않고 마음의 휴식을 취할 수 있도록 해 준다. 둘째, 그러한 정보는 우리를 추론의 결과로부터 자유롭게 해 준다. 즉 추론의 결과 때문에 행동을 바꿔야 할 필요가 없는 것이다. 첫 번째 이점은 생각하지 않게 하고, 두 번째 이점은 행동하지 않게 한다는 것인데, 이를 입증하기 위해 특정의 정치 성향을 가진 사람들을 대상으로 실험을 실시하였다. 그 결과, ㉣반대 당 후보의 주장에 대해서는 거의 기억하지 못한 반면, 지지하는 당 후보의 주장에 대해서는 거의 대부분을 기억해 냈다.

① ㉠　　　　② ㉡
③ ㉢　　　　④ ㉣

10. ㉠~㉆을 문맥적 의미가 유사한 것끼리 올바르게 묶은 것은?

　한때 ㉠가족의 종말을 예견하는 목소리가 유행했었다. 19세기 초에 샤를 푸리에는 상부상조에 기반한 공동체인 '팔랑스테르'를 만들었고, 그 뒤를 계승한 실험이 유럽 곳곳에서 이루어졌다. 또한 엥겔스는 사유 재산의 종말과 함께 가족 역시 종말을 맞을 것이라고 예언했다. 어쩌면 유토피아에 대해 꿈꾸는 일은 근본적으로 ㉡가족의 개념에 배치될 수밖에 없는지도 모른다. 토머스 모어의 '유토피아'는 예외적으로 기존의 가부장제 ㉢가족을 사회 구성의 핵심 요소로 제안했지만, 섬 전체가 '한 ㉣가족, 한 가정'을 이루어야 한다는 사회적 단일체의 이상에 대한 강조를 잊지 않았다. 이러한 ㉤가족은 사적 재산을 소유할 수 없으며, 똑같이 생긴 집을 10년마다 바꿔 가며 살아야 한다. 유토피아의 가족은 사회의 거센 바람을 피하는 둥지가 아니라 사회 그 자체이며, 그런 의미에서 더 이상 ㉥가족이 아닌 ㉆가족인 것이다.

① ㉠, ㉡, ㉥ / ㉢, ㉣, ㉤, ㉆
② ㉠, ㉡, ㉢, ㉥ / ㉣, ㉤, ㉆
③ ㉠, ㉣, ㉤, ㉆ / ㉡, ㉢, ㉥
④ ㉠, ㉣, ㉆ / ㉡, ㉢, ㉤, ㉥

11. 문맥상 ㉠~㉣ 중 지시 대상이 같은 것만으로 묶인 것은?
   📄 25년 출제기조 전환 예시문항 1차

영국의 유명한 원형 석조물인 스톤헨지는 기원전 3,000년경 신석기시대에 세워졌다. 1960년대에 천문학자 호일이 스톤헨지가 일종의 연산장치라는 주장을 하였고, 이후 엔지니어인 톰은 태양과 달을 관찰하기 위한 정교한 기구라고 확신했다. 천문학자 호킨스는 스톤헨지의 모양이 태양과 달의 배열을 나타낸 것이라는 의견을 제시해 관심을 모았다. 그러나 고고학자 앳킨슨은 ㉠<u>그들</u>의 생각을 비난했다. 앳킨슨은 스톤헨지를 세운 사람들을 '야만인'으로 묘사하면서, ㉡<u>이들</u>은 호킨스의 주장과 달리 과학적 사고를 할 줄 모른다고 주장했다. 이에 호킨스를 옹호하는 학자들이 진화적 관점에서 앳킨슨을 비판하였다. ㉢<u>이들</u>은 신석기시대보다 훨씬 이전인 4만 년 전의 사람들도 신체적으로 우리와 동일했으며 지능 또한 우리보다 열등했다고 볼 근거가 없다고 주장했다. 하지만 스톤헨지의 건설자들이 포괄적인 의미에서 현대인과 같은 지능을 가졌다고 해도 과학적 사고와 기술적 지식을 가지지는 못했다. ㉣<u>그들</u>에게는 우리처럼 2,500년에 걸쳐 수학과 천문학의 지식이 보존되고 세대를 거쳐 전승되어 쌓인 방대하고 정교한 문자 기록이 없었다. 선사시대의 생각과 행동이 우리와 똑같은 식으로 전개되지 않았으리라는 점은 매우 중요하다. 지적 능력을 갖췄다고 해서 누구나 우리와 같은 동기와 관심, 개념적 틀을 가졌으리라고 생각하는 것은 잘못이다.

① ㉠, ㉢
② ㉡, ㉣
③ ㉠, ㉡, ㉢
④ ㉠, ㉡, ㉣

12. ㉠~㉥ 중 지시하는 바가 같은 것끼리 짝 지은 것은?
   📄 25년 출제기조 전환 예시문항 2차

일반적으로 한 나라의 문학, 즉 '국문학'은 "그 나라의 말과 글로 된 문학"을 지칭한다. 그래서 우리나라에서 국문학에 대한 근대적 논의가 처음 시작될 무렵에는 국문학에서 한문으로 쓰인 문학을 배제하자는 주장이 있었다. 국문학 연구가 점차 전문화되면서, 한문문학 배제론자와 달리 한문문학을 배제하는 데 있어 신축성을 두는 절충론자의 입장이 힘을 얻었다. 절충론자들은 국문학의 범위를 획정하는 데 있어 종래의 국문학의 정의를 기본 전제로 하되, 일부 한문문학을 국문학으로 인정하자고 주장했다. 즉 한문으로 쓰여진 문학을 국문학에서 완전히 배제하지 않고, ㉠<u>전자</u> 중 일부를 ㉡<u>후자</u>의 주변부에 위치시키는 것으로 국문학의 영역을 구성한 것이다. 이에 따라 국문학을 지칭할 때에는 '순(純)국문학'과 '준(準)국문학'으로 구별하게 되었다. 작품에 사용된 문자의 범주에 따라서 ㉢<u>전자</u>는 '좁은 의미의 국문학', ㉣<u>후자</u>는 '넓은 의미의 국문학'이라고도 칭할 수 있다.

하지만 이런 절충안을 취하더라도 순국문학과 준국문학을 구분하는 데에는 논자마다 차이가 있다. 어떤 이는 국문으로 된 것은 ㉤<u>전자</u>에, 한문으로 된 것은 ㉥<u>후자</u>에 귀속시켰다. 다른 이는 훈민정음 창제 이전과 이후로 나누어 국문학의 영역을 구분하였다. 훈민정음 창제 이전의 문학은 차자표기건 한문표기건 모두 국문학으로 인정하고, 창제 이후의 문학은 국문문학만을 순국문학으로 규정하고 한문문학 중 '국문학적 가치'가 있는 것을 준국문학에 귀속시켰다.

① ㉠, ㉢
② ㉡, ㉣
③ ㉡, ㉥
④ ㉢, ㉤

13. 다음 글에서 밑줄 친 부분의 원인으로 가장 적절한 것은?

24년 지방직 9급

급격하게 돌아가는 현대적 생활 방식은 종종 삶을 즐기지 못하게 방해한다. 추위가 한창 매섭던 1월의 어느 아침 한 길거리 음악가가 워싱턴시의 지하철역에서 바이올린을 연주했다. 그는 스트라디바리우스 바이올린으로 바흐의 「샤콘」을 비롯하여 여섯 곡의 클래식 음악을 연주했다. 출근길에 연주가를 지나쳐 간 대략 천여 명의 시민이 대부분 그에게 관심조차 주지 않았고, 단지 몇 사람만 걷는 속도를 늦추었을 뿐이다. 7분 정도가 지났을 무렵 한 중년 여인이 지나가면서 모자에 1달러를 던져 주었다. 한 시간 정도가 지났을 때 연주가의 모자에는 32달러 17센트가 쌓여 있었지만, 연주를 듣기 위해 서 있는 사람은 아무도 없었다. 그 음악가인 조슈아 벨은 전 세계적으로 유명한 바이올린 연주가였으며, 평상시 그의 콘서트 입장권은 백 달러가 넘는 가격에 판매되었다.

① 지하철역은 연주하기에 적절한 장소가 아니었기 때문이다.
② 연주하는 동안 연주가를 지나쳐 간 사람이 적었기 때문이다.
③ 출근하는 사람들이 연주를 감상할 여유가 없었기 때문이다.
④ 연주를 듣기 위해서는 백 달러의 입장권이 필요했기 때문이다.

14. 〈보기〉에서 말하고 있는 생물 진화의 유전적 진화 원리가 아닌 것은?

22년 서울시 기술직(2월)

[보기]

문화의 진화도 역시 생물의 진화에 비유해서 설명할 수 있다. 문화변동은 다음과 같은 경우에 일어난다. 첫째, 생물진화의 돌연변이처럼 그 문화체계 안에서 새로운 문화요소의 발명 또는 발견이 있어 존재하는 문화에 추가됨으로써 일어난다. 둘째, 유전자의 이동처럼 서로 다른 두 문화가 접촉함으로써 한 문화에서 다른 문화로 어떤 문화요소의 전파가 생길 때 그 문화요소를 받아들인 사회의 문화에 변화가 일어난다. 셋째, 유전자 제거처럼 어떤 문화요소가 그 사회의 환경에 부적합할 때 그 문화요소를 버리고 더 적합한 다른 문화요소로 대치시킬 때 문화변동을 일으킨다. 넷째, 유전자 유실처럼 어떤 문화요소가 한 세대에서 다음 세대로 전달될 때 잘못되어 그 문화요소가 후세에 전해지지 못하고 단절되거나 소멸될 때 문화변동이 일어난다. 그러나 생물 유기체의 진화원리를 너무 지나치게 문화의 진화에 그대로 비유해서는 안 된다. 문화는 유기체의 진화와 유사하지만 초유기체이기 때문에 생식과정에 의한 유전과는 다른 학습과 모방에 의해 진화되기 때문이다.

① 돌연변이
② 유전자 유실
③ 유전자 제거
④ 적자생존

Chapter 02 빈칸 추론

> 빈칸이 원하는 것

'빈칸 추론' 유형은 지문에 빈칸을 주고 빈칸에 들어가기에 가장 적절한 내용을 찾게 하는 것입니다. 문맥 추론과 마찬가지로 전체 주제를 파악하며 지문을 읽고, 빈칸 주변을 초점화하여 조건을 찾는 방식으로 다시 읽어야 합니다. ==미리 조건을 구하고 가답안을== 만든 뒤 선지에서 가답안과 가장 가까운 것을 골라야 하는 과정도 유사합니다.

빈칸 추론 유형 중 가장 출제 빈도가 높은 것은 ==두괄식이나 미괄식으로 제시된 결론을 찾는 유형==입니다. 하지만 맨 앞이나 맨 뒤에 빈칸이 놓였다고 해서 늘 결론이 들어가는 것은 아닙니다. 맨 앞 빈칸에는 논증의 전제가 들어가는 경우도 있고, 맨 뒤 빈칸에는 바로 앞 문장의 부연(보충 설명)이나 상술(재진술 및 정리)이 들어가는 경우도 있습니다. 빈칸의 앞이나 뒤에, 혹은 선지에 접속어가 있는 경우에는 ==접속어의 역할도 고려하여 가답안을 내야== 합니다.

1 빈칸 추론 알고리즘

1. 지문을 전체적으로 읽으며 주제 파악
  ↓
2. 빈칸이 포함된 문장만 초점화
  ↓
3. 초점화된 문장의 표지(이/그/저, 접속어)를 통한 확장
  ↓
4. 확장된 범위에서 조건 찾기
  ↓
5. 조건을 모두 충족한 선지 선택

빈칸이 문장의 일부이거나 빈칸 앞뒤에 접속어가 있는 경우,
주변 정보를 먼저 읽어 조건을 찾은 뒤 전체적 주제를 파악하며 추가 조건을 찾는 것이 더 빠릅니다.

빈칸 추론

1 결론의 도출

1. 다음 글의 빈칸에 들어갈 내용으로 가장 적절한 것은?

24년 국가직 9급

독자는 글을 읽을 때 생소하거나 이해하기 어려운 단어에 주시하는데, 이때 특정 단어에 눈동자를 멈추는 '고정'이 나타나며, 고정과 고정 사이에는 '이동', 단어를 건너뛸 때는 '도약'이 나타난다. 고정이 관찰될 때는 의미를 이해하려는 시도가 이루어지지만, 이동이나 도약이 관찰될 때는 이루어지지 않는다. 이를 바탕으로, K 연구진은 동일한 텍스트를 활용하여 읽기 능력 하위 집단(A)과 읽기 능력 평균 집단(B)의 읽기 특성을 탐색하는 연구를 진행하였다. 독서 횟수는 1회로 제한하되 독서 시간은 제한하지 않았다.

그 결과, 눈동자의 평균 고정 빈도에서 A 집단은 B 집단에 비해 약 2배 많은 수치를 보였다. 그런데 총 고정 시간을 총 고정 빈도로 나눈 평균 고정 시간은 B 집단이 A 집단에 비해 더 높게 나타났다. 읽기 후 독해 검사에서 B 집단은 A 집단보다 평균 점수가 높았고, 독서 과정에서 눈동자가 이전으로 돌아가거나 이전으로 건너뛰는 현상은 모두 관찰되지 않았다. 연구진은 이를 종합하여 읽기 능력이 부족한 독자는 읽기 능력이 평균인 독자에 비해 난해하다고 느끼는 단어들이 _____ 는 결론을 내렸다.

① 더 많지만 난해하다고 느끼는 각각의 단어를 이해하는 과정에 들이는 평균 시간은 더 적다
② 더 많고 난해하다고 느끼는 각각의 단어를 이해하는 과정에 들이는 평균 시간도 더 많다
③ 더 적지만 난해하다고 느끼는 각각의 단어를 이해하는 과정에 들이는 평균 시간은 더 많다
④ 더 적고 난해하다고 느끼는 각각의 단어를 이해하는 과정에 들이는 평균 시간도 더 적다

2. 빈칸에 들어갈 내용으로 가장 적절한 것은?

24년 지방직 9급

프랑스에서 포도주는 간단한 식사에서 축제까지, 작은 카페의 대화에서 연회장의 교제에 이르기까지 언제 어디서나 함께한다. 포도주는 계절에 따른 어떤 날씨에도 분위기를 고양시킬 수 있어 추운 계절이 되면 따뜻한 분위기를 연출하고 한여름이 되면 서늘하거나 시원한 그늘을 떠올리는 분위기를 조성한다. 또한 배고프거나 지칠 때, 지루하거나 답답할 때, 심리적으로 불안할 때나 육체적으로 힘든 그 어느 경우에도 프랑스인들은 포도주가 절실하다고 느낀다. 프랑스에서 포도주는 장소와 시간, 상황에 관계없이 음식과 결부될 수 있는 모든 곳에 등장한다.

포도주가 일상의 세세한 부분에까지 결부된 탓에 프랑스 국민은 이제 포도주가 있어야 할 곳에 포도주가 없다는 사실만으로도 충격을 받는다. 르네 코티는 대통령 임기가 시작될 때 사적인 자리에서 사진을 찍은 적이 있는데 그 사진 속 탁자에는 포도주 대신 다른 술이 놓여 있었다. 이 때문에 온 국민이 들끓고 일어났다. 프랑스 국민에게 그들 자신과도 같은 포도주가 보이지 않는다는 사실은 참을 수 없는 일이었다. 결국 프랑스인에게 포도주란 _____

① 심신을 치유하는 신성한 물질과 같다.
② 자신들의 정체성을 나타내는 상징과도 같다.
③ 국가의 주요 행사에서 가장 주목받는 음료다.
④ 어느 계절에나 쉽게 분위기를 고양시킬 수 있는 음료다.

3. ㉠에 들어갈 주장으로 가장 적절한 것은?

📖 20년 국가직 9급

> 경상 지역 방언을 쓰는 사람들은 대체로 'ㅓ'와 'ㅡ'를 구별하지 못한다. 이들은 '증표(證票)'나 '정표(情表)'를 구별하여 듣지 못할 뿐만 아니라 구별하여 발음하지 못하기 십상이다. 또 이들은 'ㅅ'과 'ㅆ'을 구별하지 못하는 경우가 많다. 따라서 이들은 '살밥을 많이 먹어서 쌀이 많이 쪘다'고 말하든 '쌀밥을 많이 먹어서 살이 많이 쪘다'고 말하든 쉽게 그 차이를 알지 못한다. 한편 평안도 및 전라도와 경상도의 일부에서는 'ㅗ'와 'ㅓ'를 제대로 분별해서 발음하지 않는 경우가 종종 있다. 평안도 사람들의 'ㅈ' 발음은 다른 지역의 'ㄷ' 발음과 매우 비슷하다. 이처럼 (㉠)

① 우리말에는 지역마다 다양한 소리가 있다.
② 우리말은 지역에 따라 다양한 표준 발음법이 있다.
③ 우리말에는 지역에 따라 구별되지 않는 소리가 있다.
④ 자음보다 모음을 변별하지 못하는 지역이 더 많이 있다.

4. 괄호 안에 들어갈 말로 가장 적절한 것은?

📖 20년 국가직 7급

> 상등인은 법을 사랑하고, 중등인은 법을 두려워하며, 하등인은 법을 싫어한다. 법을 사랑하는 자는 이를 범하기 부끄러워하고, 법을 두려워하는 자는 이를 범하기 싫어하지만, 법을 싫어하는 자는 이를 범하기 부끄러워하지도 싫어하지도 않는다. 기회만 만나면 하고 싶은 대로 저질러 거리끼는 것이 없다. 그가 다만 죄를 저지르지 않는 까닭은 형편이 그렇지 못하고 처지가 그럴 수 없기 때문이지, 그의 심사가 올바르기 때문이 아니다. 그러나 법률상 인품을 논의하여 세 등급으로 구별한 것은 후천적인 학식의 환경과 지각의 계층에 따른 것이기 때문에, 교화가 넓게 베풀어지는 정도에 따라 범죄 건수가 줄어들고 있다. 이를 통해 본다면, 인간 세상의 풍속을 바로잡는 방법은 ( )

① 법률을 엄격하게 정하고 구체적으로 적용하는 데 있다.
② 법률을 엄격하게 정하고 상황에 맞게 적용하는 데 있다.
③ 법률을 엄격하게 정하는 것보다 교화에 힘쓰는 데 있다.
④ 법률을 엄격하게 정하는 것보다 계층 통합에 힘쓰는 데 있다.

5. ㉠에 들어갈 말로 적절한 것은?

📖 21년 국회직 8급

> 우리가 이용하는 디지털화된 정보들은 대다수가 아날로그 기반에서 생성된 것이다. 온라인에서 보는 텍스트 정보, 사진, 동영상 대부분이 기존의 종이 매체나 필름에 기록된 것들이다. 온라인 게임을 정보 통신 시대의 독특한 문화양상이라고 하지만, 인기를 끌고 있는 많은 게임은 오래전부터 독자들로부터 사랑받던 판타지 문학에서 유래했다.
>
> 아날로그가 디지털과 결합해 더욱 활성화되기도 한다. 동양의 전통 놀이 중 하나인 바둑과 장기도 그렇다. 전형적인 아날로그 문화의 산물인 바둑이 인터넷 바둑 사이트 덕분에 더욱 대중화된 놀이가 되었다. 예전에는 바둑을 두기 위해 친구와 약속을 잡거나 기원을 찾아야 했지만, 지금은 인터넷에 접속하면 언제든 대국을 즐길 수 있다.
>
> 따라서 (㉠)

① 디지털 문화와 아날로그 문화를 수직적인 것으로 파악하는 것은 본질과 거리가 멀다.
② 디지털 문화와 아날로그 문화를 수평적인 것으로 파악하는 것은 본질과 거리가 멀다.
③ 디지털 문화와 아날로그 문화를 상호 보완적인 것으로 파악하는 것은 본질과 거리가 멀다.
④ 디지털 문화와 아날로그 문화를 입체적인 것으로 파악하는 것은 본질과 거리가 멀다.
⑤ 디지털 문화와 아날로그 문화를 대립적인 것으로 파악하는 것은 본질과 거리가 멀다.

6. 밑줄 친 부분에 들어갈 말로 가장 적절한 것은?

17년 국가직 7급

'한글 문학' 또는 '한글 소설'이란 뭘까? 손쉽게, '한글을 표기 수단으로 삼은 문학', '한글로 쓴 소설'이라 말할 수 있을 테다. 한국 고전 소설을 '한문 소설/한글 소설'로 나누는 관점에도, 사용하는 '문자'에 대한 의식이 개입해 있을 게다. 그런데 이것이 타당한 분류일까? 적어도, 자연스러운 분류일까? 그 관행 바깥에서 잠시만 생각해 보면, '한문 소설'과 '한글 소설'은 맞세울 수 없는 개념이라는 점이 또렷해진다. 그것은 한문과 한글이 맞세울 수 없는 개념이기 때문이다. 한문과 한글은 왜 맞세울 수 없는가? 한문은 고전 중국어라는 자연언어나 그 자연언어로 짜인 텍스트를 가리키는 데 비해, 한글은 1446년에 반포된 표음 문자를 가리키기 때문이다. 그 둘은 층위가 크게 다르다. 한글과 맞세울 수 있는 개념은 한문이 아니라 한자다.

그러니까 한문 소설은 성립될 수 있는 개념이지만, '한글 소설'은 아예 성립될 수 없거나 성립될 수 있더라도 거의 쓸모없는 개념이다. '한글 소설'이 성립될 수 없거나 거의 쓸모없는 개념인 것은, '로마 문자 소설'이나 '키릴 문자 소설'이 성립될 수 없거나 거의 쓸모없는 개념인 것과 마찬가지이다.

이것은 '한글로 창작한다'거나 '한글로 번역한다'는 표현이 어불성설이라는 것을 뜻한다. 우리는 어떤 문자로 '표기'하거나 '전사'할 수는 있지만, '창작'하거나 '번역'할 수는 없다. 적어도 표준적 언어 사용에 따르면 그렇다. 텍스트를 짜는 것은 문자가 아니라 언어이기 때문이다. 그러니 앞의 표현은 '한국어로 창작한다'거나 '한국어로 번역한다'로 고쳐져야 할 테다. 『홍길동전』은 한글로 창작된 소설이 아니라 한국어로 창작된 소설이고, 본디 한문으로 창작된 『설공찬전』은 한자에서 한글로 번역된 것이 아니라 고전 중국어에서 한국어로 번역된 것이다. 그러니까 효시든 아니든 『홍길동전』은 _____.

① '한글 소설'이 아니라 '한국어 소설'이고, 따라서 '한글 문학'에 속하는 것이 아니라 '한국어 문학'에 속한다.
② '한국어 소설'이 아니라 '한글 소설'이고, 따라서 '한국어 문학'에 속하는 것이 아니라 '한글 문학'에 속한다.
③ '한글 소설'이 아니라 '한국어 소설'이되 '한국어 문학'에 속하는 것이 아니라 '한글 문학'에 속한다.
④ '한국어 소설'이 아니라 '한글 소설'이되 '한글 문학'에 속하는 것이 아니라 '한국어 문학'에 속한다.

7. 다음 글의 빈칸에 들어갈 결론으로 가장 적절한 것은?

25년 출제기조 전환 예시문항 1차

신경과학자 아이젠버거는 참가자들을 모집하여 실험을 진행하였다. 이 실험에서 그의 연구팀은 실험 참가자의 뇌를 'fMRI' 기계를 이용해 촬영하였다. 뇌의 어떤 부위가 활성화되는가를 촬영하여 실험 참가자가 어떤 심리적 상태인가를 파악하려는 것이었다. 아이젠버거는 각 참가자에게 그가 세 사람으로 구성된 그룹의 일원이 될 것이고, 온라인에 각각 접속하여 서로 공을 주고받는 게임을 하게 될 것이라고 알려주었다. 그런데 이 실험에서 각 그룹의 구성원 중 실제 참가자는 한 명뿐이었고 나머지 둘은 컴퓨터 프로그램이었다. 실험이 시작되면 처음 몇 분 동안 셋이 사이좋게 순서대로 공을 주고받지만, 어느 순간부터 실험 참가자는 공을 받지 못한다. 실험 참가자를 제외한 나머지 둘은 계속 공을 주고받기 때문에, 실험 참가자는 나머지 두 사람이 아무런 설명 없이 자신을 따돌린다고 느끼게 된다. 연구팀은 실험 참가자가 따돌림을 당할 때 그의 뇌에서 전두엽의 전대상피질 부위가 활성화된다는 것을 확인했다. 이는 인간이 물리적 폭력을 당할 때 활성화되는 뇌의 부위이다. 연구팀은 이로부터 _____는 결론을 내릴 수 있었다.

① 물리적 폭력은 뇌 전두엽의 전대상피질 부위를 활성화한다
② 물리적 폭력은 피해자의 개인적 경험을 사회적 문제로 전환한다
③ 따돌림은 피해자에게 물리적 폭력보다 더 심각한 부정적 영향을 미친다
④ 따돌림을 당할 때와 물리적 폭력을 당할 때의 심리적 상태는 서로 다르지 않다

2 인과의 이해

8. 다음 글의 맥락을 고려할 때 빈칸에 들어갈 말로 가장 적절한 것은?
23년 지방직 9급

> 능숙한 필자와 미숙한 필자는 글쓰기 과정 중 '계획하기'에서 뚜렷한 차이를 보인다. 전자는 이 과정에 오랜 시간 공을 들이는 반면, 후자는 그렇지 않다. 글쓰기에서 계획하기는 글쓰기의 목적 수립, 주제 선정, 예상 독자 분석 등을 포함한다. 이 중 예상 독자 분석이 중요한 이유는 _____ 때문이다. 글을 쓸 때 독자의 수준에 비해 너무 어려운 개념과 전문용어를 사용한다면 독자가 글을 이해하기 어렵게 된다. 글쓰기는 필자가 글을 통해 자신의 메시지를 독자에게 전달하는 행위라는 점을 고려하면 계획하기 단계에서 반드시 예상 독자를 분석해야 한다.

① 계획하기 과정이 글쓰기 전체 과정의 첫 단계이기
② 글에 어려운 개념이나 전문용어를 어느 정도 포함해야 하기
③ 필자의 메시지를 독자에게 효과적으로 전달하는 데 도움이 되기
④ 독자의 배경지식 수준을 고려해야 글의 목적과 주제가 결정되기

9. 글의 통일성을 고려할 때 (가)에 들어갈 말로 가장 적절한 것은?
21년 지방직 9급

> 혼정신성(昏定晨省)이란 저녁에는 부모님의 잠자리를 봐 드리고 아침에는 문안을 드린다는 뜻으로 자식이 아침저녁으로 부모의 안부를 물어 살핌을 뜻하는 말로 '예기(禮記)'의 '곡례편(曲禮篇)'에 나오는 말이다. 아랫목 요에 손을 넣어 방 안 온도를 살피면서 부모님께 문안을 드리던 우리의 옛 전통은 온돌을 통한 난방 방식과 관련 깊다. 온돌을 통한 난방 방식은 방바닥에 깔려 있는 돌이 열기로 인해 뜨거워지고, 뜨거워진 돌의 열기로 방바닥이 뜨거워지면 방 전체에 복사열이 전달되는 방법이다. 방바닥 쪽의 차가운 공기는 온돌에 의해 따뜻하게 데워지므로 위로 올라가고, 위로 올라간 공기가 다시 식으면 아래로 내려와 다시 데워져 위로 올라가는 대류 현상으로 인해 결국 방 전체가 따뜻해진다. 벽난로를 통한 서양식의 난방 방식은 복사열을 이용하여 상체와 위쪽 공기를 데우는 방식인데, 대류 현상으로 바닥 바로 위 공기까지는 따뜻해지지 않는다. 그 이유는 _____ (가) _____.

① 벽난로에 의한 난방은 방바닥의 따뜻한 공기가 위로 올라가 식으면 복사열로 위쪽의 공기만을 따뜻하게 하기 때문이다
② 벽난로에 의한 난방이 복사열에 의한 난방에서 대류 현상으로 인한 난방이라는 순서로 이루어졌기 때문이다
③ 대류 현상을 통한 난방 방식은 상체와 위쪽의 공기만 따뜻하게 하기 때문이다
④ 상체와 위쪽의 따뜻한 공기는 차가운 바닥으로 내려오지 않기 때문이다

10. 다음 기사의 (㉠) 안에 들어갈 말로 가장 적절한 것은?

23년 군무원 7급

> 탄소중립을 실천하기 위해 우리가 할 수 있는 일은 무엇일까? 에너지 절약부터 친환경 제품 사용, 이면지 사용, 일회용품 사용하지 않기 등 다양한 방법들이 있다. 하지만 또 다른 방법이 있다고 산림청은 전한다. 먼저 우리 주변 나무를 잘 사용하는 것이다. 나무를 목재로 사용하면 된다. 목재 가공은 철강 생산보다 에너지를 85배 절감할 수 있다고 한다. …
> 그렇다고 나무를 다 베어서는 안 된다는 우려도 존재한다. 하지만 걱정할 필요가 없다고 산림청은 말한다. (㉠) 특히 우리나라는 OECD 국가 중 산림비율이 4위일 정도로 풍성한 숲을 보유하고 있다. 이를 잘 활용해서 환경 보호에 적극적으로 사용해야 하는 것이다.

① 목재를 보전하는 숲과 수확하는 숲을 따로 관리한다는 것이다.
② 나무가 잘 자라는 열대지역에서 목재를 수입한다는 것이다.
③ 버려지는 폐목재를 가공하여 재사용한다는 것이다.
④ 나무를 베지 않고 숲의 공간을 활용하여 주택을 짓는다는 것이다.

11. 다음 글의 빈칸에 들어갈 말로 옳은 것은?

23년 국회직 9급

> 지구 온난화를 주장하는 이들은 지구가 계속 더워질 경우 해수면이 즉각적이고 아주 높게 상승하는 것이 피할 수 없는 일이라 가정하는 것처럼 보인다. 그러나 해수면의 상승은 여러 가지 힘들이 맞부딪혀서 나온 산물이다.
> 더운 온도로 물의 부피는 상승한다. 더운 온도로 더 많은 빙하들이 녹는다. 그러나 더운 온도는 해양과 호수로부터 더 많은 수분을 증발시킨다. 구름이 증발한 수분을 세계의 빙하와 만년설에 옮기고 □□□□ 빙하와 만년설은 더 커지게 될 것이다.
> 시간 또한 중요한 요소이다. 얼음은 천천히 녹는다. 빙하와 만년설은 매우 많은 양의 태양열을 표면으로 반사하기 때문에 녹으려면 수천 년이 걸린다. 워싱턴 대학의 존 스톤에 따르면, 이것이 서남극의 빙판이 빙하기가 끝나고 10,000년이 지났음에도 완전히 녹으려면 아직 7,000년의 기간을 필요로 하는 이유이기도 하다. 스톤 박사와 연구 팀은 얼음이 밀려나면서 남극 대륙의 포드 산맥에 남겨진 암석의 화학 성분을 조사하였다. 이 조사에 따르면 과거 지구의 역사를 고려할 때 서남극의 빙판이 사라지기 전에 또 다른 한랭기가 끼어들 확률이 크다.

① 충분한 시간이 확보되면
② 물의 부피가 계속해서 상승하면
③ 암석에 의해 얼음이 밀려나지 않으면
④ 해수면이 즉각적으로 상승하지 않으면
⑤ 그 지역의 온도가 얼음을 녹일 정도가 아니면

12. ㉠에 들어갈 내용으로 적절한 것은?

신석기 시대에 들어 농사가 시작되면서 여성의 역할은 더욱 증대되었다. 농사는 야생 곡물이 밀집한 지역에서 이를 인위적으로 재생산함으로써 시작되었다. 이처럼 농사는 채집 활동의 연장선상에서 발생하였기 때문에 처음에는 주로 여성이 담당하였다. 더욱이 당시 농업 기술은 보잘것없었고, 이를 극복할 별다른 방법도 없었다. 이러한 단계에서 인간들이 풍요로운 생활을 누리기 위해서는 종족 번식, 곧 여성의 출산력이 무엇보다 중요하였다.

그러나 신석기 시대 중후반에는 농경이 본격적으로 발전하면서 광활한 대지의 개간이나 밭갈이에는 엄청난 노동력과 강한 근력이 요구되었다. 농사는 더 이상 여성의 섬세함만으로 해낼 수 없는 아주 고된 일로 바뀌었다. 마침 이 무렵, 집짐승 기르기가 시작되면서 남성들은 더 이상 사냥감을 찾아 산야를 헤맬 필요가 없게 되었다. 사냥 활동에서 벗어난 남성들은 생산 활동의 새로운 주인공이 되었다. 그리고 여성들은 보조자로 밀려나서 주로 집안일이나 육아를 담당하게 되었다. 이로써 남성이 주요 생산 활동을 담당하게 되고, (㉠)

① 남성과 여성의 사회적 위상과 역할이 달라지게 되었다.
② 여성은 생산 활동에서 완전히 배제되기 시작하였다.
③ 남성이 남성으로서의 제 역할을 하게 되었다.
④ 남성은 여성을 씨족 공동체의 일원으로 인정하지 않게 되었다.
⑤ 사냥 활동에서 여성이 남성의 역할을 대체하게 되었다.

13. 다음 글의 ㉠에 들어갈 말로 적절한 것은?

과거는 현재를 통해서 바라보아야 하며, 개인은 절대 사회를 떠나서 존재할 수 없는 존재이다. 그렇기 때문에 역사 서적을 읽는다는 것은 죽은 과거의 사실을 살펴본다는 것이 아니라 현재의 삶을 과거의 역사를 통해 통찰해 본다는 것을 의미한다.

그리고 그러한 일련의 과정의 무대가 되는 곳이 바로 사회라는 것과 사회는 하나의 생명체처럼 살아서 흘러내려오고 있다는 사실을 간과해서는 안 된다.

이러한 사실을 토대로 고려해볼 때, 역사 서적을 읽을 때 던져야 하는 가장 큰 질문은 _____㉠_____ 와 같은 것이어야 한다.

인간은 사회적 삶을 살아갈 때 가장 인간답다고 할 수 있다. 그리고 무엇보다 과거의 누군가의 삶들을 통해 현재의 삶을 수정해 나갈 수 있다는 것은 매우 유익한 것이라고 할 수 있을 것이다.

① '역사적 사실이 다양한 관점에서 기술되었는가?'
② '역사가의 임무는 무엇이며, 역사는 어떻게 기술되어야 하는가?'
③ '왜 이런 역사적 사실이 발생했고, 그 이후의 일들은 어떻게 진행되었는가?'
④ '역사 서적에 기술된 역사적 사실이 과연 진실인가? 어떤 조작된 요소는 없는가?'
⑤ '역사적 사실과 그것에 대한 역사가의 해석은 나의 삶과 어떻게 관련되는가?'

14. (가)에 들어갈 내용으로 가장 적절한 것은?

　　디지털 독자라면 누구나 직면하게 되는 도전들이 도사리고 있다. 이 도전은 다음과 같은 환경적 특징 때문에 생겨난다.
　　디지털은 ___(가)___ 이다. 대표적인 오프라인 정보 창고인 도서관은 '작가'라 불리는 사람들이 쓴 책을 선호한다. 대부분의 인쇄 서적들은 사업 인가를 받은 출판사가 기획하고 발행한다. 오프라인에는 전문가들이 도서를 검토, 평가, 선택하는 일련의 절차가 존재한다. 반면에 디지털 환경에서는 누구나 무엇이든 내키는 대로 표현하고 드러낼 수 있다. 정돈된 메시지를 섬세하게 디자인하여 공유하는 이들도 있지만, 대개는 다양한 플랫폼들을 통해서 속전속결로 자신이 생산한 것들을 게재한다. 디지털 환경에서는 텍스트의 생산과 소비 사이에 출판, 검토, 비평, 선정이라는 중간 과정이 생략된다.

① 검증되지 않은 공간
② 몰입할 수 있는 공간
③ 정교한 중간 과정이 있는 공간
④ 전문적으로 표현해야 하는 공간

15. 다음 빈칸에 들어갈 말로 가장 적절한 것은?

　　로빈후드는 14세기 후반인 1377년경에 인기를 끈 작품 〈농부 피어즈〉에 최초로 등장한다. 로빈후드 이야기는 주로 숲을 배경으로 전개된다. 숲에 사는 로빈후드 무리는 사슴고기를 중요시하는데 당시 숲은 왕의 영지였고 사슴 밀렵은 범죄였다. 왕의 영지에 있는 사슴에 대한 밀렵을 금지하는 법은 11세기 후반 잉글랜드를 정복한 윌리엄 왕이 제정한 것이므로 아마도 로빈후드 이야기가 그 이전 시기로까지 거슬러 올라가지는 않을 것이다. 또한 이야기에서 셔우드 숲을 한 바퀴 돌고 로빈후드를 만났다고 하는 국왕 에드워드는 1307년에 즉위하여 20년간 재위한 2세일 가능성이 있다. 1세에서 3세까지의 에드워드 국왕 가운데 이 지역의 순행 기록이 있는 사람은 에드워드 2세뿐이다. 이러한 근거를 토대로 추론할 때, 로빈후드 이야기의 시대 배경은 아마도 ___ 일 가능성이 가장 크다.

① 11세기 후반　　② 14세기 이전
③ 14세기 전반　　④ 14세기 후반

16. (가)에 들어갈 내용으로 가장 적절한 것은?

　　당신이 런던과 파리의 호텔 요금을 비교하려 한다고 가정해 보자. 당신은 여섯 살짜리 딸을 컴퓨터 앞으로 보내 인터넷 검색을 시킨다. 왜냐하면 딸의 컴퓨터 실력이 당신보다 훨씬 더 낫기 때문이다. 아이는 1박에 180유로인 파리의 호텔 요금이 1박에 150파운드인 런던의 호텔에 비해 상대적으로 비싸다고 말할 것이다.
　　당신은 아이에게 파운드와 유로의 차이를 설명할 것이고, 정확한 비교를 위해 아이로 하여금 두 통화 간의 환율을 찾게 할 것이다. 아이는 1유로와 1파운드가 달러로 환산했을 때 각각 얼마인지를 확인하게 될 것이며, 아이는 간단한 산수를 통해 180유로는 약 216달러, 150파운드는 약 210달러여서 겉으로 보이는 차이보다 실제의 차이는 훨씬 작다는 것을 알게 될 것이다. 이렇듯 우리가 서로 다른 두 개의 단위를 비교 가능한 동일한 단위로 바꾸기 전까지 다른 나라의 통화가 나타내는 숫자 그 자체는 아무런 의미가 없다. 이때 필요한 것은 파운드와 유로 간의 환율이 동일한 단위인 달러로 얼마인가의 여부이다.
　　이러한 문제는 인플레이션 개념을 이해하는 데에도 유사하게 발생한다. 오늘날의 1달러는 구매력이 크게 떨어진다는 점에서 60년 전의 1달러와 같지 않다. 인플레이션으로 인해 1950년에 1달러로 구매할 수 있던 상품을 2011년 현재에 구매하려면 9.37달러가 필요하다. 따라서 1950년과 2011년 간 통화에 대한 비교를 할 때 달러 가치의 변화를 감안하지 않는다면 이는 유로와 파운드로 표시된 금액을 비교하는 것보다 더 부정확해진다. 이는 ___(가)___

① 인터넷의 정보가 항상 정확한 것은 아니기 때문이다.
② 과거의 화폐 가치를 정확하게 파악하는 일이 거의 불가능하기 때문이다.
③ 유럽의 경제 위기로 인해 유로의 화폐 가치가 큰 폭으로 변동하기 때문이다.
④ 1950년과 2011년 달러의 가치 차이가 유로와 파운드의 2011년 현재 가치 차이보다 크기 때문이다.

17. 다음 글의 빈칸에 들어갈 내용으로 가장 적절한 것은?

📄 21년 국가직 7급 PSAT 언어논리

> 민간 문화 교류 증진을 목적으로 열리는 국제 예술 공연의 개최가 확정되었다. 이번 공연이 민간 문화 교류 증진을 목적으로 열린다면, 공연 예술단의 수석대표는 정부 관료가 맡아서는 안 된다. 만일 공연이 민간 문화 교류 증진을 목적으로 열리고 공연 예술단의 수석대표는 정부 관료가 맡아서는 안 된다면, 공연 예술단의 수석대표는 고전음악 지휘자나 대중음악 제작자가 맡아야 한다. 현재 정부 관료 가운데 고전음악 지휘자나 대중음악 제작자는 없다. 예술단에 수석대표는 반드시 있어야 하며 두 사람 이상이 공동으로 맡을 수도 있다. 전체 세대를 아우를 수 있는 사람이 아니라면 수석대표를 맡아서는 안 된다. 전체 세대를 아우를 수 있는 사람이 극히 드물기에, 위에 나열된 조건을 다 갖춘 사람은 모두 수석대표를 맡는다.
>
> 누가 공연 예술단의 수석대표를 맡을 것인가와 더불어, 참가하는 예술인이 누구인가도 많은 관심의 대상이다. 그런데 아이돌 그룹 A가 공연 예술단에 참가하는 것은 분명하다. 왜냐하면 만일 갑이나 을이 수석대표를 맡는다면 A가 공연 예술단에 참가하는데, _____ 때문이다.

① 갑은 고전음악 지휘자이며 전체 세대를 아우를 수 있기
② 갑이나 을은 대중음악 제작자 또는 고전음악 지휘자이기
③ 갑과 을은 둘 다 정부 관료가 아니며 전체 세대를 아우를 수 있기
④ 을이 대중음악 제작자가 아니라면 전체 세대를 아우를 수 없을 것이기
⑤ 대중음악 제작자나 고전음악 지휘자라면 누구나 전체 세대를 아우를 수 있기

3 원리의 이해와 적용

18. 다음 중 ㉠~㉢에 알맞은 말을 순서대로 나열한 것은?

📄 22년 군무원 9급

> 먼 곳의 물체를 볼 때 물체에서 반사되어 나온 빛이 눈 속으로 들어가면서 각막과 수정체에 의해 굴절되어 망막의 앞쪽에 초점을 맺게 되면 망막에는 초점이 맞지 않는 상이 맺힘으로써 먼 곳의 물체가 흐리게 보인다. 이것을 근시라고 한다.
>
> 근시인 눈에서 보고자 하는 물체가 눈에 가까워지면 망막의 (㉠)에 맺혔던 초점이 (㉡)으로 이동하여 망막에 초점이 맺혀 흐리게 보이던 물체가 선명하게 보인다. 그리고 이 지점보다 더 가까운 곳의 물체는 조절 능력에 의하여 계속 잘 보인다.
>
> 이와 같이 근시는 먼 곳의 물체는 잘 안 보이고 가까운 곳의 물체는 잘 보이는 것을 말한다. 근시의 정도가 심하면 심할수록 눈 속에 맺히는 초점이 망막으로부터 (㉢)으로 멀어져 가까운 곳의 잘 보이는 거리가 짧아지고 근시의 정도가 약하면 꽤 먼 곳까지 잘 볼 수 있다.

	㉠	㉡	㉢
①	앞쪽	뒤쪽	앞쪽
②	뒤쪽	앞쪽	앞쪽
③	앞쪽	뒤쪽	뒤쪽
④	뒤쪽	앞쪽	뒤쪽

19. (가)~(라)에 들어갈 말로 가장 적절한 것은?

 21년 지역인재 9급

데이비드슨 박사는 뇌파 전위 기록술인 'EEG'를 사용하여 사람들의 두뇌 활동을 측정하였는데, 이를 통해 일상생활에서 행복 또는 불행한 사람들의 두뇌 활동에서 발견되는 특이한 비대칭성을 발견하게 되었다. 그리하여 그는 좌뇌와 우뇌에 대한 뇌 과학적 사실에 비추어 스스로 행복하다고 말한 사람들의 경우, 좌측 전두엽이 우측 전두엽에 비해 더 많이 활성화될 것이고, 불행하다고 말한 사람들의 경우, 그 반대의 결과가 나타날 것이라고 가정하였다.

그는 이 가정을 입증하기 위해 추가 실험을 진행하였다. 첫 번째로는 신생아들에게 빨기 좋은 물건을 주고 뇌의 활성화 패턴을 측정하였으며, 두 번째로는 성인들을 대상으로 코미디 영화를 보여 주고서는 한창 즐거워할 때 뇌의 활성화 패턴을 분석하였다. 첫 번째 실험 결과, 위의 가정에 부합하였는데, 신생아들은 주어진 물건을 빨면서 즐거워할 때 ▢(가)▢ 전두엽이 ▢(나)▢ 전두엽에 비해 더 활성화되었다. 반면, 빨고 있던 물건을 강제로 빼앗았을 때는 그 반대의 결과가 나타났다.

두 번째 실험 역시 마찬가지였다. 실험 대상에게 코미디 영화를 보여 주었을 때 ▢(다)▢ 전두엽은 ▢(라)▢ 전두엽에 비해 활성화 정도가 낮았던 반면, 공포 영화를 보여 주었을 때 뇌의 활성화 패턴은 정반대로 나타났다. 이러한 실험 결과는 뇌 과학의 발전을 통해 사람들을 인위적으로 행복하게 만들 수 있는 방법이 있을 수 있음을 말해 준다.

	(가)	(나)	(다)	(라)
①	좌측	우측	우측	좌측
②	좌측	우측	좌측	우측
③	우측	좌측	우측	좌측
④	우측	좌측	좌측	우측

4. 상황 이해

20. 다음 글의 ㉠~㉤에 들어갈 문장으로 적절하지 않은?

21년 국회직 8급

처칠이 영국 총리였을 때 제2차 세계대전의 개전 위험성이 극도로 고조되면서, 그는 '해안가에서 맞서 싸울' 필요성에 관한 유명한 방송 연설을 했다. (㉠) 당시는 매우 위험한 상황이었으나, 처칠은 그럴 수 없을 때라도 완벽하게 승전에 자신이 있다는 투로 말해야 한다는 것을 알고 있었다. 이것은 거짓말인가, 대중의 사기를 높이기 위한 설득인가?

'거짓말', '신뢰', '거짓된 행동' 등의 용어는 선출된 지도자들이 수행해야 할 다른 많은 정책들을 설명하기에도 그리 적절하지 않다. 사건의 심각성, 정보기관의 오류, 정치인의 성격과 정치적 배경 등이 원인이 되어 잘못된 정치적 판단이나 의도하지 않은 거짓말을 하기도 했다. (㉡) 신뢰와 불신은 거의 모든 주류 정치지도자에 대한 인식의 기준이 되었고, 때로는 진짜 부패와 정치적 판단에 따른 거짓말을 구분하는 것이 급격히 어려워질 정도였다. (㉢) 우리는 유권자의 이런 혐오를 이해할 수 있다. 정치에서 경멸 어린 불신을 받을 만한 진짜 부패는 항상 그랬던 것처럼 계속 이어진다. (㉣) 마찬가지로 그들에게 가해지는 엄격한 정밀 검증을 고려했을 때, 이들이 더 부도덕하다고 평가할 이유도 없다.

그렇지만 많은 나라에서 여러 정당과 정치인은 통렬하게 불신 받을 만한 부패 혐의에 빠지곤 한다. (㉤) 그들의 부패 덕분에 아웃사이더들이 유권자의 호응을 대신 얻어 활동하는 동안, 주류는 번성하는 데 실패하곤 했다.

① ㉠: 처칠은 진실하지 않았다.
② ㉡: 정치지도자는 유권자의 일시적 신뢰에 연연하지 않고, 불행한 진실이라도 전달해야 한다.
③ ㉢: 부패는 유권자를 민주주의 정치에 등 돌리게 하고 선출된 지도자를 혐오하게 만든다.
④ ㉣: 선출된 정치인이 다른 나머지 사람보다 더 깨끗하다고 단정할 이유는 없다.
⑤ ㉤: 주류였던 세력은 부패 때문에 쇠락하기도 한다.

21. 〈보기1〉의 (가)~(다)에 들어갈 가장 적절한 문장을 〈보기2〉에서 순서대로 바르게 나열한 것은?

23년 서울시 자체 출제 9급

[보기1]

생존을 위해 진화한 우리 뇌는 본능적으로 생존에 이롭고 해로운 대상을 구분하는 능력이 있다. 단맛을 내는 음식은 영양분이 많을 가능성이 높고 역겨운 냄새가 나는 음식은 부패했거나 몸에 해로울 가능성이 높다. 딱히 배우지 않아도 우리는 자연적으로 선호하거나 혐오하는 반응을 보인다. _____(가)_____

초콜릿 케이크를 한 번도 먹어보지 못한 사람이 있다고 해보자. 처음 그에게 초콜릿 케이크의 냄새나 색은 전혀 '맛있음'과 연관이 없을 것이다. 하지만 일단 맛을 본 사람은 케이크 자체만이 아니라 케이크의 냄새, 색, 촉감 등도 무의식적으로 선호하게 된다. 그러면 밸런타인데이와 같이 초콜릿을 떠올릴 수 있는 신호만으로도 강한 반응을 이끌어 낼 수 있다. _____(나)_____

인공지능과 달리 동물은 생존과 번식에 대한 생물학적 조건을 기반으로 진화했다. 생물은 생존을 위해 에너지를 구하고 환경에 반응하며 유전자를 남기기 위해 번식을 한다. 이런 본능적인 목적을 달성하기 위한 여러 종류의 세부 목표가 있다. 유념할 점은 한 기능적 영역에서 좋은 것(목적 달성에 유용한 행동과 자극)이 다른 영역에서는 전혀 도움이 되지 않고 오히려 해로울 수 있다는 사실이다.

한 여우가 있다. 왼편에는 어린 새끼들이 금세 강물에 빠질 듯 위험하게 놀고 있고 오른쪽에는 토끼 한 마리가 뛰고 있다. 새끼도 보호해야 하고 먹이도 구해야 하는 여우는 어떤 선택을 해야 할까.

_____(다)_____ 우리는 그 과정을 의사결정이라고 한다. 우리는 의사 결정을 의식적으로 한다고 생각하지만 실제로는 선택지에 대한 계산의 상당 부분이 무의식적으로 빠르게 일어나기 때문에 다행히도 행동을 하는 데 어려움이나 갈등을 많이 느끼지 않는다. 그래서 위와 같은 상황에서 여우는 두 선택지의 중요도가 비슷하더라도 중간에 멍하니 서 있지 않고 재빨리 반응한다. 그래야 순간적인 위험을 피하고 기회를 잡을 수 있다.

[보기2]

ㄱ. 이와 더불어 동물은 경험에 따라 좋고 나쁜 것을 학습하는 능력을 가지고 있다.

ㄴ. 뇌는 여러 세부적인 동기와 감정적, 인지적 반응을 합쳐서 선택지에 가치를 매긴다.

ㄷ. 이렇듯 우리는 타고난 기본 성향과 학습 능력을 통해 특정 대상에 대한 기호를 형성한다.

	(가)	(나)	(다)
①	ㄱ	ㄴ	ㄷ
②	ㄱ	ㄷ	ㄴ
③	ㄴ	ㄱ	ㄷ
④	ㄷ	ㄱ	ㄴ

5 PSAT형 단계적 빈칸 추론

22. 다음 글의 (가)와 (나)에 들어갈 말로 적절한 것은?

24년 국가직 9급

채식주의자는 고기, 생선, 유제품, 달걀 섭취 여부에 따라 다섯 가지로 나뉜다. 완전 채식주의자는 이들 모두를 섭취하지 않으며, 페스코 채식주의자는 고기는 섭취하지 않지만 생선은 먹으며, 유제품과 달걀은 개인적 선호에 따라 선택적으로 섭취한다. 남은 세 가지 채식주의자는 고기와 생선 모두를 먹지 않되 유제품과 달걀 중 어떤 것을 먹느냐의 여부로 결정된다. 이들의 명칭은 라틴어의 '우유'를 의미하는 '락토(lacto)'와 '달걀'을 의미하는 '오보(ovo)'를 사용해 정해졌는데, 예를 들어, 락토 오보 채식주의자는 고기와 생선은 먹지 않으나 유제품과 달걀은 먹는다. 락토 채식주의자는 ___(가)___ 먹지 않으며, 오보 채식주의자는 ___(나)___ 먹지 않는다.

① (가): 달걀은 먹지만 고기와 생선과 유제품은
   (나): 고기와 생선과 달걀은 먹지만 유제품은

② (가): 달걀은 먹지만 고기와 생선과 유제품은
   (나): 유제품은 먹지만 고기와 생선과 달걀은

③ (가): 유제품은 먹지만 고기와 생선과 달걀은
   (나): 고기와 생선과 유제품은 먹지만 달걀은

④ (가): 유제품은 먹지만 고기와 생선과 달걀은
   (나): 달걀은 먹지만 고기와 생선과 유제품은

23. 다음 글의 (가)와 (나)에 들어갈 말을 짝지은 것으로 가장 적절한 것은? 　24년 국가직 7급 PSAT 언어논리

> 오늘날 우리는 끊임없이 무엇인가를 전시하고 이에 대한 주변인의 반응을 기다린다. 특히 전시의 공간이 온라인 플랫폼으로 확장되면서 우리의 삶 자체가 전시물이 되는 시대에 살고 있다. 전시된 삶에 공감하는 익명의 사람들은 '좋아요' 버튼을 누른다. '좋아요'의 수가 많을수록 전시된 콘텐츠의 가치가 높아진다. 이제 얼마나 많은 수의 '좋아요'를 확보하느냐가 관건이 된다.
>
> 그러다 보니 우리는 손에 잡히지 않지만 눈으로 확인할 수 있는 누군가의 '좋아요'를 좇게 된다. '좋아요'는 전시된 콘텐츠에 대한 공감의 표현 방식이었지만, 어느 순간 관계가 역전되어 '좋아요'를 얻기 위해 콘텐츠를 가상 공간에 전시하기 시작한다. 이제 우리는 '좋아요'를 많이 얻을 수 있는 콘텐츠를 만들어내는 데 최선의 노력을 기울이게 된다.
>
> 이 관계의 역전은 문제를 일으킨다. '좋아요'의 선택을 받기 위해 노력하다 보면 어느 순간 현실에 존재하는 '나'가 사라지고 만다. 타인이 좋아할 만한 일상과 콘텐츠를 선별하거나 심지어 만들어서라도 전시하기 때문이다. 　(가)　. 타인의 '좋아요'를 얻기 위해 현실에 존재하는 내가 사라지고 마는 아이러니를 직면하는 순간이다.
>
> '좋아요'의 공동체 안에서는 타자도 존재하지 않는다. 이 공동체는 '좋아요'를 매개로 모인 서로 '같음'을 공유하는 사람들로 구성된다. 그래서 같은 것을 좋아하고 긍정하는 '좋아요'의 공동체 안에서 각자의 '다름'은 점차 사라진다. 　(나)　. 이제 공동체에서 그러한 타자를 환대하거나 그의 말을 경청하려는 사람은 점점 줄어들고, '다름'은 '좋아요'가 용납하지 않는 별개의 언어가 된다.
>
> '좋아요'는 그 특유의 긍정성 덕분에 뿌리치기 힘든 유혹으로 다가온다. 하지만 '좋아요'에 함몰되는 순간 나와 타자를 동시에 잃어버릴 수 있다. 우리는 '좋아요'를 거부하는 타자들을 인정하고 그들의 말에 귀를 기울여야 한다. 이렇게 '좋아요'가 축출한 '다름'의 언어를 되찾아오기 시작할 때 '좋아요'의 아이러니에서 벗어날 수 있을 것이다.

① (가): '좋아요'를 얻기 위해 현실의 나와 다른 전시용 나를 제작하는 셈이다
　(나): '좋아요'를 거부하고 다른 의견을 내는 사람은 불편한 대상이자 배제의 대상이 된다

② (가): '좋아요'를 얻기 위해 현실의 나와 다른 전시용 나를 제작하는 셈이다
　(나): '좋아요'의 공동체에서는 어떠한 갈등이나 의견 대립도 발생하지 않는다

③ (가): '좋아요'를 얻기 위해 나의 내면과 사생활까지도 타인에게 적극적으로 개방한다
　(나): '좋아요'를 거부하고 다른 의견을 내는 사람은 불편한 대상이자 배제의 대상이 된다

④ (가): '좋아요'를 얻기 위해 나의 내면과 사생활까지도 타인에게 적극적으로 개방한다
　(나): '좋아요'의 공동체에서는 어떠한 갈등이나 의견 대립도 발생하지 않는다

⑤ (가): '좋아요'를 얻기 위해 현실의 내가 가진 매력적 콘텐츠를 더욱 많이 발굴하는 것이다
　(나): '좋아요'의 공동체에서는 어떠한 갈등이나 의견 대립도 발생하지 않는다

24. 다음 글의 (가)와 (나)에 들어갈 말을 〈보기〉에서 골라 적절하게 짝지은 것은?
23년 국가직 7급 PSAT 언어논리

고대 철학자 A가 궁극적인 목적으로 삼았던 것은 행복한 삶이었다. 그런데 A가 가진 행복 개념은 현대인들이 가지고 있는 행복 개념과 다소 차이가 있다. 우리가 일상적으로 '행복'이라는 말을 사용할 때는 단순히 주관적 심리 상태를 지칭하는 경우가 많다. 하지만 A는 행복이 주관적 심리 상태만으로는 충분하지 않고, 그런 심리 상태를 뒷받침하는 객관적 조건이 반드시 갖추어져 있어야 한다고 생각했다. 요컨대, A가 사용한 행복 개념에 따르면, __(가)__ . 그러나 A는 행복이 주관적 심리 상태만으로는 충분하지 않다고 하더라도, 주관적 심리 상태가 행복의 필수 조건임은 부정할 수 없다고 보았다. 따라서 A에게는 __(나)__ .

[보기]

ㄱ. 자신이 행복하다고 느끼고 있으면서도 행복하지 않은 경우란 있을 수 없다
ㄴ. 자신이 행복하다고 느끼고 있으면서도 행복하지 않은 경우가 있을 수 있다
ㄷ. 자신이 행복하지 않다고 느끼고 있으면서도 행복한 경우란 있을 수 없다

	(가)	(나)
①	ㄱ	ㄴ
②	ㄱ	ㄷ
③	ㄴ	ㄱ
④	ㄴ	ㄷ
⑤	ㄷ	ㄴ

25. 다음 글의 (가)와 (나)에 들어갈 말을 적절하게 짝지은 것은?
23년 국가직 7급 PSAT 언어논리

갑은 국민 개인의 삶의 질을 1부터 10까지의 수치로 평가하고 이 수치를 모두 더해 한 국가의 행복 정도를 정량화한다. 예를 들어, 삶의 질이 모두 5인 100명의 국민으로 구성된 국가의 행복 정도는 500이다.

갑은 이제 국가의 행복 정도가 클수록 더 행복한 국가라고 하면서 어느 국가가 더 행복한 국가인지까지도 서로 비교하고 평가할 수 있다고 주장한다. 하지만 갑의 주장은 받아들이기 어렵다. 행복한 국가라면 그 국가의 대다수 국민이 높은 삶의 질을 누리고 있다고 보는 것이 일반적인 직관인데, 이 직관과 충돌하는 결론이 나오기 때문이다. 예를 들어, A국과 B국의 행복 정도를 비교하는 다음의 경우를 생각해 보자. __(가)__ . B국에서 가장 높은 삶의 질을 지닌 국민이 A국에서 가장 낮은 삶의 질을 지닌 국민보다 삶의 질 수치가 낮다. 그러면 갑은 __(나)__ . 그러나 이러한 결론에 동의할 사람은 거의 없을 것이다.

① (가): A국의 행복 정도가 B국의 행복 정도보다 더 크지만
   (나): B국이 A국보다 더 행복한 국가라고 말해야 할 것이다

② (가): A국의 행복 정도가 B국의 행복 정도보다 더 크지만
   (나): A국이 B국보다 더 행복한 국가라고 말해야 할 것이다

③ (가): A국의 행복 정도와 B국의 행복 정도가 같지만
   (나): B국이 A국보다 더 행복한 국가라고 말해야 할 것이다

④ (가): B국의 행복 정도가 A국의 행복 정도보다 더 크지만
   (나): B국이 A국보다 더 행복한 국가라고 말해야 할 것이다

⑤ (가): B국의 행복 정도가 A국의 행복 정도보다 더 크지만
   (나): A국이 B국보다 더 행복한 국가라고 말해야 할 것이다

26. 다음 글의 (가)와 (나)에 들어갈 말을 적절하게 나열한 것은? *22년 국가직 7급 PSAT 언어논리*

> 서양 사람들은 옛날부터 신이 자연 속에 진리를 감추어 놓았다고 믿고 그 진리를 찾기 위해 노력했다. 그들은 숨겨진 진리가 바로 수학이며 자연물 속에 비례의 형태로 숨어 있다고 생각했다. 또한 신이 자연물에 숨겨 놓은 수많은 진리 중에서도 인체 비례야말로 가장 아름다운 진리의 정수로 여겼다. 그래서 서양 사람들은 예로부터 이러한 신의 진리를 드러내기 위해서 완벽한 인체를 구현하는 데 몰두했다. 레오나르도 다빈치의「인체 비례도」를 보면, 원과 정사각형을 배치하여 사람의 몸을 표현하고 있다. 가장 기본적인 기하 도형이 인체 비례와 관련 있다는 점에 착안하였던 것이다. 르네상스 시대 건축가들은 이러한 기본 기하 도형으로 건축물을 디자인하면 (가) 위대한 건물을 지을 수 있다고 생각했다.
>
> 건축에서 미적 표준으로 인체 비례를 활용하는 조형적 안목은 서양뿐 아니라 동양에서도 찾을 수 있다. 고대부터 중국이나 우리나라에서도 인체 비례를 건축물 축조에 활용하였다. 불국사의 청운교와 백운교는 3 : 4 : 5 비례의 직각삼각형으로 이루어져 있다. 이와 같은 비례로 건축하는 것을 '구고현(勾股弦)법'이라 한다. 뒤꿈치를 바닥에 대고 무릎을 직각으로 구부린 채 누우면 바닥과 다리 사이에 삼각형이 이루어지는데, 이것이 구고현법의 삼각형이다. 짧은 변인 구(勾)는 넓적다리에, 긴 변인 고(股)는 장딴지에 대응하고, 빗변인 현(弦)은 바닥의 선에 대응한다. 이 삼각형은 고대 서양에서 신성불가침의 삼각형이라 불렀던 것과 동일한 비례를 가지고 있다. 동일한 비례를 아름다움의 기준으로 삼았다는 점에서 (나) 는 것을 알 수 있다.

① (가): 인체 비례에 숨겨진 신의 진리를 구현한
  (나): 조형미에 대한 동서양의 안목이 유사하였다
② (가): 신의 진리를 넘어서는 인간의 진리를 구현한
  (나): 인체 실측에 대한 동서양의 계산법이 동일하였다
③ (가): 인체 비례에 숨겨진 신의 진리를 구현한
  (나): 건축물에 대한 동서양의 공간 활용법이 유사하였다
④ (가): 신의 진리를 넘어서는 인간의 진리를 구현한
  (나): 조형미에 대한 동서양의 안목이 유사하였다
⑤ (가): 인체 비례에 숨겨진 신의 진리를 구현한
  (나): 인체 실측에 대한 동서양의 계산법이 동일하였다

Chapter 03 사례 추론

사례 추론의 조건 찾기

긍정 발문인지 부정 발문인지에 따라서 조건들을 활용하는 방식이 달라집니다.

> **지문**: 정답 조건 1, 정답 조건 2, 정답 조건 3 + 오답 조건

- 긍정 발문이면, '가장 적절한 것'을 골라야 하므로
  : 조건 1~3을 모두 충족하면서 오답 조건을 가지지 않은 것이 답

- 부정 발문이면, '적절하지 않은 것'을 골라야 하므로
  : 나머지 선지가 조건 1~3을 모두 충족했을 때에는, 하나라도 누락한 것이 답
  나머지 선지가 조건 1~3 중 적어도 하나 이상 충족했을 때, 조건을 하나도 충족하지 못한 것이 답 / 오답 조건을 가지면 정답 조건을 충족했더라도 답

사례 추론을 이해하는 논리 게임

A가 성립되기 위한 조건: a, b, c, d   B가 성립되기 위한 조건: e, f, g
A가 성립될 수 없는 조건: h, i   B가 성립될 수 없는 조건: j, k

Q. 긍정 발문〉 다음 중 A의 사례로 가장 적절한 것은?
　① a+b+c　② a+b+e+f　③ e+f+g+h　④ j+k　⑤ a+b+c+d+h

A. 정답 ① ▶ A가 성립되기 위한 조건이 부족해도 오답 조건을 가진 선지보다 우월한 선지이다.

Q. 부정 발문〉 다음 중 A의 사례로 볼 수 없는 것은?
　① a+b+c+d　② a+b+e+f　③ e+f+g　④ j+k　⑤ a+b+c+d+h

A. 정답은 ⑤ ▶ A가 성립되기 위한 조건이 충족되었으나, A가 성립될 수 없는 조건 h를 가지고 있음.
　① a+b+c+d ▶ A라는 것이 보장됨.
　② a+b+e+f ▶ A조건과 B조건의 일부를 가지고 있으나 A가 될 수 없는 조건이나 B가 될 수 없는 조건을 가지지 않았으므로, A일지, B일지, 아니면 다른 것일지 알 수 없음.
　③ e+f+g ▶ B라는 것이 보장되지만, 문제의 정보 중에 A와 B가 동시에 성립될 수 없다는 말이 없으므로, ③번이 A가 아니라는 것은 증명되지 않음.
　④ j+k ▶ B가 아니라는 것은 확실하지만, B가 아니면 A라는 것이 보장되는 것도 아님.

1 사례 추론을 위한 조건 활용

1. 사례를 찾아야 하는 해당 개념의 정의가 바로 조건이다.
2. 조건을 다 찾지 못하면 정답이 나오지 않는다.
3. 지문에 나온 대조 개념의 정보를 오답 조건으로 활용할 수 있다.
4. 유추는 반드시 일반화를 거쳐야 한다.

사례 추론

1. 하버마스의 주장에 부합하는 사례로 가장 적절한 것은?

21년 국가직 9급

하버마스는 18세기부터 현대까지 미디어의 등장 배경과 발전 과정을 분석하면서, 공공 영역의 부상과 쇠퇴를 추적했다. 하버마스에게 공공 영역은 일반적 쟁점에 대한 토론과 의견을 형성하는 공공 토론의 민주적 장으로서 역할을 한다.

하버마스는 17세기와 18세기 유럽 도시의 살롱에서 당시의 공공 영역을 찾았다. 비록 소수의 사람들만이 살롱 토론 문화에 참여했으나, 공공 토론을 통해 정치적 문제를 해결하는 논리를 도입할 수 있었기 때문에 살롱이 초기 민주주의 발전에 중요한 역할을 했다고 그는 주장한다. 적어도 살롱 문화의 원칙에서 공개적 토론을 위한 공공 영역은 각각의 참석자들에게 동등한 자격을 부여했다.

그러나 하버마스에 따르면, 현대 사회에서 민주적 토론은 문화 산업의 발달과 함께 퇴보했다. 대중매체와 대중오락의 보급은 공공 영역이 공허해지는 원인으로 작용했다. 상업적 이해관계는 공공의 이해관계에 우선하게 되었다. 공공 여론은 개방적이고 합리적 토론을 통해서가 아니라 광고에서처럼 조작과 통제를 통해 형성되고 있다.

미디어가 점차 상업화되면서 하버마스가 주장한 대로 공공 영역이 침식당하고 있다. 상업화된 미디어는 광고 수입에 기대어 높은 시청률과 수익을 보장하는 콘텐츠 제작만을 선호하게 되었다. 그 결과 공적 주제에 대한 시민들의 논의와 소통의 장이 줄어들어 결과적으로 공공 영역이 축소되었다. 많은 것을 약속한 미디어는 이제 민주주의 문제의 일부로 변해 버린 것이다.

① 살롱 문화에서 특정 사회 계층에 대한 비판적인 토론은 허용되지 않았다.
② 인터넷의 발달과 보급은 상업적 광고뿐만 아니라 공익 광고도 증가시켰다.
③ 글로벌 미디어가 발달하더라도 국제 사회의 공공 영역은 공허해지지 않는다.
④ 수익성 위주의 미디어 플랫폼과 콘텐츠가 더 많아지면서 민주적 토론이 감소되었다.

2. 다음 글을 바탕으로 추론한 생각 중 적절하지 않은 것은?

18년 국가직 7급

소쉬르는 언어를, 기호의 형식에 상응하는 기표(記標)와 기호의 의미에 상응하는 기의(記意)의 기호적 조합이라고 전제한다. 예를 들어 '흑연과 점토의 혼합물을 구워 만든 가느다란 심을 속에 넣고, 겉은 나무로 둘러싸서 만든 필기도구'라는 의미를 표시하는 기표는 한국어에서 '연필'이다. 그런데 '연필'의 기의에 대응되는 영어 기표는 'pencil'이다. 각기 다른 기표가 동일한 기의를 표현한 것이다. 소쉬르는 이처럼 하나의 기의가 서로 다른 기표에 대응되는 것을 두고 기호적 관계가 자의적이라고 주장하는 한편, 이러한 자의성은 사회적 약속과 문화적 약호(code)에 따라 조율된다고 보았다.

① 표준어로 '부추'에 상응하는 표현이 지역에 따라 달리 나타나는 현상에서 기호의 자의성을 엿볼 수 있겠군.
② 어떤 개념을 새롭게 표현한 단어가 널리 쓰이려면 그 개념을 쓰는 사회 성원들의 공통된 합의가 필요하겠군.
③ 같은 종교를 믿으면서 문화적 약호가 유사한 지역에서는 같은 기표에 대응되는 개념이 비슷할 가능성이 높겠군.
④ 사랑이나 진리와 같이 사회 문화적으로 보편적인 개념을 지시하는 각각의 기표들에서 유사한 형식을 도출할 수 있겠군.

3. 다음 글의 사례로 인용하기에 가장 적절한 것은?

☐ 10년 지방직 7급

> 아리스토텔레스가 말한 완전한 사랑의 요소 중 가장 중요한 것은 유사성이다. 아리스토텔레스는 이 유사성에 대해 길고 상세한 설명을 덧붙이고 있다. 요약하자면 마음을 다해 사랑하는 두 사람의 관계는 차이성에서 동일성으로 향하는 줄기찬 노력의 과정이어야 한다는 것이다.
>
> 여기서 그는 동일성이 목표가 아니라 방향이라는 점을 강조한다. 완전히 같아진다는 것은 가능한 일도 아니거니와 가능하다 하더라도 그것은 완전한 사랑에 모순된다. 하나만으로는 사랑이 불가능하기 때문이다.
>
> 그러므로 완전한 동일성은 사랑의 완성이 아니라 파국이다. 비록 사랑이 두 사람 사이의 차이에서 비롯된 동화에의 열정이고 다름 속에서 같음을 만들어가는 긴장 넘치는 과정이기는 하나, 차이를 모두 제거해 버린 동일화는 마침내 사랑마저 제거해 버릴 것이다.

① 사랑은 분신을 만드는 일이다. 자기 자신을 대하듯이 사랑을 베풀어야 한다.
② 사랑은 두 사람이 서로 마주 보는 것이 아니라 두 사람이 함께 한 곳을 바라보는 것이다.
③ 그 사람의 미덕과 인품에 이끌려 자신도 모르게 가까이 다가갈 때, 비로소 사랑은 시작된다.
④ 사랑은 우리들을 행복하게 하기 위해서 존재하는 것이 아니라, 우리들이 고뇌와 인내에서 얼마만큼 견딜 수 있는가를 보기 위해서 존재한다.

4. 다음 글에 나타난 인간의 행동 양식과 거리가 가장 먼 것은?

☐ 09년 지방직 9급

> 우리는 무엇이 옳은가를 결정하기 위해 다른 사람들이 옳다고 생각하는 것이 무엇인지를 알아보기도 한다. 이것을 '사회적 증거의 법칙'이라고 한다. 이 법칙에 따르면 주어진 상황에서 어떤 행동이 옳고 그른가는 얼마나 많은 사람들이 같은 행동을 하느냐에 의해 결정된다고 한다.
>
> 다른 사람들이 하는 대로 행동하는 경향은 여러모로 매우 유용하다. 일반적으로 다른 사람들이 하는 대로 행동하게 되면, 즉 사회적 증거에 따라 행동하면, 실수할 확률이 줄어든다. 왜냐하면 다수의 행동이 올바르다고 인정되는 경우가 많기 때문이다. 그러나 이러한 사회적 증거의 특성은 장점인 동시에 약점이 될 수도 있다. 이런 태도는 우리가 주어진 상황에서 어떻게 행동해야 할 것인가를 결정하는 지름길로 사용될 수 있지만, 맹목적으로 이를 따르게 되면 그 지름길에 숨어서 기다리고 있는 불로소득자들에 의해 이용당할 수도 있기 때문이다.

① 영희는 고속도로에서 주변의 차들과 같은 속도로 달리다가 속도위반으로 범칙금을 냈다.
② 철수는 검색 우선순위에 따라 인터넷 뉴스를 본다.
③ 순이는 발품을 팔아 값이 가장 싼 곳에서 물건을 산다.
④ 명수는 여행을 가서 밥을 먹을 때 구석진 곳이라도 주차장에 차가 가장 많은 식당에서 밥을 먹는다.

5. 다음 글을 토대로 하여 인물 간의 관계를 예상한 것으로 적절하지 않은 것은? 　22년 국회직 8급

오행에서 상생이란 기르고, 북돋우고, 촉진한다는 의미를 지닌다. 상극이란 억압하고, 구속하고, 통제한다는 의미를 지닌다. 오행 사이에는 모두 상생과 상극의 관계가 존재한다. 상생 관계가 성립되지 않으면 사물의 발전과 성장은 기대할 수 없다. 상극 관계가 없으면 사물이 발전하고 성장하는 중에 균형과 조화를 유지할 수 없다. 상생 관계는 목생화, 화생토, 토생금, 금생수, 수생목이고 상극 관계는 목극토, 토극수, 수극화, 화극금, 금극목이다.

《서유기》의 등장인물은 오행의 생극 관계로 형상화되어 있다. 작품에서 삼장은 오행 가운데 수에 속한다. 삼장과 상생 관계에 있는 인물은 목인 저팔계이고 상극 관계에 있는 인물은 화인 손오공이다. 삼장이 제자들 가운데 특별히 저팔계를 편애하는 것은 그들이 상생 관계에 있기 때문이고, 손오공에게 각박한 것은 상극 관계에 있기 때문이다. 그런데 삼장과 손오공 사이에는 상극 관계만 존재하는 것이 아니라 상생 관계도 존재한다. 손오공은 화인 동시에 금이기도 하기 때문이다. 금이 수를 낳는 상생 관계이므로 손오공과 삼장 사이는 상호 보완의 관계이기도 하다. 그러므로 손오공은 서행 길을 가는 동안 삼장의 앞길을 가로막는 요괴들을 물리칠 뿐만 아니라 삼장이 미망에 갇혀 빠져나오지 못하고 불안해할 때마다 그를 정신적으로 인도하여 깨달음에 이르게 한다. 마지막으로 사오정은 오행에서 토에 속한다. 사오정은 참을성 많고 침착하며 사려 깊은 인물로 형상화되고 있으며 갈등을 조정하는 역할을 맡고 있다.

① 손오공과 저팔계 사이에는 상생 관계가 존재한다.
② 손오공과 저팔계 사이에는 상극 관계가 존재한다.
③ 손오공과 사오정 사이에는 상극 관계가 존재한다.
④ 삼장과 저팔계 사이에는 상생 관계가 존재한다.
⑤ 사오정과 저팔계 사이에는 상극 관계가 존재한다.

6. 다음 글에서 말하는 '그릇' 도식의 사례로 적절하지 않은 것은? 　22년 국회직 8급

존슨의 상상력 이론은 '영상 도식(Image Schema)'과 '은유적 사상(Metaphorical Mapping)'이라는 두 축을 중심으로 전개된다. 영상 도식이란 신체적 활동을 통해 직접 발생하는 소수의 인식 패턴들이며, 시대와 문화를 넘어 거의 보편적으로 나타나는 인식의 기본 패턴들이다. 존슨은 '그릇(Container)', '균형(Balance)', '강제(Compulsion)', '연결(Link)', '원-근(Near-Far)', '차단(Blockage)', '중심-주변(Center-Periphery)', '경로(Path)', '부분-전체(Part-Whole)' 등의 영상 도식을 예로 들고 있다. 우리는 영상 도식들을 물리적 대상은 물론 추상적 대상들에 '사상(Mapping)'함으로써 사물을 구체적 대상으로 식별하며, 동시에 추상적 개념들 또한 구체화할 수 있다. 예를 들어 우리는 '그릇' 도식을 방이나 건물 같은 물리적 대상에 사상함으로써 그것들을 안과 밖이 있는 대상으로 인식하게 된다. 또 '그릇' 도식을 꿈이나 역사 같은 추상적 대상에 사상함으로써 '꿈속에서'나 '역사 속으로'와 같은 표현을 사용하고 이해할 수 있다.

① 사랑받는 사람의 심장은 기쁨으로 가득 차 있다.
② 원수를 기다리는 그의 눈에는 분노가 담겨 있었다.
③ 전화기에서 들려온 말은 나를 두려움 속에 몰아넣었다.
④ 우리의 관계는 더 이상의 진전 없이 막다른 길에 부딪쳤다.
⑤ 지구의 반대편에서 출발한 비행기가 드디어 시야에 들어오고 있다.

7. 다음 글의 ⊙을 강화하는 것만을 〈보기〉에서 모두 고르면?

25년 출제기조 전환 예시문항 2차

신석기시대에 들어 인류는 제대로 된 주거 공간을 만들게 되었다. 인류의 초기 주거 유형은 특히 바닥을 어떻게 만드느냐에 따라 구분된다. 이는 지면을 다지거나 조금 파고 내려가 바닥을 만드는 '움집형'과 지면에서 떨어뜨려 바닥을 설치하는 '고상(高床)식'으로 나뉜다.

중국의 고대 문헌에 등장하는 '혈거'와 '소거'가 각각 움집형과 고상식 건축이다. 움집이 지붕으로 상부를 막고 아랫부분은 지면을 그대로 활용하는 지붕 중심 건축이라면, 고상식 건축은 지면에서 오는 각종 침해에 대비해 바닥을 높이 들어 올린 바닥 중심 건축이라 할 수 있다. 인류의 주거 양식은 혈거에서 소거로 진전되었다는 가설이 오랫동안 지배했다. 바닥을 지면보다 높게 만드는 것이 번거롭고 어렵다고 여겼기 때문이다. 그런데 1970년대에 중국의 허무두에서 고상식 건축의 유적이 발굴되면서 새로운 ⊙ 주장이 제기되었다. 그것은 혈거와 소거가 기후에 따라 다른 자연환경에 적응해 발생했다는 것이다.

──[보기]──

ㄱ. 우기에 비가 넘치는 산간 지역에서는 고상식 주거 건축물 유적만 발견되었다.

ㄴ. 움집형 집과 고상식 집이 공존해 있는 주거 양식을 보여 주는 집단의 유적지가 발견되었다.

ㄷ. 여름에는 고상식 건축물에서, 겨울에는 움집형 건축물에서 생활한 집단의 유적이 발견되었다.

① ㄱ, ㄴ
② ㄱ, ㄷ
③ ㄴ, ㄷ
④ ㄱ, ㄴ, ㄷ

8. 다음 대화의 ⊙으로 적절한 것만을 〈보기〉에서 모두 고르면?

21년 국가직 7급 PSAT 언어논리

갑: 우리 지역 장애인의 체육 활동을 지원하기 위한 '장애인 스포츠강좌 지원사업'의 집행 실적이 저조하다고 합니다. 지원 바우처를 제대로 사용하지 못하고 있다는 의미인데요. 비장애인을 대상으로 하는 '일반 스포츠강좌 지원사업'은 인기가 많아 예산이 금방 소진된다고 합니다. 과연 어디에 문제점이 있는 것일까요?

을: 바우처를 수월하게 사용하려면 사용 가능한 가맹 시설이 많이 있어야 합니다. 우리 지역의 '장애인 스포츠강좌 지원사업' 가맹 시설은 10개소이며 '일반 스포츠강좌 지원사업' 가맹 시설은 300개소입니다. 그런데 장애인들은 비장애인들에 비해 바우처를 사용하기 훨씬 어렵습니다. 혹시 장애인의 수에 비해 장애인 대상 가맹 시설의 수가 비장애인의 경우보다 턱없이 적어서 그런 것 아닐까요?

병: 글쎄요, 제 생각은 조금 다릅니다. 바우처 지원액이 너무 적은 것은 아닐까요? 장애인을 대상으로 하는 스포츠강좌는 보조인력 비용 등 추가 비용으로 인해, 비장애인 대상 강좌보다 수강료가 높을 수 있습니다. 바우처를 사용한다 해도 자기 부담금이 여전히 크다면 장애인들은 스포츠강좌를 이용하기 어려울 것입니다.

정: 하지만 제가 보기엔 장애인들의 주요 연령대가 사업에서 제외된 것 같습니다. 현재 본 사업의 대상 연령은 만 12세에서 만 49세까지인데, 장애인 인구의 고령자 인구 비율이 비장애인 인구에 비해 높다는 사실을 고려하면, 대상 연령의 상한을 적어도 만 64세까지 높여야 한다고 생각합니다.

갑: 모두들 좋은 의견 감사합니다. 오늘 회의에서 논의된 내용을 확인하기 위해 ⊙ 필요한 자료를 조사해 주세요.

──[보기]──

ㄱ. 장애인 및 비장애인 각각의 인구 대비 '스포츠강좌 지원사업' 가맹 시설 수

ㄴ. 장애인과 비장애인 각각 '스포츠강좌 지원사업'에 참여하기 위해 본인이 부담해야 하는 금액

ㄷ. 만 50세에서 만 64세까지의 장애인 중 스포츠강좌 수강을 희망하는 인구와 만 50세에서 만 64세까지의 비장애인 중 스포츠강좌 수강을 희망하는 인구

① ㄴ
② ㄷ
③ ㄱ, ㄴ
④ ㄱ, ㄷ
⑤ ㄱ, ㄴ, ㄷ

PART 6
말과 글을 활용한 실용적 의사소통 능력

Chapter 01 화법 — 188

Chapter 02 작문(내용) — 202

Chapter 01 화법

1 토론과 토의의 차이

- 토론은 찬반 양쪽이 나뉜 상태에서 상대편이 우리 쪽 의견을 받아들이도록 설득하는 '경쟁적인 의사소통'이다. 그러므로 토론자들은 찬성과 반대로 나뉘어 서로 대립하고, 상대방 주장에서 잘못된 점이나 약점을 찾아내려고 하는 비판적인 태도를 보인다. 반면 토의는 여러 의견을 견주어 보고 가장 좋은 해결책을 찾아 가는 '협동적인 의사소통'이다. 즉, 상대방을 헐뜯기보다는 더 좋은 제안이나 의견이 나왔을 때 받아들이려고 하는 태도를 보인다는 차이가 있다.
- 토의와 토론은 둘 이상의 화자가 모여 협의 또는 논쟁을 통해 문제의 해결을 모색하는 말하기라는 입장에서 공통된 성격의 발화로 볼 수도 있다.

2 대화의 격률 – 협력의 원리

- 양의 격률: 주고받는 대화의 목적에 필요한 만큼만 정보를 제공하고 필요 이상의 정보를 제공하지 말라.
- 질의 격률: 진실한 정보만을 제공하도록 노력하고 증거가 불충분한 것은 말하지 말라.
- 관련성의 격률: 대화의 목적이나 주제와 관련된 것을 말하라.
- 태도의 격률: 모호하거나 중의적인 표현을 피하고, 간결하고 조리 있게 말하되 언어 예절에 맞게 말하라.

3 대화의 격률 – 공손성의 원리

- 요령의 격률: 〈상대방에게〉 부담이 되는 표현은 최소화하고, / 상대방의 이익을 극대화하는 표현을 최대화하라.
- 관용의 격률: 〈화자 자신에게〉 혜택을 주는 표현은 최소화하고, / 부담을 주는 표현을 최대화하라.
- 찬동의 격률: 〈다른 사람에 대한〉 비방은 최소화하고, 칭찬을 극대화하라.
- 겸양의 격률: 〈자신에 대한〉 칭찬은 최소화하고, 비방을 극대화하라.
- 동의의 격률: 다른 사람과의 의견 차이를 최소화하고, 일치점을 극대화하라.

4 공감적 듣기

'공감적 듣기'는 감정을 이입하여 상대방의 감정을 이해하려는 데 그 목적을 두는 '너 중심 듣기'라 할 수 있다. 공감적 듣기를 위해서는 무엇보다 비판하거나 윤리적으로 판단하지 않는 수용적 분위기를 조성하고, 상대방의 말을 집중해서 들어줘야 한다.

공감적 듣기의 시작인 '들어주기'에는 '소극적 들어주기'와 '적극적 들어주기'가 있다.

- **소극적 들어주기**: 상대방에게 관심을 표명하면서 화자가 계속 이야기를 이어갈 수 있도록 화맥을 조절해 주는 방법
- **적극적 들어주기**: 청자가 객관적인 관점에서 문제에 접근할 수 있도록 화자의 말을 요약, 정리해 주고 반영해 주는 역할을 통해서 화자 스스로 문제를 해결할 수 있도록 도와주는 방법

5 분석적 듣기

상대의 말을 분석하고 검토함으로써 내용을 이해하는 방법이다. 강의나 선거 유세 연설, 뉴스, 광고 등 비판적 판단을 요하는 듣기에 유용하다. 분석적 듣기의 목적은 단순히 정보를 이해하는 것이 아니라 상대방의 견해에 대해 지적 검토를 거쳐 비판적 검증을 하는 것이다.

6 대화적 듣기

두 사람이 협력해서 함께 의미를 만들어 가기에 적합한 방법이다. 대화적 듣기를 방해하는 주된 장애 요인은 대개 자기 자신이다. 자신의 입장이 더 중요하고, 자신의 생각만 옳다고 생각하면, 상대방과 바람직한 인간관계를 유지하면서 협력적으로 의미를 만들어 나가기 어렵다.

7 협상 전략

1. **협력 전략(Win-Win)**
   - 합의에 이르기 위해 협상 당사자들이 서로 협력하는 것
   - 협상 당사자들은 자신들의 목적이나 우선순위에 대한 정보를 서로 교환하고 이를 통합하여 문제를 해결하고자 노력
   - 자신이 가지고 있는 것 가운데서 우선순위가 낮은 것은 양보
   - 신뢰에 기반을 둔 협력

2. 유화 전략(Lose-Win)
   - 양보 전략, 순응 전략, 화해 전략, 수용 전략, 굴복 전략
   - 상대방이 제시하는 것을 일방적으로 수용하여 협상의 가능성을 높임.
   - 협상으로 돌아올 결과보다는 상대방과 관계 유지 선호, 상대방과 충돌을 피하고자 함.
   - 단기적으로 이익은 없지만 오히려 장기적 관점에서 상호 의존성과 인간관계의 우호적인 면을 강화하여 이익이 될 수 있음.

3. 회피 전략(Lose-Lose)
   - 무행동 전략, 협상으로부터 철수하는 전략
   - 얻게 되는 결과, 인간관계 모두에 관심이 없을 때 협상을 거절하는 것
   - 협상의 가치가 낮거나 협상을 중단하고자 하는 등 상대방에게 심리적 압박감을 주어 필요한 정보를 얻어내고자 할 때 또는 쟁점 해결을 위한 협상 외의 대안이 존재할 때 사용
   - 협상 상황이 자신에게 불리하게 전개되고 있을 때 협상 국면을 전환하기 위해 사용
   - 회피, 무시, 무반응, 협상 안건을 타인에게 넘겨주기, 협상으로부터 철수 등

4. 강압 전략 = 힘의 전략(Win-Lose)
   - 자신이 상대방보다 힘에서 우위를 점유하고 있을 때 자신의 이익을 극대화하기 위한 전략
   - 강압적 설득, 처벌, 무력시위 등을 이용하여 상대방을 굴복시키거나 순응시킴.
   - 일방적인 의사소통, 일방적인 양보
   - 합의 도출이 어려움.

8 비언어적 표현·준언어적 표현

비언어적 표현은 언어적 표현이 아닌 외적인 요소로 몸짓이나 표정 등을 통해 생각이나 느낌을 나타내는 것이고, 준언어적 표현은 언어적 표현에 포함되어 있어 목소리의 크기, 고저, 말투 등으로 말의 느낌을 효과적으로 만들어 주는 것이다.

화법

1. 다음 대화의 ㉠~㉤에 대한 설명으로 적절하지 않은 것은?
22년 국가직 9급

> 이진: 태민아, ㉠이 책 읽어 봤니?
> 태민: 아니, ㉡그 책은 아직 읽어 보지 못했어.
> 이진: 그렇구나. 이 책은 작가의 문체가 독특해서 읽어 볼 만해.
> 태민: 응, 꼭 읽어 볼게. 한 권 더 추천해 줄래?
> 이진: 그럼 ㉢저 책은 어때? 한국 대중문화를 다양한 시각에서 다룬 재미있는 책이야.
> 태민: 그래, ㉣그 책도 함께 읽어 볼게.
> 이진: (두 책을 들고 계산대로 간다.) 읽어 보겠다고 하니, 생일 선물로 ㉤이 책 두 권 사 줄게.
> 태민: 고마워. 잘 읽을게.

① ㉠은 청자보다 화자에게, ㉡은 화자보다 청자에게 가까이 있는 대상을 가리킨다.
② ㉢은 화자보다 청자에게 멀리 있는 대상을 가리킨다.
③ ㉢과 ㉣은 같은 대상을 가리킨다.
④ ㉤은 ㉡과 ㉢ 모두를 가리킨다.

2. 토론에서 사회자가 하는 역할에 대한 설명으로 가장 적절한 것은?
19년 지방직 9급

① 토론을 시작하면서 논제가 타당한지 토론자들의 의견을 묻는다.
② 토론자들에게 토론의 전반적인 방향과 유의점에 대해 안내한다.
③ 청중의 의견을 수렴하여 대안을 제시함으로써 쟁점을 약화시킨다.
④ 토론자의 주장과 논거를 비판하는 견해를 개진하여 논쟁의 확산을 꾀한다.

3. 다음 조건에 따라 토론 논제를 수정한 것으로 가장 적절한 것은?
23년 지역인재 9급

> ○ 쟁점이 하나여야 한다.
> ○ 긍정과 부정의 입장을 명확히 구분할 수 있어야 한다.
> ○ 찬성 측 입장을 담아 완결된 긍정문으로 진술하라.
> ○ 범위 특정이 어려운 부정확한 표현을 쓰지 말라.

① 주말에 운동장을 주민들에게 개방해야 한다.
  → 주말에 운동장을 주민들에게 개방하면 안 된다.
② 교내에서 무분별한 간식 소비를 금지해야 한다.
  → 교내에서 과도한 간식 소비를 금지해야 한다.
③ 청소년의 여가 활동으로 적절한 것은 무엇인가?
  → 청소년의 여가 활동으로 적절한 운동을 제안해 보자.
④ 학생들의 휴대폰 사용과 교복 착용에 관련된 규정을 개정해야 한다.
  → 학생들의 휴대폰 사용 규정을 개정해야 한다.

4. (가)에 들어갈 반대 신문으로 가장 적절한 것은?
21년 지역인재 9급

> 토론을 진행하는 과정에서 반대 측의 반대 신문은 질문의 형식이 일반적이다. 이때, 찬성 측의 발언에 대한 검증을 해야 하기 때문에 반대 신문은 '예, 아니요'로 답할 만한 폐쇄형 질문으로 이루어진다. 또한, 반대 신문은 찬성 측 발언의 허점이나 오류를 짚어 내기 위한 내용이어야 한다.

찬성 측의 주장	국민 건강 증진을 위해 건강세를 도입해야 합니다.
반대 측의 반대 신문	(가)

① 건강세 이외에 국민 건강 증진을 위한 또 다른 효과적 대안은 무엇입니까?
② 건강세 도입의 경제성이나 효과성에 대해 찬성 측은 어떻게 생각하십니까?
③ 찬성 측에서 말씀하신 건강세 도입은 구체적으로 어디에 세금을 부과하는 것입니까?
④ 건강세 도입으로 제품의 가격이 인상되면 결국 국민들이 과세 부담을 안는 것 아닙니까?

Chapter 01 화법

5. ㉠~㉢은 '공손하게 말하기'에 대한 설명이다. ㉠~㉢을 적용한 B의 대답으로 적절하지 않은 것은?

📅 21년 국가직 9급

> ㉠ 자신을 상대방에게 낮추어 겸손하게 말해야 한다.
> ㉡ 상대방의 처지를 고려하여 상대방이 부담을 갖지 않도록 말해야 한다.
> ㉢ 상대방이 관용을 베풀 수 있도록 문제를 자신의 탓으로 돌려 말해야 한다.
> ㉣ 상대방의 의견에서 동의하는 부분을 찾아 인정해 준 다음에 자신의 의견을 말해야 한다.

① ㉠ ─ A: "이번에 제출한 디자인 시안 정말 멋있었어."
　　　　 B: "아닙니다. 아직도 여러모로 부족한 부분이 많습니다."

② ㉡ ─ A: "미안해요. 생각보다 길이 많이 막혀서 늦었어요."
　　　　 B: "괜찮아요. 쇼핑하면서 기다리니 시간 가는 줄 몰랐어요."

③ ㉢ ─ A: "혹시 내가 설명한 내용이 이해 가니?"
　　　　 B: "네 목소리가 작아서 내용이 잘 안 들렸는데 다시 한 번 크게 말해 줄래?"

④ ㉣ ─ A: "가원아, 경희 생일 선물로 귀걸이를 사주는 것은 어때?"
　　　　 B: "그거 좋은 생각이네. 하지만 경희의 취향을 우리가 잘 모르니까 귀걸이 대신 책을 선물하는 게 어떨까?"

6. 다음 중 '을'이 '동의의 격률'에 따라 대화를 한 것은?

📅 22년 군무원 9급

① 갑: 저를 좀 도와주실 수 있어요?
　 을: 무슨 일이지요? 지금 급히 해야 할 일이 있어요.

② 갑: 글씨를 좀 크게 써 주세요.
　 을: 귀가 어두워서 잘 들리지 않는데 좀 크게 말씀해 주세요.

③ 갑: 여러 모로 부족한 점이 많은데, 앞으로 잘 부탁합니다.
　 을: 저는 매우 부족한 사람이라서 제대로 도와 드릴 수 있을지 걱정입니다.

④ 갑: 여러 침대 중에 이것이 커서 좋은데 살까요?
　 을: 그 침대가 크고 매우 우아해서 좋군요. 그런데 좀 커서 우리 방에 들어가지 않을 것 같아요.

7. 다음 대화 상황에서 의사소통에 장애가 일어났다고 한다면, 그 이유로 가장 적절한 것은?

📅 18년 지방직 9급

> 교　사: 동아리 보고서를 오늘까지 내라고 하지 않았니?
> 학생 1: 네, 선생님. 다정이가 다 가지고 있는데, 아직 안 왔어요.
> 교　사: 이거, 큰일이네. 오늘이 마감인데.
> 학생 1: 그러게요. 큰일이네요. 다정이가 집에도 없는 것 같아요.
> 학생 2: 어떡해? 다정이 때문에 우리 모두 점수 깎이는 거 아니야? 네가 동아리 회장이니까 네가 책임져.
> 학생 1: 아니, 뭐라고? 다정이가 보고서 작성하기로 지난 회의에서 결정한 거잖아.
> 교　사: 자, 그만들 해. 이럴 때가 아니잖아. 어서 빨리 다정이한테 연락이나 해 봐. 지금 누구 잘잘못을 따질 상황이 아니야.
> 학생 3: 제가 다정이 연락처를 아니까 연락해 볼게요.

① 교사가 권위적인 태도로 상황을 무마하려 하고 있다.
② 학생 1이 자신의 책임을 면하기 위해 변명으로 일관함으로써 의사소통이 단절되고 있다.
③ 학생 2가 대화 맥락을 고려하지 않고 끼어들어 책임을 언급함으로써 갈등이 생겨나고 있다.
④ 학생 3이 본질과 관계없는 말을 언급함으로써 상황을 무마하려고 하고 있다.

8. (가)를 기준으로 볼 때 (나)의 대화에서 개선해야 할 점으로 가장 적절한 것은? ▣ 22년 지역인재 9급

> (가) 성공적인 대화에는 일반적으로 '시작-중심-종결'의 3단계 구조가 적용된다. '시작' 단계에서는 서로 인사를 주고받는다. '중심' 단계에서는 대화할 상황이 되는지, 어떻게 대화할지 등 대화 규칙을 의논하여 정하고, 이후 화제에 대해 대화한다. 그리고 '종결' 단계에서는 마무리 인사를 하거나 다른 화제로 넘어간다.
>
> (나) (복도에서 반 친구를 만난 상황)
> 학생 1: ㉠<u>안녕, 일찍 왔네.</u>
> 학생 2: 응, 너도 일찍 왔구나.
> 학생 1: ㉡<u>노트 좀 빌려줘. 내가 어제 수업을 못 들었어.</u>
> 학생 2: 그래? 근데 나 지금 바로 교무실 가 봐야 하는데. 나중에 교실에서 줄게.
> 학생 1: ㉢<u>잠깐만. 어제는 진도 얼마나 나갔니?</u>
> 학생 2: 조금, 어….
> 학생 1: 볼 게 많아?
> 학생 2: 어…, 조금…. 시간 다 돼서 급한데…, 다녀올게.
> 학생 1: ㉣<u>응, 잘 다녀와.</u>

① ㉠: 아침에 만나 처음 대화를 시작하므로 인사를 더욱 다정하게 해야 한다.
② ㉡: 대화할 수 있는 상황인지 물어보고 어떻게 대화할지를 정해야 한다.
③ ㉢: 대화 규칙을 정하기 전에 화제에 대해 진지한 대화를 해야 한다.
④ ㉣: 이번 대화를 마무리하면서 다음 대화 약속 시간을 정해야 한다.

9. 다음 대화에서 '정민'의 의사소통 방식으로 가장 적절한 것은? ▣ 20년 국가직 9급

> 상수: 요즘 짝꿍이랑 사이가 별로야.
> 정민: 왜? 무슨 일이 있었어?
> 상수: 그 애가 내 일에 자꾸 끼어들어. 사물함 정리부터 내 걸음걸이까지 하나하나 지적하잖아.
> 정민: 그런 일이 있었구나. 짝꿍한테 그런 말을 해 보지 그랬어.
> 상수: 해 봤지. 하지만 그때뿐이야. 아마 나를 자기 동생처럼 여기나 봐.
> 정민: 나도 그런 적이 있어. 작년의 내 짝꿍도 나한테 무척이나 심했거든. 자꾸 끼어들어서 너무 힘들었어. 네 얘기를 들으니 그때가 다시 생각난다. 그런데 생각을 바꿔 보니 그게 관심이다 싶더라고. 그랬더니 마음이 좀 편해졌어. 그리고 짝꿍과 솔직하게 얘기를 해 봤더니, 그 애도 자신의 잘못된 점을 고치더라고.
> 상수: 너도 그랬구나. 나도 생각을 바꾸려고 노력해 보고, 짝꿍하고 진솔한 대화를 나눠 봐야겠어.

① 상대방의 입장을 고려해 용서함으로써 갈등을 해결하고 있다.
② 자신의 경험을 들어 상대방이 해결점을 찾을 수 있도록 돕고 있다.
③ 상대방의 약점을 비판하면서 자신의 장점을 최대한 부각하고 있다.
④ 상대방이 말하는 내용을 경청하면서 그 타당성을 평가하고 있다.

10. 강연자의 말하기 방식에 대한 설명으로 적절하지 않은 것은?　　24년 지방직 9급

> 안녕하세요? 오늘 강연을 맡은 ○○○입니다. 저는 '사회역학'이라는 학문을 공부하고 있는데요, 혹시 '사회역학'이라는 단어를 들어 보신 적 있으신가요? 네, 별로 없네요. 간단히 말씀드리면, 질병 발생의 원인에 대한 사회적 요인을 탐구하는 분야입니다. 여러분들 표정을 보니 더 모르겠다는 표정인데요, 오늘 강연을 듣고 나면 제가 어떤 공부를 하는지 조금 더 알게 되실 겁니다.
> 　흡연을 예로 들어서 말씀드릴게요. 저소득층에게 흡연은 적은 비용으로 스트레스를 해소할 수 있는 방편이 됩니다. 위험한 작업환경에서 일하는 노동자에게 담배를 피우면 10년 뒤에 폐암이 발생할 수 있으니 당장 금연해야 한다고 말한다면, 이 말은 그렇게 설득력이 있지는 않을 것입니다. 저소득층이 열악한 사회적 환경에서 살아남기 위해 나름의 이유로 흡연할 경우, 그 점을 고려하지 않은 금연 정책은 효과를 보기 어렵다는 의미입니다.
> 　이러한 주장을 뒷받침하는 연구 결과가 있습니다. 하버드 보건대학원의 글로리안 소런슨 교수 팀은 제조업 사업체 15곳의 노동자 9,019명을 대상으로 연구를 진행하면서 다음과 같은 질문을 던집니다. "안전한 사업장에서 일하는 노동자가 금연할 가능성이 더 높지 않을까? 그렇다면 산업 안전 프로그램을 진행한 사업장의 금연율은 어떻게 다를까?" 이 프로그램이 진행되고 6개월 뒤에 흡연 상태를 측정했을 때 산업 안전 프로그램을 진행한 사업장의 금연율이, 금연 프로그램만 진행한 사업장 노동자들의 금연율보다 2배 가까이 높게 나타났습니다.

① 청중의 반응을 살피면서 발표를 진행하고 있다.
② 전문가의 연구 결과를 제시하여 신뢰성을 높이고 있다.
③ 시각 자료를 제시하여 청중의 주의를 끌고 있다.
④ 특정한 상황을 가정하여 내용의 이해를 돕고 있다.

11. 진행자의 말하기 방식에 대한 설명으로 적절하지 않은 것은?　　24년 국가직 9급

> 진행자: 우리 시에서도 다음 달부터 시내 도심부에서의 제한 속도를 조정하기로 했습니다. 이와 관련하여, 강□□ 교수님 모시고 말씀 듣겠습니다. 교수님, 안녕하세요?
> 강 교수: 네, 안녕하세요?
> 진행자: 바뀌는 제도의 내용을 좀 더 구체적으로 설명해 주시죠.
> 강 교수: 네, 시내 도심부 간선도로에서의 제한 속도를 기존의 70 km/h에서 60 km/h로 낮추는 정책입니다.
> 진행자: 시의회에서 이 정책 도입에 중요한 역할을 하신 것으로 아는데, 어떤 효과를 얻을 것이라고 주장하셨나요?
> 강 교수: 차량 간 교통사고 발생 가능성을 줄이고 보행자 안전을 확보할 수 있다고 했습니다.
> 진행자: 그런데 일각에서는 그런 효과는 미미하고 오히려 교통체증을 유발하여 대기오염이 심화될 것이라며 이 정책에 반대합니다. 이에 대해 말씀해 주시겠어요?
> 강 교수: 그렇지 않습니다. ○○시가 작년에 7개 구간을 대상으로 이 제도를 시험 적용해 보니, 차가 막히는 시간은 2분 정도밖에 증가하지 않았습니다. 그런데 중상 이상의 인명 사고는 26.2% 감소했습니다. 또 이산화질소와 미세먼지 같은 오염물질도 각각 28%, 21%가량 오히려 감소한다는 연구 결과가 있습니다.
> 진행자: 아, 그러니까 속도를 10 km/h 낮출 때 2분 정도 늦어지는 것이라면 인명 사고의 예방과 오염물질의 감소를 위해 충분히 감수할 만한 시간이라는 말씀이시군요.
> 강 교수: 네, 맞습니다.
> 진행자: 교통사고를 줄이고 보행자 안전을 확보할 수 있다는 점, 교통체증 유발은 미미할 것이라는 점, 오염물질 배출이 감소할 것이라는 점에서 이번의 제한 속도 조정 정책은 훌륭한 정책이라는 것이군요. 맞습니까?
> 강 교수: 네, 그렇게 정리할 수 있겠습니다.

① 상대방이 통계 수치를 제시한 의도를 자기 나름대로 풀어 설명한다.
② 상대방의 견해를 요약하며 자신이 이해한 바가 맞는지를 확인한다.
③ 상대방의 주장에 대한 이견을 소개하고 그에 대한 의견을 요청한다.
④ 상대방이 설명한 내용을 뒷받침할 수 있는 자신의 경험을 예시한다.

12. 다음 대화를 분석한 내용으로 적절하지 않은 것은?

24년 지방직 9급

> 박 과장: 오늘은 우리 시에서 후원하는 '벚꽃 축제'의 홍보 방법을 논의하겠습니다. 타 지역 사람들이 축제에 찾아오게 하는 홍보 방법을 제안해 주세요.
> 김 주무관: 지역 주민들이 SNS로 정보도 얻고 소통도 하니까 우리도 SNS를 통해 홍보하는 것은 어떨까요? 지역 주민들이 많이 가입한 SNS를 선별해서 홍보하면 입소문이 날 테니까요.
> 이 주무관: 파급력을 생각하면 지역 주민보다는 대중이 널리 이용하는 라디오 광고로 홍보하는 방법이 좋을 것 같습니다. 라디오는 다양한 연령과 계층이 듣기 때문에 광고 효과가 더 클 것입니다.
> 윤 주무관: 어떤 홍보든 간에 가장 쉬운 방법이 제일 좋습니다. 우리 기관의 누리집에 홍보 자료를 올리는 방법을 추천합니다.
> 박 과장: 네, 윤 주무관의 생각에 저도 동의합니다. 우리 기관의 누리집에 홍보 자료를 올리면 시간도 적게 들고 홍보 효과도 크겠네요.

① 축제의 홍보 방안에 대해 구성원들이 토의하는 과정을 보여 주고 있다.
② 김 주무관은 지역 주민들이 SNS를 즐겨 이용한다는 사실을 근거로 제시하고 있다.
③ 이 주무관은 라디오 광고가 SNS보다 홍보 효과가 클 것이라고 추측하고 있다.
④ 박 과장은 김 주무관, 이 주무관, 윤 주무관의 제안을 비교하여 의견을 절충하고 있다.

13. 다음 진행자 'A'의 대화 진행 전략으로 적절하지 않은 것은?

20년 국가직 9급

> A: 여러분, 안녕하세요? 한 지방 자치 단체가 의료 취약 계층을 위한 의약품 공급 정보망 구축 사업을 진행해 오고 있는데요. 오늘은 그 관계자 한 분을 모시고 말씀을 들어 보기로 하겠습니다. 과장님, 안녕하세요?
> B: 네, 안녕하세요.
> A: 의약품 공급 정보망이라는 말이 다소 생소한데 이게 무슨 말인가요?
> B: 네, 약국이나 제약 회사가 의약품을 저희에게 기탁하면, 이 약품을 필요한 사회 복지 시설이나 국내외 의료 봉사 단체에 무상으로 줄 수 있도록 연결하는 사이버상의 네트워크입니다.
> A: 그렇군요. 그동안 이 사업에 성과가 있었다면 그럴 만한 이유가 있을 텐데요, 이에 대해 말씀해 주세요.
> B: 그렇습니다. 약국이나 제약 회사에서는 판매되지 않은 의약품을 기탁하고 세금 혜택을 받습니다. 그리고 복지 시설이나 봉사 단체에서는 필요한 의약품을 무상으로 지원받을 수 있습니다.
> A: 그렇군요. 혹시 이 사업에 걸림돌은 없나요?
> B: 의약품을 의사의 처방에 따라서 주는 것이 아니라 수요자가 요구하면 주는 방식이어서 전문 의약품을 제공하는 과정에 어려움이 있습니다. 처방전 발급을 부탁할 수도 없고……
> A: 그러니까 앞으로 이런 문제를 해결하기 위한 제도 정비나 의료 전문가의 지원이 좀 더 필요하다는 말씀인 것 같군요. 끝으로 이 사업에 참여하려면 어떻게 해야 하나요?
> B: 그건 생각보다 쉽습니다. 저희 홈페이지에 접속하셔서 회원으로 가입하시면 기부하실 때나 받으실 때나 모두 쉽게 참여하실 수 있습니다.
> A: 네, 간편해서 좋군요. 모쪼록 이 의약품 공급 정보망 사업이 확대되어 국내외 의료 취약 계층에 많은 도움이 되기를 바랍니다. 감사합니다.

① 상대방의 말을 들었다는 반응을 보인다.
② 상대방의 대답에서 모순점을 찾아 논리적으로 대응한다.
③ 대화의 화제가 된 일을 홍보할 수 있는 대답을 유도한다.
④ 상대방의 말을 대화의 흐름에 맞게 해석하여 상대방의 말을 보충한다.

14. 진행자의 말하기 방식에 대한 설명으로 적절하지 않은 것은?   19년 지방직 9급

> 진행자: 안녕하십니까? 오늘은 고령자의 운전면허 자진 반납 제도에 대해 홍○○ 교수님 모시고 말씀 들어 보겠습니다.
> 홍 교수: 네, 반갑습니다.
> 진행자: 나와 주셔서 감사합니다. 우선 이 제도가 어떤 제도인가요?
> 홍 교수: 지자체마다 조금씩 다르기는 하지만 고령 운전자들이 운전면허를 자발적으로 반납하게 유도하여 고령 운전자에 의한 교통사고를 줄이고자 하는 제도입니다.
> 진행자: 고령 운전자에 의한 교통사고가 심각한가요? 뒷받침할 만한 자료가 있나요?
> 홍 교수: 네. 도로교통공단의 통계에 따르면, 전체 교통사고 대비 고령 운전자에 의한 교통사고 비율이 2014년에는 9.0%였으나 매년 조금씩 증가하여 2017년에는 12.3%를 차지하고 있습니다.
> 진행자: 그렇군요. 아무래도 고령화 사회로 진입하다 보니 전체 운전자 중에서 고령 운전자에 해당하는 비율이 늘었기 때문인 것 같은데요.
> 홍 교수: 네, 그렇습니다. 이전보다 차량 성능이 월등히 좋아진 점도 하나의 요인이 될 것입니다.
> 진행자: 그렇다고 해도 무작정 운전면허를 반납하라고만 할 수는 없을 테고, 뭔가 보완책이 있나요?
> 홍 교수: 네. 지자체마다 차이가 있지만 소정의 교통비를 지급함으로써 대중교통 이용을 권장하고 있습니다.
> 진행자: 취지 자체만으로는 긍정적으로 평가할 수 있을 것 같은데, 혹시 제도 시행상의 문제점은 없나요?
> 홍 교수: 일회성이 문제라고 생각합니다.
> 진행자: 아, 운전면허를 반납한 당시에만 교통비가 한 차례 지원된다는 말씀이군요.
> 홍 교수: 네. 이분들이 더 이상 운전을 하지 않아도 이동권을 확보할 수 있도록 지속적인 지원이 이루어져야 이 제도가 효과를 얻을 수 있습니다.
> 진행자: 그에 더해 장기적으로는 고령자 친화적인 대중교통 인프라를 구축하는 일도 필요할 듯합니다. 교수님, 오늘 말씀 감사합니다.

① 상대방의 의견이 합리적이지 않음을 지적하며 인터뷰를 마무리 짓는다.
② 상대방이 인용한 통계 자료에 대해 자기 나름대로의 해석을 제시한다.
③ 상대방이 제시한 정보 이외에 추가적인 정보를 요구한다.
④ 상대방에게 해당 제도의 시행 배경에 대한 객관적인 근거를 요구한다.

15. 진행자의 말하기 방식에 대한 이해로 가장 적절한 것은?
    📖 18년 국가직 7급

진행자: 최근 사회적으로 이슈가 되고 있는 노키즈 존(No Kids Zone)에 대한 의견을 들어 보겠습니다. 먼저, 한국대학교 홍○○ 교수입니다. 안녕하세요? 우선 노키즈 존이 정확하게 뭔가요?
홍 교수: 사업체마다 조금씩 다르긴 하겠지만 특정 연령 이하 아이들의 출입을 제한하는 공간을 말합니다.
진행자: 공공 목적을 가진 곳에서는 그럴 수도 있겠다 싶지만, 상업 시설에서도 그런가요?
홍 교수: 네. 음식점이나 카페 같은 곳도 해당됩니다. 서비스의 형평성 문제나 불만으로 인해 전체 매출에 좋지 않은 영향을 끼치는 걸 미연에 방지하고자 하는 거죠.
진행자: 아, 어린이 동반 손님을 받다 보면 오히려 다른 손님들을 더 많이 못 받을 수 있다?
홍 교수: 네. 아무래도 경영을 하시는 분 입장에서는 그런 취지겠죠.
진행자: 피해가 발생하니까 이런 생각을 하시는 것이겠지만 언뜻 특정인들을 위한 전용 버스 운행과 같이 또 다른 차별의 예를 떠올리게 하네요.
홍 교수: 많은 분들이 걱정하는 것도 그 부분입니다. 한국 사회가 시장주의 위주로 성장해 오면서 특정 집단에 대한 차별 같은 부분은 깊이 생각해 오지 못한 것은 아닌가 합니다.
진행자: 네, 그렇군요. 물론 특정 집단의 차별에 대해 일부 사람들 때문에 피해를 경험했던 분들은 다른 생각을 하실 수도 있을 것 같습니다. 교수님, 오늘 말씀 감사합니다.

① 상대방의 발언에 적극 동조하며 다음 인터뷰를 기약한다.
② 예상되는 반론 가능성을 차단하며 자기의 주장을 관철한다.
③ 사례를 언급하며 상대방이 생각을 더 할 수 있도록 유도한다.
④ 지속적인 질문을 통해 상대방의 태도에 문제가 있음을 환기시킨다.

16. 다음 대화에 나타난 말하기 방식으로 적절하지 않은 것은?
    📖 22년 지역인재 9급

학생: 선생님, 이번 축제 기간에 저희 컴퓨터 프로그래밍 동아리에서 운영하는 부스를 홍보하고 싶은데, 포스터에 어떤 내용을 넣으면 좋을지 선생님께 여쭤 보고 싶어서요. 저에게 지금 시간 좀 내주세요.
교사: 그래? 너희 동아리에서 운영하는 부스에선 뭘 하는지 궁금하구나.
학생: 우리 동아리 부원들이 직접 만든 스마트폰 앱을 체험해 볼 수 있어요. 게임, 일정 관리 등 다양한 앱들이 있어요.
교사: 와! 재미있겠는걸. 그럼 동아리 부스 홍보물에는 어떤 내용을 담고 싶니?
학생: 어떤 체험용 앱이 있는지 소개하고, 우리 동아리에 들어오면 컴퓨터 프로그래밍 능력을 제대로 키울 수 있다고 알리고 싶어요. 그런데 포스터로 우리가 만든 앱이 뛰어나다는 걸 잘 전달할 수 있을지가 걱정이에요.
교사: 맞아. 네 말대로 스마트폰과 포스터는 전달 방식이 다르니 쉽지 않지. 그럼 우선 앱 자체에 대한 소개는 포스터가 아닌 다른 방법을 생각해 보고, 그 대신 홍보 포스터로 쉽게 전달할 수 있는 다른 내용에 집중해 보는 건 어떨까?
학생: 그렇다면 현재 동아리에 관련 대회 입상자가 많다는 것을 홍보해야겠어요. 앱 소개는 앱 실행 영상을 온라인에 올려 두고 검색 주소를 안내하는 편이 더 좋을 것 같아요. 선생님 덕분에 고민이 해결되었어요.

① 교사는 학생의 말에 대한 공감 표현을 사용하고 있다.
② 학생은 교사의 질문에 대하여 구체적으로 답변하고 있다.
③ 학생은 교사가 부담을 덜 느끼도록 질문 형식으로 대화하고 있다.
④ 교사는 제안하기를 통해 학생이 대안을 생각하도록 유도하고 있다.

17. 다음 대화에 대한 설명으로 적절하지 않은 것은?

21년 지역인재 9급

> A: 오늘은 갈수록 심각해지는 미세 먼지 문제의 원인을 진단하고 실효성 높은 대책을 수립하기 위한 논의를 진행하고자 합니다. 그간 관련 연구를 지속적으로 수행해 오셨고, 환경부의 자문 위원으로도 활동하고 계시는 전문가 한 분을 모셨습니다. 안녕하십니까? 박사님.
> B: 네, 반갑습니다.
> A: 먼저, 국내 미세 먼지의 주요 오염원에는 어떤 것들이 있을까요?
> B: 네, 미세 먼지는 질산염, 암모늄, 황산염, 탄소 화합물, 금속 화합물 등으로 이루어져 있으며, 입자 크기가 매우 작아 우리 눈에는 잘 보이지 않는 유해 물질을 말합니다. 흔히들 봄철에 계절풍의 영향으로 국외에서 유입되는 오염원만을 그 원인으로 생각하시는 경우가 많은데, 국내에서 자체적으로 배출되는 오염 물질 역시 큰 영향을 끼치고 있습니다.
> A: 아, 우리나라 밖에서 들어오는 미세 먼지뿐 아니라 국내에서도 상당한 양의 오염 물질이 배출되고 있다는 말씀이시군요. 그렇다면, 우선 국내 오염원을 적극적으로 관리하는 일이 대책 수립의 한 방향이 될 수 있을 텐데요.
> B: 네, 맞습니다. 그래서 산업계를 대상으로 한 오염 물질의 배출 규제를 현재 수준보다 강화하는 정책이 필요한 것입니다.
> A: 그렇지만, 모든 규제가 그러하듯이 산업계에서 수용하기 어려운 수준으로 규제를 강화한다면 산업계의 거센 반발도 충분히 예상되는데요. 어떻게 하면 좋을까요?
> B: 네, 그렇습니다. 그 점 때문에, 산업계와 충분한 협의를 거쳐 산업계에서 수용 가능한 수준의 규제 기준을 마련해야 합니다. 동시에 규제를 이행하는 기업들에 다른 부분의 규제를 완화해 주거나 세금을 감면해 주는 등의 보완 정책도 후속되어야 합니다.

① A는 대화의 주제를 소개하고 전문가의 대화 참여 배경에 대해 설명한다.
② A는 B의 발화를 요약적으로 환언한 뒤 '원인 진단'에서 '대책 수립'으로 화제를 전환한다.
③ B는 미세 먼지의 개념을 정의하며 관련 실태 조사의 미비가 이 문제의 핵심 원인이라고 지적한다.
④ A는 '규제 강화'에 대해 예상되는 반발을 언급함으로써 이를 해소하기 위한 B의 의견을 이끌어 낸다.

18. 다음 대화를 분석한 내용으로 가장 적절한 것은?

24년 국가직 9급

> 갑: 고대 노예제 사회나 중세 봉건 사회는 타고난 신분에 따라 사회적 지위가 결정되는 계급사회였지만, 현대 사회는 계급사회가 아니라고 많이들 말해. 그런데 과연 그런지 의문이야.
> 을: 현대 사회는 고대나 중세만큼은 아니지만 귀속지위가 성취지위를 결정하는 면이 없다고 할 수 없어. 빈부 격차에 따라 계급이 나뉘고 그에 따른 불평등이 엄연히 존재하잖아. '금수저', '흙수저'라는 유행어에서 볼 수 있듯 빈부 격차가 대물림되면서 개인의 계급이 결정되고 있어.
> 병: 현대 사회가 빈부 격차로 인해 계급이 나누어지는 것처럼 보인다고 해서 계급사회라고 단정할 수는 없어. 계급사회라고 말하려면 계급 체계 자체가 인간의 생활을 전적으로 규정할 수 있어야 하는데, 오늘날 각종 문화나 생활 방식 전체를 특정한 계급 논리만으로는 설명할 수 없어. 따라서 현대 사회를 계급사회로 보기는 어려워.
> 갑: 현대 사회의 문화가 다양하다는 것은 맞아. 하지만 인간 생활의 근간은 결국 경제 활동이고, 경제적 계급 논리로 현대 사회의 문화를 충분히 설명하고 규정할 수 있어. 또한 현대 사회에서 인간의 사회적 지위는 부모의 경제력과 직결되기 때문에 계급사회라고 말할 수 있어.

① 갑은 을의 주장 중 일부는 수용하고 일부는 반박한다.
② 을의 주장은 갑의 주장과 대립하지 않는다.
③ 갑과 병은 상이한 전제에서 유사한 결론을 도출하고 있다.
④ 병의 주장은 갑의 주장과는 대립하지 않지만 을의 주장과는 대립한다.

19. 다음 대화에 대한 설명으로 가장 적절한 것은?

22년 지방직 9급

> A: 예은 씨. 오늘 회의 내용을 팀원들에게 공유해 주시면 좋겠네요.
> B: 네. 알겠습니다. 팀장님, 오늘 회의 내용을 요약 정리해서 메일로 공유하면 되겠지요?
> A: (고개를 끄덕이며) 맞습니다.
> B: 네. 그럼 회의 내용은 개조식으로 요약하고, 팀장님을 포함해서 전체 팀원에게 메일로 보내겠습니다.
> A: 예은 씨. 그런데 개조식으로 회의 내용을 요약하는 방식에는 문제가 있지 않을까요?
> B: (고개를 끄덕이며) 그렇겠네요. 개조식은 회의 내용이 과도하게 생략되어 이해가 어려울 수 있겠네요.

① A는 B에게 내용 요약 방식을 제안하고 있다.
② A와 B는 대화 중에 공감의 표지를 드러내며 상대방의 말을 듣고 있다.
③ B는 회의 내용 요약 방식에 대한 A의 문제 제기에 대해 자신이 다른 입장임을 드러내고 있다.
④ A는 개조식 요약 방식이 회의 내용을 과도하게 생략하여 이해에 어려움을 줄 수 있다고 명시하고 있다.

20. 다음 대화에 대한 설명으로 가장 적절한 것은?

22년 지방직 7급

> 민서: 정국이 말이야. 우리한테는 말도 안 해 주고 자기 혼자 공모전에 신청했더라.
> 채연: 글쎄, 왜 그랬을까?
> 민서: 그러게 말이야. 정말 기분 나빠.
> 채연: 정국이도 나름대로 사정이 있었을 거야.
> 민서: 사정은 무슨 사정? 혼자 튀어 보고 싶은 거겠지.
> 채연: 내가 지난 학기에 과제를 함께 해 봐서 아는데, 그럴 애가 아니야. 민서야, 정국이에 대해 다시 한번 생각해 보는 건 어때?
> 민서: 너 자꾸 이럴 거야? 왜 정국이 편만 드는 거야?

① 채연은 자신의 경험을 예로 들며 민서를 설득하고 있다.
② 채연은 민서의 의견을 수용하며 원만한 갈등 해소를 유도하고 있다.
③ 민서는 정국이의 상황과 감정을 고려하며 대화의 타협점을 찾고 있다.
④ 민서는 채연의 답변에서 모순점을 찾아내며 논리적으로 비판하고 있다.

21. 다음 대화에 대한 설명으로 적절한 것은?

📄 21년 지방직 9급

> A: 지난번 제안서 프레젠테이션을 마친 후 "검토하고 연락드리겠습니다."라고 답변을 받았는데 아직 별다른 연락이 없어서 고민이에요.
> B: 어떤 연락을 기다리신다는 거예요?
> A: 해당 사업에 관하여 제 제안서를 승낙했다는 답변이 잖아요. 그런데 후속 사업 진행을 위해 지금쯤 연락이 와야 할 텐데 싶어서요.
> B: 글쎄요. 보통 그런 상황에서는 완곡하게 거절하는 의사 표현이라 볼 수 있어요. 그리고 해당 고객이 제안서 내용은 정리가 잘되었지만, 요즘 같은 코로나 시기에는 이전과 동일한 사업적 효과가 있을지 궁금하다고 말한 것을 보면 알 수 있죠.
> A: 네, 기억납니다. 하지만 궁금하다고 말한 것이지 사업을 수용하지 않는다는 것은 아니지 않나요? 답변을 할 때도 굉장히 표정도 좋고 박수도 쳤는데 말이죠. 목소리도 부드러웠고요.

① A와 B는 고객의 답변에 대해 제안서 승낙이라는 의미로 동일하게 이해한다.
② A는 동일한 사업적 효과가 있을지 궁금하다는 표현을 제안한 사업에 대한 부정적 평가라고 판단한다.
③ B는 고객이 제안서에 의문을 제기한 내용을 근거로 고객의 답변에 대해 판단한다.
④ A는 비언어적 표현을 바탕으로 하여 고객의 답변을 제안서에 대한 완곡한 거절로 해석한다.

22. 토론자들의 주장을 가장 적절하게 분석한 것은?

📄 16년 지방직 9급

> 사회: 최근 보이스피싱 범죄가 모든 금융권으로 확산되면서 피해액이 늘어나고 있습니다. 이에 금융 당국이 은행에도 일부 보상 책임을 지게 하는 방안을 검토하는 것으로 알려지고 있습니다. 이에 대해 어떻게 생각하십니까?
> 영수: 개인들이 자신의 정보를 잘못 관리한 책임까지 은행에서 진다는 것은 문제가 있습니다. 도와드릴 수 있다면 좋겠지만, 은행 입장에서도 한계가 있는 부분이 있어 안타까울 뿐입니다.
> 민수: 소비자들이 자신의 개인 정보 관리에 다소 부주의함이 있다는 것은 인정합니다. 그러나 개인의 부주의를 얘기하는 것보다는 정부가 근본적인 해결책을 모색하는 것이 더욱 시급합니다.

① 영수와 달리, 민수는 보이스피싱 피해에 대한 책임을 소비자에게만 전가해서는 안 된다고 생각한다.
② 영수와 민수는 보이스피싱 범죄의 확산에 대한 일차적 책임이 은행과 정부에 있다고 생각한다.
③ 영수와 민수는 보이스피싱 범죄로 인한 피해를 방지하기 위해 은행에서 노력하고 있다고 생각한다.
④ 영수는 보이스피싱 범죄를 근본적으로 해결하기 위해 은행의 역할을, 민수는 정부의 역할을 강조한다.

23. 토론자들의 말하기 방식에 대한 설명으로 적절한 것은?
　　　　　　　　　　　　　　　　　　19년 국가직 9급

> 사회자: 학교 폭력 문제가 나날이 심각해지고 있습니다. 이와 관련해 오늘은 '학교 폭력을 방관한 학생에게도 책임을 물어야 한다'를 주제로 토론을 해 보도록 하겠습니다. 먼저 찬성 측 말씀해 주시죠.
> 찬성 측: 친구가 학교 폭력에 의해 희생되고 있는데도 자신에게 피해가 올까 두려워 아무런 조치를 취하지 않는 학생들이 많다고 합니다. 이러한 행동으로 인해 학교 폭력은 점점 확산되고 있습니다. 학교 폭력을 행하는 것을 목격했음에도 어떤 조치도 취하지 않은 것은 폭력에 대해 묵시적으로 동의한 것과 같습니다. 폭력을 직접 행사하는 행위뿐 아니라, 불의에 저항하지 않는 정의롭지 못한 행위에 대해서도 합당한 책임을 물어야 할 것입니다.
> 사회자: 다음으로 반대 측 의견 말씀해 주시죠.
> 반대 측: 특정 학생에게 폭력을 직접 행사해서 피해를 준 사실이 명백할 때에만 책임을 물을 수 있을 것입니다. 또한 사건에 대한 개입과 방관은 개인의 자율적 의지에 달린 문제이므로 외부에서 규제할 성질의 문제가 아닙니다.
> 사회자: 그럼 이번에는 반대 측부터 찬성 측에 대해 반론해 주시지요.
> 반대 측: 과연 누구까지를 학교 폭력의 방관자라고 규정지을 수 있을까요? 집에 가는 길에 우연히 폭력을 목격했을 경우, 자신의 친구로부터 폭력에 관련된 소문을 접했을 경우 등 방관자라고 규정하기에는 애매한 경우가 많습니다. 어떠한 행위를 처벌하려면 확고한 기준이 필요한데, 방관자의 범위부터 규정하기가 불명확하다고 볼 수 있습니다.
> 찬성 측: 불의를 방관한 행위에 대해 사회가 책임을 묻지 않는다면 이후로도 사람들은 아무런 죄책감 없이 불의를 모른 체하고 방관할 것입니다. 결국 이는 사회 전체의 건전성과 도덕성을 떨어뜨릴 것이고, 정의에 근거한 시민의 고발정신까지 약화시킬 것입니다.

① 반대 측은 논제에 의문을 제기하여 주장을 강화하고 있다.
② 반대 측은 윤리적 방법으로 해결책을 제시하고 있다.
③ 찬성 측은 자신의 경험을 제시하여 논지를 보충하고 있다.
④ 찬성 측은 친숙한 상황을 빗대어 자신의 견해를 펼치고 있다.

24. 다음 대화를 분석한 내용으로 가장 적절한 것은?
　　　　　　　　　　　　　　　　　25년 출제기조 전환 예시문항 1차

> 갑: 전염병이 창궐했을 때 마스크를 착용하는 것은 당연한 일인데, 그것을 거부하는 사람이 있다니 도대체 이해가 안 돼.
> 을: 마스크 착용을 거부하는 사람들을 무조건 비난하지 말고 먼저 왜 그러는지 정확하게 이유를 파악하는 것이 필요해.
> 병: 그 사람들은 개인의 자유가 가장 존중받아야 하는 기본권이라고 생각하기 때문일 거야.
> 갑: 개인의 자유로운 선택이 타인의 생명을 위협한다면 기본권이라 하더라도 제한하는 것이 보편적 상식 아닐까?
> 병: 맞아. 개인이 모여 공동체를 이루는데 나의 자유만을 고집하면 결국 사회는 극단적 이기주의에 빠져 붕괴하고 말 거야.
> 을: 마스크를 쓰지 않는 행위를 윤리적 차원에서만 접근하지 말고, 문화적 차원에서도 고려할 필요가 있어. 어떤 사회에서는 얼굴을 가리는 것이 범죄자의 징표로 인식되기도 해.

① 화제에 대해 남들과 다른 측면에서 탐색하는 사람이 있다.
② 자신의 의견이 반박되자 질문을 던져 화제를 전환하는 사람이 있다.
③ 대화가 진행되면서 논점에 대한 찬반 입장이 바뀌는 사람이 있다.
④ 사례의 공통점을 종합하여 자신의 주장을 강화하는 사람이 있다.

Chapter 02 작문(내용)

1 글쓰기 계획과 자료 활용, 그리고 개요

1 글쓰기 계획 단계

예상 독자 및 글의 목적에 맞는 주제를 선정한 뒤, 예상 독자의 관심사나 배경지식의 수준에 맞는 글감을 수집해야 합니다.

2 자료 활용

글감으로 활용되는 자료가 여러 개 제시되더라도 반드시 선지를 읽기 전에 처리해 두어야 합니다. 선지를 읽은 뒤 자료를 확인하면 오답의 논리에 빠지기 쉽습니다.
- 줄글로 이루어진 자료는 펜터치를 활용하여 중심 내용을 요약한다.
- 그래프로 제시된 자료는 X축과 Y축을 기반으로 통시적 그래프인지 공시적 그래프인지, 항목 수가 몇 개인지, 각 항목의 최댓값이나 최솟값의 이치, 기울기의 변화 등을 파악한다.

3 개요

개요를 점검할 때는 제시된 순서대로 읽는 것이 아니라, 개요를 작성할 때 작성자가 작성했을 순서대로 읽으며 잘못된 점을 파악한다.

> **예시** 다음 개요는 이렇게 읽는다.
> - Ⅳ 결론에서 주제 확인 → Ⅰ 서론의 적합성 파악
> - Ⅱ, Ⅲ 문제의 원인과 해결에 대한 글이라는 것을 파악했으면 원인에 적합한 해결이 제시되었는지 확인하며 읽는다.
>   - Ⅱ-1 가, 나 → Ⅲ에서 해결 방안이 있는지 확인
>   - Ⅱ-2 가, 나 → Ⅲ에서 해결 방안이 있는지 확인

Ⅰ. **서론**: 다양한 분야의 청소년 문화 활동 실태와 문제점
Ⅱ. **문제의 원인 분석**
  1. 내부 요인: 청소년 자체 요인
    가. 공연 관람에 치중된 문화 예술 활동
    나. 청소년 문화에 대한 낮은 사회적 관심도
  2. 외부 요인: 학교, 사회, 제도 측면
    가. 형식적인 학교의 청소년 문화 예술 교육
    나. 청소년 문화 육성을 위한 학교, 지방 자치 단체의 행·재정적 지원의 부족
Ⅲ. **문제의 해결 방안**
  1. 다양한 방과 후 교육 프로그램의 실시
  2. 청소년을 위한 문화 공간의 확보를 위한 재정적 지원
  3. 청소년 문화에 대한 인식 제고를 위한 홍보 확대
Ⅳ. **결론**: 문화 예술 활동의 육성을 위한 청소년, 학교, 사회의 노력 필요

2 조건 표현

1. 조건을 형식 조건과 내용 조건으로 나누고
    ↓
2. 형식 조건을 충족하지 못한 선지부터 소거
    ↓
3. 남은 선지에서 내용 조건을 가장 잘 표현한 것이 정답(긍정 발문)
   남은 선지에서 내용 조건을 표현하지 못한 것이 정답(부정 발문)

3 고쳐쓰기

고쳐쓰기 과정에서 검토해야 하는 사항은 다음과 같습니다.

- 어휘 차원: 문맥에 맞는 어휘인지, 한글 맞춤법이나 표준어 규정 등의 어문규정에 맞는지
- 문장 차원: 문장 성분 사이의 호응이 맞는지, 문법적 단위가 자연스럽게 연결되는지, 중의적 의미가 발생하지는 않는지, 시제나 피동·사동 표현이 적절히 활용되었는지, 높임 표현이 적절히 활용되었는지
- 문단 차원: 통일성을 지켰는지(하나의 주제를 드러내기에 적절한 정보들로 이루어졌는지)
          유기성이 높은지(지시어나 접속어의 활용, 문장의 순서 등)
          완결성이 갖춰졌는지(일반화 진술의 내용에서 누락된 정보는 없는지)

만약 독해 요소 위주로 '고쳐쓰기'가 출제되면, 문단 차원의 점검 요소들을 잘 따져서 전체 내용에 맞지 않는 어색한 부분을 찾아내야 합니다. 이 유형에서 '가장 적절한' 경우는 '적절하지 않은 내용을 적절하게 수정한 경우'뿐입니다.

이미 적절한 내용을 다른 방식으로 변형하는 것(그 역시 적절하다고 하더라도 불필요한 수정 행위), 적절한 내용을 오히려 부적절한 방향으로 수정하는 것, 적절하지 않은 내용을 또 적절하지 않게 수정하는 것은 모두 함정입니다. 따라서 '전체 흐름과 맞지 않는 한 곳을 찾아 수정'하라고 했을 때는, 애초 지문에서 전체 내용에 적절한 부분에 대해서는 선지를 확인할 필요도 없습니다.

그러니 지문을 읽으면서 어색한 부분을 찾는 데 집중해야 합니다. 어색하다고 판단한 부분을 찾으면 그 부분에 해당하는 선지를 찾아 읽고 수정이 적절한지를 판단하면 됩니다. 이 방식이 일일이 선지와 비교하며 읽어 나가는 것보다 시간을 절약하며 함정에 빠질 확률을 줄이는 방식입니다.

내용의 적절성 판단법

- 급하게 지문을 읽느라 기호 제시 부분의 앞뒤 문맥만 확인하는 경우가 많다. 하지만 문단의 주제에 어긋나서 고쳐야 하는 경우도 있고, 앞 문장에서 지시어의 의미를 끌어와야 하는 경우도 많으니 지문의 내용은 제시된 순서대로 정독하자.
- 기호 범위의 주어와 앞에 제시된 내용의 주어가 같은지 확인하고, 그 주어에 맞는 서술어와 수식어가 쓰였는지 확인해야 한다.
- 기호 범위가 이어진 문장이거나 이어진 문장의 일부라면, 연결 어미의 적절성도 확인해야 한다.
- 조건절은 전건과 후건의 긍부정에 모순이 없는지 확인해야 한다.
- 전달하려는 의미를 왜곡하는 어휘가 쓰이지 않았는지 확인해야 한다.

작문(내용)

1. 다음 자료를 활용하여 글을 쓰려고 할 때, 적절하지 않은 것은?
　　　　　　　　　　　　15년 국가직 9급

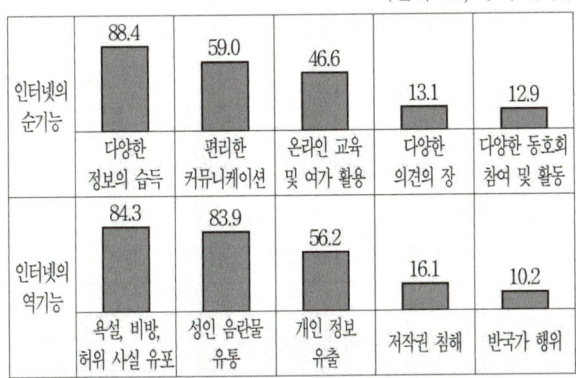

① 인터넷을 이용하면 필요한 정보를 다양하게 얻을 수 있음을 서술한다.
② 자신의 권리가 침해되지 않도록 보안 강화 방안을 적극적으로 제안한다.
③ 타인의 권리를 침해하지 않도록 인터넷 윤리 교육의 필요성을 강조한다.
④ 인터넷이 잘못된 여론을 형성할 수 있으므로 인터넷 사용을 금지할 것을 주장한다.

2. 다음은 어떤 글에 관한 개요이다. ㉠, ㉡에 들어갈 내용으로 가장 적절한 것은?
　　　　　　　　　　　　14년 국회직 9급

> 주제: 바람직한 노사관계
> Ⅰ. 서론: (　㉠　)
> Ⅱ. 본론
> 　1. 노사 분쟁의 원인
> 　　(가) 노사 간의 이해 부족
> 　　(나) 분배의 불공정성
> 　2. 노사관계 정립을 위한 방안
> 　　(가) 노사 간의 상호 신뢰 구축
> 　　(나) 경영에 근로자의 참여 기회 부여
> 　　(다) (　㉡　)
> Ⅲ. 결론: 상호 이해와 공정한 분배에 바탕을 둔 노사 관계의 정립

① ㉠ 노사관계의 의미 – ㉡ 경영 성과에 따른 공정한 분배 보장
② ㉠ 바람직한 근로자상과 기업가상 – ㉡ 사용자와 근로자의 신뢰 구축
③ ㉠ 기업의 활성화 방안 – ㉡ 경영 결과에 따른 성과급 보장
④ ㉠ 기업의 활성화 방안 – ㉡ 근로자의 사기 진작
⑤ ㉠ 노사관계와 기업의 윤리 – ㉡ 근로자와 사용자의 책임 분담

3. 다음의 개요를 기초로 하여 글을 쓸 때, 주제문으로 가장 적절한 것은?

17년 지방직 9급

> 서론: 최근의 수출 실적 부진 현상
> 본론: 수출 경쟁력의 실태 분석
>   1. 가격 경쟁력 요인
>   ㄱ. 제조 원가 상승
>   ㄴ. 고금리
>   ㄷ. 환율 불안정
>   2. 비가격 경쟁력 요인
>   ㄱ. 기업의 연구 개발 소홀
>   ㄴ. 품질 개선 부족
>   ㄷ. 판매 후 서비스 부족
>   ㄹ. 납기의 지연
> 결론: 분석 결과의 요약 및 수출 경쟁력 향상 방안 제시

① 수출 경쟁력을 좌우하는 요인을 분석한 후 그에 맞는 방안을 마련해야 한다.
② 기업이 연구 개발비 투자를 늘리고 품질 향상에 많은 노력을 기울여야 한다.
③ 내수 시장의 기반을 강화하는 데 역량을 모아야 한다.
④ 정부가 수출 분야 산업을 적극 지원해야 한다.

4. 〈지침〉에 따라 〈개요〉를 작성할 때 ㉠~㉣에 들어갈 내용으로 적절하지 않은 것은?

25년 출제기조 전환 예시문항 1차

> [지침]
> • 서론은 중심 소재의 개념 정의와 문제 제기를 1개의 장으로 작성할 것.
> • 본론은 제목에서 밝힌 내용을 2개의 장으로 구성하되 각 장의 하위 항목끼리 대응되도록 작성할 것.
> • 결론은 기대 효과와 향후 과제를 1개의 장으로 작성할 것.

> [개요]
> • 제목: 복지 사각지대의 발생 원인과 해소 방안
>   Ⅰ. 서론
>   1. 복지 사각지대의 정의
>   2. ㉠
>   Ⅱ. 복지 사각지대의 발생 원인
>   1. ㉡
>   2. 사회복지 담당 공무원의 인력 부족
>   Ⅲ. 복지 사각지대의 해소 방안
>   1. 사회적 변화를 반영하여 기존 복지 제도의 미비점 보완
>   2. ㉢
>   Ⅳ. 결론
>   1. ㉣
>   2. 복지 사각지대의 근본적이고 지속가능한 해소 방안 마련

① ㉠: 복지 사각지대의 발생에 따른 사회 문제의 증가
② ㉡: 사회적 변화를 반영하지 못한 기존 복지 제도의 한계
③ ㉢: 사회복지 업무 경감을 통한 공무원 직무 만족도 증대
④ ㉣: 복지 혜택의 범위 확장을 통한 사회 안전망 강화

5. 다음 보도 기사별 마무리 표현으로 적절하지 않은 것은?

　　20년 지방직 9급

보도 기사	마무리 표현
소송이나 다툼에 관한 소식	㉠
어느 쪽이 옳다고 말하기 애매한 소식	㉡
사건이 터지고 결과가 드러나기 전 소식	㉢
연예 스캔들 소식	㉣

① ㉠: 모쪼록 원만히 해결되기 바랍니다.
② ㉡: 그 의미를 새삼 돌아보게 됩니다.
③ ㉢: 현재 귀추가 주목되고 있습니다.
④ ㉣: 호사가들의 입방아에 오르내리고 있습니다.

6. 다음은 신문 보도와 그에 대한 해당 기관의 해명이다. 이에 대한 해석으로 적절하지 않은 것은?

　　16년 서울시 9급

신문 보도	(1) 유학생 등 재외국민들은 내국인과 달리 아이핀 발급이 어려움. (2) 행정자치부가 관리하는 공공아이핀은 공인인증서나 주민등록증, 거주여권 등으로 발급이 가능하나, 방문(PM)여권을 소지한 유학생, 주재원 등은 발급이 불가하며, 주민등록증이 있더라도 단독 세대원은 공공아이핀 발급이 불가능
해명 자료	(1) 유학생, 주재원 등 방문여권 소지자는 <u>본인과 국내에 거주하는 세대원의 주민등록증 발급일자나 대리인(가족관계) 신청</u>으로 공공아이핀 발급이 가능하므로 공공아이핀은 해외에서도 이용이 가능 (2) 유학생, 주재원 등은 통상 해외이주 시 본인의 주민 등록을 부모나 친인척 주소지로 이전하기 때문에 국내 주소지가 단독 세대원인 경우는 거의 없음.

① 신문 보도에서, 같은 내용을 (1)에서는 개략적으로, (2)에서는 상세히 설명하고 있다.
② 신문 보도에 따르면, 주민등록증을 가지고서도 아이핀을 발급 받을 수 없는 경우가 있다.
③ 해명 자료(1)의 밑줄 친 부분은 접속 대상이 대등하지 않아 부자연스러워진 표현이다.
④ 해명 자료(2)는 단독 세대원이 겪고 있는 문제가 해결되었음을 설명하고 있다.

7. ㉠~㉣의 고쳐 쓰기로 적절하지 않은 것은?

　　22년 지방직 9급

　　파놉티콘(panopticon)은 원형 평면의 중심에 감시탑을 설치해 놓고, 주변으로 빙 둘러서 죄수들의 방이 배치된 감시 시스템이다. 감시탑의 내부는 어둡게 되어 있는 반면 죄수들의 방은 밝아 교도관은 죄수를 볼 수 있지만, 죄수는 교도관을 바라볼 수 없다. 죄수가 잘못했을 때 교도관은 잘 보이는 곳에서 처벌을 가한다. 그렇게 수차례의 처벌이 있게 되면 죄수들은 실제로 교도관이 자리에 ㉠<u>있을</u> 때조차도 언제 처벌을 받을지 모르는 공포감에 의해서 스스로를 감시하게 된다. 이렇게 권력자에 의한 정보 독점 아래 ㉡<u>다수</u>가 통제된다는 점에서 파놉티콘의 디자인은 과거 사회 구조와 본질적으로 같았다.
　　현대사회는 다수가 소수의 권력자를 동시에 감시할 수 있는 시놉티콘(synopticon)의 시대가 되었다. 시놉티콘에 가장 크게 기여한 것은 인터넷의 ㉢<u>동시성</u>이다. 권력자에 대한 비판을 신변 노출 없이 자유롭게 표현할 수 있게 되었기 때문이다. 정보화 시대가 오면서 언론과 통신이 발달했고, ㉣<u>특정인이</u> 정보를 수용하고 생산하게 되었다. 그로 인해 사회에서 일어나는 일에 대한 비판적 인식 교류와 부정적 현실 고발 등 네티즌의 활동으로 권력자들을 감시하는 전환이 일어났다.

① ㉠을 '없을'로 고친다.
② ㉡을 '소수'로 고친다.
③ ㉢을 '익명성'으로 고친다.
④ ㉣을 '누구나가'로 고친다.

8. 다음 글의 ㉠~㉣ 중 어색한 곳을 찾아 가장 적절하게 수정한 것은?   📄 25년 출제기조 전환 예시문항 1차

> 수명을 늘릴 수 있는 여러 방법 중 가장 좋은 방법은 노화 문제를 해결하는 것이다. 이 방법은 인간이 젊고 건강한 상태로 수명을 연장할 수 있다는 점에서 ㉠늙고 병든 상태에서 단순히 죽음의 시간을 지연시킨다는 기존 발상과 근본적으로 다르다. ㉡노화가 진행된 상태를 진행되기 전의 상태로 되돌린다거나 노화가 시작되기 전에 노화를 막는 장치가 개발된다면, 젊음을 유지한 채 수명을 늘리는 것은 충분히 가능하다.
>
> 그러나 노화 문제와 관련된 현재까지의 연구는 초라하다. 이는 대부분 연구가 신약 개발의 방식으로만 진행되어 왔기 때문이다. 현재 기준에서는 질병 치료를 목적으로 개발한 신약만 승인받을 수 있는데, 식품의약국이 노화를 ㉢질병으로 본 탓에 노화를 멈추는 약은 승인받을 수 없었다. 노화를 질병으로 보더라도 해당 약들이 상용화되기까지는 아주 오랜 시간이 필요하다.
>
> 그런데 노화 문제는 발전을 거듭하고 있는 인공지능 덕분에 신약 개발과는 다른 방식으로 극복될 수 있을지 모른다. 일반 사람들에 비해 ㉣노화가 더디게 진행되는 사람들의 유전자 자료를 데이터화하면 그들에게서 노화를 지연시키는 생리적 특징을 추출할 수 있는데, 이를 통해 유전자를 조작하는 방식으로 노화를 막을 수 있다.

① ㉠: 늙고 병든 상태에서 담담히 죽음의 시간을 기다린다
② ㉡: 노화가 진행되기 전의 신체를 노화가 진행된 신체
③ ㉢: 질병으로 보지 않은 탓에 노화를 멈추는 약은 승인받을 수 없었다
④ ㉣: 노화가 더디게 진행되는 사람들의 유전자 자료를 데이터화하면 그들에게서 노화를 촉진

9. 다음 글의 ㉠~㉣ 중 어색한 곳을 찾아 가장 적절하게 수정한 것은?   📄 25년 출제기조 전환 예시문항 2차

> 언어는 랑그와 파롤로 구분할 수 있다. 랑그는 머릿속에 내재되어 있는 추상적인 언어의 모습으로, 특정한 언어공동체가 공유하고 있는 기호체계를 가리킨다. 반면에 파롤은 구체적인 언어의 모습으로, 의사소통을 위해 랑그를 사용하는 개인적인 행위를 의미한다.
>
> 언어학자들은 흔히 ㉠랑그를 악보에 비유하고, 파롤을 실제 연주에 비유하곤 하는데, 악보는 고정되어 있지만 실제 연주는 그 고정된 악보를 연주하는 사람에 따라 달라지기 마련이다. 그러니까 ㉡랑그는 여러 상황에도 불구하고 변하지 않고 기본을 이루는 언어의 본질적인 모습에 해당한다. 한편 '책상'이라는 단어를 발음할 때 사람마다 발음되는 소리는 다르기 때문에 '책상'에 대한 발음은 제각각일 수밖에 없다. 여기서 ㉢실제로 발음되는 제각각의 소릿값이 파롤이다.
>
> 랑그와 파롤 개념과 비슷한 것으로 언어능력과 언어수행이 있다. 자기 모국어에 대해 사람들이 내재적으로 가지고 있는 지식이 언어능력이고, 사람들이 실제로 발화하는 행위가 언어수행이다. ㉣파롤이 언어능력에 대응한다면, 랑그는 언어수행에 대응한다.

① ㉠: 랑그를 실제 연주에 비유하고, 파롤을 악보에 비유하곤
② ㉡: 랑그는 여러 상황에 맞춰 변화하는 언어의 본질적인 모습
③ ㉢: 실제로 발음되는 제각각의 소릿값이 랑그
④ ㉣: 랑그가 언어능력에 대응한다면, 파롤은 언어수행에 대응

10. 다음 글의 ㉠~㉤을 문맥에 맞게 수정한 것으로 가장 적절한 것은?   24년 국가직 7급 PSAT 언어논리

『논어』「자한」편 첫 문장은 일반적으로 "공자께서는 이익, 천명, 인(仁)에 대해서 드물게 말씀하셨다."라고 해석된다. 그런데 『논어』 전체에서 인이 총 106회 언급되었다는 사실과 이 문장 안에 포함된 '드물게(罕)'라는 말은 상충하는 것처럼 보인다. 이러한 충돌을 해결하기 위한 시도는 크게 두 가지 방향에서 이루어졌다. 먼저 해당 한자의 의미를 ㉠ 기존과 다르게 해석하여 이 문장에 대한 일반적 해석을 변경하는 방식으로 이를 해결하려는 시도가 있다. 하지만 이와 다른 방식으로 충돌을 해결할 수 있다고 믿었던 이들도 있다. 그들은 이 문장의 일반적 해석을 바꾸지 않고 다음과 같은 방법들로 문제를 풀려고 시도했다.

첫째, 어떤 이들은 정도를 나타내는 표현이 상대성을 가질 수 있다는 점에 주목했다. 사실, '드물게'라는 것이 과연 어느 정도의 횟수를 의미하는지는 분명하지 않다. '드물다'는 표현은 동일 선상에 있는 다른 것과의 비교를 염두에 둔 것이다. 따라서 ㉡ 인이 106회 언급되었다고 해도 다른 것에 비해서는 드물다고 평가할 수 있다.

둘째, 다른 이들은 텍스트의 형성 과정에 주목했다. 『논어』는 발화자와 기록자가 서로 다른데, 공자 사후 공자의 제자들은 각자가 기억하는 스승의 말이나 스승에 대한 그간의 기록을 모아서 『논어』를 편찬하였다. 이를 염두에 둔다면 다음과 같은 상황을 상상할 수 있다. 공자는 인에 대해 실제로 드물게 말했다. 공자가 인을 중시하면서도 그에 대해 드물게 언급하다 보니 제자들이 자주 물을 수밖에 없었다. 그 대화의 결과들을 끌어모은 것이 『논어』인 까닭에, 『논어』에는 ㉢ 인에 대한 기록이 많아질 수밖에 없었다.

셋째, ㉣ 이 문장을 기록한 제자의 개별적 특성에 주목했던 이들도 있다. 즉, 다른 제자들은 인에 대해 여러 차례 들었지만, 이 문장의 기록자만 드물게 들었을 수 있다. 공자는 질문하는 제자가 어떤 사람인지에 따라 각 제자에게 주는 가르침을 달리했다. 그렇다면 '드물게'는 이 문장을 기록한 제자의 어떤 특성 때문에 나타난 결과일 수 있다.

넷째, 어떤 이들은 시간의 변수를 도입했다. 기록자가 공자의 가르침을 돌아보면서 ㉤ 이 문장을 기록한 시점 이후에 공자는 정말로 인에 대해 드물게 말했는지도 모른다. 그리고 그 뒤 어느 시점부터 공자가 빈번하게 인에 대해 설파하기 시작했으며, 『논어』에 보이는 인에 대한 106회의 언급은 그 결과일 수 있다.

① ㉠을 "기존과 동일하게 해석하여 이 문장에 대한 일반적 해석을 준수하는 방식"으로 고친다.
② ㉡을 "인이 106회 언급되었다면 다른 어떤 것에 비해서도 드물다고 평가할 수 없다"로 고친다.
③ ㉢을 "인에 대한 기록이 적어질 수밖에 없었다"로 고친다.
④ ㉣을 "『논어』를 편찬한 공자 제자들의 공통적 특성"으로 고친다.
⑤ ㉤을 "이 문장을 기록했던 시점까지"로 고친다.

11. 다음 글의 ㉠~㉤에서 문맥에 맞지 않는 곳을 찾아 적절하게 수정한 것은? 〔22년 국가직 7급 PSAT 언어논리〕

반세기 동안 지속되던 냉전 체제가 1991년을 기점으로 붕괴되면서 동유럽 체제가 재편되었다. 동유럽에서는 연방에서 벗어나 많은 국가들이 독립하였다. 이 국가들은 자연스럽게 자본주의 시장경제를 받아들였는데, 이후 몇 년 동안 공통적으로 극심한 경제 위기를 경험하게 되었다. 급기야 IMF(국제통화기금)의 자금 지원을 받게 되는데, 이는 ㉠<u>갑작스럽게 외부로부터 도입한 자본주의 시스템에 적응하는 일</u>이 결코 쉽지 않다는 점을 보여 준다.

이 과정에서 해당 국가 국민의 평균 수명이 급격하게 줄어들었는데, 이는 같은 시기 미국, 서유럽 국가들의 평균 수명이 꾸준히 늘었다는 것과 대조적이다. 이러한 현상에 대해 ㉡<u>자본주의 시스템 도입을 적극적으로 지지했던</u> 일부 경제학자들은 오래전부터 이어진 ㉢<u>동유럽 지역 남성들의 과도한 음주와 흡연, 폭력과 살인 같은 비경제적 요소</u>를 주된 원인으로 꼽았다. 즉 경제 체제의 변화와는 관련이 없다는 것이다.

이러한 주장에 의문을 품은 영국의 한 연구자는 해당 국가들의 건강 지표가 IMF의 자금 지원 전후로 어떻게 달라졌는지를 살펴보았다. 여러 사회적 상황을 고려하여 통계 모형을 만들고, ㉣<u>IMF의 자금 지원을 받은 국가와 다른 기관에서 자금 지원을 받은 국가</u>를 비교하였다. 같은 시기 독립한 동유럽 국가 중 슬로베니아만 유일하게 IMF가 아닌 다른 기관에서 돈을 빌렸다. 이때 두 곳의 차이는, IMF는 자금을 지원받은 국가에게 경제와 관련된 구조조정 프로그램을 실시하게 한 반면, 슬로베니아를 지원한 곳은 그렇게 하지 않았다는 점이다. IMF 구조조정 프로그램을 실시한 국가들은 ㉤<u>실시 이전부터 결핵 발생률이 크게 증가했던 것</u>으로 나타났다. 그러나 슬로베니아는 같은 기간에 오히려 결핵 사망률이 감소했다. IMF 구조조정 프로그램의 실시 여부는 국가별 결핵 사망률과 일정한 상관관계가 있었던 것이다.

① ㉠을 "자본주의 시스템을 갖추지 않고 지원을 받는 일"로 수정한다.
② ㉡을 "자본주의 시스템 도입을 적극적으로 반대했던"으로 수정한다.
③ ㉢을 "수출입과 같은 국제 경제적 요소"로 수정한다.
④ ㉣을 "IMF의 자금 지원 직후 경제 성장률이 상승한 국가와 하락한 국가"로 수정한다.
⑤ ㉤을 "실시 이후부터 결핵 사망률이 크게 증가했던 것"으로 수정한다.

12. 다음 글의 〈표〉를 수정한 것으로 적절한 것만을 〈보기〉에서 모두 고르면?   22년 국가직 7급 PSAT 언어논리

○○부는 철새로 인한 국내 야생 조류 및 가금류 조류인플루엔자(Avian Influenza, AI) 바이러스 감염 확산 여부를 추적 조사하고 있다. AI 바이러스는 병원성 정도에 따라 고병원성과 저병원성 AI 바이러스로 구분한다. 발표 자료에 따르면, 2020년 10월 25일 충남 천안시에서는 야생 조류 분변에서 고병원성 AI 바이러스가 검출되었으며 이는 2018년 2월 1일 충남 아산시에서 검출된 이래 2년 8개월 만의 검출 사례였다.

최근 야생 조류 고병원성 AI 바이러스 검출 사례는 2020년 10월 25일부터 11월 21일까지 경기도에서 3건, 충남에서 2건이 발표되었고, 가금류 고병원성 AI 바이러스 검출 사례는 전국에서 총 3건이 발표되었다. 같은 기간에 야생 조류 저병원성 AI 바이러스 검출 후 발표된 사례는 전국에 총 8건이다. 또한 채집된 의심 야생 조류의 분변 검사 결과, 고병원성·저병원성 AI 바이러스 모두에 해당하지 않아 바이러스 미분리로 분류된 사례는 총 7건이다. 야생 조류 AI 바이러스 검출 현황은 고병원성 AI, 저병원성 AI, 검사 중으로 분류하고 바이러스 미분리는 야생 조류 AI 바이러스 검출 현황에 포함하지 않는다. 야생 조류 AI 바이러스가 검출되고 나서 고병원성 여부를 확인하기 위해 정밀 검사를 하는 데 상당한 기간이 소요되므로, 아직 검사 중인 것이 9건이다. 그중 하나인 제주도 하도리의 경우 11월 22일 고병원성 AI 바이러스 검출 여부를 발표할 예정이다.

○○부 주무관 갑은 2020년 10월 25일부터 11월 21일까지 발표된 야생 조류 AI 바이러스 검출 현황을 아래와 같이 〈표〉로 작성하였으나 검출 현황을 적절히 반영하지 않아 수정이 필요하다.

〈표〉 야생 조류 AI 바이러스 검출 현황
(기간: 2020년 10월 25일 ~ 2020년 11월 21일)

고병원성 AI	저병원성 AI	검사 중	바이러스 미분리
8건	8건	9건	7건

─[보기]─
ㄱ. 고병원성 AI 항목의 "8건"을 "5건"으로 수정한다.
ㄴ. 검사 중 항목의 "9건"을 "8건"으로 수정한다.
ㄷ. "바이러스 미분리" 항목을 삭제한다.

① ㄱ
② ㄴ
③ ㄱ, ㄷ
④ ㄴ, ㄷ
⑤ ㄱ, ㄴ, ㄷ

PART 7
논리에 대한 이해와 적용

Chapter 01 논리 추론   214

Chapter 02 비판 추론   229

Chapter 01 논리 추론

명제의 이해

명제(命題)란 논리학의 기본 단위로, 참 또는 거짓으로 판명될 수 있는 문장을 의미한다. 이러한 명제는 '유진이는 사람이다.'처럼 단일한 문장으로 구성된 단순 명제와 '사과는 과일이고, 당근은 채소이다.'처럼 두 개 이상의 단순 명제로 구성된 합성 명제로 구분할 수 있다.

단순 명제 중에서 주어와 술어에 속하는 단어의 포함과 배제 관계를 판명하는 명제를 '**정언 명제**'라고 한다.

- 정언 명제: A라는 **주**어 개념과 B라는 **술**어 개념   <u>A는 B이다.</u>

(1) 전칭 긍정: 모든 A는 B**이다**.
(2) 전칭 부정: 어떤 A도 B가 아니다. = 어떤 B도 A가 아니다. = 모든 A는 B가 아니다.
(3) 특칭 긍정: 어떤 A는 B이다. = 어떤 B는 A이다.
(4) 특칭 부정: 어떤 A는 B가 아니다.

- 가언 명제(조건 명제)
다음의 가언 명제(조건 명제)들은 모두 논리적으로 같은 의미를 갖는다.

> - A이면 반드시 B이다.
> - B일 경우에만/때에만 A이다
> - B에 한하여 A이다.
>
> 이 명제들을 기호화하면 모두 A → B

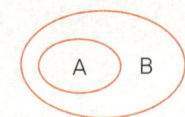

💬 필수 기호화 공식

A → B	A이면 반드시 B이다. B일 경우에만/때에만 A이다. B에 한하여 A이다.		
~A	부정	not A	-가 아니다 / 않다
A	긍정 전칭	All	모든, 전부, 다, 빠짐없이
An	특칭	Some	어떤
A∧B	연언	A and B	-하고, -고, 그리고, 또, 및, -와, -하는, -인, -면서, -지만…
A∨B	선언	A or B	-하거나, 혹은…

필요조건과 충분조건

1. **필요조건**: A → B에서 B는 A의 '필요조건으로서의 원인'
   원인이 없을 때 결과도 없는 관계
   B가 참이 아니면 A도 반드시 참이 아니라는 것

2. **충분조건**: A → B에서 A는 B의 '충분조건으로서의 원인'
   원인이 있을 때 결과도 있는 관계
   A가 참일 때, B는 항상 참이라는 것

3. **필요충분조건**: 'A → B'이면서 'B → A'
   원인이 있으면 결과가 있고, 원인이 없으면 결과도 없는 관계
   이는 'A ≡ B'로 기호화

- 사각형은 정사각형이기 위한 필요조건
- 인간은 황인종이기 위한 필요조건
- 정사각형은 사각형이기 위한 충분조건
- 황인종은 인간이기 위한 충분조건

역·이·대우

원 명제가 'A → B'일 때 그 **역**은 'B → A'이다.
그 **이**는 '~A → ~B'이다.
그 **대우**는 '~B → ~A'이다.

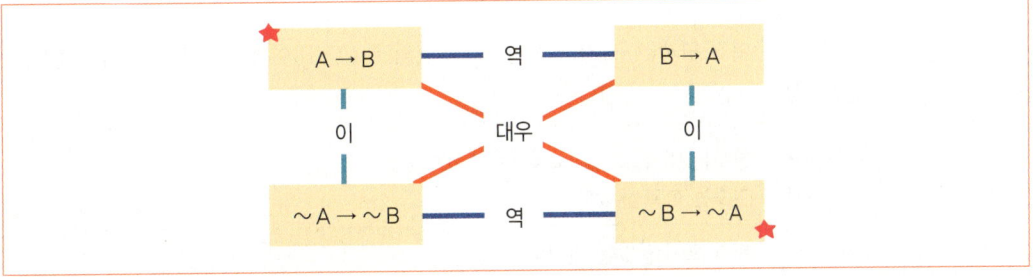

역·이·대우 중 **대우만 원 명제와 논리적으로 동치**이다.

귀납과 연역

전통적으로 논증에는 귀납과 연역이라는 두 가지 형식이 있다. **귀납 논증**은 많은 사례를 조사한 뒤에 사례들에서 일반화된 원리나 법칙, 명제를 이끌어 내는 방식이고, **연역 논증**은 일반화된 원리에서 특수한 사실, 명제 등을 이끌어 내는 방식이다.

연역은 전제가 참일 경우 결론의 참이 확실히 보장된다. 그러나 귀납 논증은 전제가 참이라고 해서 결론이 확실히 참이 되는 것은 아니다. 귀납 논증은 경험과 관찰을 전제로 삼기 때문에, 그 전제가 참일 경우 결론이 매우 그럴듯하다는 개연성만 준다. 귀납 논증의 개연성을 높이려면 전제가 반드시 참이어야 하며, 전제 중 하나가 거짓인 경우에는 결론의 개연성이 사라지게 된다. 아울러 참인 전제가 많으면 많을수록 개연성이 높아진다. 개연성을 높이기 위해서는 주장을 뒷받침하는 근거를 풍부하게 나타내 보여야 한다. 스스로 결론에 대한 반박을 잠재울 만한 내용을 근거로 제시하는 것도 개연성을 높이는 방법 중 하나이다.

추론 규칙

1. **전건 긍정**: 주어진 명제(A → B)가 참일 때, 전건(A)이 참이라면 후건(B)도 참이다. (주어진 명제를 그대로 도출함.)

A → B	철수는 비가 오면 학교를 안 갈 것이다.
A	비가 온다.
B	철수는 학교를 안 갈 것이다.

   BUT! 전건 부정의 오류
   → A 회사의 직원은 평일에 출근해야 한다. (A 회사 직원 → 평일 출근)
   　민수는 A 회사의 직원이 아니다. (~A 회사 직원)
   　민수는 평일에 출근하지 않는다. (~평일 출근)

2. **후건 부정**: 주어진 명제(A → B)가 참일 때, 후건의 부정(~B)이 참이라면 전건의 부정(~A)도 참이다. (대우 ~B → ~A)

A → B	철수는 비가 오면 학교를 안 갈 것이다.
~B	철수는 학교를 갔다.
~A	비가 오지 않았을 것이다.

   BUT! 후건 긍정의 오류
   → 비가 오면 신발이 젖는다. (비 → 신발 젖음)
   　신발이 젖었다. (신발 젖음)
   　따라서 비가 왔다. (비)

3. 선언: 주어진 선언 명제(A∨B)가 참일 때, 선언지 중 하나를 부정(~A)하면 남은 선언지(B)는 참이다.

A ∨ B	철수는 국어를 공부하거나 영어를 공부할 것이다.
~A	철수는 국어를 공부하지 않았다.
B	철수는 영어를 공부할 것이다.

4. 연언: 주어진 연언 명제(A∧B)가 참일 때, 연언지 A와 B가 모두 참이다.

A ∧ B	철수는 밥을 먹었고, 국을 먹었다.
A	철수는 밥을 먹었다.
B	철수는 국을 먹었다.

5. 가언 삼단 논법

A → B	8월에 시간이 있다면 바다에 갈 것이다.
B → C	바다에 간다면 수영을 할 것이다.
A → C	8월에 시간이 있다면 수영을 할 것이다.

6. 단순 양도 논법

A ∨ B	내일은 눈이 오거나 비가 올 것이다.
A → C	민수는 눈이 오면 카페에 간다.
B → C	민수는 비가 오면 카페에 간다.
C	민수는 카페에 간다.

7. 이중부정

➜ 민경이는 여자가 아니지 않다. (~~여자)
= 민경이는 여자이다. (여자)

8. 교환법칙

➜ 민수는 햄버거를 먹었거나 피자를 먹었다. (햄버거∨피자)
= 민수는 피자를 먹었거나 햄버거를 먹었다. (피자∨햄버거)

9. 드모르간 법칙

➜ 민수가 목요일과 금요일에 모두 출근했다는 것은 거짓이다. [~(목∧금)]
= 민수는 목요일에 출근하지 않았거나 금요일에 출근하지 않았다. (~목∨~금)

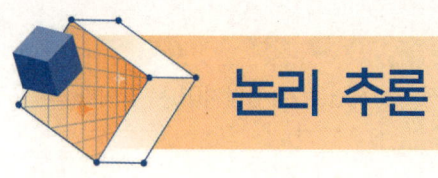

논리 추론

1. 다음 글에서 추론한 내용으로 가장 적절한 것은?

22년 지방직 9급

> 논리실증주의자들에 따르면, 만약 어떤 것이 과학일 경우 거기에서 사용되는 문장은 유의미하다. 그들은 유의미한 문장의 기준으로 소위 '검증 원리'라고 불리는 것을 제안했다. 검증 원리란, 경험을 통해 참이나 거짓을 검증할 수 있는 문장은 유의미하고 그렇지 않은 문장은 유의미하지 않다는 것이다. 다음 두 문장을 예로 생각해 보자.
>
> (가) 달의 다른 쪽 표면에 산이 있다.
> (나) 절대자는 진화와 진보에 관계하지만, 그 자체는 진화하거나 진보하지 않는다.
>
> 위 두 문장 중 경험을 통해 검증할 수 있는 것은 무엇인가? 비록 현실적으로 큰 비용이 들기는 하지만 (가)는 분명히 경험을 통해 진위를 밝힐 수 있다. 즉 우리는 (가)의 진위를 확정하기 위해서 무엇을 경험해야 하는지 알고 있다는 것이다. 이런 점에 근거하여 논리실증주의자들은 (가)는 검증할 수 있고, 유의미한 문장이라고 판단한다. 그럼 (나)는 어떠한가? 우리는 무엇을 경험해야 (나)의 진위를 확정할 수 있는가? 논리실증주의자들은 그런 것은 없다고 주장하고, 이에 (나)는 검증할 수 없고 과학에서 사용될 수 없는 무의미한 문장이라고 말한다.

① 논리실증주의자들에 따르면 무의미한 문장을 사용하는 것은 과학이 아니다.
② 논리실증주의자들에 따르면 과학의 문장들만이 유의미하다.
③ 검증 원리에 따르면 아직까지 경험되지 않은 것을 언급한 문장은 무의미하다.
④ 검증 원리에 따르면 거짓인 문장은 무의미하다.

2. 다음 대화에 대한 이해로 적절하지 않은 것은?

21년 지방직 7급

> 갑: 페가수스는 정말로 실존하는 것이겠지?
> 을: '페가수스'라는 단어는 실존하지 않는 대상을 지칭한다고 생각해.
> 갑: '페가수스'라는 단어가 의미를 지닌다는 것은 분명하지? 단어의 의미는 그 단어가 지칭하는 실존하는 대상이 무엇인가에 따라 결정돼. 모든 단어는 무언가의 이름인 것이지. 그러니 페가수스가 실존하지 않는다면 '페가수스'라는 이름이 어떻게 의미를 지니겠어? 이처럼 모든 이름은 실존하는 대상을 반드시 지칭해.
> 을: 단어 '로물루스'를 생각해 봐. 이 단어는 실제로는 이름이 아니라 일종의 축약된 기술어(記述語)야. '자기 동생을 죽이고 로마를 건국하는 등 여러 가지 일을 한 어떤 전설상의 인물'이라는 기술의 축약어일 뿐이란 거지. 만약 이 단어가 정말로 이름이라면, 그 이름이 지칭하는 대상이 실존하는지는 문제도 되지 않았을 거야. 어떤 단어가 이름이라면 그것은 실존하는 어떤 대상을 반드시 지칭하거든. 실존하지도 않는 대상에게 이름이 있을 수 없는 것은 너무 당연하니 말이야. 실존하지 않는 대상을 지칭하는 단어는 실제로는 이름이 아니라 일종의 축약된 기술어인 거야.

① 갑은 축약된 기술어가 실존하는 대상을 지칭할 수 없다고 보는군.
② 을은 실존하지 않는 대상을 지칭하는 단어가 있다고 보는군.
③ 갑은 '페가수스'를 이름으로, 을은 '페가수스'를 축약된 기술어로 보는군.
④ 갑과 을은 어떤 단어가 이름이려면 그 단어는 실존하는 대상을 반드시 지칭해야 한다고 보는군.

3. (가)와 (나)에 들어갈 말로 가장 적절한 것은?

22년 지방직 7급

A는 다음과 같은 실험을 진행했다. 먼저, 검은색 옷과 흰색 옷을 입은 6명이 두 개의 농구공을 가지고 패스를 주고받는 동안 고릴라 복장의 사람을 지나가게 하고 그 장면을 동영상으로 촬영했다. 그리고 실험 참가자들에게 이 동영상을 보여 주면서 흰색 옷을 입은 사람들이 몇 번 패스를 주고받았는지 세어 달라고 요청했다. 이에 대해 참가자들은 패스 횟수에 대해서는 각자의 답을 말했는데, 동영상 중간 중간에 출현한 고릴라 복장의 사람에 대해서는 하나같이 보지 못했다고 답했다. 참가자들이 패스 횟수를 세는 데 집중하느라 1분이 채 안 되는 동영상 가운데 9초에 걸쳐 등장하는 고릴라 복장의 사람을 인지하지 못한 것이다. A는 이 실험을 통해 다음의 결론을 도출했다. (가) .

이 실험 결과를 우리의 일상에서도 확인해 볼 수 있다. 오토바이 운전자의 안전을 위해 눈에 잘 띄는 밝은색 옷을 입도록 권하는데, 밝은색 옷의 오토바이 운전자는 시각적으로 더 잘 보이고, 덕분에 더 쉽게 알아볼 수 있기 때문이다. 그렇다고 해도 모든 자동차 운전자가 밝은색 옷을 입은 오토바이 운전자를 다 알아보는 것은 아니다. 바라보는 행위는 인지의 (나) 없기 때문이다.

① (가): 인간의 인지는 시각과 밀접하게 관련되어 있다
   (나): 충분조건일 수는 있어도 필요조건일 수는
② (가): 인간의 인지는 시각과 밀접하게 관련되어 있다
   (나): 필요조건일 수는 있어도 충분조건일 수는
③ (가): 인간은 중요하다고 생각하는 것 위주로 주의를 기울인다
   (나): 충분조건일 수는 있어도 필요조건일 수는
④ (가): 인간은 중요하다고 생각하는 것 위주로 주의를 기울인다
   (나): 필요조건일 수는 있어도 충분조건일 수는

4. 다음 글에서 추론할 수 있는 것만을 〈보기〉에서 모두 고르면?

22년 지방직 9급

컴퓨터에는 자유의지가 있을까? 나아가 컴퓨터에 도덕적 의무를 귀속시킬 수 있을까? 컴퓨터는 다양한 전기 회로로 구성되어 있고, 물리법칙, 프로그래밍 방식, 하드웨어의 속성 등에 따라 필연적으로 특정한 초기 상태로부터 다음 상태로 넘어간다. 마찬가지로 두 번째 상태에서 세 번째 상태로 이동하고, 이러한 과정이 계속해서 이어진다. 즉 컴퓨터는 결정론적 법칙의 지배를 받는 시스템이라는 것이다. 그럼 이러한 시스템에는 자유의지가 있을까?

결정론적 법칙의 지배를 받는 시스템의 중요한 특징은 주어진 조건에 따라 결과가 하나로 고정된다는 점이다. 다시 말해, 이러한 시스템에는 항상 하나의 선택지만 있을 뿐이다. 그런 뜻에서 결정론적 지배를 받는다는 것과 자유의지를 가진다는 것은 양립할 수 없음이 분명하다. 어떤 선택을 할 때 그것과 다른 선택을 할 수도 있다는 것은 자유의지의 필요조건이기 때문이다. 결국 결정론적 법칙의 지배를 받는 시스템은 자유의지를 가지지 않는다. 또한 자유의지를 가지지 않는 시스템에 도덕적 의무를 귀속시킬 수 없음은 당연하다.

[보기]

ㄱ. 컴퓨터는 자유의지를 가지지 않으며 도덕적 의무의 귀속 대상일 수도 없다.
ㄴ. 도덕적 의무를 귀속시킬 수 있는 시스템은 결정론적 법칙의 지배를 받지 않는다.
ㄷ. 어떤 선택을 할 때 그것과 다른 선택을 할 수 없는 시스템은 자유의지를 가지지 않는다.

① ㄱ, ㄴ
② ㄱ, ㄷ
③ ㄴ, ㄷ
④ ㄱ, ㄴ, ㄷ

5. 갑~병에 대한 평가로 적절한 것만을 〈보기〉에서 모두 고르면?　　　　　　　　　　22년 지방직 7급

갑: 일상적인 언어생활에서 가족이 아닌 이들과 대화할 때 '우리 엄마'라는 표현을 자주 쓰곤 하는데, 좀 이상하지 않아? '우리 동네'라는 표현과 비교하면 무엇이 문제인지 분명하게 알 수 있어. '우리 동네'는 화자의 동네이기도 하면서 청자의 동네이기도 한 특정한 하나의 동네를 지칭하잖아. 그런 식이라면 '우리 엄마'는 형제가 아닌 화자와 청자가 공유하는 엄마를 지칭하는 이상한 표현이 되는 셈이지. 그러니까 이 경우의 '우리 엄마'는 잘못된 어법이고 '내 엄마'라고 하는 것이 올바른 어법이라고 할 수 있어.

을: 청자가 사는 동네와 화자가 사는 동네가 다른 경우에도 '우리 동네'라는 표현을 쓸 수 있어. 물론 이 표현이 의미하는 것은 청자가 사는 동네와 다른, 화자가 사는 동네가 되겠지. 이 경우 '우리 동네'라는 표현은 '그 표현을 말하는 사람이 사는 동네' 정도를 의미할 거야. 갑이 문제를 제기한 '우리 엄마'의 경우도 마찬가지라고 볼 수 있어.

병: '우리 엄마'와 '내 엄마'가 같은 뜻을 갖는 것은 아니야. '내 동네'라고 하지 않고 '우리 동네'라고 하는 것은 동네를 공유하는 공동체가 존재하기 때문이겠지. 마찬가지로 '내 엄마'라고 하지 않고 '우리 엄마'라고 하는 것은 우리가 늘 가족 공동체 속에서의 엄마를 생각하기 때문일 거야. 즉, 가족 구성원 중의 한 명인 엄마를 공유하는 공동체가 존재한다는 것이지.

──────── [보기] ────────
ㄱ. 갑은 '우리 엄마'라는 표현이 화자와 청자 모두의 엄마를 가리킨다고 보는 입장이다.
ㄴ. 형제가 서로 대화하면서 '우리 엄마'라는 표현을 쓸 때 이 표현이 형과 동생 모두의 엄마를 가리킨다는 것은 을의 입장을 약화한다.
ㄷ. 무인도에 혼자 살아온 사람이 그 섬을 '우리 마을'이라고 말하면 어색하게 느껴진다는 것은 병의 입장을 약화하지 않는다.

① ㄱ　　　　② ㄱ, ㄷ
③ ㄴ, ㄷ　　　④ ㄱ, ㄴ, ㄷ

6. A와 B의 주장에 대한 평가로 적절한 것만을 〈보기〉에서 모두 고르면?　　　　　　　　22년 지방직 7급

A는 아동의 사고와 언어의 발달이 개인적 차원에서 사회적 차원으로 진행된다고 주장한다. 그에 따르면 말을 배우기 시작하는 2~3세경에 '자기중심적 언어'가 나타났다가 8세경에 학령이 되면서 자기중심적 언어는 소멸하고 '사회적 언어'의 단계로 진입한다고 주장한다.

B는 A가 주장한 자기중심적 언어의 존재를 인정하면서도 그것의 성격에 있어서는 다른 견해를 지닌다. A와 달리 그는 자기중심적 언어가 문제에 대한 해결방법을 구안하는 데 중요한 사고의 도구가 된다고 주장한다. 그에 따르면 자기중심적 언어는 아동이 자기 자신과 대화할 때 나타나는데, 아동은 자신과 대화하는 방식으로 소리 내며 사고한다. 그는 자기중심적 언어가 자연적 존재를 문화적 존재로 변모시키는 기능을 하며, 학령이 되면서 소멸하는 게 아니라 내면화되어 소리 없는 '내적 언어'를 구성함으로써 정신기능을 발달시킬 수 있는 원동력이 된다고 본다.

이러한 두 사람의 입장 차이는 자기중심적 언어의 전(前) 단계에 대한 서로 다른 생각에서 기인한 것으로 보인다. A는 출생 이후 약 2세까지의 아이가 언어 이전의 '환상적 사고'의 단계에 머물러 있는 것으로 보는데, 여기서 환상적 사고는 자신과 대상 세계를 구분하지 못하는 것을 가리킨다. 자신과 대상 세계를 구분하지 못하면 의사소통 행위가 불가능하므로 A는 이 단계의 아이가 보여주는 타인과의 상호작용을 의사소통 행위가 아니라고 주장한다. 반면, B의 경우 출생 이후 약 2세까지의 상호작용을 의사소통 행위로 판단한다. 그에 따르면 이때의 의사소통 행위는 타자의 규제와 이에 따른 자기규제가 작동하는 대화적 상호작용의 일종으로, 사회적 언어를 통해 수행된다.

B 역시 A와 마찬가지로 아동의 언어와 사고의 발달이 3단계로 진행된다고 보지만, 그 방향에 있어서는 사회적 언어에서 출발하여 자기중심적 언어를 거쳐 내적 언어 순으로 진행된다고 본다.

─ [보기] ─
ㄱ. '자기중심적 언어'의 단계 전에 A는 의사소통 행위가 이루어지지 않는 것으로, B는 이루어지는 것으로 본다.
ㄴ. A는 '자기중심적 언어'가 학령이 되면 없어지는 것으로 보는 반면, B는 없어지지 않는 것으로 본다.
ㄷ. A와 B는 '사회적 언어'의 단계로 진입하는 시기에 대해 견해를 달리한다.

① ㄱ
② ㄱ, ㄴ
③ ㄴ, ㄷ
④ ㄱ, ㄴ, ㄷ

7. 다음 글의 ㉠과 ㉡에 대한 평가로 올바른 것은?
  25년 출제기조 전환 예시문항 2차

　기업의 마케팅 프로젝트를 평가할 때는 유행지각, 깊은 사고, 협업을 살펴본다. 유행지각은 유행과 같은 새로운 정보를 반영했느냐, 깊은 사고는 마케팅 데이터의 상관관계를 분석해서 최적의 해결책을 찾아내었느냐, 협업은 일하는 사람들이 해결책을 공유하며 성과를 창출했느냐를 따진다. ㉠이 세 요소 모두에서 목표를 달성하는 것은 마케팅 프로젝트가 성공적이기 위해 필수적이다. 하지만 ㉡이 세 요소 모두에서 목표를 달성했다고 해서 마케팅 프로젝트가 성공한 것은 아니다.

① 지금까지 성공한 프로젝트가 유행지각, 깊은 사고 그리고 협업 모두에서 목표를 달성했다면, ㉠은 강화된다.
② 성공하지 못한 프로젝트 중 유행지각, 깊은 사고 그리고 협업 중 하나 이상에서 목표를 달성하는 데 실패한 사례가 있다면, ㉠은 약화된다.
③ 유행지각, 깊은 사고 그리고 협업 중 하나 이상에서 목표를 달성하는 데 실패했지만 성공한 프로젝트가 있다면, ㉡은 강화된다.
④ 유행지각, 깊은 사고 그리고 협업 모두에서 목표를 달성했지만 성공하지 못한 프로젝트가 있다면, ㉡은 약화된다.

8. 다음 글의 '이론 X'에 근거한 판단으로 적절한 것만을 〈보기〉에서 모두 고르면?
  21년 지방직 7급

　이론 X에 따르면, 'A가 B의 원인이다.'는 '만약 A가 일어나지 않았더라면 B도 일어나지 않았을 것이다.'와 같다. 예를 들어 '기온이 낮아진 것이 온도계 눈금이 내려간 원인이다.'는 '만약 기온이 낮아지지 않았더라면 온도계 눈금은 내려가지 않았을 것이다.'와 같다.
　이론 X에서 '만약 A가 일어나지 않았더라면 B도 일어나지 않았을 것이다.'의 의미는 무엇인가? 그것은, A가 일어나지 않고 B가 일어난 상황보다, A가 일어나지 않고 B도 일어나지 않은 상황이 A가 일어나고 B도 일어난 사실과 더 유사하다는 것이다. 가령 '만약 기온이 낮아지지 않았더라면 온도계 눈금은 내려가지 않았을 것이다.'라는 것은, 기온이 낮아지지 않고 온도계 눈금이 내려간 상황보다, 기온이 낮아지지 않고 온도계 눈금이 내려가지 않은 상황이 기온이 낮아졌고 온도계 눈금이 내려간 사실과 더 유사하다는 것이다.

─ [보기] ─
ㄱ. 갑의 흡연이 갑의 폐암의 원인이라면, 갑이 흡연하지 않았더라면 갑은 폐암에 걸리지 않았을 것이다.
ㄴ. 갑이 홈런을 치지 않고 갑의 팀이 승리한 상황보다, 갑이 홈런을 치지 않고 갑의 팀이 승리하지 않은 상황이 갑이 홈런을 치고 갑의 팀이 승리한 사실과 더 유사하다는 것은, 갑의 홈런이 그 팀의 승리의 원인이라는 것이다.
ㄷ. 까마귀가 날자 배가 떨어졌음에도 까마귀가 난 것이 배가 떨어진 원인이 아니라는 것은, 까마귀가 날지 않고 배가 떨어지지 않은 상황보다, 까마귀가 날지 않고 배가 떨어진 상황이 까마귀가 날고 배가 떨어진 사실과 더 유사하다는 것이다.

① ㄱ, ㄴ
② ㄱ, ㄷ
③ ㄴ, ㄷ
④ ㄱ, ㄴ, ㄷ

9. (가)와 (나)를 전제로 결론을 이끌어 낼 때, 빈칸에 들어갈 말로 가장 적절한 것은?

　　　　　　　　　　　　　□ 25년 출제기조 전환 예시문항 2차

> (가) 축구를 잘하는 사람은 모두 머리가 좋다.
> (나) 축구를 잘하는 어떤 사람은 키가 작다.
> 따라서 _____

① 키가 작은 어떤 사람은 머리가 좋다.
② 키가 작은 사람은 모두 머리가 좋다.
③ 머리가 좋은 사람은 모두 축구를 잘한다.
④ 머리가 좋은 어떤 사람은 키가 작지 않다.

10. 다음 빈칸에 들어갈 말로 가장 적절한 것은?

　　　　　　　　　　　　　□ 25년 출제기조 전환 예시문항 2차

> 갑, 을, 병, 정 네 학생의 수강 신청과 관련하여 다음과 같은 사실들이 알려졌다.
> ○ 갑과 을 중 적어도 한 명은 〈글쓰기〉를 신청한다.
> ○ 을이 〈글쓰기〉를 신청하면 병은 〈말하기〉와 〈듣기〉를 신청한다.
> ○ 병이 〈말하기〉와 〈듣기〉를 신청하면 정은 〈읽기〉를 신청한다.
> ○ 정은 〈읽기〉를 신청하지 않는다.
> 이를 통해 갑이 _____ 를 신청한다는 것을 알 수 있게 되었다.

① 〈말하기〉　　② 〈듣기〉
③ 〈읽기〉　　　④ 〈글쓰기〉

11. 다음 진술이 모두 참일 때 반드시 참인 것은?

　　　　　　　　　　　　　□ 25년 출제기조 전환 예시문항 1차

> • 오 주무관이 회의에 참석하면, 박 주무관도 참석한다.
> • 박 주무관이 회의에 참석하면, 홍 주무관도 참석한다.
> • 홍 주무관이 회의에 참석하지 않으면, 공 주무관도 참석하지 않는다.

① 공 주무관이 회의에 참석하면, 박 주무관도 참석한다.
② 오 주무관이 회의에 참석하면, 홍 주무관은 참석하지 않는다.
③ 박 주무관이 회의에 참석하지 않으면, 공 주무관은 참석한다.
④ 홍 주무관이 회의에 참석하지 않으면, 오 주무관도 참석하지 않는다.

12. (가)와 (나)를 전제로 할 때 빈칸에 들어갈 결론으로 가장 적절한 것은?

　　　　　　　　　　　　　□ 25년 출제기조 전환 예시문항 1차

> (가) 노인복지 문제에 관심이 있는 사람 중 일부는 일자리 문제에 관심이 있는 사람이 아니다.
> (나) 공직에 관심이 있는 사람은 모두 일자리 문제에 관심이 있는 사람이다.
> 따라서 _____.

① 노인복지 문제에 관심이 있는 사람 중 일부는 공직에 관심이 있는 사람이 아니다
② 공직에 관심이 있는 사람 중 일부는 노인복지 문제에 관심이 있는 사람이 아니다
③ 공직에 관심이 있는 사람은 모두 노인복지 문제에 관심이 있는 사람이 아니다
④ 일자리 문제에 관심이 있지만 노인복지 문제에 관심이 없는 사람은 모두 공직에 관심이 있는 사람이 아니다

13. 다음 글의 밑줄 친 결론을 이끌어 내기 위해 추가해야 할 것은?   📄 25년 출제기조 전환 예시문항 1차

> 문학을 좋아하는 사람은 모두 자연의 아름다움을 좋아하는 사람이다. 자연의 아름다움을 좋아하는 어떤 사람은 예술을 좋아하는 사람이다. 따라서 <u>예술을 좋아하는 어떤 사람은 문학을 좋아하는 사람이다.</u>

① 자연의 아름다움을 좋아하는 사람은 모두 문학을 좋아하는 사람이다.
② 문학을 좋아하는 어떤 사람은 자연의 아름다움을 좋아하는 사람이다.
③ 예술을 좋아하는 어떤 사람은 자연의 아름다움을 좋아하는 사람이다.
④ 예술을 좋아하지만 문학을 좋아하지 않는 사람은 모두 자연의 아름다움을 좋아하는 사람이다.

14. 다음 글의 내용이 참일 때 반드시 참인 것은?   📄 24년 국가직 7급 PSAT 언어논리

> A부서에서는 새로 시작된 프로젝트에 다섯 명의 주무관 가은, 나은, 다은, 라은, 마은의 참여 여부를 점검하고 있다. 주무관들의 업무 전문성을 고려할 때, 다음과 같은 예측을 할 수 있었고 그 예측들은 모두 옳은 것으로 밝혀졌다.
> ○ 가은이 프로젝트에 참여하면 나은과 다은도 프로젝트에 참여한다.
> ○ 나은이 프로젝트에 참여하지 않으면 라은이 프로젝트에 참여한다.
> ○ 가은이 프로젝트에 참여하거나 마은이 프로젝트에 참여한다.

① 가은이 프로젝트에 참여하지 않으면 나은이 프로젝트에 참여한다.
② 다은이 프로젝트에 참여하면 마은이 프로젝트에 참여한다.
③ 다은이 프로젝트에 참여하거나 마은이 프로젝트에 참여한다.
④ 라은이 프로젝트에 참여하면 마은이 프로젝트에 참여한다.
⑤ 라은이 프로젝트에 참여하거나 마은이 프로젝트에 참여한다.

15. 다음 글의 내용이 참일 때, 반드시 참인 것만을 〈보기〉에서 모두 고르면?   📄 21년 국회직 8급

> 모든 섬의 주민들은 항상 진실만을 말하는 기사이거나, 항상 거짓만을 말하는 건달이다.
> • 첫 번째 섬
>   갑: 을이 기사이거나, 혹은 이 섬은 마야섬이다.
>   을: 갑이 건달이거나, 혹은 이 섬은 마야섬이다.
> • 두 번째 섬
>   갑: 우리 둘은 모두 건달이고, 이 섬은 마야섬이다.
>   을: 갑의 말은 옳다.
> • 세 번째 섬
>   갑: 우리 둘은 모두 건달이고, 이 섬은 마야섬이다.
>   을: 우리 둘 가운데 적어도 한 사람은 건달이고, 이 섬은 마야섬이 아니다.
> * 단, 갑과 을은 각 섬의 주민이며, 갑과 을 이외의 주민은 없다.

[보기]

ㄱ. 첫 번째 섬에서 갑과 을은 모두 건달이며, 첫 번째 섬은 마야섬이 아니다.
ㄴ. 두 번째 섬에서 갑과 을은 모두 건달이며, 두 번째 섬은 마야섬이 아니다.
ㄷ. 세 번째 섬에서 갑과 을 중 적어도 한 사람은 건달이며, 세 번째 섬은 마야섬이 아니다.

① ㄱ
② ㄴ
③ ㄱ, ㄴ
④ ㄱ, ㄷ
⑤ ㄴ, ㄷ

16. 다음 글의 내용이 참일 때, 반드시 참인 것만을 〈보기〉에서 모두 고르면?   23년 국가직 7급 PSAT 언어논리

국제해양환경회의에 5명의 대표자가 참석하여 A, B, C, D 4개 정책을 두고 토론회를 열었다. 대표자들은 모두 각 정책에 대해 찬반 중 하나의 입장을 분명하게 표명했으며, 각자 하나 이상의 정책에 찬성하고 하나 이상의 정책에 반대한 것으로 드러났다. 그들의 입장을 정리한 결과는 다음과 같다.
○ A에 찬성하는 대표자는 2명이다.
○ A에 찬성하는 대표자는 모두 B에 찬성한다.
○ B에 찬성하는 대표자 중에 C에 찬성하는 사람과 반대하는 사람은 동수이다.
○ B와 D에 모두 찬성하는 대표자는 아무도 없다.
○ D에 찬성하는 대표자는 2명이다.
○ D에 찬성하는 대표자는 모두 C에 찬성한다.

[보기]
ㄱ. 3개 정책에 반대하는 대표자가 있다.
ㄴ. B에 찬성하는 대표자는 2명이다.
ㄷ. C에 찬성하는 대표자가 가장 많다.

① ㄱ ② ㄴ
③ ㄱ, ㄷ ④ ㄴ, ㄷ
⑤ ㄱ, ㄴ, ㄷ

17. 다음 글의 내용이 참일 때, 갑이 반드시 수강해야 할 과목은?   22년 국가직 7급 PSAT 언어논리

갑은 A~E 과목에 대해 수강신청을 준비하고 있다. 갑이 수강하기 위해 충족해야 하는 조건은 다음과 같다.
• A를 수강하면 B를 수강하지 않고, B를 수강하지 않으면 C를 수강하지 않는다.
• D를 수강하지 않으면 C를 수강하고, A를 수강하지 않으면 E를 수강하지 않는다.
• E를 수강하지 않으면 C를 수강하지 않는다.

① A ② B
③ C ④ D
⑤ E

18. 다음 글의 내용이 참일 때, 반드시 참인 것만을 〈보기〉에서 모두 고르면?   22년 국가직 7급 PSAT 언어논리

△△처에서는 채용 후보자들을 대상으로 A, B, C, D 네 종류의 자격증 소지 여부를 조사하였다. 그 결과 다음과 같은 사실이 밝혀졌다.
• A와 D를 둘 다 가진 후보자가 있다.
• B와 D를 둘 다 가진 후보자는 없다.
• A나 B를 가진 후보자는 모두 C는 가지고 있지 않다.
• A를 가진 후보자는 모두 B는 가지고 있지 않다는 것은 사실이 아니다.

[보기]
ㄱ. 네 종류 중 세 종류의 자격증을 가지고 있는 후보자는 없다.
ㄴ. 어떤 후보자는 B를 가지고 있지 않고, 또 다른 후보자는 D를 가지고 있지 않다.
ㄷ. D를 가지고 있지 않은 후보자는 누구나 C를 가지고 있지 않다면, 네 종류 중 한 종류의 자격증만 가지고 있는 후보자가 있다.

① ㄱ ② ㄷ
③ ㄱ, ㄴ ④ ㄴ, ㄷ
⑤ ㄱ, ㄴ, ㄷ

19. 다음 글의 내용이 참일 때, 반드시 참인 것만을 〈보기〉에서 모두 고르면?
22년 국가직 7급 PSAT 언어논리

신입사원을 대상으로 민원, 홍보, 인사, 기획 업무에 대한 선호를 조사하였다. 조사 결과 민원 업무를 선호하는 신입사원은 모두 홍보 업무를 선호하였지만, 그 역은 성립하지 않았다. 모든 업무 중 인사 업무만을 선호하는 신입사원은 있었지만, 민원 업무와 인사 업무를 모두 선호하는 신입사원은 없었다. 그리고 넷 중 세 개 이상의 업무를 선호하는 신입사원도 없었다. 신입사원 갑이 선호하는 업무에는 기획 업무가 포함되어 있었으며, 신입사원 을이 선호하는 업무에는 민원 업무가 포함되어 있었다.

[보기]

ㄱ. 어떤 업무는 갑도 을도 선호하지 않는다.
ㄴ. 적어도 두 명 이상의 신입사원이 홍보 업무를 선호한다.
ㄷ. 조사 대상이 된 업무 중에, 어떤 신입사원도 선호하지 않는 업무는 없다.

① ㄱ
② ㄷ
③ ㄱ, ㄴ
④ ㄴ, ㄷ
⑤ ㄱ, ㄴ, ㄷ

20. 다음 글의 내용이 참일 때, 반드시 참인 것만을 〈보기〉에서 모두 고르면?
21년 국가직 7급 PSAT 언어논리

A 기술원 해수자원화기술 연구센터는 2014년 세계 최초로 해수전지 원천 기술을 개발한 바 있다. 연구센터는 해수전지 상용화를 위한 학술대회를 열었는데 학술대회로 연구원들이 자리를 비운 사이 누군가 해수전지 상용화를 위한 핵심 기술이 들어 있는 기밀 자료를 훔쳐갔다. 경찰은 수사 끝에 바다, 다은, 은경, 경아를 용의자로 지목해 학술대회 당일의 상황을 물으며 이들을 심문했는데 이들의 답변은 아래와 같았다.

바다: 학술대회에서 발표된 상용화 아이디어 중 적어도 하나는 학술대회에 참석한 모든 사람들의 관심을 받았어요. 다은은 범인이 아니에요.
다은: 학술대회에 참석한 사람들은 누구나 학술대회에서 발표된 하나 이상의 상용화 아이디어에 관심을 가졌어요. 범인은 은경이거나 경아예요.
은경: 학술대회에 참석한 몇몇 사람은 학술대회에서 발표된 상용화 아이디어 중 적어도 하나에 관심이 있었어요. 경아는 범인이 아니에요.
경아: 학술대회에 참석한 모든 사람들이 어떤 상용화 아이디어에도 관심이 없었어요. 범인은 바다예요.

수사 결과 이들은 각각 참만을 말하거나 거짓만을 말한 것으로 드러났다. 그리고 네 명 중 한 명만 범인이었다는 것이 밝혀졌다.

[보기]

ㄱ. 바다와 은경의 말이 모두 참일 수 있다.
ㄴ. 다은과 은경의 말이 모두 참인 것은 가능하지 않다.
ㄷ. 용의자 중 거짓말한 사람이 단 한 명이면, 은경이 범인이다.

① ㄱ
② ㄴ
③ ㄱ, ㄷ
④ ㄴ, ㄷ
⑤ ㄱ, ㄴ, ㄷ

21. 다음 글의 내용이 참일 때, 반드시 참인 것은?

📄 20년 국가직 7급 PSAT 언어논리

A, B, C, D를 포함해 총 8명이 학회에 참석했다. 이들에 관해서 알려진 정보는 다음과 같다.

- 아인슈타인 해석, 많은 세계 해석, 코펜하겐 해석, 보른 해석 말고도 다른 해석들이 있고, 학회에 참석한 이들은 각각 하나의 해석만을 받아들인다.
- 상태 오그라듦 가설을 받아들이는 이들은 모두 5명이고, 나머지는 이 가설을 받아들이지 않는다.
- 상태 오그라듦 가설을 받아들이는 이들은 코펜하겐 해석이나 보른 해석을 받아들인다.
- 코펜하겐 해석이나 보른 해석을 받아들이는 이들은 상태 오그라듦 가설을 받아들인다.
- B는 코펜하겐 해석을 받아들이고, C는 보른 해석을 받아들인다.
- A와 D는 상태 오그라듦 가설을 받아들인다.
- 아인슈타인 해석을 받아들이는 이가 있다.

① 적어도 한 명은 많은 세계 해석을 받아들인다.
② 만일 보른 해석을 받아들이는 이가 두 명이면, A와 D가 받아들이는 해석은 다르다.
③ 만일 A와 D가 받아들이는 해석이 다르다면, 적어도 두 명은 코펜하겐 해석을 받아들인다.
④ 만일 오직 한 명만이 많은 세계 해석을 받아들인다면, 아인슈타인 해석을 받아들이는 이는 두 명이다.
⑤ 만일 코펜하겐 해석을 받아들이는 이가 세 명이면, A와 D 가운데 적어도 한 명은 보른 해석을 받아들인다.

22. 다음 글의 내용이 참일 때, 반드시 참인 것만을 〈보기〉에서 모두 고르면?

📄 21년 국가직 7급 PSAT 언어논리

최근 두 주 동안 직원들은 다음 주에 있을 연례 정책 브리핑을 준비해 왔다. 브리핑의 내용과 진행에 관해 알려진 바는 다음과 같다. 개인건강정보 관리 방식 변경에 관한 가안이 정책제안에 포함된다면, 보건정보의 공적 관리에 관한 가안도 정책제안에 포함될 것이다. 그리고 정책제안을 위해 구성되었던 국민건강 2025 팀이 재편된다면, 앞에서 언급한 두 개의 가안이 모두 정책제안에 포함될 것이다. 개인건강정보 관리 방식 변경에 관한 가안이 정책제안에 포함되고 국민건강 2025 팀 리더인 최팀장이 다음 주 정책 브리핑을 총괄한다면, 프레젠테이션은 국민건강 2025 팀의 팀원인 손공정씨가 맡게 될 것이다. 그런데 보건정보의 공적 관리에 관한 가안이 정책제안에 포함될 경우, 국민건강 2025 팀이 재편되거나 다음 주 정책 브리핑을 위해 준비한 보도자료가 대폭 수정될 것이다. 한편, 직원들 사이에서는, 최팀장이 다음 주 정책 브리핑을 총괄하면 팀원 손공정씨가 프레젠테이션을 담당한다는 말이 돌았는데 그 말은 틀린 것으로 밝혀졌다.

──[보기]──

ㄱ. 개인건강정보 관리 방식 변경에 관한 가안과 보건정보의 공적 관리에 관한 가안 중 어느 것도 정책제안에 포함되지 않는다.
ㄴ. 국민건강 2025 팀은 재편되지 않고, 이 팀의 최팀장이 다음 주 정책 브리핑을 총괄한다.
ㄷ. 보건정보의 공적 관리에 관한 가안이 정책제안에 포함된다면, 다음 주 정책 브리핑을 위해 준비한 보도자료가 대폭 수정될 것이다.

① ㄱ
② ㄴ
③ ㄱ, ㄷ
④ ㄴ, ㄷ
⑤ ㄱ, ㄴ, ㄷ

23. 다음 글에 대한 분석으로 적절한 것만을 〈보기〉에서 모두 고르면?   📄 21년 국가직 7급 PSAT 언어논리

'자연화'란 자연과학의 방법론에 따라 자연과학이 수용하는 존재론을 토대 삼아 연구를 수행한다는 의미이다. 심리학을 자연과학의 하나라고 생각하는 철학자 A는, 인식론의 자연화를 주장하기 위해 다음의 〈논증〉을 제시하였다.

〈논증〉
(1) 전통적 인식론은 적어도 다음의 두 가지 목표를 가진다. 첫째, 세계에 관한 믿음을 정당화하는 것이고, 둘째, 세계에 관한 믿음을 나타내는 문장을 감각 경험을 나타내는 문장으로 번역하는 것이다.
(2) 전통적 인식론은 첫째 목표도 달성할 수 없고 둘째 목표도 달성할 수 없다.
(3) 만약 전통적 인식론이 이 두 가지 목표 중 어느 하나라도 달성할 수가 없다면, 전통적 인식론은 폐기되어야 한다.
(4) 전통적 인식론은 폐기되어야 한다.
(5) 만약 전통적 인식론이 폐기되어야 한다면, 인식론자는 전통적 인식론 대신 심리학을 연구해야 한다.
(6) 인식론자는 전통적 인식론 대신 심리학을 연구해야 한다.

[보기]
ㄱ. 전통적 인식론의 목표에 (1)의 '두 가지 목표' 외에 "세계에 관한 믿음이 형성되는 과정을 규명하는 것"이 추가된다면, 위 논증에서 (6)은 도출되지 않는다.
ㄴ. (2)를 "전통적 인식론은 첫째 목표를 달성할 수 없거나 둘째 목표를 달성할 수 없다."로 바꾸어도 위 논증에서 (6)이 도출된다.
ㄷ. (4)는 논증 안의 어떤 진술들로부터 나오는 결론일 뿐만 아니라 논증 안의 다른 진술의 전제이기도 하다.

① ㄱ ② ㄷ
③ ㄱ, ㄴ ④ ㄴ, ㄷ
⑤ ㄱ, ㄴ, ㄷ

24. 다음 글에 대한 분석으로 적절한 것만을 〈보기〉에서 모두 고르면?   📄 21년 국가직 7급 PSAT 언어논리

어떤 사람이 당신에게 다음과 같이 제안했다고 하자. 당신은 호화 여행을 즐기게 된다. 다만 먼저 10만 원을 내야 한다. 여기에 하나의 추가 조건이 있다. 그것은 제안자의 말인 아래의 (1)이 참이면 그는 10만 원을 돌려주지 않고 약속대로 호화 여행은 제공하는 반면, (1)이 거짓이면 그는 10만 원을 돌려주고 약속대로 호화 여행도 제공한다는 것이다.
(1) 나는 당신에게 10만 원을 돌려주거나 ⓐ <u>당신은 나에게 10억 원을 지불한다.</u>

당신은 이 제안을 받아들였고 10만 원을 그에게 주었다.

이때 어떤 결과가 따를지 검토해 보자. (1)은 참이거나 거짓일 것이다. (1)이 거짓이라고 가정해 보자. 그러면 추가 조건에 따라 그는 당신에게 10만 원을 돌려준다. 또한 가정상 (1)이 거짓이므로, ㉠ <u>그는 당신에게 10만 원을 돌려주지 않는다.</u> 결국 (1)이 거짓이라고 가정하면 그는 당신에게 10만 원을 돌려준다는 것과 돌려주지 않는다는 것이 모두 성립한다. 이는 가능하지 않다. 따라서 ㉡ <u>(1)은 참일 수밖에 없다.</u> 그런데 (1)이 참이라면 추가 조건에 따라 그는 당신에게 10만 원을 돌려주지 않는다. 따라서 ⓐ가 반드시 참이어야 한다. 즉, ㉢ <u>당신은 그에게 10억 원을 지불한다.</u>

[보기]
ㄱ. ㉠을 추론하는 데는 'A이거나 B'의 형식을 가진 문장이 거짓이면 A도 B도 모두 반드시 거짓이라는 원리가 사용되었다.
ㄴ. ㉡을 추론하는 데는 어떤 가정하에서 같은 문장의 긍정과 부정이 모두 성립하는 경우 그 가정의 부정은 반드시 참이라는 원리가 사용되었다.
ㄷ. ㉢을 추론하는 데는 'A이거나 B'라는 형식의 참인 문장에서 A가 거짓인 경우 B는 반드시 참이라는 원리가 사용되었다.

① ㄱ ② ㄷ
③ ㄱ, ㄴ ④ ㄴ, ㄷ
⑤ ㄱ, ㄴ, ㄷ

25. 다음 글의 논리적 오류와 같은 종류의 오류가 있는 것은?

16년 지방직 7급

> 규칙적인 생활을 하고 운동을 열심히 하는 사람은 건강합니다. 왜냐하면, 건강한 사람은 규칙적인 생활을 하고 운동을 열심히 하기 때문입니다.

① 분열은 화합으로 극복할 수 있다. 화합한 사회에서는 분열이 일어나지 않는다.
② 미확인 비행 물체(UFO)가 없다는 주장이 입증되지 않았으므로 미확인 비행 물체는 존재한다.
③ 지금 서른 분 가운데 열 분이 손을 들어 반대하셨습니다. 손을 안 드신 분은 모두 제 의견에 찬성하는 것으로 알겠습니다.
④ A 지역에서 생산한 사과도 맛이 없고, B 지역에서 생산한 사과도 맛이 없습니다. 따라서 올해는 맛있는 사과를 맛볼 수 없을 것입니다.

26. 다음 예문과 같은 유형의 논리적 오류가 나타난 것은?

17년 서울시 9급

> 이 식당은 요즘 SNS에서 굉장히 뜨고 있어. 그러니까 엄청 맛있을 거야.

① 이 식당 음식을 꼭 먹어 보도록 해. 만나는 사람들마다 이 집 이야기를 하는 걸 보니 맛이 괜찮은가 봐.
② 누구도 이 식당이 맛없다고 말한 사람은 없어. 그러니까 엄청 맛있는 집이란 소리지.
③ 여기는 유명한 개그맨이 맛있다고 한 식당이니까 당연히 맛있겠지. 그러니까 꼭 여기서 먹어야 해.
④ 이번에는 이 식당에서 밥을 먹자. 내가 얼마나 여기서 먹어 보고 싶었는지 몰라. 꼭 한번 오게 되기를 간절하게 바랐어.

27. ㉠~㉣의 예를 추가할 때 가장 적절한 것은?

18년 국가직 9급

> 논리학에서 비형식적 오류 유형에는 우연의 오류, 애매어의 오류, 결합의 오류, 분해의 오류 등이 있다.
> 우선 ㉠<u>우연의 오류</u>란 거의 대부분의 경우에 적용되는 일반적인 원리나 규칙을 우연적인 상황으로 인해 생긴 예외적인 특수한 경우에까지도 무차별적으로 적용할 때 생기는 오류이다. 그 예로 "인간은 이성적인 동물이다. 중증 정신 질환자는 인간이다. 그러므로 중증 정신 질환자는 이성적인 동물이다."를 들 수 있다. ㉡<u>애매어의 오류</u>는 동일한 한 단어가 한 논증에서 맥락마다 서로 다른 의미를 지니는 것으로 사용될 때 생기는 오류를 말한다. "김 씨는 성격이 직선적이다. 직선적인 모든 것들은 길이를 지닌다. 고로 김 씨의 성격은 길이를 지닌다."가 그 예이다. 한편 각각의 원소들이 개별적으로 어떤 성질을 지니고 있다는 내용의 전제로부터 그 원소들을 결합한 집합 전체도 역시 그 성질을 지니고 있다는 결론을 도출하는 경우가 ㉢<u>결합의 오류</u>이고, 반대로 집합이 어떤 성질을 지니고 있다는 내용의 전제로부터 그 집합의 각각의 원소들 역시 개별적으로 그 성질을 지니고 있다는 결론을 도출하는 경우가 ㉣<u>분해의 오류</u>이다. 전자의 예로는 "그 연극단 단원들 하나하나가 다 훌륭하다. 고로 그 연극단은 훌륭하다."를, 후자의 예로는 "그 연극단은 일류급이다. 박 씨는 그 연극단 일원이다. 그러므로 박 씨는 일류급이다."를 들 수 있다.

① ㉠ - 모든 사람은 죽는다. 소크라테스는 사람이다. 그러므로 소크라테스는 죽는다.
② ㉡ - 부패하기 쉬운 것들은 냉동 보관해야 한다. 세상은 부패하기 쉽다. 고로 세상은 냉동 보관해야 한다.
③ ㉢ - 미국 아이스하키 선수단이 이번 올림픽에서 금메달을 차지했다. 그러므로 미국 선수 각자는 세계 최고 기량을 갖고 있다.
④ ㉣ - 그 학생의 논술 시험 답안은 탁월하다. 그의 답안에 있는 문장 하나하나가 탁월하기 때문이다.

Chapter 02 비판 추론

> 사실 비판과 관점 비판

① 사실 비판 – 너의 말이 틀렸어!
② 관점 비판 – 난 너와 생각이 달라!

주장: 우리나라 청소년의 흡연을 법적으로 엄격히 규제해야 한다.

근거1: 우리나라의 청소년 흡연율이 다른 나라보다 높다.
➜ **사실 비판**: 우리나라의 청소년 흡연율이 다른 나라보다 높다는 것은 거짓이다.
이는 조사 대상 국가가 선진국에만 치우친 통계의 결과이다.
➜ **관점 비판**: 다른 나라보다 흡연율이 높다는 것이 규제의 근거가 될 수는 없다.
다른 나라보다 열등한 것이 모두 법적 규제의 대상이 될 수는 없다.
이는 문화적 다양성이다.

근거2: 청소년의 흡연은 성인의 흡연보다 건강에 더 해롭다.
➜ **사실 비판**: 청소년의 흡연이 성인의 흡연보다 건강에 더 해롭다는 것은 거짓이다.
흡연을 시작한 시기보다 흡연한 기간이 건강에 더 큰 영향을 미친다.
➜ **관점 비판**: 청소년도 자신의 건강에 대한 자발적 결정권이 있다.
건강에 나쁘다는 것을 알고 피우는데 법적으로 규제할 필요가 있는가.

근거3: 교육만으로는 청소년의 흡연을 막을 수 없다.
➜ **사실 비판**: 교육만으로 청소년의 흡연을 막을 수 없다는 것은 거짓이다.
교육을 통한 자발적 결정의 금연이 더 오래 지속된다.
➜ **관점 비판**: 교육만으로 청소년의 흡연을 막기는 어려우나 교육이 아닌 수단은 청소년에게 부적절하다.

양립할 수 있다 / 양립할 수 없다

'양립할 수 있다'는 말은 두 명제가 동시에 참일 수 있음을 의미한다. 그러므로 '지문과 양립할 수 있는 선지'라는 말은, 지문의 내용에서 추론할 수 있는 내용뿐 아니라, 지문의 내용과 상충되지만 않는다면 지문의 내용과 전혀 무관한 내용까지 포함된다.

그렇다면 두 명제가 '양립할 수 없는', 혹은 '상충되는' 경우는 어떤 경우일까? 이는 두 명제가 동시에 참일 수 없는 경우를 말하며, 크게 '반대'와 '모순'의 경우가 있다. 먼저 '반대'란 두 명제 중 한 명제가 참인 경우 다른 한 명제는 반드시 거짓인 관계이다. 즉, 반대관계에 있는 두 명제는 동시에 참일 수 없지만, 동시에 거짓일 수는 있다. 반면, '모순'은 두 명제가 동시에 참일 수도, 동시에 거짓일 수도 없는 관계이다.

강화와 약화

논증의 강화	논증의 약화
① 주장을 뒷받침하는 근거(사례) 더 찾기	① 주장을 뒷받침하지 않는 근거(사례) 찾기
② 주장의 근거를 지지하는 설명이나 사례 찾기	② 주장의 근거를 지지하지 않는 설명이나 사례 찾기
③ 반론에 대한 재반박	③ 주장에 대한 비판

비판 추론

1. ㉠, ㉡의 주장에 대한 비판으로 적절하지 않은 것은?
21년 지방직 7급

투표 제도에는 투표권 행사를 투표자의 자유의사에 맡기는 자유 투표제와 투표권 행사를 정당한 사유 없이 기권하면 법적 제재를 가하는 의무 투표제가 있다. 우리나라는 자유 투표제를 채택하고 있는데, ㉠의무 투표제를 도입하자는 측은 낮은 투표율로 투표 결과의 정당성이 확보되지 못하는 문제를 지적한다. 법적 제재는 분명 높은 투표율로 이어질 것이므로 의무 투표제가 낮은 투표율을 해결할 최선의 방안이라고 그들은 말한다. 나아가 더 많은 국민이 투표에 참여할수록 정치인들은 정책 경쟁력을 높이려 할 것이므로 정치 소외 계층에 대한 관심이 높아질 것이라고 기대한다.

반면 ㉡의무 투표제에 반대하는 측은 현재 우리나라의 투표율이 정치 지도자들의 대표성을 훼손할 만큼 심각하지는 않다고 본다. 또 시민 교육 등 다른 방식으로도 투표율 상승을 기대할 수 있다며 의무 투표제가 투표율을 높일 가장 효과적인 방안은 아니라고 말한다. 그리고 의무 투표제를 도입하면, 선출된 정치인들이 높은 투표율을 핑계로 안하무인의 태도를 취하는 부작용이 생겨 국민의 뜻이 오히려 왜곡될 수 있다는 우려의 목소리를 내고 있다.

① ㉠은 투표율의 증가가 후보들의 정책 경쟁으로 이어진다는 것에 대한 근거를 제시해야 한다.
② ㉠은 정당한 사유 없는 기권에 대한 법적 제재가 투표율 상승으로 이어진다는 것을 뒷받침할 자료를 제시해야 한다.
③ ㉡은 선출된 정치인들이 높은 투표율을 핑계로 안하무인의 태도를 취하는 부작용에 대한 대책을 제시해야 한다.
④ ㉡은 현재 우리나라의 투표율이 정치 지도자들의 대표성을 훼손할 만큼 심각하지 않다는 것에 대한 근거를 제시해야 한다.

2. ㉠과 ㉡에 대한 글쓴이의 견해로 적절하지 않은 것은?
20년 지방직 7급

'대중예술'이라는 용어는 다소 모호하게 사용된다. 이 용어는 19세기부터 쓰였고, 오늘날에는 대중매체 예술뿐 아니라 서민들이 향유하는 예술에도 적용된다. 이 용어의 사용과 관련하여 제기되는 비판과 의문은, 예술이란 용어 자체가 이미 고유한 미적 가치를 함축하고 있기 때문에 대중예술이라는 개념은 본질적으로 모순이며 범주상의 오류라는 것이다. 이 같은 논쟁은 고급 예술과 대중예술 사이의 위계적 이분법 아래에 예술 대 엔터테인먼트라는 대립이 존재함을 알려 준다.

대중예술과 마찬가지로 엔터테인먼트는 고급 문화와 대비하여 저급한 것으로 널리 규정되어 왔다. 결과적으로 엔터테인먼트와 대중예술에 관한 이론은 대개 두 입장 사이에 놓인다. ㉠첫 번째 입장은 엔터테인먼트가 고급 문화를 차용해서 타락시키는 것이라고 주장하면서, 엔터테인먼트를 고급 문화에 전적으로 의존하고, 종속되며 그것에서 파생되는 것으로 간주한다. ㉡두 번째 입장은 엔터테인먼트를 고급 문화와 동떨어진 영역, 즉 고급 문화에 도전함으로써 대립적인 태도를 유지하면서 엔터테인먼트 자체의 자율적 규칙, 가치, 원리와 미적 기준을 갖고 있는 것으로 규정한다.

첫 번째 입장은 다양한 가치를 이상적인 진리 안에 종속시킴으로써, 예술의 형식과 즐거움의 미적 가치에 대한 어떠한 상대적 자율성도 인정하지 않는다. 두 번째 입장은 대중예술에 대한 극단적 자율성을 주장하는 것으로서, 고급 예술이 대중예술에 대하여 휘두르고 있는 오래된 헤게모니의 흔적을 제대로 평가하지 않을 뿐 아니라 고급 예술과 대중예술 사이의 관계를 설명하지 못한다.

① ㉠은 고급 문화와 엔터테인먼트 사이의 위계성을 설명하지 못한다.
② ㉠은 대중예술과 엔터테인먼트에 비해 고급 예술과 고급 문화의 우월성을 강조한다.
③ ㉡은 고급 예술과 대중예술 사이의 관계성을 설명하지 못한다.
④ ㉡은 고급 예술과 고급 문화에 대해 대중예술과 엔터테인먼트의 독자성을 강조한다.

3. 다음 글의 시사점으로 적절하지 않은 것은?

📄 20년 국가직 9급

　기존의 의학적 연구는 건장한 성인 남성의 몸을 표준으로 삼아 이루어지는 경우가 많았다. 예를 들어 농약과 같은 화학 물질이 몸에 들어와 어떠한 변화를 일으키는지 검토한 연구에서 생리 주기에 따라 변화하는 여성 호르몬이 그 물질과 어떤 상호 작용을 일으킬 수 있는지는 고려되지 않았다. 자동차 충돌 사고를 인체 공학적으로 시뮬레이션할 때도 특정 연령대 남성의 몸이 연구 대상으로 사용되었고, 여성의 신체 특성이나 다양한 연령대 남성의 신체적 특성은 고려되지 않았다.
　특정 연령대 성인 남성의 몸을 표준화된 인체로 여겼던 사고방식은 여러 문제점을 낳고 있다. 예를 들어 대사율, 피부와 조직 두께 등을 감안한, 사람이 가장 효과적으로 일할 수 있는 사무실 온도는 21℃로 알려져 있다. 그런데 한 연구에서 남성과 여성 직장인에게 각각 선호하는 사무실 온도를 조사한 결과는 남성은 평균 22℃, 여성은 평균 25℃였다. 남성은 기존의 적정 실내 온도에 가까운 답을 했고, 여성은 더 따뜻한 사무실에서 일하기를 원했다.
　이러한 차이의 이유는 무엇일까? 현재 적정 사무실 온도로 알려진 21℃는 1960년대 측정된 자료를 바탕으로 하는데, 당시 몸무게 70kg인 40세 성인 남성을 기준으로 측정된 것이다. 이러한 '표준화된 신체'를 가진 남성의 대사율은 여성이나 다른 연령대 남성들의 대사율과 다르고, 당연히 체내 열 생산의 양도 차이가 있다.

① 표준으로 삼은 대상이 나머지 대상의 특성까지 대표하지 못하므로 앞으로 의학적 연구를 하려면 하나의 표준을 정하기보다 가능한 한 다양한 대상을 선정해서 하는 것이 바람직하다.
② 현재 우리가 알고 있는 의학 지식 중에는 특정 표준 대상만을 연구한 결과인 것이 있으므로 앞으로 이런 의학 지식을 활용하려면 연구한 대상을 살펴봐서 그대로 활용할지를 결정하는 것이 바람직하다.
③ 성별이나 연령대 등에 따라 신체 조건이 같지 않으므로 근무 환경을 조성할 때 근무자들의 성별이나 연령대를 고려하는 것이 바람직하다.
④ 기존의 사무실 적정 실내 온도가 조사된 것보다 낮게 설정되어 있으므로 향후에 모든 공공 기관의 사무실 온도를 조정할 때 현재보다 설정 온도를 일률적으로 높이는 것이 바람직하다.

4. 〈보기〉의 비판 대상으로 가장 옳지 않은 것은?

📄 18년 서울시 9급

[보기]

　폴 매카트니는 도축장의 벽이 유리로 되어 있다면 모든 사람이 채식주의자가 될 거라고 말한 적이 있다. 우리가 식육 생산의 실상을 안다면 계속해서 동물을 먹을 수 없으리라고 그는 믿었다. 그러나 어느 수준에서는 우리도 진실을 알고 있다. 식육 생산이 깔끔하지도 유쾌하지도 않은 사업이라는 것을 안다. 다만 그게 어느 정도인지는 알고 싶지 않다. 고기가 동물에게서 나오는 줄은 알지만 동물이 고기가 되기까지의 단계들에 대해서는 짚어보려 하지 않는다. 그리고 동물을 먹으면서 그 행위가 선택의 결과라는 사실조차 생각하려 들지 않는 수가 많다. 이처럼 우리가 어느 수준에서는 불편한 진실을 의식하지만 동시에 다른 수준에서는 의식을 못 하는 일이 가능할 뿐 아니라 불가피하도록 조직되어 있는 게 바로 폭력적 이데올로기다.

① 채식주의자　　　② 식육 생산의 실상
③ 동물을 먹는 행위　④ 폭력적 이데올로기

5. 다음 글에서 '칸트'의 견해로 볼 수 없는 것은?

17년 지방직 9급 추가채용

칸트는 계몽이란 인간이 자신의 과오로 인한 미성년 상태로부터 벗어나는 것이라고 했다. 이때 '미성년 상태'는 타인의 지도 없이는 스스로의 이성을 사용할 수 없는 상태를 뜻하며, 이를 벗어나는 데 필요한 것은 용기를 내어 스스로의 이성을 사용하려고 하는 것이다.

칸트에 의하면 계몽은 두 가지 양상으로 이루어진다. 하나는 개인적 계몽으로 각자 스스로 미성년 상태를 벗어나서 이성 능력을 발휘하는 것이다. 하지만 모든 사람이 개인적 계몽을 이룰 수 있는 것은 아니다. 미성년 상태는 편하다. 이 상태의 개인은 스스로 생각하고 판단함으로써 저지를지 모르는 실수의 위험을 과장해서 생각한다. 한 개인이 실수의 두려움으로 인해 미성년 상태에 머무르기를 선택하면 편안함에 대한 유혹과 실수에 대한 공포심을 극복하며 스스로를 계몽하기는 힘들다.

대중 일반의 계몽은 이보다는 쉽게 이루어질 수 있다. 어느 시대에나 개인적 계몽에 성공한 독립적인 정신의 사상가들이 있기 마련이고, 이들은 편안함에 안주하며 두려움의 방패 뒤에 도피하려는 사람들의 의식을 일깨워 자각의 계기를 제공해 줄 수 있다. 개인적 계몽에 성공한 이들에게 자신의 생각을 표현하고 발표하는 자유가 주어진다면 계몽 정신은 자연스레 널리 전파될 것이고 사람들은 독립에의 공포심에서 벗어나 스스로 생각하는 성년 단계로 진입하게 될 것이다.

칸트는 대중 일반의 계몽을 위해 필요한 이성의 사용을 이성의 공적 사용이라 일컫는다. 이성의 사용은 사적 사용과 공적 사용으로 구분된다. 이성의 사적 사용은 각자가 개인이나 소규모 공동체의 이익을 위해 이성을 사용하는 것을 말한다. 그러나 한 개인이 몸담고 있는 공동체의 범위를 벗어나 세계 시민의 한 사람으로서 그리고 학자로서 글을 통해 자신의 생각을 대중에게 전달하게 되면 그는 이성을 공적으로 사용하는 것이 된다.

① 개인적 계몽을 이룬 이들에게 자유가 주어진다면 독립에 대한 공포심에 빠지게 된다.
② 미성년 상태에서 벗어나기 위해서는 스스로의 이성을 사용하려고 해야 한다.
③ 대중 일반의 계몽을 위한 이성의 사용을 이성의 공적 사용이라 불렀다.
④ 개인적 계몽을 모든 사람이 이룰 수 있는 것은 아니다.

6. 다음 글에 나타난 필자의 견해로 볼 수 없는 것은?

17년 국가직 9급 추가채용

서양에서 주인공을 '히어로(hero)', 즉 '영웅'이라고 부른 것은 고대 서사시나 희곡의 소재가 되던 주인공들이 초인간적인 능력을 가진 인물들이었기 때문이다. 신화적 세계관 속에서 영웅들은 신과 밀접한 관계를 맺거나 신의 후손이기도 하였다.

신화와 달리 문학 작품은 인물의 행위를 단일한 것으로 통일시킨다. 영웅들의 초인간적이고 신적인 행위는 차차 문학 작품의 구조에 제한되어 훨씬 인간화되었다. 문학 작품의 통일된 구조에 적합하지 않은 것은 대폭 수정되거나 제거되는 수밖에 없었다.

아리스토텔레스는 비극이 '보통보다 우수한 인물'을 모방한다고 하였는데, 이는 문학의 인물이 신화의 영웅이 아닌 보통의 인간임을 지적한 것이다. 극의 주인공은 작품의 통일성을 기하는 데 기여하는 중심적인 인물이면 된다고 한 것으로 볼 수 있다.

낭만주의 및 역사주의 비평가들은 작중 인물을 실제 인물인 양 따로 떼어 내어, 그의 개인적인 역사를 재구성해 보려고도 하였다. 그들은 영웅이라는 표현 대신 '성격(인물, character)'이라는 개념을 즐겨 썼는데, 이 용어는 지금도 비평계에서 애용되고 있다.

① 영웅이라는 말은 고대의 예술적 조건과 자연스럽게 관련된다.
② 신화의 영웅은 문학 작품에 와서 점차 인간화되었다.
③ 아리스토텔레스가 말한 '보통보다 우수한 인물'은 신화적 영웅과 다르다.
④ 역사주의 비평가들은 작중 인물을 역사적 영웅으로 재평가하려고 했다.

7. 다음 중 버크의 견해로 가장 적절한 것은?
　　　　　　　　　　　📄 22년 군무원 7급

> 18세기 영국의 사상가 버크는 프랑스 혁명의 과정을 지켜보면서, 국민 대중에 대하여 회의를 갖게 되었다. 일반 국민이란 무지하고 교육을 받지 못한 다수를 의미하기 때문에 그다지 신뢰할 만하지 않다는 이유에서이다. 그래서 그는 계약에 의해 선출된 능력 있는 대표자가 국민을 대신하여 지도자로서 국가를 운영케 하는 방식의 대의제를 생각해 냈다. 재산이 풍족하여 교육을 충분히 받아 사리에 밝은 사람들이 그렇지 못한 다수 사람들의 이익을 위해 행동하는 편이 훨씬 효율적이라고 생각한 것이다. 그가 말하는 대의제란 지도자가 성숙한 판단과 계몽된 의식을 가지고 국민을 대신하여 일하는 것을 요체로 한다. 여기서 대의제의 본질은 국민을 대표하기보다 국민을 대신한다는 의미에 가깝다. 즉 버크는 대중이 그들 자신을 위한 유·불리의 이해관계를 알지 못한다는 가정을 전제로, 분별력 있는 지도자가 독립적 판단을 통해 국가를 이끌어가야 한다고 했던 것이다. 버크에 따르면 국민은 지도자와 상호 '신의 계약'을 체결했다기보다는 '신탁 계약'을 했다는 것이다. 그러므로 지도자에게는 개별 국민들의 요구와 입장을 성실하게 경청해야 할 의무 대신에, 국민 전체의 이익이 무엇인가를 스스로 판단해서 대신할 의무가 있다. 그는 만약 지도자가 국민의 의견을 좇아 자신의 판단을 단념한다면 그것은 국민에게 봉사하는 것이 아니라 국민을 배신하는 것이라고 했다.

① 지도자는 국민 다수의 의견을 따라야 한다.
② 국민은 지도자에게 자신의 모든 권리를 위임한다.
③ 성공적인 대의제를 위해서는 탁월한 지도자를 선택하는 국민의 자질이 중요하다.
④ 국민은 지도자를 선택한 이후에도 다수결을 통해 지도자의 결정에 대한 수용과 비판의 지속적인 태도를 보여 주어야 한다.

8. 다음 중 아래의 글을 읽고 추론한 라캉의 생각과 가장 거리가 먼 것은?
　　　　　　　　　　　📄 22년 군무원 9급

> 라캉에 의하면, 사회화 과정에 들어서기 전의 거울 단계에서, 자기와 자기 영상, 혹은 자기와 어머니 같은 양자 관계에 새로운 타인, 다시 말해 아버지, 곧 법으로서의 큰 타자가 개입하는 삼자 관계, 즉 상징적 관계가 형성된다. 이 형성은 제3자가 외부에서 인위적으로 비집고 들어섬을 뜻하는 것이 아니다. 인간이 상징적 질서를 생각하게 되는 것은, 이미 그 질서가 구조적으로 인간에게 기능하게끔 되어 있기 때문이다. 인간이 후천적, 인위적으로 그 구조를 만들었다고 생각하는 것은 잘못이다. 인간은 단지 구조되어 있는 그 질서에 참여할 뿐이다.
>
> 말하자면 구조란 의식되지 않는 가운데 인간 문화의 기저에서 인간의 행위를 규정함을 뜻하는 것이다. 그러므로 라캉에게 있어서, 주체의 존재 양태는 무의식적인 것을 바탕으로 해서 가능하다. 주체 자체가 무의식적인 것으로서 형성된다. 그러므로 주체는 무의식적 주체이다.
>
> 라캉에게 나의 사유와 나의 존재는 사실상 분리되어 있다. 그는 나의 사유가 나의 존재를 확인시켜 주지 못한다고 주장한다. 라캉의 경우, '나는 생각한다'라는 의식이 없는 곳에서 '나는 존재'하고, 또 '내가 존재하는 곳'에서 '나는 생각하지 않는다'. 라캉은 무의식은 타자의 진술이라고 말한다. 바꾸어 말한다면 언어 활동에서 우리가 보내는 메시지는 타자로부터 발원되어 우리에게 온 것이다. '무의식은 주체에 끼치는 기표의 영향'이라고 라캉은 말한다.
>
> 이런 연유에서 '인간의 욕망은 타자의 욕망'이라는 논리가 라캉에게 성립된다. 의식의 차원에서 '내가 스스로 주체적'이라고 말하는 것 같지만, 그것은 어디까지나 허상이다. 실상은, 나의 진술은 타자의 진술에 의해서 구성된다는 것이다. 나의 욕망도 타자의 욕망에 의해서 구성된다. 내가 스스로 원한 욕망이란 성립하지 않는다.

① 주체의 무의식은 구조화된 상징적 질서에 의해 형성된다.
② 주체의 의식적 사유와 행위에 의해 새로운 문화 질서가 창조된다.
③ 대중매체의 광고는 주체의 욕망이 형성되는 데 큰 영향을 미친다.
④ 데카르트의 '나는 생각한다. 고로 존재한다'라는 명제는 옳지 않다.

9. <보기>의 관점에서 ⊙을 비판한 것으로 적절한 것은?

22년 국회직 8급

　원칙적으로 사람들은 제1 언어 습득 연구에 대한 양극단 중 하나의 입장을 취할 수 있을 것이다. ⊙<u>극단적 행동주의자적 입장</u>은 어린이들이 백지 상태, 즉 세상이나 언어에 대해 아무런 전제된 개념을 갖지 않은 깨끗한 서판을 갖고 세상에 나오며, 따라서 어린이들은 환경에 의해 형성되고 다양하게 강화된 예정표에 따라 서서히 조건화된다고 주장하였다. 또 반대쪽 극단에 있는 구성주의의 입장은 어린이들이 매우 구체적인 내재적 지식과 경향, 생물학적 일정표를 갖고 세상에 나온다는 인지주의적 주장을 할 뿐만 아니라 주로 상호 작용과 담화를 통해 언어 기능을 배운다고 주장한다. 이 두 입장은 연속선상의 양극단을 나타내며, 그 사이에는 다양한 입장들이 있을 수 있다.

[보기]

　생득론자는 언어 습득이 생득적으로 결정되며, 우리는 주변의 언어에 대해 체계적으로 인식할 수 있도록 되어 있어서 결과적으로 언어의 내재화된 체계를 구축하는 유전적 능력을 타고난다고 주장한다.

① 언어 습득에 대한 연구에서 실제적 언어 사용의 양상이 무시될 가능성이 크다.
② 아동의 언어 습득을 관장하는 유전자의 실체가 확인될 때까지는 행동주의는 불완전한 가설일 뿐이다.
③ 아동은 단순히 문법적으로 정확한 문장을 만드는 방법을 배우는 것이 아니라 의사소통 방법을 배우는 것이다.
④ 아동의 언어 습득은 특정 언어공동체의 일원이 되는 핵심 과정인데, 행동주의는 공동체 구성원들과의 상호 작용이 차지하는 중요성을 간과하고 있다.
⑤ 아동의 언어 습득이 외적 자극인 환경에 의해 전적으로 형성된다고 보는 행동주의 모델은 배우거나 들어본 적 없는 표현을 만들어내는 어린이 언어의 창조성을 설명하지 못한다.

10. ⊙을 평가한 내용으로 적절한 것만을 <보기>에서 모두 고르면?

25년 출제기조 전환 예시문항 1차

　흔히 '일곱 빛깔 무지개'라는 말을 한다. 서로 다른 빛깔의 띠 일곱 개가 무지개를 이루고 있다는 뜻이다. 영어나 프랑스어를 비롯해 다른 자연언어들에도 이와 똑같은 표현이 있는데, 이는 해당 자연언어가 무지개의 색상에 대응하는 색채 어휘를 일곱 개씩 지녔기 때문이라고 할 수 있다.
　언어학자 사피어와 그의 제자 워프는 여기서 어떤 영감을 얻었다. 그들은 서로 다른 언어를 쓰는 아메리카 원주민들에게 무지개의 띠가 몇 개냐고 물었다. 대답은 제각각 달랐다. 사피어와 워프는 이 설문 결과에 기대어, 사람들은 자신의 언어에 얽매인 채 세계를 경험한다고 판단했다. 이 판단으로부터, "우리는 모국어가 그어 놓은 선에 따라 자연세계를 분단한다."라는 유명한 발언이 나왔다. 이에 따르면 특정 현상과 관련한 단어가 많을수록 해당 언어권의 화자들은 그 현상에 대해 심도 있게 경험하는 것이다. 언어가 의식을, 사고와 세계관을 결정한다는 이 견해는 ⊙<u>사피어-워프 가설</u>이라 불리며 언어학과 인지과학의 논란거리가 되어왔다.

[보기]

ㄱ. 눈[雪]을 가리키는 단어를 4개 지니고 있는 이누이트족이 1개 지니고 있는 영어 화자들보다 눈을 넓고 섬세하게 경험한다는 것은 ⊙을 강화한다.
ㄴ. 수를 세는 단어가 '하나', '둘', '많다' 3개뿐인 피라하족의 사람들이 세 개 이상의 대상을 모두 '많다'고 인식하는 것은 ⊙을 강화한다.
ㄷ. 색채 어휘가 적은 자연언어 화자들이 색채 어휘가 많은 자연언어 화자들에 비해 색채를 구별하는 능력이 뛰어나다는 것은 ⊙을 약화한다.

① ㄱ
② ㄱ, ㄴ
③ ㄴ, ㄷ
④ ㄱ, ㄴ, ㄷ

11. 윗글의 (가)와 (나)의 주장에 대해 평가한 내용으로 가장 적절한 것은? 25년 출제기조 전환 예시문항 2차

일반적으로 한 나라의 문학, 즉 '국문학'은 "그 나라의 말과 글로 된 문학"을 지칭한다. 그래서 우리나라에서 국문학에 대한 근대적 논의가 처음 시작될 무렵에는 (가)국문학에서 한문으로 쓰인 문학을 배제하자는 주장이 있었다. 국문학 연구가 점차 전문화되면서, 한문문학 배제론자와 달리 한문문학을 배제하는 데 있어 신축성을 두는 절충론자의 입장이 힘을 얻었다. 절충론자들은 국문학의 범위를 획정하는 데 있어 (나)종래의 국문학의 정의를 기본 전제로 하되, 일부 한문문학을 국문학으로 인정하자고 주장했다. 즉 한문으로 쓰여진 문학을 국문학에서 완전히 배제하지 않고, 전자 중 일부를 후자의 주변부에 위치시키는 것으로 국문학의 영역을 구성한 것이다. 이에 따라 국문학을 지칭할 때에는 '순(純)국문학'과 '준(準)국문학'으로 구별하게 되었다. 작품에 사용된 문자의 범주에 따라서 전자는 '좁은 의미의 국문학', 후자는 '넓은 의미의 국문학'이라고도 칭할 수 있다.

하지만 이런 절충안을 취하더라도 순국문학과 준국문학을 구분하는 데에는 논자마다 차이가 있다. 어떤 이는 국문으로 된 것은 전자에, 한문으로 된 것은 후자에 귀속시켰다. 다른 이는 훈민정음 창제 이전과 이후로 나누어 국문학의 영역을 구분하였다. 훈민정음 창제 이전의 문학은 차자표기건 한문표기건 모두 국문학으로 인정하고, 창제 이후의 문학은 국문문학만을 순국문학으로 규정하고 한문문학 중 '국문학적 가치'가 있는 것을 준국문학에 귀속시켰다.

① 국문으로 쓴 작품보다 한문으로 쓴 작품이 해외에서 문학적 가치를 더 인정받는다면 (가)의 주장은 강화된다.
② 국문학의 정의를 '그 나라 사람들의 사상과 정서를 그 나라 말과 글로 표현한 문학'으로 수정하면 (가)의 주장은 약화된다.
③ 표기문자와 상관없이 그 나라의 문화를 잘 표현한 문학을 자국문학으로 인정하는 것이 보편적인 관례라면 (나)의 주장은 강화된다.
④ 훈민정음 창제 이후에도 차자표기로 된 문학작품이 다수 발견된다면 (나)의 주장은 약화된다.

12. 갑~병의 주장을 분석한 내용으로 적절한 것만을 〈보기〉에서 모두 고르면? 25년 출제기조 전환 예시문항 2차

갑: 오늘날 사회는 계급 체계가 인간의 생활을 전적으로 규정하지 않는다. 실제로 많은 사람이 사회 이동을 경험하며, 전문직 자격증에 대한 접근성 또한 증가하였다. 인터넷은 상향 이동을 위한 새로운 통로를 제공하고 있다. 이에 따라서 전통적인 계급은 사라지고, 이제는 계급이 없는 보다 유동적인 사회 질서가 새로 정착되었다.

을: 지난 30년 동안 양극화는 더 확대되었다. 부가 사회 최상위 계층에 집중되는 것에 대한 우려가 커지고 있다. 과거 계급 불평등은 경제 전반의 발전을 위해 치를 수밖에 없는 일시적 비용이었다고 한다. 하지만 경제 수준이 향상된 지금도 이 불평등은 해소되지 않고 있다. 오늘날 세계화와 시장 규제 완화로 인해 빈부 격차가 심화되고 계급 불평등이 더 고착되었다.

병: 오랫동안 지속되었던 계급의 전통적 영향력은 확실히 약해지고 있다. 하지만 현대사회에서 계급 체계는 여전히 경제적 불평등의 핵심으로 남아 있다. 사회 계급은 아직도 일생에 걸쳐 개인의 삶에 큰 영향을 미친다. 특정 계급의 구성원이라는 사실은 수명, 신체적 건강, 교육, 임금 등 다양한 불평등과 관련된다. 이는 계급의 종말이 사실상 실현될 수 없는 현실적이지 않은 주장이라는 점을 보여 준다.

[보기]
ㄱ. 갑의 주장과 을의 주장은 대립하지 않는다.
ㄴ. 을의 주장과 병의 주장은 대립하지 않는다.
ㄷ. 병의 주장과 갑의 주장은 대립하지 않는다.

① ㄱ
② ㄴ
③ ㄱ, ㄷ
④ ㄴ, ㄷ

13. 다음 갑~정의 논쟁에 대한 분석으로 적절한 것만을 〈보기〉에서 모두 고르면? 23년 국가직 7급 PSAT 언어논리

갑: 우리는 보통 인간이나 동물이 어떤 특성을 지니고 있어서 그에 부합하는 도덕적 지위를 갖는다고 생각한다. 의식이 바로 그런 특성이다. 나는 인공지능 로봇도 같은 방식으로 그 도덕적 지위를 결정해야 한다고 생각한다. 그래서 우리는 그런 로봇에게 의식이 있는지를 따져 봐야 할 것이다. 나는 인공지능 로봇이 의식을 갖는다고 생각한다.

을: 도덕적 지위를 결정하는 기준에 대해서는 나도 갑과 생각이 같다. 하지만 나는 바로 그런 이유에서 인공지능 로봇에게 도덕적 지위를 부여할 수 없다고 생각한다. 로봇은 기계이므로 의식을 갖는 것이 가능하지 않기 때문이다.

병: 나는 인공지능 로봇에게 의식이 있는지 없는지가 그것에게 도덕적 지위를 부여하느냐 마느냐를 결정하는 근거가 될 수 없다고 생각한다. 인공지능 로봇에게 의식이 있을 수도 있겠지만, 인간의 필요에 의해서 만든 도구적 존재에게 도덕적 지위를 부여하는 것은 말이 안 된다.

정: 어떤 존재의 도덕적 지위는 우리가 그 존재와 어떤 관계를 맺고 있는지에 따라 결정된다. 우리가 로봇과 가족이나 친구와 같은 유의미한 관계를 맺고 있다면, 인공지능 로봇이 의식을 갖지 않는 경우라 해도, 로봇에게 도덕적 지위를 부여해야 한다.

[보기]

ㄱ. 을과 정은 인공지능 로봇에게는 의식이 없다고 생각한다.
ㄴ. 인공지능 로봇에게 의식이 있어도 도덕적 지위를 부여할 수 없다고 생각하는 사람이 있다.
ㄷ. 인공지능 로봇에게 실제로 의식이 있다고 밝혀진다면, 네 명 중 한 명은 인공지능 로봇에게 도덕적 지위를 부여해야 하는가에 대한 입장을 바꿔야 한다.

① ㄱ
② ㄴ
③ ㄱ, ㄷ
④ ㄴ, ㄷ
⑤ ㄱ, ㄴ, ㄷ

14. 다음 글의 (가)와 (나)에 들어갈 말을 짝지은 것으로 가장 적절한 것은? 24년 국가직 7급 PSAT 언어논리

진공 상태에서 금속이나 반도체 물질에 높은 전압을 가하면 그 표면에서 전자가 방출된다. 방출된 전자가 형광체에 충돌하면 빛이 발생하는데, 이 빛을 이용하여 디스플레이를 만들 수 있다. 이런 디스플레이를 만들기 위해, 금속이나 반도체 물질로 만들어진 원기둥 형태의 나노 구조체가 기판에 고밀도로 존재하도록 제작하는 기술이 개발되고 있다.

고밀도의 나노 구조체가 있는 기판을 제작하려는 것은 나노 구조체의 밀도가 높을수록 단위 면적당 더 많은 양의 전자가 방출될 것이라는 가설 H1에 근거하고 있다. 그러나 기판의 단위 면적당 방출되는 전자의 양은 나노 구조체의 밀도가 일정 수준 이상으로 높아지면 오히려 줄어들게 될 것이라는 가설 H2를 주장하는 과학자들의 수가 많아지고 있다. 이는 나노 구조체가 너무 조밀하게 모여 있으면 나노 구조체 각각에 가해지는 실제 전압이 오히려 감소한다는 사실에 기반을 두고 있다.

과학자 L은 가설 H1과 가설 H2를 확인하기 위한 원기둥 형태의 금속 재질의 나노 구조체 X가 있는 기판을 제작하였다. 이 기판에 동일 거리에서 동일 전압을 가하여 다음의 실험을 수행하였다.

〈실 험〉

실험 1: X가 있는 기판 A와 A보다 면적이 두 배이고 X의 개수가 네 배인 기판 B를 제작하였다. 이때 단위 면적당 방출된 전자의 양은 기판 A와 기판 B가 같았다.

실험 2: 단위 면적당 방출된 전자의 양은, 기판 C에 10,000개의 X가 있을 때보다 20,000개의 X가 있을 때 더 많았고, 기판 C에 20,000개의 X가 있을 때보다 30,000개의 X가 있을 때 더 적었다.

두 실험 중 실험 1은 가설 H1을 [(가)], 실험 2는 가설 H2를 [(나)].

	(가)	(나)
①	강화하고	강화한다
②	강화하고	약화한다
③	약화하지 않고	약화한다
④	약화하고	약화한다
⑤	약화하고	강화한다

15. 다음 글의 논증에 대한 평가로 적절한 것만을 〈보기〉에서 모두 고르면? 23년 국가직 7급 PSAT 언어논리

사람의 특징 중 하나는 옷을 입는다는 것이다. 그렇다면 사람은 언제부터 옷을 입기 시작했을까? 사람이 옷을 입기 시작한 시점을 추정하기 위해 몇몇 생물학자들은 사람에 기생하는 이에 주목하였다. 사람을 숙주로 삼아 기생하는 이에는 두 종이 있는데, 하나는 옷에서 살아가며 사람 몸에서 피를 빨아 먹는 '사람 몸니'이고 다른 하나는 사람 두피에서 피를 빨아 먹으며 사는 '사람 머릿니'이다.

사람 몸니가 의복류에 적응한 것을 볼 때, 그것들은 아마 사람이 옷을 입기 시작했던 무렵에 사람 머릿니에서 진화적으로 분기되었을 것이다. 생물의 DNA 염기서열은 시간이 지나면서 조금씩 무작위로 변하는데 특정한 서식 환경에서 특정한 염기서열이 선택되면서 해당 서식 환경에 적응한 새로운 종이 생겨난다. 그러므로 현재 사람 몸니와 사람 머릿니의 염기서열의 차이를 이용하여 두 종의 이가 공통 조상에서 분기된 시점을 추정할 수 있다. 이를 위해 우선 두 종의 염기서열을 분석하여 두 종 간의 염기서열에 차이가 나는 비율을 산출한다. 그러나 이것만으로 두 종이 언제 분기되었는지 결정할 수는 없다.

사람 몸니와 사람 머릿니의 분기 시점을 추정하기 위해 침팬지의 털에서 사는 침팬지 이와 사람 머릿니를 이용할 수 있다. 우선 침팬지 이와 사람 머릿니의 염기서열을 비교하여 두 종 간의 염기서열에 차이가 나는 비율을 산출한다. 침팬지와 사람이 공통 조상에서 분기되면서 침팬지 이와 사람 머릿니도 공통 조상에서 분기되었다고 볼 수 있고, 화석학적 증거에 따르면 침팬지와 사람의 분기 시점이 약 550만 년 전이므로, 침팬지 이와 사람 머릿니 사이의 염기서열 차이는 550만 년 동안 누적된 변화로 볼 수 있다. 이로부터 1만 년당 이의 염기서열이 얼마나 변화하는지 계산할 수 있다. 이렇게 계산된 이의 염기서열의 변화율을 사람 머릿니와 사람 몸니의 염기서열의 차이에 적용하면, 사람이 옷을 입기 시작한 시점을 설득력 있게 추정할 수 있다. 연구 결과, 사람이 옷을 입기 시작한 시점은 약 12만 년 전 이후인 것으로 추정된다.

〔보기〕

ㄱ. 염기서열의 변화가 일정한 속도로 축적되는 것이 사실이라면 이 논증은 강화된다.

ㄴ. 침팬지 이와 사람 머릿니의 염기서열의 차이가 사람 몸니와 사람 머릿니의 염기서열의 차이보다 작다면 이 논증은 약화된다.

ㄷ. 염기서열 비교를 통해 침팬지와 사람의 분기 시점이 침팬지 이와 사람 머릿니의 분기 시점보다 50만 년 뒤였음이 밝혀진다면, 이 논증은 약화된다.

① ㄴ
② ㄷ
③ ㄱ, ㄴ
④ ㄱ, ㄷ
⑤ ㄱ, ㄴ, ㄷ

16. 다음 글의 A~C에 대한 평가로 적절한 것만을 〈보기〉에서 모두 고르면?   📄 22년 국가직 7급 PSAT 언어논리

인간 존엄성은 모든 인간이 단지 인간이기 때문에 갖는 것으로서, 인간의 숭고한 도덕적 지위나 인간에 대한 윤리적 대우의 근거로 여겨진다. 다음은 인간 존엄성 개념에 대한 A~C의 비판이다.

A: 인간 존엄성은 그 의미가 무엇인지에 대해 사람마다 생각이 달라서 불명료할 뿐 아니라 무용한 개념이다. 가령 존엄성은 존엄사를 옹호하거나 반대하는 논증 모두에서 각각의 주장을 정당화하는 데 사용된다. 어떤 이는 존엄성이란 말을 '자율성의 존중'이라는 뜻으로, 어떤 이는 '생명의 신성함'이라는 뜻으로 사용한다. 결국 쟁점은 존엄성이 아니라 자율성의 존중이나 생명의 가치에 관한 문제이며, 존엄성이란 개념 자체는 그 논의에서 실질적으로 중요한 기여를 하지 않는다.

B: 인간의 권리에 대한 문서에서 존엄성이 광범위하게 사용되는 것은 기독교 신학과 같이 인간 존엄성을 언급하는 많은 종교적 문헌의 영향으로 보인다. 이러한 종교적 뿌리는 어떤 이에게는 가치 있는 것이지만, 다른 이에겐 그런 존엄성 개념을 의심할 근거가 되기도 한다. 특히 존엄성을 신이 인간에게 부여한 독특한 지위로 생각함으로써 인간이 스스로를 지나치게 높게 보도록 했다는 점은 비판을 받아 마땅하다. 이는 인간으로 하여금 인간이 아닌 종과 환경에 대해 인간 자신들이 원하는 것을 마음대로 해도 된다는 오만을 낳았다.

C: 인간 존엄성은 인간이 이성적 존재임을 들어 동물이나 세계에 대해 인간 중심적인 견해를 옹호해 온 근대 휴머니즘의 유산이다. 존엄성은 인간종이 그 자체로 다른 종이나 심지어 환경 자체보다 더 큰 가치가 있다고 생각하는 종족주의의 한 표현에 불과하다. 인간 존엄성은 우리가 서로를 가치 있게 여기도록 만들기도 하지만, 인간 외의 다른 존재에 대해서는 그 대상이 인간이라면 결코 용납하지 않았을 폭력적 처사를 정당화하는 근거로 활용된다.

[보기]

ㄱ. 많은 논란에도 불구하고 존엄사를 인정한 연명의료결정법의 시행은 A의 주장을 약화시키는 사례이다.
ㄴ. C의 주장은 화장품의 안전성 검사를 위한 동물실험의 금지를 촉구하는 캠페인의 근거로 활용될 수 있다.
ㄷ. B와 C는 인간에게 특권적 지위를 부여하는 인간 중심적인 생각을 비판한다는 점에서 공통적이다.

① ㄱ
② ㄷ
③ ㄱ, ㄴ
④ ㄴ, ㄷ
⑤ ㄱ, ㄴ, ㄷ

17. 다음 글에 대한 분석으로 적절한 것만을 〈보기〉에서 모두 고르면?   22년 국가직 7급 PSAT 언어논리

인간은 지구상의 생명이 대량 멸종하는 사태를 맞이하고 있지만, 다른 한편으로는 실험실에서 인공적으로 새로운 생명체를 창조하고 있다. 이런 상황에서, 자연적으로 존재하는 종을 멸종으로부터 보존해야 한다는 생물 다양성의 보존 문제를 어떤 시각으로 바라보아야 할까? A는 생물 다양성을 보존해야 한다고 주장한다. 이를 위해 A는 다음과 같은 도구적 정당화를 제시한다. 우리는 의학적, 농업적, 경제적, 과학적 측면에서 이익을 얻기를 원한다. '생물 다양성 보존'은 이를 위한 하나의 수단으로 간주될 수 있다. 바로 그 수단이 우리가 원하는 이익을 얻는 최선의 수단이라는 것이 A의 첫 번째 전제이다. 그리고 어떤 것이 우리가 원하는 이익을 얻는 최선의 수단이라면 우리에게는 그것을 실행할 의무와 필요성이 있다는 것이 A의 두 번째 전제이다. 이 전제들로부터 우리에게는 생물 다양성을 보존할 의무와 필요성이 있다는 결론이 나온다.

이에 대해 B는 생물 다양성 보존이 우리가 원하는 이익을 얻는 최선의 수단이 아님을 지적한다. 특히 합성 생물학은 자연에 존재하는 DNA, 유전자, 세포 등을 인공적으로 합성하고 재구성해 새로운 생명체를 창조하는 것을 목표로 한다. B는 우리가 원하는 이익을 얻고자 한다면, 자연적으로 존재하는 생명체들을 대상으로 보존에 애쓰는 것보다는 합성 생물학을 통해 원하는 목표를 더 합리적이고 체계적으로 성취할 수 있을 것이라고 주장한다. 인공적인 생명체의 창조가 우리가 원하는 이익을 얻는 더 좋은 수단이므로, 생물 다양성 보존을 지지하는 도구적 정당화는 설득력을 잃는다는 것이다. 그래서 B는 A가 제시하는 도구적 정당화에 근거하여 생물 다양성을 보존하자고 주장하는 것은 옹호될 수 없다고 말한다.

한편 C는 모든 종은 보존되어야 한다고 주장하면서 생물 다양성 보존을 옹호한다. C는 대상의 가치를 평가할 때 그 대상이 갖는 도구적 가치와 내재적 가치를 구별한다. 대상의 도구적 가치란 그것이 특정 목적을 달성하는 데 얼마나 쓸모가 있느냐에 따라 인정되는 가치이며, 대상의 내재적 가치란 그 대상이 그 자체로 본래부터 갖고 있다고 인정되는 고유한 가치를 말한다. C에 따르면 생명체는 단지 도구적 가치만을 갖는 것이 아니다. 생명체를 오로지 도구적 가치로만 평가하는 것은 생명체를 그저 인간의 목적을 위해 이용되는 수단으로 보는 인간 중심적 태도이지만, C는 그런 태도는 받아들일 수 없다고 본다. 생명체의 내재적 가치 또한 인정해야 한다는 것이다. 그 생명체들이 속한 종 또한 그 쓸모에 따라서만 가치가 있는 것이 아니다. 그리고 내재적 가치를 지니는 것은 모두 보존되어야 한다. 이로부터 모든 종은 보존되어야 한다는 결론에 다다른다. 왜냐하면 모든 종은 그 자체가 본래부터 고유의 가치를 지니기 때문이다.

[보기]

ㄱ. A는 생물 다양성을 보존해야 한다고 주장하지만, B는 보존하지 않아도 된다고 주장한다.
ㄴ. B는 A의 두 전제가 참이더라도 A의 결론이 반드시 참이 되지는 않는다고 비판한다.
ㄷ. 자연적으로 존재하는 생명체가 도구적 가치를 가지느냐에 대한 A와 C의 평가는 양립할 수 있다.

① ㄱ
② ㄷ
③ ㄱ, ㄴ
④ ㄴ, ㄷ
⑤ ㄱ, ㄴ, ㄷ

18. 다음 글의 ㉠과 ㉡에 대한 평가로 적절한 것만을 〈보기〉에서 모두 고르면?   21년 국가직 7급 PSAT 언어논리

연역과 귀납, 이 두 종류의 방법은 지적 작업에서 사용될 수 있는 모든 추론을 포괄한다. 철학과 과학을 비롯한 모든 지적 작업에 연역적 방법이 필수적이라는 것을 부정하는 사람은 아무도 없다. 귀납적 방법의 경우 사정은 크게 다르다. 귀납적 방법이 철학적 작업에 들어설 여지가 없다고 믿는 사람이 있는가 하면, 한 걸음 더 나아가 어떠한 지적 작업에도 귀납적 방법이 불필요하다고 주장하는 사람들도 있다.

㉠ 귀납적 방법이 철학이라는 지적 작업에서 불필요하다는 견해는 독단적인 철학관에 근거한다. 이런 견해에 따르면 철학적 주장의 정당성은 선험적인 것으로, 경험적 지식을 확장하기 위해 사용되는 귀납적 방법에 의존할 수 없다. 그러나 이런 견해는 철학적 주장이 경험적 가설에 의존해서는 안 된다는 부당하게 편협한 철학관과 '귀납적 방법'의 모호성을 딛고 서 있다. 실제로 철학사에 나타나는 목적론적 신 존재 증명이나 외부 세계의 존재에 관한 형이상학적 논증 가운데는 귀납적 방법인 유비 논증과 귀추법을 교묘히 적용하고 있는 것도 있다.

㉡ 모든 지적 작업에서 귀납적 방법의 필요성을 부정하는 견해는 중요한 철학적 성과를 낳기도 하였다. 포퍼의 철학이 그런 사례 가운데 하나이다. 포퍼는 귀납적 방법의 정당화 가능성에 관한 회의적 결론을 받아들이고, 과학의 탐구가 귀납적 방법으로 진행된다는 견해는 근거가 없음을 보인다. 그에 따르면, 과학의 탐구 과정은 연역 논리 법칙에 따라 전개되는 추측과 반박의 작업으로 이루어진다. 이런 포퍼의 이론은 귀납적 방법의 필요성에 대한 전면적인 부정이 낳을 수 있는 흥미로운 결과 가운데 하나라고 할 수 있다.

[보기]
ㄱ. 과학의 탐구가 귀납적 방법에 의해 진행된다는 주장은 ㉠을 반박한다.
ㄴ. 철학의 일부 논증에서 귀추법의 사용이 불가피하다는 주장은 ㉡을 반박한다.
ㄷ. 연역 논리와 경험적 가설 모두에 의존하는 지적 작업이 있다는 주장은 ㉠과 ㉡을 모두 반박한다.

① ㄱ
② ㄴ
③ ㄱ, ㄷ
④ ㄴ, ㄷ
⑤ ㄱ, ㄴ, ㄷ

PART 8
문제 해결 능력

Chapter 01 문학 추론   244

Chapter 02 단일 지문 2문항   252

문학 추론

1. '도산 노인'의 생각에 대한 이해로 옳지 않은 것은?

22년 국회직 8급

> 《도산십이곡》은 도산 노인이 지은 것이다. 노인이 이를 지은 것은 무엇 때문인가. 우리나라의 가곡은 대체로 음란하여 족히 말할 것이 없으니 《한림별곡》과 같은 것도 문인의 입에서 나왔으나, 교만하고 방탕하며 겸하여 점잖지 못하고 장난기가 있어 더욱 군자가 숭상해야 할 바가 아니다. 다만 근세에 이별의 《육가》라는 것이 있어 세상에 성대하게 전해지는데, 저것보다 낫기는 하나 또한 세상을 희롱하는 불공한 뜻만 있으며, 온유돈후의 실질이 적은 것을 애석하게 여겼다.
> 노인은 평소 음악을 이해하지는 못하나 오히려 세속의 음악이 듣기 싫은 것을 알아, 한가히 살면서 병을 돌보는 여가에 무릇 성정에서 느낌이 일어나는 것을 매양 시로 나타내었다. 그러나 지금의 시는 옛날의 시와는 달라서 읊을 수는 있어도 노래로 부를 수는 없다. 만약 노래로 부르려면 반드시 시속의 말로 엮어야 되니, 대개 우리나라 음절이 그렇게 하지 않고서는 안 되기 때문이다.
> 그래서 내가 일찍이 대략 이별의 노래를 본떠 도산육곡이란 것을 지은 것이 둘이니, 그 하나는 언지(言志)이고 다른 하나는 언학(言學)이다. 아이들로 하여금 아침 저녁으로 익혀서 노래하게 하여 안석에 기대어 이를 듣고자 했다. 또한 아이들로 하여금 스스로 노래하고 춤추고 뛰게 한다면, 비루하고 더러운 마음을 깨끗이 씻어버리고, 느낌이 일어나 두루 통하게 될 것이니 노래하는 자와 듣는 자가 서로 유익함이 없지 않을 것이다.
> 돌이켜보면 나의 자취가 자못 어그러졌으니, 이 같은 한가한일이 혹시나 시끄러운 일을 야기하게 될지 모르겠고, 또 곡조에 얹었을 때 음절이 맞을지도 알 수 없어 우선 한 부를 베껴 상자 속에 담아 두고, 때때로 꺼내 완상하여 스스로를 반성하며, 또 훗날에 보는 자가 이를 버리거나 취하기를 기다릴 따름이다.
>
> 이황, 《도산십이곡발》

① 우리말 노래가 대체로 품격이 떨어진다고 보아 만족하지 못하고 있었다.
② 우리나라에서 한시를 노래로 부르는 전통을 되살리려고 한다.
③ 자신이 지은 노래를 부르는 아이들에게도 유익함이 있을 것이라 생각한다.
④ 자신이 노래를 지은 것을 불만스럽게 생각할 사람이 있을 수 있다고 예상한다.
⑤ 자신이 지은 노래가 후세에 전해져서 평가의 대상이 될 것을 기대한다.

2. 다음 글에 대한 이해로 적절한 것은? 22년 지역인재 9급

> 지금 우리나라의 시문(詩文)은 자기 말을 버려두고 다른 나라의 말을 배워서 표현하므로, 설령 아주 비슷하다 하더라도 이는 단지 앵무새가 사람의 말을 하는 것에 불과하다. 민간의 나무하는 아이들이나 물 긷는 아낙네들이 소리 내어 서로 주고받는 노래가 비록 속되고 촌스럽다 할지라도, 그 참과 거짓을 논한다면, 정녕 공부하는 선비들의 이른바 시부(詩賦)라고 하는 것과는 비교가 되지 않는다.
>
> 김만중, 〈서포만필〉에서

① 나무하는 아이들이 부르는 노래의 가치를 인정하고 있다.
② 민간의 노래가 속되고 촌스럽다고 보는 견해를 부정하고 있다.
③ 아낙네들의 노래는 앵무새의 노래와 유사하다고 주장하고 있다.
④ 공부하는 선비의 시부가 민간의 노래보다 참되다는 점을 강조하고 있다.

3. 다음 글의 제목으로 가장 적절한 것은?

[21년 군무원 7급]

박목월 시인이 1959년에 쓴 작품이다. 그때 한국의 1인당 국민소득은 81달러였고 한국사회는 전반적으로 가난했다. 시인은 협소한 방에서 밤이 깊도록 글을 쓴다. 원고료를 벌기 위해 의무적으로 쓰는 글이다. 용변을 보려고 복도를 지나는데 단칸방에 옹기종기 모여 잠을 자고 있는 식구들이 보인다. 그들의 잠은 깊고 평화롭지만 어딘지 서글퍼 보인다. 난방이 제대로 안 된 방에서 잠자는 어린것들의 발이 "포름쪽쪽"하게 얼어 있다. 이 말에 아버지의 연민이 담겨 있다. 자신도 "눈과 얼음의 길을 걸어" 여기까지 왔다고 말한다. 가족들을 위해 생활에 몸을 굽히고 굴욕을 감내하는, 그러면서도 미소를 지을 수밖에 없는 아버지의 모습을 솔직하게 표현했다. 그러면서도 자신의 감정을 과장되게 드러내지 않았다. 자연이 시의 주제가 되는 것은 흔한 일이지만 가난이 시의 주제가 되는 것은 드문 일이다. 박목월은 가난을 인간적 훈기로 감싸 안으면서 연민의 어조를 통해 시인의 격조가 어떠해야 하는지를 보여주었다.

① 시인의 진심과 격조
② 자연의 시와 가난의 시
③ 가난이 주는 굴욕감
④ 연민과 평화의 정신

4. 다음 글을 파악한 내용으로 옳은 것은?

[20년 국회직 8급]

근대가 전근대의 틈이자 균열이라는 말은 단순히 메타포만은 아니다. 연암 박지원은 말 거간꾼들 사이에 벌어지는 일대 우정 논쟁을 해학적으로 그린 〈마장전(馬駔傳)〉의 끝부분에서 골계 선생(滑稽先生)이라는 페르소나로 출연하여 다음과 같은 우정론을 개진하고 있다.

저 성안후(成安候)와 상산왕(常山王)은 그 사귐에 틈이 없었다. 그래서 한번 틈이 생기자 이 틈을 어떻게 해 볼 도리가 없었다. 그러므로 사랑할 만한 것도 틈을 두지 않는 것이지만 두려워할 만한 것도 틈을 두지 않는 것이다. 아첨은 틈으로 말미암아 딱 맞아떨어지고 모함도 틈으로 말미암아 이간질되는 것이다. 그러므로 다른 사람과 잘 사귀는 사람은 먼저 그 틈을 돌보며 다른 사람과 잘 사귀지 못하는 사람은 틈을 돌보지 못한다.

언뜻 아리송해 보이기 짝이 없는 은어 같은 말들로 중언부언되어 있는 〈마장전(馬駔傳)〉의 속내가 이 부분에서 폭로되고 있다. 즉, 우정은 전근대의 문법에서처럼 틈새 없는 인격의 결합이 아니라 인격 사이의 거리, 다시 말해 틈에 의해 구성되는 심리전의 양태로 화한 것이다.

① 전근대에 비해 근대의 '우정'은 서로 간의 경계가 없는 긴밀한 관계라기보다는 일정한 거리를 두고 지속되는 평행선과 같은 것이다.
② 전근대의 '우정'은 메타포라기보다는 해학에 근거하여 형성되었다고 볼 수 있다.
③ 전근대 시기의 '우정'은 아첨으로 말미암아 틈이 생기고 모함으로 말미암아 이간질된다.
④ 성안후(成安候)와 상산왕(常山王)의 사귐은 근대적 사귐의 단초라 할 수 있다.
⑤ 연암 박지원의 관점에서는 틈이 없는 밀접한 관계의 우정이나 일정한 거리를 두고 갖게 되는 우정이나 다를 바가 없다.

5. 다음 글에 대한 이해로 적절하지 않은 것은?

　　20년 지역인재 9급

　처용에 관한 《삼국사기》의 사실적 기록과 그로부터 약 140년이란 긴 변이 과정을 거쳐 나온 《삼국유사》의 처용 설화를 비교해 보자. 헌강왕이 돌아다닌 곳이 개운포를 포함한 동쪽 지방이고, 왕 앞에 나타나 노래하고 춤춘 인물들이 그 당시 신라인에게는 생소했던 대상들이며, 처용의 용모와 일화가 이색적이라는 데는 두 문헌이 같다. 그러나 《삼국사기》에는 처용의 이름이, 《삼국유사》에는 그의 출현 연대가 없고, 전자에는 역신(疫神), 처용가, 왕정 보좌 같은 내용이 없으며, 출현자 수가 전자는 4명이지만 후자는 8명이라는 등 다른 점들이 있다.

① 《삼국유사》를 통해서는 처용의 출현 연대를 알 수 없다.
② 《삼국사기》에는 처용의 이름과 왕정 보좌에 관한 내용이 수록되어 있다.
③ 《삼국사기》와 《삼국유사》에는 처용이 신라인들에게 생소한 대상으로 기술되어 있다.
④ 처용과 관련된 내용이 《삼국사기》는 사실적 기록인 반면 《삼국유사》는 설화라는 차이가 있다.

6. 밑줄 친 문장의 ㉠, ㉡에 들어갈 표현으로 옳은 것은?

　　19년 국회직 8급

　삶과 죽음이 이웃처럼 붙어 있는 것을 극적으로 보여 주는 조각 작품이 있다. 전시 공간에 뒹굴 듯이 던져져 있는 두 개의 머리는 꼭 달라붙어 있었다. 아래쪽 두상과 위쪽 두개골상이 작품의 제목처럼 각각 삶과 죽음을 상징하고 있음을 포착하기는 그리 어렵지 않다. 마치 시인 윤동주의 〈또 다른 고향〉에서 "고향에 돌아온 날 밤에 / 내 백골이 따라와 한 방에 누웠다."라는 시구를 조각으로 빚어 놓은 것 같다.

　이 작품을 잘 들여다보면 해골이 잠든 듯 살포시 눈을 감은 아래쪽 두상의 볼을 물어뜯고 있는데, 언뜻 보면 죽음이 삶을 잠식하는 듯하다. 그런데 작가는 해골을 붉은색 계열의 빛깔로 표현하였다. 흔히 떠올리는 백골의 이미지와는 동떨어져 있다. 죽음을 상징하는 해골이 피가 도는 것처럼 살아 있고, 오히려 삶을 상징하는 아래쪽 두상은 죽은 것처럼 피부색이 납빛이다. 살아 있는 해골과 죽어 있는 삶이라니! 이렇게 되면 삶과 죽음의 경계가 모호해진다. <u>작가는 죽음 안에 삶이 들어 있고 삶 안에 죽음이 숨 쉬고 있음을 ㉠과(와) ㉡의 기법으로 표현하고 있다.</u>

	㉠	㉡
①	비교	모순
②	대조	역설
③	대립	묘사
④	분석	대조
⑤	묘사	대칭

7. 다음 글에서 비판하고 있는 핵심 내용으로 맞는 것은?
  18년 국회직 8급

한 경향이나 한 시대와 같은 몇 개 되지 않은, 그것도 대부분 직관적으로 파악된 특징으로부터 일반적인 종합 개념을 만들어내서는, 이러한 일반화로부터 연역적으로 개별현상에 접근하여 설득력 있는 종합에 도달했다고 생각하는 것이 당시에는 유행이 되다시피 했다. 필자의 '소설의 이론'의 방법론도 이와 다를 바가 없었다. 현실을 대하는 주인공의 유형이 너무 협소한가 아니면 너무 넓은가 하는 양자택일적인 사고가 결정적인 역할을 하고 있는데, 이러한 방법은 '돈키호테'의 경우 이 한 편의 소설이 갖는 역사적·미학적 풍부함을 파악하는 것조차도 힘들 정도로 너무 일반화되어 있으며, 이러한 소설의 유형에 속하는 다른 작가들, 예컨대 발자크나 폰토피단을 두고 볼 때, 이러한 방법은 이들에게 일종의 개념이라는 외투를 억지로 입힘으로써 큰 문제가 되었다.

① 귀납적 사고의 위험성
② 다른 이론을 배척하는 태도
③ 개념의 왜곡
④ 이론의 독재
⑤ 비이성적인 것에 대한 비난

8. 〈보기〉를 참고할 때 다음 시의 근본비교 대상으로 가장 적절한 것은?
  24년 군무원 7급

[보기]

이미지가 시의 구성분자인 이상 반드시 문맥을 형성한다. 문맥 없이는 구성분자로서 이미지는 존재할 수 없다. 시의 이미지는 전후 문맥에서 그 의미가 결정된다. 따라서 시의 의미 파악에는 문맥의 파악이 필수적이다. 시는 대개 하나의 이미지보다 여러 개의 이미지로 문맥을 형성한다. 문맥 가운데서 근본비교에 의하여 형성되는 문맥이 있다. 근본비교란 한 작품에서 다른 모든 비교들을 성립시키는 토대가 되는 비유다. 다시 말하면 어떤 두 사물을 근본적으로 비교함으로써 여기서 이와 관련된 다른 비교들이 파생되는 것이다.

조국을 언제 떠났노
파초의 꿈은 가련하다.

남국을 향한 불타는 향수
너의 넋은 수녀보다도 더욱 외롭구나.

소낙비를 그리는 너는 정열의 여인
나는 샘물을 길어 네 발등에 붓는다.

이제 밤이 차다
나는 또 너를 내 머리맡에 있게 하마.

나는 즐겨 너를 위해 종이 되리니
너의 그 드리운 치맛자락으로 우리의 겨울을 가리우자.

김동명, 〈파초〉

① 조국과 파초
② 밤과 겨울
③ 파초와 여인
④ 조국과 여인

※ 다음 글을 읽고 물음에 답하시오.

'크로노토프'는 그리스어로 시간과 공간을 뜻하는 두 단어를 결합한 것으로, 시공간을 통합적으로 이해하기 위한 개념이다. 크로노토프의 관점에서 보면 고소설과 근대소설의 차이를 명확하게 파악할 수 있다.

고소설에는 돌아가야 할 곳으로서의 원점이 존재한다. 그것은 영웅소설에서라면 중세의 인륜이 원형대로 보존된 세계이고, 가정소설에서라면 가장을 중심으로 가족 구성원들이 평화롭게 공존하는 가정이다. 고소설에서 주인공은 적대자에 의해 원점에서 분리되어 고난을 겪는다. 그들의 목표는 상실한 원점을 회복하는 것, 즉 그곳에서 향유했던 이상적 상태로 ⓒ돌아가는 것이다. 주인공과 적대자 사이의 갈등이 전개되는 시간을 서사적 현재라 한다면, 주인공이 도달해야 할 종결점은 새로운 미래가 아니라 다시 도래할 과거로서의 미래이다. 이러한 시공간의 배열을 '회귀의 크로노토프'라고 한다.

근대소설 「무정」은 회귀의 크로노토프를 부정한다. 이것은 주인공인 이형식과 박영채의 시간 경험을 통해 확인된다. 형식은 고아지만 이상적인 고향의 기억을 갖고 있다. 그것은 박 진사의 집에서 영채와 함께하던 때의 기억이다. 이는 영채도 마찬가지기에, 그들에게 박 진사의 집으로 표상되는 유년의 과거는 이상적 원점의 구실을 한다. 박 진사의 죽음은 그들에게 고향의 상실을 상징한다. 두 사람의 결합이 이상적 상태의 고향을 회복할 수 있는 유일한 방법이겠지만, 그들은 끝내 결합하지 못한다. 형식은 새 시대의 새 인물이 되어야 한다고 생각하며 과거로의 복귀를 거부한다.

9. 윗글에서 추론한 내용으로 가장 적절한 것은?

① 「무정」과 고소설은 회귀의 크로노토프를 부정한다는 점에서 공통적이다.
② 영웅소설의 주인공과 「무정」의 이형식은 그들의 이상적 원점을 상실했다는 공통점을 가지고 있다.
③ 「무정」에서 이형식이 박영채와 결합했다면 새로운 미래로서의 종결점에 도달할 수 있었을 것이다.
④ 가정소설은 가족 구성원들이 평화롭게 공존하는 결말을 통해 상실했던 원점으로의 복귀를 거부한다.

10. 문맥상 ⓒ의 의미와 가장 가까운 것은?

① 전쟁은 연합군의 승리로 돌아갔다.
② 사과가 한 사람 앞에 두 개씩 돌아간다.
③ 그는 잃어버린 동심으로 돌아가고 싶었다.
④ 그녀는 자금이 잘 돌아가지 않는다며 걱정했다.

11. 〈보기〉를 참고하여 다음 글을 감상한 내용으로 가장 적절하지 않은 것은?

[보기]

〈소설가 구보 씨의 일일〉은 1930년대 무력한 지식인인 소설가 구보의 내면의식과 그의 눈에 비친 경성의 일상을 그려내고 있다. 경성역, 화신상회(백화점), 안전지대, 전차 등 근대화가 진행되며 나타난 경성의 새로운 풍경들은 구보의 시선에 포착된다.

구보는, 약간 자신이 있는 듯싶은 걸음걸이로 전차 선로를 두 번 횡단하여 화신상회 앞으로 간다. 그리고 저도 모를 사이에 그의 발은 백화점 안으로 들어서기조차 하였다. 젊은 내외가, 너덧 살 되어 보이는 아이를 데리고 그곳에 가 승강기를 기다리고 있었다. 이제 그들은 식당으로 가서 그들의 오찬을 즐길 것이다. 흘낏 구보를 본 그들 내외의 눈에는 자기네들의 행복을 자랑하고 싶어하는 마음이 엿보였는지도 모른다. 구보는, 그들을 업신여겨 볼까 하다가, 문득 생각을 고쳐, 그들을 축복하여 주려 하였다. 사실, 4, 5년 이상을 같이 살아왔으면서도, 오히려 새로운 기쁨을 가져 이렇게 거리로 나온 젊은 부부는 구보에게 좀 다른 의미로서의 부러움을 느끼게 하였는지도 모른다. 그들은 분명히 가정을 가졌고, 그리고 그들은 그곳에서 당연히 그들의 행복을 찾을게다.

승강기가 내려와 서고, 문이 열려지고, 닫혀지고, 그리고 젊은 내외는 수남이나 복동이와 더불어 구보의 시야를 벗어났다.

구보는 다시 밖으로 나오며, 자기는 어디 가 행복을 찾을까 생각한다. 발 가는 대로, 그는 어느 틈엔가 안전지대에 가 서서, 자기의 두 손을 내려다보았다. 한 손의 단장과 또 한 손의 공책과 ─ 물론 구보는 거기에서 행복을 찾을 수는 없다.

안전지대 위에, 사람들은 서서 전차를 기다린다. 그들에게, 행복은 알 수 없다. 그러나 그들은 분명히 갈 곳만은 가지고 있었다.

전차가 왔다. 사람들은 내리고 또 탔다. 구보는 잠깐 멍 하니 그곳에 서 있었다. 그러나 자기와 더불어 그곳에 있던 온갖 사람들이 모두 저 차에 오르는 것을 보았을 때, 그는 저 혼자 그곳에 남아 있는 것에 외로움과 애달픔을 맛본다. 구보는, 움직인 전차에 뛰어올랐다.

[중략]

구보는 고독을 느끼고, 사람들 있는 곳으로, 약동하는 무리들이 있는 곳으로, 가고 싶다 생각한다. 그는 눈앞에 경성역을 본다. 그곳에는 마땅히 인생이 있을 게다. 이 낡은 서울의 호흡과 또 감정이 있을 게다. 도회의 소설가는 모름지기 이 도회의 항구와 친하여야 한다. 그러나 물론 그러한 직업 의식은 어떻든 좋았다. 다만 구보는 고독을 삼등 대합실 군중 속에 피할 수 있으면 그만이다. 그러나 오히려 고독은 그곳에 있었다. 구보가 한 옆에 끼여 앉을 수도 없게시리 사람들은 그곳에 빽빽하게 모여 있어도, 그들의 누구에게서도 인간 본연의 온정을 찾을 수는 없었다. 그네들은 거의 옆의 사람에게 한 마디 말을 건네는 일이 없이, 오직 자기네들 사무에 바빴고, 그리고 간혹 말을 건네도, 그것은 자기네가 타고 갈 열차의 시각이나 그러한 것에 지나지 않았다. 그네들의 동료가 아닌 사람에게 그네들은 변소에 다녀올 동안의 그네들 짐을 부탁하는 일조차 없었다. 남을 결코 믿지 않는 그네들의 눈은 보기에 딱하고 또 가엾었다.

구보는 한구석에 가 서서 그의 앞에 앉아 있는 노파를 본다. 그는 뉘 집에 드난을 살다가 이제 늙고 또 쇠잔한 몸을 이끌어 결코 넉넉하지 못한 어느 시골, 딸네 집이라도 찾아 가는지 모른다. 이미 굳어 버린 그의 안면 근육은 어떠한 다행한 일에도 펴질 턱 없고, 그리고 그의 몽롱한 두 눈은 비록 그의 딸의 그지없는 효양(孝養)을 가지고도 감동시킬 수 없을지 모른다. 노파 옆에 앉은 중년의 시골 신사는 그의 시골서 조그만 백화점을 경영하고 있을 게다. 그의 점포에는 마땅히 주단포목도 있고, 일용 잡화도 있고, 또 흔히 쓰이는 약품도 갖추어 있을 게다. 그는 이제 그의 옆에 놓인 물품을 들고 자랑스러이 차에 오를 게다. 구보는 그 시골 신사가 노파와의 사이에 되도록 간격을 가지려고 노력하는 것을 발견하고, 그리고 그를 업신여겼다. 만약 그에게 얕은 지혜와 또 약간의 용기를 주면 그는 삼등 승차권을 주머니 속에 간수하고 일, 이등 대합실에 오만하게 자리잡고 앉을 게다.

문득 구보는 그의 얼굴에서 부종(浮腫)을 발견하고 그의 앞을 떠났다. 신장염. 그뿐 아니라, 구보는 자기 자신의 만성 위확장을 새삼스러이 생각해 내지 않으면 안 되었다. 그러나 구보가 매점 옆에까지 갔었을 때, 그는 그곳에서도 역시 병자를 보지 않으면 안 되었다. 40여 세의 노동자. 전 경부(前頸部)의 광범한 팽륭(澎隆). 돌출한 안구. 또 손의 경미한 진동. 분명한 '바세도우씨' 병. 그것은 누구에게든 결코 깨끗한 느낌을 주지는 못한다. 그의 좌우에는 좌석이 비어 있어도 사람들은 그곳에 앉으려 들지 않는다. 뿐만 아니라, 그에게서 두 칸통 떨어진 곳에 있던 아이 업은 젊은 아낙네가 그의 바스켓 속에서 꺼내다 잘못하여 시멘트 바닥에 떨어뜨린 한 개의 복숭아가, 굴러 병자의 발 앞에까지 왔을 때, 여인은 그것을 쫓아와 집기를 단념하기조차 하였다.

구보는 이 조그만 사건에 문득, 흥미를 느끼고, 그리고 그의 '대학노트'를 펴 들었다. 그러나 그가, 문 옆에 기대어 섰는 캡 쓰고 린네르 즈메에리 양복 입은 사나이의, 그 온갖 사람에게 의혹을 갖는 두 눈을 발견하였을 때, 구보는 또 다시 우울 속에 그곳을 떠나지 않으면 안 된다.

박태원, 〈소설가 구보 씨의 일일〉

① 화신상회에서 구보는 행복해 보이는 가족을 바라보며 부러움을 느끼다가 그들을 업신여기려 한다.
② 발 가는 대로 걸어가 안전지대에 도착하는 구보의 모습으로 보아, 구보는 목표나 방향이 없는 무력한 지식인의 모습을 드러낸다고 이해할 수 있다.
③ 구보가 움직인 전차에 뛰어오른 이유는 안전지대에 혼자 남는 것에 외로움을 느꼈기 때문이다.
④ 구보가 경성역으로 향한 이유는 사람들 사이에서 고독을 피하기 위해서이다.

※ 다음 글을 읽고 물음에 답하시오.

고전은 왜 읽는가? 고전 속에는 오랜 세월을 견뎌 온 지혜가 살아 있다. 그때도 그랬고 지금도 그렇다. 고전은 시간을 타지 않는다. 아주 오래전에 쓰인 고전이 지금도 힘이 있는 것은 인간의 삶이 본질적으로 변한 적이 없기 때문이다. 사람은 누구나 태어나 성장하고, 늙고 병들어 죽는다. 자기 성취를 위해 애쓰고, 좋은 배우자를 얻어 경제적으로 넉넉한 삶을 누리며 살고 싶어 한다. 하지만 좋은 집과 많은 돈만으로 채워지지 않는 그 무엇이 있다. 사람이 태어나 이 세상에 왔다 간 보람을 어디서 찾을까?

연암 박지원 선생의 글 두 편에서 그 대답을 찾아본다. 먼저 '창애에게 답하다'[답창애(答蒼厓)]란 편지글에는 문득 눈이 뜨인, 앞을 못 보던 사람의 이야기가 나온다. 수십 년 동안 앞을 못 보며 살던 사람이 길 가던 도중에 갑자기 사물을 또렷이 볼 수 있게 되었다. 얼마나 놀라운 일인가? 늘 꿈꾸던 믿을 수 없는 일이 일어났다. 하지만 기쁨은 잠시, 앞을 못 보는 삶에 길들여져 있던 그는 한꺼번에 쏟아져 들어온 엄청난 정보를 도저히 처리할 능력이 없었다. 그는 갑자기 자기 집마저 찾지 못하는 바보가 되고 말았다. 답답하여 길에서 울며 서 있는 그에게 화담 선생은 도로 눈을 감고 지팡이에게 길을 물으라는 ㉠처방을 내려 준다.

또 '하룻밤에 아홉 번 강물을 건넌 이야기'[일야구도하기(一夜九渡河記)]에서는 황하를 건널 때 사람들이 하늘을 우러러보는 이유를 설명했다. 거센 물결의 소용돌이를 직접 보면 그만 현기증이 나서 물에 빠지게 되기 때문이다. 그럼에도 물결 소리는 귀에 하나도 들리지 않는다. 눈에 보이는 것에 신경 쓸 겨를도 없는데 무슨 소리가 들리겠는가? 하지만 한밤중에 강물을 건널 때에는 온통 압도해 오는 물소리 때문에 모두들 공포에 덜덜 떨었다. 연암은 결국 눈과 귀는 전혀 믿을 것이 못 되고, 마음을 텅 비워 바깥 사물에 ㉡현혹되지 않는 것만 못하다고 결론을 맺는다.

이 두 이야기는 사실은 복잡한 정보화 사회를 살아가는 우리들이 귀담아들어야 할 내용이다. 사람들은 날마다 수없이 많은 정보를 받아들여 처리한다. 그런데 정보의 양이 감당할 수 없을 만큼 늘어나고 그 속에 진짜와 가짜가 뒤섞이게 되면, 갑자기 앞을 보게 된 그 사람처럼 제집조차 못 찾거나, 정신을 똑바로 차린다는 것이 도리어 강물에 휩쓸리고 마는 결과를 낳는다. 앞을 못 보던 사람이 눈을 뜨는 것은 더없이 기쁘고 좋은 일이다. 위기 상황에서 정신을 똑바로 차리는 것은 언제나 중요하다. 하지만 그로 인해 자기 집을 잃고 미아가 되거나 더 큰 위험에 처하게 된다면, 차라리 눈과 귀를 믿지 않는 편이 더 나을지도 모른다.

한편, 길 가다가 문득 눈이 뜨인 그 사람은 앞으로도 계속 눈을 감고 지팡이에 의존해서 살아가야 하는 것일까? 한번 뜨인 눈을 다시 감을 수는 없다. 그의 문제는 길 가는 도중에 눈을 뜨는 바람에 제집을 찾지 못하게 된 데서 생겼다. 그러니 지팡이를 짚고서라도 집을 찾는 것이 먼저다. 그다음에 눈을 똑바로 뜨고 제집 대문 색깔과 골목의 위치를 잘 확인하고 나오면 된다. 그때부터는 지팡이가 전혀 필요 없다.

그 사람에게 눈을 도로 감으라는 것은 앞을 못 보던 예전의 삶으로 돌아가라는 것이 아니다. 주체적으로 판단하고 능동적으로 대처할 수 있는 상태를 유지하라는 말이다. 강물을 건널 때 물결을 보지 않으려고 하늘을 우러르고, 밤중에 강물 소리에 현혹되지 않아야 하는 것도 같은 이유이다. 변화는 그다음에 온다. 길은 눈먼 사람만 잃고 헤매는 것이 아니다. 우리는 두 눈을 멀쩡히 뜨고도 날마다 길을 잃고 헤맨다. 운전자들은 차에 내비게이션을 달고도 길을 놓쳐 번번이 당황한다. 새로운 문제가 닥칠 때마다 여전히 혼란스럽다. 물결은 어디서나 밀려오고, 소음은 항상 마음을 어지럽힌다.

고전은 '창애에게 답하다'에 나오는 그 지팡이와 같다. 갑자기 길을 잃고 헤맬 때 길을 알려 준다. 지팡이가 있으면 길에서 계속 울며 서 있지 않아도 된다. 하지만 사람들은 일단 눈을 뜨고 나면 지팡이의 ㉢존재를 까맣게 잊는다. 그러고는 집을 못 찾겠다며 길에서 운다. 고전은 그러한 사람에게 길을 알려 주는 든든한 지팡이다. 뱃길을 잃고 캄캄한 밤바다를 헤매는 배에게 멀리서 방향을 일러 주는 듬직한 등댓불이다.

사물이 익숙해지면 지팡이는 필요 없다. 환한 대낮에는 등댓불이 없어도 괜찮다. 하지만 막 새롭게 눈을 뜬 사람에게는 지팡이가, 뱃길을 벗어나 밤바다를 헤매는 배에게는 등댓불의 도움이 절실하다. 우리는 길을 놓칠 때마다 고전을 통해 문제의 중심 위에 나를 다시 세워야 한다. 그러자면 긴 호흡으로 여러 분야의 고전들을 꾸준히 ㉣섭렵하는 성찰과 노력이 필요하다.

지금 당장 별 문제가 없어도 문제는 늘 다시 생겨난다. 밤중에 길 잃는 배는 항상 있게 마련이라 등대는 밤마다 불을 밝힌다. 평소 눈길조차 주지 않아도 고전은 늘 우리 곁을 지키고 있다. 삶이 문득 방향을 잃고 갈팡질팡할 때 고전의 힘은 눈먼 사람의 지팡이보다 더 큰 위력을 발휘한다. 어떤 상황에 놓이든지 당황하지 않고 침착하게 대응할 수 있으려면 평소에 생각의 힘을 든든하게 길러 놓지 않으면 안 된다. 다양한 고전을 늘 가까이에 두고 읽어야 하는 이유가 여기에 있다. 고전 속에서 현재 내가 처한 상황을 타개할 깨달음을 얻게 될 때의 그 기쁨은 말로 다 할 수가 없다. 고전에 대한 든든한 신뢰를 바탕으로 생활 속에서 고전을 늘 가까이하는 적극적인 태도가 필요하다.

― 정민, '고전으로 무너진 중심을 다시 세워라'

12. 다음 중 ㉠~㉣의 문맥적 의미와 다르게 사용된 것은?

① 지구 온난화를 막기 위한 다양한 <u>처방</u>이 학계에서 논의되고 있다.
② 그녀는 쇼핑 호스트의 말에 <u>현혹</u>되어 필요도 없는 물건을 한가득 샀다.
③ 사회적으로 성공한 그녀는 이제 남이 함부로 할 수 없는 <u>존재</u>가 되었다.
④ 그는 우선 철학서 <u>섭렵</u>을 통해 정의에 대해 알고자 하였다.

13. 윗글의 주된 전개 방식으로 보기에 가장 적절한 것은?

① 내용을 점층적으로 심화시켜 예상 밖의 주제를 도출하고 있다.
② 예시와 비유를 이용해 핵심 논지를 알기 쉽게 전달하고 있다.
③ 대조적인 내용을 병렬적으로 배열하여 주제 전달의 효율을 높이고 있다.
④ 두 개의 핵심 사건을 비교, 대조하여 독자의 올바른 판단을 유도하고 있다.

14. 윗글이 전제로 하고 있는 내용이 아닌 것은?

① 아는 게 병, 모르는 게 약이다.
② 일의 처리는 선후를 가려야 한다.
③ 인간의 삶은 본질적으로 변하지 않는다.
④ 인간은 낯선 환경과 마주치면 쉽게 혼란에 빠진다.

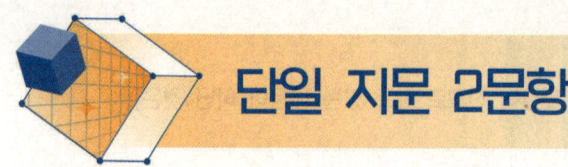

단일 지문 2문항

※ 다음 글을 읽고 물음에 답하시오. 24년 국회직 8급

전통적인 농업에서는 계절적으로 또는 공간적으로 매우 다양한 작물과 품종이 재배되는 윤작(輪作)과 복작(複作)이 주류를 이루었다. 그러나 지난 수십 년에 걸쳐서 점차 한 지역에 대단위로 1년에 한 작물만을 재배하는 단작(單作)이 증대되어 왔다. 단작은 김매기, 파종, 수확 등의 기계화가 용이하고 병충해 방제, 잡초 방제 등 생산 기술의 전문화(專門化)를 쉽게 할 수 있다. 따라서 생산 효율을 높이기 위하여 노동 투입은 줄이고 기술의 투입은 극대화하는 상업적 농업으로 전환되면서 단작이 증가하는 것은 당연한 추세였다. 한편 품종적인 측면에 있어서도 각 지역에 오랫동안 잘 적응해 온 토착 품종들은 사라지고 유전적으로 개량된 소수의 품종들이 들판을 차지하게 되었다. 예를 들면 전 세계적으로 단지 6개 품종이 옥수수 생산량의 70% 이상을 차지하고 있다.

그러나 현대 농업의 단작화와 품종의 단순화는 농경지 생태계를 매우 불안정하게 만들었다. 이처럼 생태계의 다양성이 줄어들면 병, 해충, 기후 변화, 환경 변화 등에 취약해지기 때문에 예기치 못한 막대한 피해를 가져올 수 있다. 이에 대한 예는 매우 많이 찾을 수 있는데 우리나라의 벼농사 경험이 그중 하나이다.

우리나라는 1970년대 초에 통일벼를 육성하고 대대적인 보급을 하여 1976년에는 국민의 염원인 쌀의 자급이 처음으로 이루어졌다. 1978년에는 우리나라 논 전체의 70% 이상에서 통일계 품종이 재배되었다. 통일계 품종이 처음 보급되었을 때에는 우리나라 논농사에서 가장 큰 문제가 되었던 도열병이 발생하지 않았다. 그러나 해가 거듭되고 유전적으로 매우 유사한 통일계 품종들이 점차 늘어나자 새로운 도열병 균계가 생겨나 통일계 품종의 저항성이 무너짐으로써 1973년에 전국적으로 이삭목 도열병이 발생하여 큰 피해를 주었다.

1. 윗글에 대한 이해로 적절하지 않은 것은?

① 작물 재배와 관련된 여러 개념을 제시하고 있다.
② 구체적인 수치를 통해 내용의 객관성을 확보하고 있다.
③ 특정 재배 방식을 비판하며 대안을 제시하고 있다.
④ 과거와 현대의 재배 방식을 대비하여 설명하고 있다.
⑤ 여러 예시 중에서 하나를 선택하여 자세히 설명하고 있다.

2. 윗글에 대한 이해로 적절하지 않은 것은?

① '복작'과 '단작'은 서로 대비되는 재배 방식에 해당한다.
② 토착 품종보다는 유전적으로 개량된 소수의 품종들이 현대 농업의 주를 이루고 있다.
③ 농업의 단작화는 생태계의 불안정화를 촉진하는 등의 문제점이 있다.
④ 우리나라는 1970년대에 통일벼를 육성하여 쌀을 자급할 수 있게 되었다.
⑤ 통일계 품종들의 유전적 유사성이 커지면서 도열병에 대한 저항성이 더욱 강화되었다.

※ 다음 글을 읽고 물음에 답하시오. 　23년 국회직 8급

　　사람과 상황이 서로 영향을 미치는 방식들을 몇 가지 소개해보도록 하겠다.
　　첫째는 상황이 사람을 선택하는 경우다. 모든 사람이 자신이 원하는 상황에 놓일 수는 없다. 제한된 상황은 우리로 하여금 '무엇'을 할 수 있는 기회를 박탈하기도 한다. 예를 들어 아무것도 선택할 수 없는 경제적 어려움에 처해 있거나 부모의 학대로 인해 지속적인 피해를 입고 있는 상황처럼 자신의 의지나 책임이 아닌 절대적 상황이 그런 경우다. 이때 사람들은 상대적 박탈감이나 무력감을 경험하게 된다.
　　둘째는 사람이 상황을 선택하는 경우다. 이때는 자신의 욕망이나 목표에 맞는 기회를 제공하는 상황을 선택할 수 있다. 우리는 일상을 살아가면서 굉장히 합리적인 판단을 한다. 예를 들어 몸이 아프면 상황을 설명하고 조퇴를 할 수도 있다. 그런데 사회적 압력이나 압박들이 단순히 직장에서 일어나는 상황이 아니고 보다 더 본질적인 경우가 있다.
　　예를 들어 경제적 불균형처럼 자기가 가지고 있는 아주 왜곡된 관념들로 치닫기 시작하면 상황이 사람을 지배할 수도 있다. 자신의 자존감을 지키기 위해서는 타인에게 해를 가해서라도 그런 상황을 유지하려는 것이다. 그러나 대부분의 사람들은 스스로 상황을 지배해 나가기 때문에 범죄를 저지르지 않는다. 그래서 상황이 사람을 선택하느냐, 아니면 사람이 상황을 선택하느냐에 따라 결과는 엄청나게 달라진다.
　　상황에 따라 사람의 다른 측면이 점화되기도 한다. 사람들이 공통적으로 갖고 있는 공손함이나 공격성 등은 상황에 따라 점화되는 것이 다르다. 우리가 읽거나 들었던 단어 또는 정보가 우리의 생각이나 행동에 미묘한 변화를 일으킬 수 있고 이러한 현상을 '점화 효과'라고 한다.

3. 윗글의 서술 방식에 대한 설명으로 적절하지 않은 것은?
① 설명하는 내용에 대한 예를 제시하고 있다.
② 서로 다른 내용을 대비하여 제시하고 있다.
③ 설명하는 내용에 대한 개념을 제시하고 있다.
④ 설명하는 내용을 병렬적 구조로 제시하고 있다.
⑤ 설명하는 내용에 대한 실험 결과를 제시하고 있다.

4. 윗글에 대한 이해로 적절하지 않은 것은?
① 사람과 상황은 서로 영향을 끼친다.
② 경제적 불균형에 처하면 대부분의 사람들은 스스로 상황을 지배할 수 없다.
③ 부모의 학대와 같은 상황은 선택할 수 없는 절대적 상황이다.
④ 몸이 아플 때 상황을 설명하고 조퇴하는 것은 합리적 판단의 일종이다.
⑤ 사람들이 공통적으로 가진 공격성이라도 상황에 따라 다르게 점화된다.

※ 다음 글을 읽고 물음에 답하시오. 22년 국회직 8급

(가) '테라포밍'은 지구가 아닌 다른 외계의 천체 환경을 인간이 살 수 있도록 변화시키는 것을 말하는데 현재까지 최적의 후보로 꼽히는 행성은 바로 화성이다. 화성은 육안으로도 붉은 빛이 선명하기에 '火(불 화)' 자를 써서 화성(火星)이라고 부르며, 서양에서는 정열적인 전쟁의 신이기도 한 '마르스'와 함께 '레드 플래닛', 즉 '붉은 행성'으로도 일컬어진다. 화성이 이처럼 붉은 이유는 표면의 토양에 철과 산소의 화합물인 산화철이 많이 포함돼 있기 때문인데, 녹슨 쇠가 불그스름해지는 것과 같은 원리로 보면 된다. 그렇다면 이런 녹슨 행성인 화성을 왜 '테라포밍' 1순위로 선정했을까? 또한 어떤 과정을 통해서 이 화성을 인간이 살 수 있는 푸른별로 바꿀 수 있을까?

(나) 영화 〈레드 플래닛〉을 보면 이런 '테라포밍'의 계획이 잘 나타나 있다. 21세기 초, 자원 고갈과 생태계 오염 등으로 지구의 환경이 점점 악화되자, 화성을 새로운 인류의 터전으로 바꾸기 위해서 이끼 종자를 가득 담은 무인 로켓이 화성으로 발사된다. 이끼가 번식해 화성 표면을 덮으면 그들이 배출하는 산소가 모여 궁극적으로는 인간이 호흡할 수 있는 대기층이 형성되기 때문이다. 그로부터 50여 년 후, 마침내 화성에 도착한 선발대는 희박하기는 하지만 화성의 공기가 사람이 숨 쉴 수 있을 정도로 바뀌었음을 알게 된다.

(다) 그렇다면 영화가 아닌 현실에서 화성을 변화시키는 일은 가능할까? 시간이 걸리고 힘든 일이지만 가능성은 있다. 화성의 극지방에는 '극관'이라고 부르는 드라이아이스로 추정되는 하얀 막 같은 것이 존재하는데, 이것을 녹여 화성에 공기를 공급한다는 것이다. 극관에 검은 물질을 덮어 햇빛을 잘 흡수하게 만든 후 온도가 상승하면 극관이 자연스럽게 녹을 수 있도록 하는 방법인 것이다. 이 검은 물질을 자기 복제가 가능한 것으로 만들면 소량만 뿌려도 시간이 지나면서 극관 전체를 덮게 될 것이다.

(라) 자기 복제가 가능한 검은 물질이 바로 〈레드 플래닛〉에 나오는 이끼이다. 유전 공학에 의해 화성처럼 혹독한 환경에서도 성공적으로 번식할 수 있는, 지의류 같은 이끼의 변종을 만들어 내어 화성의 극관 지역에 투하한다. 그들이 뿌리를 내리고 성공적으로 번식할 경우 서서히 태양광선 흡수량이 많아지고 극관은 점점 녹게 될 것이다. 그러나 이런 방법을 택하더라도 인간이 직접 호흡하며 돌아다니게 될 때까지는 최소 몇 백 년의 시간이 걸릴 것이다.

(마) 지금은 거의 불가능하다고 여겨지는 일들이지만 인류는 언제나 불가능한 일들을 불굴의 의지로 해결해 왔다. 화성 탐사선이 발사되고 반세기가 안 된 오늘날 인류는 화성을 지구 환경으로 만들 꿈을 꾸고 있다. 최소 몇 백 년이 걸릴 수도 있는 이 '테라포밍'도 언젠가는 인류의 도전 앞에 무릎을 꿇게 될 것이 분명하다. 그래서 아주 먼 훗날 우리의 후손들은 화성을 볼 때, 붉게 빛나는 별이 아니라 지구와 같은 초록색으로 반짝이는 화성을 볼 수 있게 될지도 모른다. 그렇다면 그때에는 화성을 '녹성(綠星)' 또는 '초록별'이라 이름을 바꿔 부르게 되지 않을까?

5. (가)~(마)에 대한 설명으로 적절하지 않은 것은?
① (가): 대상의 특성을 설명하고 화제를 제시하고 있다.
② (나): 예를 통해 화제에 대한 이해를 돕고 있다.
③ (다): 화제를 현실화할 수 있는 방법을 제시하고 있다.
④ (라): 귀납을 통해 화제의 실현 가능성을 증명하고 있다.
⑤ (마): 화제에 대한 긍정적 전망으로 글을 마무리하고 있다.

6. '테라포밍' 계획의 핵심이 되는 최종적인 작업은?
① 화성의 극관을 녹이는 일
② 인류가 화성에 이주하는 일
③ 화성에 대기층을 만드는 일
④ 화성의 온도를 상승시키는 일
⑤ 극관을 검은 물질로 덮는 일

※ 다음 글을 읽고 물음에 답하시오. 〔22년 국회직 8급〕

그것은 알렉산드르 2세가 통치하던 최근의, 우리 시대의 일이었다. 그 시대는 문명과 진보의 시대이고, ㉠제반 문제점들의 시대, 그리고 러시아의 ㉡부흥 등등의 시대였다. 또한 불패의 러시아 군대가 적군에게 내어준 세바스토폴에서 돌아오고, 전 러시아가 흑해 함대의 괴멸에 축전을 거행하고, 하얀 돌벽의 모스크바가 이 기쁜 사건을 맞이하여 이 함대 승무원들의 생존자들을 영접하고 경축하며, 그들에게 러시아의 좋은 보드카 술잔을 대령하며, 러시아의 훌륭한 풍습에 따라 빵과 소금을 대접하며 그들의 발 앞에 엎드려 절하던 때였다. 또한 그때는 ㉢형안의 신인 정치가와 같은 러시아가 소피아 사원에서 기도를 올리겠다는 꿈이 깨어짐에 슬퍼하고, 전쟁 중에 사망하여 조국의 가슴을 가장 미어지도록 아프게 한 위대한 두 인물(한 사람은 위에 언급된 사원에서 가능한 한 신속히 기도를 하고자 하는 열망에 불탔던 사람으로 발라히야 들판에서 전사했는데, 그 벌판에 두 기병중대를 남겼다. 다른 한 사람은 부상자들에게 차와 타인의 돈과 시트를 나누어주었지만 아무 것도 훔친 것은 없었던 훌륭한 사람이었다.)의 상실을 슬퍼하고 있을 때였다. 또한 그것은 위대한 인물들이, 이를테면 사령관들, 행정관들, 경제학자들, 작가들, 웅변가들, 그리고 특별한 사명이나 목적은 없지만 그래도 위대한 사람들이 사방에서, 인간 활동의 모든 분야에서 러시아에 버섯처럼 자라나고 있을 때였다. 또 모든 범죄자들을 ㉣응징하기 시작한 사회 여론이 모스크바의 배우를 기념하는 자리에서 축배사로 울려 퍼질 만큼 확고히 된 때이다. 페테르부르크에서 구성된 ㉤준엄한 위원회가 악덕 위원들을 잡아서 그들의 죄상을 폭로하고 처벌하기 위해 남쪽으로 달려가던 때이고, 모든 도시에서 세바스토폴의 영웅들에게 연설을 곁들여 오찬을 대접하고 팔과 다리를 잃은 그들을 다리 위나 거리에서 마주치면 코페이카 은화를 주곤 하던 때였다.

— 톨스토이, 《데카브리스트들》에서

7. 윗글의 서술 방식에 대한 설명으로 적절한 것은?

① 두 개의 특수한 대상에서 어떤 징표가 일치하고 있음을 드러내고 있다.
② 시대적 상황을 서술하기 위해 다양한 사건을 나열하고 있다.
③ 어떤 일이나 내용을 이해시키기 위해서 구체적 사례를 들고 있다.
④ 인물의 행동 변화 과정을 통해서 사건의 진행 과정을 이야기하고 있다.
⑤ 저자의 판단이 참임을 구체적 근거를 들어 논리적으로 보여주고 있다.

8. 밑줄 친 ㉠~㉤의 뜻풀이로 적절하지 않은 것은?

① ㉠: 어떤 것과 관련된 모든 것
② ㉡: 쇠퇴하였던 것이 다시 일어남
③ ㉢: 빛나는 눈
④ ㉣: 잘못을 깨우쳐 뉘우치도록 징계함
⑤ ㉤: 태도나 상황 따위가 튼튼하고 굳음

※ 다음 글을 읽고 물음에 답하시오.　　23년 군무원 9급

2016년 3월을 생생히 기억한다. 알파고가 사람을 이겼다. 알파고가 뭔가 세상에 파란을 불러일으키지 않을까, 라고 상상하고 있던 시기였다. 이른바 '알파고 모멘텀' 이후 에이아이(AI) 산업은 발전했지만, 기대만큼 성장했다고 보긴 어렵다. 킬러 애플리케이션(Killer Application)이 나오지 않았기 때문이다. 에이아이(AI) 챗봇이 상용화됐지만, 알파고가 줬던 놀라움만큼은 아니다.

2022년 11월 또 다른 모멘텀이 등장했다. 오픈 에이아이(OpenAI)의 챗지피티(ChatGPT)다. 지금은 1억 명 이상이 챗지피티를 사용하고 있다. '챗지피티 모멘텀' 이라고 불릴 만하다. 챗지피티가 알파고와 다른 점은 대중성이다. TV를 통해 알파고를 접했다면, 챗지피티는 내가 직접 체험할 수 있다.

많은 사람이 챗지피티는 모든 산업에 지각변동을 불러일으킬 것으로 기대한다. 챗지피티는 그 자체로 킬러 애플리케이션이다. 챗지피티는 알려진 바와 같이 2021년 9월까지 데이터만으로 학습했다. 그 이후 정보는 반영이 안 됐다. 챗지피티만으로는 우리가 원하는 답변을 얻기 힘들 수 있다. 오픈 에이아이는 챗지피티를 왜 이렇게 만들었을까?

챗지피티는 '언어 모델'이다. '지식 모델'은 아니다. 챗지피티는 정보를 종합하고 추론하는 능력은 매우 우수하지만, 최신 지식은 부족하다. 세상 물정은 모르지만, 매우 똑똑한 친구다. 이 친구에게 나도 이해하기 어려운 최신 논문을 주고, 해석을 부탁해 볼 수 있지 않을까? 챗지피티에 최신 정보를 전달하고, 챗지피티가 제대로 답변하도록 지시하는 일은 중요하다. 다양한 산업에 챗지피티를 적용하기 위해서도 그렇다. 챗지피티가 추론할 정보를 찾아 오는 시맨틱 검색(Semantic Search), 정확한 지시를 하는 프롬프트 엔지니어링(Prompt Engineering), 모든 과정을 조율하는 오케스트레이터(Orchestrator), 챗지피티와 같은 대형 언어 모델(Large Language Model)을 필요에 맞게 튜닝하는 일 등 서비스 영역에서 새로운 사업 기회를 찾을 수 있다.

챗지피티와 같은 대형 언어 모델 기반의 에이아이 산업 생태계는 크게 세 개다. 첫째, 오픈에이아이, 마이크로소프트, 구글과 같이 대형 언어 모델 자체를 제공하는 원천기술 기업, 둘째, 대형 언어 모델이 고객 요청에 맞게 작동하도록 개선하는 서비스기업, 셋째, 특정 도메인에서 애플리케이션을 제공하는 기업이다. 현재 대형 언어 모델을 만드는 빅테크 기업들이 주목받고 있지만, 실리콘밸리에서는 스케일에이아이(ScaleAI), 디스틸에이아이(Distyl AI), 퀀티파이(Quantiphi) 등 서비스 기업들이 부상 중이다. 실제 업무에 활용하기엔 원천기술만으로는 부족하기 때문이다. 엘지씨엔에스(LG CNS)도 서비스 기업이다. 우리나라에서도 많은 서비스 기업이 나와서 함께 국가 경쟁력을 높여 나가기를 기대해 본다.

9. 다음 중 위 글의 제목으로 가장 적절한 것은?
① 챗지피티, 이제 서비스다
② 알파고 모멘텀, 그 끝은 어디인가?
③ 챗지피티야말로 킬러 애플리케이션이다
④ 대형 언어 모델 자체를 제공하는 빅테크 기업에 주목하라

10. 다음 중 위 글의 내용에 대한 이해로 가장 적절하지 않은 것은?
① 챗지피티는 알파고보다 훨씬 더 대중적인 놀라움을 주고 있다.
② 많은 사람들은 챗지피티가 모든 산업에 지각 변동을 불러일으킬 것으로 기대한다.
③ 챗지피티는 정보를 종합하여 추론하는 언어 모델이 아니라 최신 정보를 축적하는 지식 모델이다.
④ 현재 대형 언어 모델이 고객 요청에 맞게 작동하도록 개선하는 여러 서비스 기업이 부상 중이다.

※ 다음 글을 읽고 물음에 답하시오.

주자학이란 무엇일까? 주자학은 한마디로 주자(朱子, 1130~1200)가 새롭게 해석한 유학이라 할 수 있다. 공자와 맹자의 말씀은 "자신을 누르고 예의에 맞게 행동하라[극기복례(克己復禮)].", "사람들에게 진심으로 대하고 늘 배려하라[충서(忠恕)]."처럼, 도덕 교과서에나 나올 법한 소박한 가르침에 지나지 않았다. 주자는 이를 철학적으로 훨씬 더 세련되게 다듬었다.

주자학에는 태극 이론, 음양(陰陽), 이기(理氣), 심성론(心性論) 등 어려운 용어가 많이 나온다. 이를 여기서 조목조목 풀어 설명할 필요는 없을 듯하다. 단지 주자가 이런 이론들을 만든 이유는 "자연 과학과 심리학의 도움으로 도덕 이론을 더 정확하게 설명하기 위해서"였다는 정도만 이해하면 될 것이다.

주자의 가르침 가운데 신진 사대부들의 마음을 사로잡았던 구절은 크게 두 가지다. 첫째는 위기지학(爲己之學)의 이념이다. 공부의 목적은 성인(聖人)이 되는 데 있지, 출세하여 부귀영화를 누리기 위함이 아니라는 뜻이다. 이러한 위기지학 정신은 신진 사대부들에게 큰 힘을 주었다. 음서(蔭敍)로 권력을 얻던 귀족 자제들과 달리, 그들은 피나는 '공부'를 거쳐 관직에 들어선 자들이다. 위기지학의 이념에 따르면, 이들이야말로 자신의 인품을 갈고닦은 사람들이 아닌가!

둘째는 주자가 강조한 격물치지(格物致知) 정신이다. 인격 수양을 위해서는 먼저 사물을 연구하고[격물(格物)] 세상 만물의 이치를 깨달아[치지(致知)] 무엇이 진정 옳고 그른지 명확히 알아야 한다. 이때 사물을 연구한다는 것은 사실을 잘 관찰하고 분석한다는 의미가 아니다. 이미 공자와 맹자 같은 옛 성현들이 이런 작업을 완벽하게 해 놓았으므로, 후대 사람들은 이들이 남긴 글을 깊이 되새기기만 하면 된다.

그렇다면 공자의 말씀을 가장 깊고 넓게 알고 있었던 사람들은 누구일까? 다름 아닌 신진 사대부로, 이들은 과거를 보기 위해 공자의 말씀을 새기고 또 새겼다. 결국 격물치지란 바로 신진 사대부들이 우월한 자들임을 보여 주는 핵심 이론이 되는 셈이다. 주자의 가르침은 이처럼 유학 사상으로 무장한 신진 사대부들이 사회 지도층이 되어야 함을 입증하는 강력한 근거가 되었다.

11. 위 글로부터 알 수 있는 사실이 아닌 것은?

① 주자학은 위기지학과 격물치지의 학문이다.
② 주자학은 자연과학과 심리학의 영향을 받았다.
③ 신진 사대부는 관직에 진출하기 위해 주자학을 공부했다.
④ 주자학은 공자와 맹자의 말씀을 철학적으로 세련되게 다듬은 것이다.

12. 위 글의 설명 방식에 해당하는 것을 〈보기〉에서 골라 가장 바르게 묶은 것은?

[보기]
ㄱ. 유추의 방법으로 대상의 특징을 밝히고 있다.
ㄴ. 묻고 답하는 방식을 통해 논의를 전개하고 있다.
ㄷ. 어려운 용어를 풀어써서 독자의 이해를 돕고 있다.
ㄹ. 은유와 상징을 통해 자신의 생각을 드러내고 있다.

① ㄱ, ㄷ
② ㄱ, ㄹ
③ ㄴ, ㄷ
④ ㄴ, ㄹ

※ 다음 글을 읽고 물음에 답하시오. 〔22년 군무원 9급〕

　인류는 우주의 중심이 아니라 가장자리에 있으며, 인류의 기적 같은 진화는 유대, 기독교, 이슬람이 전제하고 있는 바와 같이 초월자의 선택에 의해 결정됐거나 힌두, 불교가 주장하고 있는 것과는 달리 자연의 우연한 산물이다. 우주적인 관점에서 볼 때 인류의 가치는 동물의 가치와 근원적으로 차별되지 않으며, 그의 존엄성은 다른 동물의 존엄성과 근본적으로 차등 지을 수 없다. 자연은 한없이 아름답고 자비롭다. 미국 원주민이 대지를 '어머니'라고 부르는 것으로 알 수 있듯이 자연은 모든 생성의 원천이자 젖줄이다. 그것은 대자연 즉 산천초목이 보면 볼수록 느끼면 느낄수록 생각하면 생각할수록 신선하고 풍요하기 때문이다. 자연은 무한히 조용하면서도 생기에 넘치고, 무한히 소박하면서도 환상적으로 아름답고 장엄하고 거룩한 모든 것들의 모체이자 그것들 자체이다. 자연은 영혼을 가진 인류를 비롯한 유인원, 그 밖의 수많은 종류의 식물과 동물들 및 신비롭고 거룩한 모든 생명체의 고향이자 거처이며, 일터이자 휴식처이고, 행복의 둥지이며, 영혼을 가진 인간이 태어났던 땅이기 때문이다. 자연은 모든 존재의 터전인 동시에 그 원리이며 그러한 것들의 궁극적 의미이기도 하다. 자연은 생명 그 자체의 활기, 존재 자체의 아름다움의 표상이다. 또한 그것은 인간이 배워야 할 진리이며 모든 행동의 도덕적 및 실용적 규범이며 지침이며 길이다. 자연은 정복과 활용이 아니라 감사와 보존의 대상이다.

13. 다음 중 위 글을 통해 파악할 수 있는 글쓴이의 성격으로 가장 적절한 것은?

① 낭만주의자(浪漫主義者)
② 자연주의자(自然主義者)
③ 신비주의자(神秘主義者)
④ 실용주의자(實用主義者)

14. 위 글의 구성 방식으로 가장 적절한 것은?

① 두괄식　　② 양괄식
③ 미괄식　　④ 중괄식

※ 다음 글을 읽고 물음에 답하시오. 〔25년 출제기조 전환 예시문항 1차〕

　한국 신화에 보이는 신과 인간의 관계는 다른 나라의 신화와 ⊙견주어 볼 때 흥미롭다. 한국 신화에서 신은 인간과의 결합을 통해 결핍을 해소함으로써 완전한 존재가 되고, 인간은 신과의 결합을 통해 혼자 할 수 없었던 존재론적 상승을 이룬다. 한국 건국신화에서 주인공인 신은 지상에 내려와 왕이 되고자 한다. 천상적 존재가 지상적 존재가 되기를 ⓒ바라는 것인데, 인간들의 왕이 된 신은 인간 여성과의 결합을 통해 자식을 낳음으로써 결핍을 메운다. 무속신화에서는 인간이었던 주인공이 신과의 결합을 통해 신적 존재로 ⓒ거듭나게 됨으로써 존재론적으로 상승하게 된다. 이처럼 한국 신화에서 신과 인간은 서로의 존재를 필요로 한다는 점에서 상호의존적이고 호혜적이다. 다른 나라의 신화들은 신과 인간의 관계가 한국 신화와 달리 위계적이고 종속적이다. 히브리 신화에서 피조물인 인간은 자신을 창조한 유일신에 대해 원초적 부채감을 지니고 있으며, 신이 지상의 모든 일을 관장한다는 점에서 언제나 인간의 우위에 있다. 이러한 양상은 북유럽이나 바빌로니아 등에 ⓔ퍼져 있는 신체 화생 신화에도 유사하게 나타난다. 신체 화생 신화는 신이 죽음을 맞게 된 후 그 신체가 해체되면서 인간 세계가 만들어지게 된다는 것인데, 신의 희생 덕분에 인간 세계가 만들어질 수 있었다는 점에서 인간은 신에게 철저히 종속되어 있다.

15. 윗글을 이해한 내용으로 적절하지 않은 것은?

① 히브리 신화에서 신과 인간의 관계는 위계적이다.
② 한국 무속신화에서 신은 인간을 위해 지상에 내려와 왕이 된다.
③ 한국 건국신화에서 신은 인간과의 결합을 통해 완전한 존재가 된다.
④ 한국 신화에 보이는 신과 인간의 관계는 신체 화생 신화에 보이는 신과 인간의 관계와 다르다.

16. ⊙~ⓔ과 바꿔쓸 수 있는 유사한 표현으로 적절하지 않은 것은?

① ⊙: 비교해　　② ⓒ: 희망하는
③ ⓒ: 복귀하게　　④ ⓔ: 분포되어

※ 다음 글을 읽고 물음에 답하시오.

📄 25년 출제기조 전환 예시문항 2차

방각본 출판은 책을 목판에 새겨 대량으로 찍어내는 방식이다. 이 경우 소수의 작품으로 많은 판매 부수를 올리는 것이 유리하다. 즉, 하나의 책으로 500부를 파는 것이 세 권의 책으로 합계 500부를 파는 것보다 이윤이 높다. 따라서 방각본 출판업자는 작품의 종류를 늘리기보다는 시장성이 좋은 작품을 집중적으로 출판하였다. 또한 작품의 규모가 커서 분량이 많은 경우에는 생산 비용이 ㉠올라가 책값이 비싸지기 때문에 자연스럽게 분량이 적은 작품을 선호하였다. 이에 따라 방각본 출판에서는 규모가 큰 작품을 기피하였으며, 일단 선택된 작품에도 종종 축약적 윤색이 가해지고는 하였다.

일종의 도서대여업인 세책업은 가능한 여러 종류의 작품을 가지고 있는 편이 유리하고, 한 작품의 규모가 큰 것도 환영할 만한 일이었다. 소설을 빌려 보는 독자들은 하나를 읽고 나서 대개 새 작품을 찾았으니, 보유한 작품의 종류가 많을수록 좋았다. 또한 한 작품의 분량이 많아서 여러 책으로 나뉘어 있으면 그만큼 세책료를 더 받을 수 있으니, 세책업자들은 스토리를 재미나게 부연하여 책의 권수를 늘리기도 했다. 따라서 세책업자들은 많은 종류의 작품을 모으는 데에 주력했고, 이 과정에서 원본의 확장 및 개작이 적잖이 이루어졌다.

17. 윗글에서 추론한 내용으로 가장 적절한 것은?

① 분량이 많은 작품은 책값이 비쌌기 때문에 세책가에서 취급하지 않았다.
② 세책업자는 구비할 책을 선정할 때 시장성이 좋은 작품보다 분량이 적은 작품을 우선하였다.
③ 방각본 출판업자들은 책의 판매 부수를 올리기 위해 원본의 내용을 부연하여 개작하기도 하였다.
④ 한 편의 작품이 여러 권의 책으로 나뉘어 있는 대규모 작품들은 방각본 출판업자들보다 세책업자들이 선호하였다.

18. 밑줄 친 표현이 문맥상 ㉠의 의미와 가장 가까운 것은?

① 습도가 올라가는 장마철에는 건강에 유의해야 한다.
② 내가 키우던 반려견이 하늘나라로 올라갔다.
③ 그녀는 승진해서 본사로 올라가게 되었다.
④ 그는 시험을 보러 서울로 올라갔다.

※ 다음 글을 읽고 물음에 답하시오.

📄 25년 출제기조 전환 예시문항 2차

생물은 자신의 종에 속하는 개체들과 의사소통을 한다. 꿀벌은 춤을 통해 식량의 위치를 같은 무리의 동료들에게 알려주며, 녹색원숭이는 포식자의 접근을 알리기 위해 소리를 지른다. 침팬지는 고통, 괴로움, 기쁨 등의 감정을 표현할 때 각각 다른 ㉠소리를 낸다.

말한다는 것을 단어에 대해 ㉡소리 낸다는 의미로 보게 되면, 침팬지가 사람처럼 말하도록 하는 것은 불가능하다. 침팬지는 인간과 게놈의 98%를 공유하고 있지만, 발성 기관에 차이가 있다.

인간의 발성 기관은 아주 정교하게 작용하여 여러 ㉢소리를 낼 수 있는데, 초당 십여 개의 (가)소리를 쉽게 만들어 낸다. 이는 성대, 후두, 혀, 입술, 입천장을 아주 정확하게 통제할 수 있기 때문에 가능한 것이다. 침팬지는 이만큼 정확하게 통제를 하지 못한다. 게다가 인간의 발성 기관은 유인원의 그것과 현저하게 다르다. 주요한 차이는 인두의 길이에 있다. 인두는 혀 뒷부분부터 식도에 이르는 통로로 음식물과 공기가 드나드는 길이다. 인간의 인두는 여섯 번째 목뼈에까지 이른다. 반면에 대부분의 포유류에서는 인두의 길이가 세 번째 목뼈를 넘지 않으며 개의 경우는 두 번째 목뼈를 넘지 않는다. 다른 동물의 인두에 비해 과도하게 긴 인간의 인두는 공명 상자 기능을 하여 세밀하게 통제되는 ㉣소리를 만들어 낸다.

19. 윗글에서 추론한 내용으로 가장 적절한 것은?

① 개의 인두 길이는 인간의 인두 길이보다 짧다.
② 침팬지의 인두는 인간의 인두와 98% 유사하다.
③ 녹색원숭이는 침팬지와 의사소통을 할 수 있다.
④ 침팬지는 초당 십여 개의 소리를 만들어 낼 수 있다.

20. ㉠~㉣ 중 문맥상 (가)에 해당하는 의미로 사용되지 않은 것은?

① ㉠ ② ㉡
③ ㉢ ④ ㉣

※ 다음 글을 읽고 물음에 답하시오. 24년 법원직 9급

지구인들이 만들어 낸 플라스틱 양은 1950년부터 2015년까지 무려 약 83억 톤에 이른다. 2020년 유엔환경계획(UNEA)의 특별 보고서에 따르면 1950년 한 해 약 200만톤이던 플라스틱 생산량은 갈수록 증가해 2020년에는 약 4억 톤이 되었다. 이 플라스틱은 잘 썩지 않아서 만들면 만드는 대로 지구에 쌓이고 있다.

심지어 이 플라스틱은 생산되는 순간부터 사라질 때까지 온갖 환경 호르몬과 유해 물질을 꾸준히 배출해서 더욱 문제가 된다. 특정한 종류의 플라스틱은 높은 열이나 전자레인지에 노출되면 환경 호르몬이 검출된다. 안전할 것 같은 종이컵도 안쪽에 플라스틱이 코팅되어 있어서 갑상선 호르몬에 영향을 주는 과불화화합물(PFAS)이 검출되기도 한다. 폴리스티렌(PS)으로 만든 음료 컵 뚜껑에서는 스타이렌 같은 휘발성 유기화합물(VOC)이 나와 많은 나라에서 이를 폴리프로필렌(PP)으로 교체하기도 하였다. 그렇게 플라스틱에서는 듣기만 해도 머리 아프고 이름도 복잡한 온갖 해로운 물질이 쏟아져 나온다.

한편 플라스틱이 마모되어 만들어지는 ㉠ 미세 플라스틱도 심각한 문제이다. 이는 플라스틱의 생산량과 폐기량을 비교했을 때 오차가 너무 크다는 점에서 시작된 연구를 통해 발견되었다. 리처드 톰슨 팀에서 나머지 플라스틱이 어디로 사라졌는지 조사한 결과, 어마어마한 양의 플라스틱이 눈에 안 보일 만큼 작은 알갱이로 부서져 바닷속을 떠돌고 있음을 밝혀냈다. 미세 플라스틱은 우리가 마시는 물과 소금으로 흘러들고, 물고기 먹이가 되어 식탁 위에 올라 우리 입으로 들어오고, 수증기와 함께 하늘로 올라가 눈비가 되어 내리고 있다.

미세 플라스틱은 미세 섬유에서도 만들어진다. 나일론, 폴리에스터, 폴리우레탄, 아크릴 같은 합성 섬유로 만든 옷을 세탁기에 빨면 수십만 개의 미세 섬유가 나온다. 너무 작아서 어디에도 걸러지지 않는 미세 섬유는 누구의 방해도 받지 않고 바다로 흘러든다. 세계자연보호연맹(IUCN)에 따르면 미세 플라스틱 오염의 약 1/3은 미세 섬유 때문이라고 한다. 이는 패스트 패션이 비판받는 이유이기도 하다. 패스트 패션은 유행하는 디자인의 옷을 마치 패스트푸드처럼 매우 신속하게 제작, 유통, 판매하는 패션 산업을 가리킨다. 누구나 부담 없이 빠르게 변하는 유행을 따라 쉽게 사 입고 버릴 수 있도록 가격이 저렴한 합성섬유를 많이 사용하게 된다.

플라스틱을 줄이는 것이 지구를 위해 무척 중요한 일이라는 건 틀림없는 사실이다. 그러나 무턱대고 플라스틱 사용을 금지하기보다는 신중한 접근이 필요하다. 예를 들어 빨대가 문제라면 플라스틱 빨대만 금지할 것인지 빨대 자체를 금지할 것인지, 금지한다면 기업의 빨대 생산과 유통에 벌금을 물릴 것인지 소비자의 빨대 이용에 벌금을 물릴지, 그렇게 되면 아픈 사람이나 어린아이처럼 빨대가 꼭 필요한 사람들은 어떻게 할 것인지, 다른 재료로 빨대를 대신한다면 가장 편리하고 저렴하고 환경을 해치지 않는 게 무엇일지, 묻고 또 물어야만 한다.

21. 윗글을 이해한 내용으로 가장 적절하지 않은 것은?
① 2015년까지의 누적 플라스틱 양은 최소 약 83억 톤에 달한다.
② 플라스틱 생산량은 1950년 이후 지속적으로 증가하는 추세이다.
③ 저온에 노출되었을 때 환경호르몬이 검출되는 플라스틱이 있다.
④ 패스트 패션은 빠르게 옷을 생산하고 판매하는 의류 산업이다.

22. ㉠에 대한 이해로 가장 적절하지 않은 것은?
① 플라스틱 폐기량이 생산량보다 많은 이유에 해당한다.
② 사람이 먹는 음식에도 유입되고 있어 문제가 된다.
③ 의류를 세탁하는 과정에서 만들어지는 미세 섬유와도 관련이 있다.
④ 합성 섬유의 사용이 늘어나면 그 양이 증가할 수 있다.

23. 윗글을 읽고 추론한 내용으로 가장 적절한 것은?
① 잘 썩는 플라스틱을 개발한다면 환경 호르몬 문제를 해결할 수 있을 것이다.
② 폴리프로필렌(PP)에서는 휘발성 유기화합물(VOC)이 검출되지 않을 것이다.
③ 바닷물과 달리 눈과 비에서는 미세 플라스틱이 검출되지 않을 것이다.
④ 환경 오염을 줄이려면 우선적으로 기업의 플라스틱 사용을 금지해야 한다.

※ 다음 글을 읽고 물음에 답하시오.　23년 법원직 9급

우리는 거짓이 사실을 압도하는 사회에서 살고 있다. 사실에 사회적 맥락이 더해진 진실도 자연스레 설 자리를 잃었다. 2016년에 옥스퍼드 사전은 세계의 단어로 '탈진실'을 선정하며 탈진실화가 국지적 현상이 아니라 세계적으로 나타나는 시대적 특성이라고 진단했다. 탈진실의 시대가 시작된 것을 반증하기라도 하듯 '가짜 뉴스'가 사회적 논란거리로 떠올랐다. 가짜 뉴스의 정의와 범위에 대해선 의견이 여러 갈래로 나뉜다. 언론사의 오보에서부터 인터넷 루머까지 가짜 뉴스는 넓은 스펙트럼 안에서 혼란스럽게 사용되고 있다. 전문가들은 가짜 뉴스의 기준을 정하고 범위를 좁히지 않으면 비생산적인 논란만 가중될 수밖에 없다고 지적한다. 2017년 2월 한국언론학회와 한국언론진흥재단이 주최한 세미나에서는 가짜 뉴스를 '정치적·경제적 이익을 위해 의도적으로 언론 보도의 형식을 하고 유포된 거짓 정보'라고 정의하였다.

가짜 뉴스의 역사는 인류 커뮤니케이션의 역사만큼이나 길다. 백제 무왕이 지은 「서동요」는 선화 공주와 결혼하기 위해 그가 거짓 정보를 노래로 만든 가짜 뉴스였다. 1923년 관동 대지진이 났을 때 일본 내무성이 조선인에 대해 악의적으로 허위 정보를 퍼뜨린 일은 가짜 뉴스가 잔인한 학살로 이어진 사건이다. 이처럼 역사 속에서 늘 반복된 가짜 뉴스가 뜨거운 감자로 떠오른 것은 새삼스러운 것처럼 보이지만, 최근 일어나는 가짜 뉴스 현상을 돌아보면 이전의 사례와는 확연히 다른 점을 발견할 수 있다.

'21세기형 가짜 뉴스'의 특징은 논란의 중심에 글로벌 IT 기업이 있다는 점이다. 가짜 뉴스는 더 이상 동요나 입소문을 통해 퍼지지 않는다. 누구나 쉽게 이용하는 매체에 '정식 기사'의 얼굴을 하고 나타난다. 감쪽같이 변장한 가짜 뉴스들은 대중이 뉴스를 접하는 채널이 신문·방송 같은 전통적 매체에서 포털, SNS 등의 디지털 매체로 옮겨 가면서 쉽게 유통되고 확산된다. ㉠가짜 뉴스를 생산하는 이유는 '돈'이다. 뉴스와 관련된 돈은 대부분 광고에서 발생한다. 모든 광고는 광고 중개 서비스를 통하는데, 광고주가 중개 업체에 돈을 지불하면 중개 업체는 금액에 따라 광고를 배치한다. 높은 조회수가 나오는 사이트일수록 높은 금액의 광고를 배치하는 식이다. 뉴스가 범람하는 상황에서 이용자는 선택과 집중을 할 수밖에 없다. 그 때문에 눈길을 끄는 뉴스가 잘 팔리는 뉴스가 된다. 가짜 뉴스는 선택받을 수 있는 조건을 정확히 알고 대중을 치밀하게 속인다. 어떤 식으로든 눈에 띄고 선택받아 '돈'이 되기 위해 비윤리적이어도 개의치 않고 자극적인 요소들을 자연스럽게 포함한다. 과정이야 어떻든 이윤만 내면 성공이기 때문이다. 이런 이유로 가짜 뉴스는 혐오나 선동과 같은 자극적 요소를 담게 되고, 이렇게 만들어진 가짜 뉴스는 사회 구성원들의 통합을 방해하고 극단주의를 초래한다.

24. ㉠으로 인해 발생할 수 있는 사회적 문제로 가장 적절한 것은?
① 광고주와 중개 업체 사이에 위계 관계가 발생한다.
② 소비자가 선택과 집중을 통해 뉴스를 소비하게 된다.
③ 혐오와 선동을 담은 뉴스로 인해 극단주의가 발생한다.
④ 소비자가 높은 금액을 주고 읽어야 하는 가짜 뉴스가 생산된다.

25. 윗글에 대한 설명으로 가장 적절하지 않은 것은?
① 가짜 뉴스의 기준과 범위를 정하기 어려운 이유를 제시하고 있다.
② 전문성을 가진 단체가 주최한 세미나에서 정의한 가짜 뉴스의 개념을 제시하고 있다.
③ 가짜 뉴스가 논란거리로 떠오르게 된 시대의 특성을 제시하고 있다.
④ 사용 매체의 변화로 인해 발생한 가짜 뉴스의 특징을 제시하고 있다.

26. 윗글을 읽고 나눈 대화로 가장 적절한 것은?
① 가짜 뉴스는 현재에도 입소문을 통해서 주로 전파되고 있어.
② 탈진실화는 아직까진 특정 국가에 한정된 일이라고 볼 수 있겠어.
③ 과거에 가짜 뉴스로 인해 많은 사람이 실제로 사망하는 사건이 벌어지기도 했었어.
④ 가짜 뉴스 현상은 과거부터 반복되어온 만큼 과거와 현재 서로 다른 점이 존재하지 않아.

※ 다음 글을 읽고 물음에 답하시오. 　22년 법원직 9급

　　기업은 다른 기업들과의 경쟁에서 이기고, 자신이 설정한 경영 목표를 달성하기 위해서 기업의 사업 내용과 목표 시장 범위를 결정하는데, 이를 기업전략이라고 한다. 즉 기업전략은 다양한 사업의 *포트폴리오를 전사적(全社的) 차원에서 어떻게 ⊙구성하고 조정할 것인가를 결정하는, 즉 참여할 사업을 결정하는 것이라고 할 수 있다.
　　기업전략의 구체적 예로 기업 다각화 전략을 들 수 있다. 기업 다각화 전략은 한 기업이 복수의 산업 또는 시장에서 복수의 사업을 영위하기 위한 전략으로, 제품 다각화 전략, 지리적 시장 다각화 전략, 제품 시장 다각화 전략으로 크게 구분된다. 이는 다시 제품이나 판매 지역 측면에서 관련된 사업에 종사하는 관련 다각화와 관련이 없는 사업에 종사하는 비관련 다각화로 구분된다. 리처드 러멜트는 미국의 다각화 기업을 구분하며, 관련 사업에서 70% 이상의 매출을 올리는 기업을 관련 다각화 기업, 70% 미만의 매출을 올리는 기업을 비관련 다각화 기업으로 명명했다.
　　기업 다각화는 범위의 경제성을 창출함으로써 수익 증대에 ⓒ기여한다. 범위의 경제성이란 하나의 기업이 동시에 복수의 사업 활동을 하는 것이, 복수의 기업이 단일의 사업 활동을 하는 것보다 총비용이 적고 효율적이라는 이론이다. 범위의 경제성은 한 기업이 여러 제품을 동시에 생산할 때, 투입되는 요소 중 공통적으로 투입되는 생산요소가 존재하기 때문에 투입 요소 비용이 적게 발생한다는 사실을 통해 설명된다.
　　또한 다각화된 기업은 기업 내부 시장을 활용함으로써 새로운 가치를 ⓒ창출할 수 있다. 여러 사업부에서 나오는 자금을 통합하여 활용할 수 있는 내부 자본시장을 갖추었을 뿐 아니라 여러 사업부에서 훈련된 인력을 전출하여 활용할 수 있는 내부 노동시장도 갖추었기 때문이다. 새로운 인력을 채용하여 교육시키는 데 많은 시간과 비용이 들어감을 고려하면, 다각화된 기업은 신규 기업에 비해 훨씬 ⓔ우월한 위치에서 경쟁할 수 있다.
　　한편 다각화를 함으로써 기업은 사업 부문들의 경기 순환에서 오는 위험을 줄일 수 있다. 예를 들어 기업의 주력 사업이 반도체, 철강, 조선과 같이 불경기와 호경기가 반복적으로 순환되는 사업 분야일수록, 기업은 (a)분야의 다각화를 함으로써 경기가 불안정할 때에도 자금 순환의 안정성을 비교적 (b)할 수 있다.

* 포트폴리오: 다양한 투자 대상에 분산하여 자금을 투입하여 운용하는 일

27. 윗글에 대한 설명으로 가장 적절한 것은?
① 특정 개념이 성립하게 된 배경을 설명한 후, 개념의 역사적 의의를 서술하고 있다.
② 특정 개념의 장단점을 소개한 후, 단점을 극복하는 방안들을 서술하고 있다.
③ 특정 개념의 구체적 예를 제시한 후, 예에 해당하는 내용을 상세하게 설명하고 있다.
④ 특정 개념을 바라보는 다양한 학자들의 견해를 비교하며 절충안을 도출하고 있다.

28. 윗글의 문맥을 고려하여, 윗글의 a, b 부분에 들어갈 단어를 가장 적절하게 추론한 것은?

	a	b
①	비관련	확보
②	비관련	제거
③	관련	확보
④	관련	제거

29. 윗글에 대한 이해로 가장 적절한 것은?

① 범위의 경제성에 의하면 한 기업이 제품A, 제품B를 모두 생산하는 것은, 서로 다른 두 기업이 각각 제품A, 제품B를 생산하는 것보다 비효율적이다.
② 다각화된 기업은 여러 사업부에서 나오는 자금을 통합하여 활용할 수 없다.
③ 신규 기업은 새로운 인력을 채용하고 교육하는 것에 부담이 있다.
④ 리처드 러멜트에 의하면, 관련 사업에서 50%의 매출을 올리는 기업은 관련 다각화 기업이다.

30. 밑줄 친 단어 ㉠~㉣의 사전적 의미로 가장 적절하지 않은 것은?

① ㉠: 몇 가지 부분이나 요소들을 모아서 일정한 전체를 짜 이룸.
② ㉡: 도움이 되도록 이바지함.
③ ㉢: 사업 따위를 처음으로 이루어 시작함.
④ ㉣: 다른 것보다 나음.

MEMO

기출 알고리즘

출제기조전환 국어 완벽 대비

정답 및 해설

2025 공무원 국어 시험 대비

메가 공무원

정답 및 해설

PART 1 국어학에 대한 이해와 활용 능력   6

PART 2 속독의 기초가 되는 구조 독해   22

PART 3 구조 이해와 응용 능력   30

PART 4 사실적 이해와 추론적 이해   38

PART 5 맥락에서 조건을 추출하는 능력   56

PART 6 말과 글을 활용한 실용적 의사소통 능력   65

PART 7 논리에 대한 이해와 적용   72

PART 8 문제 해결 능력   83

빠른 정답 찾기

PART 1 국어학에 대한 이해와 활용 능력

Chapter 01

01 ④	02 ④	03 ②	04 ②	05 ①
06 ①	07 ③	08 ①	09 ④	10 ③
11 ③	12 ②	13 ③	14 ②	15 ③
16 ③	17 ②	18 ②	19 ③	20 ②
21 ①	22 ③	23 ①	24 ①	25 ②
26 ④	27 ④	28 ③	29 ③	30 ①
31 ③	32 ④	33 ③	34 ④	35 ④
36 ④	37 ④	38 ②	39 ③	40 ②
41 ②				

Chapter 02

01 ②	02 ①	03 ③	04 ①	05 ⑤
06 ④	07 ③	08 ②	09 ④	10 ①
11 ④	12 ③	13 ①	14 ③	15 ④
16 ②	17 ②	18 ①	19 ③	20 ④
21 ⑤	22 ②	23 ②		

PART 2 속독의 기초가 되는 구조 독해

Chapter 01

01 ②	02 ①	03 ①	04 ③	05 ②
06 ①	07 ①	08 ①	09 ④	10 ②
11 ②	12 ②	13 ②	14 ②	15 ③
16 ④	17 ③	18 ②	19 ③	20 ⑤

Chapter 02

01 ②	02 ①	03 ④	04 ②	05 ③
06 ④	07 ①	08 ②	09 ④	

Chapter 03

01 ④	02 ②	03 ③	04 ④	05 ①
06 ①	07 ②	08 ②	09 ④	10 ②
11 ②	12 ②	13 ④	14 ②	15 ③
16 ⑤	17 ③	18 ①	19 ③	20 ④

PART 3 구조 이해와 응용 능력

Chapter 01

01 ④	02 ④	03 ②	04 ⑤	05 ①
06 ④	07 ③	08 ④		

Chapter 02

01 ②	02 ④	03 ②	04 ①	05 ③
06 ③	07 ②	08 ①	09 ②	10 ①
11 ②	12 ①	13 ②	14 ④	15 ②
16 ②	17 ④	18 ①	19 ②	20 ④
21 ④	22 ⑤	23 ②	24 ④	25 ②
26 ③	27 ③	28 ②	29 ④	30 ②
31 ④	32 ⑤			

PART 4 사실적 이해와 추론적 이해

Chapter 01

01 ②	02 ②	03 ④	04 ④	05 ③
06 ③	07 ②	08 ②	09 ②	10 ④
11 ③	12 ④	13 ①	14 ②	15 ②
16 ③	17 ②	18 ①	19 ④	20 ④
21 ④	22 ①	23 ①	24 ②	25 ②
26 ①	27 ②	28 ②	29 ②	30 ②
31 ②	32 ②	33 ①	34 ⑤	35 ⑤
36 ①	37 ②	38 ②	39 ②	40 ①
41 ③	42 ②	43 ①	44 ①	45 ②
46 ①	47 ④	48 ④	49 ①	50 ①
51 ②	52 ②	53 ⑤	54 ④	

Chapter 02

01 ③	02 ③	03 ⑤	04 ①	05 ①
06 ②	07 ②	08 ①	09 ④	10 ②
11 ③	12 ④	13 ②	14 ④	15 ④
16 ④	17 ①	18 ①	19 ④	20 ⑤
21 ①	22 ④	23 ④	24 ④	25 ③
26 ①	27 ②	28 ②	29 ③	30 ③
31 ①	32 ④	33 ②	34 ⑤	35 ②
36 ②	37 ①			

PART 5 맥락에서 조건을 추출하는 능력

Chapter 01

01 ④	02 ②	03 ④	04 ③	05 ①
06 ④	07 ④	08 ④	09 ③	10 ②
11 ②	12 ④	13 ③	14 ④	

Chapter 02

01 ①	02 ②	03 ③	04 ③	05 ⑤
06 ①	07 ④	08 ③	09 ④	10 ①
11 ⑤	12 ①	13 ⑤	14 ①	15 ③
16 ④	17 ④	18 ①	19 ①	20 ②
21 ②	22 ④	23 ①	24 ④	25 ④
26 ①				

Chapter 03

01 ④	02 ④	03 ②	04 ③	05 ③
06 ④	07 ②	08 ③		

PART 6 말과 글을 활용한 실용적 의사소통 능력

Chapter 01

01 ②	02 ②	03 ④	04 ④	05 ③
06 ④	07 ③	08 ②	09 ②	10 ③
11 ④	12 ④	13 ②	14 ①	15 ③
16 ③	17 ③	18 ②	19 ②	20 ①
21 ②	22 ①	23 ①	24 ①	

Chapter 02

01 ④	02 ①	03 ④	04 ③	05 ②
06 ④	07 ②	08 ③	09 ④	10 ⑤
11 ⑤	12 ③			

PART 7 논리에 대한 이해와 적용

Chapter 01

01 ①	02 ①	03 ④	04 ④	05 ②
06 ④	07 ①	08 ①	09 ①	10 ④
11 ④	12 ①	13 ①	14 ③	15 ⑤
16 ⑤	17 ④	18 ③	19 ④	20 ③
21 ③	22 ④	23 ④	24 ⑤	25 ①
26 ①	27 ②			

Chapter 02

01 ③	02 ①	03 ④	04 ①	05 ①
06 ④	07 ②	08 ②	09 ①	10 ④
11 ④	12 ②	13 ④	14 ①	15 ⑤
16 ④	17 ②	18 ②		

PART 8 문제 해결 능력

Chapter 01

01 ②	02 ①	03 ①	04 ①	05 ②
06 ②	07 ④	08 ③	09 ②	10 ③
11 ①	12 ③	13 ②	14 ①	

Chapter 02

01 ③	02 ⑤	03 ⑤	04 ②	05 ④
06 ③	07 ②	08 ⑤	09 ①	10 ③
11 ③	12 ③	13 ②	14 ③	15 ②
16 ④	17 ④	18 ①	19 ①	20 ④
21 ③	22 ①	23 ②	24 ③	25 ①
26 ③	27 ③	28 ①	29 ③	30 ③

PART 1
국어학에 대한 이해와 활용 능력

Chapter 01 언어학

본문 P.14

1 ④

✅ 정답해설 (라) 자의성(임의성): 언어마다 같은 뜻을 표현하는 말소리가 다르고, 같은 언어의 방언 사이에도 차이가 있다.
예 집- [하우스](영어), [메종](프랑스어), [지아](중국어)

❌ 오답해설
(가) 역사성: 시간의 흐름에 따라 신생, 성장, 사멸의 과정을 겪으면서, 소리나 의미, 형식적 문법 요소에 변화가 생기기도 한다.
예 생성과 소멸: 컴퓨터, 비행기, 우주선 / 어사, 즈믄(千)
   소리 변화: 여름(15세기 '녀름'), 열매(15세기 '여름')
   의미 변천: 어엿브다(불쌍하다 → 예쁘다),
             어리다(어리석다 → 나이가 적다)
   문법의 변화: 중세에 없던 주격 조사 '가'가 근대에 생겼다.
(나) 사회성: 언어는 그 언어를 사용하는 사람들 사이의 약속이기 때문에 개인이 함부로 바꿀 수 없다.
예 원어로는 '셀룰러폰'이라 하지만, 우리 사회에서는 '핸드폰'이라는 말이 더 널리 쓰인다.
(다) 창조성: 인간은 무한히 많은 문장을 만들고 이해할 수 있으며, 긴 문장을 만들어 낼 수도 있다.
예 상상의 산물: 유니콘, 악마, 천사
   추상적 산물: 정의, 선

언어의 특성
- **이원성(= 기호성)**: 형식(음성)과 내용(의미)의 체계가 분리·독립된다.
- **자의성(= 임의성)**: 소리와 개념의 관계는 필연적이지 않고 자의적·임의적·관습적이다.
- **사회성(= 불역성, 불변성)**: 의사소통을 위해 사회적 약속으로 수용되고 나면 개인의 임의 변개가 불가하다.
- **역사성(= 가역성, 가변성)**: 시간의 흐름에 따라 언중도, 언중의 약속도 변화할 수 있다.
- **창조성(= 개방성, 생산성)**: 새로운 단어와 문장을 무한히 만들어 낼 수 있다.
- **체계성(= 규칙성, 법칙성)**: 하나의 체계를 이루고 일정한 규칙에 의해 배열된다.
- **추상성**: 언어의 의미는 같은 부류의 사물에서 공통 속성을 뽑아내는 추상화 과정을 거친다.
- **분절성(= 불연속성)**: 연속적인 현실 세계를 불연속적으로 끊어서 표현할 수 있다.

2 ④

✅ 정답해설 시간 용어가 병렬될 때는 자연 시간의 순서를 따르거나 화자가 말하는 때를 기준으로 가까운 쪽이 앞서고 멀어질수록 뒤로 간다.
'문 닫고 들어와라.'는 '들어온 뒤 문을 닫으라.'는 뜻으로 실제 행동의 순서와 시간 용어의 순서가 다르다.

❌ 오답해설
① '꽃이 피고 지고 한다.'는 자연 시간의 순서에 따라서 꽃이 핀 후에 지는 것으로 어순 병렬의 원리에 부합한다.
② '수입과 지출을 맞추어 보다.'는 자연 시간의 순서를 따른 것이다. 수입을 통해 들어온 돈을 지출하기 때문에, 어순 병렬의 원리에 부합한다.
③ '머리끝부터 발끝까지 달라졌다.'에서는 공간 관련 용어들이 병렬되었다. 위쪽인 머리끝이 앞서 나오고 상대적으로 아래쪽이 발끝이 이후에 병렬되어 어순 병렬의 원리에 부합한다.

도상성(圖像性)
언어의 형식과 내용 간에 존재하는 유사성을 뜻한다.
- **순서적 도상성**: 시간적 순서나 우선성의 정도가 언어 구조에 반영
  예 출퇴근, 오르내리다, 앞뒤
- **거리적 도상성**: 개념적 거리(심리적 거리)와 언어적 거리가 비례 관계를 형성
  예 아버지 – 할아버지 – 증조할아버지

3 ②

✅ 정답해설 [손하고]: 음절의 끝소리 규칙에 의해 '솥'이 [손]으로 발음되는 것은 ㉠(대치 현상)에 해당한다.
[소타고]: 'ㄷ'이 'ㅎ'을 만나 'ㅌ'으로 발음되는 것은 ㉣(축약 현상)에 해당한다.

음운의 변동 현상

음운 변동											
교체 = 대치					축약		탈락		첨가 = 사잇소리		
끝소리	된소리	동화			자음	모음	자음	모음	'ㄴ' 첨가	된소리	'ㅣ' 모음 순행 동화
		자음	'｜'모음 역행 동화	구개음화	거센소리	이중 모음	'ㄹ'탈락 'ㅎ'탈락 자음군 단순화	동음 탈락		사잇 소리	
		비음화 유음화									

4 ②

✅ 정답해설 ㉠ 꽃잎: [꼳입](음절의 끝소리 규칙 – 교체) → [꼳닙] ('ㄴ'첨가) → [꼰닙](역행 비음화 – 교체)
㉡ 맏며느리: [만며느리](역행 비음화 – 교체)
㉢ 닫혔다: [다텼다](축약) → [다쳤다](구개음화 – 교체) → [다천다] (음절의 끝소리 규칙 – 교체) → [다천따] (된소리되기 – 교체)

참고 표준발음법상 용언의 활용형에 나타나는 '저, 쪄, 쳐'는 [저, 쩌, 처]로 발음한다.

ⓔ 넓죽하다: [넙쭈카다](자음군 단순화 – 탈락, 된소리되기 – 교체, 축약)

ⓒ에서는 음운의 첨가가 일어나지 않는다.

5 ①

정답해설 '가족 + 여행'은 두 단어 사이에 'ㄴ'이 첨가되어 [가족 + 녀행]이 된 뒤, 받침의 'ㄱ'과 'ㄴ' 사이에 역행 비음화(교체)가 일어나 [가종녀행]으로 발음된다.

따라서 '가족여행[가종녀행]'의 발음에는 '교체'와 '첨가'가 나타난다.

오답해설

② '받침 자리에는 두 개의 자음이 발음될 수 없는데, 이로 인해 일어나는 자음군 단순화는 탈락에 포함된다'고 하였다. 따라서 '외곬'은 '곬'의 겹받침 'ㄾ'에서 자음군 단순화에 의해 'ㅅ'이 탈락하여 [외골]로 발음되므로 '외곬[외골]'의 발음에는 '탈락'이 나타난 것이며, '교체'와 '축약'은 찾아볼 수 없다.

참고 표준발음법상 '외곬'의 '외'는 이중 모음으로 발음하는 것이 허용되므로, [외골]이 원칙 발음이고 [웨골]로 발음하는 것도 허용된다.

③ '값-지다'에서 '값'의 겹받침 'ㅄ'은 자음군 단순화에 의해 'ㅅ'이 탈락하여 [갑]으로 발음되고, 받침 'ㄱ, ㄷ, ㅂ' 뒤에 연결되는 예사소리는 예외 없이 된소리로 발음하는 교체의 된소리되기에 따라 [갑찌다]로 발음된다. 따라서 '값지다[갑찌다]'의 발음에는 '교체'와 '탈락'이 나타나며 '첨가'는 찾아볼 수 없다.

④ '깨끗-하다'에서 '깨끗'의 받침 'ㅅ'이 음절의 끝소리 규칙에 따라 'ㄷ'으로 교체되어 [깨끋]으로 발음되고, 이후에 받침의 'ㄷ'과 '하다'의 'ㅎ'이 'ㅌ'으로 축약되는 거센소리되기에 따라 [깨끄타다]로 발음된다. 따라서 '깨끗하다[깨끄타다]'의 발음에는 '교체'와 '축약'이 나타나며 '첨가'는 찾아볼 수 없다.

6 ①

정답해설 뒤 음절 'ㅣ' 모음의 영향으로 앞 음절에도 'ㅣ'가 결합하는 'ㅣ' 모음 역행 동화에 속한다.

참고 'ㅣ' 모음 역행 동화(전설 모음화): 뒤에 오는 'ㅣ' 모음 때문에 앞의 모음(ㅏ, ㅓ, ㅗ, ㅜ, ㅡ)이 전설 모음화(ㅐ, ㅔ, ㅚ, ㅟ, ㅣ) 되는 현상.

오답해설

② '히'의 'ㅣ' 모음의 영향으로 'ㅏ'에 'ㅣ'가 결합하는 'ㅣ' 모음 역행 동화에 속한다.

③ '붑'에서 반복되는 순음(脣音) 'ㅂ'을 'ㄱ'이라는 아음(牙音)으로 바꾼 것은 비슷한 소리를 가까이서 발음하지 않으려는 '자음 이화'이다.

참고 이화(異化) 현상: 서로 같거나 비슷한 소리 중 하나를 다른 소리로 바꾸는 현상

④ 동화에는 발음 순서를 기준으로 앞의 음의 영향으로 뒤의 음이 변하는 순행(循行) 동화와 그 반대인 역행(逆行) 동화가 있다고 하였다. 따라서 초성 'ㅁ'의 영향으로 중성인 'ㅡ'가 'ㅜ'로 바뀌는 원순 모음화는 순행 동화의 일종이다.

참고 원순 모음화(圓脣母音化): 순음 'ㅁ, ㅂ, ㅍ'의 영향으로 평순 모음인 'ㅡ'가 원순 모음인 'ㅜ'로 바뀌는 현상

7 ③

정답해설 '피었다'는 어간 '피-'에 과거 시제 선어말 어미인 '-었-'과 종결의 어말 어미인 '-다'가 결합된 형태이다. 따라서 세 개의 형태소로 구성된 단어이다. 하지만 어근은 하나이며 접사도 개입되지 않았으므로 복합어가 아니라 단일어이다.

오답해설

① 단일어는 어근이 하나이며 접사가 개입되지 않은 단어를 말한다. '예쁘다'는 어근이 하나인 단일어이다.

② 용언이 파생어가 되는 경우에는, '-다'와 결합한 기본형의 어간 부분이 어근이며 접미사는 기존 어근과 종결어미 사이에 들어오게 된다고 하였다. 따라서 '재우다'는 '자다'에 사동의 뜻을 더하는 접사 '-이우-'가 결합된 파생어이다.

④ '검붉다'는 형용사 '검다'의 어간 '검-'에 형용사 '붉다'가 바로 결합된, 즉 어근이 두 개인 합성어이다.

단어의 형성
단어를 구성하는 요소는 어근과 접사로 나눌 수 있다. 어근과 접사는 복합어의 종류를 구분하는 데 중요하게 작용한다. 즉 복합어를 둘로 나누었을 때(직접 분석) 그 둘이 모두 어근에 해당하면 합성어가 되고 둘 중 하나가 접사이면 파생어가 된다.

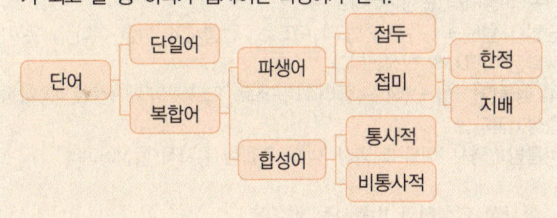

8 ①

정답해설 '지우-개'의 직접구성요소는 어근 '지우-'와 접미사 '-개'이므로 파생어이다.

- -개: (일부 동사 어간 뒤에 붙어) '그러한 행위를 하는 간단한 도구'의 뜻을 더하고 명사를 만드는 접미사.

'새-파랗다'의 직접구성요소는 접두사 '새-'와 어근 '파랗다'이므로 파생어이다.

- 새-: '매우 짙고 선명하게'의 뜻을 더하는 접두사.

오답해설

② '조각-배'는 어근 '조각'과 어근 '배'가 결합된 합성어이다.
- 조각배: 작은 배.

'드높-이다'는 '드높다'에 사동 접미사 '-이-'가 결합된 파생어이다. '높이다'에 접두사 '드-'가 결합된 것이 아니다.

③ '짓-밟다'는 접두사 '짓-'과 어근 '밟다'로 이루어진 파생어이다.
- 짓-: (일부 동사 앞에 붙어) '마구', '함부로', '몹시'의 뜻을 더하는 접두사.

'저녁-노을'은 어근 '저녁'과 어근 '노을'이 결합된 합성어이다.

④ '풋-사과'는 접두사 '풋-'과 어근 '사과'가 결합된 파생어이다.
- 풋-: (일부 명사 앞에 붙어) '처음 나온', 또는 '덜 익은'의 뜻을 더하는 접두사.

'돌아-가다'는 '돌다'의 어근 '돌-'과 '가다'의 어근 '가-'가 연결 어미 '-아-'로 이어진 합성어이다.

9 ④

정답해설 ㉠ 어기 앞에 접두사가 결합하여 의미를 수식하는 경우
새-파랗다, 맨-몸, 군-식구, 들-볶다, 맏-아들
㉡ 어기 뒤에 접미사가 결합하여 의미를 수식하거나 문법적 역할을 하는 경우
일-꾼, 평화-롭다, 조용-히, 높-이다
참고 '웃어라'는 단일어

10 ③

정답해설 큰집: '크다'의 어간 '크-'와 관형사형 전성 어미 '-ㄴ'이 결합한 용언의 관형형 '큰'에 명사 '집'이 결합한 구조로, 통사적 합성어이다.
굳세다: '굳-+(-고)+세다'의 구조로, 연결 어미 '-고'가 생략된 비통사적 합성어이다.

오답해설
① 굶주리다: '굶-+(-고)+주리다'의 구조로, 연결 어미 '-고'가 생략된 비통사적 합성어이다.
곧잘: 부사 '곧'과 부사 '잘'이 결합한 통사적 합성어이다.
② 뛰놀다: '뛰-+(-어)+놀다'의 구조로, 연결 어미 '-어'가 생략된 비통사적 합성어이다.
덮밥: '덮-+(-은)+밥'의 구조로, 관형사형 전성 어미 '-은'이 생략된 비통사적 합성어이다.
④ 힘들다: '힘+(이)+들다'의 구조로, 조사 '이'가 생략된 통사적 합성어이다.
여름밤: 명사 '여름'과 명사 '밤'이 결합한 통사적 합성어이다.

통사적 합성어와 비통사적 합성어
- **통사적(統辭的) 합성어:** 통사적 합성어는 우리말의 일반적인 단어 배열법과 일치하는 합성어이다.
  - 예 알아보다(연결 어미로 용언 연결), 논밭(체언과 체언의 결합), 빈집(용언의 관형사형과 결합), 본받다(조사 생략)
- **비통사적(非統辭的) 합성어:** 비통사적 합성어는 우리말의 일반적인 단어 배열법에 어긋나는 합성어이다.
  - **관형사형 어미가 생략된 '용언의 어간 + 명사'의 경우:** 우리말에서 조사는 생략해도 어색하지 않지만 어미를 생략하면 어색하다. 따라서 관형사형 어미 없이 용언의 어간이 명사 앞에 직접 놓이는 것은 일반적인 단어 배열법에 어긋난다.
    - 예 검버섯, 먹거리, 덮밥, 늦더위 등
  - **연결 어미가 생략된 '용언의 어간 + 용언'의 경우:** '용언의 어간 + 용언'에서 연결 어미가 생략된 것은 일반적인 단어 배열법에 어긋난다.
    - 예 검붉다, 뛰놀다, 오르내리다 등
  - **'부사 + 체언'의 경우:** 부사는 용언을 꾸며 주는 말이므로 체언을 꾸미는 것은 일반적인 단어 배열법에 어긋난다.
    - 예 부슬비, 산들바람, 뾰족구두, 척척박사 등
  - **한자어의 어순이 우리말 어순과 같지 않은 경우**
    - 예 등(登) + 산(山) = 오르다, 산을
      독(讀) + 서(書) = 읽다, 책을
      급(給) + 수(水) = 주다, 물을

11 ③

정답해설 '책가방'은 '책을 넣는 가방'이란 뜻으로 앞 어근이 뒤 어근에 의미상 종속되어 있는 종속 합성어이다.

오답해설
① 손발: 손과 발을 아울러 이르는 말일 때는 대등 합성어, 자기의 손이나 발처럼 마음대로 부리는 사람을 비유적으로 이르는 말일 때는 융합 합성어이다.
② 논밭: 논과 밭을 아울러 이르는 대등 합성어이다.
④ 연세: '나이'의 높임말로, 완전히 다른 제삼의 의미가 도출된 융합 합성어이다.

합성어
두 개 이상의 어근이 결합한 복합어

합성어의 형성 방식
- **대등 합성어:** 두 어근의 결합 방식이 대등한 합성어
- **종속 합성어:** 한 어근이 다른 어근에 의미상 종속된 합성어
- **융합 합성어:** 두 어근과는 완전히 다른 제삼의 의미가 도출되는 합성어

12 ②

정답해설 둘째 문단에 제시된 예시들은 모두 '합성명사'이다. '흰머리'는 둘째 문단에 제시된 예시 중 용언의 관형사형과 명사가 결합한 '젊은이'와 같은 구조이므로 용언 어간과 명사가 결합했다는 말은 적절하지 않다.

오답해설
① 둘째 문단에 따르면, 앞 성분이 뒤 성분을 수식하면 '종속합성어'라 하였다. 따라서 아버지의 형을 이르는 '큰아버지'는 '큰'이 '아버지'를 수식하므로 종속합성어이다.
③ 첫째 문단에 따르면, '어휘 의미를 띤 요소끼리 결합한 단어를 합성어'라 한다. '늙은이'는 둘째 문단에 제시된 예시인 '젊은이'와 같은 구조로, 어휘 의미를 지닌 두 요소가 결합해 이루어진 합성어이다.
④ 둘째 문단에 따르면, 용언 어간과 명사의 결합은 국어 문장 구성에 없는 단어 배열법이므로 '비통사적 합성어'라 하였다. 따라서 동사 '먹다'의 어간인 '먹'과 명사 '거리'가 결합한 '먹거리'는 비통사적 합성어이다.

13 ③

정답해설 '드리셨을'은 '드리-(어간) / -시-(선어말 어미) / -었-(선어말 어미) / -을(관형사형 전성 어미)'로 구성된다. 따라서 '어간 + ㉠ + ㉠ + ㉢'로 구성된 것이다.

오답해설
① '모시겠지만'은 '모시-(어간) / -겠-(선어말 어미) / -지만(-지 마는)(연결 어미)'으로 구성된다.
② '오갔기'는 '오가-(어간) / -았-(선어말 어미) / -기(명사형 전성 어미)'로 구성된다.
④ '보내셨을걸'은 '보내-(어간) / -시-(선어말 어미) / -었-(선어말 어미) / -을걸(종결 어미)'로 구성된다.

14 ②

정답해설 밑줄 친 부분은 용언의 어간에 붙어 명사의 기능을 수행할 수 있도록 하는 '명사형 전성 어미'를 뜻한다. 용언은 전성 어미와 결합하더라도 본래 품사를 유지한다. 반면, '명사 파생 접미사'는 어근의 품사를 명사로 바꾸어 주는 지배적 접미사이다. 용언에 결합된 '-ㅁ/-음'을 명사형 전성 어미와 명사 파생 접미사로 구별할 때는 '문장 안에서 단어의 서술성이 있는가(= 절을 이루는가)'를 판단 기준으로 삼아야 한다.
'태산이 높음을 사람들은 알지 못한다'는 '태산이 높음'이라는 명사절이 목적어로 안긴 문장이다. 안긴문장에서 주어 '태산이'가 요구하는 서술어가 '높음'이므로 '높음'은 명사절 안에서 여전히 서술성을 유지하고 있다. 따라서 '높음'의 '-음'은 형용사 '높다'의 어간 '높-'에 결합된 명사형 전성 어미이다.

오답해설
① '젊음을 바친'이라는 '사람'을 수식하는 관형절이 안긴 문장이다. 안긴문장에서 서술어는 '바치다'이며 '젊음'은 '바치다'의 목적어 역할을 할 뿐, 서술성을 갖지 않는다. '젊음'은 형용사 '젊다'의 어간 '젊-'에 명사 파생 접미사 '-음'이 결합된 명사이다.
③ '그는 죽음을 각오하다'와 '(그는) 일에 매달렸다'가 이어진 문장이다. '그는 죽음을 각오하다'에서 서술어는 '각오하다'이며 '죽음'은 '각오하다'의 목적어 역할을 할 뿐, 서술성을 갖지 않는다. '죽음'은 동사 '죽다'의 어간 '죽-'에 명사 파생 접미사 '-음'이 결합된 명사이다.
④ '수줍음이 많은'이라는 '사람'을 수식하는 관형절이 안긴 문장이다. 안긴문장에서 서술어는 '많다'이며 '수줍음'은 '많다'의 주어 역할을 할 뿐, 서술성을 갖지 않는다. '수줍음'은 형용사 '수줍다'의 어간 '수줍-'에 명사 파생 접미사 '-음'이 결합된 명사이다.

A화 접미사와 A형 전성 어미
• A화 접미사: A 품사가 아닌 말을 A 품사로 바꾸어 주는 지배적 접미사
• A형 전성 어미: A 품사가 아닌 말을 A 품사처럼 쓰게 성격을 바꾸어 주는 전성 어미

---

15 ③

정답해설 '이르다[至]'에 모음 어미 '-어'가 결합할 때는 '-어'가 '-러'로 바뀌는 '러' 불규칙 활용을 한다. '러' 불규칙 활용을 하는 용언들은 어간이 훼손되는 것이 아니라 어미가 훼손된다.

오답해설
① '잇다'는 어간의 'ㅅ'이 모음 어미 앞에서 탈락하는 'ㅅ' 불규칙 활용을 하는 용언이다.
② '묻다[問]'는 어간의 'ㄷ'이 모음 어미 앞에서 'ㄹ'로 바뀌는 'ㄷ' 불규칙 활용을 하는 용언이다.
④ '낫다'는 어간의 'ㅅ'이 모음 어미 앞에서 탈락하는 'ㅅ' 불규칙 활용을 하는 용언이다.

용언의 불규칙 활용

용언이 활용할 때에 어간이나 어미의 기본 형태가 일정하게 유지되지 못하고, 그 형태의 변화를 예측하지 못하는 경우를 이른다.

구분	명칭	내용	용례	비교 (규칙 활용 용례)
어간 훼손	'ㄷ' 불규칙	'ㄷ'이 모음 어미 앞에서 'ㄹ'로	묻[問]+어 ⇒ 물어 싣+어 ⇒ 실어	묻[埋]+어 ⇒ 묻어 얻+어 ⇒ 얻어
	'ㅅ' 불규칙	'ㅅ'이 모음 어미 앞에서 탈락	짓+어 ⇒ 지어 잇+어 ⇒ 이어	벗+어 ⇒ 벗어 씻+어 ⇒ 씻어
	'ㅂ' 불규칙	'ㅂ'이 모음 어미 앞에서 '오/우'로	돕+아 ⇒ 도와 굽[炙]+어 ⇒ 구워	잡+아 ⇒ 잡아 굽[曲]+어 ⇒ 굽어
	'르' 불규칙	'르'가 모음 어미 앞에서 'ㄹㄹ'로	빠르+아 ⇒ 빨라 누르+어 ⇒ 눌러	따르+아 ⇒ 따라 치르+어 ⇒ 치러
	'우' 불규칙	'우'가 모음 어미 앞에서 탈락	푸+어 ⇒ 퍼	주+어 ⇒ 주어/줘
어미 훼손	'러' 불규칙	어간이 '르'로 끝나는 용언에 모음 어미 '어'가 '러'로	이르[至]+어 ⇒ 이르러 누르[黃]+어 ⇒ 누르러 푸르[靑]+어 ⇒ 푸르러	치르+어 ⇒ 치러
	'여' 불규칙	어간이 '하'로 끝나는 용언에 모음 어미 '아'가 '여'로	하+아 ⇒ 하여	가+아 ⇒ 가
	'오' 불규칙	'달-/다-'의 명령형 어미가 '오'로	달/다+오 ⇒ 다오	주어라
어간과 어미가 함께 훼손	'ㅎ' 불규칙	'ㅎ'으로 끝나는 어간에 '어/아'가 오면, 어간의 일부인 'ㅎ'이 없어지고 어미도 변하는 현상	하얗+아서 ⇒ 하얘서 파랗+아 ⇒ 파래	좋+아서 ⇒ 좋아서 낳+아 ⇒ 낳아

---

16 ③

정답해설 '밝다'는 본래 동사와 형용사로 품사 통용하는 단어이다. 하지만 위의 '밝다'는 '불빛 따위가 환하다.', 아래의 '밝다'는 '빛깔의 느낌이 환하고 산뜻하다.'의 뜻으로 하나의 형용사가 가진 다의적 의미이다.
참고로, '밝다'가 동사인 경우는 '밤이 지나고 환해지며 새날이 오다.'의 뜻으로 쓰이는 경우이다.
동사 '밝다'로 쓰인 예문에서는 '아침이 밝는다'처럼 현재형으로 쓰는 것이 가능하다.

오답해설
① '만큼'은 조사와 의존 명사로 품사 통용하는 단어이다. 체언 다음에 오는 '만큼'은 조사이고, 용언의 관형사형 뒤에 오는 '만큼'은 의존 명사이다. 위의 '만큼'은 '철수'라는 체언 뒤에 붙여 쓰는 조사이고, 아래의 '만큼'은 동사의 관형사형인 '먹을'의 수식을 받으므로 의존 명사이다.

> **의존 명사와 조사의 통용 : '만큼, 뿐, 대로'**
> - 용언의 관형사형 다음에 오는 '만큼, 뿐, 대로'는 의존 명사
>   예 원하는 대로 해라.
> - 체언 다음에 붙는 '만큼, 뿐, 대로'는 조사
>   예 법대로 해라.

② '내일'은 명사와 부사로 품사 통용하는 단어이다. 뒤에 조사가 붙는 '내일'은 명사이고, 뒤에 용언이 오는 '내일'은 부사이다. 위의 '내일'은 뒤에 관형격 조사 '의'를 붙여 쓰는 명사이고, 아래의 '내일'은 용언 '시작합시다'를 수식하는 부사이다.

> **명사와 부사의 통용 : '오늘, 내일, 어제, 모레'**
> - 뒤에 조사가 붙는 '오늘, 내일, 어제, 모레'는 명사
>   예 내일이 출근 날이다.
> - 뒤에 용언이 오는 '오늘, 내일, 어제, 모레'는 부사
>   예 내일 다시 만나자.

④ '크다'는 동사와 형용사로 품사 통용하는 단어이다. '동식물이 몸의 길이가 자라다.', '사람이 자라서 어른이 되다.', '수준이나 지위 따위가 높은 상태가 되다.'의 뜻일 때는 동사이고 이 외의 뜻은 형용사이다. 따라서 위의 '크다'는 '사람이나 사물의 외형적 길이, 넓이, 높이, 부피 따위가 보통 정도를 넘는다.'의 뜻인 형용사이고, 아래의 '크다'는 '동식물이 몸의 길이가 자라다.'의 뜻인 동사이다.

17 ②

● **정답해설** ㉠의 주성분은 주어(아이가), 서술어(잔다)로 2개이다. ㉡의 주성분은 주어(그는), 목적어(딸을), 서술어(삼았다)로 3개이다. ㉢의 주성분은 주어(영희가), 목적어(물을), 서술어(엎질렀구나)로 3개이다.
따라서 ㉠~㉢의 주성분의 개수는 일치하지 않는다.

✗ **오답해설**
나머지는 모두 적절한 내용이다.
① ㉠의 '작은', ㉡의 '친구의', ㉢의 '뜨거운'은 모두 관형어이다.
③ ㉠의 부속 성분은 관형어(작은), 부사어(침대에서), 부사어(예쁘게)로 3개이다.
㉡은 관형어(친구의), 부사어(며느리로)로 부속 성분을 2개, ㉢은 관형어(뜨거운)로 부속 성분을 1개 가지고 있다. 따라서 ㉠의 부속 성분의 개수가 ㉡, ㉢보다 많다.
④ ㉡의 서술어 '삼다'는 주어와 함께 목적어와 부사어를 필요로 하는 세 자리 서술어이다. '며느리로'가 필수적 부사어로 사용되었다.
삼다: 【…을 …으로】 어떤 대상과 인연을 맺어 자기와 관계있는 사람으로 만들다.

> **필수적 부사어**
> 주어 외에 부사어가 있어야만 의미가 완결되는 동사와 형용사가 있는데, 그때 반드시 필요한 부사어를 '필수 부사어'라고 한다.
> **필수 부사어를 요구하는 서술어:** 마주치다, 만나다, 부딪히다, 싸우다, 닮다, 참석하다, 속다, 변하다, 되다, 가다, 다니다, 비슷하다, 똑같다, 같다, 다르다, 적합하다, <u>삼다</u>, 주다 등

18 ②

● **정답해설** '예쁜 꽃'의 '예쁜'은 형용사 '예쁘다'에 관형사형 전성 어미 '-ㄴ'이 결합한 관형사절이다.

✗ **오답해설**
① '갖은 양념의 '갖은'은 '골고루 다 갖춘. 또는 여러 가지의.'라는 뜻의 관형사이다.
참고 '갖은양념'은 현재 표준국어대사전에 '음식의 맛을 돋우기 위해 쓰는 갖가지 재료의 양념'이라는 의미로 한 단어로 등재되었다. 띄어쓰기가 쟁점인 경우에는 붙여 써야 한다.
③ '오랜 가뭄'의 '오랜'은 '이미 지난 동안이 긴.'이라는 뜻의 관형사이다.
④ '여남은 명'은 '열이 조금 넘는 수의.'라는 뜻의 관형사 '여남은'이 의존 명사 '명'을 수식하는 구조이다.

> **관형어**
> 체언 앞에서 체언만을 수식하는 수식어로 '어떤, 어떠한'에 해당하는 문장 성분을 이른다. 관형사, 체언, 그리고 체언에 관형격 조사 '의'가 붙은 말, 용언의 관형사형, 용언의 명사형에 관형격 조사 '의'가 붙은 형태가 있다.
> ① 관형사: 관형사는 관형어로만 쓰인다.
>   예 <u>새</u> 집으로 이사를 가자.
> ② 체언+의 / 체언 단독: 체언이 체언 앞에서 관형어가 될 때는 관형격 조사 '의'를 생략할 수 있다.
>   예 <u>고향의</u> 친구를 만난다. = <u>고향</u> 친구를 만난다.
> ③ 관형절: 용언이 관형사형(용언의 어간에 관형사형 어미 '-(으)ㄴ, -는, -(으)ㄹ, -던'이 결합)으로 나타난다.
>   예 아버지가 <u>자는</u> 아들을 깨웠다.

19 ③

● **정답해설** 긍정, 부정의 판단을 요구하는 판정 의문문이다.

✗ **오답해설**
② 알고 있거나 믿고 있으면서 청자의 동의를 구하여 확인하기 위한 의문문이다.
①, ④ 형태상으로는 의문문이지만 의미상으로는 긍정이나 부정을 단언(斷言)하는 의문문이다.

> **문장의 종결 표현**
> 국어의 문장은 종결 표현에 따라 전체 문장의 의도가 좌우된다. 종결 어미로 문장을 종결하는 표현 방식에 따라 '평서문, 의문문, 명령문, 청유문, 감탄문'으로 나눈다.
>
>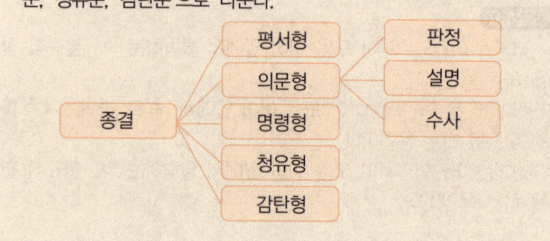

평서문	화자가 청자에게 특별히 요구하는 일이 없이 자기의 생각만을 단순하게 전달하는 문장이다. 예 학생들이 지나간다. / 학생들이 지나가네.
감탄문	화자가 청자를 별로 의식하지 않거나 거의 독백 상태에서 자기의 느낌을 표현하는 문장이다. 예 벌써 눈이 내리는구나! / 눈이 아름다워라!
의문문	화자가 청자에게 질문하여 대답을 요구하는 문장이다. • 판정 의문문: 긍정이나 부정의 대답을 요구하는 의문문 예 밥 먹었니? • 설명 의문문: '언제, 누구, 무엇' 등의 의문사가 포함되어 있어 듣는 이에게 설명하는 대답을 요구하는 의문문 예 너는 요즘 무슨 일을 하니? • 수사 의문문: 대답을 요구하는 것이 아니며 서술, 명령, 감탄의 효과를 나타내는 의문문 예 내가 너한테 책 한 권 못 사 줄까?(반어) / 어쩜 저렇게 예쁠까?(감탄) / 어서 가서 공부해야 하지 않니?(명령)
명령문	화자가 청자에게 어떤 행동을 하도록 요구하는 문장이다. • 직접 명령문: 직접 대면한 상황에서 명령형 종결 어미 '-아라/-어라'와 결합하여 실현된다. 예 열심히 공부해라. / 내 손을 꼭 잡아라. / 엄마 말을 들어라. • 간접 명령문: 직접 대면하지 않은 상황에서 매체를 통해 3인칭 불특정 다수나 단체에게 사용하는 명령문이다. 예 나를 따르라. / 그대들 앞날에 영광이 있으라. / 다음 문제를 읽고 물음에 답하라.
청유문	화자가 청자에게 어떤 행동을 함께하도록 요청하거나 제안하는 문장이다. 때로는 명령이나 선언의 기능을 가지고 변칙적으로 활용되기도 한다. 예 우리 오늘 영화 보자.

20 ②

정답해설 화자만 행하기를 바라는 문장이다.

오답해설
① 청자만 행하기를 바라는 문장이다.
③ 화자와 청자가 함께 행하기를 바라는 문장이다.
④ 화자와 청자가 함께 행하기를 바라는 문장이다.

21 ①

정답해설 제시된 문장의 '섞이다'는 '어떤 말이나 행동에 다른 말이나 행동이 함께 나타나게 되다.'라는 의미로, '섞다'에 피동의 접미사 '-이-'가 결합한 피동사이다. 주어인 '소음이' 제 힘으로 섞인 것이 아니라 섞임을 당한 것을 통해서도 피동사임을 알 수 있다. 따라서 밑줄 친 부분의 예시로 적절하다.

오답해설
② 제시된 문장의 '녹이다'는 '얼음이나 얼음같이 매우 차가운 것을 열로 액체가 되게 하다.'라는 의미로, '녹다'에 사동의 접미사 '-이-'가 결합한 사동사이다. '햇살'이 '고드름'을 물이 되도록 하는 것을 통해서도 사동사임을 알 수 있다.
③ 제시된 문장의 '들리다'는 '손에 가지게 하다.'라는 의미로, '들다'에 사동의 접미사 '-리-'가 결합한 사동사이다. '친구에게' 꽃을 드

는' 것을 하도록 하였다는 것을 통해서도 사동사임을 알 수 있다.
④ 제시된 문장의 '먹이다'는 '바르는 물질을 배어들게 하거나 고루 퍼지게 하다.'라는 의미로, '먹다'에 사동의 접미사 '-이-'가 결합한 사동사이다. '옷에 풀이 배어들게 하면~'이라는 의미를 통해서도 사동사임을 알 수 있다.

22 ③

정답해설 피동문이면서 목적어가 있는 문장이 들어가야 한다. '밟히다'는 '발에 닿아 눌리다.'라는 의미로 '밟다'에 피동 접미사 '-히-'가 결합한 피동사이다. 이 문장은 피동사 '밟히다'가 사용된 피동문인데, 목적어 '발을'이 있으므로 (가)의 조건에 부합하는 문장이다.

오답해설
① '안기다'는 피동과 사동의 형태가 같다. 제시된 문장에서 '안기다'는 '두 팔로 감싸게 하거나 그렇게 하여 품 안에 있게 하다.'라는 뜻으로, '안다'에 사동 접미사 '-기-'가 결합한 것이다. 목적어 '짐을'이 있으나, 이 문장은 피동문이 아닌 사동문이므로 (가)의 조건에 부합하지 않는다.
② '옮기다'는 '어떤 곳에서 다른 곳으로 자리를 바꾸게 하다.'라는 뜻으로, '옮다'에 사동 접미사 '-기-'가 결합한 것이다. 목적어 '짐을'이 있으나, 이 문장은 피동문이 아닌 사동문이므로 (가)의 조건에 부합하지 않는다.
④ '입히다'는 '(도움, 손해 따위와 같은 말을 목적어로 하여) 받거나 당하게 하다.'라는 뜻으로 쓰여, '입다'에 사동 접미사 '-히-'가 결합한 사동사이다. 목적어 '상해를'이 있으나, 이 문장은 피동문이 아닌 사동문이므로 (가)의 조건에 부합하지 않는다.

23 ①

정답해설 제시된 문장은 '도둑이 경찰에게 잡힘을 당했다'는 의미로, 사동문이 아닌 피동문이다. 제시된 문장의 '잡히다'는 동사 '잡다'에 피동 접미사 '-히-'가 결합한 피동사이다.

오답해설
② '철호가 몸짓으로 나를 웃게 하였다'는 의미이므로 사동문이다. '웃기다'는 동사 '웃다'에 사동 접미사 '-기-'가 결합한 사동사이다.
③ '영애가 민수로 하여금 기쁘게 하였다'는 의미이므로 사동문이다. 제시된 문장은 본용언의 어간에 보조적 연결 어미 '-게'를 붙이고, 보조 동사 '하다'를 연결하는 사동법인 통사적 사동(장형 사동)을 이용한 문장이다.
④ '어머니가 아이에게 새 옷을 몸에 꿰게 하거나 두르게 하였다'는 의미이므로 사동이 표현된 사동문이다. 제시된 문장의 '입히다'는 동사 '입다'에 사동 접미사 '-히-'가 결합한 사동사이다.

피동과 사동
• **피동**: 주어가 동작을 제 힘으로 하는 것은 능동(能動), 주어가 다른 주체에 의해서 동작을 당하게 되는 것을 피동(被動)이라고 한다.
 (1) **파생적 피동(= 단형 피동)**
  ① 능동사 어간 + 피동 접미사 '-이-, -히-, -리-, -기-'
  ② 명사 어근 + 피동 접미사 '-되다'
 (2) **통사적 피동(= 장형 피동)**
  ① 용언의 어간 + '-어지다'
   예 공터에 새 건물이 지어진다고 한다.

② 용언의 어간 + '-게 되다'
　　예 홍수로 집을 잃게 되었다.
• **사동**: 주어가 직접 하는 것을 주동(主動)이라고 하고, 주어가 남에게 동작을 하도록 시키는 것을 사동(使動)이라고 한다.
　(1) **파생적 사동(= 단형 사동)**: 주동사의 어간 + 사동 접미사 '-이-, -히-, -리-, -기-, -우-, -구-, -추-, -으키-, -이키-, -애-'
　　• 두 개의 접미사가 연속되어 있는 '-이우-'가 붙어서 사동사가 되기도 한다.
　(2) **통사적 사동(= 장형 사동)**: 본용언의 어간에 보조적 연결 어미 '-게'를 붙이고, 보조 동사 '하다'를 연결하는 사동법이다. 주동문의 주어는 그대로 쓰이기도 하지만, 목적어가 되어 조사 '을/를'을 취하거나 부사격이 되는 조사 '에게' 또는 '한테'를 취하기도 한다.
　　예 어머니는 아들들에게 책을 읽게 했다.

24 ①

정답해설 (가) 형이 동생에게 밥을 직접 떠서 먹인 건지, 혹은 형이 동생이 밥을 먹도록 시킨 것인지로 모두 해석될 수 있다. 직접 사동과 간접 사동 모두로 해석이 가능한 문장이다.
(나) '-게 했다'는 항상 간접 사동으로만 해석이 가능하다.
(다) '안' 부정문은 의지 부정의 부정문이다.
(라) '못' 부정문은 능력 부정의 부정문이다.

파생적 사동의 중의성
유진이가 동생에게 옷을 입혔다.
[중의적 해석]
① 유진이가 동생에게 옷을 직접 입혔다. (행동에 참여하는 직접 사동)
② 유진이가 동생으로 하여금 옷을 입게 하였다. (구두로 지시한 간접 사동)

짧은 부정문(단형)과 긴 부정문(장형)
1. **짧은 부정문**: 부정 부사를 사용하여 형성한다.
2. **긴 부정문**: 부정의 보조 용언을 사용하여 형성한다.

'안' 부정문	부정 부사 '안'이나 부정 보조 용언 '않다'에 의해 실현된다. • 단순 부정: 객관적 사실의 부정 　예 오늘은 비가 안 온다. • 의지 부정: 화자의 의지에 의한 부정 　예 그는 그녀를 안 만났다.
'못' 부정문	부정 부사 '못'이나 부정 보조 용언 '못하다'에 의해 실현된다. • 능력 부정: 화자의 능력이 부족하거나 상황이 여의치 않아서 생기는 부정 예 그는 그녀를 못 만났다.
'말다' 부정문	명령문과 청유문에서만 사용할 수 있는 부정문으로, 부정 보조 용언 '말다'에 의해 실현된다. 예 노래를 부르지 마라. (명령문) 　영화를 보지 말자. (청유문)

25 ②

정답해설 '사동사를 사용한 문장'은 '주어가 남에게 동작을 하도록 시키는 표현'을 나타낸 문장이다.
'사장이 사장실을 넓히기 위해 직원 회의실을 좁힌다'는 '사장이 사장실을 넓히려는 것'과 '직원 회의실을 좁힌다'는 것 사이에 의미적으로 인과 관계가 성립하며 '넓히다'와 '좁히다'라는 사동사를 사용한 문장이다.
사동문의 주어 '사장'이 '직원 회의실'이라는 대상을 '좁아지도록' 힘을 가하는 의미로 읽히는 것에도 사동사를 사용한 문장이라는 것을 알 수 있다.

오답해설
① '회사'가 전파 인증을 받은 제품이라고 '우기는' 것은 회사가 직접 하는 것이므로 사동사를 사용한 문장이 아니다. 참고로 '우기다'는 단일어이다.
우기다: 억지를 부려 제 의견을 고집스럽게 내세우다.
③ '공장'이 폐수를 정화하지 않고 강에 직접 버리는 것이므로 사동사를 사용한 문장이 아니다. 참고로 '버리다'는 단일어이다.
버리다: 가지거나 지니고 있을 필요가 없는 물건을 내던지거나 쏟거나 하다.
④ 이산화탄소가 적외선을 흡수하기 때문에(원인) 열이 대기에 모이는 것(결과)으로 의미적 인과 관계가 성립하지만 사동사를 사용한 문장이 아니다. '모이다'는 '모으다'의 피동사이다.

26 ④

정답해설 서술어 '보았다'에 쓰인 과거 시제 선어말 어미 '-았-'을 통해, 사건시가 발화시에 선행한다는 것을 알 수 있으므로 절대 시제는 과거이다.
제시된 문장의 주절인 '나는 ~ 보았다'의 사건시('보다'의 행위가 일어난 시점)를 기준으로 할 때, '책을 읽는' 행위는 현재이다. 따라서 상대 시제는 현재이다.

절대 시제와 상대 시제

유형	절대 시제	상대 시제
개념	발화시를 기준으로 결정되는 시제	주문장의 사건시에 의존하여 상대적으로 결정되는 시제
위치	종결형	관형사형 어미, 연결 어미
예시	나는 어제 떡국을 먹었다. (과거)	나는 어제 설거지하시는(현재) 어머니를 도와드렸다.

시제 표현

과거 시제	• 사건시가 발화시보다 선행하는 시간 표현 • 주로 선어말 어미 '-았-/-었-'에 의해 실현된다. • 훨씬 오래전 일이나 현재와는 더 강하게 단절된 사건을 표현하기 위해 '-았었-/-었었-'을 쓰기도 한다. 　또한 과거 어느 때의 일이나 경험을 회상할 때에는 '-더-'를 사용하기도 한다. • 관형절로 안길 때에는 동사에는 관형사형 어미 '-(으)ㄴ', '-던', 형용사와 서술격 조사 '이다'에는 '-던'이 쓰인다.

현재 시제	• 사건시와 발화시가 일치하는 시간 표현 • 동사의 경우에는 선어말 어미 '-는-/-ㄴ-'에 의해 실현되고, 형용사나 '이다'의 경우에는 선어말 어미가 결합되지 않은 채 실현된다. • 관형절로 안길 때에는 동사에는 관형사형 어미 '-는'이, 형용사와 서술격 조사 '이다'에는 '-(으)ㄴ'이 쓰인다.
미래 시제	• 발화시를 기준으로 사건시가 발화시 이후인 시간 표현 • 주로 선어말 어미 '-겠-'에 의해 실현되며, 관형사형 어미와 의존 명사가 합쳐져 '-(으)ㄹ 것'으로 실현되기도 한다. • 관형절로 안길 때에는 관형사형 어미 '-(으)ㄹ'이 쓰인다.

27 ④

정답해설 해당 문장은 주체를 비교하는 것인지, 객체를 비교하는 것인지 불분명하다. 즉, '축구 중계를 더 좋아하는 사람이 나보다 남편'이라는 뜻도 있고, '남편이 더 좋아하는 객체가 나보다 축구 중계'라는 뜻도 있다. 따라서 비교적 구문에서 나타나는 중의성에 대한 설명이 적용될 수 있는 가장 적절한 예시는 ④이다.

오답해설
① 내가 내일 철수도 만나고 선생님도 만난다는 것인지, 내가 내일 철수와 함께 선생님을 만나러 간다는 것인지 불분명하다. 공동격 구문으로 인한 구조적 중의성에 해당하는 예시라고 할 수 있다.
② 결혼식장에 손님들이 한 사람도 오지 않았다는 것인지, 일부가 오지 않았다는 것인지 불분명하다. 부정문으로 인한 구조적 중의성에 해당하는 예시라고 할 수 있다.
③ 그녀가 눈물을 흘리며 어루만지고 있는 것이 아버지가 그린 그림인지, 아버지가 갖고 계신 그림인지 불분명하다. 관형격 조사 '의'로 인한 어휘적 중의성의 예시라고 할 수 있다.

중의문
(1) 어휘적 중의성: 어느 한 단어의 의미가 중의적이어서 모호한 것이다. 다의어나 동음이의어, 관형격 조사 '의'로 인해 일어난다.
① 동음이의어로 인한 중의성: 말이 많다. (言, 馬)
② 다의어로 인한 중의성: 다리가 쥐가 나다. – 의자 다리가 부러졌다.
③ 관형격 조사 '의'로 인한 중의성: '아버지의 초상화' (아버지를 그린 초상화, 아버지가 그린 초상화, 아버지가 갖고 계신 초상화)
(2) 구조적 중의성: 문장 구조로 인해 한 문장이 두 가지 이상의 의미로 해석되는 것이다.

수식 범위	아름다운 그녀의 목소리 [해석] ① 아름다운 그녀 ② 아름다운 목소리
비교 대상	유진이는 남자 친구보다 영화를 더 좋아한다. [해석] ① 유진이는 남자 친구가 영화를 좋아하는 것보다 영화를 더 좋아한다. ② 유진이는 남자 친구보다 영화가 좋다.
공동격 구문	유진이는 사과와 배 두 개를 샀다. [해석] ① 사과 1개, 배 1개 ② 사과 1개, 배 2개 ③ 사과 2개, 배 2개
호응 성분	사람들이 많은 곳을 가보면 재미있는 일이 많다. [해석] ① 사람들이 여러 곳을 가보면 재미있는 일이 많다. ② 사람이 많은 곳에 가보면 재미있는 일이 많다.
수량사의 지배	세 명의 여자가 한 남자를 사귄다. [해석] ① 세 명의 여자가 각각 한 남자를 사귄다. ② 세 명의 여자가 어떤 한 남자를 사귄다.
파생적 사동	유진이가 동생에게 밥을 먹였다. [해석] ① 유진이가 동생에게 밥을 직접 먹였다. ② 유진이가 동생으로 하여금 밥을 먹게 했다.
부정문	친구들이 다 안 왔다. [해석] ① 한 사람도 오지 않았다. ② 일부가 오지 않았다.
보조 용언	유진이는 구두를 신고 있다. [해석] ① 유진이는 구두를 신은 상태이다. ② 유진이가 구두를 신는 중이다.
병렬 구문	유진이는 웃으면서 들어오는 학생에게 인사했다. [해석] ① 유진이가 웃는 경우 ② 학생이 웃는 경우
의존 명사 구문	그가 우는 것이 이상하다. [해석] ① 운다는 사실이 이상한 경우 ② 이상한 모습으로 우는 경우
생략	유진이는 원하는 것이 무엇인지 안다. [해석] ① 유진이 자신이 원하는 것 ② 다른 사람들이 원하는 것

(3) 은유적 중의성: 은유적 표현이 두 가지 이상의 의미로 해석되는 것이다.
예 우리 엄마는 호랑이 같다. (성격/외모)

28 ③

정답해설 ㉢은 특수한 영역에서 사용되던 말이 일반화되면서 단어의 의미가 변화한 경우를 말하는 것인데, '배꼽'의 예시는 오히려 일반적으로 쓰이던 단어의 의미가 특수한 영역에서 쓰이면서 변화한 경우이다. 따라서 적절한 예시가 아니다.

오답해설
① ㉠은 한쪽이 다른 한쪽의 의미까지 포함하면서 단어의 의미가 변화한 경우이다. '아이들의 코 묻은 돈'에서의 '코'는 '포유류의 얼굴 중앙에 튀어나온 부분.'을 의미하는 '코'가 '콧구멍에서 흘러나오는 액체.'를 의미하는 '콧물'의 의미까지 포함한 경우이므로 적절한 예시이다.
② ㉡은 시대의 변화에 따라 지시 대상이 바뀌어 단어의 의미가 변화한 경우이다. '수세미'는 과거에 설거지할 때 그릇을 씻는 데 쓰는 물건을 만드는 재료였으나 오늘날에는 설거지할 때 그릇을 씻는 데 쓰는 물건을 가리키는 말로 변하였다. 따라서 ㉡의 예시로 적절하다.
④ ㉣은 특정 표현을 피하려고 대체한 단어의 의미가 변화한 경우이다. 과거에는 질병에 대한 두려움으로 인해 '천연두'를 존대의 의미를 가진 '손님'이라고 불렀다. 이후 '손님'의 뜻에는 천연두를 일상적으로 이르는 말이라는 뜻이 생겼으므로 ㉣의 예시로 적절하다.

의미의 확대
이미 존재하는 말의 의미를 확대하여 사용하는 것
- **겨레**: 종친(宗親) → 동포(同胞), 민족
- **지갑(紙匣)**: 종이로 만든 갑 → 가죽이나 헝겊 따위로 만든 갑
- **사모님**: 스승의 부인 → 남이나 직장 상사의 부인을 높여 부름.
- **박사**: 학위를 딴 사람 → 어떤 분야에 정통하거나 숙달된 사람
- **온**: 백(百) → 모든
- **방석(方席)**: 네모난 깔개 → 둥근 것까지 포함

의미의 축소
의미가 변화하여 지시하는 대상이나 개념에 대한 범위가 원래보다 좁아지는 것
- **중생**: 모든 생명체 → 사람
- **계집**: 여성을 가리키는 일반적인 말 → 여성의 낮춤말
- **놈**: 사람을 가리키는 일반적인 말 → 남성의 낮춤말
- **미인(美人)**: 남녀 모두에게 쓰임. → 여자에게만 쓰임.
- **얼굴**: 몸 전체, 혹은 형상 → 안면
- **짓(즛)**: 모양과 동작에 모두 쓰임. → 동작에만 쓰임.
- **메(뫼)**: 진지, 밥 → 제사 때 올리는 진지로만 쓰임.

의미의 이동
단어의 의미 영역이 넓어지거나 좁아지지 않고 단순히 다른 의미로 바뀐 것
- **어리다**: 어리석다 → 나이가 적다
- **씩씩하다**: 엄하다 → 용감하다
- **배우**: 천한 직업을 가진 사람 → 선망의 대상
- **수작(酬酌)**: 술잔을 주고받음. → 말을 주고받음.
- **젊다**: 나이가 어리다. → 혈기가 한창 왕성하다.
- **외도**: 불교 이외의 다른 종교 → 부도덕한 의미
- **어엿브다**: 불쌍하다 → 예쁘다
- **하다**: 많다, 크다 → (동작을) 하다

29 ③
정답해설 '말미'는 일정한 직업이나 일 따위에 매인 사람이 다른 일로 말미암아 얻는 겨를을 뜻하는 말이다. 비슷한 말로 '직장·학교·군대 따위의 단체에서, 일정한 기간 동안 쉬는 일. 또는 그런 겨를'을 뜻하는 '휴가(休暇)'가 있다. '말미'와 '휴가' 모두 유의어로 공존하며 쓰이는 말이다.

오답해설
① '겨레'는 본래 '종친(宗親)'의 뜻에서 '동포(同胞), 민족(民族)'의 뜻으로 의미가 확대되었다.
② '얼굴'은 '몸 전체 혹은 형상을 뜻하다'가 '안면'의 뜻으로 의미가 축소되었다.
④ '가을걷이'와 '추수(秋收)'는 '가을에 익은 곡식을 거두어들임'을 뜻하는 동의어로, 어느 한쪽이 소멸되지 않고 둘 다 공존하며 쓰이는 말이다.

30 ①
정답해설 첫째 문단에 따르면 언어의 형식적 요소에는 '음운', '형태', '통사'가 있으며, 언어의 내용적 요소에는 '의미'가 있다. 따라서 언어는 형식적 요소가 내용적 요소보다 다양함을 알 수 있다.

오답해설
② 첫째 문단에 따르면 언어학은 크게 말소리 탐구, 문법 탐구, 의미 탐구로 나눌 수 있는데, 이때 각각에 해당하는 음운론, 문법론, 의미론은 서로 관련된다. 따라서 형태 탐구에 해당하는 말소리 탐구와 문법 탐구는 의미 탐구와 관련됨을 알 수 있다.
③ 의사소통은 '화자의 생각, 느낌, 주장 등을 청자와 주고받는 행위이므로, 언어 표현의 내용에 해당하는 의미는 이 과정에서 중심적 요소가 된다'고 하였다. 따라서 의사소통의 첫 단계는 화자가 언어를 발신하는 경우로, 언어의 소리를 형식으로 전환하는 것이다.
④ 첫째 문단에 따르면, 문법론은 형태론 및 통사론을 포괄한다. 그리고 둘째 문단에 따르면 화자의 측면에서 '언어를 발신하는 경우에는 의미론에서 문법론을 거쳐 음운론의 방향으로, 청자의 측면에서 수신하는 경우에는 반대의 방향으로 작용'한다고 하였으므로, 언어를 발신하고 수신하는 과정에서도 통사론은 활용됨을 알 수 있다.

31 ③
정답해설 상대 높임법은 문장의 종결 표현에서 확인할 수 있는데, ③에서는 듣는 이(상대)를 높이기 위해 격식체의 하십시오체를 활용하여 '하셨습니다'라고 하였다. 격식체의 하십시오체는 아주 높임 표현으로, 높임의 의도가 있는 것으로 본다.
주체인 '어머니'를 높이기 위해 주격 조사로 '가' 대신 높임의 주격 조사 '께서'를 활용하였고, 서술어 '하셨습니다'에서 높임의 선어말 어미 '-시-'를 활용하였다.
객체인 '아주머니'를 높이기 위해 부사격 조사로 '에게' 대신 '께'를, '주다' 대신 '주다'의 높임말인 '드리다'를 활용하였다. 따라서 '어머니께서 아주머니께 이 김치를 드리라고 하셨습니다.'는 상대, 주체, 객체를 모두 높인 문장이다.

오답해설
① 주체인 '아버지'를 높이기 위해 높임의 주격 조사 '께서'와 높임의 선어말 어미 '-시-'('들어가셨다')를 활용하였으며, 객체인 '할머니'를 높이기 위해 '데리다'의 높임말인 '모시다'를 활용하였다.
'집'을 높인 말인 '댁'도 활용되었으며 이는 맥락에 따라 주체를 높이기 위한 것일 수도 객체를 높이기 위한 것일 수도 있다.
서술어 '들어가셨다'는 격식체의 해라체를 활용한 표현이다. 격식체의 해라체는 높임의 의도가 없는 것으로 본다.
따라서 '아버지께서 할머니를 모시고 댁에 들어가셨다.'는 주체 높임과 객체 높임은 있으나 상대 높임이 없는 문장이다.
② 객체인 '어머니'를 높이기 위해 부사격 조사로 '께'와 서술어로 '드리다'를 활용하였다. 또한 화자를 낮춘 겸양의 표현인 '제가'와 '말씀'은 상대를 높인 표현이다.
서술어의 종결을 '될까요'라 하였는데 이는 비격식체의 해요체를 활용하여 상대를 높인 표현이다.
따라서 '제가 어머니께 그렇게 말씀을 드리면 될까요?'는 객체 높임과 상대 높임은 있으나 주체 높임이 없는 문장이다.
④ 주체인 '주민 여러분'을 높이기 위해 높임의 주격 조사 '께서'와 높임의 선어말 어미 '-시-'('기울여 주시기'), 듣는 이가 여러 사람일 때 그 사람들을 높여 이르는 이인칭 대명사 '여러분'을 활용하였다.
서술어의 종결을 '바랍니다'라 하였는데 이는 격식체의 하십시오체를 활용한 것이다. 격식체의 하십시오체는 아주 높임 표현으로, 상대 높임의 의도가 있는 것으로 본다. 또한 '내 이야기'가 아닌 '제 이야기'라고 겸양 표현을 활용하여 상대 높임 의도를 표현하였다.
따라서 '주민 여러분께서는 잠시만 제 이야기에 귀를 기울여 주시기

바랍니다.'는 주체 높임과 상대 높임은 있으나 객체 높임이 없는 문장이다.

32 ④

정답해설 제시된 '아래 글'에서 언급한 주체 경어법의 특징은 크게 세 가지이다.
첫째. 주체를 높이기 위해 용언에 선어말 어미 '-시-'를 넣을 것
둘째. 여러 개 용언이 함께 나타나면 마지막 용언에 '-시-'를 쓸 것
셋째. 여러 개 용언 중 높임에 특화된 어휘(높임 특수 어휘)가 있는 경우 반드시 사용할 것
이 조건을 모두 충족한 것은 ④이다.
주체인 '할아버지'를 높이는 상황에서 두 개의 용언 '주무시다'와 '가다' 중 마지막 용언인 '가다'에 선어말 어미 '-시-'를 넣어 '가셨다'라고 하였으므로 첫째, 둘째 조건을 충족하고 있다. 그리고 '자다'에 대한 높임의 특수 어휘인 '주무시다'를 사용하고 있으므로 셋째 조건도 충족하고 있다.

오답해설
① 주체인 '할머니'를 높이기 위해 높임의 특수 어휘 '편찮다'와 높임의 선어말 어미 '-시-'를 사용하였으나('-세요'는 '-시-'와 '-어요'가 결합된 '-시어요'의 준말), 여러 개의 용언이 함께 나타난 상황이 아니므로 제시된 내용을 모두 포괄하여 설명하기에 적절한 예문이 아니다.
② 주체인 '어머님'을 높이기 위해 '돌아보시고', '부탁하셨다'에 높임의 선어말 어미 '-시-'를 사용하였으나 높임의 특수 어휘는 사용된 적이 없으므로 제시된 내용을 모두 포괄하여 설명하기에 적절한 예문이 아니다.
③ 주체인 '선생님'을 높이기 위해 두 개의 용언 중 마지막 용언인 '웃었다'에 선어말 어미 '-시-'를 넣어 '웃으셨다'라고 하였으나, 높임의 특수 어휘는 사용되지 않았으므로 제시된 내용을 모두 포괄하여 설명하기에 적절한 예문이 아니다.

33 ③

정답해설 ㉠ 간접존경은 '존경의 대상과 긴밀한 관련을 가지는 인물이나 사물 등을 높이는' 것이라 하였다. 하지만 '언니는 아버지가 너무 건강을 염려하신다고 말했다'에서 '건강을 염려하신다'의 주어는 '아버지'이므로, 이는 간접존경이 아니라 직접존경을 표현한 것이다.

오답해설
① '(자식이) 다섯'이 주어이지만 '고모'와 긴밀한 관련을 가진 인물의 수라서 '있다'가 아니라 '있으시다'로 존경 표현을 한 것이다.
② '다리'가 주어이지만 '할머니'의 신체 부위이므로 '아파서'가 아니라 '아프셔서'로 존경 표현을 한 것이다.
④ '수염'이 주어이지만 '할아버지'의 신체 부위이므로 '많다'가 아니라 '많으셨다'로 존경 표현을 한 것이다.

34 ④

정답해설 '계십시오'의 '-십시오'는 '하십시오(합쇼)할 자리에 쓰여, 정중한 명령이나 권유를 나타내는 종결 어미'이다.
참고로, 해요체는 '해요할 자리에 쓰여, 설명·의문·명령·요청의 뜻을 나타내는 종결 어미'를 의미하는 '-시어요'를 사용해야 한다.

오답해설
① '같네'의 '-네'는 '하게할 자리에 쓰여, 단순한 서술의 뜻을 나타내는 종결 어미'이다.
② '모르겠구려'의 '-구려'는 '하오할 자리에 쓰여, 화자가 새롭게 알게 된 사실에 주목함을 나타내는 종결 어미'이다.
③ '나가'의 '-아'는 '해할 자리에 쓰여, 어떤 사실을 서술하거나 물음·명령·청유를 나타내는 종결 어미'이다.

참고 상대 높임법의 종류

구분		평서형	의문형	명령형	청유형	감탄형
격식체	하십시오체	합니다	합니까?	하십시오	하시지요	-
	하오체	하오	하오?	하(시)오, 하구려	합시다	하는구려
	하게체	하네, 함세	하는가?, 하나?	하게	하세	하는구먼
	해라체	한다	하냐?, 하니?	해라, 하거라	하자	하는구나
비격식체	해요체	해요, 하지요	해요?, 하지요?	해요, 하지요	해요, 하지요	하는군요
	해체(반말)	해, 하지	해?, 하지?	해, 하지	해, 하지	해, 하지, 하는군, 하는구먼, 하네

35 ④

정답해설 ㉣의 '편찮으셨구나'는 주체인 '할머니'를 높이기 위해 '아프다'의 높임말인 '편찮다'를 주체 높임 선어말 어미인 '-으시-'와 함께 활용한 경우이므로 주체 높임이다.

오답해설
① 객체인 '할머니'를 높이기 위해 '데리다'의 높임말인 '모시다'를 활용한 경우이므로 객체 높임이다.
② 객체인 '할머니'를 높이기 위해 부사격 조사 '께'를 활용한 경우이므로 객체 높임이다.
③ 객체인 '할머니'를 높이기 위해 '주다'의 높임말인 '드리다'를 활용한 경우이므로 객체 높임이다.

36 ④

정답해설 마지막에서 세 번째 문장 '한문 문장을 그대로 두고'를 보아 구결이 없어도 한문 문장의 의미를 파악할 수 있다는 것을 알 수 있다.

오답해설
① '서기체 표기'는 우리말의 문법 형태소를 보충하여 전체적인 의미를 파악할 수 있다고 하였으므로, ㉠의 우리말의 문법 형태소를 반영하였다는 설명은 틀리다.
② '이두체 표기'는 어휘 형태소와 문법 형태소가 구분되어 표기된다.
③ '향찰체 표기'는 국어 문장의 모습을 그대로 보여주는 방식이므로 중국어 어순에 따라 어휘가 배열된다는 설명은 틀린 것이다.

> **차자 표기**
> 1. 고유 명사 표기
>   (1) 한자 차용
>   (2) 고유어와 한자어의 경쟁
> 2. 서기체 표기: 한자를 우리말의 어순대로 나열한 표기 형태

3. **이두**: 서기체 형태에 문법 형태소(조사, 어미)를 보충하는 차자 표기. 조선 초 "대명률직해"에 이르러 그 체계가 완성됨.
4. **구결**: 한문 원문을 읽을 때, 뜻을 명백히 하거나 읽고 외우기 쉽게 하기 위하여 구절 사이에 삽입하는 요소, 즉 토(吐)
5. **향찰**: 한자의 음과 훈을 이용해 우리말을 표기하려던 신라 시대 표기법
   (1) **실질 형태소**: 훈독
   (2) **형식 형태소**: 음독

중세 관형격 조사
중세 국어에서 관형격 조사는 '익/의' 외에 'ㅅ'이 함께 사용된 것을 알 수 있다. '익/의'는 앞 음절 모음의 성격에 따라 사용되며 주로 유정 명사 뒤에 연결되는 데 비해, 'ㅅ'은 사람도 아니고 동물도 아닌 무정 명사에 사용되거나 존칭의 유정 명사 뒤에 연결되었다.
- **유정 명사**: 감정을 나타내는, 사람이나 동물을 가리키는 명사
- **무정 명사**: 감정을 나타내지 못하는, 식물이나 무생물을 가리키는 명사

37 ④

정답해설 〈보기〉는 '무지개'라는 말을 분석하고, 국어의 역사를 통해 변화한 과정을 설명하고 있다. 따라서 '무지개가 뜨다', '무지개가 걸리다'는 표현이 적절한가에 대한 의문은 독자가 가질 수 있는 의문으로 적절하지 않다.

오답해설
① '무지개'는 원래 '물'과 '지개'의 합성어인데 'ㅈ' 앞에서 'ㄹ'이 탈락하여 '무지개'가 되었다. 따라서 〈보기〉를 읽고 독자가 'ㄹ'의 탈락 조건에 대한 의문을 가질 수 있다.
② '무지개'가 문헌에서 처음 드러난 형태는 '므지게'이다. '지개'가 '지게'에서 온 말이라면 'ㅔ'와 'ㅐ'의 차이에 대한 의문을 가질 수 있다.
③ 〈보기〉의 마지막 문장에 따르면 '물(水)'의 15세기 형태인 '믈'에 '지게'가 합쳐져 문헌에서 처음 드러난 형태인 '므지게'가 되었다고 한다. '무지개'가 '물'과 '지게'가 합쳐져 변화한 말이라면 '믈'이 '물'로 변화한 때에 대한 의문을 가질 수 있다.

38 ②

정답해설 ⓒ '여름 하ᄂ니'의 현대어 풀이는 '열매(가) 많으니'이다. 체언 '여름(열매)'에 주격 조사가 없이 단독으로 주어가 실현된 경우이므로 적절하지 않다.

오답해설
① ㉠ '太子ᄅᆞᆯ'의 현대어 풀이는 '태자를'이다. 이는 체언 '太子(태자)' 뒤에 목적격 조사 'ᄅᆞᆯ(를)'이 붙어서 목적어가 실현된 경우이므로 적절하다.
③ ㉢ '고ᄌᆞ란'의 현대어 풀이는 '꽃일랑'이다. 이는 체언 '곶(꽃)'에 보조사 '♀란(일랑)'이 붙어서 서술어 '팔지 말고'의 목적어로 실현된 경우이므로 적절하다. 여기서 '곶'의 받침 'ㅈ'이 연철(이어적기)되어 '고ᄌᆞ란'의 형태로 적은 것이다.
④ ㉣ '부텻 像올'의 현대어 풀이는 '부처의 형상을'이다. '부텨'에 관형격 조사 'ㅅ'을 결합하여 명사 '像(형상)'을 수식하는 명사구를 만들었고, 이 뒤에 목적격 조사 '올'이 붙어 목적어가 실현되었으므로 적절하다.

39 ③

정답해설 '나라'는 무정물이므로 A에는 '나랏'이 적절하다.
'사람'은 유정물이며 양성 모음을 가진 명사이므로 B에는 '사ᄅᆞᆷ'에 '익'가 결합한 '사ᄅᆞ미'가 적절하다.
'世尊(세존)'은 종교적으로 높은 대상인 유정물이므로 C에는 'ㅅ'이 적절하다.

40 ②

정답해설 모두 해당 기호에 적절한 예시이다.
㉠ 아랫집[아래찝/아랟찝] – 순우리말로 이루어진 합성어이며 뒷말의 첫소리가 된소리로 나는 것
ⓒ 잇몸[인몸] – 순우리말로 이루어진 합성어이며 뒷말의 첫소리 ㅁ 앞에서 ㄴ 소리가 덧나는 것
ⓒ 훗일(後일)[훈:닐] – 순우리말과 한자어로 된 합성어로서, 뒷말의 첫소리 모음 앞에서 'ㄴㄴ' 소리가 덧나는 것

오답해설
① ㉠ '못자리[모짜리/몯짜리]', ⓒ '멧나물[멘나물]'은 적절한 예시이나, ⓒ의 '두렛일[두렌닐]'은 순우리말로 이루어진 합성어이므로 해당 기호에 적절한 예시가 아니다.
③ ㉠ '잇자국[이짜국/읻짜국]'은 적절한 예시이나, ⓒ의 '툇마루(退마루)[퇸:마루/퉨:마루]'는 순우리말과 한자어로 된 합성어이며, ⓒ의 '나뭇잎[나문닙]'은 순우리말로 이루어진 합성어이므로 해당 기호에 적절한 예시가 아니다.
④ ⓒ 예삿일(例事일)[예:산닐]은 적절한 예시이나, ㉠ 사잣밥(使者밥)[사:자빱/사:잗빱], ⓒ 곗날(契날)[곈:날/궨:날]은 모두 순우리말과 한자어로 된 합성어이므로 해당 기호에 적절한 예시가 아니다.

41 ②

정답해설 '속리산'은 상호 동화 현상이 일어나 [송니산]으로 발음된다. 자음 사이에서 동화 작용이 일어나는 경우 변화의 결과에 따라 적는다는 로마자 표기법 규정과 고유 명사의 첫 글자는 대문자로 적는다는 규정에 따라 '속리산[송니산]'은 'Songnisan'으로 적는다. '속리산'이 고유 명사인 것과 로마자 표기법상 자음 동화를 반영하는 것은 관련이 없으므로 적절하지 않은 설명이다.

오답해설
① '해돋이'는 구개음화 현상이 일어나 [해도지]로 발음된다. 〈보기〉의 (1) ㉣를 참고하면 구개음화는 로마자 표기에 반영하므로 '해돋이[해도지]'는 'haedoji'로 적는다.
③ '울산'은 된소리되기 현상이 일어나 [울싼]으로 발음된다. 하지만 〈보기〉의 (1) ㉤를 참고하면 된소리되기는 로마자 표기에 반영하지 않으므로 'Ulssan'으로 표기하지 않고 'Ulsan'으로 표기한다.
④ '집현전'은 거센소리되기 현상이 일어나 [지편전]으로 발음된다. 그러나 〈보기〉의 (1) ㉣의 '다만'을 참고하면 체언에서 일어나는 거센소리되기는 로마자 표기에 반영하지 않고 'ㅎ'을 밝혀 적으므로 '집현전[지편전]'은 'Jiphyeonjeon'으로 적는다.

Chapter 02 작문(형식)

본문 P.34

1 ②

정답해설 '검찰이 그를 가두었다'는 의미이므로 '법원이나 판사가 피의자나 피고인을 강제로 일정한 장소에 잡아 가두다.'라는 뜻의 '구속하다'를 쓰는 것이 적절하다. '구속시키다'는 '구속하게 하다'로 해석이 되는 사동 표현이다.

참고 '-하다'를 쓸 수 있는 말에 '-시키다'를 사용하는 경우
예 개선시켜(×), 관철시키려(×), 가동시켜(×), 주차시켜(×), 소개시켜(×), 교육시켜(×), 야기시켜(×), 금지시켜(×)

오답해설
① (가)는 오빠의 생김새와 나의 생김새가 서로 같지 않다는 것이므로, (가)에는 '비교가 되는 두 대상이 서로 같이 아니하다'를 뜻하는 '다르다'를 쓰는 것이 적절하다. '틀리다'는 '셈이나 사실 따위가 그르게 되거나 어긋나다.', '바라거나 하려는 일이 순조롭게 되지 못하다.', '마음이나 행동 따위가 올바르지 못하고 비뚤어지다.'의 뜻으로 (가)의 문맥에 어울리지 않는다. 따라서 (가)의 서술어를 '다르다'로 고친 것은 적절하다.
③ (다)는 주어와 서술어의 호응이 적절하지 않다. (다)의 주어는 '내가 오직 바라는 것은'이므로 이와 호응하는 서술어는 '~는 것이다'의 형태이다. 따라서 '것이야'의 준말인 '~거야'로 서술어를 고친 것은 적절하다.
④ (라)의 '주다'는 부사어와 목적어를 필수로 요구하는 세 자리 서술어이다. (라)에는 필수 부사어가 빠진 형태이므로 이를 '인간에게와' 같은 부사어를 넣어 '신은 인간을 사랑하기도 하지만 인간에게 시련을 주기도 한다.'로 고치는 것이 적절하다.

2 ①

정답해설 제시된 문장은 올바른 문장이다.

오답해설
② → 내 생각은 네가 잘못을 인정하면 (이 문제가) 해결될 것이라는 것이다.
제시된 문장의 주어가 '내 생각은'이므로 이에 대한 서술어인 '~라는 것이다'가 서술어로 제시되어야 한다.
③ → 지도자는 자유를 수호하고 인권을 보장하는 것을 목표로 삼아야 한다.
제시된 문장은 접속 조사 '와'로 열거된 '자유 수호'와 '인권을 보장하는 것'은 대등한 문법적 단위가 아니다. 따라서 '자유를 수호하는 것과 인권을 보장하는 것'이나 '자유 수호와 인권 보장을' 정도로 고치는 것이 옳다.
④ → 이사회는 재무 지표 현황을 파악하고 개선 계획을 수립하여 다음 달부터 이를 시행하기로 하였다.
제시된 문장의 '재무 지표 현황'은 '수립'의 대상으로 적절하지 않으므로 적절한 서술어인 '파악하고'를 삽입하고, '시행하기로 하였다'의 목적어가 누락되었으니 '이를'을 삽입하는 것이 적절하다.
⑤ → 이 여론조사 결과는 (그 회사가) 현재 무엇을 시급히 개선해야 하는지를 말해주고 있다.
제시된 문장에서는 '이 여론조사 결과는 ~을 말해주고 있다'라는 문장 안에 안긴문장의 주어가 누락되어 있다. 따라서 '그 회사가' 정도의 주어를 삽입하여야 한다. 또한, '무엇을'이라는 목적어와 '개선해야 한다'의 서술어가 호응되지 않으므로 '무엇을 시급히 개선해야 하는지를'로 고쳐야 한다.

3 ③

정답해설 제시된 문장은 올바른 문장이다.

오답해설
① 제시된 문장에서는 주어와 서술어가 호응하지 않는다. 주어가 '내가 가고 싶은 곳은'이므로 '~곳이다'라는 서술어가 배치되는 것이 적절하다. 따라서 '내가 가고 싶은 곳은 내 친구가 방문했던 곳이다.'와 같이 쓰는 것이 적절하다.
② 제시된 문장에서는 조사 '과'의 앞부분에 서술어가 부당하게 생략되어 있다. '토속적인 시어의 사용을 높이고 있다'는 말은 적절하지 않으므로 '이 시는 토속적인 시어를 사용하여 현장감을 높이고 있다.'와 같이 쓰는 것이 적절하다.
④ '설령'은 '-다 하더라도' 따위와 함께 쓰여 '가정해서 말하여. 주로 부정적인 뜻을 가진 문장에 쓰는 부사'이다. 따라서 '그 일이 설령 실패한다고 하더라도~'와 같이 고쳐 쓰는 것이 적절하다.

4 ①

정답해설 '읽히다'는 '읽다'의 피동사, 사동사 둘 다 가능한데, 이 문장의 주어는 '책'이므로 여기서 '읽히다'는 피동 표현으로 적절하게 쓰인 것이다.

오답해설
② '속독(速讀)'은 '책 따위를 빠른 속도로 읽음.'이라는 뜻으로 그 자체에 '읽다'라는 의미가 있다. 따라서 뒤에 오는 '읽는'과 중복되는 표현이므로 '책을 빠르게 읽는 것은' 혹은 '책을 속독하는 것은' 정도로 고치는 것이 옳다.
③ 이 문장에는 '찾다'의 대상이 되는 목적어가 누락되어 있다. 따라서 '책임자를'처럼 목적어를 넣어서 고치는 것이 옳다.
④ 이 문장은 '시화전을 홍보하는 일'과 '시화전의 진행'을 병렬적으로 나열하고 있으나 이 둘은 문법적으로 구조가 다르다. '시화전을 홍보하는 일'은 관형절 '시화전을 홍보하는'이 명사 '일'을 수식하는 구조이고, '시화전의 진행'은 명사가 관형격 조사와 결합하여 명사를 수식하는 구조이다. 따라서 '그는 시화전의 홍보와 시화전의 진행에 아주 열성적이다.' 또는 '그는 시화전을 홍보하는 일과 시화전을 진행하는 일에 아주 열성적이다.' 정도로 고치는 것이 옳다.

5 ⑤

정답해설 '입혔습니다'는 '입다'에 사동 접사 '-히-'가 결합한 형태이다. '말'이 '그'가 상처를 입게 하였다는 뜻으로 쓰였으므로 적절하다.

오답해설
① → 지하철 공사가 이제 시작됐으니, 언제 <u>지하철이</u> 개통될지는 불투명하다.
'개통되다'의 주어가 누락된 문장이다. '지하철 공사'는 '시작됐다'의 주어일 뿐 '개통되다'의 주어가 될 수 없다.
② → 수출 증대를 위해서는 이 제품의 <u>장점을 강화하고</u> 단점을 보완해야 한다.
'단점'은 '보완'하는 대상이 맞지만, '장점'은 '보완'이 아니라 '강화'하는 대상이어야 한다.
③ → 그 문제를 논의하자면 <u>오후에는</u> 팀원 전체가 모여 회의를 <u>해야 할 겁니다.</u>

'~자면 ~해야 합니다'라고 하는 것이 문맥에 맞으며, '회의를 가지다'는 번역 투 표현이다.
④ → 다행히 비상문이 <u>열려</u> 있어 인명 피해가 크지 않았습니다.
'열려져'는 피동사 '열리다'에 피동의 의미를 더하는 보조 동사 '-어지다'가 두 번 결합한 형태로, 과도하게 피동 표현을 쓴 경우이다.

6 ④

정답해설 '<u>그는</u> 내 생각이 옳지 않다고 ~ <u>말을 하였다</u>.'는 주어와 서술어의 호응이 자연스러운 문장이다. 또한 인용 조사를 활용한 인용절도 주절과 자연스럽게 어울리고 있다.

오답해설
① '내가 강조하고 싶은 <u>점은</u> 우리가 고유 언어를 <u>가졌다</u>.'에서 주어와 서술어의 호응이 어색하다. 따라서 서술어를 '내가 강조하고 싶은 <u>점은</u> ~ 가졌다는 <u>것(점)이다</u>.'로 바꾸는 것이 적절하다.
② '좋은 사람과 대화하며 함께한 <u>일은</u> 즐거운 <u>시간이었다</u>.'에서 주어와 서술어의 호응이 어색하다. '좋은 사람과 대화하며 함께한 일은 즐거운 <u>일(경험)이었다</u>.'로 바꾸는 것이 적절하다.
③ '<u>내 생각은</u> 집을 사서 이사하는 것이 <u>좋겠다고 결정했다</u>.'에서 주어와 서술어의 호응이 어색하다. 따라서 '내 생각은 집을 사서 이사하는 것이 <u>좋겠다는 것이었다</u>.'나 '나는 집을 사서 ~ 좋겠다고 생각했다', 또는 '나는 집을 사서 ~ 좋겠다고 결정했다.'로 바꾸는 것이 적절하다.

7 ③

정답해설 '인명 사고'와 '차량 파손'이 접속 조사 '나'로 병렬되어 있어 접속 대상의 동질성이 잘 유지된 오류가 없는 문장이다.

오답해설
① 서술어에 필요한 부사어가 부재하는 문장이다. '도와주기도 하고'에서 '도와주다'는 목적어를 필요로 하는 두 자리 서술어이므로 목적어인 '남을'이 필요한 것이 맞다. 그러나 '받기도 한다.'에서 '받다'는 '~가 …에게/에게서 …을 받다'처럼 활용해야 하는 세 자리 서술어(수여 동사)이므로 목적어 '도움을'뿐만 아니라 필수 부사어 '…에게/에게서'가 필요하다. 따라서 필수 부사어가 부적절하게 생략된 문장이다.
② '환담'은 '정답고 즐겁게 서로 이야기함. 또는 그런 이야기'라는 뜻을 가지고 있다. '조문객', '상주'라는 표현을 고려했을 때, '환담'은 상황에 어울리지 않는 표현이다. 이 문장에서는 '이야기', '조문 인사' 정도로 바꾸어 쓰는 것이 옳다.
④ '여간하다'는 '('아니다', '않다' 따위의 부정어 앞에 쓰여) 이만저만하거나 어지간하다.'의 뜻을 지닌다. 부정 서술어와 어울리는 표현으로서 '여간한 우대였다.'가 아니라 '여간한 우대가 아니었다.'로 바꾸는 것이 옳다.

8 ②

정답해설 문장 분석: [(저녁노을이 지는) 들판에서 농부 내외가 조용히 기도하는] 모습이 멀리 보였다.
주어인 '모습이'와 피동사인 서술어 '보였다'의 호응이 자연스러운 문장이다. 누구에게 보였는지를 표현할 때 그 부사어가 1인칭(나에게)인 경우 흔히 생략된다.

오답해설
① → 그의 하루 일과는 일어나자마자 아침 신문을 읽는 것으로 시작한다. / 그는 하루 일과를 일어나자마자 아침 신문을 읽는 것으로 시작한다.
이 문장은 서술어 '시작한다'의 주어가 없다. 따라서 '그의 하루 일과'를 주어로 만들어 '그의 하루 일과는 일어나자마자 아침 신문을 읽는 것으로 시작한다.'로 수정하거나 '그'를 주어로 설정하여 '그는 하루 일과를 일어나자마자 아침 신문을 읽는 것으로 시작한다.'로 수정하는 것이 바람직하다. '어떤 일이나 행동이 어떤 사건이나 장소에서 처음으로 발생하다. 또는 그렇게 되게 하다.'라는 의미의 '시작하다'가 필요로 하는 부사어는 '(으)로'나 '에서'를 부사격 조사로 쓸 수 있는데 사건을 표현할 때는 '~하는 것으로'가 자연스럽다.
③ → 하물며 네가 풀겠다고 덤비느냐?
'하물며'와 서술어가 호응하지 않는 문장이다. '하물며'는 부사로, '-랴, -ㄴ가'와 같은 의문형과 함께 쓴다. '하물며 네가 풀겠다고 덤비느냐?'와 같이 수정하는 것이 적절하다.
④ → 제가 여러분에게 당부하고 싶은 것은 주변 환경을 탓하지 말라는 것입니다.
이 문장에서 주어는 '제가 여러분에게 당부하고 싶은 것은'이고 서술어는 '탓하지 마시기 바랍니다.'로 주어와 서술어의 호응이 맞지 않는 문장이다. 따라서 주어에 맞게 서술어를 고치는 것이 적절하다.

9 ④

정답해설 '유사한 내용의 제안이 접수되'었다는 사건은 문맥상 완료된 상황이 맞으므로 '접수될 때에는'으로 고쳐서는 안 된다. 참고로, '우선하다'는 '앞서 다루어지거나 특별히 여겨지다.'라는 의미이다.

오답해설
① 서술어 '열람하다'는 목적어를 필요로 하는 두 자리 서술어이므로, '관계자가 관련 도서를 열람한다'와 같이 써야 한다. 따라서 제시된 문장에서는 '관련 도서'가 '비치하다'의 목적어로 쓰이고 있는 것을 고려하여, '관련 도서는 ~ 관계자에게 열람하게 한다'와 같이 바꾼다.
② 목적어와 서술어의 호응관계에서 서술어인 '제외된'과 목적어인 '수역'의 호응관계가 어색하므로 능동의 형태인 '제외한'으로 바꾼다.
③ '과업 지시서 교부'와 서술어 '교부하다'는 의미상 중복되므로 '안내서 및 과업 지시서는 참가 신청자에게만 교부한다.'로 수정하는 것이 자연스럽다.

10 ①

정답해설 '항의하다'는 목적어와 필수 부사어를 요구하는 서술어이다. 이때 목적어 대신 '…에 대하여'가 쓰이기도 한다.
'한국 정부는'은 주어이고, '독도 영유권 문제에 대하여'가 목적어 대신 쓰였으며, '일본에'가 필수 부사어로 쓰였다. 이때 '일본'은 무정 명사이므로 부사격 조사 '에'를 쓰는 것이 옳다. 사람, 동물과 같은 유정 명사 뒤에는 부사격 조사 '에게'를 쓴다.

오답해설
② → 경쟁력 강화와 생산성 향상을 위해 경영 혁신이 요구되고 있다.
'요구되어지다'는 '요구되- + -어지다'의 구성으로, 불필요한 이중피동형이 쓰인 형태이다. 또한 '요구되다'는 '…에/에게 요구되다'의 형태로 쓰인다. 따라서 불필요한 피동형을 능동형으로 고치고 적절한 부사어를 넣어 '~경영 혁신이 …에/에게 요구된다.'로 쓰는 것이 옳다.
또, 접속 조사 '와' 앞의 '경쟁력 강화'와 구의 양식을 맞추어 '생산성 향상'이라고 고치는 것이 자연스럽다.
③ → 아직도 한국 사회가 무사안일주의를 벗어나지 못했다는 생각이 든다.

주어와 서술어가 호응하지 않는 문장이다. '생각이'가 주어, '든다'가 서술어, '아직도 한국 사회가 무사안일주의를 벗어나지 못했다는'이라는 문장은 관형절로 '생각'을 수식하는 구조로 고치고 불필요한 문장 성분인 '이것은'은 빼도 문장의 의미가 성립한다. 또한 '벗어나다'는 '…에서 벗어나다' 혹은 '…을 벗어나다'와 같이 쓰이므로 '무사안일주의를 벗어나지'로 쓰는 것은 옳은 표현이다.
④ → 냉정하게 전력을 평가해 봐도 한국이 자력으로 16강 티켓을 획득할 가능성은 높은 편이 아니다.
→ 냉정하게 전력을 평가해 봐도 한국이 자력으로 16강 티켓을 획득할 가능성은 높다.
제시된 문장은 가정이나 양보의 뜻을 나타내는 연결 어미 '-아도'를 고려하여 의도에 따라 두 가지로 고칠 수 있다. 냉정하게 전력을 평가해 보아도 긍정적인 결과가 예상된다면 '가능성이 높다'라고, 보조사 '은'이 아닌 주격 조사 '이'를 활용하는 것이 적절하고, 반대로 회의적인 결과가 예상된다면 '가능성은 높은 편이 아니다'라고, 보조사 '은'을 유지하는 것이 적절하다.
또, '16강 티켓 가능성'이 아니라 '16강 티켓을 획득할 가능성'과 같이 명사인 '가능성'을 수식해주는 관형절로 쓰는 것이 옳다.

11 ④

정답해설 어미 '-되'는 어떤 사실을 서술하면서 그와 관련된 조건이나 세부 사항을 뒤에 덧붙이는 뜻을 나타내는 연결 어미이며, 어미 '-며'는 두 가지 이상의 동작이나 상태 따위를 나열할 때 쓰는 연결 어미이다. 제시된 문장은 앞의 문장에 제시된 상황이 원칙이며, 뒤의 문장은 그러한 원칙 이외의 상황일 경우의 방식을 제시하였다. 따라서 두 문장을 연결하는 연결 어미로는 처음에 제시된 대로 '-되'를 활용하는 것이 적절하다.

오답해설
① '열다'는 목적어가 필요한 타동사인데 제시된 문장은 목적어가 없으므로, 문장 성분이 누락된 불완전한 문장이다. 따라서 목적어로 '문을'을 보충하여 완전한 문장을 만들어야 한다.
② 제시된 문장대로라면 '○○시에서 급증하는'이라는 관형절의 주어는 '생활용수'이다. 그러나 '급증하다'는 '갑작스럽게 늘어나다'란 뜻이므로 '급증하다'의 주체를 '생활용수'가 아닌 '생활용수의 수요'라 하는 것이 문맥에 맞다. 따라서 '급증하는 생활용수의 수요에 대응하여 생활용수를 안정적으로 공급하기 위하여'라 고치는 것이 맞다.
③ 목적어와 서술어의 호응이 맞지 않는 문장이다. 제시된 문장에서는 '사고 원인 파악'과 '재발 방지 대책'이 접속 조사 '과'로 연결되어 '마련하다'의 목적어로 나타나 있으나 '사고 원인 파악'은 마련할 일이 아니다. 따라서 '파악'을 서술형으로 고쳐서 '조속히 사고 원인을 파악하고 재발 방지 대책을 마련하여'와 같이 쓰는 것이 적절하다.

12 ③

정답해설 '우리 팀에서는'이라는 주어와 '모든 홍보 방안을'이라는 목적어, '고려해 왔다'라는 서술어가 모두 자연스럽게 호응하고 있다. '가능한'은 용언의 관형형이므로 그 뒤에 명사 '한'이 와서 '가능한 조건하에서는'이라는 의미로 쓰였다. 이 뒤에는 부사나 동작을 나타내는 말이 와야 하는데 이러한 문장 호응 역시 자연스럽게 이루어졌다.

오답해설
① → 세종이 한글을 만든 것은 한자 사용을 모두 없애려는 의도에서 비롯된 것이었다.

(문제의 의도는 문장 성분의 호응을 묻는 것이니 내용의 타당성은 따지지 않도록 한다.)
주어인 '세종이 한글을 만든 것'과 서술어 '의도였다'가 호응하지 않으므로, '세종이 한글을 만든 것은 ~ 의도에서 비롯된 것이었다.'로 수정하며, '모든 한자 사용'은 '모든'이 수식하는 부분이 '한자'인지 '사용'인지 모호하므로 중의성을 해소하여 '세종이 한글을 만든 것은 한자 사용을 모두 없애려는 의도에서 비롯된 것이었다.' 정도로 고치는 것이 적절하다.
② → 우리는 균형 있는 식단을 마련하고 쾌적한 실내 분위기를 조성하는 노력을 꾸준히 해 왔다.
접속 조사 '과'를 중심으로 '식단 마련'이라는 명사형의 구성 뒤에 '쾌적한 실내 분위기를 조성하다'라는 서술형의 구성이 이어져 호응이 되지 않는 문장이다. 따라서 '식단을 마련하고 ~ 실내 분위기를 조성하다' 식의 서술형 구성으로 앞 절과 뒤 절이 호응이 되도록 한다.
④ → 아래에 제시된 두 가지 통계 자료를 살펴보면, 2000년대 이후 복지 정책에 상당히 큰 변화가 일어나고 있다는 것을 알 수 있다.
앞 절의 서술어 '살펴보다'의 주어는 생략되었으나 이는 문장 성분 간의 호응을 어색하게 하는 것은 아니다. 다만, 뒤 절의 서술어를 '일어나고 있다'로 끝내는 것이 아니라 '~일어나고 있다는 것을 알 수 있다.'로 수정하여 앞 절의 내용과 호응이 되도록 하는 것이 적절하다.

13 ①

정답해설 대화명을 규정에 맞게 변경하지 않는 사람은 관리자가 (앞에 언급된 사람의) 카페 이용을 제한해야 한다.
'카페 이용을 제한해야 한다'는 대상이 생략되어 있으나 문맥적으로 생략된 성분(대화명을 규정에 맞게 변경하지 않는 사람)을 알 수 있으니 문장 성분의 호응이 자연스러운 문장이다.

오답해설
② → 그 일이 벌어졌을 때 과연 마음속으로라도 박수를 보내는 사람은 얼마나 되었을까.
'아마'는 뒤에 오는 추측의 표현과 호응하여 단정할 수는 없지만 미루어 짐작하거나 생각하여 볼 때 그럴 가능성이 크다는 뜻을 나타내는 부사이다.
'마음속으로라도'라는 표현을 통해 제시된 문장이 박수를 보내는 사람이 얼마 되지 않을 것이라는 의미를 담고 있다는 것을 알 수 있다. 이런 경우에는 '과연'이라는 부사를 활용하는 것이 더 적절하다.
③ → 월드컵에서 보여 준 에너지를 바탕으로 국민 대통합을 이룩하고 국가 경쟁력을 제고해야 한다. / ~ 국민을 통합하고 국가 경쟁력을 제고해야 한다.
목적어 중 '국민 대통합'은 서술어 '제고해야 한다.'와 호응을 이루지 못한다. 따라서 '국민 대통합'이 목적어로 올 수 있는, '이룩하다'와 같은 서술어를 활용하거나 '국민 대통합'을 절로 바꾸어 '국민을 통합하고~'와 같이 고치는 것이 적절하다.
④ → 행복의 조건으로(써) 물질적 기반 이외에 자질의 연마, 인격, 원만한 인간관계 등이 필요하다.
'으로서'는 지위나 신분 또는 자격을 나타내는 격 조사이므로 '행복의 조건'을 이루는 요소들을 이야기할 때 적절하지 않다. 어떤 일의 수단이나 도구를 나타내는 격 조사 '으로써'로 고치는 것이 적절하다. '으로' 쓰는 것도 가능하다.
또한 '~다는 것이다'라는 서술어와 호응하는 주어가 없으므로 '필요하다'로 서술어는 고치는 것이 적절하다.

14 ③

정답해설 '동행하다'는 '같이 길을 가다', '부역(賦役)에 함께 가다'는 뜻으로, 동행의 대상인 필수 부사어가 필요하다. 따라서 제시된 문장의 '나는 누구와 동행하였다.'에서 필수 부사어가 누락된 것이지 목적어가 누락된 것이 아니다. 따라서 ⓒ의 예시로 적절한 문장이 아니다.

오답해설
① 주어 '요점은'에 어울리는 서술어 '~는 것(점)이다'가 사용되어야 하므로 서술어 부분을 수정하여 '내 말의 요점은 지속 가능한 기후 환경을 조성하기 위하여 우리 모두 열심히 노력하자는 것이다.'와 같이 바꿀 수 있다.
② 보어는 서술어 '되다, 아니다'가 요구하는 필수적인 문장 성분이다. 이 문장에서는 서술어 '되다'의 보어가 제시되지 않았으므로 서술어와의 호응이 필요한 보어가 누락된 경우의 예시가 맞다. 보어를 삽입하여 '나는 이 일의 적임자를 찾는 것보다 내가 직접 적임자가 되기로 결심했다.'로 고치는 것이 적절하다.
④ 제시된 문장에서의 '의지하다'는 '다른 것에 마음을 기대어 도움을 받다'의 뜻으로 '…에/에게 의지하다' 혹은 '…을 의지하다'와 같이 필수 부사어나 목적어가 필요한 서술어이다. 제시된 문장에서는 '의지하기도 한다'의 필수 부사어인 '사람에게'가 누락되어 있으므로 ⓔ의 예시로 적절하다.

15 ④

정답해설 ⓔ이 포함된 문장은 '비록'으로 시작한다. '비록'은 '-ㄹ지라도', '-지마는'과 같은 어미가 붙는 용언과 함께 쓰여 '아무리 그러하더라도'라는 뜻을 가진 부사이다. 따라서 '비록 사람들의 관심이 ~ 당연한 일일지라도' 혹은 '당연한 일이지마는'과 같이 고쳐 쓰는 것이 적절하다.
'-라면'은 '이다', '아니다'의 어간이나 어미 '-으시-', '-더-', '-으리-' 뒤에 붙어 어떠한 사실을 가정하여 조건으로 삼는 뜻을 나타내는 연결 어미로 쓰이거나 '-라고 하면'이 줄어든 말로 쓰인다.

오답해설
① ㉠의 '고난'은 '괴로움과 어려움을 아울러 이르는 말'이므로, '괴로운 고난'이라고 쓰는 것은 '괴롭다'라는 의미가 중복되어 적절하지 않다. 따라서 '고난'이라고 고쳐 쓰는 것이 적절하다.
② ⓒ의 앞에는 대부분의 사람들은 그 선수의 노력과 집념에 감동받았을 것이라고 하였고, ⓒ의 뒤에는 나는 선수의 주변 사람들에게 더 큰 감명을 받았다고 하였다. ⓒ의 앞뒤 내용은 감동받은 대상이 서로 상반되므로 앞의 내용과 뒤의 내용이 상반될 때 쓰는 접속어인 '그러나'로 고쳐 쓰는 것이 적절하다.
'그러므로'는 앞의 내용이 뒤의 내용의 이유나 원인, 근거가 될 때 쓰는 접속어이다.
③ ⓒ의 앞에서는 선수의 가족과 훈련 트레이너의 역할을 설명하였고, ⓒ의 뒤에서는 가족과 훈련 트레이너의 도움이 주목받지 못하는 것 같아 아쉽다는 글쓴이의 주관적 견해가 이어지고 있다. 반면 ⓒ의 '훈련 트레이너가 되는 과정이 궁금'한 것은 글의 흐름을 깨는 문장이므로 삭제하는 것이 적절하다.

16 ②

정답해설 대중이 모든 평가와 판단을 미디어가 하게 한다는 의미이므로 '미디어에 맡긴다'라고 적는 것이 적절하다.

① '놓여진'은 피동 접미사 '-이-'와 피동의 뜻을 나타내는 '-어지다'가 함께 사용된 이중 피동 표현이므로 '놓인'으로 고쳐 쓰는 것이 적절하다.
③ ⓒ의 앞에는 '자신의 평가와 판단을 미디어에 양도하는 사람은 시간을 효율적으로 사용할 수 있게 되어 더 빨리 성공할 수 있을지는 모른다'는 내용이, ⓒ의 뒤에는 자신의 평가와 판단을 미디어에 양도함으로 인해 얻지 못하는 것들을 설명하고 있다. ⓒ의 앞과 뒤는 대조되는 내용이므로 ⓒ에 앞의 내용이 뒤의 내용의 원인이나 근거, 조건 따위가 될 때 쓰는 접속 부사인 '그래서'는 문맥에 어울리지 않는다. 따라서 '그러나'로 고쳐 쓰는 것이 적절하다.
④ ⓔ에서는 '뿐'이 관형사형 '못할'의 수식을 받았으므로 '뿐'이 의존 명사라는 것을 알 수 있다. 의존 명사 '뿐'은 앞말과 띄어 쓰는 것이 적절하므로 '못할 뿐만'으로 고쳐 쓰는 것이 적절하다.

17 ②

정답해설 이 글의 주제는 '지역 이기주의의 타파'이다.
ⓒ은 지역 이기주의의 양상이므로 주제와 직결되는 내용이다.

오답해설
① 시설의 필요성을 인정하면서도 받아들이지 않는 것은 모순적인 태도이다. '그리고'는 대등하며 병렬적인 내용의 접속에 활용하는 접속 부사이므로, 역접의 상황에서 사용하는 접속 부사인 '그러나'로 바꾸는 것이 적절하다.
③ '~에 다름 아니다'는 일본어를 직역한 번역 투 표현이다. 따라서 우리말답게 순화하는 것이 바람직하다.
④ ⓔ이 포함된 문장의 큰 주어는 '잊지 말아야 할 사실은'이다. 따라서 이에 맞게 서술어를 '~는 것이다'로 고치는 것이 적절하다.
문장 분석 → 잊지 말아야 할 사실은 [폐기물 처리장 건설을 뒤로 미루면 / 그로 인한 피해가 결국 우리 모두에게 돌아온다]는 것이다.

18 ①

정답해설 '꼽혀지다'는 '꼽다'의 어간 '꼽-'에 피동 접미사 '-히-'가 결합하여 파생적 피동을 이룬 뒤, 피동 표현을 만드는 '-어지다'가 결합하여 통사적 피동을 하였으므로 불필요한 이중 피동 표현이 쓰인 문장이다. 따라서 이중 피동을 해소하여 '꼽히고'와 같이 고쳐야 한다.
'꼽고'로 고치는 것은 피동 표현을 능동 표현으로 바꾼 것이므로 적절하지 않다.

오답해설
② ⓒ의 앞에 제시된 문장은 '리셋 증후군 환자들의 증상'을 서술한 문장이고 ⓒ은 '리셋 증후군'이라는 말이 언제 생겨났고 국내에서 언제부터 쓰였는지의 내용을 담고 있다. 따라서 ⓒ을 먼저 이야기한 뒤에 '그 증상'을 서술하는 것이 맥락상 자연스러우므로 ⓒ을 첫째 문장 뒤로 옮기는 것이 적절하다.
③ ⓒ의 앞뒤 문장은 청소년들이 무슨 일이든지 '쉽게' 포기하고 마음에 들지 않는 사람과의 관계도 '쉽게' 끊는다는 내용을 담고 있다. '막다른 골목'은 '더는 어떻게 할 수 없는 절박한 경우'를 비유적으로 이르는 말이므로 제시된 문장에 쓰기에 적절하지 않다. 따라서 깊이 생각하지 않고 '망설임 없이' 결정했다는 뜻인 '칼로 무를 자르듯'으로 수정하는 것이 적절하다.
④ ⓔ의 앞에 제시된 문장은 리셋 증후군의 진단이 쉽지 않다는 내용이다. 따라서 진단이 어려우므로 그 대처도 쉽지 않을 것이라고 추론

할 수 있다. ㉣의 뒤에 제시된 문장은 리셋 증후군을 예방하기 위한 노력을 말하고 있으므로 앞의 내용이 뒤의 내용의 이유나 원인, 근거가 될 때 쓰는 접속 부사인 '그러므로'를 쓰는 것이 옳다.

19 ③

정답해설 접속 조사는 둘 이상의 단어나 구 따위를 같은 자격으로 이어 주는 구실을 한다. 따라서 접속 조사 '과'의 앞뒤의 문법적 단위는 같아야 한다. 그런데 ㉢에는 구(국가 정책 수립)와 절(국제 협약을 체결하기 위해)이 '과'라는 접속 조사 앞뒤에 놓여 있으므로, 문법적 단위가 통일되도록 수정해야 한다.

수정 예시
1. 문법적 단위를 절로 통일한 경우: 국가 정책을 수립하고 국제 협약을 체결하기 위해
2. 문법적 단위를 구로 통일한 경우: 국가 정책 수립과 국제 협약 체결을 위해

20 ④

정답해설 〈지침〉에서는 신청 방식을 다양하게 제시하라고 하였다. 하지만 '행사 10일 전까지 시청 누리집에 신청서 업로드'로 수정하는 것은 신청 방식을 자세하게 안내하는 것일 뿐, 방법을 다양하게 제시한 게 아니다.

오답해설
① 〈지침〉에서는 제목을 중복된 표현 없이 간결하게 쓰라고 하였다. ㉠에는 '△△시'가 중복되므로 ㉠을 '△△시 취업 박람회 개최'로 수정하는 것이 적절하다.
② 〈지침〉에서는 행사 목적을 행사의 주요 대상인 지역민과 지역 기업을 중심으로 작성하라고 하였다. 지문에서는 '지역 브랜드 홍보와 향토 기업 내실화로 지역 경제 활성화 도모'라고 지역 기업만을 중심으로 작성되어 있으므로 ㉡을 '지역민의 취업률 제고'로 수정하는 것은 적절하다.
③ 〈지침〉에서는 목적과 행사 개요를 행사의 주요 대상인 지역민과 지역 기업을 중심으로 작성하라고 하였다. 그러므로 ㉢을 '△△시 소재 기업의 일자리 홍보'로 수정하는 것은 적절하다.

21 ⑤

정답해설 '병'은 A 시 공식 어플리케이션에서 바로 신청서를 작성하고 제출할 수 있도록 하는 것이 좋겠다고 제안하였다. 하지만 시 홈페이지에서 신청 게시판을 찾아가는 방법 역시 안내할 필요는 있다고 하였으므로 신청 방법을 "A 시 공식 어플리케이션을 통한 A 시 공공 건축 교육 과정 간편 신청"으로 바꾸는 것이 아니라 추가하는 방식으로 수정하는 것이 적절하다.

오답해설
① '을'은 둘째 발언에서 A 시의 유명 공공 건축물을 활용해서 A시를 홍보하고 관심을 끌 수 있는 주제의 강의가 있으면 좋을 것 같다고 제안하였다. 따라서 강의 주제에 "건축가협회 선정 A 시의 유명 공공 건축물 TOP3"를 추가하는 것은 적절하다.
② '을'은 첫째 발언에서 온라인 강의로 진행하여 편안한 시간에 접속하여 수강하게 하고 수강 가능한 기간을 명시하여야 한다고 하였다. 따라서 일시 항목을 "• 기간: 7. 12.(월) 06:00 ~ 7. 16.(금) 24:00"으로 바꾸는 것은 적절하다.
③ '을'은 방역 활동에 모범을 보이는 차원에서 온라인 강의로 진행한다는 점을 강조하는 것이 좋겠다고 제안하였다. 따라서 장소 항목을 "• 교육방식: 코로나19 확산 방지를 위해 온라인 교육으로 진행"으로 바꾸는 것은 적절하다.
④ '을'은 첫째 발언에서 온라인 강의로 진행하면 교육 대상을 A 시 시민만이 아닌 모든 희망자로 확대하는 장점이 있다고 하였다. 따라서 대상을 "A 시 공공 건축에 관심 있는 사람 누구나"로 바꾸는 것은 적절하다.

22 ②

정답해설 제시된 원칙 중 '대등한 것끼리 접속할 때는 구조가 같은 표현을 사용할 것'을 고려하여, 구와 절이 접속된 '표준적인 언어생활의 확립과 일상적인 국어 생활을 향상하기 위해'를 구와 구의 접속이나 절과 절의 접속으로 고쳐 써야 한다. 그런데 '표준적인 언어생활을 확립하고 일상적인 국어 생활의 향상을 위해'는 절 뒤에 구가 접속된 것이다. 따라서 '표준적인 언어생활의 확립과 일상적 국어 생활의 향상(구와 구)'이나 '표준적인 언어생활을 확립하고 일상적인 국어 생활을 향상시키기 위해(절과 절)'로 고쳐야 한다.

오답해설
① 제시된 원칙 중 '중복되는 표현을 삼갈 것'을 고려하여 '안내 알림'을 '안내'로 고쳤으므로 적절하다.
③ 제시된 원칙 중 '주어와 서술어를 호응시킬 것'을 고려하여 문장의 주어인 '본원은'과 호응하지 않는 '표준 정보가 제시되고 있습니다.'를 '표준 정보를 제공하고 있습니다.'로 고쳤으므로 적절하다.
④ 제시된 원칙 중 '필요한 문장 성분이 생략되지 않도록 할 것'을 고려하여 '일반 국민도 알기 쉬운 표현으로 개선하여'에 생략된 목적어인 '의약품 용어를'을 추가하였으므로 적절하다.

23 ②

정답해설 '시장은 시민의 안전에 관하여 건설업계 관계자들과 논의하였다.'라는 문장은 '시장은 건설업계 관계자들을 만나 시민의 안전에 관하여 논의하였다.'라는 의미로만 해석되므로 중의적인 문장이 아니다. 따라서 수정할 필요가 없다.
하지만 수정 후 문장인 "시장은 건설업계 관계자들과 시민의 안전에 관하여 논의하였다."라는 문장은 시장이 '건설업계 관계자들의 안전과 시민의 안전에 관한 사안'에 대해 논의하였다는 의미, '시민의 안전에 관하여' 건설업계 관계자들과 논의하였다는 의미 등 여러 뜻으로 해석된다. 이러한 중의성을 해소하기 위해서는 '시장은 건설업계 관계자들을 만나 시민의 안전에 관하여 논의하였다.' 또는 '시장은 건설업계 관계자들을 비롯한 시민의 안전에 관하여 논의하였다.' 정도로 고치는 것이 적절하다.

오답해설
① "이번 총선에서 국회의원 ○○○명을 선출되었다."라는 문장은 주어와 서술어의 호응이 적절하지 않다. 따라서 ㉠에 따라 "이번 총선에서 국회의원 ○○○명이 선출되었다." 정도로 수정하는 것이 적절하다.
③ "5킬로그램 정도의 금 보관함"이라는 수식어구는 수식어와 피수식어의 관계가 분명하게 드러나지 않는다. 따라서 ㉢에 따라 수식어구가 무엇을 수식하는지를 분명히 알 수 있도록 '금 5킬로그램 정도를 담은 보관함' 정도로 수정하는 것이 적절하다.
④ "음식물의 신선도 유지와 부패를 방지해야 한다."라는 문장은 '음식물의 신선도 유지'라는 구와 '음식물의 부패를 방지해야 한다.'라는 절이 대등한 구조로 이어져 있으므로 적절하지 않다. 따라서 ㉣에 따라 "음식물의 신선도를 유지하고, 부패를 방지해야 한다."와 같이 고치는 것이 적절하다.

PART 2
속독의 기초가 되는 구조 독해

Chapter 01 중심 화제와 주제

본문 P.47

1 ②

정답해설 선지의 공통 키워드이자, 지문의 핵심 화제는 '아이러니'이다. 글의 앞부분은 통시적으로 '아이러니의 역사'에 대해 설명했으며, 뒷부분은 '아이러니의 유형'을 '말의 아이러니'와 '극적 아이러니'로 나누어 설명하였다. 지문은 '이후'를 기준으로 두 부분으로 나눌 수 있으며 앞부분은 '서사, 과정, 비교, 대조'의 방법을 사용하였고, 뒷부분은 '분류, 정의, 지시(확인)'의 방법을 사용해 내용을 전개하였다.

2 ①

정답해설 글은 계몽주의 사상가, 헤겔, 다윈 등의 사람들이 진화와 진보를 어떻게 구분했는지를 소개하고 있다. 계몽주의 사상가들은 역사의 법칙과 자연의 법칙이 동일하다고 여기고, 진보를 믿었기 때문에, 자연을 진보하는 것으로 받아들였다. 헤겔은 역사는 진보하지만, 자연은 진보하지 않는 것이라고 구분했다. 다윈은 진화와 진보를 동일한 것이라고 주장했다. 이처럼, 진보와 진화에 관한 다양한 견해, 입장 차이를 설명하고 있으므로, 글의 제목은 '진보와 진화에 관한 견해들'이 적절하다.

오답해설
② 계몽주의 사상가, 헤겔, 다윈의 진보와 진화에 관한 견해는 역사의 법칙과 자연의 법칙으로 환원되어 설명될 수 있다. 그러나 글의 뒷부분에, 다윈의 견해가 진화의 원천과 진보의 원천을 혼동함으로써 더 심한 오해를 불러일으켰다고 서술하고 있으므로, 이 글의 주된 소재를 진보와 진화로 보는 것이 더욱 적절하다.
③ 글은 진화와 진보에 대해 서술하고 있다. 진화의 원천이 '생물학적인 유전'이라고 서술되고 있으나, 인간 유전이나 그 사회적 의미에 대한 언급은 없다.
④ 계몽주의 사상가들은 자연이 진보한다고 본 데 비해, 헤겔은 자연이 진보하지 않는다고 보았다. 이 글은 이러한 입장 차이를 다루고 있으나 그 증거에 대해서 제시하고 있지는 않다.

3 ①

정답해설 첫째 문단의 서두에서는 '방정식'이라는 단어가 쓰이는 다양한 경우를 제시했으나 결국 '수학의 방정식'에 대한 정보를 전달하려 한다는 것을 알 수 있다. 둘째 문단에서는 방정식을 여러 조건에 따라 구분하여 표현하여야 한다는 내용을 담고 있다. 즉 방정식에 대한 소개를 한 후 변수의 개수에 따라, 상황의 복잡도에 따라 방정식을 구분해야 하며, 구체적으로 일반해를 구하기 어려운 방정식은 '5차 방정식 이상'으로 표현해야 한다고 설명한다. 따라서 글의 제목으로 적절한 것은 '수학 용어의 올바른 활용'이다.

오답해설
② 지문에서는 다양한 상황에 '방정식'이라는 단어가 쓰이는 경우를 소개하고 있으나, 수학 공식을 실생활에 적용하는 것과 관련된 내용은 지문에서 찾아볼 수 없다.
③ 첫째 문단에서 '수학의 방정식'의 정의를 찾을 수 있으나, 둘째 문단은 그에 대한 다양한 양상을 설명한 것일 뿐 분석적으로 구성 요소를 제시한 적은 없다.
④ 둘째 문단에서 '방정식'이라는 용어를 엄밀하게 사용해야 한다고 주장하긴 하였으나 '방정식'의 추상성을 언급한 부분은 없다.

4 ③

정답해설 지문은 곡물법을 설명하고 나폴레옹 전쟁 이후 곡물법의 활용을 통한 수입 곡물 관세 인상을 주장하는 농부 및 지주의 의견과 곡물법의 철폐를 요구하는 공장주의 의견을 소개하고 있다. 따라서 글의 제목으로 '영국 곡물법에 대한 의견'이 가장 적절하다.

오답해설
① 지문 초반 곡물법의 개략적인 개념이 소개되었지만, 이것이 전체 지문의 내용을 아우른다고 볼 수 없다.
② 지문의 마지막 부분에 '공장주들은 ~ 곡물법의 즉각적인 철폐를 요구'하였다는 내용이 제시되어 있지만, 이와 관련된 다른 내용은 제시되지 않았다.
④ 지문 초반 곡물법의 제정 배경에 대한 소개는 있으나 곡물법이 어떻게 변화하였는지에 대한 내용은 제시되지 않았다.

5 ②

정답해설 지문은 세계화 속에서 한국인의 끼를 발휘할 수 있게 되었다는 내용을 다루고 있다. 첫째 문단에는 세계 시장에 우리의 예술을 알릴 수 있는 기회가 왔다는 내용이 있으며, 둘째 문단에는 한국인의 끼를 설명하며 우리 앞에 새로운 역사의 전환점이 놓여 있다는 내용을 제시하고 있다. 이를 종합하면, 지문의 중심내용은 '다가오는 미래에 대한 희망찬 포부'가 된다.

오답해설
① 둘째 문단의 '새로운 역사가 시작되는 전환점에 놓여 있다'는 등의 표현을 볼 때, 지문의 중심내용은 주어진 현실에 안주하는 실리감각과는 거리가 멀다. 오히려 주어진 현실에 안주하지 않고 새로운 역사를 열어 나가려는 도전의식이 글에 담겨 있다고 보아야 한다.
③ 첫째 문단에서 '세계화'가 제시되기는 했으나, 이는 우리의 예술성을 세계 시장에 알릴 수 있게 된 기회를 설명하기 위함일 뿐 '냉엄한 국제질서'와는 거리가 멀다.
④ '사라져 가는 미풍양속'은 지문의 내용과 전혀 관계가 없다.

6 ①

정답해설 지문에서는 소리를 듣는다는 것이 외부의 소리가 그대로 귀에 전달되는 수동적인 과정이 아니라 소리가 뇌에서 재해석되는 과정이라고 하였다. 이 과정에서 친숙하며 해가 없는 것으로 기억되어 있는 소리는 뇌에 전달이 되어도 의미 없는 자극으로 무시되지만 반대로 생존과 관련되어 있고 즉각적인 반응을 보여야 하는 소리는 더 잘 듣는다고 하였다. 이는 소리가 뇌에서 재해석되는 과정을 통해 소리를 선택적으로 지각한다는 것이다. 따라서 글의 제목으로 적절한 것은 '소리의 선택적 지각'이다.

오답해설
② 소리 자극의 이동 경로에 대해서는 제시되지 않았다.
③ 모든 소리는 의식적이든 무의식적이든 감정을 유발한다고 하였으나 소리의 감정 유발 기능이 글의 중심 내용이 아니다.
④ 인간의 뇌와 소리와의 관계가 제시된 부분이 있으나 글의 중심 내용이 아니다.
⑤ 동물과 인간의 소리 인식 과정을 비교하는 내용은 제시되지 않았다.

7 ①

정답해설 지문은 반대신문식 토론은 '입론－반대신문－반론'의 순서로 이어지며 입론이 어떻게 이루어지는지, 반대신문의 과정이 어떻게 되는지, 반론이 어떻게 진행되는지에 대해서 설명하고 있다. 따라서 지문의 제목은 '토론의 과정'이 적절하다.

오답해설
② '토론자의 태도'는 중심 화제인 '토론의 과정'에서 각 토론자가 어떻게 임해야 하는지 설명하기 위한 하위 화제로, 제목이 될 수 없다.
③ '입론과 반론의 방법'은 지문의 중심 화제 중 하나인 '반대신문 과정'을 포함하고 있지 않으므로 제목이 될 수 없다.
④ '반대 토론의 방법'에 대해서 설명하지 않았다. 지문이 설명한 것은 '반대신문식' 토론이므로 제목이 될 수 없다.
⑤ '입론과 반대신문의 과정'은 중심 화제를 이루고 있는 반론의 과정을 포함하지 않았으므로 지문의 제목이 될 수 없다.

8 ①

정답해설 지문에 따르면 원시사회에서는 죽음을 자연스러운 결과로 받아들였지만, 부르주아 사회에서는 죽음에 강박관념을 갖게 되었다. 죽음을 예기치 않은 사고로 보면 폭력에 의한 죽음에 몰두하게 된다. 그래서 범죄소설에서 죽음은 '인간의 운명이나 비극이 아니라 탐구의 대상'이 되어버린다고 한다. 따라서 지문의 주제로 '범죄소설은 자본주의의 출현 이후 죽음에 대한 달라진 태도에 기반을 두고 있다.'가 된다는 것을 알 수 있다.

오답해설
② 지문에 따르면 부르주아 사회의 인간소외와 노동 문제는 범죄소설이 탄생하게 된 배경일 뿐, 범죄소설이 다루고 있는 주제에 해당하지는 않는다.
③ 지문에 따르면 '원시사회에서는 죽음이 자연스러운 결과로 받아들여졌'으며, 죽음에 대한 태도가 공포로 변화한 것은 자본주의의 출현 이후이다.
④ 지문에 따르면, 범죄소설의 탄생은 자본주의의 출현 이후 부르주아 사회에서 나타난 죽음에 대한 공포를 그 뿌리로 한다. 이러한 태도는 원시 사회와 달리 죽음을 '불가피한 삶의 종결이 아니라 파국적 사고'로 여긴다.

9 ④

정답해설 첫째 문단은 복제 기술이 좋아지고 있음에도 사람들이 원본을 보러 가는 이유를 제시한 뒤, 사진과 회화를 구별하는 사람들의 경향을 소개한다. 이어지는 둘째 문단은 그러한 사람들의 경향과 다르게, 사진의 경우 재현적 특질을 선택하고 변형할 수 있는 방법이 다양함을 설명한다. 즉, 지문은 사진의 경우에 복제본이 원본과는 다른 예술적 속성을 가질 수 있다고 말하고 있으므로, '복제본도 원본과는 다른 별개의 예술적 특성을 담보할 수 있다'는 선지가 지문의 주장으로 가장 적절하다.

오답해설
① 원본과 복제본의 예술적 가치 비교는 지문에 언급되지 않았다.
② 둘째 문단에서 '회화와 달리 사진의 경우'라고 제시하고 있으므로, 예술의 매체적 특성이 비슷해졌다고는 볼 수 없다.
③ 둘째 문단의 '작가가 재현적 특질을 선택하고 변형할 수 있는 방법이 다양함'을 통해 복제본의 재현적 특질을 변형하는 방법이 제한적이지 않음을 알 수 있다.

10 ②

정답해설 지문은 신어에 관한 내용이다. 지문은 '신어 연구의 대상은 특정한 범주의 언어, 소수 집단의 언어에 한정되지 않는다'며 '신어 연구가 단지 새로운 어휘와 몇 가지 주제를 나열하는 연구를 넘어서 한국어 조어론 전반에 대한 연구로 확장되어야 한다'고 강조한다. 즉 '신어의 연구 대상과 영역을 확장해야 한다'고 주장하고 있는 것이다.

오답해설
① 지문은 '신어에 대해 말할 때, 보통 유행어나 비속어, 은어와 같은 한정된 대상을 떠올리는 경우가 많다'며 신어 연구의 대상은 그것들에 한정되지 않는다고 하였다. 즉 비속어나 은어에서 나아가 더 넓은 범위로 연구 대상이 확장되어야 한다는 것이지, 신어에서 비속어나 은어가 빠져야 한다고 주장한 것이 아니다.
③ 지문은 '상당수의 전문 용어는 신어에 대한 정책적인 고려가 필요해 보인다'고 주장한다. 이때의 신어는 대중이 생산하는 '자연 발생적 신어'가 아니라 '인위적인 신어'이다. 따라서 어려운 전문 용어에서 '인위적인 신어'로 바꾸는 것에 대한 정책적 고려가 필요하다고 주장하는 것이다.
④ 지문은 '어려운 전문 용어는 의사소통의 효율성이나 교육적 목적을 위해 순화된 신어로 대체할 필요가 있다'고 하였다. 또 '좌창'이라는 의학 용어를 대체한 '여드름'은 일상생활뿐만 아니라 전문 분야에서도 신어로 자리를 잡았다고 하였다. 이를 통해, 신어는 범주를 특정하지 않기 때문에 의사소통의 효율성을 높일 수 있다는 것을 알 수 있다. 따라서 '의사소통의 효율성을 위해 신어의 범주를 특정해야 한다'는 주장은 적절하지 않다.

11 ②

정답해설 지문은 사람에게는 '마음과 이치'를 제하면 귀한 것이 없고, 본능에 따르면 사람은 짐승과 다를 바 없다고 주장한다. '본능'에만 따르지 말고 '마음과 이치'를 귀하게 여겨야 비로소 사람답게 살 수 있다는 것이다. 따라서 지문의 주장으로 '마음으로 본능을 다스리는 삶에 자세가 필요하다'가 가장 적절하다.

오답해설
① 글쓴이는 사람은 마음과 이치를 제하면 귀한 것이 없다고 하였다. 반면 사람의 본능은 사람을 짐승과 다를 바 없이 만드는 것이다. 따라서 자연의 이치를 알고자 하는 욕구는 귀한 것이기 때문에 '본능적'이라는 설명은 적절하지 않다.
③ 지문의 '가난하고 천하게 살면서 부귀를 사모하고, 부귀하게 지내면서 권세를 탐한다'는 부분을 통해 '빈부'가 '인간 삶의 지향성에 영향'을 주는 것은 알 수 있다. 하지만 그런 삶의 지향성은 본능에 따른 것이므로 글쓴이가 '귀'하게 여기지 않을 것들이니 글쓴이의 주장으로 볼 수 없다.
④ 지문에 '무릇 백 가지 하는 바가 한결같이 본능에 따르니, 늙어 죽은 뒤에야 그만둘 따름이다'라는 부분이 있으나 그렇다면 이를 '짐승'이라 비판하는 것이 글쓴이이므로 이를 글쓴이의 주장으로 볼 수 없다.

12 ②

정답해설 글쓴이는 로마를 제일 먼저 보라고 권하며, 그 이유로 "문명이란 무엇인가"라는 물음에 가장 진지하게 반성할 수 있는 도시이기 때문이라고 답한다. 결국 '로마'에 대한 이야기는 뒤에 이어질 이야기를 뒷받침하기 위해 활용된 내용이다. 필자는 문명관(文明觀)과 가치관이 직결되어 있다고 이야기하며 문명을 바라보는 가치관의 중요성을 강조한다. 따라서 이 글의 궁극적인 목적은 ②가 가장 적절하다.

오답해설
①, ③ 로마는 글쓴이가 주제를 설명하기 위해 든 근거일 뿐이지 궁극적으로 말하고 싶은 내용이 아니다.
④ 글쓴이는 과거 문명을 바라보는 시각이 새로운 문명에 대한 전망으로 이어진다고 이야기한다. 과거 문명에서 벗어나 새로운 문명을 창조해야 된다는 주장은 비약이다.

13 ②

정답해설 이 글은 '시장 친화적 사고'가 몇몇 부적절한 전통적 삶의 영역에까지 기준으로 작용하는 것에 문제를 제기한다. 예를 들어 출산, 장기 매매 등에 적용된 시장 원리는 도덕적으로 부적절할 수 있다고 하였다. 또한 둘째 문단에서는 사회적 행위를 시장에 맡기면 그 행위를 규정하는 규범이 타락할 수 있음을 우려했다. 따라서 선지 ②가 이런 회의적 고민 속에서 나올 수 있는 주장이다.

오답해설
① 시장 친화적 사고 자체를 비판한 것은 아니다. 다만 적용되어야 할 영역과 그렇지 않은 영역이 구별되어야 한다는 관점을 제시한 것이다.
③ 시장 친화적 사고가 침투하는 원인으로 국가를 지목하지 않았다. 민간의 병역, 죄수 심문 이행 사례 등은 예시에 불과하다.
④ 지문에서는 '군 복무, 출산, 가르침과 배움, 범죄자 처벌' 등을 시장 친화적 원리 적용이 가능한지 의문이 드는 대상으로 지목하였으므로 선지는 지문의 관점과 충돌한다.

14 ③

정답해설 첫째 문단에서 재물욕과 성욕을 통제할 수 있다면 좋은 삶을 살 수 있다는 플라톤의 주장을 소개하고 있다. 둘째 문단에서는 이에 대해 '삶을 살아가면서 돈에 대한 욕망이나 성적 욕망만이라도 잘 다스릴 수 있다면 낭패를 당하거나 망신을 당할 일이 거의 없을 것'이라며 앞에서 언급한 플라톤의 지혜는 아직도 유효하다는 내용이 제시되어 있다. 따라서 좋은 삶, 다시 말해 성공적인 삶을 살기 위해서는 재물욕과 성욕을 잘 다스려야 한다는 것이 지문의 중심 내용이다.

오답해설
① 플라톤의 『국가』에 따르면, '재물욕과 성욕'은 사람들이 가장 중요하게 생각하는 두 가지 요소이다. 하지만 이것이 과거부터 현재까지 가장 강한 욕망이라는 점을 의미하는 것이 아니며 두 욕망이 가장 강한 욕망인지는 지문에 제시되지 않았다.
② 둘째 문단에서 재물과 나이가 많으면 좋은 점에 대한 언급이 있지만, 이는 살아가면서 돈에 대한 욕망이나 성적 욕망만이라도 잘 다스릴 수 있다면 낭패를 당하거나 망신을 당할 일이 거의 없다는 점을 강조하기 위한 것일 뿐, 지문의 중심 내용이라고 할 수 없다.
④ 지문에서는 플라톤이 언급한 재물욕과 성욕을 통제할 줄 알아야 잘 살 수 있다고 말하고 있다. 그러나 지문에서 잘 살기 위해 살면서 가장 중요한 것이 무엇인지 알아야 한다는 내용은 언급되지 않았다.

15 ③

정답해설 정약용은 편지에서 '옳고 그름'과, '이로움과 해로움'이라는 두 가지 기준을 통해 네 가지 등급을 분류하였다. 이 중 아들의 이야기를 예로 들며 그가 세 번째 등급을 택하였다고 하며 그를 나무랐다. 따라서 정약용이 궁극적으로 아들에게 하고 싶은 말은 '옳고 그름을 우선하여 생각하라'이다. 따라서 이와 가장 유사한 '③ 인생에서 이익을 좇는 것보다 중요한 것(옳음)이 있음'이 정답이다.

오답해설
① 작은 이익을 좇다 큰 해를 볼 수 있음을 말하지 않았다. 편지의 내용을 왜곡하였다.
② 정약용의 의도와 반대되는 내용으로, 거짓 정보를 담고 있다.
④ 옳음을 지켜야 한다는 것이지 무조건 상황을 받아들이라는 것은 아니다.
⑤ 옳고 그름의 기준과 이해의 기준은 대등한 것이다. 서로 종속적 영향 관계에 있는 것이 아니다. 따라서 거짓 정보이다.

16 ④

정답해설 지문은 과거 농경 사회에서는 일거수일투족이 감시를 당하고 뉴스거리가 된다고 하며, 지금의 도시민들은 해외여행을 떠나 편안함을 느끼는 것처럼 '군중 속의 자유'를 추구한다고 설명한다. 이와 관련되어 현대인들이 아파트로 이사를 가는 것은 주변인들의 간섭으로부터 자유로워지는 것을 추구했다는 것이다. 따라서 중심 내용으로 '도시에 살게 되면서 익명성에 따른 자유를 누릴 수 있게 되었다.'가 적절하다.

오답해설
① 지문에서 과거에 비해 현대인들이 더 넓은 반경의 공간을 경험하고 있음을 유추할 수 있으나, 이는 과거 농경 사회의 특징을 설명하기 위한 하위 화제로부터 파생된 정보이다.
② 지문에서 우리가 해외여행을 떠나 군중 속의 자유를 느낄 수 있다고 설명했으나, 이는 과거 농경 사회의 특징과 대조하기 위한 것이지 해외여행을 떠나야 한다는 당위성으로 연결되는 것은 아니다.
③ 지문에서 현대인들이 주로 아파트에 산다고 설명하지 않았다. 또한 이웃이 간섭하지 않는다는 것이지, 이웃에 대해 잘 알지 못한다고 설명하지 않았다.

17 ③

정답해설 지문에서는 '질'과 '양'의 관계를 책상을 통해 설명하였다. '책상의 높이는 어느 정도인가'에 대응하는 것은 '양'이며, 책상의 높이가 얼마이든지 간에 그것이 책상으로서의 기능을 수행할 수 있다면 책상임에는 변함이 없다고 하였다. 하지만 책상의 높이가 일정한 한도가 넘는 수준이 되면 나무판에 가까운 것으로 변하여 책상의 기능을 수행할 수 없게 되고, 더 이상 책상이라 할 수 없게 된다고 하였다. 이는 '양'의 변화는 일정한 한도 내에서는 질의 변화를 이끌지 못하지만 어느 한도를 넘으면 질의 변화를 초래한다는 것이다.

오답해설
① 양의 변화는 질의 변화를 초래하지만 질의 변화가 양의 변화를 이끄는지는 지문을 통해 알 수 없다.
② 지문에서 제시된 양의 변화는 누적된 값이 아니며, 누적된 변화로

질의 변화가 일어난 것이 아니다. 어느 한도를 넘었을 때 질의 변화가 초래되었으므로 변화된 양만큼의 질의 변화를 이끄는 것도 아니라는 것을 알 수 있다.
④ 양의 변화와 질의 변화가 모두 본래의 상태로 환원되는 과정인지는 지문을 통해 알 수 없으며, 두 변화가 본질적으로 동일한지도 지문을 통해 알 수 없다.

18 ②

정답해설 지문에 따르면 '우리는 개인이 조직 사회에 종속됨으로써 정신적 독립성을 잃게 되는 위험성을 항상 경계'해야 하며, '집단의 목적을 위해 개인의 순수성을 쉽게 배제해 버리는 세태 속에서 우리는 자신의 혼을 가진 인간으로 살기 위해 노력해야 한다'고 한다. 따라서 지문의 논지는 집단의 목적에 맹목적으로 따르는 개인에 대한 비판이라고 할 수 있다.

오답해설
① 둘째 문단에 의하면 '현대인에게는 개인과 집단의 관계를 어떻게 설정하느냐 하는 문제가 더욱 중요하게 떠오'르고 있다. 따라서 지문에서 개인과 집단 사이 갈등을 다루고 있으므로 '개인과 집단 사이에는 갈등이 있을 수 없다'는 지문의 논지가 될 수 없으며 집단의 이익이 개인의 이익이며, 개인의 이익이 집단의 이익이라는 주장도 지문의 논지에서 벗어났다.
③ 셋째 문단에 의하면 글쓴이는 집단의 목적을 위해 개인의 순수성을 쉽게 배제해 버리는 세태를 비판하며 우리는 자신의 혼을 가진 인간으로 살기 위해 노력해야 한다고 주장한다. 따라서 '개인도 집단의 목표에 부합하도록 노력해야 함'은 지문의 논지가 될 수 없다.
④ 둘째 문단에서 글쓴이는 개인이 조직 사회에 종속됨으로써 정신적 독립성을 잃게 되는 위험성을 경계해야 한다고 주장한다. 따라서 '개인의 독립성을 지나치게 주장하는 것'은 지문의 논지가 될 수 없다.
⑤ 글쓴이는 다수의 논리를 내세워 개인의 의지를 꺾는 것이 문제라고 강조하고 있을 뿐, 개인의 의지가 다수의 논리를 무시하는 것이 더 문제라고 하지 않았다.

19 ③

정답해설 지문에서는 지역문화콘텐츠가 지금까지 어떻게 운영되었으며 어떤 문제점이 있는지 서술한 후 해결책을 제시한다. 그리고 이런 해결책에도 한계가 있다는 것을 지적하며 앞으로 지역문화콘텐츠를 어떤 방식으로 운영해야 하는지 주목한다. 또한 마지막 문단에서 '콘텐츠와 향유자를 잇고, 향유자의 향유 경험을 지속시킬 때 콘텐츠는 영속할 수 있다'고 설명한다.

오답해설
① 셋째 문단에 따르면 ○○부는 유사·중복 축제 행사를 통폐합하는 지방재정법 시행령과 심사 규칙 개정안을 내놓았다고 하였다. 이를 중앙정부와 지방자치단체의 협력이라고 볼 수 있으나 셋째 문단에 따르면 이러한 방식만으로는 지역문화콘텐츠의 성공을 기대하기 어렵다고 하였으므로 이러한 법률 제정이 효과가 없음을 알 수 있으며 중앙정부와 지방자치단체의 협력을 통해 지역문화콘텐츠의 경쟁력을 강화해야 한다는 것은 지문의 핵심 논지가 아니라는 것을 알 수 있다.
② 마지막 문단에 따르면 '그동안 지역문화 정책과 사업이 새로운 콘텐츠를 발굴·제작하는 데만 주력해 온 탓에 향유의 지속성 측면을 고려하지 못했다'고 문제점을 제시한다. 따라서 새로운 콘텐츠를 단순히 발굴하고 제작하는 것만으로는 콘텐츠의 생명력을 연장하는 것에 어려움이 있다는 것을 알 수 있다. 따라서 '새로운 콘텐츠의 발굴과 제작을 통해 지역문화콘텐츠의 생명력을 연장하고 활성화해야 한다'는 것은 지문의 핵심 논지가 아니다.
④ 마지막 문단에서 '향유자가 콘텐츠의 소비·매개·재생산의 주체가 되는 향유를 위한 방안이 개발되어야 한다'고 언급하고 있으나, 이는 향유자 스스로 이를 인식해야 한다는 주장과는 다르다. 따라서 '지역문화콘텐츠 향유자 스스로 자신이 콘텐츠의 소비·매개·재생산의 주체임을 인식해야 한다.'는 것은 지문의 핵심 논지가 아니다.
⑤ 첫째 문단에 따르면 지역문화콘텐츠는 '지역에 생명을 불어넣고 지역의 특화된 가치를 창출'할 수 있으며 '지역민의 문화향유권 확장에 이바지'한다고 설명하고 있으나, 지문에서 중앙정부의 경제적 지원이 증대되어야 한다는 설명은 찾을 수 없다.

20 ⑤

정답해설 지문은 독일 통일의 과정을 시간에 따라 설명하며 이러한 통일 과정에서 동독 주민들의 주체적인 참여를 확인할 수 있다고 하였고, 통일 과정을 온전히 이해하기 위해서는 동독 주민들의 활동에 주목할 필요가 있다고 서술하였다. 즉 독일 통일의 과정에서 동독 주민들의 주체적인 참여가 큰 역할을 하였다는 것이 지문의 핵심 논지로 가장 적절하다.

오답해설
① 자유총선거에서 동독 주민들이 급속한 통일을 지지하는 모습을 보여 주어 '독일동맹'을 선택하였다. 그러나 자유총선거에서의 독일동맹의 승리, 즉 급속한 통일을 지지했다는 것만을 가지고는 지문의 전체적인 내용의 핵심이라고 보기는 어렵다.
② 독일 통일을 흔히 흡수 통일이라고 부르긴 하나, 오히려 통일 과정에서 동독 주민들이 보여준 행동을 고려할 때 오해의 여지를 주는 용어일 수 있다고 하였다. 따라서 이는 지문의 내용과 반대되는 내용이라고 볼 수 있다.
③ 독일 통일이 동독과 서독의 합의를 거쳐 '통화·경제·사회보장동맹의 창설에 관한 조약', '통일조약' 등을 체결하여 통일을 이루었다는 것은 사실이다. 그러나 지문에서는 이러한 점을 사실로서 나열하였을 뿐, 이것이 지문의 핵심적인 논지라고 보기는 어렵다.
④ 독일 통일 전에 치러진 동독 자유총선거에는 서독 사민당이나 서독 기민당 등 서독의 정당이 개입하기도 하였고 서독의 정치인이 유세 지원을 하기도 하였으나, 서독의 정당 및 개인의 선거 개입 가능여부 자체가 지문의 전체적인 내용을 아우른다고 보기는 어렵다.

정보 관계와 접속어

본문 P.60

1 ②

● 정답해설) 지문은 '국민적 정체성'에 대해 보편적인 경우를 먼저 제시한 뒤에 예외적 경우인 한국의 경우를 설명하고 있다. 따라서 '보편 – 특수'의 논리적 구조를 가진다.

> **지문 정리**
> • 보편: 국민적 정체성은 근대적 산물이다. 그것은 ~ 생겨난다.
> • 특수: 한국의 경우 ~ 정착되었다.
> • 보편: 근대의 내셔널리즘은 ~ 모순되는 운동이다.
> • 특수: 그러나 ~ 스며들게 되었다.

✗ 오답해설
④ '일반 – 사례'가 될 수 없는 이유는 '한국'이 보편적인 '국민적 정체성'의 형성 과정과는 다른 과정을 거쳤기 때문이다.

2 ①

● 정답해설) 지문은 '천재'라는 말의 영예로움이 과학의 원리나 법칙에 의거하지 않는 예술의 특수성에서 기인했다고 말한다. 그런데 ㉠은 과학이 인간에게 야기한 결과를 언급하고 있어 글의 주제와 맞지 않아 통일성에 어긋난다.

✗ 오답해설
② ㉡은 '예술은 비방이 있을 수 없으며 있을 수 있다 하더라도 전수될 수 없다'라고 하여, 과학과 구분되는 예술의 특수성을 이야기하고 있으므로 글의 통일성에 어긋나지 않는다.
③ ㉢은 '예술가 스스로도 자신이 만든 작품의 진정한 비밀을 모른다'라고 하여 과학과 구분되는 예술의 특수성을 이야기하고 있으므로 글의 통일성에 어긋나지 않는다.
④ ㉣은 '천재'라는 용어에 영예로움이 생긴 이유를 이야기하고 있으므로 글의 통일성에 어긋나지 않는다.

3 ④

● 정답해설) 지문은 '군민 행복을 위한 공직자들의 노력'에 대한 글이다. (라)는 행정 업무를 처리하는 공직자의 태도 변화와는 상관없는 내용이다.

> **지문 정리**
> • 지문 전체의 주제: 관 위주의 행정 관행을 없애고 군민 행복을 위하는 감동 행정
> • 각 부분별 요약
>   (가): 군민 행복을 위한 의견 수렴 및 '공직자 변화 노력 선포식'
>   (나): 공직자들의 변화가 필요하다는 김 군수의 말
>   (다): 전체 공직자의 결의문 채택 방침
>   (라): 음주운전 방조 공무원 문책

> **문단의 통일성**
> 문단이 통일성을 유지하기 위해서는 다음과 같은 사항이 지켜져야 한다.
> 1. 화제가 명확하고 단일한 개념으로 한정되어야 한다.
> 2. 문단을 구성하는 모든 문장들의 내용이 한정된 화제를 향해 집중되어야 한다.
> 3. 화제에 적합하지 않은 내용은 모두 삭제되어야 한다.

4 ②

● 정답해설) (가)의 앞에는 상사에게 보고할 때 결론부터 말하라는 비즈니스 화법에 대한 내용이, (가)의 뒤에는 현실은 그렇지 않다는 이야기가 제시되어 있다. (가)의 앞과 뒤는 이론과 현실의 상반된 내용이 제시되어 있으므로 (가)에는 역접/전환의 상황에서 사용하는 접속어인 '하지만'이 들어가야 한다. → 선지 ①, ④ 탈락
(나)의 앞에는 사무적인 관계에 쓸데없는 시간과 노력을 들이지 않아도 된다는 내용이, (나)의 뒤에는 사무적인 관계여도 라이벌 동료와의 관계에서는 일을 잘하는 것만이 능사가 아니라는 내용이 제시되었다. (나)의 앞에서는 쓸데없는 시간과 노력을 들이지 않아도 된다고 하였지만 (나)의 뒤에서는 그렇다고 일을 잘하는 것만이 능사는 아니라고 하며 상반된 내용을 제시하였다. 따라서 (나)에도 전환/역접의 상황에서 사용하는 접속어인 '하지만'이 들어가야 한다.
→ 선지 ①, ③ 탈락
따라서 빈칸에 들어갈 접속어의 조건을 모두 충족시키는 선지는 ②이다.

5 ③

● 정답해설) ㉠의 앞에는 골턴이 진화가 인간에게도 영향을 끼쳤다고 주장한 사람이라는 내용이, 뒤에는 그의 관념이 빅토리아 시대적 편견을 가지고 있었다는 내용이 있다. 뒤의 내용은 골턴의 주장을 신뢰할 수 없는 이유가 되므로, 내용이 앞과 대립된다는 점을 보여 주기 위해서 역접 내지 전환의 상황에서 사용하는 접속어인 '그러나' 또는 '그런데'로 이어지는 것이 자연스럽다. → 선지 ①, ② 탈락
㉡의 앞에는 골턴의 관념이 빅토리아 시대적 편견을 가지고 있었다는 내용이, 뒤에는 그의 주장이 오늘날에는 설득력이 떨어진다는 내용이 있다. 시대적 편견으로 인해 오늘날에는 그의 주장의 설득력이 떨어지게 된 것이므로, 앞과 뒤의 내용은 인과의 상황에서 뒤의 내용이 결론일 때 사용하는 접속어인 '그리하여', '그래서', '따라서' 등으로 이어져야 한다. → 선지 ④ 탈락
따라서 빈칸에 들어갈 접속어의 조건을 모두 충족시키는 선지는 ③이다.

6 ④

● 정답해설) ㉠의 앞부분은 타이타닉호에 일상사가 존재함을, ㉠의 뒷부분은 '선원'이 일상적으로 배 안에서 수행하는 일을 구체적으로 서술하고 있다. 따라서 ㉠의 뒷부분은 앞 문장에 관한 예시를 통해 부연 설명을 하고 있는 것으로 이해할 수 있다. ㉠에 예시를 들 때 사용하는 '예를 들면'이 들어가는 것이 흐름상 가장 자연스럽다.
→ 선지 ①, ② 탈락
둘째 문단과 ㉡의 앞 문장은 타이타닉호 내지는 상정된 시스템 이외의 외부 체계가 존재하지 않는다면, 계속 전진해야 한다는 내용을 담

고 있다. 즉, 타이타닉호에 대한 전진 명령과 지문에서 타이타닉호로 비유된 세계 경제 체제가 타당하려면, 가정된 환경의 외부적 요인이 없어야 한다는 이야기를 하고 있는 것이다. 그러나 ⓒ의 뒷부분은 타이타닉호 바깥의 환경(바다와 빙산)이 존재하고, 세계 경제의 경우 경제 외부에 재난이 존재함을 이야기하고 있다. 이는 ⓒ의 앞부분과 대비되는 내용으로, ⓒ에는 역접의 상황에서 사용하는 접속어인 '그렇지만'이 들어가는 것이 흐름상 가장 자연스럽다. → 선지 ①, ③ 탈락

ⓒ의 앞부분은 타이타닉호는 장래에 빙산에 부딪힐 가능성이 있지만, 세계 경제의 외부에 존재하는 재난은 이미 시작되었다는 내용을 담고 있다. ⓒ의 뒤에 이어지는 문장인 '차례차례 빙산에 부딪히고 있는 중'은 체제 외부의 변수에 계속 직면하고 있음을 비유적으로 표현한 것이다. 이는 ⓒ 앞부분의 내용에 대한 비유적인 설명으로, 앞뒤 등가 상황에서 사용하는 접속어인 '말하자면'이 들어가는 것이 가장 자연스럽다. → 선지 ①, ② 탈락

따라서 빈칸에 들어갈 접속어의 조건을 모두 충족시키는 선지는 ④이다.

7 ①

정답해설 ⓐ의 앞뒤로 제시된 두 문장은 '일반 진술 – 부연 진술'의 관계이다. 앞의 문장은 역사의 연구에 대한 일반적 의미를 제시하고, 뒤의 문장은 이 정의를 구체적으로 설명한다. 부연 설명 및 재진술의 관계를 의미하는 접속어인 '즉, 이를테면, 다시 말해' 등이 들어갈 수 있다. → 선지 ② 탈락

ⓒ의 뒤에 제시된 문장은 그 앞 문장에서 언급된 내용을 적용한 가정적인 사례를 제시하고 있다. 구체적이고 가정적인 사례를 제시하고 있음을 표현하는 접속어인 '가령' 등이 들어갈 수 있다.
→ 선지 ②, ③, ④ 탈락

ⓒ의 뒤에 제시된 문장은 그 앞 문장의 예시에서 일반적인 진술을 이끌어내는 문장이며, 동시에 지문 전체의 주제를 담고 있는 문장이다. 따라서 앞의 모든 내용을 정리하는 진술임을 표현하는 '요컨대'가 들어가는 것이 가장 적절하다. → 선지 ②, ③, ④ 탈락

따라서 빈칸에 들어갈 접속어의 조건을 모두 충족시키는 선지는 ①이다.

8 ②

정답해설 ⓐ 뒤의 '그렇다'는 ⓐ 앞의 '직관적, 실용적, 임의적 분류에 가깝다.'를 의미한다. 따라서 ⓐ 앞 내용을 구체적인 예를 들어, 다시 설명하는 것이므로 '이를테면'이나 '가령'이 ⓐ에 들어가는 것이 적절하다. 하지만 '더구나'는 '앞 내용보다 정도가 심해졌을 때' 사용하는 접속어로, ⓐ에는 적절하지 않다. → 선지 ①, ④ 탈락

ⓒ 앞은 '장르들이 배타적 범주가 아니라 유사한 서사적 특성으로 이루어진 좌표적 군집'이라고 설명하고, ⓒ 뒤는 '어떤 장르들은 다른 장르와 교차할 수 있거나, 다른 장르를 포괄할 수 있다'고 설명한다. ⓒ 앞, 뒤 내용은 서로 이어지므로 ⓒ에는 '즉', '요컨대'가 적절하다.
→ 선지 ⑤ 탈락

ⓒ 앞은 '장르들이 유사적 서사적 특성들로 이루어져 있다'는 설명이고, ⓒ 뒤는 '장르를 개방적이고 유연한 개념으로 받아들인다면'이라고 문장을 시작하며, ⓒ 앞의 내용이 이어지고 있다. 따라서 ⓒ에는 '이처럼'이 들어가는 것이 적절하다. → 선지 ③, ④, ⑤ 탈락

따라서 빈칸에 들어갈 접속어의 조건을 모두 충족시키는 선지는 ②이다.

9 ④

정답해설 ⓐ 앞에서 문화부흥의 중대한 전환기를 제시하고, ⓐ 뒤에서는 역사적으로 중요한 것이지 문화적으로는 세 시기에 비해 부족한 사건을 이야기하며 앞의 세 시기가 중요함을 강조하고 있다. 따라서 역접(그러나)이나 전환(그런데)의 상황에서 사용하는 접속어는 올 수 없다. → 선지 ①, ③, ⑤ 탈락

ⓒ 뒤에서는 문화적으로 중요한 세 시기의 공통점이 '어문 운동'이라는 새로운 사실을 밝혔으니 전환의 상황에서 사용하는 '그런데'가 적절하다. → 선지 ①, ②, ③, ⑤ 탈락

ⓒ에 '이와 같이'가 들어가 앞에 제시된 세 시기를 예로 들어, '어문 운동'과 '문화'가 밀접한 관련이 있다는 주제를 정리하는 것이 적절하다. → 선지 ①, ②, ⑤ 탈락

따라서 빈칸에 들어갈 접속어의 조건을 모두 충족시키는 선지는 ④이다.

Chapter 03 서술 전개 방식

본문 P.66

1 ④
정답해설 '개념 명확', '되풀이 금지', '긍정 진술', '묘사 및 해석이 아닌 규정'의 조건을 지킨 정의이다.

오답해설
① 개념이 드러나지 않으며, 부정적 진술이며, 피정의항을 해석하였다.
② 피정의항인 '입헌 정치'의 '정치'가 정의항에서 되풀이되었다.
③ 피정의항을 묘사한 문장에 불과하다.

2 ②
정답해설 〈보기〉의 포장한 지 너무 오래되어 흙먼지가 일어나고 돌이 굴러다니고, 녹슨 함석지붕이 찌그러져 있고, 흙먼지가 쌓은 책방, 복덕방 포장이 찢기어 너풀거리는 모습 등은 오래된 길의 모습을 '묘사'하고 있는 것이다. 선지 중 잎이 붙어 있는 모습을 묘사한 ②번이 〈보기〉와 같은 서술 방식이 쓰인 문장이다.

오답해설
① 움직임이나 변화, 진행 과정을 진술한 '서사'의 방식을 사용한 문장이다.
③ 생소한 내용인 '사람을 접대하는 것'을 보다 익숙하고 친숙한 '글을 잘 짓는 것'에 대응하여 설명한 '유추'의 방식을 사용한 문장이다.
④ 'A되어(서) B하다'의 구조로, 전형적인 '인과'의 방식을 사용한 문장이다.

3 ③
정답해설 하위 개념을 상위 개념으로 묶어 가면서 설명하는 방법은 '분류'이며, 상위 개념을 하위 개념으로 나누어 가면서 설명하는 방법은 '구분'이다. 또한 둘 이상의 대상 사이의 유사점에 대하여 설명하는 방법은 '비교'이고, 그 차이점에 대하여 설명하는 방법은 '대조'이다.

4 ④
정답해설 지문에서는 별도의 동력에 의지하지 않고 배를 멀리까지 항해할 수 있게 하는 '돛'의 원리를 통해 우주선도 '햇살 돛'을 만들어 별도의 동력 없이 먼 우주 공간까지 갈 수 있을 것이라고 유추하고 있다.
유추: 생소하거나 어려운 어떤 내용을, 보다 친숙하고 쉬운 다른 것에 대응시켜 설명하는 방법

오답해설
① **정의**: 사물 또는 대상의 범위를 규정하고 본질을 설명하는 것
② **분류**: 한 무리의 사물을 일정한 기준에 따라 갈래짓는 것
③ **서사**: 사건에 대한 이야기를 진전시키기 위해 움직임이나 변화, 진행 과정을 진술하는 방식

5 ①
정답해설 지문은 「메밀꽃 필 무렵」으로, 메밀꽃이 핀 달밤의 풍경을 감각적으로 묘사하여 전달하고 있다.
묘사: 구체적인 대상을 감각적인 표현으로 서술하는 방식

오답해설
② **설명**: 어떤 지식이나 정보를 제공하기 위해 쓰이는 방식
③ **유추**: 생소하거나 어려운 내용을, 보다 친숙하고 쉬운 다른 것에 대응시켜서 설명하는 방식
④ **분석**: 하나의 관념이나 대상을 구성 요소들로 나누어 가는 과정

6 ①
정답해설 페이스북, 유튜브, 아마존, 인스타그램, 트위터 등 다양한 인터넷 사이트의 예시를 들어 개인화 추천 알고리즘이 우리의 서핑을 이끌어 가는 것을 설명하고 있다.

오답해설
② 다른 대상과의 차이점을 위주로 설명하는 대조는 사용되지 않았다.
③ 시간의 흐름에 따라 이야기하듯 내용을 서술하는 서사는 사용되지 않았다.
④ 남의 말이나 글을 끌어 쓰는 인용은 사용되지 않았다.

7 ②
정답해설 '분석'은 하나의 관념이나 대상을 구성 요소로 나누는 전개 방식이다. 지문에서는 '담배를 피우는 이유'를 네 가지로 나누어 설명하였다. 따라서 '분석'을 활용한 글이라 볼 수 있다.

오답해설
① '정의'는 사물 또는 대상의 범위를 규정하거나 그 사물의 본질을 설명하는 것으로, 지문에서는 '정의'를 사용한 부분이 없다.
③ '서사'는 사건에 대한 이야기를 진전시키기 위해 움직임이나 변화, 진행 과정을 시간의 흐름에 따라 진술하는 방식이다. 지문의 셋째 문단과 넷째 문단에 부분적으로 서사가 활용되었으나, 이는 '니코틴 의존 과정'이나 '습관'을 설명한 부분이다. 따라서 ㉠을 설명한 주된 방식이 아니다.
④ '비교'는 둘 이상의 대상을 견주어 공통점이나 차이점을 찾는 것이다. 첫째 문단에 요즘과 과거의 '담배에 대한 인식'을 비교하여 설명한 부분이 있지만, 이는 ㉠을 설명한 주된 방식은 아니다.

8 ②
정답해설 '유추'란 생소하거나 어려운 어떤 내용을, 보다 친숙하고 쉬운 다른 것에 대응시켜 설명하는 것을 말한다. 지문에서 유추는 사용되지 않았다.

오답해설
① '정의'란 유개념을 통해 사물 또는 대상의 범위를 규정하고 종차를 통해 그 대상의 본질을 설명하는 것을 말한다. 둘째 문단의 '관객이나 시청자가 읽을 수 있도록 화면에 보여 주는 글자'라는 부분이 '자막'에 대한 정의이다. '자막'에 대하여 '글자'는 유개념, '관객이나 시청자가 읽을 수 있도록 화면에 보여 주는'은 종차의 역할을 하고 있다.
③ '예시'란 일반적인 원리나 법칙이나 진술을 구체적인 예를 들어 설명하는 진술 방식이다. 지문은 텔레비전에서 사용되는 여러 종류의 자막에 대해 설명하고 있으며 특히 뉴스와 영화에서 쓰이는 자막에 대한 예시를 사용하여 구체적으로 글을 전개하고 있다.
④ '대조'란 둘 이상의 대상을 견주어 차이점 위주로 설명하는 것을 말한다. 둘째 문단에 따르면 텔레비전 자막과 영화의 자막에 대해 대조의 전개 방식을 사용하여 설명하고 있다. '그런데 영화의 자막은 타이틀과 엔딩 크레디트 ~ 제한된 용도로만 사용된다'는 부분에서 확인할 수 있다.

9 ②

정답해설 지문은 빛 공해에 대해 다루고 있다. 첫째 문장에 나타난 빛 공해의 정의에서 빛 공해의 요인으로 '인공조명의 과도한 빛'이 제시되기는 했지만, 인공조명의 누출 원인이 제시된 것은 아니다.

오답해설
① 첫째 문장에 빛 공해의 정의로서 '인공조명의 과도한 빛이나 조명 영역 밖으로 누출되는 빛이 인간의 건강하고 쾌적한 생활을 방해하거나 환경에 피해를 주는 상태'가 제시되어 있다.
③ 글쓴이는 국제 과학 저널인 『사이언스 어드밴스』의 '전 세계 빛 공해 지도'를 인용하여 우리나라가 빛 공해가 심각한 국가임을 제시하고 있다.
④ 마지막 문장에 수면 부족, 면역력 저하, 농작물의 생산량 저하, 생태계 교란 등의 사례를 통해 빛 공해의 악영향이 제시되어 있다.

10 ②

정답해설 고전파는 종래의 신을 위한 음악에서 탈피해 형식과 내용의 일체화를 꾀하고 균형 잡힌 절대 음악을 추구하였다는 부분으로 보아 고전파 음악의 특징이 형식과 내용의 분리에 있다는 내용은 적절하지 않다.

오답해설
① 첫째 문단에서 '고전파 음악은 어떤 음악인가?'라는 질문을 통해 화제를 제시함으로써 호기심을 유발한다.
③ 둘째 문단에서 고전파 음악의 음악가인 하이든, 모차르트, 베토벤 등을 예시로 들며 이해를 돕고 있다.
④ 마지막 문단에 '고전파 음악이 서양 전통 음악 전체를 대표하게 된 것은 고전파 음악이 이룩한 역사적인 성과에서 비롯된 것일지도 모른다.'는 부분은 고전파 음악이 지닌 음악사적 의의를 밝히는 것이다.

11 ②

정답해설 지문은 '하와이어'를 예로 들어 '언어의 사멸 가능성'을 주장하였다. 필자의 주장에 대해 예상되는 반론을 제기한 부분은 찾을 수 없다.

오답해설
① '하와이어'를 구사하는 사람의 수와, 미래에 사라질 언어의 비중을 통계 수치로 제시하며 언어 사멸 현상을 설명하였다.
③ '하와이어'라는 구체적인 예를 활용하여, 언어 사멸의 위기를 증명하였다.
④ 생명체인 인간과 마찬가지로 언어도 생로병사의 과정을 겪는다고 말하며 사멸 위기에 처할 수 있다고 주장하였다.

12 ②

정답해설 지문에는 난해한 용어의 정의가 없다.

오답해설
① 셋째 문단에서 자문자답의 형식으로 시가를 피우는 사람과 궐련을 피우는 사람에 대한 차별이 생긴 이유를 밝혔다.
③ 첫째 문단에서 시가가 유행하게 된 현상에 대한 다른 견해를 일부 인정하면서도 그 견해가 시가를 피우는 사람과 궐련을 피우는 사람들에 대한 차별 현상을 설명할 수 없다고 하였다.
④ '시가'를 피우는 사람들의 심리를 지문의 마지막 부분에서 보건 당국의 캠페인으로 인한 변화로 밝히고자 하였다.

13 ③

정답해설 (다)에서 헬멧을 쓰는 것이 보기에도 좋지 않고 거추장스럽다는 부정적인 면을 제시하지만, 구체적인 수치를 바탕으로 헬멧이 머리를 보호할 수 있다는 긍정적인 면과 친구의 사고 사례를 들며 그 이후 항상 헬멧을 착용하고 있다고 설명한다. 이를 통해 헬멧을 썼을 때의 긍정적인 면을 더 강조하고 있음을 알 수 있다.

오답해설
① (가)에서 지난달 친구가 오토바이를 타고 사고를 당한 실제 사건을 사례로 들어 청자의 주의를 끌고 있다.
② (나)에서 '매년 2천여 명이 오토바이를 타다 두뇌 손상을 입는다', '오토바이 사망 사고 원인의 80%가 두뇌 손상이다' 등의 통계 정보를 제시해 문제의 심각성을 부각하고 있다.
④ (라)에서 헬멧을 쓰는 문제 해결 방안에 따른 '신체 피해를 75% 줄일 수 있다'는 청자의 이익을 제시하고, 안전을 위해 헬멧을 반드시 착용하라고 하며 청자에게 특정 행동을 명확하게 요구하고 있다.

14 ①

정답해설 지문에서는 인간을 움직이게 하는 당근과 채찍, 즉 보상과 처벌에 대한 내용을 제시하며, 가끔이라도 웃음을 주고 피로를 풀어 주는 당근을 부모가 아이에게 받는 카드, 직장인이 주말마다 떠나는 여행을 예시로 들어 설명하고 있다.

오답해설
② 지문에서 전문가의 의견을 인용한 부분은 찾아볼 수 없다.
③ 지문에서 묻고 답하는 형식을 사용한 부분은 찾아볼 수 없다.
④ 보상과 처벌을 당근과 채찍에 비유하여 설명하였으나, 이를 통해 문제의 심각성을 강조하지는 않았다.

15 ③

정답해설 지문의 첫째 문장과 둘째 문장은 법치주의가 무엇인지 정의·설명하고 있다. 이후 절대 군주제, 독재체제, 1970년대 우리나라의 상황을 예시로 들었는데, 이러한 예시들은 법치주의에 반대되는 예시이다. 따라서 '③ 어떤 진술을 뒷받침하기 위해 반대되는 사실을 예로 들어 설명하고 있다'가 지문의 논지 전개 방식을 가장 바르게 설명하고 있다.

16 ⑤

정답해설 부여, 고구려, 동예의 '제천의식'을 시작으로 고려와 조선에서의 제천의식을 제시하며 시대별로 '제천의식'(중심 화제)의 성격 변화를 서술하고 있다.

오답해설
① '고대의 축제'를 '국가적 공의'와 '민간인들의 마을굿'이라는 두 개념으로 제시하였으나 이들의 장단점을 비교하여 서술하지 않았다.
② '제천의식'에 대해 시대별로 제시하였으나 이를 비판하지 않았으며 그 대안도 제시되지 않았다.
③ 시대별 다양한 제천의식(사례)을 제시하였으나, 어떠한 개념을 정당화하지 않았다.
④ 이 글에는 이론이 제시되지 않았다.

17 ③

정답해설 지문은 '참된 직관의 과학'을 수학화와 공간화에 기초한 객관적 시간의 개념과 비교·대조하면서 글의 논지를 전개하고 있다.

과거와 현재는 분리 불가능한 하나의 유기적인 전체를 형성하며 지속된다고 말하면서 경험을 수량화한다고 말한다.

18 ①

정답해설 첫째 문단은 18세기~19세기 유럽에 지성의 '혁신적인 역할'을, 둘째 문단은 20세기 근대 사회에서 지성의 '직업적이고 기술적인 역할'을 제시하고 있다. 마지막 문단은 현대 사회에서 지성이 마땅히 수행해야 할 창조적, 비판적, 혁신적 역할을 제시하였다. 이는 중심 개념인 '지성'의 역할에 대한 시대적 변천 양상을 살펴보고, 현재의 사회에서 지성이 나아가야 할 방향을 제시한 것이다.

오답해설
② 마지막 문단에서 지성이 현대 사회에서 수행해야 할 역할을 제시하고 있다는 점에서 자신의 주장을 펼치는 것처럼 보인다. 그러나 이 지문은 중심 용어에 대한 개념적인 차이를 드러내며 전개하지는 않았다.
③ 시대별 지성이 수행했던 역할에 대한 내용은, 과거의 현상에 대한 분석을 기술한 것이지, 상호 대립되는 견해라고 보기 어렵다.
④ 이 지문에는 글쓴이와 상반된 견해가 제시되지 않았다. 따라서 반박한 부분 역시 없다.

19 ③

정답해설 '유학자들은 자신이 먼저 인격자가 될 것을 강조하지만 궁극적으로는 자신뿐 아니라 백성 또한 올바른 행동을 할 수 있도록 이끌어야 한다는 생각을 원칙으로 삼는다.'라는 논지의 근거를 들기 위해 '주희'와 '정약용'을 예시로 활용하였다. 예시인 '주희'와 '정약용'의 의견은 대조적인 면이 있으나 주제에 대해서는 공통적으로 예시로 쓰였다. 따라서 같은 방식으로 전개된 선지는 '언어는 사고를 반영한다'는 논지를 무지개 색을 예시로 들어 뒷받침한 ③이다.

오답해설
① 시를 종류별로 분류하였다.
② 소를 의인화를 활용해 주관적으로 정의하였다.
④ 곤충의 부위를 요소별로 분석하였다.

20 ④

정답해설 지문은 '하나의 이론'과 '법과 제도'를 유추하고 있다. (유비 추론: 하나의 현상과 다른 한 개 이상의 현상들이 기본 속성이나 관계, 구조, 기능 등에서 유사하거나 동형임을 들어 다른 요소들에 있어서도 유사하거나 동형일 것이라 추리하는 방법) ④번 역시 '인생'을 '여행'에 유추하고 있다.

오답해설
① 보다 기본적인 전제에 기대어 결론을 추론하는 연역적 추론을 활용하였다.
② 남자와 여자를 '대조'하였다.
③ '우리 강아지'와 '친구 강아지'의 구체적 사례를 모아 '모든 강아지'가 그럴 것이라는 일반론을 형성한 귀납적 추론을 활용하였다.

PART 3
구조 이해와 응용 능력

Chapter 01 배치

본문 P.78

1 ④

정답해설 제시된 문장은 나라에 위기가 닥쳤을 때 제 몸을 희생한 이름 없는 이들이 이순신의 일기에 뚜렷하게 기록되었다고 하였다. 또한 '~된 것이다'라는 표지를 통해 제시된 문장이 앞에서 제시된 내용을 재진술하고 있음을 알 수 있다. 따라서 이 앞에는 '이름 없는 이들을 기록'했다는 내용이 있어야 한다.
(라) 앞에는 이순신이 자신의 일기에서 가족, 장수, 병졸, 하인에 더해 백성의 이름까지 언급하고 있다는 내용이 제시되었다. 따라서 제시된 문장이 들어가기에 가장 적절한 곳은 (라)이다.

2 ④

정답해설 제시된 문단은 '공감'하는 법과 상대방의 입장을 이해한다는 것을 표현하는 게 중요하다고 하였다.
(가)의 뒤에서 '공감'에 대한 개념을 설명하였으므로 제시된 내용은 (가)에 들어갈 수 없다.
(나)의 뒤에서는 상대방이 나의 감정을 이해하고 있다고 느낄 때, 즉 공감할 때, 사람들은 그 상대방을 나를 이해하는 사람, 알아주는 사람으로 여기게 된다고 하였다. 이는 공감의 가치를 나타낸 것이다. 따라서 (나)의 앞과 뒤는 공감의 의미와 가치를 드러내어 의의를 나타낸 것이므로 제시된 문단이 들어가기에 적절하지 않다.
(다)의 앞에는 판단 기준과 가치관이 다른 사람을 공감하면서 이해하는 것은 어렵다고 하였고 (다)의 뒤에서는 사람은 누구나 자신을 기준으로 말하고 판단하고 결정해, 상대방을 헤아리는 것이 어렵다고 하였다. (다)의 앞과 뒤는 모두 상대방을 공감하는 것이 어려운 이유에 대해 설명하고 있으므로 제시된 문단의 내용이 들어가기에 적절하지 않다.
(라)의 뒤에서는 공감하는 방법에 대해 제시하였다. '~도 공감에 도움이 된다'를 통해 (라)의 앞도 공감하는 법에 대한 내용이 제시되어야 한다는 것을 알 수 있다. 따라서 제시된 내용은 (라)에 들어가는 것이 적절하다.

3 ②

정답해설 제시된 문장의 '~때문이다'를 통해 이유를 분석하고 있으므로 이전의 문장에서는 이에 관한 주장이 제시되어야 한다.
이에 가장 부합하는 위치는 ⓒ이다. ⓒ의 앞에는 역사학을 포함한 학문의 세계에서 통합이 성립되기 어렵다는 내용이 제시되었으며, ⓒ의 뒤에는 학문의 세계에서는 대안이 제기되고 경쟁하며 발전된다고 제시되었다. 따라서 통합이 어려우며 하나의 진실이 하나의 견해로 귀결시킬 수 없다는 제시된 문장이 들어가기에 적절한 곳은 ②이다.
ⓒ의 뒤에는 '따라서'라는 인과의 상황에서 앞에 원인이 제시되었을 때 결과를 제시하기 위해 사용하는 접속어 뒤에, 대안을 하나로 통합

하는 것이 학문을 말살하는 것이라고 설명한다. 따라서 이것은 정당성을 언급하는 것이므로 사실에 대해 언급하고 있는 제시된 문장과 어울리지 않는다.

4 ⑤

정답해설 인과관계를 나타낼 때 사용하는 접속어 '그리하여'를 통해 〈보기〉의 문장 앞에는 가축과 그 고기를 먹는 인간의 건강, 세계 전역의 농지들이 피해를 입게 되는 상황의 원인이 제시되어야 함을 알 수 있다.
ⓐ의 앞 문장까지는 비만 인구와 기아 인구의 공존이라는 인간과 관련된 문제점만 제시하였지만, ⓑ의 앞 문장에서 살충제가 남용된다는 내용을 통해 농지와 관련된 문제점을 제시하였다. 따라서 〈보기〉의 문장을 ⓑ에 넣음으로써 곡물 사료가 가축과 인간의 건강, 농지에 피해를 입히고 있는 상황을 결과로 제시하는 것이 가장 적절하다.

5 ①

정답해설 제시된 문장은 '문학의 범위를 좁게 잡는 것은 나중에 나타난 새로운 관습이다.'이다. 따라서 맥락상 이 문장 앞에는 문학의 범위를 상대적으로 넓게 잡았던 이전의 방식이 나와야 하고, 이 뒤에는 문학의 범위를 좁게 잡게 된 새로운 관습에 대한 설명이 이어져야 할 것이다.
이에 가장 부합하는 위치는 '(가)문단 뒤'이다. (가)에서는 한문학에서 '문(文)'이라 하던 것이 큰 비중을 차지하고 실용적인 글도 적지 않게 포함했다고 하면서 문학의 범위가 넓었다는 것을 제시하고 있다. 하지만 (나)에서는 시대가 변하면서 시·소설·희곡이 아닌 것 가운데는 수필 정도만 문학으로 인정되게 되었다는 내용이 있다. 즉, 과거에는 문학에 실용적인 글도 포함되었으나 시대가 변하면서 문학의 범위를 좁게 잡게 된 새로운 관습으로 시·소설·희곡·수필 정도만 문학으로 인정되고 나머지는 문학에서 배제되었다는 것이다. 따라서 (가)와 (나) 사이에 주어진 문장이 들어가는 것이 가장 적절하다.

6 ④

정답해설 〈보기〉의 문장에서 주목해야 할 것은 '여기서'라는 표지 및 '이데아계'와 '경험계'라는 개념이다. '여기서'라는 표지를 통해 〈보기〉의 문장이 그 앞의 내용을 자세하게 설명할 것임을 알 수 있다. 따라서 〈보기〉의 문장 앞에는 '이데아계'와 '경험계'라는 개념이 제시되어야 한다.
따라서 가장 적절한 위치는 ⓔ이다. 지문에서 '이데아계'와 '경험계'라는 단어는 ⓔ 앞에서 처음 제시되었으며, ⓔ 바로 뒤에서 이 두 개념에 대해 구체적으로 설명하는 〈보기〉의 문장이 등장하는 것이 자연스럽다.

7 ③

정답해설 〈보기〉가 '이것은'이라는 지시어로 시작하므로 〈보기〉를 먼저 살펴본다. 〈보기〉 앞에는 논리적 결함의 가능성이나 그렇다고 착각할 만한 것이 나와야 함을 추론할 수 있다.
〈보기〉의 '삶을 위한 것'은 당위성을 의미하는데, ㉠의 뒤에 오는 문장은 당위성의 여지가 없는 서구 과학에 대한 서술을 이어서 하고 있다. 따라서 〈보기〉가 들어갈 수 없다.
㉡의 뒤에 오는 문장에서 '그런데~'로 상황을 반전시키며 동양에서 당위성이 연결됨을 언급한다. 〈보기〉에서는 당위성에 관한 내용이 나오므로 '그런데~' 이후에 〈보기〉가 와야 한다.

㉢의 앞과 뒤에 오는 문장을 살펴본다. 당위성과 사실성이 자연스럽게 연결되기 때문에 동양에서 학문을 하면 선비를 떠올리는 것이 아니다. 그래서 ㉢의 앞, 뒤 문장이 어색하다. 〈보기〉가 들어가 삶을 위해 학문을 한다는 전제가 들어가야 매끄럽게 글이 이어진다.
㉣의 뒤에 나오는 문장에서 '한편~'은 전혀 새로운 정보이므로 〈보기〉가 그 앞에 올 수 없다.

8 ④

정답해설 앞의 내용을 재진술할 때 사용하는 접속어 '즉'으로 〈보기〉가 시작하므로 〈보기〉부터 읽는다. 〈보기〉의 첫 문장은 '즉, ~것이다' 형식으로 서술하며 앞에 있었을 내용을 다시 한번 말해 주는 내용이다. 다음 문장은 설형문자를 제시하며 〈보기〉 다음에 그 예시가 나올 것을 알려 준다.
① (가)의 뒤: (가)는 단순히 설형문자의 발견에 대한 서술에 불과하다. 게다가 (나)문단에서 '이러한 일련의 점토판들'이라며 (가)문단의 내용을 잇고 있다.
② (나)의 뒤: (나)는 점토판 설명에 불과하며, 언어 발달에 관한 내용을 도출하기는 힘들다.
③ (다)의 뒤: (다)에서 문자와 말소리의 연관성이 언급된다. 하지만 다음 문단에서 설형문자의 예시가 없다.
④ (라)의 뒤: (다)를 이으며 문자에 대해 서술한다. 다음의 (마)문단에서는 설형문자의 예시가 나온다. 따라서 (라)의 뒤에 〈보기〉가 들어가는 것이 적절하다.
⑤ (마)의 뒤: 글의 가장 끝에 〈보기〉가 오면 설형문자의 예를 설명할 수 없으므로 적절하지 않다.

Chapter 02 배열

본문 P.84

1 ②

정답해설 고정부에서는 약물의 개념을 설명한 뒤, '우리 주변에는 약물이 오남용되는 경우가 있다'라고 하였다. 따라서 고정부 뒤에는 '약물의 오남용'과 관련된 내용이 제시될 것임을 알 수 있다.
(가) 약물은 내성이 있어 오남용에 대한 피해가 점점 커지게 된다는 내용이 제시되어 있다. '더구나'는 이미 있는 사실에 새로운 것을 더하여 언급할 때 사용하는 접속어이므로 (가) 앞에는 약물의 오남용으로 인한 피해가 와야 한다는 것을 알 수 있다.
(나) '오남용은 오용과 남용을 합친 말'이라며 오남용의 의미를 설명하고 있다. 이는 '약물의 오남용'이라는 화제가 제시된 고정부 바로 뒤에 오는 것이 적절하다. → 선지 ③, ④ 탈락
(다) 약물을 사용할 때는 '목적에 맞게 적정량을 사용해야 한다'는 내용을 제시하고 있다. '그러므로'는 인과를 연결할 때 사용하는 접속어이므로, (다)의 앞에 약물을 적정량 이상 사용하여 문제가 된 상황, 즉 남용을 오남용한 상황이 제시되어야 한다.
(라) '약물을 오남용하면 신체적 피해는 물론 정신적 피해까지 입을 수 있다'는 내용이 제시되어 있다. 이는 (가)에서 언급한 약물 오남용의 폐해와 관련이 있으므로 (가) 앞에 제시되는 것이 적절하다. 또한 (라)와 (가)는 (다)에 제시된 결론의 이유이므로 (다) 바로 앞에 제시되어야 한다. → 선지 ①, ③, ④ 탈락
따라서 '(나)-(라)-(가)-(다)'의 순서가 가장 자연스럽다.

2 ③

정답해설 상단 고정부에서는 청소년 노동자를 바라보는 두 가지 시각을 소개하고 있으며, 하단 고정부에서는 '두 시각' 모두 '청소년을 노동에서 빨리 구원해야 한다'는 결론에 도달하게 된다고 하였다. 이를 통해 상단 고정부와 하단 고정부의 사이에는 '두 가지 시각'과 관련한 내용이 제시되어야 할 것이다.
(가) '이런' 시각은 비행만을 강조한다는 내용이 제시되어 있다. 고정부에는 두 가지 시각이 제시되어 있으므로 (가)가 고정부 바로 뒤에 이어지기에는 적절하지 않으며, (가)의 앞에는 청소년의 비행과 관련한 내용이 제시되어야 함을 알 수 있다.
(나) '전자'라는 표현을 통해 고정부에서 소개한 두 가지 시각 중 '경제적으로 어려운 아이들'이라는 시각에 대한 문제점을 제시하고 있다는 것을 알 수 있다. 이는 두 가지 시각 중 전자를 구체적으로 설명하고 있어 고정부의 뒤에 위치하는 것이 자연스럽다.
(다) '생활비 마련뿐만 아니라' 노동을 선택하는 다른 이유가 삭제된다는 내용이 제시되어 있다. 이는 (나)에서 제시한 청소년 노동의 이유를 '생계비 마련' 하나만으로 축소해 버렸기 때문에 발생하는 결과에 해당하므로 (나) 뒤에 오는 것이 자연스럽다.
→ 선지 ①, ②, ④ 탈락
(라) 고정부에서 제시한 두 가지 시각 중 후자, 청소년 노동자를 '지나치게 돈을 좋아하는 아이들'로 보는 시각을 소개하며, 이러한 시각이 청소년 노동을 그릇된 행위로 만들어 버린다고 한다. 따라서 (라)는 전자를 소개한 (나)-(다) 이후에 제시되어야 한다. 또한 '청소년 노동을 그릇된 행위로 만들어 버리는 것'은 (가)의 '청소년들이 스스로 노동하고 있다는 사실을 부끄러워하거나 다른 사람들에게 숨기는 원인'이므로 (라)는 (가)보다 앞에 제시되어야 한다.

→ 선지 ①, ②, ④ 탈락
따라서 (나)-(다)-(라)-(가)의 순서가 가장 자연스럽다.

3 ①

정답해설 ㄱ. 1700년대 중반 미국 이주민들의 평균 소득이 영국인들의 평균 소득을 넘어섰다는 내용이다.
ㄹ. 대부분의 미국인들이 남북 전쟁 이후 경제 성장의 이유로 농업적 환경뿐만 아니라, 19세기 과학적/기술적 대전환, 기업가 정신과 규제 없는 시장 경제 등을 꼽으며, 단순하게 생각한다는 내용이다.
ㄴ. 미국이 '그러한' 분야에서 다른 산업국가들에 비해 특별한 우위를 갖고 있지 않았다는 내용이다. '그러나'라는 역접의 상황에서 사용하는 접속어로 문장이 시작하므로, 앞서 현재 문장과는 반대의, 미국이 다른 국가들에 비해 우위를 가진다는 일반적인 생각이 제시되었음을 추론할 수 있다. 또한, '그러한'에 해당하는 분야들이 앞서 제시되어야 한다. ㄹ은 대부분의 미국인들이 경제 성장의 이유를 단순하게 생각한다는 내용이고, ㄹ에서 여러 분야가 제시되었으므로, ㄹ-ㄴ의 순서가 자연스럽다. → 선지 ②, ④ 탈락
ㄷ. 미국 이주민들의 평균 소득이 높아지게 된 배경으로 좋은 환경으로부터 비롯된 낙관성과 자신감을 제시하고 있다.
ㅁ. 미국인들이 초기 정착기에 풍요로움을 누릴 수 있었던 이유가 비옥한 토지, 풍부한 천연자원, 흑인 노동력이었다는 내용이다. 경제적 풍요로움을 말하고 있는 문장은 ㄱ(평균 소득)과 ㄹ(경제 성장)인데, ㄱ은 '1700년대 중반'을, ㄹ은 '19세기'를 말하고 있으므로, ㅁ에서 말하는 초기 정착기는 ㄱ을 의미한다. 따라서, ㄱ이 ㅁ보다 먼저 제시된다. → 선지 ③ 탈락
따라서 'ㄱ-ㄷ-ㅁ-ㄹ-ㄴ'의 순서가 가장 자연스럽다.

4 ①

정답해설 (가) 면 대 면 소통에는 시간과 공간의 제약이 따른다는 내용이다. '이처럼'을 통해 (가)에 앞서 '면 대 면 소통의 시간적, 공간적 제약'에 대한 내용이 제시되어야 한다는 것을 알 수 있다.
(나) 인간의 소통 방식 중 가장 오래되고 직접적인 것이 '면 대 면 소통'이라고 화제를 제시하고 있다.
(다) 현대 사회에서 매체가 발달함에 따라 인간이 시간과 공간의 제약을 벗어나 다양한 방식으로 소통할 수 있다는 내용이다. 역접의 상황에서 사용하는 접속어 '그러나'로 시작하므로, 앞서 인간이 소통할 때 시간적, 공간적 제약이 있다는 내용이 제시되어야 한다.
(가)에서 면 대 면 소통 방식에는 시간과 공간의 제약이 따른다고 언급했으므로, (가)-(다)로 연결되는 것이 자연스럽다.
→ 선지 ②, ③, ④ 탈락
(라) 면 대 면 소통에 대해 구체적으로 설명하고 있다. '같은 시간과 공간에 존재'라는 표현을 통해 면 대 면 소통에는 시간적, 공간적 제약이 있음을 알 수 있다. 즉, (라)의 '같은 시간과 공간에 존재하면서'가 (가)의 '이처럼 면 대 면 소통에는 시간과 공간의 제약이 따른다'로 연결되므로, (라)-(가)로 연결되는 것이 자연스럽다.
→ 선지 ②, ④ 탈락
따라서 (나)-(라)-(가)-(다)의 순서가 가장 자연스럽다.

5 ③

정답해설 제시된 문장은 1900년대 이후 다른 문자를 지양하고 한글로만 문자 생활을 영위하고자 하는 경향이 나타났다는 내용이다.
㉠ 각급 학교 교재에서 한자를 괄호 안에 넣었다는 내용이다.

ⓒ '그 과정에서'로 시작하므로, '우리말 어휘의 반 이상을 차지하는 한자어를 어떻게 처리하느냐'를 고심한 '그들'과, 그들의 목표가 앞에 나와야 한다는 것을 알 수 있다. → 선지 ①, ② 탈락
ⓒ 한글학회의 큰사전이 모든 단어의 표제어를 한글로 적고 한자, 로마자 등 다른 문자를 괄호 속에 병기했다는 내용이다.
ⓔ ⓔ에 제시된 사업들은 한자어 때문에 추진된 것이 아니라, 한글로만 문자 생활을 영위하고자 하는 경향 때문에 추진된 것이므로, 제시된 문장 바로 뒤에 와야 한다. 또한, ⓒ에 언급된 '그 과정'을 '사전 편찬 사업'으로 보는 것이 적절하고 ⓒ의 '그들'을 '우리 어문 연구가들'로 보는 것이 적절하므로 ⓔ 뒤에 ⓒ이 이어지는 것이 적절하다.
→ 선지 ④ 탈락
즉, ⓒ, ⓒ과 모두 한자를 괄호 속에 넣는 내용이다. 더 큰 단체인 한글 학회의 결정이 각급 학교 교재의 편찬에 영향을 주었다고 이해하는 것이 적절하고, ⓒ의 '이에 따라'까지 고려하여 ⓒ 뒤에 ⓒ이 연결되는 것이 자연스럽다.
따라서 'ⓔ-ⓒ-ⓒ-ⓒ'의 순서가 가장 자연스럽다.

6 ③

정답해설 (가) '소유에서 오는 행복'과 '정신적 창조와 인격적 성장에서 오는 행복'에 대한 사람들의 다른 반응을 제시하고 있다. 접속어 '그러나'를 통해, (가)의 앞에 배열될 내용은 소유에서 오는 행복만큼 혹은 그 이상으로 정신적 창조와 인격적 성장 등에서 오는 행복이 소중하다는 것임을 알 수 있다.
(나) 소유에서 오는 행복과 성장과 창조적 활동에서 얻는 행복의 질적 측면을 비교·대조하고 있다. 내용상 후자의 행복이 더욱 높은 차원의 것이라는 내용이므로, (가)의 앞에 배열되는 것이 자연스럽다는 것을 알 수 있다. → 선지 ①, ④ 탈락
(다) 부자가 되어야 행복해진다고 믿는 사람이 행복감을 느끼는 것이 어렵다는 내용을 담고 있다.
(라) 경제적 여건(소유)에 의해 행복감을 얻는 것이 아니라, 그 외의 것(정신적 창조, 인격적 성장)을 추구하는 사람들이 더 큰 행복을 얻을 수 있다는 내용이다. 지시어 '하지만'을 통해 (라)의 앞부분에는 경제적 여건에 의해서만 행복감을 얻는 사람들에 관한 내용이 제시될 것임을 알 수 있다.
(마) 타인과의 비교를 통해 자신보다 더한 부자가 있다고 생각되는 경우에, 지속적으로 불만·불행을 느낄 것이라는 내용이다. 지시어 '때문이다'를 통해, (마)의 앞부분에 경제적 여건에서 행복감을 찾는 사람들이 행복해지기 어렵다는 내용인 (다)가 제시될 것임을 알 수 있다. 따라서 (다)-(마)의 순서로 배열되어야 한다. (다), (마)는 경제적 여건에 의해서만 행복감을 느끼는 사람들의 이야기라면, (라)는 경제 외의 요인을 추구하는 사람들에 관한 이야기로, 최종적으로 (다)-(마)-(라)의 순으로 이어지게 될 것임을 알 수 있다.
→ 선지 ② 탈락
따라서 (다)-(마)-(라)-(나)-(가)로 배열되는 것이 가장 적절하다.

7 ②

정답해설 ㄱ: 시장에 들어서면 자립하게 되는 상품에 대한 내용이다.
ㄴ: 인간을 소외시키는 상품·시장 법칙
ㄷ: 상품이 시장 안에서 주체가 된다는 내용으로 ㄱ과 같은 의미이다. 같은 내용의 문단은 같이 붙어 있거나, 완전히 떨어져 있어야 한다. → 선지 ③ 탈락
ㄹ: 상품을 생산하고 교환하는 과정에서 시장 법칙이 만들어졌다는 내용은 ㄴ에서 시장 법칙이 인간에 의해 산출된 것이라는 내용과 같다. ㄴ이 '이처럼'으로 ㄹ의 내용을 받는다고 봐야 하므로 ㄹ이 ㄴ보다 먼저 온다.
이제 지문을 다시 한번 살펴보면 상품이 시장에서 주체성을 갖는다는 내용이 처음 나온 ㄱ이 ㄴ보다 앞에 있어야 함을 알 수 있다. 따라서 ④가 탈락된다.
따라서 'ㄱ-ㄷ-ㄹ-ㄴ'의 순서가 가장 자연스럽다.

8 ①

정답해설 ㄱ: 선, 정의에 동그라미
표지 - 또한
ㄴ: 이념과 가치에 동그라미
ㄷ: 이념이나 가치에 동그라미, '진리, 선·정의'에 소괄호
ㄹ: 진리, 선·정의에 동그라미

ㄷ에서 이념이나 가치의 하위 개념인 진리·선·정의가 나왔으므로, ㄴ보다 뒤에 와야 한다.
→ 선지 ③, ④ 탈락
또한, ㄷ에서 나온 진리·선·정의가 ㄹ에서 다시 진리와 선·정의로 나누어지므로 ㄹ은 ㄷ 뒤에 와야 한다.
→ 선지 ② 탈락
이미 정답은 나왔지만, ㄱ 역시 살펴보면 ㄹ에서 나온 선·정의가 다시 선과 정의로 나누어져 ㄱ이 ㄹ 뒤에 와야 한다는 것을 알 수 있다.
따라서 'ㄴ-ㄷ-ㄹ-ㄱ'의 순서가 가장 자연스럽다.

9 ②

정답해설 ㄱ: 재계 거물들의 탈세에 대한 부정적 견해가 제시되었다.
ㄴ: 탈세자들에 대한 관대한 인식에 대해 부정적이다. 접속부사 없이 반대되는 의견을 제시했으므로 ㄱ은 ㄴ 다음에 와야 한다.
→ 선지 ①, ⑤ 탈락
ㄷ: ㄴ과 같은 맥락의 이야기이다. 붙어 있어야 한다.
표지 - 특히
→ 선지 ③, ④ 탈락
ㄹ: 주어가 없다. 앞문장의 주어를 이어받아 쓰겠다는 의미이다. 주어는 탈세자들이다.
ㅁ: 기존 명칭에 대한 반대를 표현한다. ㄹ에서 '조세도피자'라고 부르자고 의견을 제시하고 있으므로 그 바로 앞에 ㅁ이 온다.
→ 선지 ③, ④, ⑤ 탈락
따라서 'ㄴ-ㄷ-ㄱ-ㅁ-ㄹ'의 순서가 가장 자연스럽다.

10 ①

정답해설 ㄱ~ㅁ을 보았을 때, 어떠한 일화를 보여 주고 있다는 것을 알 수 있다.
ㄱ: 프레데릭 3세에 동그라미. 역접의 상황에서 사용하는 '하지만'으로 시작하므로 앞에는 태연하기 힘든 상황이 와야 한다.
표지 - 하지만, 애써 태연한
ㄴ: 새로운 매체에 동그라미. 일화를 마무리하는 내용이다.
표지 - 어쨌든, 여기서, 이
ㄷ: 마술 환등에 동그라미
ㄹ: 군왕에 동그라미. 앞의 상황을 정리하거나 재진술하는 표지가 사용되었다.
표지 - 것이다
ㅁ: 어둠 속에서 해골이 등장하는 모습에 밑줄
일화의 시작이 될 수 있는 문장은 ㄷ뿐이다.

→ 선지 ③, ④ 탈락
ㄹ과 ㅁ 중에서 ㄹ은 일화의 시작인 ㄷ과 연결되지 않는다.
→ 선지 ② 탈락
따라서 'ㄷ-ㅁ-ㄱ-ㄹ-ㄴ'의 순서가 가장 자연스럽다.

11 ②

정답해설 (가) 자기 재물을 혼자 쓰는 것은 형체가 있는 재물을 형체가 있는 것으로 사용하는 것이며 남에게 베푸는 것은 형체가 있는 재물을 형체가 없는 마음으로 쓰는 것이라 설명한다.
(나) 인과의 상황에서 앞의 내용이 원인일 때 사용하는 접속어인 '그렇다면' 뒤에 형체가 있는 것을 마음껏 쓰면서도 닳아 없어지지 않게 하는 방법으로 남에게 베푸는 것만 한 게 없는데 '이는 어째서인가'라며 의문을 제기한다. 이는 (가)의 내용에 대해 의문을 제기하고 있는 것이므로 (나)는 (가) 뒤에 제시되는 것이 자연스럽다. → 선지 ④ 탈락
(다) 전환의 상황에서 사용하는 접속어인 '그런데' 뒤에 형체가 있는 것을 형체로 쓰면 다 닳으나 형체가 있는 것을 마음으로 쓰면 변하거나 없어지는 법이 없다고 설명한다. 이는 (나)에서 접속어 '그렇다면'을 사용해 설명한 내용이므로, (다)-(나)로 배열되는 것이 자연스럽다. → 선지 ①, ③, ④ 탈락
(라) 형체가 있는 것이 이미 다른 사람의 집에 있으니 염려와 걱정, 수고로움이 없다고 설명한다. 이는 (나)에서 제시한 물음에 대한 답이므로, (나)-(라)로 배열되는 것이 자연스럽다.
→ 선지 ①, ③, ④ 탈락
따라서 '(가)-(다)-(나)-(라)'의 순서가 가장 자연스럽다.

12 ①

정답해설 지문의 도입부에는 세계 각국 정부들이 취한 공격적인 환경 보호 조치들이 언급되어 있다.
(가)는 '이러한 규제 노력'의 부정적인 측면을 제시하고 있다. 역접의 접속어 '그러나'와 지시어 '이러한'을 통해 앞에는 '규제 노력'에 대한 긍정적 측면이나 기대 효과 등이 제시되는 것이 적절하다는 것을 알 수 있다.
(나)는 '이 중 많은 조치들'의 긍정적인 측면을 제시하고 있다. '대기 오염'에 대한 조치를 예시로 든 것으로 보아, (나) 앞에는 '오염'에 대한 '조치들'이 언급되었음을 알 수 있다. 또한 긍정적인 측면을 제시하고 있기 때문에 (가)가 (나)보다 뒷부분에 나와야 함을 알 수 있다.
(다)는 '새로운 대기 오염원'에 대한 공격적인 통제가 부정적인 결과를 가져올 수도 있다는 내용이 제시되어 있다. 예시의 접속어 '예를 들어'를 통해, (다)의 앞에는 '오염'에 대한 통제가 부정적인 측면이 있음을 제시한 (가)가 오는 것이 적절하다는 것을 알 수 있다.
따라서 '(나)-(가)-(다)'의 순서가 가장 자연스럽다.

13 ③

정답해설 (가) '그 위계'를 정하는 데 '나이'가 매우 결정적인 요인이 된다고 한다. 따라서 (가)의 앞에는 '그 위계'에 대해 언급되어야 한다.
(나) '그래서'라는 인과의 상황에서 사용하는 접속어가 등장했다. 따라서 이 앞에는 '상대와 나의 위계를 자기도 모르게 측정하게 되는' 원인이 제시되어야 한다.
(다) '그 위계'를 따져서 말을 하지 않으면 상대를 기분 나쁘게 하거나 불편하게 만들 수 있다고 한다. 그런데 이는 (나)에서 '상대와 나의 위계를 자기도 모르게 측정하게 되는' 원인이므로, (다) 뒤에 (나)가 이어져야 한다. → 선지 ②, ④ 탈락
(라) 높임법을 결정하는 여러 요인이 제시되어 있다. '앞서 언급한 나이'라는 말에서 볼 때, 이 앞에는 '나이'가 결정적인 요인이라고 언급한 (가)가 제시되어야 한다. → 선지 ①, ② 탈락
(마) 한국어로 말을 하려면 늘 상대와 나와의 '위계'부터 따져야 한다고 한다. 이 '위계'는 앞서 (다)에서 제시된 '그 위계'가 지시하는 대상이므로, (마) 뒤에 (다)가 이어져야 한다. → 선지 ①, ②, ④ 탈락
따라서 '(마)-(다)-(나)-(가)-(라)'의 순서가 가장 자연스럽다.

14 ④

정답해설 ㄱ: 문화적 다원성 확보에 뒤처진 사례이다. 문화적 다양성 확보에 앞서 나간 사례 뒤에 온다.
표지 - 이는
ㄴ: '긍정적'에 해당되는 말이 나와야 한다. 이는 ㄷ과 이어진다.
→ 선지 ①, ③ 탈락
ㄷ: 영어 공용화라는 화두를 처음 꺼내는 문장으로 가장 적절하다.
ㄹ: 한국과 다른 상황의 국가들의 사례가 앞에서 이어져야 한다. 적어도 ㄱ과 ㅁ보다는 뒤에 위치한다.
표지 - 그러나
→ 선지 ①, ③ 탈락
ㅁ: 문화적 다양성에 관한 예시이다. ㄷ보다 뒤에 와야 한다. 이때 ㄷ 바로 다음에 올 경우 ㄴ이 ㄷ과 떨어지게 돼 어색하다. 때문에 다원주의적 문화 정체성을 이야기하는 ㄷ, ㄴ이 차례로 온 후 ㅁ이 오는 것이 바람직하다. 한편, 문화적 다양성 확보에 앞서 나간 사례이므로 ㄱ의 바로 앞에 온다는 점도 알 수 있다.
표지 - 특히
→ 선지 ①, ②, ③ 탈락
따라서 'ㄷ-ㄴ-ㅁ-ㄱ-ㄹ'의 순서가 가장 자연스럽다.

15 ②

정답해설 (가) 미술 작품에 등장하는 동물들이 성격에 따라 구분될 수 있다는 내용이다.
(나) 인류가 남긴 미술 작품들에 수많은 동물들이 등장하고 있다.
(다) (가)에서 언급된 '성격에 따른 구분' 중 첫째 분류인 '종교적·주술적 성격의 동물'들에 대한 설명이므로 (가)의 직후에 오는 것이 바람직하다.
(라) (가)에서 언급된 '성격에 따른 구분' 중 '신을 위한 동물들'에 대한 설명이므로 글의 흐름상 (다) 이후에 위치하는 것이 자연스럽다.
따라서 '(나)-(가)-(다)-(라)'의 순서가 가장 자연스럽다.

16 ②

정답해설 제시된 내용의 중심 화제는 '욕'이며 아이가 '욕을 하는 이유'를 설명하고 있다.
(가) 집회에서 폭언을 내뱉는 '그들'이 (가)의 앞에 제시되어야 한다.
(나) '그러나' 욕은 특수 용어가 아니라고 하였다. 따라서 (나)의 앞에는 특수 용어에 대한 내용이 제시되어야 한다.
(다) 이탈리아에서 일어났던 학생 운동에서 학생들이 폭언을 내뱉은 것도 제시된 내용의 아이와 '같은 이유'이므로 제시된 내용 뒤에 이어지기에 적절하다. (다)의 '학생들'은 (가)의 집회에서 폭언을 내뱉는 '그들'이므로 (다) 뒤에 (가)가 놓이는 것이 적절하다.
→ 선지 ③, ④ 탈락

(라) 어떤 집단이나 직업에서 '특수한 말'을 쓰는 것에 대한 설명이므로 제시된 내용 뒤에 이어지기에 적절하지 않으며, (나)의 '그러나 욕은 특수 용어가 아니다.'를 통해 (라) 뒤에 (나)가 오는 것이 적절하다는 것을 알 수 있다. → 선지 ①, ③, ④ 탈락
따라서 '(다)-(가)-(라)-(나)'의 순서가 가장 자연스럽다.

17 ③

정답해설 (가) 현대 사회에서 사회 계층을 나누는 기준과 현대 한국 사회는 계층 경계가 확연치 않아서 언어에도 사회적 계층의 표지가 적다는 내용을 제시하였다.
(나) 사회 계층을 정의하고 동일한 계층일수록 접촉 빈도가 높아진다는 내용을 제시하였다. 따라서 '현대 한국 사회'에 대한 내용으로 초점화된 (가)보다 (나)가 앞에 나와야 한다는 것을 알 수 있다.
→ 선지 ①, ② 탈락
(다) '그런데'라는 전환의 상황에서 사용하는 접속어를 활용하여 접촉이 적어진 상태가 지속되면 언어의 분화가 일어난다는 내용을 제시하고 있다. 따라서 '계층에 따른 접촉 빈도'에 대한 내용을 다룬 (나)가 앞에 와야 한다는 것을 알 수 있다. → 선지 ①, ④ 탈락
(라) '그럴더라도'라는 역접의 상황에서 사용하는 접속어를 활용한 뒤, 국어 내에서 사회 계층에 따른 언어 변이를 확인하려는 시도와 예시가 있었다는 내용을 제시하고 있다. 따라서 한국 현대 사회는 계층 경계가 확연하지 않아서 언어에서도 분화를 찾기 어렵다는 내용의 (가) 뒤에 이어져야 한다는 것을 알 수 있다. → 선지 ①, ④ 탈락
따라서 '(나)-(다)-(가)-(라)'의 순서가 가장 자연스럽다.

18 ③

정답해설 ㄱ: 일반화된 진술이므로 가장 처음이나 끝에 나온다.
→ 선지 ④ 탈락
ㄴ: 독재정치에 대해 언급한 문단 이후에 올 수 있다.
ㄷ: '그러나'로 시작하기 때문에 글의 시작이 될 수 없다.
→ 선지 ④ 탈락
ㄹ: 철학적 독재로 인한 폐해에 대한 내용이 나온 문단 이후에 올 수 있다.
ㅁ: 우리나라의 양반 정치도 독재라는 내용이다.
문단들을 다시 살펴보면 ㄷ, ㄹ, ㅁ은 계급 독재에 대한 이야기이다. 이때 계급 독재의 첫 언급은 ㅁ 문단이 되어야 한다.
→ 선지 ①, ②, ④ 탈락
또한 '왜 그런고 하면'으로 시작되는 ㄹ은 ㄴ의 끝에서 이야기한 '우리나라가 망하고 민력이 쇠잔하게 된 가장 큰 원인'과 이어지므로 ㄴ 바로 다음에 온다.
→ 선지 ⑤ 탈락
따라서 'ㅁ-ㄷ-ㄴ-ㄹ-ㄱ'의 순서가 가장 자연스럽다.

19 ②

정답해설 ㄱ: 보이는 것과 내면의 상이성에 대한 내용이다.
ㄴ: 소설에 대한 이야기 뒤에 와야 하는 문단이다.
ㄷ: 부분으로 전체를 판단하는 오류를 저지르는 우리들에 대한 내용이다. '이처럼'이 받는 내용은 ㄴ의 뒷부분이므로 ㄴ 바로 뒤에 ㄷ이 온다.
→ 선지 ③, ④ 탈락
ㄹ: 권선징악 이야기에서 인물들이 일관성을 갖는다는 내용으로 ㄱ과 상반된 내용이 구체화되어 있다. 또한 소설을 예로 들었으므로 ㄴ이 바로 뒤에 와야 한다. → 선지 ①, ④ 탈락
따라서 'ㄹ-ㄴ-ㄷ-ㄱ'의 순서가 가장 자연스럽다.

20 ④

정답해설 ㄱ: 일을 벌여 놓는 젊은이에 대한 노인들의 불만이 나온다.
ㄴ: 농사일에 대한 자세한 설명이다.
ㄷ: 노인들이 젊은이들에게 불만을 갖는다는 사실이 나온다. 그 구체적 설명인 ㄱ보다 앞에 와야 한다. → 선지 ①, ② 탈락
ㄹ: '이러한 태도'가 가리키는 것은 ㄱ 문단이다. ㄱ 바로 뒤에 ㄹ이 온다. 또한 ㄹ 이후에 농사일에 대한 자세한 설명이 와야 한다.
→ 선지 ①, ③ 탈락
ㅁ: 노인과 대조되는 젊은이의 농사에 대한 견해에 대한 내용을 담고 있다.
따라서 'ㄷ-ㄱ-ㄹ-ㄴ-ㅁ'의 순서가 가장 자연스럽다.

21 ④

정답해설 (가) 여성가족부 통계에 따르면 여성 고용률은 20대에 가장 높다가 30대에 추락한다고 설명한다. 그리고 변곡점은 결혼과 출산이고, 이 둘 때문에 직장을 그만두게 된다고 설명한다.
(나) 직장 여성이 '경단녀'가 되는 것이 코로나 19때 심화되었다는 내용과 그에 대한 수치를 제공한다. 이는 (가)에서 제시한 여성이 30대에 경력 단절이 생기는 것에 대한 심화 설명이다. 따라서 (나)는 (가) 뒤에 배열되는 것이 자연스럽다.
(다) '경단녀'가 구한 새 일자리는 전 직장에 비해 임금과 고용 안정성이 떨어지는 것으로 분석했다고 설명한다. '경단녀'는 (나)에서 처음 제시된 개념이기에, (다)는 (나) 이후에 배열되는 것이 자연스럽다. → 선지 ⑤ 탈락
(라) 한국의 성별 격차가 큰 것은 국가와 사회가 여성에게 적절한 환경을 제공하지 못하기 때문이라 설명한다. 이는 전체 내용에 대한 개괄에 해당하므로 맨 앞에 배열되어야 한다. → 선지 ①, ②, ③ 탈락
(마) '현실이 이러니' 비정규직 업종으로 여성이 몰리고, 저임금에 내몰린다고 설명한다. 이는 현실을 모두 제시한 이후에 현실을 정리하는 내용이므로, 맨 뒤에 배열되는 것이 자연스럽다. → 선지 ② 탈락
따라서 '(라)-(가)-(나)-(다)-(마)'의 순서가 가장 자연스럽다.

22 ⑤

정답해설 제시된 문장에서는 한 사회가 공동체로서 유지하고 발전하는 데 중요한 것이 의사소통이라고 설명한다.
(가) 인과의 상황에서 앞의 내용이 원인일 때 사용하는 접속어인 '그래서' 뒤에 언어는 사회적 특성이 드러나며, 한국어라 하더라도 서로 다를 수 있음을 설명한다.
(나) 예시를 제시할 때 사용하는 접속어인 '예를 들어' 뒤에 '팽이'라는 한국어가 지역에 따라 어떻게 달라지는지 설명한다. 이는 (가)의 예시이므로 (가)-(나)로 이어지는 것이 자연스럽다.
→ 선지 ②, ③ 탈락
(다) 순접의 상황에서 사용하는 접속어인 '또' 뒤에 같은 사회에 속한 사람들은 같은 말을 사용하며 공동체 의식을 강화한다며 언어는 사회와 유기체적 관계라고 설명한다.
(라) 언어는 '이러한' 의사소통의 수단이라며 인간은 언어를 사용하여 사회적인 관계를 형성하고 유지하며 사회를 발전시킨다고 설명한다. '이러한' 의사소통은 도입부의 '사회 구성원 간의' 의사소통이고 (라)는 전체 내용의 개괄에 해당하므로 고정부 뒤에 배열되는 것이 자연스럽다. 또한 언어에는 사회적 특성이 드러난다는 (가)가 (라)의 뒤에 위치하는 것이 자연스럽다. → 선지 ①, ②, ③ 탈락
(마) 순접의 상황에서 사용하는 접속어인 '또' 뒤에 지역이 같더라도 언어의 형태를 달리할 수 있으며, 이는 개인의 언어 속에 공동체의

특성이 담겨 있기 때문이라 설명한다. 이는 지역에 따라 언어의 형태가 다른 예시를 든 (나)의 뒤에 제시되어 지역이 다른 경우에 이어 지역이 같은 경우의 특징을 제시한다고 보는 것이 자연스럽다. 또한 같은 말을 사용하면 공동체 의식을 공유한다고 설명한다. 이는 (다)에 제시된 공동체 의식 강화 효과와 연결되므로, (나)-(마)-(다)로 이어지는 것이 자연스럽다. → 선지 ①, ②, ③, ④ 탈락
따라서 '(라)-(가)-(나)-(마)-(다)'의 순서가 가장 자연스럽다.

23 ②

(가) '이뿐만 아니라'라는 표지를 통하여 설명하고자 하는 것의 다른 특징이 (가) 앞에 제시되어야 함을 알 수 있다.
(나) 궁궐이 어떠한 방식으로 설계되었는지 화두를 던지고 있다. 글의 초반부에 등장하는 것이 적절하다.
(다) 경복궁의 돌길을 예로 들며 이러한 돌길들이 '왕의 정사가 조금의 막힘도 없이 순탄하기를 기원'하는 의도를 반영하였다는 것을 설명하고 있다. 이는 (나)에서 이야기한 의도와 일치하므로 (나) 뒤에 오는 것이 적절하다. 또한 (가)에서 이야기한 것과 같이 돌길의 특징이 언급되었으므로 (가)의 앞에 오는 것이 적절하다. → 선지 ①, ③, ④ 탈락
(라) '이와 같이'와 함께 조선의 궁궐이 어떠한 특징을 가지고 있었는지 정리하고 있다. 따라서 조선의 궁궐이 가지는 특징을 서술한 (다)와 (가) 뒤에 오는 것이 적절하다. → 선지 ③, ④ 탈락
따라서 '(나)-(다)-(가)-(라)' 순으로 전개하는 것이 가장 자연스럽다.

24 ④

정답해설 (가) 존 볼비가 엄마와 아이 사이의 애착을 연구하며 처음으로 '이 현상'에 관심을 갖게 되었다고 한다. 따라서 (가)의 앞에는 '이 현상'과 관련한 내용이 제시되어야 한다. 또한, 그가 처음 연구를 시작할 때의 지배적인 생각이 제시되어 있으므로, (가)의 뒤에는 연구를 지속해나가며 바뀌어 간 이론이 제시되어야 할 것임을 알 수 있다.
(나) 엄마와 아이 사이의 애착을 연구한 결과가 제시되어 있으므로 (가)보다 뒤에 와야 함을 알 수 있다. → 선지 ③ 탈락
(다) (가)와 (나)에 활용되는 개념인 '애착'에 대한 정의가 제시되어 있으므로 (다)가 (가)와 (나)보다 먼저 제시되어야 함을 알 수 있다. 또한 (가)에서 제시한 '이 현상'이 (다)에서 제시한 '애착'일 것이므로 (다)-(가)로 이어지는 것이 자연스럽다. → 선지 ①, ②, ③ 탈락
(라) 앞의 내용과 반대되는 내용을 제시할 때 사용하는 접속어인 '하지만'을 사용하여 아이가 엄마와 분리되면 다른 사람이 먹을 것을 줘도 고통이 해소되지 않는다는 내용을 제시하고 있다. 이는 아이가 먹을 것을 얻기 위해 엄마와 붙어 있으려는 것이라는 생각에 반박하는 내용이므로 (라)는 (가)의 뒤에 오는 것이 가장 적절하다. 또한 '엄마와 아이의 유대에 뭔가 특별한 것'이 있다는 내용에 대해서는 (나)가 뒤에 와서 구체화 진술로 보강하는 것이 자연스럽다.
→ 선지 ①, ②, ③, ⑤ 탈락
따라서 '(다)-(가)-(라)-(나)'가 가장 논리적인 배열이다.

25 ②

정답해설 (가)는 '성선설'의 이론적 의미와 '성선설'을 주장하는 자들의 입장을 제시하고 있다.
(나)는 '인간을 규정하는 관점'이 다양하다며 인간이 선하다는 관점과 악하다는 관점을 제시하고 있다. 따라서 '성선설'을 구체화한 (가)보다 앞에 와야 함을 알 수 있다. → 선지 ①, ③, ④ 탈락
(다)는 역접의 상황에서 사용하는 접속어인 '반면'을 쓴 뒤, '성악설'에 대한 내용을 제시하고 있다. 따라서 (다)의 앞에는 '성악설'과 반대되는 관점인 '성선설'에 대한 내용을 다룬 (가)가 와야 함을 알 수 있다. → 선지 ①, ④ 탈락
(라)는 '이렇게 볼 때'를 통해 앞에 제시된 내용을 바탕으로 인간을 보는 관점이 인간론을 넘어서서 누가 권력을 잡아야 하는가에 대한 논의로 연결된다는 내용을 제시하고 있다. 이는 전체적인 내용의 결론으로 적합하므로 맨 뒤에 오는 것이 적절하다. → 선지 ①, ④ 탈락
따라서 '(나)-(가)-(다)-(라)'가 가장 적절한 배열이다.

26 ③

정답해설 (가) 선천성 면역이 '다시' 둘로 나뉜다는 이야기가 있으므로, (가)의 앞에는 선천성 면역의 상위 개념이 여러 갈래로 나뉜다는 내용이 제시되어야 한다.
(나) 면역이 선천성과 후천성으로 나뉜다는 내용이 제시되어 있다. 이는 (가)에서 이야기한 선천성 면역의 상위 개념인 '면역'이 두 갈래로 나뉘는 것을 설명하고 있으므로 (가)의 앞에 위치하는 것이 적절하다. → 선지 ①, ④, ⑤ 탈락
(다) '다른 하나'가 세포성 면역이라는 내용이 제시되었으므로 (다)의 앞에는 T세포에 의존하는 세포성 면역이 아닌 다른 종류의 면역이 제시되어야 한다.
(라) 후천성 면역에 두 가지 종류가 있다고 소개하며 하나를 체액성 면역이라고 설명하고 있다. 이는 (다)에 제시된 '세포성 면역이 아닌 B세포에 의존하는 다른 종류의 면역'이므로 (다) 앞에 오기 적절하다는 것을 알 수 있다. 또한 면역이 선천성 면역과 후천성 면역으로 나뉜다는 (나)의 내용 뒤에 선천성 면역에 대한 (가)의 내용을 제시한 후 후천성 면역에 대한 (라)의 내용을 제시하는 것이 자연스러우므로 (나)-(가)-(라)-(다) 순서로 전개되는 것이 적절하다.
→ 선지 ①, ②, ④, ⑤ 탈락
(마) T세포가 하는 일을 설명하고 있다. 이는 (다)에서 T세포를 소개한 이후 T세포가 세포 내부에 침투한 병원체를 제거하는 과정을 그린 것으로 보는 것이 적절하다.
따라서 '(나)-(가)-(라)-(다)-(마)'의 순서가 가장 자연스럽다.

27 ③

정답해설 (가) '다음으로 시청자의 마음을 사로잡을 수 있는 참신한 인물을 창조해야 한다'고 하였으므로 (가) 앞에는 이에 적절한 단계가 와야 한다.
(나) '스토리텔링 전략에서 제일 먼저 해야 할 일'로 '로그라인을 만드는 것'을 제시하고 있다. 따라서 이후 단계는 (나)보다 뒤에 제시되어야 한다.
(다) '이 같은 인물 창조의 과정에서'라는 표현을 통해 (다)의 앞에 '참신한 인물을 창조'하는 단계인 (가)가 와야 함을 알 수 있다.
→ 선지 ①, ②, ④ 탈락
(라) '스토리텔링 전략'이 필요한 이유를 제시하고 있으므로 (나)보다 앞에 와야 한다. → 선지 ①, ② 탈락
따라서 '(라)-(나)-(가)-(다)'의 순서가 가장 자연스럽다.

28 ②

정답해설 고정부에서 북방에 사는 매가 덩치가 크고 사냥을 잘해, 아시아에서 몽골 고원과 연해주 지역에 사는 매들이 인기가 많았다는 내용이 제시되어 있다.

(가) 조선과 일본의 단절된 관계 회복 후 두 나라의 교류 진행 방식을 제시하고 있다. 이는 북방에 사는 매가 인기가 많았다는 내용을 제시한 고정부 뒤에 오기는 적절하지 않다. → 선지 ① 탈락
(나) 일본에서 '이' 북방의 매에 접근할 수 있는 길은 '한반도'뿐이며, 일본과 조선의 교류가 단절되었다고 언급하고 있다. 따라서 (나)는 북방에 사는 매를 언급한 고정부 뒤에 오는 것이 적절하며, 조선과 일본의 회복된 관계를 언급한 (가)보다 앞에 위치해야 한다.
→ 선지 ①, ④ 탈락
(다) '이러한 외교관계'라는 지시어를 통해 (다)의 앞에 (가)에서 언급한 조선과 일본의 외교관계가 제시되어야 함을 알 수 있다.
→ 선지 ③, ④ 탈락
따라서 '(나)-(가)-(다)'의 순서가 가장 자연스럽다.

29 ④

정답해설 (가) 생명체를 감각으로부터 기억을 얻는 부류와 아닌 부류로 나누고 다시 감각으로부터 기억을 얻는 부류를 청각의 유무에 따라 분별력과 학습력의 차이로 설명하고 있다.
(나) 지혜에 대한 정의를 내리고 있다. (가)에서는 '기술'이나 '지혜'에 대한 논의가 없어서 (나)로 이어질 수 없다. 또한 (나)에서는 앞서 논의한 '경험', '기술', '지혜'에 대한 내용을 정리하며 최종적으로 '지혜'에 대한 정의를 내리고 있으므로 가장 마지막에 와야 한다.
→ 선지 ①, ③ 탈락
(다) 기술에 대한 분석을 하고 있다. (가)에서는 기술에 대한 논의가 없었으므로 (가)에서 (다)로 이어질 수 없다. → 선지 ①, ② 탈락
(라) 인간의 경험으로부터 나오는 기술에 대한 정의를 내리고 있다. (라)는 인간을 (가)에서 나눈 두 분류 중에 후자로 분류하고 있기 때문에 (가)에서 (라)로 이어진다.
따라서 이 글은 감각-기억-경험-기술-지혜로 이어지는 점진적 과정을 그리고 있다. 최종적으로는 지혜에 대한 정의를 내리면서 글을 마무리짓고 있기에 (가)-(라)-(다)-(나)의 순서로 글이 나열되는 것이 가장 적절하다.

30 ②

정답해설 (가) 앙리 르페브르가 현대사회의 특징을 묘사하면서 사람들이 경험하는 공허감과 무력감의 주된 원인으로 일상성의 특징 중 하나인 양식의 부재를 꼽았음을 설명하고 있다.
(나) 행동방식의 측면에서 양식이 부재하게 된 결과 사람들이 공허감을 느끼고 과거의 양식을 되살리려는 노력이 나타나게 되었음을 설명하고 있다. 또한 "행동방식의 측면에서"도"라고 하였으므로 (나)의 앞에 다른 측면의 내용이 제시되어야 한다.
(다) 예술분야에서의 양식을 정의하면서 미술 및 가구 분야를 예시로 들고 있다. 이는 현대 사회의 특징으로서 양식의 부재를 지적한 (가)의 뒤에 오는 것이 자연스럽다. → 선지 ③, ④, ⑤ 탈락
(라) '그러나'라는 역접/전환의 상황에서 사용하는 접속어 뒤에 양식이 사라진 결과 양식에 대한 노스탤지어가 나타나게 되었음과 이를 설명하기 위해 예술 분야의 예시를 들었다. 이를 통해 (라)의 앞에 양식이 사라지고 있는 상황이 제시되었음을 알 수 있다.
(마) '또 한편으로는'이라는 표지 뒤에 행동방식 측면에서의 양식에 대해 설명하고 있으므로, (마)의 앞에 양식에 대한 다른 측면의 정의가 제시되었음을 알 수 있다.
(다)에서 '양식이란 무엇인가?'라고 질문을 하며 예술 분야에 있어서 양식을 정의하였으므로 (마)는 (다)보다 뒤에 와야 한다. 또한 (마)의 뒷부분에 제시된 양식이 사라지는 상황에 대한 설명은 양식이 부재함에 따라 그에 대한 노스탤지어가 강화됨을 지적하는 (라)의 앞에 오는 것이 자연스럽다. 또한 (라)의 뒷부분에 '예술 측면의 양식 부재'가 제시되었으므로 (라) 뒤에 (나)가 오는 것이 자연스럽다.
→ 선지 ①, ③, ④ 탈락
따라서 '(가)-(다)-(마)-(라)-(나)'의 순서가 가장 자연스럽다.

31 ④

정답해설 (가) 외부 불경제에 대한 정부의 개입(세금 제도)이 필요하지만, 외부 효과를 근거로 정부가 어디까지 개입할 수 있는지가 논쟁이라는 내용이다. 외부 불경제, 외부 효과 등의 개념이 이 앞에 먼저 제시될 필요가 있다.
(나) 외부 효과와 외부 경제, 외부 불경제 등의 개념이 제시되었다. 주어진 글의 중심 화제를 제시하고 있으므로, 글의 초반부에 위치해야 함을 알 수 있다.
(다) 피구세 중 죄악세에 대해 설명하고 있다. '피구세 중에서도'라는 표현에서 알 수 있듯, 이 앞에 먼저 피구세의 개념이 제시되어야 한다.
(라) 외부 불경제의 해결책인 피구세가 제시되어 있다. 이 뒤에 피구세 중 죄악세를 설명하는 (다)가 이어지는 것이 자연스럽다.
→ 선지 ②, ③ 탈락
(마) 외부 경제와 외부 불경제에 대해 부연 설명하는 동시에, 외부 불경제의 문제점을 설명하고 있다. 따라서 이 뒤에 외부 불경제의 해결책을 다룬 (라)가 이어지는 것이 자연스럽다. 또한 이 앞에는 외부 경제와 외부 불경제의 개념이 처음 제시된 (나)가 위치해야 할 것이다. → 선지 ①, ②, ⑤ 탈락
따라서 '(나)-(마)-(라)-(다)-(가)'의 순서가 가장 자연스럽다.

32 ⑤

정답해설 (가) 백자의 성분 문제를 해결하였다는 내용이다.
(나) 18세기 유럽은 백자를 만드는 기술이 없어 중국에서 비싼 가격에 수입할 수밖에 없었다는 내용이다.
(다) '또'라는 병렬의 상황에서 사용하는 접속어 뒤에 1400도 가마가 가능해져 백자가 만들어졌다는 내용을 제시하고 있다. 따라서 (다) 앞에 백자 생산의 가능성을 높이는 내용이 등장해야 하므로 (다) 앞에 (가)가 위치하는 것이 적절하다. → 선지 ③ 탈락
(라) 백자 생산이 실패한 두 가지 원인, 백자의 성분과 가마의 온도를 제시하고 있으므로 (가)와 (다) 앞에 위치하는 것이 적절하다.
→ 선지 ①, ②, ④ 탈락
이를 종합하면, 논리적 순서에 맞는 배열 순서는 (마)-(나)-(라)-(가)-(다)이다. (마)와 (나)에서 유럽 전역에 백자의 인기가 폭발적이었으나 생산 기술이 없어 중국에서 수입할 수밖에 없었다는 내용을 제시하고 (라)에서 백자를 생산할 수 없었던 두 가지 이유를 제시한다. 이어 (가)와 (다) 각각에서 해결방안을 제시한다.

PART 4
사실적 이해와 추론적 이해

Chapter 01 내용 확인과 일반 추론 부정 발문

본문 P.103

1 ②

정답해설 미래학자가 의사 결정 과정에 참여하는 주된 의의는 '미래 예측 시스템의 경쟁력을 제고'하기 위함이 아니라, '미래 전략을 수립하고 분별 있는 결정을 내리기 위해 의사결정자들과 장기적 사안을 논의하여 빠르고 정확한 의사 결정을 수립'하기 위함이다.

오답해설
① 둘째 문단의 '기관은 컴퓨터 시스템에 더욱 의존하게 되었으며' 부분을 통해 기관이 미래에 대한 정보를 판단하기 위해 컴퓨터 시스템을 활용함을 알 수 있다.
③ 첫째 문단의 정부와 기업의 의사 결정자들은 '미래에 대한 다양한 정보가 의사 결정의 질을 높일 수 있다'고 보고 '미래 예측 시스템을 지속적으로 개선하고 있다'를 통해 알 수 있다.
④ 둘째 문단에 제시된 집단 지성 시스템을 활용하여 '재해를 예측하고, 재해에 대응하고, 재해로부터 회복하는' 복원 시스템을 수립할 수 있다는 것을 알 수 있다.

2 ②

정답해설 지문에서 '고갱은 그가 본 인생과 예술 전부에 대해 철저하게 불만을 느꼈다. 그는 더 단순하고 더 솔직한 것을 열망했다'는 것을 통해 고갱은 이상주의가 충분히 솔직하고 단순했다고 생각했다는 선지는 지문과 부합하지 않다는 것을 알 수 있다.

오답해설
① 지문에서 세잔, 고흐, 고갱은 각각 인상주의를 비판하며 각자 다른 해법을 추구하고 있다. 이에 따른 결과로 세잔의 해결 방식은 입체주의를, 반 고흐의 방법은 표현주의를, 고갱의 방법은 다양한 형태의 프리미티비즘을 이끌어 냈다. 따라서 ①은 지문의 내용과 부합한다.
③ 지문에서 '반 고흐는 인상주의가 시각적 인상에만 집착하여 빛과 색의 광학적 성질만 탐구한 나머지 미술의 강렬한 정열을 상실하게 될 위험에 처해있다'는 것을 통해 ③이 지문의 내용과 부합함을 알 수 있다.
④ 지문에서 '세잔이 사라졌다고 느낀 것은 균형과 질서의 감각이다'라고 진술된 것을 통해 ④가 지문의 내용과 부합함을 알 수 있다.

3 ④

정답해설 둘째 문단에 따르면, 검증되지 않은 지식이 한 사람에게 사실로 인정되었을 때 구성할 수 있는 것은 '사실의 체계'가 아니라 '믿음의 체계'이다. 사실의 체계를 구성하기 위해서는 특정 지식이 사실임이 검증되어야 한다.

오답해설
① 둘째 문단에 따르면 검증되지 않은 지식이 인간의 의식 공간에 구성할 수 있는 체계는 '믿음의 체계', 검증된 지식이 구성할 수 있는 체계는 '사실의 체계'이다.
② 첫째 문단의 '따라서 개인의 의식 공간에서 ~ 사실이 아니면 안 된다.'는 문장을 통해, 어떤 이가 어떤 지식을 믿음의 체계에 포함시켰다는 것은 곧 검증되지 않은 지식을 '그 사람에게 있어서의' 사실로 수긍한 것이라는 것을 알 수 있다.
③ 둘째 문단의 '이들이 총체적으로 작용해서 ~ 구분해 낼 수는 없을 것이다.'라는 문장에 따르면, 인간의 의식 세계는 믿음과 사실의 두 가지 체계가 서로 뒤엉켜 있어서 검증된 지식과 검증되지 않은 지식의 변별이 쉽지 않다는 것을 알 수 있다.

4 ④

정답해설 첫째 문단에서 '쓰나미는 해안에 나타나 엄청난 파괴력을 발휘하지만 먼바다에서는 눈에 잘 띄지 않는다'는 정보를 확인할 수 있다. 이를 통해 쓰나미가 먼바다보다 가까운 바다(해안)에서 위협적이라는 것을 알 수 있다.

오답해설
① 둘째 문단과 셋째 문단에서 확인할 수 있다. 쓰나미의 원리는 파동 현상으로 설명되며, 끈 자체가 움직이는 게 아닌 것처럼 쓰나미도 바닷물이 이동하는 것이 아니다. 물 자체가 이동하는 경우는 쓰나미의 규모가 큰 경우이다. 모든 쓰나미에서 물 자체가 이동하는 것은 아니므로, 쓰나미는 물 자체의 이동보다 파동의 전달에서 비롯되는 것이라는 설명이 적절하다.
② 첫째 문단의 '쓰나미가 일반적인 태풍처럼 특정한 기상 조건 때문에 생성되는 것이 아니라는 뜻이다'를 통해 알 수 있다.
③ 셋째 문단에서 확인할 수 있다. 물결의 일렁임(파동)이 바닷물을 통해 해안 쪽으로 전달되면서 확대되는 것이 쓰나미이다.

5 ③

정답해설 첫째 문단의 '화자의 의도가 직접적으로 표현된 발화를 직접 발화, 암시적으로 혹은 간접적으로 표현된 발화를 간접 발화라고 한다.'라는 문장을 통해서 직접 발화가 간접 발화보다 의도를 더 잘 전달할 것이라는 걸 알 수 있다.

오답해설
① 첫째 문단의 첫 문장에서 확인할 수 있다.
② 둘째 문단의 첫 문장에서 확인할 수 있다.
④ 마지막 문단에서 확인할 수 있다.

6 ③

정답해설 마지막 문단에 따르면 '갈등영향분석을 시행하기로 결정했다면, 해당 사업을 수행하는 기관장 주관으로, 갈등관리심의위원회의 자문을 거쳐 해당 사업과 관련된 주요 이해당사자들이 중립적이라고 인정하는 전문가가 갈등영향분석서를 작성'하라고 설명한다. 따라서 해당 기관장이 작성하는 것이 아닌 중립적이라고 인정하는 전문가가 작성하는 것이다.

오답해설
① 둘째 문단에 따르면 '예비타당성 조사 실시 기준인 총사업비를 판단 지표로 활용하여 갈등영향분석의 실시 여부를 판단'한다.
② 셋째 문단에 따르면 '기관장은 대상 시설이 기피 시설인지 여부를

판단할 때, 단독으로 판단하지 말고 지역 주민 관점에서 검토할 수 있도록 민간 갈등관리전문가 등의 자문을 거친'다.
④ 마지막 문단에 따르면 '작성된 갈등영향분석서는 반드시 모든 이해당사자들의 회람 후'에 심의되어야 한다.
⑤ 둘째 문단에 따르면 '해당 사업을 수행하는 기관장은 예비타당성조사 실시 기준인 총사업비를 판단 지표로 활용하여 갈등영향분석의 실시 여부를 판단하되, 그 경제적 규모가 실시 기준 이상이라도 갈등 발생 여지가 없거나 미미한 경우에는 갈등관리심의위원회 심의를 거쳐 갈등영향분석을 실시하지 않을 수 있다'고 설명한다. 따라서 갈등관리심의위원회는 갈등영향분석 실시 여부에 관여할 수 있다.

7 ②

정답해설 첫째 문단에서 '저작물'에는 1차적 저작물뿐만 아니라 2차적 저작물도 포함된다고 하였다. 하지만 지문에서 1차적 저작물과 2차적 저작물의 차이에 대해 설명한 적은 없다.

오답해설
① 첫째 문단에서 저작물은 '인간의 사상 또는 감정을 표현한 창작물'이라 설명하고, 저작자는 '저작 행위를 통해 저작물을 창작해 낸 사람'이라 정의하며 저작물의 개념과 저작자의 정의에 대해 설명하였다.
③ 둘째 문단에서 난쟁이(현재의 저작자)가 특권을 누리기 위해서는 거인(선배 저작자)의 허락을 받거나 거인에게 대가를 지불해야 한다며 저작물에 대해 창작자가 지녀야 할 태도에 대해 설명하였다.
④ 마지막 문단에서는 문화 발전의 원동력이 되는 저작물을 만드는 저작자에게 저작권을 부여하지 않았을 때 나타날 수 있는 상황을 가정하고 저작권을 보호해야 하는 이유에 대해 설명하고 있다.

8 ②

정답해설 조간대 중부에 사는 생물들은 지문에 언급되지 않았다.

오답해설
① '조간대를 찾았을 때 총알고둥류와 따개비들을 발견했다면 그곳이 조간대에서 물이 가장 높이 올라오는 지점인 것이다.'를 통해 총알고둥류는 조간대 상부에 사는 것을 알 수 있다.
③ 조간대는 수직적인 높이에 따라 생활환경 조건이 많이 달라지기 때문에 불안정하고 척박한 바다 환경에 적응하기 위해 높이에 따라 수직으로 종이 분포한다.
④ 조간대 생물이 견뎌야 하는 환경적 조건으로는, 물에 잠기기도 하고 공기 중에 노출되기도 하는 환경의 상반성과, 파도의 파괴력, 민물, 강한 햇볕과 그것으로 인한 염분 성분 등등이 있다.

9 ②

정답해설 무스(moose)는 '위에서 나뭇잎, 풀줄기, 잡초 같은 섬유질이 많은 먹이를 소화'한다고 서술되어 있고, 이를 소화시키기 위해 한곳에 가만히 있는 습성이 있다고 지문에 나와 있다. 이를 통해 무스가 식물을 먹이로 삼고 소화를 위해 가만히 있다는 것은 알 수 있지만, 소화를 잘 시키기 위해 식물을 가려먹는 습성이 있음은 지문을 통해 알 수 없다.

오답해설
① 무스가 움직이지 않는 것은 위에서 음식물을 잘 소화하기 위해서이다. 음식물의 원활한 소화는 생명체의 생존과 연관되는 문제이기 때문에 생존을 위한 선택이라고 볼 수 있다.
③ 갈퀴발도마뱀은 모래 위로 눈만 내놓고 몇 시간 동안이나 움직이지 않는데, 이는 '곤충이 지나가면 도마뱀이 모래에서 나가 잡아먹을 수 있도록 에너지를 충전하기' 위해서다. 따라서 갈퀴발도마뱀은 움직이지 않는 방식으로 먹이를 구한다고 할 수 있다.
④ 갈퀴발도마뱀은 모래 속에 몸을 묻음으로써 포식자인 뱀으로부터 피하고, 수분 손실을 줄이고, 사막 짐승들의 끊임없는 위협에서 벗어날 수 있다고 나와 있다. 따라서 갈퀴발도마뱀은 모래 속에 몸을 묻을 때 생존 확률을 높일 수 있다고 할 수 있다.

10 ④

정답해설 '화산활동', '비' 등 생명체 외에도 '탄소의 순환 고리'가 존재한다. 따라서 생명체가 소멸해도 '탄소의 순환 고리'가 끊기는 것은 아니다. 다만 생명체가 담당하던 만큼의 탄소가 순환되지 않아 대기 중 탄소는 오히려 늘어날 것이다.

오답해설
① 나무와 같은 식물, 해양 생물 등이 탄소 순환과정에 기여하여 지구의 기후를 안정시킨다고 하였다.
② 해양생물이 가지고 있던 탄소는 그가 죽을 때 바다 밑으로 가라앉아 석회석이 되어 땅속으로 가거나, 화산분출이 일어날 때 석회석 속의 탄소가 대기 중으로 분출되기도 한다는 내용이 제시되어 있다.
③ 첫째 문단에 화산 분출을 통한 대기로의 탄소의 방출이, 둘째 문단에 인간의 산업 활동이 많은 양의 탄소를 대기 중으로 방출한다는 사실과 식물이 부패하여 탄소를 대기로 방출한다는 사실이 언급되어 있다.

11 ③

정답해설 둘째 문단에 따르면 한국에서 편의점은 '주변 상권을 흡수 통일하고 있을 뿐 아니라 금융이나 치안, 복지 등에 관련된 공적 영역으로도 적극 진출하고 있'음을 알 수 있다. 지문을 통해 편의점이 공적 영역으로 진출하면서 새로운 진입 장벽에 부딪혔는지 여부는 알 수 없다.

오답해설
① 둘째 문단에 따르면 편의점은 '국민 점포라 해도 과언이 아니'게 되었으며, '일상에 필요한 대부분의 상품과 서비스를 판매'하는 '삶의 일부'가 되었다.
② 첫째 문단에 따르면, '인구 대비 편의점 밀도를 따질 경우 ~ 미국은 물론 ~ 일본과 대만을 제치고 대한민국이 목하 세계 최고 수준'임을 알 수 있다.
④ 둘째 문단에 따르면, '이제 일상 대화에서도 편의점 아르바이트나 편의점 창업이라는 말이 자연스럽게 오갈 정도로 '편의점은 삶의 일부가 되었'음을 알 수 있다.

12 ④

정답해설 '원'은 주로 공공 업무를 위한 여관이었으며 민간인들에게 숙식을 제공하기도 했지만 그것이 '자유롭게'는 아니었다. 부사어를 활용하여 지문의 내용을 왜곡하였다.

오답해설
① 둘째 문단에 10리마다 '작은 장승'을 세웠고 30리마다 '큰 장승'을 세웠으며 '역'과 '원'을 설치했다는 내용이 나온다. 따라서 작은 장승 두 개를 지나고 10리만 더 가면 30리이니, 역이 나온다는 것을 알았을 것이다.
② 넷째 문단에 '원'을 운영하는 '원주'로 승려 등이 있었고, 원을 운영하면 잡역에서 제외시켜 주었다는 내용이 나온다.

③ 셋째 문단에 '역'이 사신의 왕래에 따른 영송과 접대를 위해 마련된 교통 통신 기관이라는 내용이 나온다.

13 ①

정답해설 셋째 문단에 따르면, 대다수의 독일인들은 유대인을 혐오스러운 적대자로 설정한 히틀러의 야만적인 정치적 선동에 동의를 표했다. 이를 통해 혐오가 정치적 선동의 도구로 이용된 것을 알 수 있다.

오답해설
② 둘째 문단에서 혐오는 특정 집단을 오염물인 것처럼 취급한다는 것을 통해 개인뿐만 아니라 집단도 혐오의 대상이 될 수 있다는 것을 알 수 있다.
③ 셋째 문단에 따르면 유대인은 깨끗하고 건강한 독일 민족의 숨겨진, 썩어 가는 시체 속의 구더기라고 표현됐고, 암세포, 종양, 세균 등 비인간적 존재로 묘사되었다.
④ 첫째 문단에 따르면, 혐오의 감정을 법적 판단의 근거로 삼아야 한다는 주장이 영미법의 오래된 역사에서 낯설지 않다고 서술되어 있다. 따라서 혐오의 감정을 법적 판단의 근거로 삼아야 한다는 입장이 있었다는 것을 알 수 있다.
⑤ 둘째 문단에 따르면, 혐오는 특정 집단(타자)을 오염물인 것처럼 취급하고 자신은 오염되지 않은 쪽에 속함으로써 얻게 되는 심리적인 우월감 및 만족감과 연결되어 있다.

14 ②

정답해설 둘째 문단에 따르면 계획적 진부화는 중고품 시장에서 거래되는 기존 제품과의 경쟁을 피할 수 있다. 기업이 새로운 제품을 출시하면, 중고품 시장에서 판매되는 기존 제품은 진부화되고 그 경쟁력도 하락한다.

오답해설
① 셋째 문단에 따르면 계획적 진부화로 인해 기존 제품을 사용하는 소비자들은 크게 다를 것 없는 신제품 구입으로 불필요한 지출을 할 수 있다.
③ 둘째 문단에 따르면 소비자들의 요구가 다양해지고 그 변화 속도도 빨라지면서 기업들이 이에 대응하기 위해 계획적 진부화를 수행하기도 한다.
④ 둘째 문단에 따르면 기업은 기존 제품의 가격을 인상하기 곤란한 경우 계획적 진부화를 통해 인상된 가격을 매길 수 있다.
⑤ 둘째 문단에 따르면 전통적으로 제품의 사용 기간을 결정짓는 요인은 기능적 특성이나 물리적 특성이 주를 이루었지만, 최근에는 심리적 특성에도 많은 영향을 받고 있다. 또한 셋째 문단에서 기존 제품이 사용 가능한 상황에서도 신제품에 대한 소비자들의 수요를 자극하면 구매 의사가 커질 수 있다는 부분을 통해 계획적 진부화로 인하여 제품의 실제 사용 기간이 물리적으로 사용 가능한 수명보다 짧아질 수 있음을 알 수 있다.

15 ②

정답해설 국방 서비스를 소비하는 모든 국민에게 그 비용을 지불하도록 하더라도 국방 서비스는 누군가의 소비가 다른 사람의 소비 가능성을 줄어들게 하는 경합적인 성격을 가진 것이 아니므로 비경합적으로 소비될 수 있다. 또한 재화나 용역에 비용을 지불하도록 하는 것은 경합성보다는 배제성과 관련이 있다.

오답해설
① 둘째 문단에 따르면, 재화나 용역이 비배제적으로 소비된다는 것은 누군가 그 대가를 지불하지 않더라도 그 사람이 그 재화나 용역을 소비하지 못하도록 배제할 수 없다는 것을 뜻한다. 반대로 배제적으로 소비되는 것은 대가를 지불하지 않는다면 재화나 용역을 소비할 수 없다는 것이다. 유료 공연에서 일정한 돈, 즉 대가를 지불하지 않은 사람의 공연장 입장을 차단한다면 그 공연은 배제적으로 소비된다고 할 수 있다.
③ 첫째 문단에 따르면, 경합적으로 소비된다는 것은 누군가가 재화를 소비하면 다른 사람이 소비할 가능성이 그만큼 줄어든다는 것이다. 이용할 수 있는 수가 한정된 여객기 좌석은 누군가의 소비가 다른 사람의 소비 가능성을 줄이는 것이므로 경합적으로 소비된다고 할 수 있다.
④ 셋째 문단에 따르면 비경합적이고 비배제적인 방식으로 소비되는 국방 서비스의 생산과 배분을 시장에서 할 경우, 소비자는 무임승차할 수 있기 때문에 서비스를 구매하지 않으며 결과적으로 국방 서비스가 과소 생산하게 되는 문제가 발생한다. 즉, 비배제적으로 소비되어 무임승차를 쉽게 방지할 수 없는 재화나 용역은 과소 생산될 수 있다.
⑤ 첫째 문단에 따르면, 라디오 방송 서비스는 누군가의 소비가 다른 사람의 소비 가능성을 줄어들게 하지 않으므로 여러 사람이 비경합적으로 소비할 수 있다.

16 ③

정답해설 둘째 문단에 따르면, '통각 신경이 다른 감각 신경에 비해서 매우 가늘어 신호를 느리게 전달한다는 것'을 알 수 있다. 따라서 통각 신경이 다른 감각 신경에 비해 매우 가늘기 때문에 신호의 전달이 빠르다는 내용은 적절하지 않다.

오답해설
① 첫째 문단에 따르면, 통점을 구성하는 세포의 세포막에는 통로가 있다. 이 통로를 통해 세포의 안팎으로 여러 물질들이 오가며 세포 사이에 다양한 신호를 전달한다.
② 우리는 통점이 자극을 받으면 통각 신경을 통해서 통증을 느낀다. 이러한 통점은 빽빽하게 배치되어야 아픈 부위를 정확하게 알 수 있다. 통증을 느끼지 못한다는 것은 통점이 없거나 적다는 것이므로 치명적인 질병에 걸려도 아픈 부위를 정확하게 알지 못하여 질병의 발견이 늦을 수 있다.
④ 마지막 문단에 따르면, '통점이 빽빽이 배치되어야 아픈 부위를 정확하게 알 수' 있다.

17 ②

정답해설 둘째 문단에 따르면 차람은 '소설을 소유하고 있는 사람에게 직접 빌려서 보는 것으로, 알고 지내던 개인들 사이에서 이루어'진 것이다. 그러나 이때 대가를 지불했는지는 지문을 통해 알 수 없다.

오답해설
① 첫째 문단에 따르면 '전기수'는 '소설 구연을 통해 돈을 벌던 전문적 직업인'이었는데, 이들은 '글을 모르는 사람들과 글을 읽을 수 있지만 남이 읽어 주는 것을 선호하는 이들을 대상'으로 소설을 구연하였다.
③ 첫째 문단에 따르면 '이 방식', 즉 구연에 의한 유통은 '문헌에 의한 유통에 비해 시간과 공간의 제약이 많'았다.

④ 둘째 문단에 따르면 '세책가에서는 소설을 구매하는 것보다 훨씬 적은 비용으로 빌려 볼 수 있었기 때문에 경제적으로 넉넉하지 않은 사람도 소설을 쉽게 접할 수 있었'고, 이로 인해 조선 후기 사회에서 세책가가 성행하게 되었다.

18 ③

정답해설 지문에 따르면, 인간의 지각과 생각은 프레임(어떤 맥락이나 가정)을 전제로 이루어진다는 것을 알 수 있다. 하지만 지각과 사고를 확장하는 과정에서 이 프레임이 극복해야 하는 대상인지는 알 수 없다. 이 진술이 성립되려면 프레임은 지각과 사고의 확장에 방해가 되는, 유동성이 없는 개념이어야 하지만 지문을 통해 이것을 확인할 수 없다.

오답해설
① 지문에 따르면 '우리의 모든 정신 활동은 진공 상태에서 일어나는 것이 아니라, 어떤 맥락이나 가정하에서 일어'난다고 하였다. 그리고 그 맥락과 가정을 프레임이라 한다. 따라서 인간의 정신 활동은 프레임 없이 일어나지 않음을 알 수 있다.
② 지문에 따르면 '어떤 사람이 ~ 세상을 있는 그대로, 객관적으로 본다고 주장한다면, 그 주장은 진실이 아닐 것'이기에, 인간이 프레임을 가지고 세상을 바라볼 때 편향성을 지닐 수밖에 없다는 것을 알 수 있다. 즉, 프레임은 인간이 어떤 편향성을 가지게 한다는 것을 알 수 있다.
④ 지문에 따르면 '사람의 지각과 생각은 항상 어떤 맥락, 관점 혹은 어떤 평가 기준이나 가정에서 일어'나며 '이러한 맥락, 관점, 평가 기준, 가정'을 프레임이라고 한다.

19 ④

정답해설 둘째 문단의 '이 지도를 활용하면 ~ 최적의 복지 기관 설립 위치를 선정할 수 있다.'를 통해 복지 공감 지도로 복지 기관의 맞춤형 대응이 가능해진 것을 알 수 있지만 복지 혜택에 대한 수급자들의 개별 만족도를 파악할 수 있는 것은 아니다.

오답해설
① 첫째 문단에서 빅데이터 기반의 맞춤형 복지 서비스 분석 사업을 통해 복지 기관 접근성을 분석하고 취약 지역을 지원하는 방안을 제시했다고 언급하고 있다. 또한 셋째 문단에서 이러한 사업을 통해 복지 사각지대에 있는 수급자들을 위한 복지 서비스를 계획하고 있다고 하였으므로 적절하다.
② 셋째 문단의 '복지 기관으로부터 도보로 약 15분 내 위치한 수급자에게 복지 혜택이 집중되고 있는 것도 확인했다.'를 통해 알 수 있다.
③ 복지 기관 접근성 분석을 통하여 교통이나 건강 등의 문제로 복지 기관 방문이 어려운 수급자를 위해 맞춤형 복지 서비스가 절실하게 필요한 상황임을 발견하였고, 이에 복지 셔틀버스 노선을 4개 증설할 계획을 수립했다. 이는 곧 복지 기관 접근성 분석이 복지 셔틀버스 노선 증설의 근거가 되었다고 할 수 있다.

20 ④

정답해설 지문의 마지막 부분에 따르면, A시의 올해 청소년 의회 교실의 참석 학생들은 의원 선서를 한 후 주제에 관한 자유 발언 시간을 가졌으며 이어서 관련 조례안을 상정하고 찬반 토론을 거쳐 전자 투표로 표결 처리를 하는 순서로 의회 교실에 참여하였다. 따라서 A시의 올해 청소년 의회 교실은 의원 선서, 자유 발언, 조례안 상정, 찬반 토론, 전자 투표 순서로 진행되었다.

오답해설
① 지문의 '참여할 수 있는 대상은 A시에 있는 학교에 재학 중인 만 19세 미만의 청소년'이라는 부분에서 확인할 수 있다.
② '청소년 의회 교실' 운영에 관한 조례에 따르면 시의회 의장은 의회 교실의 운영 방안을 결정할 수 있으며, 이 운영 방안에는 민주 시민의 소양과 자질 등에 관한 교육 내용이 포함된다. 따라서 시의회 의장은 민주 시민 소양과 관련된 교육 내용을 결정할 수 있다는 것을 확인할 수 있다.
③ 지문의 '시의회 의장은 고유 권한으로 본회의장 시설 사용이 가능하도록 지원할 수 있다'는 부분과 '본회의장에서 첫 번째 의회 교실을 운영하였다.'를 통해 시의회 의장이 본회의장 시설을 사용하도록 지원해 주었다는 것을 확인할 수 있다.

21 ④

정답해설 지문은 인간의 삶에 필요한 자유와 헌법에 대한 내용이다. 첫째 문단에는 '인간의 삶에 필요한 자유가 특정 시점을 기준으로 모두 구체적인 이름을 띠고 있을 수는 없다'고 서술되어 있고, 헌법 제37조 제1항은 '국민의 자유와 권리는 헌법에 열거되지 아니한 이유로 경시되지 않는다'고 정한다. 따라서, 특정 시점을 기준으로 자유에 구체적인 이름을 부여할 필요는 없다.

오답해설
① 둘째 문단의 '자유는 타인의 자유와 권리를 침해하지 않는 범위 내에서 인정되며, 공동체의 존속과 발전을 침해하지 않는 범위 내에서 향유할 수 있는 것이다'를 통해 알 수 있다.
② 첫째 문단의 '인간이 살아가면서 발견하게 될 자유도 헌법상 보장되는 장치를 할 필요가 있어서 헌법 제37조 제1항에 ~ 정함으로써 모든 영역에 걸쳐 자유를 보장하고 있다'를 통해 알 수 있다.
③ 둘째 문단에는 '자유를 제한하는 경우에 과잉금지원칙이 적용된다'고 제시되어 있다. 이때 자유는 헌법에 명시된 자유만을 의미하는 것이 아니므로, 헌법에 명시된 자유 외에 새롭게 발견하게 될 자유를 제한할 경우에도 과잉금지원칙은 적용된다.

22 ③

정답해설 둘째 문단에 따르면, 중세의 지적 전통에 대한 의구심이 고대의 학문과 언어에 대한 재평가로 이어졌고, 이러한 재평가에 따라 인간에 대한 새로운 관심과 사유가 활발해졌다는 것을 알 수 있다. 또한 셋째 문단에 따르면, 이러한 인간에 대한 관심의 증대에 따라 인체의 아름다움이 재발견되었으므로 적절하지 않은 선지임을 알 수 있다.

오답해설
① 첫째 문단에 따르면, 페스트는 유럽의 인구를 격감시킬 정도로 무서운 전염병이었다는 것을 알 수 있다. '르네상스가 일어나게 된 요인으로 ~ 페스트이다.'라는 부분을 통해 페스트가 르네상스가 일어나게 된 요인 중 하나임을 알 수 있다. 따라서 페스트, 즉 전염병의 창궐이 르네상스의 발생을 설명하는 다양한 요인 가운데 하나임을 확인할 수 있다.
② 첫째 문단의 "페스트로 인해 '사악한 자'들만이 아니라 ~ 신과 교회의 막강한 권위에 대해서도 회의하게 되었다"는 부분에서 페스트로 인한 무차별적인 죽음은 교회가 유지하고 있던 막강한 권위를 약화시켰음을 확인할 수 있다.
④ 셋째 문단의 '기존의 의학적 전통을 여전히 신봉하던 의사들에게 ~ 인체의 내부 구조를 탐색하는 데 골몰했다'는 부분을 통해 확인할 수 있다.

23 ①

정답해설 지문에 따르면 언어 자살 현상은 명백한 외부의 강압이 없는 것이 특징이다. 서구 열강의 언어 말살 정책은 하나의 식민지 지배 전략으로써 강압적인 것이므로 언어 자살 현상의 사례로 보기 어렵다.

오답해설
② '토토낙어'의 사례에서 볼 수 있듯이 언중이 언어 사용의 의지를 상실할 경우, 자연스레 언어 자살 현상으로 이어지게 된다.
③ 멕시코 정부는 '토토낙어' 사용 금지 정책을 취한 적이 없으며, 오히려 지역 문화를 존중하였다. 그럼에도 지역민들은 모어 대신 스페인어를 사용하였으므로, 멕시코 정부가 이 지역의 언어 교체 현상을 유도하였다고 보기는 어렵다.
④ 부모 세대와는 다르게 살겠다는 자식 세대의 집단적 자각은 그 세대로 하여금 단체로 모어 사용을 그만두게 할 수도 있다고 하였다. 따라서 이는 언어 자살의 원인이 될 수 있다.

24 ②

정답해설 글의 마지막 부분에서, 숙주가 기생 생물을 처음으로 대면했을 때와는 다르게 항체를 만들어 낸다는 점도 홍역 바이러스 독성 약화에 기여한다고 하였다.

오답해설
① 둘째 문단 둘째 문장에서 미생물과 인간의 초기 전투는 미생물이 일방적으로 승리한다고 하였다.
③ 둘째 문단 넷째 문장에서 홍역의 대유행으로 게르만족 침입 때 로마는 이미 싸울 기력조차 없었다고 하였다. 또한 다음 문장에서 홍역이 로마 골병의 장본인이라고 하여 전투력 약화의 '중요한 원인'이라는 사실도 알 수 있다.
④ 첫째 문단 다섯째 문장에 그대로 언급된 내용이다.

25 ④

정답해설 마지막 문단에 따르면 알츠하이머병이 진행될수록 자기관리 능력이 점점 더 떨어지게 된다.

오답해설
① 첫째 문단에 따르면 서술기억에는 '사실이나 정보를 기억하는 의미기억'이 있는데, 책의 내용을 기억하는 것은 곧 정보를 기억하는 것이므로 서술기억에 해당한다고 볼 수 있다.
② 둘째 문단에 따르면 치매에 걸리면 일화기억 및 의미기억 모두와 단절되는데, 일화기억과 의미기억 두 기억이 서술기억을 구성하는 기억이므로, 치매에 걸린 사람은 서술기억을 상실하게 된다고 볼 수 있다.
③ 마지막 문단에 따르면 알츠하이머병은 '지적 능력 및 성격의 진행성 퇴화 질환'임을 알 수 있다.

26 ①

정답해설 열심히 노력하면 소수의 영웅들처럼 될 수 있다는 자본주의 정언명령 앞에서 자본주의가 공정하고 정당한 방식으로 운영되고 있으며 부족한 것은 개인적 차원으로 환원되는 것처럼 보인다. 하지만 '왜 오늘날 그 많은 문제들이 불평등, 착취 또는 부당함의 문제가 아닌 불관용의 문제로 여겨지는가?'에서 확인할 수 있듯이 자본주의는 불평등, 착취, 부당함의 문제를 가지고 있다. 따라서 자본주의 사회에서의 경쟁이 합리적이고 공정하다는 것은 글의 내용과 거리가 멀다.

오답해설
② 둘째 문장에서 예를 들며 '공개 오디션 프로그램에서는 ~ 본선에 오르지 못한 나머지 수백만 명의 실패에 대해서는 주목하지 않는다.'는 부분에서 알 수 있다.
③ 자본주의는 '너희도 열심히 노력하면 이 사람들처럼 될 수 있다'는 정언명령을 가지고 있다고 하며, 뒤에서 이것을 '성공의 판타지'라고 제시하였다. 즉 자본주의는 누구든 열심히 노력하면 성공할 수 있다는 판타지를 제시하고 있다는 것이다.
④ 마지막 문장의 "자본주의 체제가 만들어 내는 여러 가지 사회적 문제들은 '그럼에도 불구하고 승리한' 영웅의 존재 때문에 능력과 노력이라는 지극히 개인적 차원으로 환원된다."에서 확인할 수 있다.

27 ③

정답해설 넷째 문단에 따르면, 말은 커가면서 의식적인 노력 없이 배워지는 반면에 글은 배워야 알고, 연습해야 잘 쓸 수 있다고 하였다. 그러나 이러한 이유로 글이 말보다 더 큰 가치를 지닌다고 평가한 부분은 지문에서 찾아볼 수 없다.

오답해설
① 셋째 문단에 따르면 말은 청각에 이해시키며 그 자리, 그 시간에서 사라지는 반면 글은 시각에 이해시키며 공간적·시간적으로 오래 남을 수 있다.
② 마지막 문단에 따르면 말은 제3자가 이해할 수 있는 환경과 표정, 즉 비언어적 표현을 함께 사용하기 때문에 머리도 꼬리도 없이 불쑥 나오는 대로, 자유로운 형식으로 쓰이는 경우가 많다.
④ 넷째 문단에 따르면 글은 일부러 배워야 글자도 알고, 글 쓰는 법도 알게 된다. 또한 그 배운 글을 연습해야 잘 쓸 수 있다고 하였다. 즉 글을 배운다는 의식적인 노력과 연습을 통한 체화가 있어야 쓸 수 있다는 것이다.
⑤ 넷째 문단에 따르면, 말은 외국어가 아닌 이상엔 의식적인 노력 없이 배워지고 연습이 된다. 반면 외국어는 날마다 연습할 수 없기 때문에 의식적인 노력과 연습이 필요할 수 있다.

28 ②

정답해설 지문의 마지막 부분에 따르면 묘사를 할 때 객관적이어야 한다는 것은 적절하다. 그러나 둘째 문단에서 풍경이 아름다운 까닭을 문장으로 표현함으로써 '아름답구나!'하는 심리에 이를 수 있다고 하였으므로 묘사를 통해 주관적인 심정을 표현할 수 있음을 알 수 있다. 따라서 묘사를 통해 주관적인 심정을 표현할 수는 없다는 것은 적절하지 않다.

오답해설
① 첫째 문단에 따르면 실경(實景), 실황(實況)을 보여 주어 독자로 하여금 그 경지에 스스로 들고, 분위기까지 스스로 맛보게 하기 위한 표현이 묘사이다. 따라서 묘사는 실경과 실황을 보여 주는 것이다.
③ 묘사를 할 때 명심해야 할 두 번째 사항은 '정연할 것'이다. 시간적으로든 공간적으로든 순서가 있어야 전체 인상이 선명해지기 때문이다. 따라서 질서정연하게 묘사할수록 인상이 선명해져 대상이 분명하게 전달된다.
④ 마지막 문단에 따르면 묘사는 사진을 찍는 것과는 달라야 한다. 대상의 핵심과 특색은 취하되, 불필요한 것은 버려야 하기 때문이다. 따라서 대상을 묘사할 때 대상의 모든 정보를 표현해야 할 필요는 없다.
⑤ 셋째 문단에 따르면 제재의 현상을 문장으로 재현하는 것이 묘사이다.

29 ③

정답해설 첫째 문단에 따르면 효도와 우애에 자기 본분을 다하지 않으면 비록 학식이 고명하더라도 흙담에다 아름답게 색칠해놓은 것에 지나지 않는다. 또한 둘째 문단에 따르면 비록 충직하더라도 천륜에 야박한 사람은 절대로 가까이해서는 안 된다. 따라서 학문에 깊이가 있고 충직한 사람이더라도 효도와 우애에 자기 본분을 다하지 않거나 천륜에 야박하다면 곁에 두어서는 안 된다는 것을 알 수 있다.

오답해설
① 첫째 문단에 따르면 몸을 닦는 일은 효도와 우애로써 근본을 삼아야 하며 효도와 우애에 자기 본분을 다해야 한다. 따라서 지문은 자기 몸을 엄정하게 닦는 것의 중요성을 역설하고 있다.
② 마지막 문단에서 불효자는 가까이하지 말고 형제끼리 우애가 깊지 못한 사람도 가까이해서는 안 된다고 강조하고 있다. 따라서 효와 우애의 덕목을 충실하게 지키는 사람을 친구로 삼기를 권하고 있음을 알 수 있다.
④ 첫째 문단에서 자기 몸을 이미 엄정하게 닦았다면 그가 사귀는 벗도 자연히 단정한 사람일 것이라고 하고 있다. 이를 통해 좋은 친구를 사귀려면 먼저 스스로가 단정하고 좋은 사람이 되어야 한다고 충고하고 있음을 알 수 있다.
⑤ 둘째 문단에서 천륜에 야박한 사람은 가까이해서도 안 되고 믿어서도 안 되며, 비록 충직하고 인정 있고 부지런하고 재빠르게 온 정성을 다하여 나를 섬기더라도 절대로 가까이해서는 안 된다고 강조하고 있다.

30 ②

정답해설 둘째 문단에 의하면 인간의 뇌를 구성하는 세포 조직의 어떤 측면이 우리의 지능에 필수적인 것은 사실이지만, 그 물리적 특성들로는 충분하지 않다. 따라서 인간의 뇌를 구성하는 세포 조직의 물리적 특성이 인간 지능의 필요충분조건이라고 할 수 없다.

오답해설
① 둘째 문단에서 뇌 조직이 그 신비의 물질, 즉 정신의 근원이 아닌가 생각해 볼 수 있다고 한 후 다윈과 존 설의 주장을 제시하였다. 다윈은 뇌가 정신을 '분비한다'고 하였고, 존 설은 뇌 조직의 물리화학적 특성들이 정신을 만들어 낸다고 주장하였다.
③ 첫째 문단에 따르면 '인간의 육체는 비물질적 실체인 영혼으로 가득 차 있다'고 주장하는 전통적인 설명은 극복할 수 없는 문제에 부딪힌다. 유령은 유형의 물질과 상호 작용할 수 없다는 점, 그리고 정신은 곧 뇌의 활동임을 보여 주는 엄청난 증거들이 그 문제이다.
④ 둘째 문단에 따르면 뇌를 구성하는 세포 조직의 어떤 측면이 우리의 지능에 필수적인 것은 사실이지만, 그 뇌의 물리적 특성으로는 충분하지 않으며 중요한 것은 신경세포 조직의 '패턴' 속에 존재하는 어떤 것이다.
⑤ 첫째 문단 마지막 문장에 따르면 뇌는 풍부한 정신과 완전히 일치하는 대단히 복잡한 물리적 구조를 갖고 있다. 이는 뇌와 정신이 밀접하게 연결되어 있음을 시각적으로 확인할 수 있는 물리적 증거에 해당한다.

31 ⑤

정답해설 넷째 문단에 따르면 유토피아(utopia)라는 단어는 1516년 토머스 모어의 《유토피아》에서 처음 사용된 반면, 다섯째 문단에 의하면 디스토피아(dystopia)는 산업혁명 이후 19세기에 만들어진 말이다. '유토피아'가 '디스토피아'보다 먼저 만들어진 말이므로 '유토피아'가 '디스토피아'의 문제점을 해결하기 위해 고안된 표현이라는 것은 옳지 않다.

오답해설
① 셋째 문단에 따르면 과학 기술의 발전은 사회를 더욱 살기 좋게 만드는 측면이 있지만 사회 불평등과 양극화 문제를 심각하게 만들 수 있다. 이를 통해 과학 기술 즉 인공지능 기술이 유토피아적 세계와 디스토피아적 세계의 가능성을 동시에 갖고 있는 기술임을 확인할 수 있다.
② 마지막 문단에 따르면 산업혁명 이후에 사회적 불평등이 확산되고 기계화로 인한 인간성 상실에 대한 논의가 시작되면서 디스토피아라는 단어가 만들어지고 널리 사용되었다.
③ 셋째 문단에 따르면 과학 기술의 발전은 사회의 불평등을 점점 심화시켜 아주 많은 돈을 버는 소수의 사람들과 일자리가 없는 다수의 사람들로 세상을 양극화시킬 가능성이 크다. 따라서 4차 산업혁명이 가속화될 경우 우리 사회의 불평등과 양극화 현상은 점점 심해질 수 있다.
④ 넷째 문단에서 토머스 모어의 《유토피아》를 설명하며 '이 책이 선구적인 이유는 유토피아(utopia)라는 말이 여기서 처음으로 사용되었다'는 부분에서 확인할 수 있다.

32 ②

정답해설 둘째 문단에 따르면, 고통스러운 일을 겪은 아이들은 그림을 그리거나 만들기를 통해 자신이 경험한 것에 대해 더 자세히 전달할 수 있으며 말로써 자신의 어려움을 표현하는 것을 어려워하거나 꺼릴 경우에도 미술이 유용한 매개체가 될 수 있다고 하였다. 그러나 이는 미술이 언어로 온전하게 표현할 수 없는 부분을 표현하는 것을 도와주는 것일 뿐, 자신의 경험을 거리낌 없이 표현할 수 있게 해 주는 것은 아니다.

오답해설
① 첫째 문단에 따르면, 언어는 인간의 마음을 표현하기에는 불완전하고 제한된 도구라고 하였다. 이를 통해 언어가 주가 되는 대화만을 통한 정신치료는 온전한 효과를 얻을 수 없다는 것을 알 수 있다.
③ 첫째 문단에 따르면, 인간은 주로 언어를 통해 마음을 표현하고 상대방의 마음을 이해하지만 언어는 인간의 마음을 표현하기에는 불완전하고 제한된 도구라고 하였다. 따라서 인간이 언어를 통해 감정을 표현하는 데에는 한계가 있다는 것을 알 수 있다.
④ 첫째 문단에 따르면, 시각적 이미지 속에 포함되어 있는 풍부하고 생생하며 미묘한 경험들은 언어로 표현되는 과정에서 왜곡될 수 있다고 하였다.
⑤ 둘째 문단에 따르면, 아동은 발달학적으로 미숙한 부분이 있어 이를 고려한 미술 활동이 진행되어야 한다는 점에서 차이가 있을 뿐, 아동과 성인의 미술 치료 원리는 근본적으로 동일하다고 하였다.

33 ③

정답해설 '링컨'이 몇 번째 대통령인지에 대한 정보와 미국의 화폐에 대한 정보가 없는 사람이라면, '워싱턴'과 '링컨'을 연결하고, 숫자 '1'과 미지항 x를 연결하는 '대응'의 과정까지는 성공할 것이다. 그러나 자신이 찾아낸 규칙을 대상 영역에 적용하는 '적용'의 과정에서 미지항 x의 답을 찾지 못해 실패할 것이다.

오답해설
① 미국과 관련된 어떠한 정보도 갖고 있지 않은 사람이라면, '워싱턴'이나 '링컨'이 어떠한 의미인지 파악하지 못할 것이다. 따라서 '부

호화' 단계에서 실패할 것이라는 설명은 적절하다.
② '워싱턴'이 미국의 도시 이름이라는 정보만 갖고 있는 사람이라면, '워싱턴'과 숫자 '1'로부터 연관성을 찾아내지 못하여 '추리'의 단계에서 실패할 것이다.
④ 미국의 화폐에 대한 정보는 갖고 있지만 미국 역대 대통령의 순서에 대한 정보가 없는 사람이라면, 조지 워싱턴이 1달러 지폐의 인물이고 아브라함 링컨이 5달러 지폐의 인물이라는 정보를 통해 '적용'의 단계에서 '5'를 선택할 것이다.
⑤ 'x'에 들어갈 수 있는 답으로 '5'와 '16'을 찾아낸 사람에게 'x는 순서를 나타낸다'는 새로운 기준을 제시하면 그 사람은 '정당화' 단계에서 역대 대통령의 재임 순서를 나타내는 답인 '16'을 선택할 것이다.

34 ⑤

정답해설 지문은 생물의 유전체를 편집할 수 있는 기술인 크리스퍼에 대해 다루고 있다. 크리스퍼의 문제로 윤리적 논란을 야기할 수 있다는 점과 생태계 교란을 제시했다. 그러나 이 문제를 해결하기 위해 특권층의 결단이 요구된다는 언급은 없다. 둘째 문단에서 자식의 유전적 자원을 증강하려는 의도로 크리스퍼 기술을 사용하는 특권층이 탄생할 수 있다고 말하고 있을 뿐이다.

오답해설
① 지문의 핵심 내용은 유전체 편집이 사회적으로 윤리적 논란과 생태계 교란을 야기할 수 있다는 것이다. 따라서 유전체 편집이 사회적으로 끼치는 영향력이 막대함을 알 수 있다.
② 크리스퍼가 야기할 수 있는 여러 문제를 고려할 때, 크리스퍼 기술의 사용에 대한 국제적 협약이 필요하다. 특히 현재 인간배아실험에 관한 초국가적 법률이 없고, 크리스퍼가 세계적으로 생태계 교란을 야기할 수 있다는 점에서 국가 간의 협력이 더욱 필요함을 알 수 있다.
③ 셋째 문단에 따르면, 크리스퍼가 생태계 교란을 초래할 수 있으며, 생명공학의 생태계 교란은 선진국에서 오래된 논란이라고 한다. 따라서 과학기술이 생태계의 균형을 깨뜨리는 한 원인이라고 볼 수 있다.
④ 첫째 문단에 따르면, 중국 과학자들이 유전자 편집에 관한 논문을 발표한 직후 미국 국립과학아카데미에서 중요한 발의를 했다고 한다. 이는 단순히 과학의 쟁점을 넘어, 중국과 미국 두 국가 간의 갈등으로도 연결될 수 있으므로 국가 간의 관계를 악화시킬 수 있다.

35 ⑤

정답해설 둘째 문단에 따르면 챗지피티, 즉 인공지능의 특징은 '매우 성찰적인 인공지능인 척하지만, 사실은 매우 형편없는 자기반성 능력을 갖추고 있다'는 것이다. 따라서 인공지능이 '스스로 양질의 정보를 가려낼 수 있어 자신의 오류를 교정하고 최적화한다'는 내용은 적절하지 않다.

오답해설
① 마지막 문단에 따르면 '인공지능의 범람 속에서 살아남는 방법은, 인공지능과 '함께 살아가는 인간'이 되는 것'이며, 지문 전체적으로 인공지능이 할 수 있다고 해서 인간이 몰라도 되는 것은 아니며, 특정 역할은 인간이 직접 해야만 한다는 내용이 제시되어 있다. 즉 인공지능과 공존하는 방법을 모색하여 지혜롭게 사용해야 한다는 내용을 담고 있는 것이다.
② 셋째 문단에 따르면 '머신러닝' 메커니즘은 '명백하게도 인간 사용자의 특성과 의사에 따라 좌우될 수 있다.'고 하였다.

③ 둘째 문단에 따르면 '인공지능이 잘할 수 있는 일이라고 해서 인간이 그것을 할 줄 몰라도 된다는 것이 아니라'고 하였다. 글쓰기의 경우도 마찬가지이다.
④ 둘째 문단에 따르면 '인공지능을 지혜롭게 사용하려면 인공지능이 가진 성찰성의 한계를 이해해야 한다.'라고 하였다.

36 ①

정답해설 순풍이 불 때와 역풍이 불 때, 각각 풍압과 양력이라는 서로 다른 원리를 이용하지만 결과적으로는 전진력을 통해 앞으로 나아가게 된다. 횡류력은 진행 방향이 아닌, 양옆의 방향으로 분산되는 힘으로 순풍, 역풍의 두 경우에 모두 발생하지만, 센터보드나 킬 등의 횡류 방지 장치에 의해 억제된다.

오답해설
② 넷째 및 다섯째 문단의 마지막 부분에서, 센터보드나 킬 등의 '횡류 방지 장치'에 의해 횡류력을 억제하여 앞으로 나아갈 수 있게 된다고 언급하였다.
③ 셋째 문단의 마지막 부분을 통해 풍하 범주는 풍압이, 풍상범주는 양력이 추진력의 주가 된다는 것을 알 수 있다.
④ 바람을 등지는 풍하범주의 경우, 돛을 경계로 한 풍상과 풍하의 풍압 차이를 이용해 전진한다. 맞바람을 받는 풍상범주의 경우, 돛을 경계로 한 풍상과 풍하의 유속 차이로 인해 발생하는 양력을 이용해 전진한다.

37 ②

정답해설 넷째 문단에 따르면 현재 우리가 사용하는 '신문학' 이전에 광의로 사용된 '신문학'은 학문 일반의 의미로 사용되었다. 즉 그 당시에 '신문학'이라는 말은 곧 '신학문'의 별칭이었다. 하지만 현재 '신문학'이라는 말은 literature의 역어로 사용되므로 현재 '신문학'이 '신학문'과 같은 의미로 사용되지 않는다는 것을 알 수 있다.

오답해설
① 셋째 문단과 넷째 문단에서 현재 우리가 쓰는 의미의 '신문학' 이전에 광의로 사용된 '신문학'이라는 말의 유래에 대해 설명하고 있다. 또한 '신문학'이 현재는 'literature'의 역어, 즉 시, 소설, 희곡, 비평을 의미하는 문학이라는 개념으로 사용됨을 서술하고 있다.
③ 둘째 문단의 '현재 우리가 쓰는 ~ 춘원(春園) 이후에 비롯'되었다는 부분과 셋째 문단에서 그 전에는 현재 사용하는 의미보다 훨씬 광의로 사용되었다는 점, 그리고 넷째 문단의 《황성신문(皇城新聞)》 논설에 ~ 신학문의 별칭이라 할 수 있었다'는 부분에서 확인할 수 있다.
④ 넷째 문단의 "이것은 지금 우리로서 보면 실로 가소로운 혼동이다. 그러나 문학이란 말을 'literature'의 역어로 생각하지 않고 자의(字義)대로 해석하여 사용한 당시"라는 부분에서 현재 사용하는 '문학'이라는 말이 'literature'의 역어임을 알 수 있다.

38 ②

신이 인간을 위해 지상에 내려와 왕이 되는 것은 '한국 무속신화'의 특징이 아니라, '한국 건국신화'의 특징이다. 무속신화에서는 인간이었던 주인공이 신과의 결합을 통해 신적 존재로 거듭나게 됨으로써 존재론적으로 상승하게 된다.

오답해설
① 지문에 따르면, '히브리 신화'는 한국 신화와 달리 신과 인간의 관

계가 위계적이고 종속적이다. 히브리 신화에서 인간은 유일신에 대해 원초적 부채감을 지니고 있으며, 신이 언제나 인간의 우위에 있다는 내용이 제시되어 있다.
③ 지문에 따르면, 한국 신화에서 신은 인간과의 결합을 통해 결핍을 해소함으로써 완전한 존재가 된다고 하였다. 한국 건국신화에서 신은 지상에 내려와 인간 여성과의 결합을 통해 자식을 낳음으로써 결핍을 메운다. 이는 인간과의 결합을 통해 완전한 존재가 되는 것이라 볼 수 있다.
④ 지문에 따르면, '신체 화생 신화'는 신이 죽음을 맞게 된 후 그 신체가 해체되면서 인간 세계가 만들어지게 된다는 것이다. 이는 인간이 신에게 철저히 종속되어 있다는 입장으로, 한국 신화에 보이는 상호의존적이고 호혜적인 관계와는 다른 입장이다.

39 ②

정답해설 둘째 문단에 따르면, '오프라인 대면 상호작용에서보다 온라인 비대면 상호작용에서 만난 사람들에게 더 끈끈한 유대감을 느끼기도 한다.'라고 하였다. 이를 통해 비대면 온라인 상호작용을 통해서도 깊은 유대 관계를 형성할 수 있음을 추론할 수 있다.

오답해설
① 둘째 문단에 따르면, '상호작용 양식들이 서로 겹치거나 교차하는 현상들을 이해하고자 할 때 이분법적인 범주는 심각한 한계를 지닌다.'라고 하였다. 따라서 이분법적인 시각으로는 상호작용하는 양식을 이해하기 어렵다.
③ 첫째 문단에 따르면, '우리는 온라인과 오프라인을 함께 경험할 수도 있고, 이러한 이분법적인 용어로 명료하게 분리되지 않는 활동들도 많다.'라고 하였다. 또한 둘째 문단에 따르면, '우리의 경험은 ~ 이분법적 범주로 온전히 분리되지 않는다.'라고 하였다. 이를 통해 온라인 비대면 활동과 오프라인 대면 활동이 온전히 분리되어 있는 것은 아니라는 것을 알 수 있다.
④ 첫째 문단에 따르면, '누군가와 만나서 대화하는 중에 문자를 주고받음으로써 대면 상호작용과 온라인 상호작용을 동시에 할 수 있다.'라고 하였다. 이때 만나서 대화하는 것은 대면 상호작용, 문자를 주고받는 것은 디지털 수단에 의한 상호관계에 해당한다.

40 ①

정답해설 둘째 문단에 따르면, 노래참새의 테스토스테론 수치는 수정이 끝난 이후 떨어지기 시작하여 새끼가 커서 둥지를 떠나면 더 떨어진다. 즉 노래참새 수컷의 테스토스테론 수치는 새끼를 양육할 때가 양육이 끝난 후보다 높다.

오답해설
② 둘째 문단에 따르면, 노래참새의 테스토스테론 수치는 번식기부터 암컷의 수정이 이루어질 때까지 계속 높아지다가 수정이 이루어지면 떨어지기 시작한다. 즉 번식기 동안 노래참새 수컷의 테스토스테론 수치는 암컷의 수정 이전보다 수정 이후에 낮게 나타난다.
③ 마지막 문단에 따르면, 검정깃찌르레기 수컷의 테스토스테론 수치는 '번식기가 되면 올라갔다가 암컷이 수정한 이후부터 번식기가 끝날 때까지 떨어지지 않는다.'고 하였다.
④ 둘째 문단에 따르면, 노래참새 수컷의 테스토스테론 수치는 번식기에 암컷의 마음을 얻기 위해 높아졌다가 번식기가 끝나면 거의 분비되지 않는다. 또한 마지막 문단에 따르면, 검정깃찌르레기 수컷의 테스토스테론 수치는 번식기에 높아졌다가 번식기가 끝날 때까지 떨어지지 않는다고 하였으므로 번식기가 끝나면 수치가 떨어진다는 것

을 추론할 수 있다. 따라서 두 새 모두 번식기의 테스토스테론 수치가 번식기가 아닌 시기의 수치보다 높다.

41 ③

정답해설 지문에는 감정을 다양하게 구별하는 미국인들과, 이런 다양한 감정을 한 단어로밖에 표현하지 못하는 자바 사람들에 대한 내용이 제시되어 있다. 하지만 이를 통해 어느 쪽이 기술 발전에 유연한 태도를 보이는지는 알 수 없다.
기술 발전에 따라 감정 어휘가 형성될 수 있는 것이지, 감정 어휘에 따라 기술 발전에 대한 태도가 형성되는 것은 아니다.

오답해설
① 지문에 따르면, '모든 문화가 감정에 관한 동일한 개념적 자원을 발전시켜 온 것은 아니다.'라며 미국인들과 자바 사람들의 차이를 근거로 들었다. 이를 통해 감정에 대한 개념적 자원은 문화에 따라 달리 형성됨을 추론할 수 있다.
② 지문에 따르면, "중세 시대에는 우울감이 검은 담즙 때문에 발생한다고 생각했기 때문에 우울증을 '멜랑콜리(melancholy)'라고 불렀지만 오늘날에는 그렇게 생각하는 사람이 없다"라고 설명한다. 이를 통해 동일한 감정도 시대에 따라 다르게 표현할 수 있음을 추론할 수 있다.
④ 지문에 따르면, 인터넷의 발명과 함께 감정 어휘는 이제 말로 기술하기보다 이모티콘이나 글자의 일부를 따는 방식으로 표현하기도 한다. 따라서 오늘날 인터넷에서 이모티콘을 사용하는 것과 같이 과거에는 없었던 감정 표현 방식이 활용되기도 한다는 것을 추론할 수 있다.

42 ③

정답해설 지문의 마지막 부분을 통해 개별적 유일무이성을 제거하면 사회의 다원성이 파괴된다는 것을 알 수 있으나, '개인의 유일무이성을 보존하려는 제도가 개인의 보편적 복수성을 침해하는지'는 알 수 없다.

오답해설
① 지문에 따르면 '우리는 개별적으로 고립된 채 살아가는 존재일 수 없'으며, '사회 속에서 여럿이 모여 복수의 상태로 살아갈 수밖에 없는 존재'라는 것을 알 수 있다.
② 지문을 통해 우리는 다원성을 지닌 존재로서 어떠한 획일화도 시도해서는 안 되고 타인을 포용하는 공존의 태도가 필요하다는 것을 알 수 있다.
④ 지문에 따르면 '개인의 특수한 단수성'은 '유일무이성'을 의미하므로 '개인의 개별적 유일무이성을 제거하는 것은 우리가 살아가는 사회의 다원성을 파괴하는 일'이라는 마지막 부분을 통해 개인의 단수성을 제거하려는 시도가 다원성 파괴로 이어질 수 있다는 것을 알 수 있다.

43 ①

정답해설 첫째 문단에 따르면 최초의 IQ 검사는 학습 능력이 우수한 아이를 고르기 위해서가 아니라, '프랑스에서 의무교육 제도를 실시하면서 정규학교에 입학하기 어려운 지적장애아, 학습부진아를 가려내'기 위한 목적으로 실시되었다.

오답해설
② 첫째 문단에 따르면 IQ 검사를 통해 '비로소 인간의 지능을 구체

적으로 수치화하고 객관적으로 비교할 수 있게 되었다'라고 한다. 따라서 IQ 검사가 만들어지기 전에는 인간의 지능을 수치로 비교할 수 없었다는 것을 알 수 있다.
③ 둘째 문단에 따르면 IQ 검사는 '인간의 지능 중 일부만을 측정한다'라는 문제점을 가지고 있다. 따라서 IQ가 높더라도 전체 지능이 높다고 보장할 수는 없다.
④ 둘째 문단에 따르면 IQ 검사는 '기초 학습에 필요한 최소 능력인 언어 이해력, 어휘력, 수리력 등을 측정하기 때문에 'IQ가 높은 아이는 그렇지 않은 아이에 비해 읽기나 계산 등 사고 기능과 관련된 과목에서 높은 성취도를 보이는 경우가 많다'라고 한다.

44 ①

정답해설 지문에 따르면 한자의 경우 문맥에 따라 같은 글자가 다른 문장성분으로 사용되는 경우가 있다. 그러나 한문이 한국어 문장보다 문장성분 자체가 복잡하다는 내용은 지문을 통해 알 수 없다.
지문의 첫 문장인 '한글은 ~ 표음문자여서 한국어 문장을 읽는 데 ~'에서 '한글'과 '한국어 문장'을 차별적으로 표현한 것을 통해, 문자로서의 '한자'와 문장으로서의 '한문'이 같은 개념이 아님을 확인할 수 있다.

오답해설
② 지문에 따르면 '愛人'에서 '愛'는 '人'을 수식하는 관형어일 때도 있고 '人'을 목적으로 삼는 서술어일 때도 있다. 따라서 '淨水'가 문맥상 '깨끗하게 한 물'로 쓰였다면 '淨'은 '水'를 수식하는 관형어로 쓰인 것이다. 만약 '淨'이 서술어로 쓰였다면 '물을 깨끗하게 하다'라고 표현했을 것이다.
③ 지문에 따르면 '한자는 문맥에 따라 같은 글자가 다른 뜻으로 쓰이지는 않지만 다른 문장성분으로 사용되'는 경우가 있다. 따라서 '愛人'에서 '愛'의 문장성분이 바뀌더라도, 뜻이 전혀 다른 동음이의어가 되는 것은 아니다.
④ 지문의 '사고'의 예시와 같이, '한글에서는 동음이의어, 즉 형태와 음이 같은데 뜻이 다른 단어가 많아 글자만으로 의미를 파악하지 못하는 경우'가 많다. '의사'도 마찬가지로 동음이의어로, '의사'라는 글자만으로는 의미를 구별할 수 없다.

45 ②

정답해설 지문에는 파랑이 테크놀로지 업계에서 선호하는 색이며 페이스북, 트위터, 링크드인 등이 파랑을 쓰고 있다고 하였다. 지문을 근거로 할 때, 테크놀로지 기업이 파랑을 썼다면 이는 우연한 선택이라고 볼 수 없다.

오답해설
① 첫째 문단의 '파랑을 사용한 브랜드는 친근성과 전문성이 높아 보인다' 등을 통해, 브랜드의 로고를 만들 때 색이 주는 효과를 고려해야 함을 추론할 수 있다.
③ 첫째 문단의 '파랑의 긍정적 속성에는 정직과 신뢰가 있다', '파랑을 상징색으로 사용한 브랜드가 파랑의 긍정적인 가치로 드러날 경우도 있지만, 그렇지 못할 경우에 차갑고 불친절하고 무심한 느낌의 부정적인 가치로 나타나기도 한다'를 통해 색이 주는 긍정적 속성이 무엇인지를 잘 파악해야, 색을 보다 효과적으로 사용할 수 있음을 추론할 수 있다.
④ 둘째 문단에 따르면, 어두운 파란색 단체복은 보수성과 전통을, 밝은 파란색 단체복은 친근한 소통과 창의적인 사고를 표현한다. 이처럼, 색의 톤에 따라 전달하는 분위기가 다르다. 따라서, 파랑을 인테리어에 쓴다면 파랑이 지닌 다양한 톤을 알아봐야 함을 추론할 수 있다.

46 ①

정답해설 지문은 한글의 코딩 방식에 대한 내용이다. 컴퓨터에서의 한글 구현 방식은 크게 한글의 모든 자모에 일련의 코드를 할당하고 이를 불러와 조합하여 글자를 구현하는 '조합형'과 이미 만들어진 글자 자체에 코드를 할당하여 그 글자를 불러오는 '완성형' 방식으로 구분된다. 지문에 따르면, '똠', '햏', '뷁'과 같은 글자는 초기 완성형에서는 쓸 수 없었으나 이를 보완하기 위해 '확장 완성형', '유니코드 2.0'이 나왔으므로, 이러한 글자도 완성형에서 구현 가능함을 알 수 있다. 따라서, '똠', '햏', '뷁'과 같은 글자를 조합형 방식으로만 쓸 수 있다는 추론은 적절하지 않다.

오답해설
② '유니코드 2.0은 조합형에서 구현할 수 있는 11,172자 모두를 포함하고 있으며, 각각의 자모 또한 포함하여 조합까지 할 수 있다'를 통해 유니코드 2.0으로 조합형 방식을 사용해 만들 수 있는 글자를 모두 표현할 수 있음을 알 수 있다.
③ '영문자와 달리 한글은 여러 가지 자모를 조합하여 글자를 만들기 때문에 다양한 인코딩을 생각할 수 있다'고 하였다. 영문자의 경우 한 글자가 한 알파벳이므로, 조합형이나 완성형을 구분할 필요가 없고, 완성형 방식의 한계에 대해 고민할 필요도 없다.
④ '조합형은 한글의 모든 자모에다 일련의 코드를 할당하고', '완성형은 이미 만들어진 글자 자체에다 각각의 코드를 할당하여' 등을 통해 컴퓨터로 글자를 입력하기 전 이미 컴퓨터에는 한글 자모나 글자 각각에 코드가 할당되어 있음을 알 수 있다.

47 ④

정답해설 지문은 로컬푸드와 로컬푸드 운동에 대한 내용이다. 지문에 따르면, 로컬푸드 운동은 농업의 해체와 식품 안전성의 위기가 만나는 접점에서 발아했다. 지문은 농업의 해체와 관련해 '관련 인구 감소, 농촌 경제 영세화, '종자에서 식탁까지' 지배하는 거대자본의 위협'을 제시하고 있는데, 이를 통해 거대자본이 농업의 해체를 야기했으며, 로컬푸드 운동은 이러한 농업의 해체를 막고자 함을 추론할 수 있다. 따라서, 지역 농가가 거대자본에 의존하려는 시도는 로컬푸드 운동의 일환이라고 보기 어렵다.

오답해설
① 지문에 따르면, 로컬푸드는 주로 반경 50km에서 100km의 농촌 지역 내에서 생산되는 농식품을 지칭하곤 하나, '생산·유통·소비에 있어서 건강성, 신뢰성, 친환경성 등이 유지될 수 있는 거리'를 고려해 그 범위가 변화될 수 있다. 즉, '생산·유통·소비' 등 경제적 요소도 로컬푸드의 범위를 규정하는 데 고려됨을 알 수 있다.
② 둘째 문단의 '농약의 과다 사용으로 인해 식품은 물론 자연환경이 위기에 처하게 되었다. 이러한 문제점에 대응하기 위해 … 대안적 공동체 운동으로 선순환시키려는 노력이 로컬푸드 운동으로 나타났다.'를 통해 식품 안정성에 주목하는 로컬푸드 운동은 환경보호 운동과도 밀접한 관련을 지님을 알 수 있다.
③ '이러한 문제점에 대응하기 위해 친환경 먹거리 생산과 건강한 소비를 연결하고, 나아가 지역 정체성을 강화하는 등'을 통해 지역적 정체성을 드러내는 하나의 전략으로 해당 지역의 로컬푸드를 활용할 수 있음을 추론할 수 있다.

48 ④

정답해설 셋째 문단에서 이기적 이타주의 소비는 '개인적 욕구와 사회적 고려 사이에서 균형을 추구'하는 소비임을 알 수 있다. 따라서 소비자의 필요와 사회적 영향 사이에서 균형을 추구하는 것이지, 사회적 영향을 더 고려하는 것은 아니다.

오답해설
① 둘째 문단의 '사람들이 지금보다 쇼핑을 줄일 것 같지는 않다.'를 통해 알 수 있다.
② 이기적 이타주의 소비는 '나 자신을 위해 가장 좋은 것을 하고 싶은 욕망과 윤리적·도덕적 기준에 맞춰 살아가는 태도' 사이에서 균형을 잡는 소비로, '가성비에 집착한 구입'은 사회의 기준을 고려하지 않은 것이므로 이기적 이타주의 소비라 볼 수 없다.
③ 첫째 문단에서 이기적 이타주의의 자세는 '나 자신에게 가장 좋은 일을 하는 행동이 생태계와 다른 사람들에게 어떤 피해도 입히지 않도록 노력하는 것'이라고 하였다. 따라서 동물 보호를 위해 가죽제품보다 면제품을 구입하는 경우도 이기적 이타주의 소비의 예에 해당함을 알 수 있다.

49 ①

정답해설 스웨덴 아르비드 칼손 박사에 따르면 '도파민이 과다하면 조현병이 발생하고, 지나치게 적으면 우울증이 생긴다.'

오답해설
② 도파민 단식 방법으로는 가능한 한 모든 감각적 자극을 최소화하기 위해 '격렬한 운동 등의 활동을 전면 중단'하는 것이 있다.
③ 어떤 행동을 통해 일정한 감각적 자극을 받으면 도파민이 분비되고, '도파민에 휩싸인 뇌가 그 자극에 적응하면, 더 많은 자극을 요구'한다.
④ 도파민 단식 방법은 '인간의 심리적 본능과 취약점을 노린 디지털 서비스 이용 방식에 대한 성찰에서 출발'하였다. 이를 통해 디지털 서비스 이용 과정에서 인간의 심리적 본능과 취약점이 드러날 수도 있다는 것을 알 수 있다.

50 ①

정답해설 〈표〉에 따르면 일반 수험생 중 유증상자는 소형 강의실에서 시험을 보게 되며, 소형 강의실에서는 KF99 마스크 착용이 권장된다. 이는 권장 사항일 뿐 의무 사항이 아니므로 일반 수험생 중 유증상자는 KF99 마스크가 아닌 KF80 마스크를 착용하고 시험을 치를 수 있다.

오답해설
② 〈표〉에 따르면 일반 수험생 중 무증상자는 중대형 강의실에서 시험을 보게 되며, 중대형 강의실에서는 KF94 마스크 착용이 권장된다. 이는 권장 사항일 뿐 의무 사항은 아니므로 일반 수험생 중 무증상자는 KF94 마스크가 아닌 KF80 마스크를 착용하고 시험을 치를 수 있다.
③ 〈표〉에 따르면 자가격리 수험생 중 유증상자는 특별 방역 시험장 중 외부 차단 1인용 부스에서 시험을 보게 되며, 이러한 특별 방역 시험장에서는 KF99 마스크를 의무적으로 착용해야 한다.
④ 〈표〉에 따르면 자가격리 수험생 중 무증상자는 특별 방역 시험장 중 회의실에서 시험을 보게 되며, 이러한 특별 방역 시험장에서는 KF99 마스크를 의무적으로 착용해야 한다. 또한 마스크 착용 규정에 따르면, 특정 등급의 마스크 의무 착용을 명시한 경우 해당 등급보다 높은 등급의 마스크 착용은 가능하지만 낮은 등급의 마스크 착용은 허용되지 않는다. 따라서 자가격리 수험생 중 무증상자는 KF99 등급보다 낮은 KF94 등급의 마스크를 착용하고 시험을 치를 수 없다.
⑤ 〈표〉에 따르면 확진 수험생은 생활치료센터에서 시험을 보게 되며, 생활치료센터에서는 각 센터장이 내린 지침을 의무적으로 따라야 한다. 따라서 확진 수험생은 생활치료센터장이 허용하는 경우 KF80 마스크를 착용하고 시험을 치를 수 있다.

51 ②

정답해설 둘째 문단에 따르면 초기 형태의 수경을 쓸 경우 결막 출혈이 생길 수 있었다. 이는 수경 내압은 변하지 않음에도 체내 압력이 커지기 때문이었다. 반면, 큰눈은 폐가 압축되어 수압과 수경 내압이 같아질 때까지 공기가 수경 내로 들어오도록 한다. 즉, 큰눈을 사용할 경우 수경 내압이 커지는 것이다. 따라서, 초기 형태의 수경을 쓰고 잠수했을 때보다 큰눈을 쓰고 잠수했을 때 수경 내압이 더 크다.

오답해설
① 첫째 문단에 따르면, '수경을 쓰면 빛이 공기에서 각막으로 굴절되어 망막에 들어오므로 상이 망막에 선명하게 맺혀서 물체를 뚜렷하게 볼 수 있다.' 따라서 수경인 부글래기를 쓰고 잠수한다면 물체를 뚜렷하게 볼 수 있다.
③ 셋째 문단에 따르면 부글래기 수경은 '잠수 시 나타날 수 있는 결막 출혈을 방지'할 수 있는 수경인데, '우리나라에서는 모슬포 지역의 해녀들이 부글래기를 사용한 적이 있다.' 따라서 잠수 시 결막 출혈을 방지할 수 있는 수경이 모슬포 지역에서 사용된 적이 있는 것을 알 수 있다.
④ 마지막 문단에 따르면 왕눈을 쓸 경우 '잠수 시 수압에 의하여 폐가 압축되어 수압과 수경 내압이 같아'지며, 둘째 문단에 따르면 '잠수 시 수압에 의해 신체가 압박되어 신체의 부피가 줄어들면서 체내 압력이 커져 수압과 같아'지기에 결국 수경 내압과 체내 압력이 같아짐을 알 수 있다.
⑤ 둘째 문단에 따르면 '잠수를 하면 몸은 물의 압력인 수압을 받게 되는데, 수압은 잠수 깊이가 깊어질수록 커진다'. 또한 '잠수 시 수압에 의해 신체가 압박되어 신체의 부피가 줄어들면서 체내 압력이 커져 수압과 같아지게' 되기에 체내 압력은 잠수했을 때가 잠수 전보다 큼을 알 수 있다.

52 ②

정답해설 발화의 내용에 따르면, '좋다(good)'와 반대되는 말은 '안 좋다(ungood)'로 표현될 것이며 반의어는 없어질 것이다. 더하여 '안 나쁘다(unbad)'는 의미상으로도 '좋다(good)'의 반의어가 아니다.

오답해설
① 동의어, 반의어를 없애는 대신, 《신어사전》에 등재된 단어를 활용하여 유사한 의미를 가진 단어나 반대 의미를 가진 단어를 표현할 것이다.
③ 하나의 단어를 활용한 표현으로 동의어와 반의어를 대체하므로, 동의어와 반의어의 숫자는 줄어들 것이다.
④ '물론 이건 애초에 빅브라더의 아이디어야'라는 마지막 문장을 통해, 빅브라더가 인간의 언어 사용에 개입하고 싶어 하였음을 추론할 수 있다.

53 ⑤

정답해설 지문에 따르면 음식의 역사는 당대의 정치, 경제, 사회의 모습을 밝힐 수 있는 단서가 되나, 이를 통해 거시적 관점이 지니는 한계를 극복할 수 있다는 내용은 지문에 제시되지 않았다.

✗ 오답해설
① 지문의 중심 화제는 음식의 역사 기술로, 첫째 문단의 '배추'와 '배추김치'는 한 음식과 당대 사회가 가지는 밀접한 관계를 설명하기 위한 예시에 해당한다. 따라서 지문의 내용은 다른 종류의 음식으로도 확장될 수 있음을 추론할 수 있다.
② 첫째 문단에 따르면 '어떤 문헌에 이러이러한 내용이 나온다는 식으로 단순 나열만 한다면 그것은 역사가 아니'며, 음식의 역사 속에는 '경제와 정치와 사회가 있다'라고 하였다. 이를 통해 문헌학적 고증을 넘어 정치, 사회, 경제적 맥락 속에서 음식의 역사를 설명해야 함을 추론할 수 있다.
③ 둘째 문단에 따르면, 사람은 '먹기 위해 경제 활동은 물론이고 사회활동도 정치활동도 하'므로 음식의 역사는 '거시사와 미시사를 아우'른다. 따라서 식사 행위는 미시적인 차원에 머무르지 않는다.
④ 첫째 문단에 따르면 음식의 역사는 단순 나열식의 '에피소드 모음'이 아니며, '당시 사람들이 왜 그러한 음식을 만들어 먹을 수밖에 없었는지를 밝혀야' 한다. 이는 당대의 경제, 정치, 사회와 관련되므로, 이를 통찰하는 시각이 음식의 역사 기술에 있어서 필요함을 추론할 수 있다.

54 ④
✓ 정답해설 지문에서 자기 합리화와 상호 비방만이 남는 '이러한 상황에서 벗어나기 위해서는 반대 의견을 내고 기꺼이 논쟁하는 사람들이 필요하다'고 설명한다. 따라서 의견 양극화로 인한 갈등을 해소하기 위해서는 반대 의견을 내고 기꺼이 논쟁하는 사람들이 많아져야 한다.

✗ 오답해설
① 논쟁을 회피하는 사람들은 집단의 의견에 동조하거나 자기의 의견을 강화하며 그곳에 안주하고, 자기 합리화에 몰두하거나 상호 비방만을 일삼게 된다.
② 지문에서 '의견 양극화와 쏠림 현상이 두드러진 사회에서는 의견 스펙트럼의 양극단만 보일 뿐, 중간층은 보이지 않는다'며 '그런 사회에서는 집단 간 공유되지 않는 정보가 많아지고 소수 의견을 가진 사람들은 침묵하게 되기 때문'이라 설명한다.
③ 지문에서 '의견 양극화와 쏠림 현상이 두드러진 사회에서는 의견 스펙트럼의 양극단만 보일 뿐 중간층은 보이지 않는다고 하였으며 의견이 양극화될 경우 '의견이 제시되지 않고 논쟁이 없는 곳이 되기 쉽다'고 설명한다.

Chapter 02 내용 확인과 일반 추론 긍정 발문

본문 P.134

1 ③
✓ 정답해설 셋째 문단에 따르면, 갑작스러운 표기 변경에 따른 혼란을 피하기 위해 기존에 사용하던 '나트륨'은 표기를 허용하되 새 이름인 '소듐'도 병행하여 사용하도록 했다. 따라서 '나트륨'보다는 '소듐'이 국제기준에 맞는 표기법이다.

✗ 오답해설
① 둘째 문단에 따르면, 새 표기법은 세계적으로 통용되는 발음에 가깝게 정해진 것이다. '요오드'는 '아이오딘'으로 바꾸어 표기하기 때문에 '아이오딘'이 '요오드'보다 세계적으로 통용되는 발음에 가깝다.
② '저마늄'은 세계적으로 통용되는 발음에 가깝게 바뀐 표기법의 예시이고, 화합물의 구성 원소 이름을 드러낸 표기의 예시로는 '다이크로뮴산칼륨'이 제시되어 있다.
④ 셋째 문단의 "'비타민'도 당분간 '바이타민'을 병행 표기한다."는 부분에서 갑작스러운 표기 변경에 따른 혼란을 피하기 위해 '비타민'을 '바이타민'으로 표기함을 허용한 것을 알 수 있다. 따라서 '비타민'이 KS규격에 맞지 않지만, 당분간 사용할 수 있음을 알 수 있다.

2 ③
✓ 정답해설 지문은 같은 말이라도 상황에 따라 다양한 의미로 이해되고 다양한 기능을 수행할 수 있다는 내용을 다루고 있다. 즉, 우리가 주고받는 말은 일정한 상황을 전제하지 않고는 제대로 이해될 수 없다는 것이다.

✗ 오답해설
① 지문에서는 같은 의미인데 어감의 차이가 나는 내용에 대해 다루지 않았다. 제시된 글은 "지금 뭐 하니?"의 예를 통해 같은 말이라도 상황에 따라 다양한 의미, 다른 기능으로 사용될 수 있음을 밝히고 있다.
② 지문의 "지금 뭐 하니?"는 같은 말이라도 억양이 아닌 상황에 따라 그 의미가 다를 수 있음을 보여주고 있다.
④ 지문에 따르면 같은 말도 상황에 따라 의미가 다르게 해석되기 때문에 일정한 상황을 전제하지 않고서는 제대로 이해될 수 없다고 말한다. 따라서 문자 텍스트 그 자체를 우선한다는 선지는 적절하지 않다.

3 ⑤
✓ 정답해설 둘째 문단에 따르면 서희는 옛 고구려의 땅이 거란의 것이므로 군사를 일으켜 그 땅을 찾아가고자 한다는 거란의 서신에 대해 핑계일 뿐이라고 주장했다. 서희는 고려가 병력을 동원해 거란을 치는 일이 없도록 하겠다는 언질을 주면 소손녕이 철군할 것이라고 말했다.

✗ 오답해설
① 거란은 고려를 압박해 앞으로도 송을 군사적으로 돕지 않겠다는 약속을 받아내고자 했다. 이를 위해 거란은 여진족이 사는 땅을 여러 차례 침범해 대군을 고려로 보내는 데 적합한 길을 확보했을 뿐, 여진족이 고려의 백성이라고 주장하지 않았다.
② 둘째 문단에 따르면 여진족은 발해가 멸망한 후에 어느 나라에도 속하지 않은 채 독자적 세력을 이루고 있었다. 따라서 여진족이 발해

의 지배에서 벗어나기 위해 거란과 함께 고려를 공격하였다는 것은 옳지 않다.
③ 셋째 문단에 따르면 소손녕과 서희의 협상 이후에 고려는 병력을 보내 압록강 하류의 여진족 땅까지 밀고 들어가 영토를 넓히고 그 지역에 강동 6주를 두었다. 따라서 소손녕이 여진족 땅을 빼앗아 강동 6주를 둔 후에 그곳을 고려에 넘겼다는 것은 옳지 않다.
④ 셋째 문단에 따르면 소손녕은 여진족 땅을 고려가 지배할 수 있게 묵인해 준다면, 거란과 국교를 맺고 거란과 송이 싸울 때 송을 군사적으로 돕지 않겠다는 서희의 요구를 수용하고 퇴각했다. 따라서 고려가 거란을 공격하고자 송 태종과 군사동맹을 맺었다는 것은 옳지 않다.

4 ①

⊙ **정답해설** 마지막 문단에 따르면 '고려는 윤관 외에도 오연총 등을 파견하여 동북 9성에 대한 방비를 강화하였지만, 전투가 거듭될수록 병사들이 계속 희생되었고 물자 소비도 점점 많아'져 여진이 강화를 요청했을 때 받아들이고 동북 9성을 돌려주기로 하였다.

✗ **오답해설**
② 둘째 문단에 따르면 윤관이 가한촌으로 나아갈 때 여진군의 매복에 의해 고립되었으나, '멀리서 이를 본 척준경이 10여 명의 결사대를 이끌고 분전한 덕분에 영주로 탈출할 수 있었'다. 마지막 문단에 따르면 고려군이 웅주와 길주에서 고립되는 일이 잦았으나, 웅주에 윤관이 고립되어 있다는 사실을 알고 오연총이 출정하여 그를 구출한 것은 아니다.
③ 둘째 문단에 따르면 윤관은 가한촌에서 기습을 당해 영주로 탈출한 이후 함주, 공험진 등에 동북 9성을 완성하였다. 윤관이 가한촌을 점령하고 그곳에 성을 쌓은 것이 아니다.
④ 둘째 문단에 따르면 척준경은 가한촌 전투에서 기습을 당해 큰 위기를 맞이한 고려군을 보고 10여 명의 결사대를 이끌고 분전했으며, 이 덕분에 길주가 아닌 영주로 탈출할 수 있었다.
⑤ 첫째 문단에 따르면 윤관은 신기군과 신보군, 경궁군 등이 속한 별무반을 창설하였다. 즉 숙종의 뒤를 이은 예종이 즉위하기 전에 편성된 부대이다.

5 ①

⊙ **정답해설** 예시 분석에서 '여기서 청각 체계로 들어온 소리가 ~ 접속할 뿐만 아니라 그것을 활성화한다는 점이 중요하다.'라는 문장을 통해 청각 체계를 통해 들어온 소리가 머릿속 어휘 목록의 해당 항목에 접속하며, 그것을 활성화시킨다는 것을 알 수 있다.

✗ **오답해설**
② '그는 실험을 통해 ~ 인식된다는 것을 알아냈다.'라는 문장을 통해 'slander'와 'slant'는 동일한 부분인 'slan'까지는 구별이 불가능하며, 다른 한 단어와 확실하게 구별되는 지점인 /d/ 또는 /t/를 들었을 때 비로소 다른 한 단어와 구분이 가능하다는 것을 알 수 있다. 따라서 각 단어의 발음을 끝까지 들어야 하는 것은 아니다.
③ 숫자 조합 자물쇠의 원리로 설명될 수 있는 것은 발화의 과정이 아니라, 청각 체계로 들어온 소리(단어)를 들으며 다른 단어들과 구별해 내는 과정이다.
④ 마지막 부분에 제시된 '/slan/'의 예시를 보면, 청각 체계를 통해 들어온 소리가 특정 단어와 관련되는 신경 회로들 전부를 활성화한 뒤, 유사한 다른 단어들과 구별되는 지점까지 들으며 확실히 구별되는 것을 알 수 있다.

6 ③

⊙ **정답해설** 마지막 문단에 따르면, 복합요인 기초학력 부진학생 중 주의력결핍 과잉행동장애 또는 난독증 등의 문제가 있을 경우 전문학습클리닉 프로그램을 운영하며, 이 프로그램에는 의료지원단의 의료적 도움이 있을 수 있다.

✗ **오답해설**
① 셋째 문단에 따르면, 권역별 1곳씩 총 5곳에 설치되어 있는 곳은 권역학습센터이다. 마지막 문단에 따르면 복합요인 기초학력 부진학생 중 5곳에 설치된 권역학습센터에서 학습에 어려움을 겪을 경우 ○○시 학습종합클리닉센터에서 교육이 이루어진다. 그러나 ○○시 학습종합클리닉센터가 총 몇 군데 있는지는 알 수 없다.
② 셋째 문단에 따르면, 학습멘토 프로그램은 기초학력 부진 판정을 받은 학생 중 복합요인 기초학력 부진학생을 대상으로 이루어지는 것이다. 따라서 기초학력 부진학생으로 판정된 학생 중 복합적인 요인으로 어려움을 겪는 것으로 판정된 학생이라면 학습멘토 프로그램에 참여할 수 있다.
④ 셋째 문단에 따르면, 권역학습센터는 학습멘토 프로그램을 운영하며 '이 프로그램에 참여하는 지원 인력은 ○○시의 인증을 받은 학습상담사'이다. 따라서 학습멘토 프로그램의 지원 인력은 ○○시의 인증을 받아야 한다.
⑤ ○○시 학습종합클리닉센터에서 운영하는 프로그램에 참여하려면 먼저 복합요인 기초학력 부진학생이 되어야 하고, 복합요인 기초학력 부진학생이 되려면 우선 기초학력 부진 판정을 받아야 한다. 따라서 기초학력 부진 판정을 받지 않는다면 ○○시 학습종합클리닉센터의 프로그램에 참여할 수 없다.

7 ②

⊙ **정답해설** 첫째 문단에 따르면 고려 정부는 개경의 중요한 기관과 거점을 지키기 위한 군사 조직을 두었는데, 관청과 창고를 지키는 간수군, 성문을 방어하는 위숙군, 주요 장소에 배치되는 검점군이 있었다. 이 조직들은 본연의 업무와 함께 도성 안의 치안 활동까지 담당하였다.
하지만 둘째 문단에 따르면 성종이 순검군을 조직하였는데, 순검군의 설치는 '도성을 방위하고 국왕을 지키는 군대의 기능'과 '도성의 치안 유지를 위한 경찰의 기능'을 분리시켰다는 것을 의미하며, 이로 인해 '기존 군사 조직이 본연의 업무만을 담당하'도록 하였다. 따라서 순검군이 설치된 이후에도 본연의 업무가 성문을 방어하는 것이었던 위숙군이 계속해서 도성의 성문을 지켰을 것임을 알 수 있다.

✗ **오답해설**
① 첫째 문단에 따르면, '수도인 개경은 국왕을 위시하여 정부 관료 등 주요 인사들이 거주하고 있을 뿐 아니라 중요 기관이 밀집된 가장 핵심적인 곳이었'기 때문에 군사 조직을 두었다. 하지만 개경이 다른 어떤 지역보다 범죄 행위가 많이 발생한 곳이라는 내용은 지문을 통해 알 수 없다.
③ 마지막 문단에 따르면, '급한 공무나 질병, 출생 등 부득이한 경우에만 사전 신고를 받고 야간에 통행하도록 하였'다. 하지만 이에 대한 신고를 검점군에 해야 하는지는 지문을 통해 알 수 없다.
④ 둘째 문단에 따르면, 순검군의 설치 이후 군대의 기능과 경찰의 기능이 분리되었으며, '기존 군사 조직은 본연의 업무만을 담당하게 되었으며 순검군은 치안과 질서 유지를 위하여 도성 안에서 순찰 활동, 도적 체포, 비행이나 불법을 저지르는 사람에 대한 단속 등의 활동을 담당'하였다. 이에 따르면 성문을 방어한 것은 첫째 문단에 제

시된 '위숙군'임을 알 수 있다. 따라서 순검군은 군대의 기능인 성문 방어 임무를 수행하지 않았을 것이라 추론할 수 있다.
⑤ 둘째 문단에 따르면, 순검군 설치 이후 군대의 기능과 경찰의 기능이 분리되었으며, 이에 따라 기존의 군사 조직인 간수군, 위숙군, 검점군은 군대의 기능만을, 순검군은 경찰의 기능만을 수행하였음을 알 수 있다.

8 ①

정답해설 첫째 문단에 따르면, 대마도의 왜구는 황해도 해주 앞바다에 나타나 조선군과 교전을 벌인 후 요동반도 방향으로 북상했다. 그 이후에 태종이 이종무에게 대마도를 정벌하라고 명하자 이종무는 군사를 모아 대마도 정벌을 위해 대마도로 건너갔다.

오답해설
② 셋째 문단에 따르면, 대마도의 왜구가 명의 땅인 요동반도에 상륙했다가 크게 패배하여 병사가 많이 죽어 세력이 꺾였다는 것은 알 수 있다. 하지만 이종무가 이끄는 조선군이 대마도 정벌을 위해 대마도에 건너가 공격하는 과정에서 명의 군대도 참여하였다는 것은 지문에서 확인할 수 없다.
③ 지문에는 세종이 대마도에 보낸 사절단에 관한 내용은 서술되어 있지 않으므로 이종무가 세종이 대마도에 보내는 사절단에 포함되어 대마도를 여러 차례 방문했다는 것은 지문에서 확인할 수 없다.
④ 첫째 문단에 따르면, 태종이 이종무에게 대마도를 정벌하라고 명하였고 이에 따라 이종무는 군사를 모아 대마도 정벌에 나섰다는 것을 알 수 있다. 세종의 반대로 대마도 정벌을 이루지 못하였다는 것은 옳지 않다. 또한 지문에서 대마도 정벌에 관한 세종의 의사는 제시되지 않았다.
⑤ 둘째 문단에 따르면, 조선군이 대마도주를 사로잡아 항복을 받아내기로 하고 '니로'라는 곳에 병력을 상륙시켰지만 매복한 적의 공격으로 크게 패하였다는 것을 알 수 있다. '견내량'은 패배한 이후에 이종무가 군사를 거두어 돌아온 곳이다.

9 ④

정답해설 첫째 문단에 따르면, 오늘날 태극기의 우측 하단에 있는 괘는 곤괘로 땅을 상징한다. 고종이 조선 국기로 채택한 기의 우측 하단에 있는 괘는 '조선의 기' 좌측 하단에 있는 곤괘와 모양이 같으므로 땅을 상징한다는 것을 알 수 있다.

오답해설
① 둘째 문단에 따르면, 『해상 국가들의 깃발들』에 실린 기는 이응준이 그린 것으로 짐작되는 '조선의 기'이다. 통리교섭사무아문이 각국 공사관에 배포한 국기는 박영효가 그린 것으로 고종이 조선 국기로 채택한 것이다. 따라서 미국 해군부는 통리교섭사무아문이 각국 공사관에 배포한 국기를 『해상 국가들의 깃발들』에 수록한 것이 아니라는 것을 알 수 있다.
② 둘째 문단에 따르면, 태극 문양을 그린 기는 개항 이전에도 여러 개가 있었다고 하였다. 따라서 조미수호조규 체결을 위한 회담 장소에서 사용하고자 이응준이 만든 기는 태극 문양이 담긴 최초의 기가 아니라는 것을 알 수 있다.
③ 셋째 문단에 따르면, 통리교섭사무아문이 배포한 기의 괘와 '조선의 기'의 괘는 서로 상하는 같고 좌우만 반대라는 것을 알 수 있다. 따라서, 통리교섭사무아문이 배포한 기의 우측 상단에 있는 괘는 '감괘', '조선의 기'의 좌측 하단에 있는 괘는 '곤괘'이므로 각각 상징하는 것이 다르다.
⑤ 박영효가 그린 기의 좌측 상단에 있는 괘는 건괘이고 이응준이 그린 기의 좌측 상단에 있는 괘는 감괘이다. 건괘는 하늘을 상징하고 감괘는 물을 상징한다.

10 ②

정답해설 첫째 문단에 따르면, 다중지능이론은 기존의 인지 능력과 더불어 실체와 정서, 대인 관계의 능력까지 포괄한 총체적 지능의 개념을 다룬다. 이와 관련하여 마지막 문단에서 다중지능이론에 비판적인 연구자들은 대인 관계 능력을 비롯한 새로운 종류의 지능들이 기존에 주목받던 지능들과 서로 독립적일 수 없으며 그 지능을 정확하게 측정할 수 있는 도구가 만들어지기 어려울 것이라고 주장한다. 따라서 다중지능이론에 비판적인 연구자들은 대인 관계의 능력과 관련된 지능을 정확하게 측정할 수 있는 도구의 개발 가능성에 대해 회의적이다.

오답해설
① 첫째 문단에 따르면, 다중지능이론은 기존 지능이론이 다루던 언어지능이나 논리수학지능뿐 아니라 신체와 정서, 대인 관계의 능력까지 포괄한 총체적 개념을 창안했다. 따라서 논리수학지능이 다중지능이론의 지능 개념에 포함되는 것을 알 수 있다.
③ 첫째 문단에 따르면, 다중지능이론은 기존의 지능 검사가 좌뇌의 능력에만 초점을 둔 반쪽짜리 검사라고 혹평하였다. 하지만 이는 좌뇌 능력과 우뇌 능력 모두에 주목하려는 시도이므로, 다중지능이론이 우뇌 능력보다 좌뇌 능력에 더 주목하려 한 것은 아니라는 것을 알 수 있다.
④ 둘째 문단에 따르면, 다중지능이론에 대해 비판적인 연구자들은 다중지능이론에서 주장하는 새로운 지능이 기존의 지능이론에서 주목했던 지능의 하위 영역에 속해 있고, 둘 사이에 유의미한 상관관계가 있어 '서로 독립적일 수 없'으므로 '다중'이라는 개념이 성립하지 않는다고 주장한다.

11 ③

정답해설 지문의 중간 부분에 따르면 '디지털 트윈의 이용자는 가상 세계에서의 시뮬레이션을 통해 미래 상황을 예측할 수 있'으며, '디지털 트윈을 도입하여 사전에 위험 요소를 제거하고' 있음을 알 수 있다.

오답해설
① 지문에 따르면 디지털 트윈에 대한 수요가 증가하면서 글로벌 기업들이 여러 산업 분야에서 디지털 트윈을 도입하고 있으나, 이에 따라 고용률이 향상되었는지는 알 수 없다.
② 지문의 마지막 문장에 따르면 '디지털 트윈이 주목받는 이유는 안정성과 경제성 때문'이라고 설명하며, '실제 실험보다 매우 빠르고 정밀하며 안전할 뿐 아니라 비용도 적게 든다'라고 한다.
④ 지문에 따르면 '이용자들에게 새로운 경제·사회·문화적 경험을 제공하는 데 목적을 둔' 것은 메타버스이다. 디지털 트윈은 '현실 세계에 존재하는 사물, 공간, 환경, 공정 등을 컴퓨터상에 디지털 데이터 모델로 표현하여 똑같이 복제하고 실시간으로 서로 반응할 수 있도록' 하는 데 목적이 있다.

12 ④

정답해설 지문은 '제약으로부터의 자유'인 프리덤과 '강제로부터의 자유'인 리버티의 개념을 구분하며 자유지상주의자들의 주장을 설명하고 있다. 지문의 예시를 통해, 리버티는 '국가로부터의 강제'와 연결되고, 프리덤은 국가로부터의 강제는 물론 국가의 강제와 무관한 자유의 제한까지 포함하는 '모든 방식의 자유의 제한'과 연결됨을 알 수 있다.
지문에 따르면, 자유지상주의자들은 강제를 극소화하고, 리버티를 최대화하는 것, 특히 정부의 강제적인 간섭을 최소화하는 것에 초점을 맞춘다. 이러한 내용을 바탕으로 할 때, 만약 개인의 행동에 대해 정부 허가가 필요하다면, 그것은 국가로부터의 강제이므로, 이때 그 개인의 '강제로부터의 자유', 즉 리버티가 제한된다고 추론할 수 있다.

✗ 오답해설
① 마지막 문단의 '자유지상주의자들은 강제를 극소화하는 것, 특히 정부의 강제적인 간섭을 최소화하는 것을 통해 얻는 자유에 초점을 맞추고 있다'를 통해 자유지상주의자들이 '강제로부터의 자유'가 최대한 확보될 때 정의로운 사회가 된다고 생각함을 알 수 있다. 자유지상주의자들이 '제약으로부터의 자유'를 극대화해야 한다고 주장하는 것은 아니다.
② A국 시민들은 거주지 이전의 허가가 필요 없어 국가로부터의 어떠한 물리적 저지나 위협도 받지 않는다. 이때 A국 시민들은 '리버티'를 보장받는 것일 뿐, 다른 이유로 A국 시민들의 프리덤이 제한될 수 있다. 돈이 없는 등의 이유로 이사를 가지 못하는 A국 시민의 사례가 그 예시다.
③ 첫째 문단의 '일반적으로 강제는 물리적 힘을 직접적으로 행사하거나 피해를 주겠다고 위협하는 형태로 나타난다'를 통해 리버티에 대한 제한은 직접적인 물리적 힘이나 피해를 주겠다는 위협으로 나타난다는 것을 알 수 있으나, 직접적인 물리적 힘보다 피해를 주겠다는 위협을 통해 이루어지는 경우가 더 많은지는 알 수 없다.

13 ②
✓ 정답해설 첫째 문단에 제시된 '생산량이나 소득 통계가 생활수준을 정확히 나타낸다고 말하기는 어렵다', '특히, 가난한 나라보다 ~ 부유한 나라들은 더욱 그렇다'를 통해, 가난한 나라보다 부유한 나라에서 사람들의 생활수준을 측정하는 것이 더 어렵다는 것을 알 수 있다.

✗ 오답해설
① 둘째 문단에 따르면, '다양한 선호의 문제'는 행복측정 연구의 심각한 문제 중 하나이다. 따라서, 행복측정 연구에서 측정의 어려움은 선호의 문제로 보완될 수 없다는 것을 알 수 있다.
③ 지문에서 가치 판단의 측정이 어렵다는 내용은 반복적으로 서술되고 있으나, 불가능하다는 서술은 없다.
④ 셋째 문단은 '경제학에서 숫자를 사용하면 안 된다는 말은 아니다'라며 '생산량, 성장률, 실업률, 불평등 수준 등에 관한 주요 숫자를 모르고서는 우리는 실제 세상의 경제를 제대로 이해할 수 없다'고 했다. 따라서 경제학에서 사용하는 숫자는 실제 경제를 이해하는 데 도움이 된다는 것을 알 수 있다.

14 ④
✓ 정답해설 셋째 문단에 따르면, 독서는 글을 읽고, 집필한 필자를 읽고, 그것을 읽는 독자 자신을 읽는 삼독이다. 다시 말해, 단순히 글을 읽는 데 그치지 않고, 집필한 필자를 읽는 과정에서 필자가 어떤 시대, 어떤 사회에 발 딛고 있는지를 읽은 후, 자신을 읽는 과정에서 자신의 처지와 우리 시대의 문맥을 깨달아야 한다는 것이다. 이는 즉, 타인(필자)의 경험이나 생각 등을 자기화하는 과정이다.

✗ 오답해설
① 첫째 문단에서는 책을 벗이라고 설명하고 있다. 여기에는 '배움의 즐거움'과 '벗처럼 책을 반갑게 맞이하라'는 의미가 담겨 있다. 즉, 책의 특징, 책을 대할 때의 태도를 벗에 빗대어 설명한 것으로, 실제 벗에 대해 서술한 것이 아니다. 따라서 자신이 배운 것을 적용하기 위해 친밀한 교우 관계가 중요하다고 보는 것은 부적절하다.
② 셋째 문단에 따르면, 독자는 '책을 읽고 있는 독자 자신'을 읽는 과정에서 자신의 처지와 시대의 문맥을 깨달아야 한다. 이는 책과 필자를 읽고 나서의 과정이다. 즉, 책과 필자의 시대를 토대로 독자가 서 있는 시대를 보라는 의미이다. 따라서 시대와 불화한 독자일수록 자신의 시대의 문맥을 깨닫기 어려울 것이므로, 독서를 통해 자신의 위치를 발견하기 어려울 것이다.
③ 첫째 문단에서 책을 벗이라고 설명하고 있다. 여기에는 '배움의 즐거움'과 '벗처럼 책을 반갑게 맞이하라'는 의미가 담겨 있다. 즉, 책의 특징, 책을 대할 때의 태도를 벗에 빗대어 설명한 것으로, 실제 벗에 대해 서술한 것이 아니다. 또한 셋째 문단으로 미루어보면, 진정한 독자는 삼독을 하는 독자로, 책과 필자와 자신을 읽는 사람이다.

15 ④
✓ 정답해설 안중근 의사는 '여러 계급의 인사들'이 모두 동양의 평화를 희망하고 있으며, 이등을 증오하고 있다고 언급하였다. '일본인도 그러하거늘'이라고 하였으므로 앞서 나온 여러 계급의 인사들이 일본인들임을 알 수 있다. 이후 안중근 의사는 이들의 의견을 근거 삼아 이등 제거 행위의 정당성을 힘주어 피력하고 있다.

✗ 오답해설
① '앞에서 검찰관의 논고와 변호사의 변론을 들으니'라고 하였으므로, 최후 진술은 검찰관의 논고 이후에 이루어지고 있음을 알 수 있다.
② 안중근 의사의 최후 진술의 논지는 본인이 한국 의병 중장의 자격으로 이등을 제거하였다는 것이다. 자신의 행위가 잘못되었다고 시인하는 내용은 언급되지 않았다.
③ '이등의 시정 방침은 결코 완비된 것이 아닐진대 어찌 오해라고 할 수 있겠는가'라고 하였으므로, 안중근 의사는 이등의 시정 방침이 완벽하지 않다고 보고 있음을 알 수 있다.

16 ④
✓ 정답해설 둘째 문단에서 지구 온난화에 영향을 주는 기체로 이산화탄소, 프레온, 아산화질소, 메탄, 수증기 등을 들고 있다. 그중 수증기는 그 양을 자연 생태계가 조절하므로 크게 영향을 끼치지는 못한다.

✗ 오답해설
① 둘째 문단에서 온실 효과를 유발하는 기체로 이산화탄소, 프레온, 아산화질소, 메탄, 수증기 등이 있다고 언급하였다. 또한 첫째 문단에서 온실 효과가 심해질수록 지구 온난화가 가속화된다고 하였으므로 프레온, 아산화질소, 메탄 등의 기체가 지구 온난화에 직접적으로 영향을 준다고 할 수 있다.
② 첫째 문단을 통해 자연적인 온실효과가 지구 표면의 복사열이 외계로 방출되는 것을 막아준다는 것을 알 수 있다.
③ 둘째 문단에 따르면, 이산화탄소는 공기 중에 체류하는 기간이 길어 지구 온난화에 미치는 효과가 더욱 크다고 했으므로 옳지 않다.

17 ①
✓ 정답해설 주장을 두고 공방을 벌이는 변증술에서, 공방의 대상이 되는 주장은 주어가 같고 술어가 다른 경우 성립한다. 같은 것에 대해 다른 의견을 갖는 상황이다. 아리스토텔레스는 주어를 술어가 가리키는 바에 한정하여 논의될 수 있도록 서술 방식을 유형별로 나누

었다. 이때 '무엇인지(ti)', '어떤지(poion)' 등의 의문사가 유형 구별의 일차적인 표지가 된다고 지문에서 밝히고 있다.

오답해설
② 둘째, 셋째 문장을 통해 파악할 수 있는 내용이다.
③ 색깔에 한정하여 질문을 하였기에 종류에 관한 답은 범주가 다른 답으로써 동문서답이다. 진위를 판가름하기 위한 시비조차 시작할 수 없다.
④ 마지막 문장을 보면 의문사가 논의 주제에 적실한 서술 범위의 경계를 표시해 준다고 한다.

18 ①

정답해설 표의 문자인 한자와 표음 문자인 '라틴 자모'의 차이로 금속 활자 인쇄술 전파의 차이가 생겼다고 설명한다.

오답해설
② 새로운 수요에 신속하게 응할 수 있었던 것은 금속 활자이다.
③ 조선에는 해당되지 않는 내용이다.
④ 조선에서는 국가의 필요로 인하여 금속 활자를 사용한 것이며 경제적 이익에 관한 내용은 언급되지 않았다.

19 ④

정답해설 아인슈타인은 시간과 공간을 합쳐서 시공간이라고 하였다. 마지막 문장에 따르면 이 시공간은 시간에 해당하는 차원이 한 방향으로 진행한다는 한계를 가지고 있다. 따라서 '아인슈타인의 시공간은 시간에 해당하는 차원이 한 방향으로만 진행되었다.'는 것은 적절하다.

오답해설
① 아인슈타인은 시간과 공간을 합쳐서 4차원 공간인 시공간으로 정의하였고 시공간이 시간과 공간으로 서로 구별되지 않는다고 생각했다.
② '아인슈타인의 특수 상대성 이론이 발표되기 전까지 ~ 독립적인 물리량으로 보았다' 부분에서 확인할 수 있듯이 아인슈타인이 등장하기 전까지는 시간과 공간을 독립적인 물리량으로 보았다.
③ 아인슈타인이 등장하기 전까지 시간은 절대적인 물리량으로서 공간이나 다른 어떤 것의 변화에 의해 변하지 않는 것이었다.

20 ⑤

정답해설 셋째 문단에 따르면, 신경성 식욕 부진증의 근본적인 문제는 '나는 뚱뚱하다.'라고 자신의 신체 이미지를 심각하게 왜곡한다는 것이라고 한다.

오답해설
① 첫째 문단에 따르면 신경성 식욕 부진증은 '지나친 다이어트의 한 극단'이며, 둘째 문단에 따르면 이들은 '자신을 완벽하게 통제하려는 완벽주의적 성향이 강하다'고 하였다. 이를 통해 환자는 자신의 식욕을 강하게 통제할 것임을 알 수 있다.
② 셋째 문단에 따르면, 신경성 식욕 부진증 환자가 생명을 잃을 확률은 '10명 중에 1명'이다. 4%라는 수치는 전체 인구 중 해당 병에 걸렸을 것이라 추정되는 인구의 비중에 해당한다.
③ 신경성 식욕 부진증 환자가 음식 냄새조차 맡기를 거부한다는 내용은 지문에 제시되지 않았다.
④ 둘째 문단에 따르면, 신경성 식욕 부진증 환자들은 '음식물의 칼로리나 영양분에 대한 지식이 해박'하다고 한다.

21 ①

정답해설 첫째 문단에 따르면, 각 종들의 유전자는 '유기체의 생존과 번식을 돕기 위해 극도로 복잡한 일련의 생화학적 장치들을' 작동시킨다. 또한 셋째 문단에 따르면, 이 중 야생종들의 자연 생성물은 질병 유기체에 취약해지고 있는 인류를 위한 새로운 무기가 될 수 있다. 이를 통해 야생종의 유전자 연구가 인간의 생명 유지에도 도움이 될 수 있음을 알 수 있다.

오답해설
② 첫째 문단에 따르면 각 종들의 유전자는 긴 시간 환경에 적응하며 진화해 온 결과, 유기체의 생존과 번식을 위한 일련의 생화학적 장치들을 솜씨 있게 작동시킬 수 있게 되었다. 따라서 생화학적 장치들이 유전자의 진화보다 야생종들의 현존에 더 크게 기여했다고 보기 어렵다.
③ 첫째, 둘째 문단에 따르면 현재 살아남은 종들은 '자신들이 살고 있는 환경에 철저하게 적응'한 결과이며, 그로 인해 '야생종들이 인류가 살 만한 환경을 만들어 줄' 수 있는 것이다.
④ 셋째 문단에 따르면 '오늘날 가장 널리 쓰이는 물질들은 질병 유기체가 약에 대한 유전적 저항성을 획득함에 따라 그 효과가 점점 줄어들고 있'으며 인간은 박테리아, 미생물 등의 질병 유기체에 더 취약해지고 있다.
⑤ 셋째 문단에 따르면, 의학 연구자들에게 새로운 무기가 필요한 것은 빠르게 진화하는 기존의 병원체들과의 군비 경쟁에서 승리하기 위함이다. 새로운 병원체의 등장에 대한 내용은 지문에 제시되지 않았다.

22 ③

정답해설 첫째 문단에 따르면 올슨 패러독스란 '특별한 공동 이해관계로 묶인 소규모 그룹이 얼굴을 맞대고 단호히 일을 추진할 때, 대단히 애매한 일반적 이해를 가진 익명의 대규모 집단보다 훨씬 더 뛰어난 추진력을 보인다는 것'이다. 또한 둘째 문단에 따르면 자신의 이해관계부터 생각하는 인간의 본성 탓에 근본적 긴장은 항상 사라지지 않기 때문에 환경 운동은 완전히 보편적 방향으로 발달하기는 힘들다.
따라서 환경 운동에서 발생하는 올슨 패러독스는 근본적으로 해소되기 어렵다.

오답해설
① 둘째 문단에 따르면 현대화 과정에서 발달한 것은 이기적 이해관계가 아닌 '족별에 대한 충성심을 넘어서서 다른 가치를 더욱 중시하는 충성심'과 '이기적 이해관계를 넘어서서 환경 전체를 바라보는 안목'이다.
② 첫째 문단에 따르면 '초창기 환경 운동의 목표는 전통적인 자연 보호, 곧 특정 습지의 특정 조류를 보호하려는 좁은 생각의 극복'이며, 궁극적인 목적은 제시된 바 없다.
④ 첫째 문단에 따르면 '특별한 공동 이해관계로 묶인 소규모 그룹이 얼굴을 맞대고 단호히 일을 처리'하는 것과 '대단히 애매한 일반적 이해를 가진 익명의 대규모 집단'이 일을 추진하는 것을 비교하였으나 이것이 일치하는 것이 환경 운동의 과정이라고 설명하지는 않았다.
⑤ 환경운동이 공리주의 원칙에 따라 진행되어야 한다는 것은 제시되지 않았다. 또한 둘째 문단에 따르면 '자신의 직접적인 생활 환경을 지키려는 각오도 환경 정책에 결정적 영향을 미친다'.

23 ④

정답해설 첫째 문단에 따르면 표현적 글쓰기는 '종일 꾹꾹 참고 발설하지 않은 취약한 측면을 찾아내고 그것에 대해 경청할 기회를 주기 때문에 효과가 있는 것'이라고 하였다.

오답해설
① 첫째 문단에 따르면 표현적 글쓰기는 '고통스러운 감정을 마주해야 되'는 글쓰기이다.
② 첫째 문단에 따르면 우리는 '자수성가를 칭송하고 강인한 사람을 미화하는' 세상에 살고 있을 뿐, 표현적 글쓰기가 이에 필요한 것은 아니다. 오히려 그러한 세상에 대해 우리의 욕구를 표현할 수 있게 돕는다.
③ 둘째 문단에 따르면 표현적 글쓰기의 과정은 '다른 사람을 염두에 두지 않는다. 즉 '보통 타인이 볼 글을 쓸 때, 스스로 검열'하는데, 표현적 글쓰기는 그렇지 않다.
⑤ 둘째 문단에 따르면 표현적 글쓰기는 '두서없고, 누가 읽기에도 적합하지 않은 글을 쓴 후 버리면 된다.'고 하였다. 따라서 간직하도록 고안된 것이 아니다.

24 ④

정답해설 셋째 문단에 따르면 유전학과 뇌과학 등이 크게 발전하면서 성격에 대한 접근에 있어 '유전적으로 타고나는 기질의 중요성을 뒷받침하는 증거들이 발견되기 시작'하였으며, 이는 인간의 행동에 영향을 미치는 보편적인 특성으로 이어졌고 특성론적 성격 이론이 확립되었다.

오답해설
① 첫째 문단에 따르면 프로이트는 정신역동학을 주장하였는데, 이는 '성격의 형성 과정과 성격이 개인 행동에 미치는 영향에는 관심이 있었지만, 성격을 유형화하려는 시도는 하지 않았음을 알 수 있다.
② 지문을 통해 생물학적 방법론이 욕구의 억압 조절 문제에 관심을 가졌는지는 알 수 없으며, 셋째 문단에 따르면 부모의 양육 태도와 같은 환경을 강조한 것은 정신역동학이다.
③ 둘째 문단에 따르면 융이 '집단 무의식 수준의 보편적 원리들이 작동하여 성격이 형성된다고' 본 것이지, 융 이전의 정신역동학자들의 주장이 아니다.
⑤ 둘째 문단에 따르면 융은 인간의 정신이 대립원리에 의해 작동한다고 주장하였는데, 이 대립원리에 타고난 기질로 인해 나타나는 외향성과 내향성이 포함되는지는 알 수 없다. 또한 융이 주장한 대립원리에 의한 인간 정신의 작동 이론은 유형론적 성격 이론을 만드는 데 영향을 미쳤다.

25 ③

정답해설 지문의 첫 문장에서 재물을 우물에 비유하였는데, 지문에서 재물은 비단을 짜는 사람, 공장과 도공, 풀무장이 등 사농공상의 백성으로 표현된 경제 활동을 의미하며, 이를 우물에서 물을 퍼내면 가득 차고, 길어 내지 않으면 물이 말라 버리는 일상생활에 비유하여 설명한 것이다.

오답해설
① 지문에서는 '농업은 황폐해져 농사짓는 방법이 형편없고, 상업을 박대하므로 상업 자체가 실종되었다'고 하며 농업과 상업이 모두 위축되었음을 알리고 있다.
② 지문에서는 재물을 우물에 비유하였는데, 물을 퍼내면 물이 가득 차고, 반대로 물을 길어 내지 않으면 물이 말라 버린다고 하였다. 따라서 소비의 부족으로 공급이 줄어들고, 그 안에서도 서로 구제할 방법이 없음을 탄식하고 있다.

④ 지문에서는 다른 나라와 교류하지 않아 기술이 실종되고 있음을 분석한 것이 아니라, 내부 시장의 좋은 물건들을 소비하지 않으니 이와 같은 기술과 재물이 다른 나라로 흘러나가는 것이라 말하고 있다.

26 ①

정답해설 첫째 문단 마지막 문장에 의하면 진본성이나 공공성을 담지한 공식 기록을 선별해 남기려는 역사학적 관심사는 데이터 권력 질서와 자주 경합하거나 때론 데이터 권력에 의해 억압당한다.

오답해설
② 둘째 문단 마지막 문장에 의하면 지배적 알고리즘의 산식에는 개인적 차이 등이 무시되고 집단 욕망들의 경향과 패턴 포착만이 중시된다. 따라서 데이터 권력이 개인들의 섬세한 차이를 기록한 데이터의 가치를 높게 평가한다는 것은 적절하지 않다.
③ 첫째 문단에 의하면 데이터 취급을 통해 생존을 도모하는 데이터 기업 자본은 거대한 데이터 센터를 통해 데이터를 저장하고, 알고리즘을 통해 원하는 데이터를 찾는다. 따라서 알고리즘 산식을 이용해 데이터를 저장한다는 것은 적절하지 않다.
④ 역사학이 지배적 알고리즘을 수용한다는 내용과 역사학이 개인과 사회의 관계를 파악한다는 내용은 지문에서 제시되지 않았다.
⑤ 비정형 데이터를 활용함으로써 집단의 움직임을 파악하려 시도하는 주체는 닷컴 기업 또는 데이터 기업이다. 역사학은 닷컴 기업과 다르게 역사성과 객관성을 중시하여 어떤 데이터를 선별적으로 남기고 무엇을 포기할 것인가 또는 왜 특정의 데이터가 사회적 의미를 지니는지 등의 질문에 관심이 있다.

27 ③

정답해설 둘째 문단에 따르면 「독서문화진흥법」 제2조에는 '시각장애, 노령화 등의 신체적 장애 또는 경제적·사회적·지리적 제약 등으로 독서문화에서 소외되어 있거나 독서 자료의 이용이 어려운 자'를 독서 소외인으로 명시하고 있다. 따라서 신체적 장애로 인해 독서 자료의 이용이 어려운 사람은 독서 소외인에 해당함을 알 수 있다.

오답해설
① 첫째 문단에 따르면 경제협력개발기구 가입 국가의 평균 독서율이 20.2%인 것에 비하여 우리나라의 독서율은 8.4%로 매우 낮은 편이다.
② 둘째 문단에 따르면 「독서문화진흥법」 제2조에서 정의하고 있는 독서 소외인은 '시각장애, 노령화 등의 신체적 장애 또는 경제적·사회적·지리적 제약 등으로 독서문화에서 소외되어 있거나 독서 자료의 이용이 어려운 자'이다. 초등학교 저학년은 '신체적 장애'나 '경제적·사회적·지리적 제약'으로 인해 독서 자료의 이용이 어려운 게 아니라 '한글 해득을 완전히 숙달하지 못해' 독서 자료의 이용이 어려운 것이므로, 독서 소외인에 해당하지 않는다.
④ 마지막 문단에 따르면 독서 치유 프로그램은 '교정 시설', 즉 수용자들의 독서 소외를 해소하기 위한 맞춤형 프로그램이다.

28 ④

정답해설 다섯째 문단에 의하면 당시 '리(里)'라고 불린 촌락 공동체에서는 자연 발생적으로 유교적인 윤리나 규범이 지켜지고 있었다. 여섯째 문단에 의하면 한 무제는 이것을 국가 차원에까지 확대 적용한다면 절대주의적 황제 권력의 확립에 도움이 될 것이라고 생각하여 유교를 국교로 정한 것이다. 따라서 유교가 국교로 지정되기 이전부터 촌락 공동체에서는 유교의 도덕규범이 행해지고 있었음을 알 수 있다.

오답해설
① 둘째 문단에 의하면 법에 의한 지배를 유지하는 일은 국가의 경제적 측면에서 대단히 큰 부담이다. 따라서 도가가 아니라 법가를 통치 이념으로 채택할 경우 비용이 많이 든다고 하는 것이 적절하다.
② 셋째 문단에 의하면 한나라 초기의 위정자나 사상가는 '이러한 역사'를 반성하였는데 이때 '이러한 역사'는 법가의 경제 정책이 아니라 법에 의한 지배의 실효성을 의미한다.
③ 셋째 문단에서 한나라 가의가 법치주의의 가혹함을 혹독하게 비판했음을 알 수 있을 뿐 도가 사상이 주도하였는지는 알 수 없다.
⑤ 넷째 문단에 의하면 한나라의 국가 정비 과정에서 도가 사상은 후퇴하였다. 따라서 도가가 한나라의 국가 정비를 가로막았다는 것은 적절하지 않다.

29 ③

정답해설 첫째 문단에서 '인간의 행동은 유전적인 적응 성향과 이러한 적응 성향을 발달시키고 활성화되게 하는 환경으로부터의 입력이 상호작용한 결과이다.'라고 하였다. 따라서 같은 조상을 두어 유전적인 적응 성향이 동일하더라도, 환경에서 얻은 정보가 다르다면 행동은 다르게 나타날 수 있다는 것을 알 수 있다.

오답해설
① 인간의 행동은 유전과 환경이 상호작용한 결과라는 내용만 알 수 있을 뿐, 행동과 마음이 각각 환경과 유전의 영향으로 결정되는지는 알 수 없다.
② 둘째 문단에 따르면, '구석기시대의 적응 방식을 오늘날 인간이 지니고 있어 생기는 문제점이 있다'고 하였다. 이를 통해 상황의 복잡성이 커질수록 인지적 전략의 최적화되는 것은 아니라는 것을 알 수 있다.
④ 첫째 문단에 따르면, 인간의 행동은 유전적 성향과 환경으로부터의 입력이 상호작용한 결과이다. 둘 중 유전적 성향보다 환경이 인간의 진화 방향을 우선적으로 결정하였다는 내용은 없다.

30 ③

정답해설 둘째 문단에 따르면 '영어와 같이 국제적으로 세력을 얻어 글로벌 시대에 의사소통의 가교 역할을 하는 언어도 있다'며 '이러한 언어들을 링구아 프랑카라고 부른다'라고 했다. 이를 통해, 국제사회에서 영향력이 강한 나라가 등장하면 그 나라의 언어가 링구아 프랑카가 될 수 있다는 것을 추론할 수 있다.

오답해설
① 지문은 많은 언어가 분기하고 사멸한다고 언급하고 있을 뿐, 분기와 사멸의 속도나 그것을 가속화하는 요인에 대해서는 설명하지 않는다.
② 둘째 문단에서 그리스어나 라틴어가 과거 링구아 프랑카로 기능했다는 것을 알 수 있다. 그러나 링구아 프랑카가 다른 언어보다 쉽게 변하지 않는다는 것에 대한 근거는 지문에서 찾을 수 없다.
④ 첫째 문단의 '언어는 살아 있는 생명체와 같아서 지금 이 시간에도 변화는 계속되고 있다'를 통해 언어가 끊임없이 변화함을 알 수 있다. '어리다'의 의미가 '어리석다'에서 '나이가 적다'로 변화한 것도 그러한 사례이다. 그러나 크리올은 급조된 언어인 '피진'을 사용하는 집단의 후대가 탄생시킨 새로운 언어이므로, '어리다'의 의미 변화를 피진에서 크리올로 변화한 사례로 볼 수는 없다.

31 ①

정답해설 (가)에서 경험론자들은 모든 관념과 판단이 감각 경험에서 출발한다고 주장하면서 어떤 지식도 절대적으로 확신할 수 없다고 하였다. (나)에서 실용적 기술 개발은 상당한 정확성을 요구하는 과학적 연구와 대조되었으므로, 일차적으로 감각 경험을 인정하면서도 절대적인 확신을 부정하는 경험론적 사고에 토대를 둔다는 것을 알 수 있다.

오답해설
② (가)에서 세계가 끊임없이 변화한다는 언급은 찾을 수 있으나, (나)에서 검증 절차를 거친 후 감각적 정보를 받아들이는 것(합리론적 사고)이 일상생활을 영위하는 것을 불가능하게 만든다고 하였으므로 합리론적 사고를 우선하는 것은 아니다.
③ (나)에서 과학적 연구는 상당한 정도의 정확성을 요구하므로 경험적 자료에 대해 어느 정도의 경계심을 유지하는 것은 당연하다고 하였으므로, 과학 연구는 합리론을 버리고 철저히 경험론을 바탕으로 이루어져야 한다는 내용은 적절하지 않다.
④ (나)에서 과학적 연구는 경험적 자료에 대해 경계심을 유지하는 것이 당연하다고 하였으므로, 감각에 대한 신뢰는 어느 분야에나 전적으로 차별 없이 요구되는 것으로 볼 수 없다.

32 ④

정답해설 (가)와 (나)에 따르면 테스토스테론 호르몬이 공격적 반응을 유발할 수 있는데, 성장기에 얼굴 길이와 눈썹활 돌출 정도를 조절한다고 한다. 이와 관련하여 (다)에서 연구자들이 눈썹활 및 얼굴 길이와 폭을 조사한 것은 테스토스테론 수치를 분석하기 위함이다. 또한 (라)에 따르면 눈썹활 높이가 낮아지고 얼굴의 길이가 짧고 좁아졌음을 통해 공격적 반응을 유발하는 호르몬인 테스토스테론이 줄어들었음을, 즉 인간이 친화적인 방향으로 진화했음을 알 수 있다.

오답해설
① (나)에 따르면, 인위적으로 테스토스테론을 주입한다고 해서 더 높은 공격성을 보이는 것은 아니다. 테스토스테론 수치가 다른 호르몬과의 상호작용이 일어났을 때 공격적 반응이 유발되는 것이며, 이 경우에서 경쟁 상황일 때 더 큰 효과가 나타나는 것이다.
② 〈보기〉의 사람 자기가축화 가설은 친화력을 높이는 호르몬 수치가 높은 개인들이 성공하게 되었다고 설명한다. 즉 사람 자기가축화 가설을 전제할 때 친화적 호르몬 수치가 높은 인류가 현생 인류일 뿐, 공격성을 유발하는 호르몬인 테스토스테론 수치를 감소시키기 위한 노력으로 현생 인류가 탄생한 것은 아니다.
③ 〈보기〉에서 언급한 '관련 호르몬'이란 친화력을 높이는 것과 관련된 호르몬을 의미하는 것이지, (나)에서 설명하는 테스토스테론과 상호작용하며 공격적 반응을 유발하는 '다른 호르몬'과는 다른 것이다.
⑤ (라)의 '동안인 얼굴'은 눈썹활 높이가 더 낮아지고 얼굴의 길이가 짧고 폭이 좁은 얼굴을 말한다. 하지만 이는 테스토스테론의 감소를 의미할 뿐, 이를 통해 여성호르몬이 인류의 사회성 발달에 필수적인 역할을 했다는 내용을 추론하기는 어렵다.

33 ⑤

정답해설 ISBN-10은 총 10자리의 숫자로 구성되어 있다. 그리고 지문에 따르면 ISBN-10이 유효한 것이라면 이 ISBN-10의 열 개 숫자에 각각 순서대로 10, 9, …, 2, 1의 가중치를 곱해서 각 곱셈의 값을 모두 더한 값이 반드시 11로 나누어떨어져야 한다. 맨 마지막 숫자인 확인 숫자의 앞의 9자리에 각각 10, 9, …, 2를 곱하여 더한 값이 이미 11로 나누어떨어진다면, 0부터 10까지 들어갈 수 있는 확인 숫자에 1을 곱하였을 때 11의 배수가 나오거나 0이 나와야지만 총합이 11로 나누어떨어질 수 있다. 0부터 10까지의 숫자에 1을 곱하였을 때 11의 배수가 나올 수 있는 경우는 없으므로 이 경우 확인 숫자는 반드시 0이어야 함을 알 수 있다.

✗ 오답해설

① ISBN-10의 첫 번째 부분은 책이 출판된 국가 또는 언어 권역을 나타낸다. 대한민국은 89의 값을 가지지만, 다른 예시를 살펴보면 영국이 아닌 '영어권'은 0을, 프랑스가 아닌 '프랑스어권'은 2를 가진다. 즉 첫 번째 부분의 숫자가 같으면 같은 나라에서 출판된 책일 수도, 같은 언어를 사용하는 나라 중 다른 나라의 책일 수도 있는 것이다.
② ISBN-10이 부여된 임의의 책은 2006년까지 출판된 도서에 해당하며, ISBN-13을 부여받기 위해서는 2007년 이후에 출판된 도서여야 한다. 따라서 ISBN-10에 숫자 3자리를 추가한다고 해서 그 책의 ISBN-13을 얻을 수 있는 것은 아니다.
③ ISBN-10의 세 번째 부분은 출판사에서 그 책에 임의로 붙인 번호를 나타낸다고 하였다. 따라서 선지의 세 번째 부분인 00424는 출판사에서 424번째로 출판한 책이 아닌 임의로 부여한 번호이다.
④ ISBN-10의 두 번째 부분의 숫자는 국가별 ISBN 기관에서 그 국가에 있는 각 출판사에 할당한 번호를 나타낸다. 그러나 이것은 국가별로 출판사에 할당한 번호이기 때문에 서로 다른 국가에 있는 다른 출판사가 같은 두 번째 부분의 숫자를 할당받을 수 있다는 것을 의미한다. 즉 ③번 선지를 예로 들었을 때 두 번째 부분이 똑같이 285이더라도 국가가 달라 첫 번째 부분의 숫자가 다르면 서로 다른 출판사에서 출판된 책일 수 있다는 것이다.

34 ⑤

◎ 정답해설 셋째 문단에 따르면 학습된 공포 반응을 일으키는 경우, 청각시상으로 전달된 소리 자극 신호는 학습을 수행하기 전 상태에서 전달되는 것보다 훨씬 센 강도의 신호로 증폭되어 측핵으로 전달된다. 또한 넷째 문단에 따르면 학습된 안정 반응을 일으키는 경우에는 소리 자극 신호를 받은 청각시상에서 만들어진 신호가 측핵으로 전달되는 것이 억제되기 때문에 측핵에 전달된 신호는 매우 미약해진다고 하였다. 따라서 두 경우 모두 청각시상에서 측핵으로 전달되는 신호의 세기는 학습하기 전과 달라진다는 것을 알 수 있다.

✗ 오답해설

① 학습된 안정 반응이 나타나는 것은 청각시상에서 만들어진 신호가 측핵으로 전달되는 것이 억제되고 대신 선조체에서 반응이 세게 나타날 때이다. 중핵은 측핵에서 전달된 신호를 신체 기관에 전달하므로, 중핵에서 만들어진 신호의 세기가 강할 때 학습된 안정 반응이 나타난다는 것은 옳지 않다.
② 넷째 문단에 따르면 선조체는 안정 상태와 같은 긍정적이고 좋은 느낌을 느낄 수 있게 하는 것에 관여하는 뇌 영역으로, 선조체에서 반응이 세게 나타나면 안정감을 느끼게 되어 학습된 안정 반응을 일으킨다. 하지만 이를 통해 학습된 공포 반응을 일으키지 않는 소리 자극이 주어졌을 때 선조체에서 약한 반응이 일어나는지는 알 수 없다.
③ 청각시상은 측핵에 전달된 신호가 매우 미약할 때 대신 선조체에서 반응을 일으킬 수 있는 자극 신호를 만든다고 하였다. 그러나 학습된 공포 반응을 일으키는 소리 자극은 학습 전보다 증폭되어 측핵으로 전달된다. 따라서 소리 자극이 청각시상에서 선조체로 전달되는 자극 신호를 억제하는 것이 아니라, 측핵에 전달된 신호가 증폭되어 있기 때문에 청각시상이 선조체로 전달될 자극 신호를 만들지 않는 것이다.
④ 특정한 반응을 일으키는 소리 자극 신호가 증폭되거나 미약해지는 것은 청각시상에 도달한 이후 측핵으로 전달될 때이므로 학습된 안정 반응을 일으키는 청각시상에서 받는 소리 자극 신호가 학습된 공포 반응을 일으키는 청각시상에서 받는 소리 자극 신호보다 약하다는 것은 옳지 않다.

35 ②

◎ 정답해설

실험
실험군 1: 학습 위주 경험
실험군 2: 운동 위주 경험
실험군 3: 어떠한 학습이나 운동 경험 X

실험 결과
실험군 1: 뇌 신경 세포 한 개당 시냅스 수 증가, 대뇌 피질의 지각 영역에서 구조 변화
실험군 2: 뇌 신경 세포 한 개당 모세혈관 수 증가, 대뇌 피질의 운동 영역, 소뇌에서 구조 변화
실험군 3: 거의 변화 없음.

② 뇌의 신경세포당 시냅스 수가 변한 것은 학습 위주의 경험을 한 실험군 1의 쥐이고, 뇌의 신경세포당 모세혈관 수가 변한 것은 운동 위주의 경험을 한 실험군 2의 쥐이므로 학습 위주 경험은 뇌의 신경세포당 시냅스의 수에, 운동 위주 경험은 뇌의 신경세포당 모세혈관의 수에 영향을 미친다는 것을 알 수 있다.

✗ 오답해설

① 학습 위주 경험을 한 실험군과 운동 위주의 경험을 한 실험군 모두 대뇌 피질의 구조 변화가 있었다. 하지만 이 실험을 통해 어느 경험이 더 큰 영향을 주는지는 알 수 없다.
③ 학습 위주 경험과 운동 위주의 경험 모두 뇌 구조를 변하게 하였으나 이를 통해 뇌의 특정 부위에 있는 신경세포 수를 늘리는지는 알 수 없다.
④ 특정 형태의 경험으로 인해 뇌의 특정 영역에 구조 변화가 일어나거나 뇌의 신경세포당 모세혈관 또는 시냅스 수가 변화하는 것은 맞지만 뇌의 특정 영역에 발생한 구조 변화가 뇌의 신경세포당 모세혈관 또는 시냅스의 수를 변화시키는지는 알 수 없다.
⑤ 뇌가 영역별로 특별한 구조를 갖는 것과 그 영역에서 신경세포당 모세혈관 또는 시냅스의 수가 어떠한 상관관계가 있다는 것은 추론할 수 있으나 뇌가 영역별로 특별한 구조를 갖는 것이 그 영역에서 신경세포당 모세혈관 또는 시냅스의 수를 변화시켜 특정 형태의 경험을 더 잘 수행할 수 있게 하는지는 알 수 없다.

36 ②

◎ 정답해설 둘째 문단의 첫 문장과 둘째 문장을 통해, 인디언들은 구세계의 질병에 노출된 적이 없어 면역성이나 유전적 저항력을 갖추고 있지 않았다는 것을 알 수 있다.

✗ 오답해설

① 인디언들이 죽은 주된 요인으로 '구세계의 병원균'을 꼽고 있다. 이 병원균은 유럽인들이 아메리카를 정복하러 오며 들어온 것이므로, '구세계'는 유럽을, '신세계'는 아메리카를 말함을 알 수 있다.
③ 만단족 인디언들의 인구 감소는 백인들의 무기 사용 때문이 아니라, '세인트루이스에서 미주리 강을 타고 거슬러 온 증기선'에서 전달

된 천연두 병원균에 의한 것이다.
④ 글쓴이는 어릴 때에 '북아메리카에는 100만 명가량의 인디언밖에 없었다.'고 배웠지만, 이후 유럽인 탐험가들의 기록이 상세히 연구되며 '인디언들이 처음에는 약 2000만 명에 달했다는 것'을 알게 되었다.

37 ①

정답해설 ㉠은 하나의 고정된 시점에서 본 것처럼 그림을 그렸고, 눈이 하나의 시점으로 세상을 인식한다고 믿는다. 반면, ㉡, ㉢의 다양한 각도와 시점을 결합하는 시도 등은 대상을 바라보는 관점의 다양성을 인정한다.

오답해설
② ㉠은 하나의 고정된 시점에서 그림의 장면 및 주체를 조망했으며, 첫째 문단의 '하나의 시점으로 세상을 인식한다는 기존의 믿음'은 ㉠을 의미한다. 단일한 시간과 공간을 기준으로 대상을 바라본다는 것은 ㉠과 부합하는 설명이다. 반면 ㉡과, ㉡에서 영향을 받아 생겨난 ㉢은 공간을 의도적으로 왜곡하거나, 다양한 각도와 시점을 결합했고, 사물의 형태를 파편화하였다. 궁극적으로 '이러한 그림은 시간과 공간에 따른 움직임의 감각을 만들어 냈다'는 내용을 통해, 이들은 다양한 시간과 공간을 기준으로 대상을 파악한다고 보아야 한다. 따라서 '㉡, ㉢과 달리 ㉠은 단일한 시간과 공간을 기준으로 대상을 파악한다.'라고 수정해야 한다.
③ ㉠은 '자신의 그림이 세상을 향한 창'처럼 보이기를 원했다. 즉, 있는 그대로 묘사하는 것이 회화의 목적이라고 본 것이다. 반면 ㉡과 ㉢은 회화적 공간을 왜곡하거나, 사물의 형태를 파편화하는 시도를 하였는데, 이는 대상을 있는 그대로 묘사하는 것과는 거리가 멀다. 따라서 '㉡, ㉢과 달리 ㉠은 대상을 있는 그대로 묘사하는 것이 회화의 목적이라 여긴다.'라고 수정해야 한다.
④ '가까이 있는 대상은 크게, 멀리 있는 대상은 작게 표현하는 방법'은 전통적인 원근법에 해당한다. 이는 단일 관점에서 대상과 공간을 파악하는 ㉠이 취한 방식이다. ㉡과 ㉢은 일관된 원근법 체계를 사용하지 않았으므로, '㉠만 가까이 있는 대상은 크게, 멀리 있는 대상은 작게 표현하는 방식을 취한다.'라고 수정해야 한다.

PART 5
맥락에서 조건을 추출하는 능력

Chapter 01 어휘 추론과 문맥 추론

본문 P.160

1 ④

정답해설 ㉣ 예시의 '알다'는 '어떠한 사실에 대하여 그러하다고 믿거나 생각하다'를 의미한다. ㉣의 '사람이 어떤 일을 어떻게 할지 스스로 정하거나 판단하다'를 의미하는 '알다'의 예시로는 '네 일은 네가 알아서 해라.' 등이 있다.

오답해설
모두 적절한 예시이다.
① ㉠ 알다: 어떤 일을 할 능력이나 소양이 있다.
② ㉡ 알다: 다른 사람과 사귐이 있거나 안면이 있다.
③ ㉢ 알다: 어떤 일에 대하여 관여하거나 관심을 가지다.

2 ②

정답해설 '아이가 말을 참 잘 듣는다.'의 기본형 '듣다'는 "'말', '말씀' 따위를 목적어로 하여 다른 사람의 말을 받아들여 그렇게 하다."라는 의미로, '~을'을 필수적으로 요구하는 서술어이다. 이와 유사한 의미로 사용된 선지는 '② 학교에 가면 선생님 말씀을 잘 들어라.'이다.
듣다¹ ① 【…을】「4」('말', '말씀' 따위를 목적어로 하여) 다른 사람의 말을 받아들여 그렇게 하다.
㉠ 아이가 말을 참 잘 듣는다. / 왜 그렇게 말을 안 듣니? / 학교에 가면 선생님 말씀을 잘 들어라.

오답해설
① '이 약은 나에게 잘 듣는다.'의 '듣다'는 '주로 약 따위가 효험을 나타내다.'의 의미이다.
듣다¹ ④ 【…에/에게】 주로 약 따위가 효험을 나타내다.
㉠ 두통에 잘 듣는 약. / 그 약은 다른 약보다 나에게 잘 듣는다.
③ '이번 학기에는 여섯 과목을 들을 계획이다.'의 '듣다'는 '수업이나 강의 따위에 참여하여 어떤 내용을 배우다.'의 의미이다.
듣다¹ ① 【…을】「3」 수업이나 강의 따위에 참여하여 어떤 내용을 배우다.
㉠ 외국어 수업을 듣다. / 인문학 강연을 듣다. / 나는 이번 학기에 여섯 과목을 들을 계획이다.
④ '브레이크가 말을 듣지 않아 사고가 날 뻔했다.'의 '듣다'는 '기계, 장치 따위가 정상적으로 움직이다.'라는 의미이다.
듣다¹ ① 【…을】「5」 ('말' 따위를 목적어로 하여) 기계, 장치 따위가 정상적으로 움직이다.
㉠ 운전 중에 브레이크가 말을 듣지 않아 사고가 날 뻔했다. / 말 잘 듣던 청소기가 오늘따라 왜 고장인지 모르겠다.

3 ④

정답해설 지문의 밑줄 친 '품'과 ④의 '품'은 '행동이나 말씨에서 드러나는 태도나 됨됨이.'의 뜻이다.
품³: 행동이나 말씨에서 드러나는 태도나 됨됨이. ≒ 품새.
예 말하는 품이 어른 같다. / 생긴 품이 자기 아버지를 닮았다. / 옷 입는 품을 보면 그 사람을 알 수 있다.

❌ 오답해설
① '두 팔을 벌려서 안을 때의 가슴.'의 뜻으로 쓰였다.
② '윗옷의 겨드랑이 밑의 가슴과 등을 두르는 부분의 넓이.'의 뜻으로 쓰였다.
③ '어떤 일에 드는 힘이나 수고'의 뜻으로 쓰였다.
• **품(을) 갚다**: 남에게 받은 품을 돌려주기 위하여 상대에게 품을 제공하다.
⑤ '삯을 받고 하는 일.'의 뜻으로 쓰였다.

4 ③
✅ 정답해설
'옷을 햇볕에 말리고'와 '등잔불에 책을 읽는'의 '에'는 앞말이 '햇볕', '등잔불'이므로 '앞말이 수단, 방법 따위가 되는 부사어임을 나타내는' 격 조사이다.

❌ 오답해설
① '화분에 물을 주는'의 '에'는 '앞말이 어떤 움직임이나 작용이 미치는 대상의 부사어임을 나타내는' 격 조사이다.
② '요란한 소리에 잠을 깨서'의 '에'는 '앞말이 원인의 부사어임을 나타내는' 격 조사이다.
④ '차가 감기에 잘 듣는다.'의 '에'는 '앞말이 목표나 목적의 대상이 되는 부사어임을 나타내는' 격 조사이다.

5 ①
✅ 정답해설
㉠ 지문의 마지막 문장에서 '표준어 형성, 국어의 통합'을 통해 언어의 단일화를 이루기 위한 언어 정책이 '시행'되었음을 알 수 있다. '시행'은 '실지로 행함'의 의미고, '중단'은 '중도에 끊어지거나 끊음'의 의미다.
㉡ 칭기즈 칸의 침략 후 러시아 사회의 문장어와 방언 사이의 차이가 커졌다. 이에 표트르 대제는 러시아어 표준 정책을 강력히 실시했다. 이때 '차이'와 같은 의미인 '격차'가 ㉡에 적절하다. 한편, '편차'는 '수치, 위치, 방향 따위가 일정한 기준에서 벗어난 정도나 크기'를 뜻한다.
㉢ '방식'은 '일정한 방법이나 형식'이라는 뜻이고, '기반'은 '기초가 되는 바탕, 또는 사물의 토대'라는 뜻이다. 러시아어 표준 정책을 실시하기 위해 모스크바어를 '기반'으로 삼은 것이지, '방법'으로 활용한 것은 아니므로 '기반'이 적절하다.
㉣ 위계 서열이 있는 봉건제가 붕괴되면 민주 의식이 높아질 것이다. 따라서 '정신이나 기분 따위를 북돋워서 높임'이라는 뜻의 '고양'이 ㉣에 들어가는 것이 적절하다. '지양'은 '더 높은 단계로 오르기 위하여 어떠한 것을 하지 아니함'의 의미다.

6 ④
✅ 정답해설
㉠ ㉠을 이용하여 (유전자)의 먼 과거까지 들여다볼 수 있다고 했으므로, '정보'가 들어가는 것이 적절하다. → 선지 ①, ③, ⑤ 탈락
유전자가 '사상(어떠한 사물에 대하여 가지고 있는 구체적인 사고나 생각)'을 가진 대상이라 보기도 어렵고 그것을 통해 과거를 알 수 있다는 것도 적절하지 않다.

㉡ '카르텔'은 '동일 업종의 기업이 협정을 맺어 형성하는 독점 형태'를 의미한다. 따라서 '경쟁하는'이 아니라 '협력하는'이 들어가야 한다. → 선지 ②, ③ 탈락
㉢ '음각'은 글자나 그림이 안으로 들어가게 도장을 새기는 것이고, '양각'은 글자나 그림이 위로 도드라지게 도장을 새기는 것이라는 점에서 차이가 있다. 맥락상 유전자가 환경에 무언가 특징을 기록으로 남기는 것이므로, 유전자를 '그림'에 환경을 '도장'에 각각 빗대어 '음각 도장'으로 표현하는 것이 자연스럽다. → 선지 ②, ⑤ 탈락
㉣ 둘째 문단에서 두더지와 아라비아낙타의 DNA를 통해 그 조상이 살았던 환경을 읽어 내고 있으므로, DNA와 비슷한 '유전체'가 들어가는 것이 자연스럽다. → 선지 ③, ⑤ 탈락
따라서 정답은 ④가 된다.

7 ④
지문에서 '액자'는 '그림'을 더욱 돋보이게 한다. 따라서 'B는 A를 돋보이게 한다'와 같은 관계를 찾으면, '옷차림'은 '내면'을 돋보이게 한다는 ④가 정답이다.

❌ 오답해설
① B가 A를 만든다, B는 A의 요인이다.
② A를 B처럼 여기다, A를 B로 활용하다. A = B
③ A 속에 B가 있다, 혹은 B로 A를 만든다.

8 ④
✅ 정답해설
늙은 황룡(ⓔ)은 활 잘 쏘는 청년(ⓓ)의 도움을 받았으며, 서해 용왕(ⓐ) 역시 작제건(ⓕ)의 도움을 받았다. 이들은 모두 인간 존재의 도움을 받은 신적 존재라 할 수 있다.

❌ 오답해설
① 늙은 여우(ⓐ)는 악한 존재로 볼 수 있으나, 황금산 앞바다의 황룡(㉠)은 악한 존재라고 단정짓기 어렵다. 청룡과 황룡 사이에서 누가 선한 용인지 나와 있지 않기 때문이다.
② 둘째 문단에 따르면 인간 존재가 용을 도와주고 그 대가를 받게 될 때 용은 풍요의 신에서 권력의 신으로 변형된다. 그러나 칠산 앞바다의 청룡(ⓒ)과 가뭄을 발생시키던 청룡(ⓐ)은 풍요의 신일 뿐 권력의 신으로 변형된 존재라고 말하기 어렵다.
③ 용을 도운 대가로 영웅이 권력을 지니게 되었다는 내용은 둘째 문단에 등장한 서해 용왕(ⓐ)과 관련이 있다. 젊은 청룡(ⓒ)과 벽골제를 수호하는 백룡(ⓑ)은 모두 첫째 문단에 등장한 용으로, 영웅의 권력을 뒷받침한 존재와는 거리가 멀다.
⑤ 작제건(ⓕ)은 용왕을 도와준 대가로 용왕의 딸을 아내로 맞이한 것이지, 옥토(沃土)를 얻은 것이 아니다. 용을 도와준 대가로 기름진 논을 얻은 존재는 활 잘 쏘는 청년(ⓓ)이다.

9 ③
✅ 정답해설
㉠은 '자신의 신념과 일치하는 정보'의 반대 정보, 즉 자신의 신념과 일치하지 않는 정보를 의미한다.
㉡은 '기존의 믿음이나 견해와 일치하는 정보'의 반대 정보, 즉 기존의 믿음이나 견해와 일치하지 않는 정보를 의미한다.
㉢은 '자신이 가진 기존의 견해와 일치하는 정보'의 두 가지 이점을 소개하며 ㉢을 '그러한 정보'라고 하였으므로 자신이 가진 기존의 견해와 일치하는 정보, 즉 자신의 신념과 일치하는 정보를 의미한다.
㉣의 경우 '지지하는 당 후보의 주장'은 자신의 신념과 일치하는 정보를 의미하며 '반대 당 후보의 주장'은 자신의 신념과 일치하지 않

는 정보를 의미한다. 즉 ㉣은 자신의 신념과 일치하지 않는 정보를 뜻한다.
㉠~㉣ 중 ㉢만이 자신이 가진 기존의 견해와 일치하는 정보를 의미한다.

10 ②

정답해설 ㉠에서 말하는 '가족'은 엥겔스가 말한 사유 재산과 함께 종말을 맞을 대상이었다. 이는 '유토피아'에 배치되는 개념이라 언급된 ㉡과 같은 의미이다.
㉢은 '기존의 가부장제 가족'이며 토머스 모어의 '유토피아'는 '예외적으로' ㉢을 인정한 것이다. 하지만 '사회 단일체의 이상' 속 '가족'인 ㉣은 '이러한'이라는 지시어를 통해 ㉤과 연결되며, 사적 재산을 소유할 수 없다는 것을 알 수 있다. 따라서 ㉣과 ㉤의 '가족'은 ㉠, ㉡, ㉢에서 언급한 '가족'과 다른 '유토피아의 가족'을 의미한다는 것을 알 수 있다.
이를 정리하며 유토피아의 가족은 'ⓑ 가족이 아닌 ⓐ 가족이라 하였으므로, ⓑ은 ㉠㉡㉢과 ⓐ은 ㉣㉤과 같은 의미임을 알 수 있다.

11 ②

정답해설 앳킨슨은 '㉠(그들)의 생각을 비난'하였다. 그는 스톤헨지를 세운 사람들을 '야만인'으로 묘사하였으므로, 스톤헨지가 연산장치라고 본 '호일'이나, 태양과 달을 관찰하기 위한 기구라고 한 '톰', 그리고 스톤헨지의 모양이 태양과 달의 배열을 나타낸 것이라고 한 '호킨스' 모두 ㉠에 포함된다.
'㉡(이들)'은 앳킨슨에 의해 '야만인'으로 묘사된 '스톤헨지를 세운 사람들'이다. 앳킨슨은 이들이 과학적 사고를 할 줄 모른다고 했다.
'㉢(이들)'은 '신석기시대보다 훨씬 이전인 4만 년 전의 사람들도 신체적으로 우리와 동일했으며 지능 또한 우리보다 열등했다고 볼 근거가 없다'고 주장했다. 따라서 ㉢은 앳킨슨을 비판한, '호킨스를 옹호하는 학자들'을 의미한다.
지문에 따르면, '㉣(그들)'에게는 우리처럼 방대하고 정교한 문자 기록이 없었다고 하였다. 바로 앞 문장과 연결하여 볼 때, ㉣은 현대인과 같은 과학적 사고와 기술적 지식을 가지지는 못했던 '스톤헨지의 건설자들'을 의미한다.

12 ④

정답해설 '한문으로 쓰여진 문학을 국문학에서 완전히 배제하지 않고', ㉠(전자) 중 일부를 ㉡(후자)의 주변부에 위치시킨다고 하였다. 따라서 ㉠은 한문으로 쓰여진 문학, 즉 한문문학을 지시하고 ㉡은 국문학을 지시한다.
국문학을 '순(純)국문학'과 '준(準)국문학'으로 구별하게 되었는데 ㉢(전자)을 '좁은 의미의 국문학', ㉣(후자)을 '넓은 의미의 국문학'으로도 칭할 수 있다고 하였다. 따라서 ㉢은 순(純)국문학을 지시하고, ㉣은 준(準)국문학을 지시한다.
순국문학과 준국문학을 구분하는 데에는 논자마다 차이가 있는데, 국문으로 된 것을 ㉤(전자)에, 한문으로 된 것을 ㉥(후자)에 귀속시켰다고 하였다. 따라서 ㉤은 순(純)국문학을 지시하고, ㉥은 준(準)국문학을 지시한다.
따라서 지시하는 바가 같은 것은 ㉢/㉤(순국문학), ㉣/㉥(준국문학)이다.

오답해설
① ㉠은 한문문학, ㉢은 순(純)국문학을 지시하므로 같은 대상이 아니다.
② ㉡은 국문학, ㉣은 준(準)국문학을 지시하므로 같은 대상이 아니다.
③ ㉡은 국문학, ㉥은 준(準)국문학을 지시하므로 같은 대상이 아니다.

13 ③

정답해설 지문의 첫째 문장은 '급격하게 돌아가는 현대적 생활 방식은 종종 삶을 즐기지 못하게 방해한다'라고 하였다. 따라서 세계적으로 유명한 음악가의 연주였지만 사람들이 멈춰 서서 듣지 않은 이유는 워싱턴시의 출근길이었기 때문이다. 즉, 출근하느라 연주를 감상할 여유가 없었기 때문이다.

오답해설
① 연주한 장소가 지하철역이었던 것이 문제가 아니라 사람들이 여유가 없는 출근길이었다는 것이 문제이다.
② 지문에 따르면, 출근길에 연주가를 지나쳐 간 사람은 천여 명에 달한다. 따라서 연주하는 동안 연주가를 지나쳐 간 사람은 적지 않았음을 알 수 있다.
④ 연주가가 조슈아 벨이었고 평상시 그의 콘서트 입장권이 백 달러가 넘었다는 것은 그가 세계적으로 유명한 연주가임을 강조하기 위해 추가된 설명이다. 하지만 이 가격의 입장권이 그의 지하철역 연주를 듣기 위해서 요구된 것은 아니므로 이는 사람들이 연주를 위해 서 있지 못한 이유로 적절하지 않다.

14 ④

정답해설 지문에서는 문화변동이 일어나는 네 가지 경우를 생물 진화의 유전적 진화 원리에 비유하여 설명하고 있다. 하지만 적자생존에 관한 내용은 지문에 제시되지 않았다.

오답해설
① '첫째, 생물진화의 돌연변이처럼 ~ 일어난다.'의 부분을 통해 확인할 수 있다.
② '넷째, 유전자 유실처럼 ~ 일어난다.'의 부분을 통해 확인할 수 있다.
③ '셋째, 유전자 제거처럼 ~ 일으킨다.'의 부분을 통해 확인할 수 있다.

 # Chapter 02 빈칸 추론

본문 P.167

1 ①

○ 정답해설 '빈칸'은 읽기 능력이 부족한 독자가 읽기 능력이 평균인 독자에 비해 난해하다고 느끼는 단어가 무엇인지에 대한 것이다.
지문을 요약하면, 읽기 능력 하위 집단(A)은 읽기 능력 평균 집단(B)에 비해 눈동자의 평균 고정 빈도가 많다. 이는 상대적으로 A집단이 더 많은 단어에 고정한다는 뜻으로, 고정이 관찰될 때 의미를 이해하려는 시도가 이루어진다는 점에서 A집단이 B집단에 비해 상대적으로 난해하다고 느끼는 단어가 더 많음을 알 수 있다.
한편, A집단은 B집단에 비해 눈동자의 평균 고정 시간은 낮다. 그런데 평균 고정 시간은 총 고정 시간을 총 고정 빈도로 나눈 값이므로, 이는 한 단어를 이해하는 데 들어가는 평균적인 시간을 의미한다고 볼 수 있다. 따라서 A집단은 B집단에 비해 각각의 단어를 이해하는 과정에 들이는 평균 시간이 더 적음을 알 수 있다.
종합하면, 읽기 능력이 부족한 독자(A)는 읽기 능력이 평균인 독자(B)에 비해 (1) 난해하다고 느끼는 단어들이 더 많지만, (2) 난해하다고 느끼는 각각의 단어를 이해하는 과정에 들이는 평균 시간은 더 적다.

2 ②

○ 정답해설 빈칸 앞에 '결국'이라는 표지가 있으므로, 빈칸에는 글의 주제가 들어가야 한다.
첫째 문단에 따르면, 포도주는 프랑스 국민의 모든 일상에 결부되어 있다. 또한 둘째 문단에 따르면, 대통령의 사진 속에 '그들 자신과도 같은 포도주가 아닌 다른 술이 놓여 있었다는 사실은 전 국민을 분노하게 하였다. 따라서 빈칸에는 '자신들의 정체성을 나타내는 상징과도 같다.'가 들어가는 것이 적절하다.

✗ 오답해설
① 첫째 문단에 프랑스인들은 심리적 불안 및 육체적 고됨을 해소하기 위해 포도주를 찾는다는 내용이 제시되었으나, 이는 둘째 문단의 내용을 포괄하지 못하므로 빈칸에 들어가기에 적절하지 않다.
③ 둘째 문단에 제시된 일화는 사적인 자리에서 찍힌 사진에 관한 것이므로, 국가의 주요 행사에 관한 내용은 빈칸에 들어가기에 적절하지 않다.
④ 첫째 문단에 포도주가 어떤 날씨에도 분위기를 고양시킬 수 있다는 내용이 제시되었으나, 이는 둘째 문단의 내용을 포괄하지 못하므로 빈칸에 들어가기에 적절하지 않다.

3 ③

○ 정답해설 지문은 경상 지역에서는 'ㅓ'와 'ㅡ', 'ㅅ'과 'ㅆ'을 잘 구별하지 못하고, 평안도 및 전라도와 경상도 일부에서는 'ㅗ'와 'ㅓ'를 제대로 분별하지 못하며, 평안도 사람들의 'ㅈ'은 'ㄷ' 발음과 매우 비슷하다고 말한다. 즉 지역에 따라 특정 모음과 자음 소리가 구별되지 않는 것이다. 따라서 우리말에는 지역에 따라 구별되지 않는 소리가 있다는 주장이 ㉠에 들어가기 가장 적절하다.

✗ 오답해설
① 지문에서 주장하는 바는 지역에 따라 특정 모음과 자음 소리가 구별되지 않는다는 것일 뿐, 지역마다 다른 지역에 없는 소리를 가지는 것이 아니기에 지역마다 다양한 소리가 있다고 말할 수 없다.
② 지문에서 주장하는 바는 지역에 따라 특정 모음과 자음 소리의 발음이 구별되지 않는다는 것일 뿐, 지역마다 다른 표준 발음법이 있다고 말할 수 없다.
④ 지문에서 말한 예시는 일부이기에 '자음보다 모음을 변별하지 못하는 지역이 더 많다'고 말할 수 없다.

4 ③

○ 정답해설 지문은 법을 사랑하는 '상등인', 법을 두려워하는 '중등인', 법을 싫어하는 '하등인'을 구분해 설명하고 있다. 그런데, 지문에 따르면, 이러한 법률상 인품의 구별은 '후천적인 학식의 환경과 지각의 계층에 따른 것이기 때문'이며, 교화가 넓게 베풀어지는 정도에 따라 범죄 건수가 줄어들고 있다. 즉, 지문의 핵심은 후천적으로 법률상 인품이 변화될 수 있으며 교화를 더 넓게 베풀어야 한다는 것이다. 따라서 지문에서 인간 세상의 풍속을 바로 잡는 방법은 '법률을 엄격하게 정하는 것보다 교화에 힘쓰는 데 있다'고 할 것이다.

5 ⑤

○ 정답해설 ㉠은 글의 마지막 문장이며 '따라서'로 시작되므로, 글 전체의 내용을 전반적으로 보여 주는 주제문이 들어가야 함을 알 수 있다.
첫째 문단에서는 디지털화된 정보들은 대다수가 아날로그 기반에서 생성된 것이라고 하며 아날로그 문화가 디지털 문화에 영향을 준 경우를 제시하였다. 둘째 문단에서는 아날로그가 디지털과 결합해 더욱 활성화되기도 한다며 디지털 문화가 아날로그 문화에 긍정적 영향을 준 사례를 제시하였다. 이를 종합하면, 아날로그 문화와 디지털 문화가 서로에게 영향을 주고받으며 상호보완적인 작용을 한다는 것이 글의 주제가 된다.
따라서 ㉠에는 '디지털 문화와 아날로그 문화를 대립적인 것으로 파악하는 것은 본질과 거리가 멀다'가 들어가는 것이 적절하다.

6 ①

○ 정답해설 첫째 문단에서는 한문과 대비되는 개념은 한글이 아니라 한국어라고 하였다. 한문은 자연언어나 그 텍스트를 가리키고, 한글은 문자를 가리키기에 층위가 다르기 때문이다.
둘째, 셋째 문단에서는 '한글 소설'이라는 개념이 성립되지 않거나 성립되더라도 쓸모없는 개념임을 지적하였다. 따라서 한글로 창작된 〈홍길동전〉은 한국어 소설이라고 명명해야 한다는 것이 지문의 주장이다. 그리고 한글 문학과 한글 소설은 따로 구분되는 개념이 아니므로, 한국어 소설이라고 명명했다면 한국어 문학에 속한다고 보아야 한다.
따라서 정답은 '한글 소설'이 아니라 '한국어 소설'이며 '한글 문학'에 속하는 것이 아니라 '한국어 문학'에 속한다는 내용을 담은 ①이다.

7 ④

○ 정답해설 아이젠버거의 실험 목적은 뇌의 활성화 부위를 촬영하여 실험 참가자의 심리적 상태를 파악하는 것이었다. 실험을 통해 연구팀은 '실험 참가자가 따돌림을 당할 때 그의 뇌에서 전두엽의 전대상피질 부위가 활성화된다'는 것을 확인했다. 이는 인간이 물리적 폭력을 당할 때 활성화되는 부위이므로 이로부터 '따돌림'을 당할 때에도 '물리적 폭력을 당할 때'와 같은 심리적 상태임을 추론하였을 것이다.

8 ③

정답해설 지문은 '능숙한 필자'와 '미숙한 필자'를 대조하며 능숙한 필자는 예상 독자 분석을 포함한 '계획하기' 단계에 오랜 공을 들인다고 하였다. 빈칸 뒤에서는 독자의 수준에 비해 어려운 개념과 전문용어를 사용하면 독자가 글을 이해하기 어렵다는 내용과 글쓰기는 필자가 자신의 메시지를 독자에게 전달하는 행위라며 예상 독자 분석의 필요를 강조하고 있다. 따라서 예상 독자 분석이 중요한 이유가 들어가야 하는 빈칸에는 '필자의 메시지를 독자에게 효과적으로 전달하는 데 도움이 된다'는 내용이 들어가야 한다.

오답해설
① 계획하기 과정이 글쓰기 과정의 첫 단계라고 서술한 적 없으며, 빈칸은 예상 독자 분석에 관한 것이다.
② 지문은 필자가 독자의 수준을 기준으로 어려운 개념이나 전문용어를 사용할지 결정해야 한다고 설명한다.
④ 독자의 배경지식 수준을 고려해야 글의 목적과 주제가 결정된다고 언급하지 않았다.

9 ④

정답해설 온돌에 적용된 대류 현상의 원리는 '차가운 공기가 따뜻하게 데워져 위로 올라가고, 위로 올라간 공기가 식으면 아래로 내려오는' 것이다. 그런데 벽난로를 통한 난방 방식은 복사열을 이용하여 상체와 위쪽 공기를 바로 데우는 것이므로 위로 올라간 공기가 식지 않아 아래로 내려올 일이 없으므로 바닥 바로 위 공기가 따뜻해지지 않을 것이다. 따라서 (가)에 들어갈 말은 '상체와 위쪽의 따뜻한 공기는 차가운 바닥으로 내려오지 않기 때문이다'가 된다.

오답해설
① 온돌의 원리에 대한 설명에 따르면, 따뜻한 공기가 위로 올라가 식으면 아래로 내려올 것이다. 따라서 따뜻한 공기가 위로 올라가 식으면 복사열로 위쪽의 공기만을 따뜻하게 한다는 설명은 적절하지 않다.
② 벽난로에 의한 난방은 복사열을 이용하여 상체와 위쪽 공기를 데우는 방식이며, 대류 현상으로 바닥 바로 위 공기까지 따뜻해지지는 않는다고 한다. 따라서 벽난로에 의한 난방이 '복사열에 의한 난방에서 대류 현상으로 인한 난방'이라는 순서로 이루어지는 것은 아니다. 벽난로에 의한 난방에서는 대류 현상이 일어나지 않기 때문이다.
③ 온돌은 대류 현상을 통해 방 전체를 따뜻하게 한다. 따라서 대류 현상을 통한 난방 방식이 상체와 위쪽의 공기만 따뜻하게 하는 것은 아니다.

10 ①

정답해설 첫째 문단에서는 탄소중립을 실천하기 위한 방법으로 목재 가공을 제시하였다. ㉠의 앞에는 나무를 다 베어서는 안 된다는 우려에 대해 산림청이 걱정할 필요가 없다고 한 내용이, ㉠의 뒤에는 '특히' 우리나라가 풍성한 숲을 가지고 있다는 내용이 제시되었다. 따라서 ㉠에는 나무를 베는 것에 대해 왜 걱정할 필요가 없는지에 대한 이유가 제시되어야 한다. 이에 가장 적절한 것은 '목재를 보전하는 숲과 수확하는 숲을 따로 관리한다는 것이다.'이다. 목재를 보전하는 숲과 수확하는 숲을 따로 관리하면, 나무를 다 베지 않을 테니 걱정하지 않아도 되며, 우리나라가 풍성한 숲을 가지고 있다는 뒤의 내용과도 자연스럽게 이어진다.

오답해설
② '나무가 잘 자라는 열대지역에서 목재를 수입하는 것'은 ㉠의 뒤에 이어지는 '우리나라가 풍성한 숲을 보유하고 있다'는 말과 어울리지 않는다. 따라서 빈칸에 들어갈 말로 적합하지 않다.
③ '버려지는 폐목재를 가공하여 재사용하는 것'은 ㉠의 뒤에 이어지는 '우리나라가 풍성한 숲을 보유하고 있다'는 말과 어울리지 않는다. 따라서 빈칸에 들어갈 말로 적합하지 않다.
④ '나무를 베지 않고 숲의 공간을 활용하여 주택을 짓는 것'은 주제에서 벗어난 내용이다.

11 ⑤

정답해설 지문에서는 더운 온도로 물의 부피는 상승하고, 빙하가 녹으며 더 많은 수분을 증발시킨다고 설명한다. 이후 증발한 수분을 빙하와 만년설에 옮기고 '빈칸'한다면 빙하와 만년설은 더 커지게 될 것이라 한다. 따라서 빈칸에는 빙하와 만년설이 더 커질 수 있는 조건이 제시되어야 한다. 따라서 빈칸에는 '그 지역의 온도가 얼음을 녹일 정도가 아니면'이라는 내용이 제시되어야 한다.

오답해설
① 시간과 관련한 내용은 빈칸이 포함된 문단의 이후에 제시되므로 빈칸에 들어가기에 적절하지 않다. 빈칸의 문단은 '온도'와 관련한 내용을 제시하고 있다.
② 둘째 문단에 따르면 더운 온도로 물의 부피가 상승하고 더 많은 빙하를 녹인다고 하였다. 따라서 물의 부피가 계속해서 상승하면 오히려 빙하와 만년설을 녹이는 결과를 초래할 수 있다.
③ 셋째 문단에 따르면 한 연구팀이 '얼음이 밀려나면서 남극 대륙의 포드 산맥에 남겨진 암석의 화학 성분을 조사'한 기록은 있으나, 암석에 의해 얼음이 밀려나지 않으면 빙하와 만년설이 더 커지게 된다는 내용은 지문을 통해 찾아볼 수 없다.
④ 첫째 문단에 따르면 해수면의 상승이 지구가 더워진다고 해서 즉각적으로 이루어지지 않는다고 설명하며, 둘째 문단과 셋째 문단에서 그 이유에 대해 분석하고 있다. 즉 더운 온도로 증발한 수분이 '빈칸'으로 인해 빙하와 만년설을 더 커지게 만들기 때문에 해수면의 즉각적인 상승이 이루어지지 않는다고 말하고 있는 것이다. 원인과 결과가 바뀌어 있으므로 적절하지 않다.

12 ①

정답해설 ㉠의 앞의 내용을 볼 때, 기존 채집 활동의 연장선상에서 발생한 농사가 본격적으로 발전해 엄청난 노동력과 강한 근력이 필요해졌다. 동시에 집짐승을 기르며 기존의 남성이 하던 일이 사라졌고, 남성이 농사를 맡기 시작했다. 이에 대한 결과로 여성은 생산 활동에 있어 보조자로 밀려났다. 따라서 '남성과 여성의 사회적 위상과 역할이 달라지게 되었다.'가 적절하다. 따라서 ㉠에 들어갈 내용으로 적절한 것은 ①이다.

오답해설
② '보조자' 역할은 수행하고 있었으므로 여성이 생산 활동에서 '완전히 배제되'었다고 볼 수는 없다.

13 ⑤

정답해설 첫째 문단에 따르면 과거는 현재를 통해서 바라보아야 하며, 역사 서적을 읽는 것은 현재의 삶을 과거의 역사를 통해 통찰해 본다는 것을 의미한다. 둘째 문단에서 그러한 과정의 무대가 바로 사회라는 곳이며, 마지막 문단에서 사회적 삶을 사는 것이 인간다운 것이며, 과거를 통해 현재를 수정하는 것이 매우 유익하다고 주장하고 있다. ㉠은 첫째 문단과 둘째 문단을 토대로 마지막 문단의 내용을 대답으로 들을 수 있는, 즉 지문에 나타난 전체적인 내용을 포괄하는 질문이 들어가야 한다. 따라서 '역사적 사실(과거의 역사)과 그것에 대한 역사가의 해석(현재를 통해 바라본 과거)은 나의 삶과 어떻게 관련되는가?(과거를 통해 현재의 삶을 수정하는 것)'가 들어가는 것이 적절하다.

오답해설
① 지문에서 역사적 사실의 기술과 그에 대한 다양한 관점에 관한 내용은 제시되지 않았으므로 빈칸에 들어가기에 적절하지 않다.
② 과거는 현재를 통해 바라보아야 한다고 하였으므로 역사가의 임무가 과거를 바라보는 것이라고 해석할 수는 있으나, 역사가 어떻게 기술되어야 하는가에 대한 질문에 대한 답이나 관련된 내용은 제시되지 않았다.
③ 과거의 역사를 통해 현재의 삶을 통찰해봐야 한다는 내용이 제시되어 있지만, 과거의 역사로 인하여 현재의 삶을 수정하는 것이 유익하다는 내용을 담고 있을 뿐, 그것이 왜 발생했는지 아는 것 혹은 이후에 일어난 일 자체에 대한 중요성을 담지 않았다.
④ 지문은 과거를 통해 현재를 통찰하고 현재의 삶을 수정하는 것이 유익하다는 내용을 담고 있을 뿐, 역사 서적이 진실이며 조작된 내용이 없는지를 확인하는 것이 중요하다는 내용은 제시되지 않았다.

14 ①

정답해설 둘째 문단에 따르면 오프라인 정보 창고인 도서관은 '작가'라 불리는 사람들이 쓴 책을 선호하는데, 이 대부분의 인쇄 서적들은 사업 인가를 받은 출판사가 기획하고 발행하여 도서를 검토, 평가, 선택하는 일련의 절차가 존재한다.
반면 디지털 환경에서는 누구나 내키는 대로 표현하고 드러내며, 텍스트의 생산과 소비 사이에 출판, 검토, 비평, 선정이라는 중간 과정이 생략된다. 이에 따르면 오프라인 독서 환경은 검토, 평가, 선택 등의 과정이 존재하는 검증된 공간인 데 반해, 디지털은 이러한 과정이 생략된 '검증되지 않은 공간'이라고 볼 수 있다.

오답해설
② 지문에는 디지털 환경에서는 누구나, 빠르게 텍스트를 생산할 수 있으며, 검증의 과정 없이 소비가 이루어진다는 내용이 제시되어 있다. 몰입도와 관련한 내용은 지문에 제시되지 않았다.
③ 지문에 따르면 오프라인의 도서가 검토, 평가, 선택 등의 정교한 중간 과정을 거치는 반면, 디지털 환경에서의 도서는 이러한 과정이 생략된다. 즉 정교한 중간 과정이 있는 공간은 디지털 독서 공간이 아닌 오프라인 독서 공간이다.
④ 둘째 문단에 따르면 디지털 환경은 텍스트에 대한 출판, 검토, 비평, 선정 과정이 생략되어 있는 '누구나 무엇이든 내키는 대로 표현하고 드러낼 수 있'는 공간이다. 따라서 전문적으로 표현해야 하는 공간이 아니다.

15 ③

로빈후드 이야기의 시대 배경은 '사슴 밀렵 금지법을 제정했던 11세기 후반' 이전은 아닐 것이라고 하였다. 또한 로빈후드 이야기에서 로빈후드를 만났다고 하는 에드워드 2세 국왕은 1307년에 즉위하여 20년간 재위한 국왕으로, 14세기 초반에 재위했던 국왕이다. 따라서 빈칸에 들어갈 말로 가장 적절한 것은 '14세기 전반'이다.
• 이전(以前): 기준이 되는 때를 포함하여 그보다 앞.
• 전반(前半): 전체를 반씩 둘로 나눈 것의 앞쪽 반.
• 후반(後半): 전체를 반씩 둘로 나눈 것의 뒤쪽 반.

16 ④

정답해설 위에 나온 숫자로 대략 계산을 해보면 180유로와 150파운드가 거의 동일한 가격이라고 생각할 수 있으며, 이는 파운드가 유로의 약 1.2배의 가치를 가진다고 할 수 있다. 반면 1950년과 2011년 달러는 9.37배의 가치 차이가 난다. 따라서 100유로와 100파운드를 같은 100달러로 본다면 약 1.2배의 가치 차이를 가지겠지만, 달러 가치의 변화를 감안하지 않은 채 1950년의 100달러와 2011년의 100달러를 같다고 본다면 약 9.37배의 가치 차이를 가지게 된다고 볼 수 있다. 즉 1950년과 2011년 달러의 가치 차이가 유로와 파운드의 2011년 현재 가치 차이보다 크기 때문에 더 부정확해지는 것이다.

오답해설
① 인터넷의 정보가 항상 정확하지 않기 때문에 더 부정확해진다는 내용은 제시되지 않았다.
② 마지막 문단에 따르면, 1950년에 1달러로 구매할 수 있던 상품을 2011년에 구매하려면 9.37달러가 필요하다. 따라서 과거의 화폐 가치를 정확하게 파악하는 일이 불가능하다고 볼 수는 없다.
③ 유럽의 경제 위기와 관련된 내용은 언급된 바 없으며 유로의 화폐 가치가 큰 폭으로 변동하기 때문에 통화 간 비교 시 달러 가치를 감안해야 한다는 것은 글의 내용과 관련이 적다.

17 ①

정답해설 첫째 문단의 내용을 기호화를 통해 정리하면 다음과 같다.

```
민간 교류 증진
민간 교류 증진 → ~정부관료
민간 교류 증진 ∧ ~정부관료 → (수석대표 → 고전음악 지휘자 ∨ 대중음악 지휘자)
정부관료 → ~고전음악 지휘자 ∧ ~대중음악 지휘자
~전체 세대 → ~수석대표 = 수석대표 → 전체 세대
```

즉, 수석대표의 조건은 '고전음악 지휘자나 대중음악 제작자일 것, 전체 세대를 아우를 수 있는 사람일 것' 두 가지이다. 그리고 첫째 문단 마지막 문장에 따르면, 나열된 조건을 다 갖춘 사람은 모두 수석대표를 맡는다. 그런데 둘째 문단에서는 갑이나 을이 수석대표를 맡는다면 A가 공연 예술단에 참가하는데, A가 공연 예술단에 참가하는 것은 분명하다고 하였다. 이는 갑이나 을이 수석대표를 맡는다는 것이 확실하다는 뜻이다. 따라서 갑이나 을이 수석대표의 두 가지 조건을 모두 갖추어야 하는데, 갑이 고전음악 지휘자이며 전체 세대를 아우를 수 있다면 수석대표의 조건을 갖춘 것이므로 부합하는 선지는 ①이다.

18 ①

정답해설 첫째 문단에서 근시는 '빛이 ~ 망막의 앞쪽에 초점을 맺게 되는' 것이라고 한다. 따라서 근시인 눈에서는 망막의 '앞쪽'에 초점이 맺히기 때문에 ㉠에는 '앞쪽'이 들어가는 것이 적절하다.
근시는 망막의 앞쪽에 초점이 맺혀 먼 곳의 물체가 흐리게 보인다고 한다. 그렇기 때문에 ㉡의 뒤에 제시된 것과 같이 물체가 선명하게 보이기 위해서는 망막보다 앞쪽에 맺혔던 상이 '뒤쪽'으로 이동하여야 한다. 따라서 ㉡에는 '뒤쪽'이 들어가는 것이 적절하다.
근시의 경우 망막의 앞쪽에 초점이 맺혀 흐리게 보이고, 물체가 가까워지면 초점이 뒤쪽으로 이동하여 선명하게 보인다고 한다. 근시의 정도가 심하다는 것은 곧 가까운 곳의 잘 보이는 거리가 짧아진다는 의미이며 이는 물체를 많이 가까이 하여야 초점이 뒤쪽으로 많이 이동해 선명하게 보인다는 것을 뜻한다. 즉 초점이 망막으로부터 앞쪽으로 더 멀어진다고 볼 수 있다. 따라서 ⓒ에는 '앞쪽'이 들어가는 것이 적절하다.

19 ①

정답해설 첫째 문단에 따르면 데이비드슨 박사는 스스로 행복하다고 말한 사람들의 경우, 좌측 전두엽이 우측 전두엽에 비해 더 활성화될 것이고, 불행하다고 말한 사람들의 경우, 반대의 결과가 나타날 것이라고 가정하였다.
둘째 문단의 첫 번째 실험 결과가 데이비드슨 박사의 가정과 부합하였다. 따라서 신생아들이 물건을 빨면서 행복감을 느낄 때 좌측 전두엽이 우측 전두엽에 비해 더 활성화되는 결과가 나타났다는 것을 추론할 수 있다. 따라서 (가)에는 좌측, (나)에는 우측이 들어가야 한다.
셋째 문단의 두 번째 실험 역시 데이비드슨 박사의 가정과 부합하므로 즐거움을 주는 코미디 영화를 실험 대상에게 보여 주었을 때 우측 전두엽이 좌측 전두엽에 비해 활성화 정도가 낮았을 것이라고 추론할 수 있다. 따라서 (다)에는 우측, (라)에는 좌측이 들어가야 한다.

20 ②

정답해설 ⓒ의 앞에서 정치인들이 정황에 따라 저지르게 되는 '잘못된 정치적 판단이나 의도하지 않은 거짓말'이 제시되어 있으며, ⓒ의 뒤에는 이런 정치지도자에 대한 유권자들의 인식, 즉 '신뢰와 불신'이 제시되어 있다. 이는 원인과 결과의 관계를 이루는 정보이므로 이 사이에 '정치지도자는 유권자의 일시적 신뢰에 연연하지 않고, 불행한 진실이라도 전달해야 한다.'라는 당위적인 주장이 들어가는 것은 어울리지 않는다.

오답해설
① ㉠의 뒤에 '당시는 매우 위험한 상황이었으므로, 처칠은 그럴 수 없을 때라도 완벽하게 승전에 자신이 있다는 투로 말해야 한다는 것을 알고 있었다.'는 내용이 제시되어 있다. 이는 당시 처칠이 거짓말을 했다는 것이므로, ㉠에 '처칠은 진실하지 않았다.'라는 문장이 위치하는 것은 적절하다.
③ ⓒ의 앞에는 신뢰와 불신, 진짜 부패와 정치적 판단에 따른 거짓말에 대한 내용이 나와 있으며, 뒤에는 유권자의 '이런 혐오'를 이해할 수 있다는 내용이 나와 있다. '이런 혐오'라는 지시어에 주목해 볼 때, ⓒ 앞에서 언급된 부패가 유권자를 민주주의 정치에 등 돌리게 하고 선출된 지도자를 혐오하게 만든다는 문장이 ⓒ에 오는 것은 적절하다.
④ ㉣의 뒤에는 '이들이 더 부도덕하다고 평가할 이유도 없다.'는 내용이 있다. 따라서 맥락상 ㉣에는 이와 반대되는 내용으로 '선출된 정치인이 다른 나머지 사람보다 더 깨끗하다고 단정할 이유는 없다.'가 들어가야 한다.
⑤ ㉤의 앞에는 여러 정당과 정치인이 부패 혐의에 빠지곤 한다는 내용이, 뒤에는 그들의 부패 때문에 아웃사이더들이 활동하며 주류가 번성하는 데 실패하곤 했다는 내용이 있다. 따라서 맥락상 ㉤에는 주류 세력이 부패 때문에 쇠락했다는 내용이 위치해야 한다.

21 ②

정답해설 (가) 앞에는 우리가 배우지 않더라도 자연적으로 선호하거나 혐오하는 반응을 보인다는 내용이, (가) 뒤에는 초콜릿 케이크 예시를 들며 먹어본 경험이 있다면 선호하게 될 것이라는 내용이 제시된다. 따라서 (가)에는 자연적인 것에 더해 경험적으로도 선호도를 확인한다는 내용이 제시되어야 한다.
(나) 앞에는 초콜릿을 이전에 경험했다면 초콜릿을 떠올리는 신호만으로 반응이 생긴다는 내용이, (나) 뒤에는 인공지능과 달리 동물은 생물학적 조건을 기반으로 진화했다는 내용이 제시된다. 따라서 (나)에는 자연스러운 기호 형성과 학습 능력을 통한 특정 대상에 대한 기호 형성에 관한 내용이 제시되어야 한다.
(다) 앞에는 어미 여우의 상황을 제시하며 판단해야 하는 상황이, (다) 뒤에는 '그 과정을' 의사결정이라고 한다는 내용이 제시되고 있다. 따라서 (다)에는 의사결정에 관한 내용이 제시되어야 한다.
따라서 (가)에는 '이와 더불어 동물은 경험에 따라 좋고 나쁜 것을 학습하는 능력을 가지고 있다.'가, (나)에는 '이렇듯 우리는 타고난 기본 성향과 학습 능력을 통해 특정 대상에 대한 기호를 형성한다.'가, (다)에는 '뇌는 여러 세부적인 동기와 감정적, 인지적 반응을 합쳐서 선택지에 가치를 매긴다.'가 들어가야 한다.

22 ④

정답해설 락토오보 채식주의자, 락토 채식주의자, 오보 채식주의자는 고기와 생선 모두를 먹지 않되, 유제품과 달걀 중 어떤 것을 먹느냐의 여부로 결정된다. 그런데 '락토오보 채식주의자'는 유제품과 달걀을 모두 먹는 채식주의자이다. 이로부터, '채식주의자' 앞에 붙는 단어는 섭취할 수 있는 음식을 의미함을 유추할 수 있다.
따라서 '락토 채식주의자'는 우유(락토) 등의 유제품을 먹지만 고기와 생선과 달걀을 먹지 못하는 채식주의자이며, '오보 채식주의자'는 달걀(오보)을 먹지만 고기와 생선과 유제품을 먹지 못하는 채식주의자임을 추론할 수 있다.

23 ①

정답해설 (가) '좋아요'를 위해 현실에 존재하는 '나'는 사라지고 타인이 좋아할 만한 일상과 콘텐츠를 만들어서라도 전시한다는 내용이 (가)의 앞뒤로 제시되어 있다. 따라서 (가)에는 ""좋아요'를 얻기 위해 현실의 나와 다른 전시용 나를 제작하는 셈이다"가 들어가는 것이 적절하다.
(나) '좋아요'를 공유하는 공동체 안에서 타자는 존재하지 않는다는 내용이 제시되며, 특히 (나)의 뒤에는 '그러한 타자'라는 표현이 등장함에 따라 (나)에는 공동체에 포함되지 못하는 타자에 대한 내용이 들어가야 한다. 따라서 (나)에는 ""좋아요'를 거부하고 다른 의견을 내는 사람은 불편한 대상이자 배제의 대상이 된다"가 들어가는 것이 적절하다.

오답해설
(가)의 앞에는 우리는 타인이 좋아할 만한 일상과 콘텐츠를 '선별한다'고 하였으므로, ""좋아요'를 얻기 위해 나의 내면과 사생활까지도 타인에게 적극적으로 개방한다"가 들어가는 것은 적절하지 않다. 또한 (가)의 앞에서 타인이 좋아할 만한 일상과 콘텐츠를 만들어서 전시한다고 하였는데, 이는 나의 현실의 내가 가진 콘텐츠를 발굴한 것이 아니라 새로운 나를 발굴한 것이다. 따라서 ""좋아요'를 얻기 위해 현실의 내가 가진 매력적 콘텐츠를 더욱 많이 발굴하는 것이다"가 들어가는 것은 적절하지 않다.
(나)에는 (나)의 뒤에 제시된 '그러한 타자'가 지시하는 대상에 대한 설명이 제시되어야 한다. ""좋아요'의 공동체에서는 어떠한 갈등이나 의견 대립도 발생하지 않는다"에는 '그러한 타자'가 지시하는 대상이 없으므로, (나)에 들어가는 것은 적절하지 않다.

24 ④

정답해설
(가): ㄴ. 자신이 행복하다고 느끼고 있으면서도 행복하지 않은 경우가 있을 수 있다
(나): ㄷ. 자신이 행복하지 않다고 느끼고 있으면서도 행복한 경우란 있을 수 없다
(가): A는 행복이 주관적 심리 상태에 더해 객관적 조건이 갖추어져 있어야 한다고 한다. 그러므로 (가)에는 '주관적 조건 + 객관적 조건'에 대해 언급하고 있어야 한다. 따라서 주관적 조건으로 '자신이 행복하다고 느끼고 있'는 상태 + 객관적 조건이 갖추어져 있지 않아 '행복하지 않은 경우'가 있을 수 있다는 내용이 들어가는 것이 적절하다.
(나): 그러나 A는 주관적 심리 상태가 행복을 규정하는 충분 조건은 아니지만 필수 조건임은 부정할 수 없다고 설명한다.(행복 → 행복하다고 느낌) 그러므로 (나)에는 '주관적으로 행복하다고 느끼는 심리'가 결여된 채로 행복한 경우는 있을 수 없다는 내용이 들어가는 것이 적절하다.

오답해설
ㄱ. A에 따르면, 자신이 행복하다고 느끼면서 행복하지 않은 경우는 있을 수 있다. 왜냐하면 객관적 조건이 충족되지 않았을 경우에는 주관적 심리적 조건이 충족되더라도 행복한 것이 아니기 때문이다.

25 ④

정답해설
(가): B국의 행복 정도가 A국의 행복 정도보다 더 크지만
(나): B국이 A국보다 더 행복한 국가라고 말해야 할 것이다
갑은 개인의 삶의 질을 수치화하고 이를 더해 국가의 행복 정도를 계산한다. 그러나 행복한 국가라면 그 국가의 대다수 국민이 높은 삶의 질을 누리고 있다고 보는 것이 일반적인 직관인데, 이 직관과 충돌하는 결론이 나온다고 지적한다. 가령, 국민의 수가 매우 많다면 대부분의 개인의 삶의 질이 10이더라도 높은 행복 정도가 산출될 것이며, 국민의 수가 매우 적다면 대부분의 개인의 삶의 질이 100이더라도 낮은 행복 정도가 산출될 것이다. 이 경우 국민의 수가 매우 많은 국가의 행복 정도가 더 높다는 결론에 도달하게 된다.
지문에 따르면, 'B국에서 가장 높은 삶의 질을 지닌 국민이 A국에서 가장 낮은 삶의 질을 지닌 국민보다 삶의 질 수치가 낮다'고 한다. 즉, A국은 앞선 예시에서 대부분의 개인의 삶의 질이 높으나 인구가 적어서 행복 정도가 낮은 국가에, B국은 대부분의 개인의 삶의 질이 낮으나 인구가 많아서 행복 정도가 높은 국가에 해당한다. 따라서 'B국의 행복 정도가 A국의 행복 정도보다 더 크'고, 갑에 따르면 'B국이 A국보다 더 행복한 국가라고 말해야 할' 것이다.

26 ①

정답해설 (가): 서양 사람들은 옛날부터 신이 자연 속에 진리를 감추어 놓았다고 믿고 그 진리를 찾기 위해 노력했다고 한다. 그중 가장 아름다운 진리로 여긴 것은 '인체 비례'이다. 그렇기 때문에 서양 사람들은 완벽한 인체를 구현하기 위해 노력하였으며, 레오나르도 다빈치의 경우에도 인체의 비례와 가장 기본적인 기하 도형이 관련 있다는 점에 착안하여 '인체 비례도'를 그리기도 하였다. 마찬가지로 르네상스 시대의 건축가들도 기본적인 기하 도형으로 건축물을 디자인하면 다빈치와 같이 인체의 비례와 관련된, 나아가 신이 숨겨둔 진리인 인체 비례를 구현하여 건물을 지을 수 있다고 생각했을 것이다. 따라서 (가)에 들어갈 말로 가장 적절한 것은 '인체 비례에 숨겨진 신의 진리를 구현한'이다.

(나): 둘째 문단에서는 동양에서 '구고현법'을 건축물 축조에 활용하였다는 내용이 제시되어 있다. 이는 건축물 축조 시 3:4:5 비례의 직각삼각형을 이용하여 축조하는 방식인데, 이 삼각형이 고대 서양에서 신성불가침의 삼각형이라 불렸던 것과 동일한 비례를 가지고 있다고 하였다. 즉 동서양이 동일한 비례를 아름다움의 기준으로 삼았다는 것이다. 이는 동서양이 건축에 있어 비슷한 안목을 가지고 있었다는 것을 의미하므로 (나)에 들어갈 말로 가장 적절한 것은 '조형미에 대한 동서양의 안목이 유사하였다'이다.

오답해설
(가): 신의 진리를 넘어서는 인간의 진리를 구현한
서양 사람들은 신이 자연 속에 감추어둔 진리를 찾고자 노력하였고, 그 결과 인체 비례를 가장 아름다운 진리의 정수로 찾아내었다. 그러나 이것은 신의 진리를 찾아낸 것에 해당할 뿐, 신의 진리를 넘어서는 인간의 진리를 구현한 것이라고 보기는 어려우므로 (가)에 들어갈 내용으로 적절하지 않다.
(나): 인체 실측에 대한 동서양의 계산법이 동일하였다
동양에서 사용하던 '구고현법'은 인체의 실측을 이용하여 3:4:5의 직각삼각형을 만든 것이다. 서양에서의 신성불가침의 삼각형 또한 구고현법의 삼각형과 동일한 비례를 갖긴 하나 인체의 실측을 이용하여 비율을 설정하였다고 보기는 어려우므로 (나)에 들어갈 내용으로 적절하지 않다.
(나): 건축물에 대한 동서양의 공간 활용법이 유사하였다
동양과 서양 모두 3:4:5의 직각삼각형의 비례를 아름다움의 기준으로 삼았다. 그러나 아름다움의 기준으로 삼은 비례가 동일하다고 하더라도 공간의 활용법까지 유사하다고 보기는 어렵다. 따라서 (나)에 들어갈 내용으로는 적절하지 않다.

Chapter 03 사례 추론

본문 P.182

1 ④

정답해설 지문은 하버마스의 주장에 대해 다루고 있다. 하버마스는 18세기부터 현대까지 공공 영역의 부상과 쇠퇴를 추적했다. 그에 따르면 17세기와 18세기 유럽 도시의 살롱은 공공 영역으로서의 역할을 수행했으나, 현대 사회에서 민주적 토론은 문화 산업의 발달과 함께 퇴보하고 공공 영역도 축소되었다. 그 과정에서 상업화된 미디어가 공공 영역의 침식에 중요한 영향을 미쳤다. 따라서 '수익성 위주의 미디어 플랫폼과 콘텐츠가 더 많아지면서 민주적 토론이 감소되었다.'는 사례는 하버마스의 주장에 부합한다.

오답해설
① 둘째 문단에 따르면, 살롱 문화의 원칙에서 공개적 토론을 위한 공공 영역은 각각의 참석자들에게 동등한 자격을 부여했다. 이를 통해 살롱 문화에서는 공개적이고 자유로운 토론이 이루어졌음을 알 수 있다. 살롱 문화에서 특정 사회 계층에 대한 비판적인 토론이 허용되지 않았다는 것은 하버마스의 주장에 부합하지 않는다.
② 하버마스는 현대의 공공 여론이 광고에서처럼 조작과 통제를 통해 형성되며, 상업화된 미디어는 광고 수입에 기대어 높은 시청률과 수익을 보장하는 콘텐츠 제작만을 선호하게 되었다고 보았다. 따라서 인터넷 등의 미디어가 상업적 광고를 증가시켰을 것이라는 것은 추론은 가능하지만 공익 광고를 증가시켰을 것이라는 것은 추론할 수 없다. 오히려 미디어가 상업화되어 공공 영역이 침식당하고 있다는 것이 하버마스의 주장이다.
③ 셋째 문단에 따르면, 현대 사회에서 대중매체와 대중오락의 보급은 공공 영역이 공허해지는 원인으로 작용했다. 글로벌 미디어가 발달하더라도 국제 사회의 공공 영역이 공허해지지 않는다는 것은 이러한 하버마스의 주장과 부합하지 않는 사례이다.

2 ④

정답해설 '연필'과 'pencil'의 예를 통해 각기 다른 기표가 동일한 기의를 표현한다는 것을 알 수 있다. 소쉬르는 이러한 관계를 '자의적'이라 하였으며 자의성은 사회적 약속과 문화적 약호에 따라 조율된다고 하였다. 따라서 사회 문화적으로 보편적인 개념에 대한 기표들이 유사할 것이라는 추론은 적절하지 않다.

오답해설
① '부추'에 해당하는 식물의 의미가 기의이고, 이것에 대한 표현이 지역에 따라 달라지는 것은 기표가 달라지는 것이다. 이와 같이 하나의 기의가 서로 다른 기표에 대응되는 현상을 통해 자의성을 엿볼 수 있다.
② 하나의 기의가 서로 다른 기표에 대응되는 것을 두고 기호적 관계가 자의적이라고 하며, 이 자의성은 사회적 약속과 문화적 약호에 따라 조율된다. 그러므로 어떤 개념을 새롭게 표현한 단어(=약호)가 널리 쓰이려면 사회 성원들의 공통된 합의 즉, 약속이 필요하다는 것은 타당한 추론이다.
③ 같은 종교를 믿으면서 문화적 약호가 유사한 지역에서는 사회적 약속과 문화적 약호를 서로 공유할 가능성이 높으므로 같은 기표에 대응되는 개념 역시 유사할 가능성이 높다.

3 ②

정답해설
조건 1. 유사성
조건 2. 차이성에서 동일성으로 향하는 노력의 과정
조건 3. 방향으로서의 동일성
오답조건 1. 목표로서의 동일성
오답조건 2. 완전한 동일성 = 차이를 모두 제거한 동일화
따라서, 완전히 같은 것이 아니라(마주 보는 것이 아니라) / 차이를 인정하고 닮으려고 노력하는 것(함께 한 곳을 바라보는 것)

4 ③

정답해설
'사회적 증거의 법칙'의 정답 조건
(1) 주어진 상황에서 어떤 행동이 옳고 그른가는 얼마나 많은 사람들이 같은 행동을 하느냐에 따라 결정되는 것
'③ 순이는 불량품을 팔아 값이 가장 싼 곳에서 물건을 산다.'

오답해설
① 주변의 차들의 속도에 맞춰 자신의 자동차의 속도를 정한 것은 '사회적 증거의 법칙'에 따라 행동한 것이다.
② 검색 우선순위에 따라 인터넷 뉴스를 보는 것은 사람들에 의해서 가장 많이 찾은 뉴스를 순서대로 읽은 것이기 때문에 '사회적 증거의 법칙'에 따라 행동한 것이다.
④ 주차장에 차가 가장 많은 식당은 많은 사람이 찾은 것이기 때문에 '사회적 증거의 법칙'에 따라 행동한 것이다.

5 ③

정답해설 상생과 상극의 관계를 정리하면 다음과 같다.
- 상생 관계: 목생화, 화생토, 토생금, 금생수, 수생목
- 상극 관계: 목극토, 토극수, 수극화, 화극금, 금극목

인물들의 오행을 정리하면 다음과 같다.
- 삼장: 수
- 저팔계: 목
- 손오공: 화, 금
- 사오정: 토

손오공과 사오정 사이는 화생토 또는 토생금으로, 상생 관계에 해당한다.

오답해설
①, ② 손오공과 저팔계 사이는 목생화 또는 금극목, 즉 상생 관계와 상극 관계가 모두 존재한다.
④ 삼장과 저팔계 사이는 수생목으로, 상생 관계에 해당한다.
⑤ 사오정과 저팔계 사이는 목극토로, 상극 관계에 해당한다.

6 ④

정답해설 '막다른 길은 안과 밖으로 나눌 수 없는 대상이므로 '그릇' 도식을 사상할 수 없다. 지문에 제시된 영상 도식의 예시 중에서 '차단(Blockage)' 도식을 활용했다고 보는 것이 적절하다.

오답해설
① '심장'이라는 대상에 '그릇' 도식을 사상하여 '기쁨으로 가득 차 있다'고 표현한 사례이다. '심장'이라는 대상을 기쁨이 차 있는 안과 그 밖으로 나누어 인식하게 하였다.
② '눈'이라는 대상에 '그릇' 도식을 사상하여 '분노가 담겨 있었다'고

표현한 사례이다. '눈'이라는 대상을 분노가 담겨 있는 안과 그 밖으로 나누었다.
③ '두려움'이라는 대상에 '그릇' 도식을 사상하여 '속에 몰아넣었다'고 표현한 사례이다. '두려움'을 안(속)과 밖으로 나누었다.
⑤ '시야'라는 대상에 '그릇' 도식을 사상하여 비행기가 그 안으로 '들어오고 있다'고 표현한 사례이다.

7 ②

정답해설 ㄱ. 혈거와 소거는 각각 움집형과 고상식 건축에 해당한다. 따라서 우기에 비가 넘치는 산간 지역에서는 고상식 주거 건축물 유적만 발견되었다는 사실은 혈거와 소거가 기후에 따라 다른 자연환경에 적응해 발생했다는 주장을 강화한다.
ㄷ. 여름에는 고상식 건축물에서, 겨울에는 움집형 건축물에서 생활한 집단의 유적이 발견되었다는 사실은 움집형과 고상식 건축물이 기후에 따라 다른 자연환경에 적응해 발생했다는 주장을 강화한다.

오답해설 ㄴ. 움집형과 고상식 집이 공존해 있는 주거 양식을 보여주는 집단의 유적지가 발견되었다는 사실은 혈거와 소거가 기후에 따라 다른 자연환경에 적응해 발생했다는 주장에 부합하지 않는다. 따라서 ㉠을 약화한다.

8 ③

정답해설 오늘 회의에서 '갑'이 제시한 문제 상황은 다음과 같다.
문제: '장애인 스포츠강좌 지원사업'의 집행 실적이 저조하다 = 지원 바우처를 제대로 사용하지 못함
이에 대해 을, 병, 정이 제시한 문제의 원인은 다음과 같다.
• 을: 장애인의 수에 비해 장애인 대상 가맹 시설의 수가 적어서
• 병: 바우처 지원액이 너무 적어 (장애인들의) 자기 부담금이 여전히 큼
• 정: 장애인들의 주요 연령대가 사업에서 제외됨(현재 본 사업의 대상 연령은 만 12세에서 만 49세까지)
따라서 오늘 회의에서 논의된 내용을 확인하기 위해 필요한 자료로는 ㄱ과 ㄴ이 적합하다.
ㄱ. 장애인 및 비장애인 각각의 인구 대비 '스포츠강좌 지원사업' 가맹 시설 수→ '을'의 견해에 대한 근거 자료
ㄴ. 장애인과 비장애인 각각 '스포츠강좌 지원사업'에 참여하기 위해 본인이 부담해야 하는 금액→ '병'의 견해에 대한 근거 자료

오답해설 ㄷ. 장애인과 비장애인 그룹의 고령자들 중 '스포츠강좌 수강을 희망하는 인구'를 단순 비교한 것이므로 회의에서 논의된 내용과 무관하다. 만약 '장애인 인구의 고령자 인구 비율이 비장애인 인구에 비해 높다'는 정의 견해를 뒷받침하려면, 두 그룹의 전체 인구 대비 고령자 인구 비율을 비교할 수 있는 자료가 필요하다.

PART 6
말과 글을 활용한 실용적 의사소통 능력

Chapter 01 화법

본문 P.191

1 ②

정답해설 ㉢ '저 책'의 '저'는 '말하는 이와 듣는 이로부터 멀리 있는 대상을 가리킬 때 쓰는 말.'이므로 ㉢이 화자보다 청자에게 멀리 있는 대상을 가리킨다는 것은 적절하지 않다.

오답해설 ① ㉠ '이 책'의 '이'는 '말하는 이에게 가까이 있거나 말하는 이가 생각하고 있는 대상을 가리킬 때 쓰는' 지시 관형사이고 ㉡ '그 책'의 '그'는 '듣는 이에게 가까이 있거나 듣는 이가 생각하고 있는 대상을 가리킬 때 쓰는' 지시 관형사이다. 따라서 ㉠은 청자보다 화자에게, ㉡은 화자보다 청자에게 가까이 있는 대상을 가리킨다.
③ ㉢ '저 책'과 ㉣ '그 책'은 모두 '한국 대중문화를 다양한 시각에서 다룬 재미있는 책'을 뜻한다. 따라서 ㉢과 ㉣이 같은 대상을 가리킨다는 설명은 적절하다.
④ '이진'이 두 책을 들고 계산대로 간다고 하였으므로 ㉤ '이 책'은 ㉡ '그 책'과 ㉢ '저 책' 모두를 가리키는 것임을 알 수 있다.

2 ②

정답해설 토론은 찬성과 반대로 대립하는 사람들이 논리적으로 상대방을 설득하는 논의이다. 토론의 사회자는 토론을 진행함에 앞서 토론자들에게 토론의 전반적인 방향과 유의점에 대해 안내하여 토론이 원활하게 진행되도록 하는 역할을 한다.

오답해설 ① 논제가 타당한지는 토론을 시작하기 전에 검토해야 할 사항이며 이에 대한 의견을 토론자들에게 묻는 것 또한 사회자의 역할이라 볼 수 없다.
③ 청중의 의견을 수렴하는 것은 '패널 토의', '포럼' 등으로 토의에서의 사회자의 역할이다. 그리고 토론은 토의처럼 대안을 제시하기보다는 각자의 의견을 관철하는 것이 목적이므로 대안을 제시해 쟁점을 약화시키는 것도 토론에서의 사회자의 역할이라 할 수 없다.
④ 토론자의 주장과 논거를 비판하는 견해를 개진하는 것은 토론에서 사회자가 아닌 토론자의 역할이다. 토론에서의 사회자는 토론자들의 주장과 논거를 요약하여 논쟁이 일관성 있게 진행되도록 하는 역할을 한다.

3 ④

정답해설 '학생들의 휴대폰 사용 규정을 개정해야 한다'로 토론 논제를 수정한 것은 '학생들의 휴대폰 사용 규정 개정'이라는 쟁점이 하나이며, '개정해야 한다'와 '개정하지 않아야 한다'로 긍정과 부정의 입장을 명확히 구분할 수 있고 '개정해야 한다'라는 찬성 측의 입장을 담아 완결된 긍정문으로 진술되었다. 또한 범위를 특정하기 어려운

부정확한 표현을 사용하지 않았으므로 모든 조건에 따라 토론 논제를 수정한 것으로 가장 적절하다.

오답해설
① '주말에 운동장을 주민들에게 개방하면 안 된다'로 토론 논제를 수정한 것은 '주말에 주민들에게 운동장 개방'이라는 쟁점 한 가지이고, '개방해도 된다', '개방하면 안 된다'라는 긍정과 부정의 입장을 명확히 구분할 수 있으며 범위를 특정하기 어려운 부정확한 표현이 사용되지 않았다. 하지만 '개방하면 안 된다'라고 진술하였으므로 '찬성 측의 입장을 담아 완결된 긍정문으로 진술해야 한다'는 조건에 어긋난다.
② '교내에서 과도한 간식 소비를 금지해야 한다'로 토론 논제를 수정한 것은 '교내에서 과도한 간식 소비 금지'라는 쟁점 한 가지이고, '금지해야 한다', '금지하지 않아도 된다'라는 긍정과 부정의 입장을 명확히 구분할 수 있다. 또한 '금지해야 한다'라고 찬성 측의 입장을 담아 완결된 긍정문으로 진술되었다. 하지만 '과도한'이라는 범위를 특정하기 어려운 부정확한 표현을 사용하였으므로 조건에 어긋난다.
③ '청소년의 여가 활동으로 적절한 운동을 제안해 보자'는 토론 논제가 아닌 토의의 논제이다.

4 ④
정답해설 반대 측의 반대 신문은 찬성 측 발언의 허점이나 오류를 짚어내는 내용을 담아야 하며 '예, 아니요'로 답할 수 있는 폐쇄형 질문으로 이루어진다. ④는 건강세 도입을 주장하는 찬성 측 주장에 대해 제품 가격 인상 시 발생하는 국민들의 과세 부담이라는 허점을 짚어내며 폐쇄형 질문 형식으로 질문하고 있으므로 적절하다.

오답해설
① 찬성 측 주장에 대한 허점이나 오류가 아닌 다른 효과적인 대안에 대해 묻고 있으며 폐쇄형 질문도 아니다.
② 폐쇄형 질문 형식이 아니며 건강세 도입의 경제성과 효과성에 대한 찬성 측의 생각을 물어볼 뿐 찬성 측 의견에 대한 허점을 짚어내고 있지 않으므로 반대 측의 반대 신문으로 적절하지 않다.
③ 찬성 측 주장에 대한 구체적인 의견을 묻고 있으며 폐쇄형 질문 형식도 아니다.

5 ③
정답해설 '네 목소리가 작아서 내용이 잘 안 들렸다'는 것은 문제를 자신의 탓으로 돌려 말하는 것이 아니라 상대방 탓을 하는 것이므로 ㉢(문제를 자신의 탓으로 돌리는 관용의 격률)을 적용한 B의 대답으로 적절하지 않다.
'내가 귀가 안 좋아서 잘 못 들었는데 다시 한 번 크게 말해 줄래?'와 같이 말하는 것이 ㉢을 적용한 예이다.

오답해설
① 이번에 제출한 디자인 시안이 멋있었다는 A의 말에 '아직도 여러모로 부족한 부분이 많다'라고 대답한 것은 자신을 상대방에게 낮추어 겸손하게 말한 것이다. (겸양의 격률)
② 길이 막혀서 늦었다는 A의 말에 '쇼핑하면서 기다리니 시간 가는 줄 몰랐다'라고 대답하는 것은 상대방의 처지를 고려하여 상대방이 부담을 갖지 않도록 말한 것이다. (요령의 격률)
더하여, '요령의 격률'은 고등 교과서 문법에서는 화자가 청자에게 부담이 가지 않도록 명령이나 청유를 하는 상황에 한정한 개념이나 공무원 기출에서는 문제 상황에서 상대의 부담을 덜어주는 개념으로도 확장하여 출제되었다. (2020 지방직/서울시 9급)
④ 생일 선물로 귀걸이를 사주는 것이 어떠냐는 A의 말에 좋은 생각이라며 상대방의 의견에서 동의하는 부분을 찾아 인정해 준 뒤에 경희의 취향을 모르니 책을 선물하는 것은 어떠냐며 자신의 의견을 말하였다. (동의의 격률)

6 ④
정답해설 '동의의 격률'이란 '다른 사람과의 의견 차이를 최소화하고, 일치점을 극대화하라'는 공손성의 원리이다.
여러 침대 중 '이것'이 커서 좋다는 갑의 발화에 대해, 을은 이견이 있음에도 불구하고 '그 침대가 크고 매우 우아해서 좋군요.'라며 우선 일치점을 극대화하고 있다. 이는 '동의의 격률'을 지킨 말이라 볼 수 있다.

오답해설
① 자신의 요구 사항을 의문형으로 표현하여 상대의 부담을 최소화한 갑의 발화는 '요령의 격률'을 지킨 것이다. 하지만 을은 이를 거절하고 있으므로 '동의의 격률'에 따른 대화라 볼 수 없다.
② 갑의 요구 사항을 제대로 듣지 못한 을이 '귀가 어두워서'라며 크게 다시 말해 주기를 요청하고 있다. 을의 말하기는 화자 자신에 대한 부담을 최대화하는 '관용의 격률'에 따른 대화이다.
③ 갑도 을도 자신이 '부족'하다며 '겸양의 격률'에 따라 대화하고 있다.

7 ③
정답해설 학생 2는 다정이가 동아리 보고서를 못 가지고 온 문제 해결을 위한 대화 맥락을 고려하지 않고, 동아리 회장한테 책임을 물어 갈등이 생겨나고 있다. 따라서 학생 2로 인해 의사소통에 장애가 발생하므로 ③이 옳다.

오답해설
① 교사는 권위적인 태도로 상황을 무마하려 하지 않는다. 학생들의 대화가 자칫 더 큰 갈등으로 번지는 것을 방지하고, 문제 해결에 주력하고 있다.
② 학생 1은 자신의 책임을 면하기 위해 변명하지 않는다. 문제가 발생한 상황과 원인을 말하고 있다.
④ 다정이에게 연락해본다는 학생 3의 말은 본질과 관계없는 말이 아니라 문제를 해결하기 위한 대화 맥락에 부합하는 말이다.

8 ②
정답해설 ㉡은 '중심' 단계이다. (가)에 따르면 '중심' 단계에서는 대화할 수 있는 상황인지 물어보고 어떻게 대화할지 대화 규칙을 의논하여 정해야 한다. 하지만 ㉡에서는 바로 화제에 대해 언급하고 있으므로, '대화할 수 있는 상황인지 물어보고 어떻게 대화할지 정해야 한다'는 것은 (나)의 대화에서 개선해야 할 점으로 적절하다.

오답해설
① ㉠은 복도에서 반 친구를 만나 처음 대화를 '시작'한 단계이다. ㉠에 대해 학생 2가 답변을 했으므로 (가)에 제시된 '시작' 단계의 조건인 '인사를 주고받는다'가 충족되었다. 따라서 '인사를 더욱 다정하게 해야 한다'는 것은 개선해야 할 점이라 볼 수 없다.
③ '학생 2'는 바로 교무실에 가 봐야 하기 때문에 대화할 수 있는 상황이 아니었다. 따라서 ㉢에서처럼 다른 화제로 대화를 이어나가거나 대화 규칙을 정하기 전에 화제에 대해 진지한 대화를 하는 것은 개선 방안으로 적절하지 않다. '학생 1'은 (가)의 '종결' 단계에 따라 마무리 인사를 하는 것이 적절하다.
④ ㉣에서는 '잘 다녀와'라며 대화를 종결하였다. 이는 (가)의 '종결'

단계에 따른 것이므로 적절하다. 따라서 '이번 대화를 마무리하면서 다음 대화 약속 시간을 정해야 한다'는 것은 개선해야 할 점으로 적절하지 않다.

9 ②

정답해설 상수는 매사에 개입하는 짝꿍에 대한 고민을 정민에게 토로하고 있다. 이에 정민은 자신도 같은 유형의 짝꿍을 만나 힘들었던 경험을 공유한다. 정민은 짝꿍과 솔직한 얘기를 나눔으로써 문제를 해결했던 경험을 말해서 상대방(상수)이 해결점을 찾을 수 있도록 돕고 있다. 이는 공감적 듣기 중 적극적 듣기에 해당한다.

오답해설
① 정민이 상대방(상수)의 입장을 고려해 용서하는 모습은 찾아볼 수 없다.
③ 정민이 상대방(상수)의 약점을 비판하는 모습과 자신의 장점을 부각하는 모습을 찾아볼 수 없다.
④ 정민이 상대방(상수)이 말하는 내용의 타당성을 평가하는 모습은 찾아볼 수 없다.

10 ③

정답해설 제시된 강연에서는 특정 연구와 관련된 수치를 제시하고 있을 뿐, 시각 자료를 제시하지 않았다.

오답해설
① 첫째 문단에서 '사회역학'에 대해 들어 본 적이 있는지 청중에게 질문을 던진 뒤 청중의 반응을 확인하고 있다. 또한 청중의 표정을 살피며 청중이 이해하고 있는지 파악하고 있다.
② 마지막 문단에서 하버드 보건대학원의 글로리안 소런슨 교수 팀의 연구 결과를 제시하여 신뢰성을 높이고 있다.
④ 둘째 문단에서 위험한 작업환경에서 일하는 노동자에게 폐암 발병의 위험성을 이유로 금연해야 한다고 말하는 상황을 가정하고 있다. 이를 통해 '사회역학'이라는 학문의 이해를 돕고 질병 발생 원인에 대한 사회적 요인 탐구의 중요성을 설명하고 있다.

11 ④

정답해설 상대방(강 교수)이 설명한 내용을 뒷받침할 수 있는 자신(진행자)의 경험을 예시로 든 적은 없다.

오답해설
① 강 교수는 '○○시가 작년에 7개 구간을 대상으로 ~ 오히려 감소한다는 연구 결과가 있습니다.'라고 하며 통계 수치와 연구결과를 제시하였다. 이에 대해 진행자는 '그러니까 속도를 10km/h 낮출 때 ~ 시간이라는 말씀이군요.'라고 하며 자기 나름대로 풀어 설명하였다.
② 진행자는 '~라는 점에서 이번의 제한 속도 조정 정책은 훌륭한 정책이라는 것이군요. 맞습니까?'라며 강 교수의 견해를 요약하고 자신이 이해한 바가 맞는지를 확인하였다.
③ 진행자는 '그런데 일각에서는 ~라며 이 정책에 반대합니다. 이에 대해 말씀해 주시겠어요?'라며 강 교수의 주장에 대한 이견을 소개하고 그에 대한 강 교수의 의견을 요청하였다.

12 ④

정답해설 박 과장은 세 주무관의 제안을 비교하여 절충하고 있는 것이 아니라, '네, 윤 주무관의 생각에 저도 동의합니다'라고 하며 윤 주무관의 의견만을 선택하여 수용하고 있다.

오답해설
① "오늘은 ~ '벚꽃 축제'의 홍보 방법을 논의하겠습니다."라는 박 과장의 발화를 통해 축제의 홍보 방법을 논의할 것임을 알 수 있고, 다른 구성원들이 이에 대해 토의하는 과정을 확인할 수 있다.
② 김 주무관은 "지역 주민들이 SNS로 정보도 얻고 소통도 하니까 우리도 SNS를 통해 홍보하는 것이 어떨까요?"라고 하였다. 이를 통해 김 주무관은 지역 주민들이 SNS로 정보도 얻고 소통도 한다는 것을 근거로 들어 지역 주민이 많이 가입한 SNS를 선별하여 홍보하는 것이 좋겠다고 제안하고 있음을 알 수 있다.
③ 이 주무관은 "라디오는 다양한 연령과 계층이 듣기 때문에 광고 효과가 더 클 것입니다."라고 하였다. 이를 통해 이 주무관은 라디오가 SNS를 통해 홍보하는 것보다는 다양한 연령과 계층이 듣는 라디오에 광고하는 것이 더 광고 효과가 클 것이라고 추측하고 있음을 알 수 있다.

13 ②

정답해설 '상대방의 대답에서 모순점을 찾아 논리적으로 대응'하는 부분은 제시된 대화에서 찾을 수 없다.

오답해설
① 진행자 A는 제시된 대화에서 '그렇군요'라는 말을 사용하며, 상대방의 말을 들었다는 반응을 보이고 있다.
③ 대화의 화제는 '한 지방 자치 단체가 진행한 의료 취약 계층을 위한 의약품 공급 정보망 구축 사업'이다. 진행자 A는 이 일을 홍보할 수 있는 대답을 유도하기 위해 세 번째 발화에서 '의약품 공급 정보망이라는 말이 다소 생소한데 이게 무슨 말인가요?'라고 질문하고 있고, 이에 B는 해당 사업을 풀어서 설명하며 알리고 있다. 또한, A는 아홉 번째 발화에서 '끝으로 이 사업에 참여하려면 어떻게 해야 하나요?'를 질문하여 B가 자연스럽게 참여 방법을 홍보할 수 있도록 유도하고 있다.
④ A는 아홉 번째 발화에서 '그러니까 앞으로 이런 문제를 해결하기 위한 제도 정비나 의료 전문가의 지원이 좀 더 필요하다는 말씀인 것 같군요'라고 말하며 상대방의 말을 대화의 흐름에 맞게 해석하여 보충하고 있다.

14 ①

정답해설 진행자는 상대방의 의견에 더해 문제 해결을 위해 필요한 것을 추가적으로 제시하며 인터뷰를 마무리하고 있다. 이는 상대방의 의견에 대한 암묵적인 동의를 전제하는 것으로, 상대방의 의견이 합리적이지 않음을 지적하고 있다고 보기 어렵다.

오답해설
② 홍 교수가 도로교통공단의 통계를 제시하며 '전체 교통사고 대비 고령 운전자에 의한 교통사고 비율이 증가하고 있음'을 설명하자, 진행자는 '전체 운전자 중에서 고령 운전자에 해당하는 비율이 늘었기 때문인 것 같다'며 상대방이 인용한 통계 자료에 대해 자기 나름대로의 해석을 제시하고 있다.
③ 고령자의 운전면허 자진 반납 제도의 보완책을 묻는 질문에 홍 교수가 '소정의 교통비를 지급함으로써 대중교통 이용을 권장하고 있다'라고 설명하자, 진행자는 '제도 시행상의 문제점은 없는지'를 물어보며 상대방에게 추가적인 정보를 요구하고 있다.
④ 홍 교수가 고령자의 운전면허 자진 반납 제도를 소개하자, 진행자는 '고령 운전자에 의한 교통사고가 심각한지, 뒷받침할 만한 자료가

있는지'를 물어보며 상대방에게 제도 시행 배경에 대한 객관적인 근거를 요구하고 있다.

15 ③
정답해설 진행자는 '특정인들을 위한 전용 버스 운행'의 예를 들어, 노키즈 존이 또 다른 차별이 될 가능성을 제기하였다. 대화의 상대방인 홍 교수가 이에 대해 '많은 분들이 걱정하는 것도 그 부분'이라며 '한국 사회가 ~ 아닌가 합니다'라는 추가 발언을 한 것으로 보아, 생각을 더 하게 되었다는 것을 알 수 있다.

오답해설
① 진행자는 상대방의 발언에 적극 동조하기보다는, '공공 목적을 가진 곳에서는 그럴 수도 있겠지만, 상업 시설에서도 그런가요?'라며 의문을 제기하거나 자신이 올바르게 이해한 것인지 확인하고 다른 방향으로 생각할 수 있도록 유도하였으며 다음 인터뷰를 기약하는 발언은 하지 않았다.
② 진행자는 마지막 발언에서 홍 교수의 발언을 정리하며 다른 관점의 가능성을 제시하였다. 또한 진행자 자신의 주장을 드러내고 관철한 부분은 없었다.
④ 진행자는 질문의 방식을 적극적으로 활용하였으나, 이는 상대방의 태도에 대한 문제 제기가 아닌 추가 정보를 요청하거나 확인하기 위한 것이다.

16 ③
정답해설 학생은 교사에게 '포스터에 어떤 내용을 넣으면 좋을지 선생님께 여쭤 보고 싶어서요. 저에게 지금 시간 좀 내 주세요.'라고 직접적으로 요청하고 있다. 교사가 부담을 덜 느끼도록 질문 형식으로 대화한 부분은 제시되지 않았다.

오답해설
① 교사는 '맞아. 네 말대로 스마트폰과 포스터는 전달 방식이 다르니 쉽지 않지.'라고 하며 학생의 말에 대한 공감 표현을 사용하고 있다.
② '동아리 부스 홍보물에는 어떤 내용을 담고 싶니?'라는 질문에 학생은 '어떤 체험용 앱이 있는지 소개하고, 우리 동아리에 들어오면 컴퓨터 프로그래밍 능력을 제대로 키울 수 있다고 알리고 싶어요.'라고 어떤 내용을 담고 싶은지 구체적으로 대답하였다.
④ 교사는 '그럼 우선 앱 자체에 대한 소개는 포스터가 아닌 다른 방법을 생각해 보고, 그 대신 홍보 포스터로 쉽게 전달할 수 있는 다른 내용에 집중해 보는 건 어떨까?'라고 제안하기를 통해 학생이 대안을 생각하도록 유도하고 있다.

17 ③
정답해설 '미세 먼지는 질산염, 암모늄 ~ 유해 물질을 말합니다'에서 확인할 수 있듯이 B는 미세 먼지의 개념을 정의하고 있으며 미세 먼지 문제의 원인으로 국외 오염원과 국내 오염원을 들고 있다. 실태 조사의 미비가 미세 먼지 문제의 핵심 원인이라고 지적한 것은 옳지 않다.

오답해설
① A는 미세 먼지 문제의 원인 진단과 대책 수립이라는 대화의 주제를 소개한다. 또한 관련 연구를 지속적으로 수행해오셨으며 환경부 자문 위원으로 활동하고 계시는 전문가 분이라고 소개하며 전문가의 대화 참여 배경에 대해 설명한다.
② A는 국내 미세 먼지의 주요 오염원에 대한 질문에 국외 오염원과 국내 오염원이 큰 영향을 끼친다고 답한 B의 발화를 요약적으로 정리한다. 이어서 국내 오염원을 관리하는 일이 대책 수립의 한 방향이 될 수 있을 것이라고 말하며 '원인 진단'에서 '대책 수립'으로 화제를 전환한다.
④ B가 산업계를 대상으로 한 오염 물질 배출 규제 강화 정책의 필요성을 설명하자, A는 '규제 강화'에 대한 거센 반발이 예상된다는 점을 이야기하고 해소 방안을 질문하여 B의 의견을 이끌어 내고 있다.

18 ②
정답해설 을은 '귀속지위가 성취지위를 결정하는 면이 없다고 할 수 없다'며, 현대 사회가 계급사회임을 주장하고 있다. 이는 현대 사회가 계급사회라고 보는 갑의 주장과 대립하지 않는다.

오답해설
① 갑과 을은 모두 '현대 사회는 계급사회이다'는 명제에 동의한다. 갑은 '현대 사회의 문화가 다양하다는 것은 맞아'라며 을의 주장을 수용하고, '경제적 계급 논리로 현대 사회의 문화를 충분히 설명하고 규정할 수 있어'라며 병의 주장을 반박하고 있다. 따라서 을의 주장을 반박한 적은 없다.
③ 갑은 '현대 사회는 계급사회이다'는 주장을, 병은 '현대 사회는 계급사회가 아니다'는 주장을 도출하고 있으므로, 둘이 유사한 결론을 도출하고 있다고 볼 수 없다.
④ 갑과 을은 공통적으로 '현대 사회는 계급사회이다'라는 주장을 펼치고 있으므로, 두 주장 모두 '현대 사회는 계급사회가 아니다'라는 병의 주장과 대립된다.

19 ②
정답해설 '공감의 표지'는 상대에 대한 공감을 드러내는 언어적·비언어적 표현을 모두 포괄하는 말이다. A와 B 모두 '네. 알겠습니다', '맞습니다', '네', '그렇겠네요'의 언어적 표현과 고개를 끄덕이는 비언어적 표현을 사용하여 상대에 대한 공감을 드러내고 있다.

오답해설
①, ③ A는 B에게 내용 요약 방식을 제안한 적이 없다. B가 먼저 '개조식으로 요약'하겠다고 A에게 보고하자, 이에 대해 A는 '~ 문제가 있지 않을까요?'라며 그 방식에 동의하지 않는다는 것을 간접적으로 드러내고 있다.
④ '개조식으로 요약할 경우 회의 내용이 과도하게 생략되어 이해가 어려울 수 있다'는 것은 B의 발언에 나오는 내용이다. A의 질문을 통해 B가 이 문제를 인지한 것은 사실이나, A가 명시한 내용은 아니다.

20 ①
정답해설 채연은 '내가 지난 학기에 과제를 함께 해 봐서 아는데, 그럴 애가 아니야.'라고 말하며 자신의 경험을 예로 들어 민서를 설득하고 있다.

오답해설
② 채연은 '정국이도 나름대로 사정이 있었을 거야.'라고 말하며 정국이의 상황을 고려하며 원만한 갈등 해소를 유도하고 있다. 하지만 민서의 의견을 수용한 부분은 대화에서 드러나지 않는다.
③ 정국이의 상황과 감정을 고려하며 대화의 타협점을 찾고 있는 것은 채연이다. 민서는 '사정은 무슨 사정? 자기 혼자 튀어 보고 싶은 거겠지.'라고 말하며 정국이의 상황을 고려하지 않았다.
④ 민서가 채연의 답변에서 모순점을 찾아내며 논리적으로 비판한 적은 없다.

21 ③

정답해설 B는 고객이 제안서에서 '코로나 시기에 이전과 동일한 사업적 효과가 있을지 궁금하다'고 의문을 제기한 것을 근거로 고객의 답변을 완곡한 거절로 판단하였다.

오답해설
① '검토하고 연락을 드리겠습니다'라는 고객의 답변에 대해, A는 제안서 승낙이라 이해했지만, B는 완곡한 거절이라 이해하였다.
② '동일한 사업적 효과가 있을지 궁금하다'라는 표현을 제안한 사업에 대한 부정적 평가라고 판단한 사람은 B이다.
④ A는 표정, 몸짓(박수)과 같은 비(非)언어적 표현과 부드러운 목소리 같은 준(準)언어적 표현을 바탕으로 하여 고객의 답변을 제안서에 대한 승낙이라고 생각하였다.

22 ①

정답해설 영수는 은행의 입장을 대변하였고, 민수는 소비자들의 개인적 부주의에 책임을 묻기보다 정부 차원에서 근본적인 해결책이 필요하다고 주장하였다. 따라서 민수는 영수와 달리 보이스피싱 피해에 대한 책임을 소비자에게만 전가해서는 안 된다고 생각한다.

오답해설
②, ④ 영수는 은행의 입장에서 소비자 과실을 책임지기 어렵다고 말했다.
③ 언급된 적 없는 내용이다.

23 ①

정답해설 반대 측은 '과연 누구까지를 학교 폭력의 방관자라고 규정지을 수 있을까?'라고 논제의 의문을 제기하고 있다. 어떠한 행위를 처벌하려면 확고한 기준이 필요한데, 방관자의 범위를 규정하는 것부터 불명확하다며 '학교 폭력을 방관한 학생에게도 책임을 물어야 한다.'는 논제에 반대하는 주장을 강화하였다.

오답해설
② 반대 측은 학교 폭력의 방관자에 대해 확고한 기준을 요구하고 있다. 이는 오히려 사회 전체의 건전성과 도덕성을 고려하여 학교 폭력에 윤리적으로 접근하려는 찬성 측의 주장에 대해 현실적인 기준을 요구하는 것이다.
③ 찬성 측과 반대 측 모두 자신의 경험을 제시하여 논지를 보충하지 않았다.
④ 친숙한 상황을 빗대어 자신의 견해를 펼치고 있는 측은 찬성 측이 아니라 반대 측이다. 반대 측은 '집에 가는 길에 우연히 폭력을 목격했을 경우, 자신의 친구로부터 폭력에 관련된 소문을 접했을 경우 등'을 친숙한 상황으로 제시하여 자신의 견해를 펼치고 있다.

24 ①

정답해설 '을'은 '마스크를 쓰지 않는 행위'에 대해 남들과 달리 문화적 차원에서 접근하고 있다.

오답해설
② '갑'이 '마스크 착용 거부'를 이해할 수 없다고 하자, '을'은 무조건 비난하지 말고 정확하게 이유를 파악해야 한다고 하였고, '병'은 마스크 착용을 거부하는 사람들이 '기본권'을 가장 우선시하기 때문일 것이라 하였다. 이에 대해 '갑'은 '개인의 자유로운 선택이 타인의 생명을 위협한다면 기본권이라 하더라도 제한하는 것이 보편적 상식 아닐까?'라며 질문을 던졌는데, 이는 '마스크 착용 거부'를 비판하려는 것이지 화제를 전환한 것이 아니다.
③ '병'은 마스크 착용을 거부하는 사람들의 입장을 추론하였다가 '갑'의 비판에 '맞아. 개인이 모여 공동체를 이루는데 나의 자유만을 고집하면 결국 사회는 극단적 이기주의에 빠져 붕괴하고 말 거야.'라며 동의하고 있다. 하지만 이는 논점에 대한 찬반 입장이 바뀐 것은 아니다.
④ '을'이 '어떤 사회에서는 얼굴을 가리는 것이 범죄자의 징표로 인식되기도 해.'라며 '마스크 착용 거부'의 문화적 사례를 제시하였으나, 사례의 공통점을 종합한 적은 없다.

Chapter 02 작문(내용)

본문 P.205

1 ④

정답해설 '인터넷의 역기능'에서 '욕설이나 비방, 허위 사실 유포'를 확인할 수 있으나, 자료에는 '인터넷의 순기능'도 제시되었으므로 인터넷 사용을 금지하자는 주장은 자료를 활용한 글쓰기로 적절하지 않다.

오답해설
① '인터넷의 순기능'에서 '다양한 정보의 습득'을 확인할 수 있다.
② '인터넷의 역기능'에서 '개인 정보 유출'을 확인할 수 있다.
③ '인터넷의 역기능'에서 '저작권 침해' 등을 확인할 수 있다.

2 ①

정답해설 글의 주제는 '바람직한 노사관계'이며, 글의 본론은 노사 분쟁의 원인과 노사관계 정립을 위한 방안을 다루고 있다. 이와 같은 글감을 다루기 위해서는 서론에서 문제 제기 혹은 문제에 관한 배경 지식인 노사관계의 의미 등과 관련하여 다루어야 한다. 따라서 ㉠에는 '노사관계의 의미'가 들어갈 수 있다.
㉡에는 노사관계 정립을 위한 방안이 들어가야 한다. 개요의 '방안' 부분에는 앞서 제시된 노사 분쟁의 원인인 '노사 간의 이해 부족', '분배의 불공정성'에 대한 해결이 될 수 있는 내용들이 들어가야 한다. 본론 2의 (가)와 (나)는 '노사 간의 이해 부족'에 대한 해결책이 될 수 있지만, '분배의 불공정성'과 관련한 해결은 본론 2에 제시되지 않았다. 따라서 ㉡에는 '분배의 불공정성'을 해결할 수 있는 해결 방안이 들어가야 한다.

오답해설
② ㉡에는 '분배의 불공정성'을 해결할 수 있는 방안이 제시되어야 한다. '노사 간의 이해 부족'을 해결할 수 있는 방안은 이미 개요에서 제시되었다.
③④ ㉠에 '기업의 활성화 방안'이 들어가는 것은 '바람직한 노사 관계'라는 글의 주제와 부합하지 않은 서론이다.
⑤ ㉠에 '노사 관계와 기업윤리'를 제시하는 것은 사측에 책임을 더 많이 묻는 것이므로 적절한 서론이 될 수 없다. 또한, ㉡에 '근로자와 사용자의 책임 분담'은 노사 관계의 문제를 해결할 수 있는 적절한 방안이 아니다.

3 ①

정답해설 서론은 '최근의 수출 실적 부진 현상'을 언급하였고 본론은 수출 경쟁력을 좌우하는 요인에 대해 분석했다. 결론은 수출 경쟁력 향상 방안을 제시하는 것으로 볼 때 주제문으로 가장 적절한 것은 ①번이다.

오답해설
② 연구 개발비 투자와 품질 향상에 대한 노력은 비가격 경쟁력 요인에만 해당되는 내용이므로 개요 전체를 포괄하지 못하는 주제이다.
③ 개요는 수출 실적에 대해서 언급하고 있으므로 내수 시장과는 관련이 없으므로 적절하지 않다.
④ 수출 분야 산업에 대한 것은 맞지만 정부가 지원해야 한다는 것은 개요에 나타나 있지 않으므로 적절하지 않다.

4 ③

정답해설 〈지침〉에 '본론은 제목에서 밝힌 내용을 2개의 장으로 구성하되 각 장의 하위 항목끼리 대응되도록 작성하라'고 하였다. 하지만 '사회복지 업무 경감을 통한 공무원 직무 만족도 증대'는 Ⅱ-2(사회복지 담당 공무원의 인력 부족)와 대응되는 Ⅲ-2(ⓒ)의 내용이 아니다. ⓒ에는 '사회복지 담당 공무원 인력 증원'과 같은 내용이 제시되어야 한다.

오답해설
① 제목을 보았을 때, 글의 중심 소재는 '복지 사각지대'이다. 〈지침〉에 '서론은 중심 소재의 개념 정의와 문제 제기를 1개의 장으로 작성하라'고 하였으므로, ㉠에는 '복지 사각지대'와 관련된 문제 제기가 들어가야 한다. 따라서 '복지 사각지대의 발생에 따른 사회 문제의 증가'는 ㉠에 들어갈 내용으로 적절하다.
② 〈지침〉에 '본론은 제목에서 밝힌 내용을 2개의 장으로 구성하되 각 장의 하위 항목끼리 대응되도록 작성하라'고 하였다. 따라서 '사회적 변화를 반영하지 못한 기존 복지 제도의 한계'는 Ⅲ-1(사회적 변화를 반영하여 기존 복지 제도의 미비점 보완)과 대응되는 Ⅱ-1(ⓒ)의 내용으로 적절하다.
④ 〈지침〉에 '결론은 기대 효과와 향후 과제를 1개의 장으로 작성할 것'이라는 내용이 제시되어 있다. Ⅳ-2로 '복지 사각지대의 근본적이고 지속가능한 해소 방안 마련'이라는 향후 과제가 제시되어 있으므로, ㉣에는 '복지 혜택의 범위 확장을 통한 사회 안전망 강화'라는 기대 효과가 제시되는 것이 적절하다.

5 ②

정답해설 어느 쪽이 옳다고 말하기 애매한 소식을 다룬 보도 기사의 마지막 표현으로는 한 쪽에 치우치지 않고 중립을 지키는 표현이 적절하다. 따라서 '양측의 의견 대립은 지속될 것으로 보인다' 정도의 표현이 ㉡에 들어가기 적절하다. '그 의미를 새삼 돌아보게 됩니다'의 '새삼'은 '이전의 느낌이나 감정이 다시금 새롭게'라는 의미의 부사이다. 따라서 앞에서 진술한 사건이 주는 교훈이나 그 사건을 통해 제기되는 사회적 문제를 강조할 때 마지막 표현으로 들어가기 적절한 표현이다.

오답해설
① 양자 간의 소송이나 다툼에 관한 소식을 다룬 보도 기사의 마지막 표현으로는 해당 사건의 원만한 해결을 기원하는 표현이 적절하다. 따라서 '모쪼록 원만히 해결되기 바랍니다'는 ㉠에 들어가기 적절한 표현이다.
③ 사건이 터지고 결과가 드러나기 전 소식을 다룬 기사의 마지막 표현으로는 결과의 향방이 주목된다는 표현이 적절하다. 귀추가 주목된다는 것은 일이 돌아가는 형국이 주목된다는 뜻으로 ⓒ에 들어가기 적절한 표현이다.
④ 연예 스캔들 소식을 다룬 기사의 마지막 표현으로는 해당 소식에 대한 평가보다 소식이 일으키는 파급력에 대해 언급하는 표현이 적절하다. 따라서 '호사가들의 입방아에 오르내리고 있습니다'는 ㉣에 들어가기 적절한 표현이다.

6 ④

정답해설 해명 자료 (2)는 유학생 등 재외국민이 단독 세대원인 경우가 거의 없다고 해명하였다. 그러나 이 사실 자체가 단독 세대원이 겪고 있는 문제가 해결되었다는 의미는 아니다.

70 이유진 국어 기출 알고리즘

✗ 오답해설

① 신문 보도 (2)가 (1)에 비해 아이핀 발급 상황에서 내국인과 재외국민이 어떤 차이가 있는지 구체적으로 제시하였다.
② '주민등록증이 있더라도 단독 세대원은 공공아이핀 발급이 불가능'이라는 부분을 통해 알 수 있다.
③ '본인과 국내에 거주하는 세대원'이 접속되면 함께 국내에 거주한다는 의미가 되므로 '국내에 거주하는 세대원과 본인의 주민등록증 발급 일자를 통해 대리인 신청'으로 수정하여야 한다.

7 ②

◉ 정답해설
파놉티콘의 구조상 교도관은 죄수를 볼 수 있지만 죄수는 교도관을 바라볼 수 없다. 이로 인해 죄수들은 교도관이 자리에 없을 때조차 언제 처벌을 받을지 모르는 공포감에 의해 스스로를 감시하게 된다고 하였다. 이는 권력자에 의한 정보 독점(소수)으로 다수가 통제된다는 것이다. 따라서 ⓒ에는 지문 그대로 '다수'가 들어가는 것이 적절하다.

✗ 오답해설
① 언제 처벌을 받을지 모르는 공포감에 의해서 실제로 교도관이 없을 때조차 스스로를 감시하게 된다는 것이므로 ㉠은 '없을'로 고치는 것이 적절하다.
③ 권력자에 대한 비판을 신변 노출 없이 자유롭게 표현할 수 있는 특성은 '인터넷의 익명성'이다. 따라서 ⓒ은 '익명성'으로 고치는 것이 적절하다.
④ 정보화 시대가 오면서 언론과 통신이 발달하였고 그로 인해 비판적 인식 교류와 부정적 현실 고발 등 네티즌(다수)의 활동으로 권력자들(소수)을 감시하는 전환이 일어났다고 하였다. 이는 '특정인(소수)'이 정보를 수용하고 생산하는 것이 아니라 '누구나(다수)' 자유롭게 정보를 수용하고 생산할 수 있기 때문이다. 따라서 ⓔ은 '누구나'로 고치는 것이 적절하다.

8 ③

◉ 정답해설
'현재 기준에서는 질병 치료를 목적으로 개발한 신약만 승인받을 수 있다'고 하였으므로, 노화를 멈추는 약이 승인받지 못했다면 ⓒ의 내용은 노화를 '질병으로 보지 않은 탓에 ~ 승인받을 수 없었다'로 고치는 것이 적절하다. 또한 바로 뒤의 문장이 '노화를 질병으로 보더라도'로 시작되는 것으로 보아, ⓒ의 내용은 노화를 질병으로 보지 않은 상황을 제시해야 한다.

✗ 오답해설
① ㉠이 포함된 문장의 '이 방법은', '인간이 젊고 건강한 상태로 수명을 연장할 수 있다는 점'에서 기존 발상과 근본적으로 다르다고 하였다. ㉠은 기존 발상을 수식한 부분이므로, '인간이 젊고 건강한 상태로 수명을 연장'하는 것과는 상반된 내용이어야 한다. 따라서 '늙고 병든 상태에서 단순히 죽음의 시간을 <u>지연(늦춤)시킨다</u>'는 기존 표현을 유지해야 한다. '늙고 병든 상태에서 담담히 죽음의 시간을 기다린다'는 것은 <u>수명을 늘릴 수 있는 여러 방법 중</u> 하나가 아니므로 기존 발상으로도 적합하지 않다.
② ⓒ이 가능한 장치가 개발된다면, '젊음을 유지한 채 수명을 늘리는 것'이 가능하다고 하였으므로, '노화가 진행된 상태를 진행되기 전의 상태'로 되돌린다는 기존 표현을 유지해야 한다.
④ ⓔ의 내용은 노화를 극복하기 위해 '노화가 더디게 진행되는 사람들의 유전자 자료를 데이터화'한 결과이므로 '노화를 지연시키는 생리적 특징'을 추출한다는 기존 표현을 유지해야 한다.

9 ④

◉ 정답해설
첫째 문단에 따르면 머릿속에 내재되어 있는 추상적인 언어의 모습이 랑그이며, 의사소통을 위해 랑그를 사용하는 개인적인 행위가 파롤이다. 따라서 마지막 문단의 '자기 모국어에 대해 사람들이 내재적으로 가지고 있는 지식'인 언어능력에 대응하는 개념은 랑그이며, '사람들이 실제로 발화하는 행위'인 언어수행에 대응하는 개념이 파롤이므로 ⓔ은 '랑그가 언어능력에 대응한다면, 파롤은 언어수행에 대응'으로 수정하는 것이 적절하다.

✗ 오답해설
① 첫째 문단에 따르면 랑그는 '추상적인 언어의 모습으로, 언어공동체가 공유하고 있는 기호체계'를 가리키고, 파롤은 '구체적인 언어의 모습으로, 개인적인 행위'를 의미한다. 이를 통해 랑그는 고정되어 있는 악보에, 파롤은 개인에 따라 달라지는 실제 연주에 비유하는 것이 적절하다.
② 둘째 문단에서 랑그는 고정된 악보에 비유되고 있어, 이를 여러 상황에도 불구하고 변하지 않고 기본을 이루는 언어의 본질적인 모습에 해당한다고 표현하는 것이 적절하다.
③ 첫째 문단에 따르면 파롤이 구체적인 언어의 모습이자 개인적인 행위를 의미한다. 따라서 '책상'이라는 단어가 실제로 발음되는 제각각의 소릿값은 파롤이다.

10 ⑤

◉ 정답해설
'그 뒤 어느 시점부터' 공자가 인을 빈번하게 설파하여 106회의 언급이 나올 수 있다는 내용을 확인해 볼 때, '이(해당) 문장을 기록했던 시점까지' 공자가 정말 인에 대해 드물게 말했는지도 모른다고 수정하는 것이 적절하다.

✗ 오답해설
① 한자의 의미와 상충하는 것으로 보이는 것을 해결하기 위해, 한자의 의미를 기존과 다르게 해석하여 일반적 해석을 변경하는 방식을 사용한다는 내용은 적절하다.
② 다른 것과의 비교를 통해 드물다는 표현을 사용하므로, 인이 106회 언급되었다고 해도 다른 것에 비해서 드물다고 평가할 수 있다는 내용은 적절하다.
③ 공자가 인을 중요시 여기면서도 드물게 언급하다 보니 제자들의 질문이 많아 제자들과의 대화에서는 자주 등장할 수밖에 없었다. 이에 제자들이 기억하는 공자의 말을 적은 기록인 논어에 인에 대한 기록이 많아질 수밖에 없었다는 내용은 적절하다.
④ 그 문장을 기록하는 기록자만 드물게 들었기 때문에 드물다는 표현을 사용했다고 말하고 있어, 이는 문장을 기록한 제자의 개별적 특성이라는 내용은 적절하다.

11 ⑤

◉ 정답해설
마지막 문단은 IMF의 지원을 받은 국가와 그렇지 않은 슬로베니아의 결핵 사망률을 비교하여 IMF 구조조정 실시 여부와 결핵 사망률이 일정한 상관관계가 있다는 내용을 제시하였다. 이는 IMF 구조조정이 결핵 사망률에 영향을 끼쳤다는 것을 의미하므로 구조조정 '실시 이후'에 결핵 발생률이 증가하였다고 보는 것이 적절하다. 따라서 ⓔ은 '실시 이후부터 결핵 사망률이 크게 증가했던 것'으로 수정하는 것이 적절하다.

✗ 오답해설
① 1991년 냉전 체제가 붕괴되면서 동유럽의 독립 국가들은 자본주

의 시장경제를 받아들였다. 그 이후 극심한 경제 위기를 경험하며 IMF의 자금 지원까지 받게 되었다고 한다. 즉 '독립 이후 갑작스럽게 도입한 자본주의 시스템에 적응하는 일'이 쉽지 않았음을 보여 주는 것이다. 따라서 ㉠은 수정하지 않는 것이 적절하다.
② ㉡의 다음 문장인 '즉 경제 체제의 변화와는 관련이 없다는 것이다.'는 해당 국가 국민의 평균 수명이 급격하게 줄어든 것이 경제 체제 변화와 관련이 없다고 주장하는 것이다. 이는 자본주의를 들여왔기 때문에, 즉 경제 체제가 변화했기 때문에 수명이 줄어들었다는 것에 대한 반박에 해당하므로 이러한 반박을 하고자 하는 경제학자들은 '자본주의 시스템 도입을 적극적으로 지지했던' 경제학자들일 것이다. 따라서 ㉡은 수정하지 않는 것이 적절하다.
③ 둘째 문단에 따르면 해당 국가 국민의 평균 수명이 급격하게 줄어든 것은 경제 체제의 변화와는 관련이 없다. 그러나 '수출입과 같은 국제 경제적 요소'로 수정할 경우, 경제 체제의 변화로 인하여 수명이 감소한 것이 되므로 문맥에 맞지 않는다. 경제 체제의 변화와 관련이 없는 이유가 수명 감소에 영향을 끼쳤다고 보는 것이 문맥상 적절하므로 ㉢은 수정하지 않는 것이 적절하다.
④ 셋째 문단에 따르면 독립한 동유럽 국가 중 IMF의 지원을 받은 대부분의 국가와 IMF가 아닌 다른 기관의 지원을 받은 슬로베니아의 구조조정 프로그램의 실시 여부를 비교하고 있다. 따라서 ㉣은 수정하지 않는 것이 적절하다. 만약 수정한다고 하더라도 IMF의 자금 지원 직후 경제 성장률을 비교한 내용은 지문에서 찾아볼 수 없으므로 수정한 내용이 ㉣에 들어가는 것은 적절하지 않다.

12 ③

정답해설 ㄱ. 〈표〉는 야생 조류 AI 바이러스 검출 현황을 나타내고 있으므로 야생 조류가 아닌 가금류 AI 바이러스 검출 사례는 건수에 포함하지 않는다. 따라서 경기도 3건, 충남 2건의 야생 조류 고병원성 AI 검출 사례만이 표에 기재되어야 한다.
ㄷ. 두 번째 문단에 따르면 야생 조류 AI 바이러스 검출 현황은 고병원성 AI, 저병원성 AI, 검사 중으로 분류하고 바이러스 미분리는 야생 조류 AI 바이러스 검출 현황에 포함하지 않는다. 따라서 "바이러스 미분리" 항목을 삭제하는 것은 적절한 수정방안이다.

오답해설 ㄴ. 둘째 문단에 따르면 아직 검사 중인 야생 조류 AI 바이러스는 9건이며, 그중 하나인 제주도 하도리의 경우 11월 22일에 바이러스 검출 여부를 발표할 예정이다. 〈표〉는 2020년 10월 25일부터 2020년 11월 21일까지의 검출 현황을 반영하고 있으므로 제주도 하도리는 검사 중 항목에 포함되어야 한다. 따라서 검사 중인 것은 8건이 아니라 9건이다.

PART 7
논리에 대한 이해와 적용

Chapter 01 논리 추론

본문 P.218

1 ①

정답해설 지문에 제시된 '논리실증주의자들'의 입장과 그들이 기준으로 삼은 '검증 원리'를 정리하면 다음과 같다.

> (1) 과학에서 사용되는 문장은 유의미하다.
> (2) 경험을 통해 참이나 거짓을 검증할 수 있는 문장은 유의미하다.
> (3) 진위를 확정(참거짓을 검증)하려면 무엇을 경험해야 하는지 알고 있어야 한다.
> (4) 진위를 확정(참거짓을 검증)하기 위해 무엇을 경험해야 하는지 알 수 없다면 과학에서 사용될 수 없는 무의미한 문장이다.

① (1)의 대우는 '무의미한 문장은 과학에 사용될 수 없다'이다.
* 대우: A→B ⇔ ~B→~A (어떤 명제가 참이라면 그 대우도 참이다)

오답해설
② (1)에 의하면, 과학에서 사용되는 문장이 유의미한 것은 맞지만, '과학의 문장들만'이 유의미한지는 알 수 없다.
③ (2)~(4)에 의하면, 경험을 통해 참이나 거짓을 검증할 수 있어야 유의미한 문장인 것은 맞지만, 이는 검증의 가능성이 기준이므로 '아직까지 검증되지 않은 것'이라 하여 무의미하다고 할 수는 없다. 아직까지 검증되지 않았지만 검증을 위해 무엇을 경험해야 하는지 알고 있다면 유의미한 문장이다.
④ (2)에 의하면, 경험을 통해 거짓을 확정할 수 있는 문장은 유의미하다.

2 ①

정답해설 '로물루스'를 사례로 축약된 기술어를 설명한 것은 을의 입장이다. 갑은 축약된 기술어와 관련하여 의견을 제시하지 않았다.

오답해설
② 을은 실존하지 않는 대상을 지칭하는 단어가 있다고 보며, 그 사례로 단어 '로물루스'를 제시했다.
③ 갑은 '페가수스'를 이름으로 본다. 반면, 을은 실존하지 않는 대상을 지칭하는 단어를 일종의 '축약된 기술어'라고 보기 때문에 '페가수스'를 축약된 기술어로 볼 것이다.
④ 갑은 '모든 이름은 실존하는 대상을 반드시 지칭'한다고 보며, 을 역시 '어떤 단어가 이름이라면 그것은 실존하는 어떤 대상을 반드시 지칭'한다고 본다.

3 ④

정답해설 (가) A가 진행한 실험에서, 실험 참가자들이 패스 횟수를 세는 데 집중하는 가운데 고릴라 복장의 사람은 보지 못했음을 알 수 있다. 이로써 도출할 수 있는 결론은 '인간은 중요하다고 생각하는 것 위주로 주의를 기울인다'는 것이다. 주어진 실험에서는, 실험 참가자들이 중요하다고 생각하는 '패스 횟수' 위주로 주의를 기울였기 때문에 상대적으로 중요하다고 생각되지 않는 '고릴라 복장의 사람'을 놓친 것이다.

(나) 밝은색 옷의 오토바이 운전자가 시각적으로 더 잘 보이지만, 모든 자동차 운전자가 밝은색 옷을 입은 오토바이 운전자를 다 알아보는 것은 아니다. 다시 말해, 밝은색 옷은 운전자를 인지하는 데 도움이 되지만, 100% 확실하게 운전자를 인지할 수 있게 하는 것은 아니다. 따라서 바라보는 행위는 인지의 '필요조건'일 수는 있어도, '충분조건'일 수는 없다는 것을 알 수 있다. (만일 바라보는 행위가 인지의 충분조건이라면, 바라보는 행위만으로 100% 확실하게 인지할 수 있어야 한다. 하지만 실제로는 그렇지 않기 때문에, 바라보는 행위는 인지의 충분조건이 될 수 없다.)

4 ④

정답해설 지문에 제시된 내용을 정리하면 다음과 같다.

(1) 컴퓨터는 결정론적 법칙의 지배를 받는 시스템이다.
(2) 결정론적 법칙의 지배를 받는 시스템은 결과가 하나로 고정된다.
(3) 어떤 선택을 할 때 그것과 다른 선택을 할 수도 있다는 것(= 결과가 하나로 고정되지 않음)은 자유의지의 필요조건이다.
(2)와 (3)에 의하면 (4)가 도출된다.
(4) 결정론적 법칙의 지배를 받는 시스템은 자유의지를 가지지 않는다.(양립 불가)
(5) 자유의지를 가지지 않는 시스템에 도덕적 의무를 귀속시킬 수 없다.

ㄱ. (1), (4), (5)에 의하면 컴퓨터는 자유의지를 가지지 않으며 이로 인해 도덕적 의무의 귀속 대상일 수도 없다.
ㄴ. (5)에 의하면 도덕적 의무를 귀속시킬 수 있는 시스템은 자유의지를 가져야 하며, (4)에 의하면 자유의지를 가진다는 것은 결정론적 법칙의 지배를 받지 않는다.
* 대우 활용
ㄷ. (3)에 의하면 어떤 선택을 할 때 다른 선택의 여지가 없다면 자유의지를 가지지 않는다.
* 필요조건: A → B에서 B는 A의 '필요조건으로서의 원인'
필요조건이란 '원인이 없을 때 결과도 없는 관계'
B가 참이 아니면 A도 반드시 참이 아니라는 것

5 ②

정답해설 ㄱ. 갑은 '우리 엄마'가 형제가 아닌 화자와 청자가 공유하는 엄마를 지칭하는 말이므로 '우리 엄마'라는 표현이 이상하다고 주장한다. 따라서 갑은 '우리 엄마'라는 표현이 화자와 청자 모두의 엄마를 가리킨다고 보는 입장이다. (참)
ㄷ. 병은 우리가 '가족 구성원 중의 한 명인 엄마를 공유하는 공동체'에 속해 있기 때문에, '내 엄마'와는 다른 '우리 엄마'만의 의미가 있다고 주장한다. 즉, 병은 공동체 속에서 공유되는 단어의 정의를 중시하고 있다. 그런데 무인도에 혼자 살아온 사람이 섬을 '우리 마을'이라고 말한다면, 그 사람에게는 공동체 속에서 공유되는 단어가 없기 때문에 어색하게 느껴질 수 있다. 이는 병의 입장과 부합하므로 병의 입장을 강화한다. (참)

오답해설 ㄴ. 을은 '우리 동네'라는 표현을 청자와 화자의 동네가 다를 때도 쓸 수 있다고 하였다. 이 경우 '우리 동네'의 의미를 '그 표현을 말하는 사람이 사는 동네'로 이해하며, 갑이 제기한 문제의 '우리 엄마'의 경우도 마찬가지라고 하였다. 즉, 화자와 청자의 엄마가 같은 경우뿐 아니라 다른 경우에도 '우리 엄마'라는 표현을 쓸 수 있다는 것이다. 형제가 서로 대화하면서 '우리 엄마'라는 표현을 쓰는 경우는 화자와 청자의 엄마가 같은 경우이고, 이 경우의 쓰임도 을이 인정하고 있으므로 을의 입장을 약화한다고 볼 수 없다.(거짓)

6 ④

정답해설 ㄱ. A는 2~3세경에 자기중심적 언어가 나타나며 그 단계 전에서는 환상적 사고의 단계, 즉 의사소통 행위가 아닌 것에 머물러 있다고 본다. 반면 B는 자기중심적 언어의 전 단계, 즉 출생 이후 약 2세까지의 상호작용을 의사소통 행위로 판단한다. (참)
ㄴ. 첫째 문단에 따르면, A는 8세경에 학령이 되면서 자기중심적 언어는 소멸한다고 본다. 반면 둘째 문단에 따르면, B는 자기중심적 언어가 학령이 되면서 소멸하는 게 아니라 내면화된다고 본다. (참)
ㄷ. 첫째 문단에 따르면 A는 8세경에 학령이 되면서 사회적 언어의 단계로 진입한다고 본다. 반면 셋째 문단에 따르면, B는 출생 이후 약 2세까지의 상호작용을 의사소통 행위로 판단하며, 이때의 의사소통 행위가 사회적 언어를 통해 수행된다고 본다. 즉 A는 8세경을, B는 출생 이후부터 약 2세까지를 사회적 언어로 진입하는 시기로 보는 것이므로, 이에 대해 견해를 달리하고 있다. (참)

7 ①

정답해설 ㉠은 유행지각, 깊은 사고 그리고 협업 모두에서 목표를 달성하는 것이 마케팅 프로젝트가 성공적이기 위해 필수적이라 여긴다. 따라서 지금까지 성공한 프로젝트가 유행지각, 깊은 사고 그리고 협업 모두에서 목표를 달성했다면, ㉠은 강화된다.

오답해설 ② 성공하지 못한 프로젝트 중 유행지각, 깊은 사고 그리고 협업 중 하나 이상에서 목표를 달성하는 데 실패한 사례가 있다면, 세 요소 모두에서 목표를 달성하는 것이 마케팅 프로젝트가 성공적이기 위해 필수적이라고 여기는 ㉠을 강화한다.
③ ㉡은 세 요소 모두에서 목표를 달성했다고 하더라도 마케팅 프로젝트가 성공한 것은 아니라고 여긴다. 따라서 유행지각, 깊은 사고 그리고 협업 중 하나 이상에서 목표를 달성하는 데 실패했지만 성공한 프로젝트가 있다는 것은 ㉡을 강화하지도 약화하지도 않는다.
④ ㉡은 세 요소 모두에서 목표를 달성했다고 하더라도 마케팅 프로젝트가 성공한 것은 아니라고 여긴다. 따라서 유행지각, 깊은 사고 그리고 협업 모두에서 목표를 달성했지만 성공하지 못한 프로젝트가 있다면, ㉡은 강화된다.

8 ①

정답해설 ㄱ. 갑의 흡연이 갑의 폐암의 원인이라는 조건을 이론 X에 따라 정리하면, '갑의 흡연(A)이 일어나지 않았더라면 갑의 폐암(B)도 일어나지 않았을 것이다.'가 된다. 이는 '갑이 흡연하지 않았더라면 갑은 폐암에 걸리지도 않았을 것'이라는 ㄱ과 동일한 판단이다.
ㄴ. 이론 X에 따르면, '만약 A가 일어나지 않았더라면 B도 일어나지 않았을 것이다.'의 의미는 'A가 일어나지 않고 B가 일어난 상황보다, A가 일어나지 않고 B도 일어나지 않은 상황이 A가 일어나고 B

도 일어난 사실과 더 유사하다'는 것이다. 따라서 '갑이 홈런을 치지 않고 갑의 팀이 승리한 상황보다, 갑이 홈런을 치지 않고 갑의 팀이 승리하지 않은 상황이 갑이 홈런을 치고 갑의 팀이 승리한 사실과 더 유사하다'면, '갑의 홈런(A)이 없었더라면 팀의 승리(B)도 없었을 것이다'라고 볼 수 있다. 이는 이론 X에 따를 때 갑의 홈런(A)이 팀의 승리의 원인(B)이라는 것과 같은 의미이다.

✗ 오답해설
ㄷ. 까마귀가 날자(A) 배가 떨어졌음(B)에도 까마귀가 난 것이 배가 떨어진 원인이 아니라고 하는 것은 A와 B의 인과 관계를 부정하는 진술이다. 이는 'A가 일어났다 하더라도 B가 일어난 것과 상관이 없다'라는 의미이므로, 이는 A와 B의 인과 관계를 증명하는 이론 X에 근거해 판단을 내릴 수 없는 진술이다.

9 ①

✓ 정답해설 (가)의 전제에 따라 축구를 잘하는 모든 사람은 머리가 좋다. 그리고 (나)의 전제에 따라 축구를 잘하는 사람 중 일부분만이 키가 작다. 따라서 키가 작은 어떤 사람은 머리가 좋음을 이끌어 낼 수 있다.

✗ 오답해설
② (나)의 전제에 따르면 키가 작은 모든 사람이 축구를 잘하는 것은 아니므로 키가 작은 사람은 모두 머리가 좋다는 결론은 성립되지 않는다.
③ (가)의 전제에 따르면 축구를 잘하는 사람이 모두 머리가 좋은 것이므로 머리가 좋은 사람이 모두 축구를 잘한다는 결론은 성립되지 않는다. 머리가 좋더라도 축구를 잘하지 못하는 경우는 여전히 존재할 수 있다.
④ (가)의 전제에 따라 머리가 좋다는 정보만으로는 축구를 잘하는지 여부를 판단할 수 없다. 또한 (나)의 전제에 따라 키가 작지 않은 사람의 축구 실력의 여부 역시 판단할 수 없다. 따라서 머리가 좋은 어떤 사람은 키가 작지 않다는 결론은 이끌어 낼 수 없다.

> (가) 축구 → 머리 좋음
> (나) 축구n ∧ 키 작음n
> ─────────────────
> 축n ∧ 키 작음n → 머리 좋음

10 ④

> ⓐ 갑 ∨ 을 → 글쓰기
> ⓑ 을 글쓰기 → (병 말하기 ∧ 병 듣기)
> ⓒ (병 말하기 ∧ 병 듣기) → 정 읽기
> ⓓ ~정 읽기

ⓒ에 따르면, 병이 〈말하기〉와 〈듣기〉를 신청하면 정은 〈읽기〉를 신청한다. 하지만 ⓓ에 따라, 정은 〈읽기〉를 신청하지 않았고 ⓒ의 대우에 의거하여 병도 〈말하기〉와 〈듣기〉를 신청하지 않았음을 알 수 있다. 그리고 ⓑ의 대우에 따라 병이 〈말하기〉를 신청하지 않거나 〈듣기〉를 신청하지 않으면 을은 〈글쓰기〉를 신청하지 않는다. 하지만 ⓐ에서 갑과 을 중 적어도 한 명은 〈글쓰기〉를 신청한다고 하였으므로 갑은 〈글쓰기〉를 신청한다는 것을 알 수 있다.

11 ④

✓ 정답해설 지문에 제시된 전제를 정리하면 다음과 같다.

> (가) 오 주무관이 회의에 참석하면, 박 주무관도 참석한다.
> ▶ 오 주무관 → 박 주무관
> (나) 박 주무관이 회의에 참석하면, 홍 주무관도 참석한다.
> ▶ 박 주무관 → 홍 주무관
> (다) 홍 주무관이 회의에 참석하지 않으면, 공 주무관도 참석하지 않는다. ▶ ~홍 주무관 → ~공 주무관

'박 주무관'을 매개항으로 하여 (가)와 (나)를 결합하면 '오 주무관 → 홍 주무관'을 도출할 수 있다.
• 대우 활용 〉 '오 주무관 → 홍 주무관'의 대우는 '~홍 주무관 → ~오 주무관'이다.
따라서 '홍 주무관이 회의에 참석하지 않으면, 오 주무관도 참석하지 않는다.'는 명제가 참임을 알 수 있다.

12 ①

✓ 정답해설 지문에 제시된 전제를 정리하면 다음과 같다.

> (가) 노인복지 문제에 관심이 있는 사람 중 일부는 일자리 문제에 관심이 있는 사람이 아니다.
> ▶ 노인복지 문제n ∧ ~일자리 문제n
> (나) 공직에 관심이 있는 사람은 모두 일자리 문제에 관심이 있는 사람이다.
> ▶ 공직 → 일자리 문제

(나)의 대우는 '~일자리 문제 → ~공직'이다. 따라서 '~일자리 문제'를 매개항으로 (가)에 (나)의 대우문을 결합하면, '노인복지 문제n ∧ ~공직n(① 노인복지 문제에 관심이 있는 사람 중 일부는 공직에 관심이 있는 사람이 아니다)'이라는 결론이 도출된다.

13 ①

✓ 정답해설 지문에 제시된 전제와 결론을 정리하면 다음과 같다.

> 문학을 좋아하는 사람은 모두 자연의 아름다움을 좋아하는 사람이다.
> ▶ 문학 → 자연의 아름다움
> 자연의 아름다움을 좋아하는 어떤 사람은 예술을 좋아하는 사람이다.
> ▶ 자연의 아름다움n ∧ 예술n
> 따라서 예술을 좋아하는 어떤 사람은 문학을 좋아하는 사람이다.
> ▶ ∴ 예술n ∧ 문학n

특칭인 결론의 참이 보장되려면 전칭의 참이 전제로 필요하므로, 추가해야 할 전제는 '자연의 아름다움 → 문학(자연의 아름다움을 좋아하는 사람은 모두 문학을 좋아하는 사람이다.)'이다.

14 ③

정답해설 지문에 제시된 전제를 정리하면 다음과 같다.

> (가) 가은이 프로젝트에 참여하면 나은과 다은도 프로젝트에 참여한다.
> ▶ 가은 → 나은 ∧ 다은
> 대우 〉 ~(나은 ∧ 다은) → ~가은
> = ~나은 ∨ ~다은 → ~가은
> (나) 나은이 프로젝트에 참여하지 않으면 라은이 프로젝트에 참여한다.
> ▶ ~나은 → 라은
> 대우 〉 ~라은 → 나은
> (다) 가은이 프로젝트에 참여하거나 마은이 프로젝트에 참여한다.
> ▶ 가은 ∨ 마은

③ (가)의 대우를 통하여, 다은이가 프로젝트에 참여하지 않으면 가은이도 참여하지 않는다는 것을 알 수 있다. 또한 (다)로 보았을 때 가은이가 참여하지 않으면 마은이가 참여한다는 것을 알 수 있다. 따라서 '다은이 프로젝트에 참여하거나 마은이 프로젝트에 참여한다.'는 것은 참임을 알 수 있다.

오답해설
① (다)로 보았을 때 가은이 프로젝트에 참여하지 않으면 마은이 참여할 것임을 알 수 있다. 하지만 마은이 프로젝트에 참여했을 때 다른 주무관들의 참여 여부는 알 수 없다.
② (다)로 보았을 때, '마은이 프로젝트에 참여하는 것'이 확실한 참이 되기 위해서는 가은이 참여하지 않아야 함을 알 수 있다.
(가)의 대우를 통하여, 다은이가 프로젝트에 참여하지 않으면 가은이도 참여하지 않는다는 것을 알 수 있다. 따라서 (가)와 (다)로 보았을 때, '다은이 프로젝트에 참여했을 때'가 아니라 '다은이 프로젝트에 참여하지 않았을 때' 마은이가 참여한다는 것을 알 수 있다.
④⑤ (다)로 보았을 때, '마은이 프로젝트에 참여하는 것'이 확실한 참이 되기 위해서는 가은이 참여하지 않아야만 한다는 것을 알 수 있다. 그리고 (가)의 대우를 통하여, 나은이나 다은이가 프로젝트에 참여하지 않으면 가은이 참여하지 않는다는 것을 알 수 있다. (나)에서는 나은이가 프로젝트에 참여하지 않으면 라은이 참여한다고 하였다. 하지만 라은이 참여할 때 나은이의 참여 여부는 알 수 없다.(원명제가 참일 때 대우도 참이지만, 역은 그 참거짓을 알 수 없다) 따라서 라은이의 프로젝트 참여 여부로 가은이의 참여 여부를 알 수 없으며 나아가 마은이의 프로젝트 여부도 알 수 없다.

15 ⑤

정답해설 첫 번째 섬의 주민 갑이 '건달'이라고 가정해 보자. 이 경우 갑의 말은 거짓이어야 하므로, '을이 건달이며, 첫 번째 섬은 마야섬이 아니어야' 한다. 이에 따라 을도 '건달'이라고 가정하면, '갑이 기사이며, 첫 번째 섬은 마야섬이 아니어야' 한다. 그런데 이는 갑이 '건달'이라는 가정과 모순된다. 따라서 갑은 '기사'이다. 하지만 ㄱ에서는 '갑과 을이 모두 건달'이라고 하였으므로, ㄱ은 참이 아니다.
두 번째 섬에서는 갑이 '우리 둘은 모두 건달이고, 이 섬은 마야섬'이라고 하는데, 만약 갑이 기사라면 이 말은 모순이 되므로 갑은 '건달'이어야 한다. 따라서 갑은 거짓만 말해야 하는데, 을이 '갑의 말은 옳다.'고 하였으므로 을 역시 '건달'이다. 갑의 말은 거짓이어야 하는데, 갑과 을은 모두 건달이므로 두 번째 섬이 마야섬이 아니어야 한다. 따라서 두 번째 섬에서 갑과 을은 모두 건달이며, 두 번째 섬은 마야섬이 아니다. 즉, ㄴ은 참이다.
세 번째 섬에서도 두 번째 섬과 같은 논리로 갑은 '건달'이어야 한다. 을 역시 '건달'이라고 가정해 보자. 이 경우 갑의 말이 거짓이 되기 위해서는 세 번째 섬이 '마야섬이 아니어야' 하는데, 이렇게 되면 을의 말은 참이 되어 을이 '건달'이라는 가정과 모순된다. 따라서 을은 기사이고, 이에 따라 세 번째 섬은 마야섬이 아니다. 즉, ㄷ은 참이다.
따라서 반드시 참인 〈보기〉는 ㄴ, ㄷ이 된다.

16 ⑤

정답해설 제시된 글의 단서를 표로 정리하면 다음과 같다.

	A (2명, A→B)	B (B→~D)	C (B→찬반동수)	D(2명, D→C, D→~B)
대표자 1				
대표자 2				
대표자 3				
대표자 4				
대표자 5				

B에 찬성하는 대표자 중에 C에 찬성하는 사람과 반대하는 사람은 동수이다. 즉, B에 찬성하는 대표자의 수는 짝수여야 하므로 2명 또는 4명이 될 것이다. 그런데 B에 찬성하는 대표자의 수가 4명이라면, 'B→~D'에 의해 D에 찬성하는 대표자의 수가 1명 이하가 되어 조건에 어긋난다. 따라서 B에 찬성하는 대표자의 수는 2명임을 알 수 있다.
이를 바탕으로, 대표자 1, 2가 A에 찬성한다고 가정하고 표를 채우면 다음과 같다.

	A (2명, A→B)	B (B→~D)	C (B→찬반동수)	D(2명, D→C, D→~B)
대표자 1	○	○	○	×
대표자 2	○	○	×	○	×
대표자 3	×	×		
대표자 4	×	×		
대표자 5	×	×		

D에 찬성하는 대표자는 2명이므로, 대표자 3, 4가 D에 찬성한다고 가정하고 표를 더 채우면 다음과 같다.

	A (2명, A→B)	B (B→~D)	C (B→찬반동수)	D(2명, D→C, D→~B)
대표자 1	○	○	○	×
대표자 2	○	○	×	○	×
대표자 3	×	×	○	○
대표자 4	×	×	○	○
대표자 5	×	×		×

대표자 5는 A, B, D에 대해 모두 반대하는데, 반드시 하나 이상의 정책에는 찬성해야 하므로 C는 찬성할 것이다. 추가로 대표자 1이 C에 찬성한다고 가정하면, 최종적으로 다음과 같은 표가 완성된다.

	A (2명, A→B)	B (B→~D)	C (B→찬반동수)	D(2명, D→C, D→~B)
대표자 1	○	○	○	×
대표자 2	○	○	×	×
대표자 3	×	×	○	○
대표자 4	×	×	○	○
대표자 5	×	×	○	×

ㄱ. 대표자 5는 3개의 정책에 반대한다. (참)
ㄴ. B에 찬성하는 대표자는 2명이다. (참)
ㄷ. 가장 많은 수인 총 4명의 대표자가 C에 찬성한다. (참)

17 ④

정답해설 조건을 기호화하면 다음과 같다.

(1) A→~B
(2) ~B→~C
(3) ~D→C
(4) ~A→~E
(5) ~E→~C

(1)과 (2)의 조건을 결합하면 (1)′ A→~C의 조건이, (4)와 (5)의 조건을 결합하면 (2)′ ~A→~C의 조건이 도출된다. (1)′과 (2)′의 조건에서 딜레마(양도 논법)에 의해 ~C라는 결론이 나온다. (3)의 대우 ~C→D의 전건이 긍정되므로 후건인 D가 반드시 도출된다. 따라서 갑이 반드시 수강해야 할 과목은 D이다.

참고 **양도 논법**: 『철학』 대전제가 두 개의 가언적 명제의 연언(連言)으로 되어 있고, 소전제가 대전제의 두 전건을 선언적으로 긍정하든가 혹은 두 후건을 선언적으로 부정하는 형태로 되어 있는 삼단 논법. 예를 들면, '네가 만일 정직하면 세인이 증오할 것이고, 만일 부정직하면 신이 증오할 것이다. 너는 정직하든가 또는 부정직하다. 그러므로 너는 세인의 증오를 받든지 신의 증오를 받는다.'라고 하는 것이다. ≒ 딜레마, 양각 논법, 이중체.
— "양도 논법", 《표준국어대사전》

18 ③

정답해설 조건을 기호화하면 다음과 같다.

(1) A∧D
(2) ~(B∧D)
(3) A∨B→~C
(4) ~(A→~B) = ~(~A∨~B) = A∧B

ㄱ. 네 종류 중 세 종류의 자격증을 가지는 경우의 수는 네 가지이다.

A, B, C를 소지하는 경우
A, B, D를 소지하는 경우
A, C, D를 소지하는 경우
B, C, D를 소지하는 경우

첫 번째 경우와 세 번째 경우는 조건 (3)에 어긋나며 두 번째 경우와 네 번째 경우는 조건 (2)에 어긋난다. 따라서 '네 종류 중 세 종류의 자격증을 가지고 있는 후보자는 없다'는 명제는 반드시 참이다.

ㄴ. 드 모르간의 법칙에 의해 조건 (2)는 ~B∨~D가 되며 이는 '어떤 후보자는 B를 가지고 있지 않고, 또 다른 후보자는 D를 가지고 있지 않음'을 의미한다.

참고 **드 모르간의 법칙**: 『수학』 집합 A와 B의 여집합을 A′와 B′라고 하고, 그 합집합 A∪B와 교집합 A∩B의 여집합을 (A∪B)′와 (A∩B)′라고 할 때, (A∪B)′ = A′∩B′와 (A∩B)′ = A′∪B′라는 법칙.
— "드 모르간의 법칙", 《표준국어대사전》

오답해설

ㄷ. 'D를 가지고 있지 않은 후보자는 누구나 C를 가지고 있지 않다'를 기호화하면 ~D→~C가 되고 이를 대우 취하면 C→D가 된다. 즉 C를 가진 후보자는 항상 D를 가지므로 네 종류 중 한 종류의 자격증만 가지려면 A만 또는 B만 또는 D만을 소지해야 한다. 세 가지 경우 모두 가능한 경우이기는 하나, 한 종류의 자격증만 가지고 있는 후보자가 없어도 주어진 조건에 위배되지 않으므로 본 명제는 반드시 참이라고 할 수 없다.

19 ④

정답해설 글의 내용을 기호화하면 다음과 같다.

(1) 민원→홍보
(2) ~(홍보→민원) = ~(~홍보∨민원) = 홍보 ∧ ~민원
(3) ~민원 ∧ ~홍보 ∧ 인사 ∧ ~기획
(4) ~(민원 ∧ 인사)
(5) 두 개 이하의 업무를 선호

갑은 기획 업무를 포함한 한 개 또는 두 개의 업무를 선호하며, 을은 조건 (1)에 의해 민원과 홍보 업무를 선호한다. 넷 중 세 개 이상의 업무를 선호하는 신입사원은 없으므로 을은 인사나 기획 업무를 선호할 수 없다.

ㄴ. 현재 을이 홍보 업무를 선호하므로 우선 한 명의 신입사원이 홍보 업무를 선호한다. 또한 조건 (2)에 따라 홍보 업무는 선호하나 민원 업무는 선호하지 않는 신입사원이 있다. 을은 조건 (2)에 해당하지 않으므로 을 이외의 다른 신입사원 중 조건 (2)에 해당하는 신입사원이 한 명 이상 있을 것이다. 따라서 적어도 두 명 이상의 신입사원이 홍보 업무를 선호함을 알 수 있다.

ㄷ. 갑이 기획 업무를, 을이 민원과 홍보 업무를 선호한다는 사실은 확정 사실이므로 인사 업무와 관련하여 선지의 정오를 판단한다. 조건 (3)에 의해 인사 업무만을 선호하는 신입사원이 있으므로 조사 대상이 된 업무 중에 어떤 신입사원도 선호하지 않는 업무는 없다.

오답해설

ㄱ. 갑이 기획 업무를, 을이 민원과 홍보 업무를 선호한다는 사실은 확정 사실이므로 인사 업무와 관련하여 선지의 정오를 판단한다. 이때 을은 확실히 인사 업무를 선호하지 않지만 갑의 경우에는 알 수 없다. 인사 업무를 선호할 수도, 선호하지 않을 수도 있으므로 선지는 반드시 참이라고 할 수 없다.

20 ③

정답해설 바다, 다은, 은경, 경아의 답변은 각각 '상용화 아이디어에 대한 서술' 부분과 '범인에 대한 서술' 부분으로 나뉜다. 이 중 '범인에 대한 서술' 부분만을 기호로 정리하면 다음과 같다.

> 바다: ~다은 범인
> 다은: 은경 범인 ∨ 경아 범인
> 은경: ~경아 범인
> 경아: 바다 범인

수사 결과 이들은 각각 참만을 말하거나 거짓만을 말한 것으로 드러났다고 하였다. 따라서 진술에 서로 모순이 있는 발언을 찾아 그로부터 추론을 시작하면 된다.
경아는 학술대회에 참석한 모든 사람들이 어떤 상용화 아이디어에도 관심이 없었다고 했는데, 이는 바다, 다은, 은경의 입장과 모두 모순되는 내용이다. 따라서 핵심은 경아의 답변이다.
경아의 답변이 참인 경우와 거짓인 경우로 각각 나누어 살펴보자.

1) 경아가 참을 말한 경우
경아가 참을 말했다면 바다, 다은, 은경은 거짓만을 말해야 한다. 이를 정리하면 다음과 같다.

> 바다 거짓말: 다은 범인
> 다은 거짓말: ~은경 범인 ∧ ~경아 범인
> 은경 거짓말: 경아 범인
> 경아 참말: 바다 범인

그런데 범인은 한 명뿐이므로, 다은, 경아, 바다가 모두 범인이 되는 이 결과는 모순이다. 따라서 경아는 반드시 거짓만을 말해야 한다.

2) 경아가 거짓을 말한 경우
경아가 거짓을 말했고, 나머지 바다, 다은, 은경은 모두 참만을 말했다고 가정해 보자.

> 바다 참말: ~다은 범인
> 다은 참말: 은경 범인 ∨ 경아 범인
> 은경 참말: ~경아 범인
> 경아 거짓말: ~바다 범인

이로써 '은경 범인', 즉 은경이 범인이라는 것이 도출된다. 이 경우 바다, 다은, 은경은 모두 참말을 하고, 경아는 거짓말을 하게 된다. 이를 바탕으로 〈보기〉를 해결하면 다음과 같다.
ㄱ. 바다와 은경은 동시에 참 말할 수 있다.
ㄴ. 다은과 은경의 말이 모두 참일 수 있다.
ㄷ. 용의자 중 거짓말한 사람이 경아뿐이라면, 은경이 범인이다.
따라서 정답은 ③이다.

21 ③

정답해설 A, B, C, D를 포함해 총 8명이 학회에 참석했으므로 나머지 4명을 임의로 E, F, G, H라 가정한다.
주어진 조건들을 정리하면 다음과 같다.

> ⓐ 아인슈타인 해석, 많은 세계 해석, 코펜하겐 해석, 보른 해석 말고도 다른 해석들이 있고, 학회에 참석한 이들은 각각 하나의 해석만을 받아들인다.
> ⓑ 상태 오그라듦 가설을 받아들이는 이들은 모두 5명이고, 나머지는 이 가설을 받아들이지 않는다.
> ⓒ 상태 오그라듦 가설을 받아들이는 이들은 코펜하겐 해석이나 보른 해석을 받아들인다.
> ⓓ 코펜하겐 해석이나 보른 해석을 받아들이는 이들은 상태 오그라듦 가설을 받아들인다.
> ⓔ B는 코펜하겐 해석을 받아들이고, C는 보른 해석을 받아들인다.
> ⓕ A와 D는 상태 오그라듦 가설을 받아들인다.
> ⓖ 아인슈타인 해석을 받아들이는 이가 있다.

주어진 조건 중 확정 조건들(ⓔ, ⓕ)을 먼저 확인하여 표에 체크한다. 이때 ⓐ에 의해 B, C는 다른 해석들은 선택하지 않는다.

	A	B	C	D	E	F	G	H
아인슈타인		×	×					
많은 세계		×	×					
코펜하겐		○	×					
보른		×	○					
기타 해석		×	×					
상태 오그라듦 가설	○			○				

이제 조건 명제를 통해 최대한 표를 채워 넣는다. ⓓ에 의하면, B와 C는 상태 오그라듦 가설을 받아들인다. 현재까지 상태 오그라듦 가설을 받아들이는 사람은 A, B, C, D 네 명임이 밝혀졌다. 이때 ⓑ에 의해 E, F, G, H 중 한 명이 상태 오그라듦 가설을 받아들인다는 것을 알 수 있다. 임의로 E가 상태 오그라듦 가설을 받아들인다고 가정한다.
한편, ⓓ의 대우 명제는 (~상태 가설 → ~코펜 ∧ ~보른)이므로 F, G, H는 코펜하겐 해석과 보른 해석을 받아들이지 않음을 알 수 있다. 그리고 ⓒ에 의해 A, D, E는 코펜하겐 혹은 보른 해석 외에는 받아들이지 않음을 알 수 있다.

	A	B	C	D	E	F	G	H
아인슈타인	×	×	×	×	×			
많은 세계	×	×	×	×	×			
코펜하겐		○	×			×	×	×
보른		×	○			×	×	×
기타 해석	×	×	×	×	×			
상태 오그라듦 가설	○	○	○	○	○	×	×	×

③ A와 D가 받아들이는 해석이 다르다면 둘 중 한 명은 코펜하겐 해석을 받아들일 것이다. 현재 B가 코펜하겐 해석을 받아들이고 있기 때문에 적어도 두 명은 코펜하겐 해석을 받아들인다는 설명은 반드시 참이다.

오답해설
① 많은 세계 해석을 받아들일 가능성이 있는 사람은 F, G, H가 있다. 하지만 이들은 아인슈타인 해석이나 기타 해석을 받아들일 수도 있기 때문에 반드시 참인 진술이 아니다.
② 현재 C가 보른 해석을 받아들이고 있다. 만약 E가 보른 해석을 받아들인다면 보른 해석을 받아들이는 이는 두 명이 된다. 이때 A와 D는 동시에 코펜하겐 해석을 받아들일 수 있기 때문에 반드시 참인 진술이 아니다.
④ ⓖ에 의해 아인슈타인 해석을 받아들이는 이는 한 명 이상이다. F, G, H 중 한 명이 아인슈타인 해석을 받아들이고 또 다른 한 명이 많은 세계 해석을 받아들이는 경우를 가정할 수 있다. 그러나 이때 남은 한 명이 반드시 아인슈타인 해석을 받아들여야 하는 것은 아니다. 따라서 반드시 참인 진술이 아니다.

⑤ A와 D 모두 코펜하겐 해석을 받아들이면 B와 함께 총 세 명이 코펜하겐 해석을 받아들인다. 따라서 A와 D 가운데 적어도 한 명이 바른 해석을 받아들인다는 진술은 반드시 참이 아니다.

22 ④

정답해설 제시문에서 파악할 수 있는 조건명제들을 정리하면 다음과 같다.

ⓐ	개인건강정보 관리 방식 변경에 관한 가안이 정책제안에 포함된다면, 보건정보의 공적 관리에 관한 가안도 정책제안에 포함될 것이다.	개인건강 → 보건정보
ⓑ	정책제안을 위해 구성되었던 국민건강 2025 팀이 재편된다면, 앞에서 언급한 두 개의 가안이 모두 정책제안에 포함될 것이다.	팀 재편 → 개인건강 ∧ 보건정보 =~개인건강 ∨ ~보건정보 → ~팀 재편
ⓒ	개인건강정보 관리 방식 변경에 관한 가안이 정책제안에 포함되고 국민건강 2025 팀 리더인 최팀장이 다음 주 정책 브리핑을 총괄한다면, 프레젠테이션은 국민건강 2025 팀의 팀원인 손공정씨가 맡게 될 것이다.	개인건강 ∧ 최팀장 → 손공정 =~손공정 → ~개인건강 ∨ ~최팀장
ⓓ	보건정보의 공적 관리에 관한 가안이 정책제안에 포함될 경우, 국민건강 2025 팀이 재편되거나 다음 주 정책 브리핑을 위해 준비한 보도자료가 대폭 수정될 것이다.	보건정보 → 팀 재편 ∨ 대폭수정
ⓔ	최팀장이 다음 주 정책 브리핑을 총괄하면 팀원 손공정씨가 프레젠테이션을 담당한다는 말이 돌았는데 그 말은 틀린 것으로 밝혀졌다.	~(최팀장 → 손공정)

ⓔ는 (최팀장 ∧ ~손공정)과 같다. 이를 바탕으로 추가로 얻어낼 수 있는 정보를 파악해 보면 다음과 같다.

> ⓔ(~손공정)과 ⓒ에 의해 (~개인건강 ∨ ~최팀장)이 도출된다.
> ⓔ에 따르면 (최팀장)이므로 (~개인건강)이 도출된다.
> (~개인건강)이 성립하면 ⓑ에 의해 (~팀 재편)이 성립한다.

ㄴ. ⓑ에 의해 (~팀 재편)이 성립하며, ⓔ에 의해 (최팀장)이 성립한다. 따라서 반드시 참인 진술이다.
ㄷ. (보건정보)가 성립한다면, ⓓ에 의해 (팀 재편 ∨ 대폭수정)이 성립한다. 그런데 (~팀 재편)이므로 (대폭수정)이 성립한다. 따라서 반드시 참인 진술이다.

오답해설
ㄱ. (~개인건강)은 성립하지만 (~보건정보)인지는 알 수 없다. 따라서 반드시 참인 진술이 아니다.

23 ④

정답해설 현재 〈논증〉에서 (2)~(6)을 기호화하면 다음과 같다.

> (2) ~첫째 목표 ∧ ~둘째 목표
> (3) ~첫째 목표 ∨ ~둘째 목표 → 전통적 인식론 폐기
> (4) 전통적 인식론 폐기
> (5) 전통적 인식론 폐기 → 심리학 연구
> (6) 심리학 연구

ㄴ. (2)를 "전통적 인식론은 첫째 목표를 달성할 수 없거나 둘째 목표를 달성할 수 없다."로 바꾸어도 위 논증에서 (6)이 도출된다.
(4)는 (3)에서 도출되며, (3)은 (2)에서 도출된다. ㄴ에 제시된 문장은 '~첫째 목표 ∨ ~둘째 목표'이다. 그런데 이는 (3)의 전건이므로, ㄴ과 같이 (2)의 논증을 바꾸어도 (3)~(6)은 충분히 도출될 수 있다. 따라서 ㄴ은 적절한 분석이다.
ㄷ. (4)는 논증 안의 어떤 진술들로부터 나오는 결론일 뿐만 아니라 논증 안의 다른 진술의 전제이기도 하다.
앞서 논증을 분석한 내용에 따르면, (4)는 (2)와 (3)을 통해 도출되는 결론인 동시에 그 자체로 (5)의 전제로서 기능한다. 따라서 (4)는 논증 안의 어떤 진술들로부터 나오는 결론일 뿐만 아니라 논증 안의 다른 진술의 전제이기도 하므로, ㄷ은 적절한 분석이다.

오답해설
ㄱ. 전통적 인식론의 목표에 (1)의 '두 가지 목표' 외에 "세계에 관한 믿음이 형성되는 과정을 규명하는 것"이 추가된다면, 위 논증에서 (6)은 도출되지 않는다.
(1)의 두 가지 목표 외에 다른 목표가 있더라도, (2) 이후의 논증 구조에는 변함이 없다. (2)와 같이 전통적 인식론이 첫째 목표도 달성할 수 없고 둘째 목표도 달성할 수 없다면, (3) 이후의 논증이 자연스럽게 도출될 수 있기 때문이다. 따라서 ㄱ은 적절한 분석이 아니다.

24 ⑤

정답해설 지문의 논리구조를 따라가며 분석하는 문제이다. 지문을 기호화하면 다음과 같다.

> (1): 10만 원 돌려줌 ∨ 10억 원 지불함
> (1)이 참 ∨ (1)이 거짓
> (1)이 거짓 → 10만 원 돌려줌 ∧ ㉠~10만 원 돌려줌
> → ~(1)이 거짓 → ㉡(1)이 참
> (1)이 참 → ~10만 원 돌려줌 → ㉢10억 원 지불함

ㄱ. (1)에 따르면 '10만 원 돌려줌 ∨ 10억 원 지불함'이 성립하는데, 만일 (1)이 거짓이라면 '~10만 원 돌려줌 ∧ ~10억 원 지불함'이 성립하므로 '㉠~10만 원 돌려줌'이 성립한다. 즉, 'A이거나 B'의 형식을 가진 문장이 거짓이면 A도 B도 모두 반드시 거짓이라는 원리가 사용된 것이다.
ㄴ. ㉡이 도출된 이유는 '(1)이 거짓'이라는 가정하에서 '10만 원 돌려줌'과 '~10만 원 돌려줌'이 모두 성립하기 때문이다. 즉, 어떤 가정하에서 같은 문장의 긍정과 부정이 모두 성립하는 경우 그 가정의 부정은 반드시 참이라는 원리가 사용되었다.
ㄷ. ㉢이 도출된 이유는 '10만 원 돌려줌 ∨ 10억 원 지불함'이라는 (1)의 참인 문장에서 '~10만 원 돌려줌'이므로, 반드시 '10억 원 지불함'이 되기 때문이다. 즉, 'A이거나 B'라는 형식의 참인 문장에서 A가 거짓인 경우 B는 반드시 참이라는 원리가 사용되었다.
따라서 ㄱ, ㄴ, ㄷ 모두 적절한 〈보기〉이므로 정답은 ⑤이다.

25 ①

정답해설 지문은 논증의 결론 자체를 전제의 일부로 사용하는 '순환 논증의 오류'를 보인다. ① 역시 화합으로 분열을 극복할 수 있다고 한 후, 다시 화합은 분열이 일어나지 않는 상태라는 것을 이유로 드는 '순환 논증의 오류'를 범하고 있다.

❌ 오답해설
② **무지에의 호소**: 어떤 논제의 반증 예가 제기되지 못하기 때문에 그 논제가 참이라고 단정하거나, 또는 그 논제를 증명하지 못했기 때문에 거짓이라고 단정하는 오류
③ **흑백 논리의 오류**: 선언지를 둘만 인정하여 다른 선언지가 존재함에도 불구하고 두 선언지로만 추리함으로써 발생하는 오류
④ **성급한 일반화의 오류**: 부적합하고 대표성이 결여된 근거, 제한된 정보 등을 이용하여 특수한 사례들을 성급하게 일반화함으로써 빚어지는 오류

26 ①
✔ 정답해설
SNS에서 뜨고 있는 식당이니 맛있을 거라고 생각하는 것은 대중들이 좋아하는 것을 들어 대중 심리에 영합해서 자신의 주장을 합리화하려는 오류인 '군중 심리에의 호소'이다. 따라서 '만나는 사람들마다 이 집 이야기를 하는' 것을 바탕으로 맛있는 집이라고 주장하는 것이 같은 유형의 오류에 빠진 진술이다.

❌ 오답해설
② **무지에의 호소**: 어떤 논제의 반증 예가 제기되지 못하기 때문에 그 논제가 참이라고 단정하거나, 또는 그 논제를 증명하지 못했기 때문에 거짓이라고 단정하는 오류
 예 귀신은 분명히 있어. 귀신이 없다고 증명한 사람이 이제까지 없었거든.
③ **부적합한 권위에의 호소**: 어떤 특정한 분야에 대한 전문가나 권위자를 다른 분야에 대한 전문가나 권위자로 착각하는 데서 범하는 오류. 또한 관습이나 전통에 호소함으로써 자기의 주장에 정당성을 부여하는 것을 부적합한 권위에의 논증 오류라 한다.
 참고 종교적 문제의 논쟁에 있어 다윈의 권위를 인용한다거나 정치적 문제에 관한 논의에서 아인슈타인의 권위에 호소하는 것
④ 자신의 간절한 바람을 이유로 드는 것은 논리적 오류가 아니다.

27 ②
✔ 정답해설
ⓒ '애매어의 오류'는 두 가지 이상의 의미를 가진 말을 동일한 의미의 말인 것처럼 애매하게 사용하거나 이해함으로써 생기는 오류를 뜻한다. ②에 있는 두 문장 모두 '부패'라는 동일한 한 단어를 사용하고 있는데, 이를 동일한 의미로 잘못 이해하여 '고로 세상은 냉동 보관해야 한다.'라는 잘못된 주장으로 결론을 내리고 있다. 실은 각각 문장에서 부패의 의미는 달리 쓰였는데, 첫 번째 문장에서 부패는 '단백질이나 지방 따위의 유기물이 미생물의 작용에 의하여 분해되는 과정, 또는 그런 현상', 두 번째 문장에서 부패는 '정치, 사상, 의식 따위가 타락함.'의 의미로 사용되었다.
• **애매어의 오류**: **예** 모든 인간은 죄인이다. 죄인은 감옥에 가야 한다. 그러므로 모든 인간은 감옥에 가야 한다. ⇨ 죄인: 원죄를 지닌 인간, 범죄를 저지른 사람

❌ 오답해설
① ㉠ '우연의 오류'는 거의 대부분의 경우에 적용되는 일반적인 원리나 규칙을 우연적인 상황으로 인해 생긴 예외적인 특수한 경우에까지도 무차별적으로 적용할 때 생기는 오류를 뜻한다. 그러나 ①의 '모든 사람은 죽는다.', '소크라테스는 사람이다.', '그러므로 소크라테스는 죽는다.'는 소크라테스가 '예외적인 특수한 경우'에 해당하지 않기 때문에 '우연의 오류'의 예로 적절하지 않다.
• **우연의 오류**: **예** 요즘 애들은 통 버릇이 없어요. 우리 아이들도 남들로부터 버릇없이 군다는 말을 듣는데, 댁네 아이도 그렇겠지요?

③ ⓒ '결합의 오류'는 각각의 원소들이 개별적으로 어떤 성질을 지니고 있다는 내용의 전제로부터 그 원소들을 결합한 집합 전체도 역시 그 성질을 지니고 있다는 결론을 도출함으로써 생기는 오류를 뜻한다. 그러나 ③의 '미국 아이스하키 선수단이 이번 올림픽에서 금메달을 차지했다. 그러므로 미국 선수 각자는 세계 최고 기량을 갖고 있다.'는 각각의 원소에서 집단의 특성을 추론한 것이 아니라 집단에서 각각 원소의 특성을 추론했으므로 이는 '결합의 오류'가 아닌 '분해의 오류'에 대한 예시로 적절하다.
• **결합의 오류**: **예** 나트륨이나 염소는 유독성 물질이야. 그러니 염화나트륨도 유독성 물질이지.

④ ⓔ '분해의 오류'는 집합이 어떤 성질을 지니고 있다는 내용의 전제로부터 그 집합의 각각의 원소들 역시 개별적으로 그 성질을 지니고 있다는 결론을 도출함으로써 생기는 오류를 뜻한다. 그러나 ④의 '그 학생의 논술 시험 답안은 탁월하다. 그의 답안에 있는 문장 하나하나가 탁월하기 때문이다.'는 집합이 어떤 성질을 가지고 있다는 전제로부터 각각의 원소들의 성질을 추론한 '분해의 오류'에 대한 예시가 아니다. 이는 각각의 원소들의 개별적 성질을 바탕으로 집합 전체도 그러하다는 '결합의 오류'에 대한 예시로 적절하다.
• **분해의 오류**: **예** 미국은 돈이 많은 나라야. 그러니 미국 사람들은 누구나 돈이 많을 거야.

Chapter 02 비판 추론

본문 P.231

1 ③

정답해설 선출된 정치인들이 높은 투표율을 핑계로 안하무인의 태도를 취하는 것은 의무 투표제를 도입했을 때 야기될 수 있는 부작용이다. 따라서 이에 대한 대책은 의무 투표제에 반대하는 ⓒ이 아니라 의무 투표제를 도입하자고 주장하는 ⑦을 제시해야 한다.

오답해설
① ⑦은 더 많은 국민이 투표에 참여할수록 정치인들이 정책 경쟁력을 높이려 할 것이라 기대한다. 따라서 투표율의 증가가 후보들의 정책 경쟁으로 이어진다는 것에 대한 근거를 제시해야 한다는 비판은 적절하다.
② ⑦은 의무 투표제를 통해 정당한 사유 없는 기권에 대해 법적 제재를 가하는 것이 높은 투표율로 이어질 것이라 기대한다. 따라서 이를 뒷받침할 자료를 제시하라는 비판은 적절하다.
④ ⓒ은 현재 우리나라의 투표율이 정치 지도자들의 대표성을 훼손할 만큼 심각하지는 않다고 주장한다. 이에 대해 근거를 제시하라는 비판은 적절하다.

2 ①

정답해설 ⑦은 '엔터테인먼트를 고급 문화에 전적으로 의존하고, 종속되며 그것에서 파생되는 것으로 간주'하므로 고급 문화와 엔터테인먼트 간의 위계성을 인정한다.
고급 문화와 엔터테인먼트 사이의 위계성을 설명하지 못하는 것은 고급 문화와 엔터테인먼트가 동떨어진 영역이라 보는 ⓒ이다.

오답해설
② ⑦은 '엔터테인먼트가 고급 문화를 차용해서 타락시키는 것'이라고 주장하므로 대중예술과 엔터테인먼트에 비해 고급 예술과 고급 문화의 우월성을 강조하는 것이다.
③ 셋째 문단의 '두 번째 입장은 ~ 고급 예술과 대중예술 사이의 관계를 설명하지 못한다.'를 통해 알 수 있다.
④ ⓒ은 엔터테인먼트를 자체의 자율적 규칙, 가치, 원리, 미적 기준을 갖고 있는 것으로 규정한다. 또한 대중예술에 대한 극단적 자율성을 주장한다. 이를 통해 ⓒ은 대중예술과 엔터테인먼트는 고급 예술, 고급 문화와 다른 독자성을 강조한다는 것을 알 수 있다.

3 ④

정답해설 지문은 '기존의 의학적 연구가 특정 연령대 성인 남성의 몸을 표준으로 삼아, 성별과 다양한 연령대의 신체적 특성을 고려하지 못했음'을 지적하고 있다. 둘째 문단에서는 '적정 사무실 온도'가 남성 직장인에게 맞춰져 있다는 것을 문제로 삼았다. 하지만 모든 공공기관의 설정 온도를 현재보다 '일률적으로' 높이는 것은 근무자들의 성별이나 다양한 연령대를 고려하지 않은 것이기에 이 글의 시사점(미리 알려주는 암시)으로 적절하지 않다.

오답해설
① 표준으로 삼은 대상, 즉 건장한 성인 남성의 몸은 여성의 신체 특성이나 다양한 연령대의 남성의 몸을 대표하지 못하므로 의학적 연구를 위해서는 가능한 한 다양한 대상을 선정해서 하는 것이 바람직하다.
② 지문에 제시된 적정 사무실 온도와 같이 우리가 알고 있는 의학 지식 중에는 건장한 성인 남성의 몸으로만 연구한 결과가 있다. 따라서 이런 의학 지식을 활용하기에 앞서 연구 대상을 살펴보는 것이 바람직하다.
③ 적정 사무실 온도는 성인 남성의 몸을 기준으로 잡은 것이다. 따라서 근무자들의 성별과 연령대를 고려해 근무 환경을 조성하는 것이 바람직하다.

4 ①

정답해설 폴 매카트니는 인간이 폭력적 이데올로기에 의해 동물을 먹는 행위에 대한 '불편한 진실'을 의식하지 못하게 되었다고 말한다. 동물이 고기가 되기까지의 폭력적인 과정들에 대해 인간들은 의식할 수 없고, 그로 인해 실상을 모른 채 동물을 먹게 된다는 것이다. 반면 '채식주의자'는 육식을 하지 않는 사람들이므로 매카트니에게는 비판 대상이 아닌, 추구해야 할 올바른 모습에 해당한다.

오답해설
②, ③, ④ '동물을 먹는 행위'에 선행하는 '식육 생산의 실상'이 '폭력적 이데올로기'에 의해 가려져 어느 수준 이상으로는 의식을 못하게 되었다고 말한다. 따라서 이들은 ①의 '채식주의자'와 대척점에 있는, 해당 글의 비판 대상으로 적절하다.

5 ①

정답해설 셋째 문단에 따르면, 개인적 계몽에 성공한 사람들에게 표현의 자유가 주어진다면 그들은 그것을 이용해 계몽 정신을 전파할 것이다. 이를 통해 일반 사람들도 '독립에의 공포심'에서 벗어날 수 있게 된다. 따라서 개인적 계몽을 이룬 사람들이 자유를 얻으면 독립에 대한 공포심에 빠진다는 내용은 지문에서 확인할 수 없을 뿐 아니라, 논리적으로 맞지 않는 이야기이다.

오답해설
② 첫째 문단의 '이를 벗어나는 데 필요한 것은 용기를 내어 스스로의 이성을 사용하려고 하는 것이다'라는 부분에서 확인할 수 있다. 여기서 '이'는 '미성년 상태'를 의미한다.
③ 넷째 문단의 '칸트는 대중 일반의 계몽을 위해 필요한 이성의 사용을 이성의 공적 사용이라 일컫는다'에서 확인할 수 있다. 이와 대비되는 개념인 이성의 사적 사용은 자신이 속한 공동체의 이익을 위해서만 사용하는 것이다.
④ 둘째 문단의 '하지만 모든 사람이 개인적 계몽을 이룰 수 있는 것은 아니다'라는 문장에서 확인할 수 있다.

6 ④

정답해설 마지막 문단을 보면, 역사주의 비평가들은 작중 인물의 개인적인 역사를 재구성해 보려고 하였다. 그들이 '영웅'이라는 표현 대신 '성격'이라는 개념을 즐겨 쓴 것을 보면, 작중 인물들을 역사적 영웅으로 재평가하려는 의도가 없었다는 것을 알 수 있다.

오답해설
① 첫째 문단에서 확인할 수 있다. 고대 서사시, 희곡과 같은 예술 작품의 주인공들은 초인간적인 능력을 지녔거나, 신과 밀접한 관계를 맺는 등 특별한 조건을 지니고 있었다. 이런 조건들은 영웅이라는 말과 자연스럽게 관련된다.
② 둘째 문단에서 확인할 수 있다. 신화와 달리 문학 작품은 인간의 행위를 단일화했고, 이러한 맥락에서 영웅들의 신적인 행위는 인간화되었다.

③ 셋째 문단에서 확인할 수 있다. 문학 작품인 비극은 '보통보다 우수한 인물'을 모방한다는 아리스토텔레스의 말은, 문학의 인물이 보통의 인물이라는 주장을 내포한다.

7 ②

정답해설 버크는 국민을 대표하기보다 국민을 대신하는 대의제를 통해 분별력 있는 지도자가 독립적 판단을 통해 국가를 이끌어가야 한다고 했다. 또한 국민은 지도자와 상호 '신의 계약'을 체결했다기보다는 '신탁 계약'을 했다고 보았다. 따라서 '국민이 지도자에게 자신의 모든 권리를 위임한다.'가 버크의 견해임을 알 수 있다.

오답해설
① 마지막 문장의 '지도자가 국민의 의견을 좇아 자신의 판단을 단념한다면 ~ 배신하는 것'이라는 부분에서 확인할 수 있듯이 지도자는 국민 다수의 의견을 따르는 것이 아니라 자신이 국민 전체의 이익이 되는 것이 무엇일지를 판단해야 한다.
③ 지문에서 성공적인 대의제를 위한 국민의 자질은 제시되지 않았다. 버크는 재산이 풍족하여 교육을 충분히 받아 사리에 밝은 사람들이 그렇지 못한 다수 사람들의 이익을 위해 행동하는 편이 훨씬 효율적이라고 생각했으므로 국민의 자질보다는 지도자의 판단이 중요하다고 생각했음을 유추할 수 있다.
④ 버크는 지도자가 개별 국민들의 요구와 입장을 성실하게 경청하기보다는 국민 전체의 이익이 무엇인가를 스스로 판단해서 대신할 의무가 있다고 보았다. 따라서 국민이 지도자를 선택한 이후에도 다수결을 통해 지도자의 결정에 대한 지속적인 태도를 보여 주어야 한다는 것은 버크의 견해로 적절하지 않다.

8 ②

정답해설 첫째 문단에서 인간이 후천적, 인위적으로 질서의 구조를 만드는 것이 아니라 구조되어 있는 질서에 참여할 뿐이라고 하였다. 이에 더해 둘째 문단에서 구조란 의식되지 않는 가운데 인간 문화의 기저에서 인간의 행위를 규정함을 뜻한다고 하였다. 따라서 주체의 의식적 사유와 주체적인 행위에 의해 새로운 문화 질서가 창조된다고 볼 수는 없다.

오답해설
① 첫째 문단에서 인간은 구조되어 있는 상징적 질서에 참여할 뿐이라고 서술하였고, 둘째 문단에서는 그러한 질서의 구조는 무의식적으로 인간의 행위를 규정한다고 하였다. 따라서 주체의 무의식은 구조화된 상징적 질서에 의해 형성된다고 볼 수 있다.
③ 넷째 문단에서 '나의 진술은 타자의 진술에 의해 구성'되며 '나의 욕망도 타자의 욕망에 의해 구성된다'고 서술하고 있다. 이는 대중매체의 광고(타자의 진술)에 의해 주체의 욕망(나의 욕망)이 구성되고 있는 것으로 파악할 수 있다.
④ 데카르트의 '나는 생각한다, 고로 존재한다'는 말은 나의 사유와 나의 존재를 이어주는 명제다. 생각이 존재와 직결되기 때문이다. 그러나 셋째 문단에 따르면 라캉은 '나의 사유와 나의 존재는 사실상 분리되어 있다'고 서술하고 있다. 따라서 라캉에 따르면 데카르트의 명제는 옳지 않다.

9 ⑤

정답해설 언어 습득이 전적으로 환경에 의해 형성되는 것이라고 주장하는 행동주의에 의하면 어린이는 배우거나 들어본 적이 있는 표현만 습득하고 구현할 수 있다. 이에 반해 언어 습득이 생득적으로 결정된다고 주장하는 생득론자 관점에서는 어린이 언어의 창조성을 설명할 수 있다.

오답해설
① 행동주의자와 생득론자의 관점은 언어 습득에 관한 것이므로, 언어 습득에 대한 연구 자체를 비판하지 않는다.
② 극단적 행동주의의 관점에서 생득론자를 비판하는 내용이다.
③ '주로 상호 작용과 담화를 통해 언어 기능을 배운다'고 주장하는 구성주의의 입장에 가깝다.
④ 구성주의의 관점에서 생득론자를 비판하는 내용이다.

10 ④

정답해설 ㉠ (사피어-워프 가설)은 '언어가 의식을, 사고와 세계관을 결정한다'는 견해이다.
ㄱ. '눈'에 대한 단어를 더 많이 가진 이누이트족이 영어 화자들보다 '눈'을 넓고 섬세하게 경험한다는 것은 언어에 얽매인 채 세계를 경험한다는 ㉠을 강화하는 예시이다.
ㄴ. '수를 세는 단어'가 3개뿐인 피라하족의 사람들이 그 이상의 수를 세분화하여 의식하지 못한다는 것은 ㉠을 강화하는 예시이다.
ㄷ. '색채 어휘가 적은 자연언어 화자들'이 그 반대의 경우보다 색채를 구별하는 능력이 뛰어나다는 것은 '언어가 사고를 결정한다'는 견해와 양립할 수 없으므로 ㉠을 약화하는 예시이다.

11 ③

정답해설 (나)는 한문으로 쓰여진 문학을 국문학에서 완전히 배제하지 않는다. 그리고 일부 한문문학을 국문학으로 인정할 것을 주장하고 있다. 따라서 표기문자와 상관없이 그 나라의 문화를 잘 표현한 문학을 자국 문학으로 인정하는 것이 보편적인 관례라면 (나)의 주장은 강화된다.

오답해설
① (가)는 국문학에서 한문으로 쓰인 문학을 배제할 것을 주장한다. 국문으로 쓴 작품보다 한문으로 쓴 작품이 해외에서 문학적 가치를 더 인정받는다면 (가)의 주장은 강화되지도 약화되지도 않는다.
② (가)는 국문학에서 한문으로 쓰인 문학을 배제할 것을 주장한다. 국문학의 정의를 '그 나라 사람들의 사상과 정서를 그 나라 말과 글로 표현한 문학'으로 수정한다면 국문학의 범위에 한문으로 쓰인 문학은 포함될 수 없다. 따라서 (가)의 주장은 강화된다.
④ 훈민정음 창제 이후에도 차자표기로 된 문학작품이 다수 발견된다면 한문문학 역시 여전히 국문학으로서의 의미를 갖는다는 주장을 뒷받침한다. 따라서 (나)의 주장은 강화된다.

12 ②

정답해설 ㄴ. 을은 경제 수준이 향상된 지금도 불평등이 여전히 해소되지 않았다고 주장한다. 오늘날 세계화와 시장 규제 완화로 인해 빈부 격차가 심화되고 계급 불평등이 더 고착되었다고 본다. 병 역시 계급의 전통적 영향력은 약해졌지만 현대사회에서 계급 체계는 여전히 경제적 불평등의 핵심으로 남아 있다고 주장한다. 을과 병은 모두 경제적 불평등이 여전히 잔존하고 있다고 보고 있는바 둘의 주장은 대립하지 않는다.

오답해설
ㄱ. 갑은 오늘날 사회는 계급 체계기 인간 생활을 전적으로 규정하지 않는다고 본다. 사회 이동과 자격증에 대한 접근성 그리고 인터넷이

새로운 통로를 제공하고 있다고 여기기 때문이다. 반면 을은 경제 수준이 향상된 지금도 여전히 계급 불평등이 해소되지 않고 있다고 주장한다. 따라서 갑과 을의 주장은 대립한다.
ㄷ. 병은 계급의 전통적 영향력은 약해졌지만 현대사회에서 계급 체계는 여전히 경제적 불평등의 핵심으로 남아 있다고 주장한다. 반면 갑은 오늘날 사회는 계급 체계가 인간 생활을 전적으로 규정하지 않는다고 주장한다. 따라서 병과 갑의 주장은 대립한다.

13 ④

정답해설 ㄴ. 인공지능 로봇에게 의식이 있어도 도덕적 지위를 부여할 수 없다고 생각하는 사람이 있다.
병은 '인공지능 로봇에게 의식이 있을 수도 있겠지만, 인간의 필요에 의해서 만든 도구적 존재에게 도덕적 지위를 부여하는 것은 말이 안 된다'고 말하고 있다.
ㄷ. 인공지능 로봇에게 실제로 의식이 있다고 밝혀진다면, 네 명 중 한 명은 인공지능 로봇에게 도덕적 지위를 부여해야 하는가에 대한 입장을 바꿔야 한다.
을은 의식이 있으면 도덕적 지위를 갖는다고 보았지만, 로봇은 기계이므로 의식을 갖는 것이 가능하지 않기 때문에 인공지능 로봇에게 도덕적 지위를 부여할 수 없다고 생각한다고 말했다. 하지만 인공지능 로봇이 실제로 의식을 가지고 있다는 것이 밝혀질 경우, 갑과 같이 의식을 지니고 있으면 그에 부합하는 도덕적 지위를 갖는다고 생각하는 을은 인공지능 로봇에게도 도덕적 지위를 부여해야 한다고 입장을 바꿔야 할 것이다.

오답해설 ㄱ. 을과 정은 인공지능 로봇에게는 의식이 없다고 생각한다.
을은 인공지능은 로봇이며, 로봇은 기계이므로 의식을 갖는 것이 불가능하다고 본다. 하지만 정은 '인공지능 로봇이 의식을 갖지 않는 경우라 해도, 로봇에게 도덕적 지위를 부여해야 한다'고 말했다. 이를 통해 정이 인공지능 로봇이 의식이 없다고 단언한 것이 아님을 알 수 있다.

14 ⑤

- 가설 H1: 나노 구조체의 밀도가 높을수록 단위 면적당 더 많은 양의 전자가 방출될 것
- 가설 H2: 기판의 단위 면적당 방출되는 전자의 양은 나노 구조체의 밀도가 일정 수준 이상으로 높아지면 오히려 줄어들게 될 것

실험 1에서 기판 B는 기판 A보다 면적이 두 배이고 X의 개수가 네 배이므로 나노 구조체의 밀도가 더 높다. 그런데 두 기판에서 단위 면적당 방출된 전자의 양이 같았다는 결과를 얻었으므로 이는 가설 H1을 약화하며 가설 H2와는 무관하다.
실험 2에서 단위 면적당 방출된 전자량을 비교했을 때, 기판 C에 X가 10,000개일 때보다는 20,000개일 때 방출 전자량이 더 많았지만, X가 30,000개일 때는 20,000개일 때보다 오히려 방출된 전자량이 적었다는 결과를 얻었으므로 이는 가설 H1을 약화하며, 가설 H2를 강화한다.
따라서 (가)에는 약화하고, (나)에는 강화한다가 들어가야 한다.

15 ⑤

정답해설 ㄱ. 염기서열의 변화가 일정한 속도로 축적되는 것이 사실이라면 이 논증은 강화된다.
지문에서는 진화적 분기 시점을 추정하기 위해 대상이 되는 종들의 염기서열을 분석하여 그 차이의 정도를 계량화하고, 화석학적 증거를 통해 얻은 분기 시점과 관련된 자료를 활용하여 단위 기간당 염기서열 변화 정도를 측정해보고자 한다. 이때 염기서열의 변화가 일정한 속도로 축적된다면, 단위 기간당 염기서열 변화 정도 측정이 타당성을 얻게 되고, 이를 통해 염기서열 차이의 정도를 통한 진화적 분기 시점 추정 역시 타당해질 것이므로 이 논증은 강화될 것이다.
ㄴ. 침팬지 이와 사람 머릿니의 염기서열의 차이가 사람 몸니와 사람 머릿니의 염기서열의 차이보다 작다면 이 논증은 약화된다.
지문에서는 침팬지 이와 사람 머릿니가 침팬지와 사람이 공통 조상에서 분기됨과 함께 공통 조상에서 분기되었다고 주장하고 있다. 더불어 사람 머릿니와 사람 몸니의 경우에는 침팬지 이와 사람 머릿니의 분기 이후 분기가 진행되었다고 전제하고 있음을 추론할 수 있다. 분기 시점 추론에 있어서 분기된 이후 시간이 흐를수록 염기서열의 변화 정도가 커진다는 전제가 결정적인데, 만약 침팬지 이와 사람 머릿니의 염기서열의 차이가 사람 몸니와 사람 머릿니의 염기서열 차이보다 작다면, 지문의 논리에 따라, 침팬지 이와 사람 머릿니의 분기가 사람 머릿니와 사람 몸니의 분기보다 늦게 이뤄졌음을 뜻한다. 이 경우 상술된 전제들이 적절하게 성립되지 않게 되므로, 논증은 약화된다.
ㄷ. 염기서열 비교를 통해 침팬지와 사람의 분기 시점이 침팬지 이와 사람 머릿니의 분기 시점보다 50만 년 뒤였음이 밝혀진다면, 이 논증은 약화된다.
지문에서는 '침팬지와 사람이 공통 조상에서 분기되면서 침팬지 이와 사람 머릿니도 공통 조상에서 분기되었다'고 언급하고 있다. 이 과정이 동시에 진행되었다는 전제하에 침팬지 이와 사람 머릿니 사이의 염기서열 차이가 화석학적 증거에서 비롯된 침팬지와 인간의 분기 시점과 같은 때로부터 누적된 결과라고 주장하고 있다. 그러나 만약 침팬지와 사람의 분기 시점이 침팬지 이와 사람 머릿니의 분기 시점과 다르다면, 위 논증은 약화된다.

16 ④

정답해설 ㄴ. C는 '인간 존엄성'이 인간 중심적 견해, 종족주의의 산물이며, 인간 외 다른 존재에 대해서는 그 대상이 인간이라면 결코 용납하지 않았을 폭력적 처사를 정당화하는 근거로 활용된다며 비판하고 있다. 따라서 동물실험의 금지를 촉구하는 캠페인의 근거로 적절하다.
ㄷ. B는 '인간의 존엄성'이 종교적 문헌의 영향이라며 신이 인간에게 독특한 지위를 부여하였다는 믿음이 인간이 스스로를 지나치게 높게 보도록 했다는 점을 비판하고 있다. 또한 C는 '인간의 존엄성'이 '인간이 이성적 존재임'을 들어 인간 중심적인 견해를 옹호해 온 근대 휴머니즘의 유산이라 비판하였다. 따라서 B와 C는 모두 인간 중심적인 생각을 비판한다는 점에서 공통적이다.

17 ②

정답해설 ㄷ. A는 생물 다양성을 보존하는 것이 '이익'을 얻는 최선의 수단이라 하였다. 이는 생명체의 도구적 가치에 대해 인정하는 입장이다. C가 '모든 종이 보존되어야 한다'라고 주장한 것은 '도구적 가치'가 아니라 '내재적 가치'에 근거한 것이지만, C도 '도구적 가치'

자체는 인정하고 있다. 따라서 '자연적으로 존재하는 생명체가 도구적 가치를 가지느냐'에 대한 A와 C의 입장은 양립할 수 있다.

오답해설

ㄱ. A는 '생물 다양성을 보존하는 것이 우리가 원하는 이익을 얻는 최선의 수단'이라는 '도구적 정당화'를 통해 생물 다양성을 보존해야 한다고 주장하였고, B는 '생물 다양성 보존이 우리가 원하는 이익을 얻는 최선의 수단이 아니'라며 A의 전제를 부정하고 있다. 하지만 B는 A가 도구적 정당화에 근거하여 주장하는 것에 반대하는 것일 뿐, 생물 다양성을 보존하지 않아도 된다고 주장한 것은 아니다.
ㄴ. B는 A의 첫 번째 전제를 부정하고 있다. 따라서 B는 A의 두 전제가 참이더라도 A의 결론이 반드시 참이 되지 않는다고 비판한 것이 아니다.

18 ②

정답해설
ㄴ. ⓒ은 모든 지적 작업에서 귀납적 방법의 필요성을 부정하는 견해이다. 여기서 '모든 지적 작업'에는 철학도 포함되므로, 철학의 일부 논증에서 귀납적 방법의 일종인 귀추법의 사용이 불가피하다는 주장은 ⓒ을 반박한다.

오답해설
ㄱ. 지적 작업에는 철학과 과학을 포함한 다양한 영역이 있는데, ⑤은 귀납적 방법이 '철학'에서 불필요하다는 견해이다. 따라서 '과학'의 탐구가 귀납적 방법에 의해 진행된다는 주장은 ⑤을 반박하지 못한다.
ㄷ. 연역 논리와 경험적 가설 모두에 의존한다는 것은 연역적 방법과 귀납적 방법이 모두 활용되는 지적 작업이 있다는 의미이다. 이는 ⓒ '모든 지적 작업'에서 귀납적 방법의 필요성을 부정하는 견해를 반박하지만, ⑤'귀납적 방법'이 철학이라는 지적 작업에서 불필요하다는 견해를 반박하지는 못한다.

PART 8
문제 해결 능력

Chapter 01 문학 추론

본문 P.244

1 ②

정답해설 둘째 문단에 의하면 지금의 시는 옛날의 시와는 달라서 읊을 수는 있어도 노래로 부를 수는 없다. 이를 통해 한시를 노래로 부르는 전통이 있었음은 알 수 있다. 그러나 도산 노인이 이 전통을 되살리려고 했는지 여부는 알 수 없다.

오답해설
① 첫째 문단에서 '우리나라의 가곡은 대체로 음란하여 족히 말할 것이 없다'고 하였다.
③ 셋째 문단의 '아이들로 하여금 스스로 노래하고 춤추고 뛰게 한다면, 비루하고 더러운 마음을 깨끗이 씻어버리고, 느낌이 일어나 두루 통하게 될 것'이라는 부분을 통해 자신이 지은 노래를 부르는 아이들에게도 유익함이 있다고 생각함을 알 수 있다.
④ 넷째 문단의 '이 같은 한가한 일이 혹시나 시끄러운 일을 야기하게 될지 모르겠다'는 부분을 통해 자신이 노래를 지은 것에 대한 불만을 예상하고 있음을 알 수 있다.
⑤ 넷째 문단의 '훗날에 보는 자가 이를 버리거나 취하기를 기다릴 따름'이라는 부분을 통해 후세에 평가의 대상이 될 것을 기대함을 알 수 있다.

2 ①

정답해설 '나무하는 아이들'이 '서로 주고받는 노래가 비록 속되고 촌스럽다 할지라도', 참과 거짓을 논할 때 공부하는 선비들의 '시부(詩賦)'와 비교가 되지 않는다고 하였다. 이를 통해 글쓴이가 나무하는 아이들이 부르는 노래의 가치를 인정하고 있음을 알 수 있다.

오답해설
② '민간의 나무하는 아이들이나 물 긷는 아낙네들이 소리 내어 서로 주고받는 노래가 비록 속되고 촌스럽다 할지라도'라고 한 것을 통해 민간의 노래가 속되고 촌스럽다고 보는 견해가 있다는 것을 알 수 있으나 글쓴이가 이를 부정하거나 긍정하지는 않았다.
③ 글쓴이는 우리나라의 시문(時文)이 '자기 말을 버려두고 다른 나라의 말을 배워서 표현하므로, 이는 단지 앵무새가 사람의 말을 하는 것에 불과하다.'고 하였다. 즉 우리나라의 시문이 앵무새의 노래와 유사하다고 주장하고 있는 것이다. 또한 글쓴이는 아낙네들의 노래는 비록 속되고 촌스럽다 하더라도 참과 거짓을 논할 때 공부하는 선비들의 '시부(詩賦)'와 비교되지 않는다고 하였다.
④ '민간의 나무하는 아이들이나 물 긷는 아낙네들이 소리 내어 서로 주고받는 노래가 ~ 시부(詩賦)라고 하는 것과는 비교가 되지 않는다'를 통해 공부하는 선비의 시부가 민간의 노래보다 참되지 않다는 점을 강조하고 있음을 알 수 있다.

지문 분석

김만중, 〈서포만필〉
- **해제**: 사상과 문학에 대한 김만중의 혁신적인 관점을 보여 주고 있는 작품이다. 작가는 인간의 감정을 억제하고 엄정한 문학을 추구했던 기존 유학자들의 문학관과 달리, 인간 내면의 본성과 감정을 자연스럽게 표출하는 데에 문학의 본령이 있다고 했다. 작가는 자국어(한글)로 된 문학의 가치를 적극적으로 옹호하고, 소설의 가치를 옹호하고 있음을 알 수 있다.
- **주제**: ① 국문 문학의 가치 ② 송강가사의 아름다움과 훌륭함

---

3 ①

정답해설 이 글은 박목월 시인이 1959년에 쓴 작품에 대해 설명하고 있다. 글의 전반부에서는 해당 작품의 창작 배경을, 후반부에서는 해당 작품에 드러난 특징을 평가하고 있다. 전체적인 내용을 포괄하는 문장인 '박목월은 가난을 인간적 훈기로 감싸 안으면서 연민의 어조를 통해 시인의 격조가 어떠해야 하는지를 보여주었다.'를 통해, 이 글의 주제는 박목월 시인의 작품에 담긴 '진심'과 '격조'라는 것을 알 수 있다.

오답해설
② 자연이 시의 주제가 되는 것은 흔한 일이지만, 박목월 시인의 작품은 '가난'을 다루었다고 하였으니 글의 제목에 '자연의 시'가 활용되는 것은 적절하지 않다.
③ 가족들을 위해 굴욕을 감내하는 아버지의 모습을 솔직하게 그려냈다는 진술은 있으나 '가난이 주는 굴욕감'이 작품의 주제는 아니기 때문에 이 글의 제목으로도 적절하지 않다.
④ '아버지의 연민'은 글에 담겨 있으나, '평화의 정신'은 글에서 찾을 수 없다.

---

4 ①

정답해설 지문은 박지원의 〈마장전〉을 인용하며 전근대와 근대의 우정론을 다루고 있다. 둘째 문단의 '우정은 전근대의 문법에서처럼 틈새 없는 인격의 결합이 아니라 인격 사이의 거리, 다시 말해 틈에 의해 구성되는 심리전의 양태로 화한 것'을 통해 전근대에 비해 근대의 우정이 일정한 거리를 두고 지속되는 것임을 알 수 있다.

오답해설
② 첫째 문단의 '근대가 전근대의 틈이자 균열이라는 말은 단순히 메타포만은 아니다.'와 '연암 박지원은 말 거간꾼들 사이에 벌어지는 일대 우정 논쟁을 해학적으로 그린' 등에서 메타포와 해학 등이 나타나지만, 전근대의 '우정'이 메타포라기보다는 해학에 근거하여 형성되었다는 것은 지문에서 알 수 없다.
③ 둘째 문단의 '아첨은 틈으로 말미암아 딱 맞아떨어지고 모함도 틈으로 말미암아 이간질되는 것이다.'를 통해, 틈으로 아첨이 맞아떨어지고, 틈으로 모함이 이간질되는 것임을 알 수 있다. 해당 선지는 거꾸로 설명하고 있다.
④ 둘째 문단의 '성안후와 상산왕은 그 사귐에 틈이 없었다.'와 '우정은 전근대의 문법에서처럼 틈새 없는 인격의 결합이 아니라'를 통해 성안후와 상산왕의 사귐은 전근대적 사귐이라고 봐야 한다.
⑤ 연암 박지원은 틈새 없는 인격의 결합인 전근대적 우정과, 틈에 의해 구성되는 근대적 우정을 구분하고 있다. 즉, 틈이 없는 밀접한 관계의 우정과 일정한 거리를 두고 갖게 되는 우정이 다를 바 없다는 서술은 적절치 않다.

---

5 ②

정답해설 마지막 문장을 보면 《삼국사기》에는 처용의 이름이 없으며, 전자《삼국사기》에는 역신, 처용가, 왕정 보좌와 같은 내용 또한 없다.

오답해설
① '《삼국유사》에는 그(처용)의 출현 연대가 없고'를 통해 알 수 있다.
③ 둘째 문장에서 《삼국사기》의 사실적 기록과 《삼국유사》의 처용 설화를 비교하는데, 여기서 '왕 앞에 나타나 노래하고 춤춘 인물들이 그 당시 신라인에게는 생소했던 대상이며, ~ 두 문헌이 같다.'고 하였다. 따라서 《삼국사기》와 《삼국유사》 모두에서 처용이 신라인들에게 생소했던 대상이라는 것을 알 수 있다.
④ 첫 문장에서 처용에 관한 《삼국사기》의 사실적 기록과 그로부터 변이 과정을 거쳐 나온 《삼국유사》의 처용 설화를 비교한다고 하였으므로 처용에 관한 내용이 《삼국사기》는 사실적 기록이며 《삼국유사》는 설화라는 차이가 있다는 것을 알 수 있다.

---

6 ②

정답해설 작가는 죽음을 상징하는 해골을 피가 도는 것처럼, 삶을 상징하는 두상은 죽은 것처럼 표현했다. 작가는 서로 다른 '삶'과 '죽음'을 ⊙대조하고, '죽음 안에 삶이 있고, 삶 안에 죽음이 있다.'는 표현상으로 모순적이지만 그 속에 진리가 함축된 'ⓒ역설'의 기법을 사용한 것이다.

오답해설
① '비교'는 '둘 이상의 사물을 견주어 서로 간의 유사점, 차이점, 일반 법칙 따위를 고찰한 것'이다. '모순'은 '두 가지의 판단, 사태 따위가 양립하지 못하고 서로 배척하는 상태'이다.
③ '대립'은 '의견이나 처지, 속성 따위가 서로 반대되거나 모순됨. 또는 그런 관계'다. '묘사'는 '어떤 대상이나 사물, 현상 따위를 언어로 서술하거나 그림을 그려서 표현함'이다.
④ '분석'은 '개념이나 문장을 보다 단순한 개념이나 문장으로 나누어 그 의미를 명료하게 하는 것'이다.
⑤ '대칭'은 '균형을 위하여 중심선의 상하 또는 좌우를 같게 배치한 화면 구성'이다.

---

7 ④

정답해설 '일반화로부터 연역적으로 개별 현상에 접근하여 설득력 있는 종합에 도달했다고 생각하는 것', '양자택일', '너무 일반화', '개념이라는 외투를 억지로 입힘' 등을 통해 글에서 비판하는 대상이 '지나친 일반화'임을 알 수 있다.

오답해설
① '귀납적 사고'는 일반화를 뜻하는 것이다. 따라서 지나친 일반화가 아닌 일반화 자체의 위험성에 대해 말하고 있으므로 옳지 않다.

---

8 ③

정답해설 이 시에서는 고향을 떠난 '파초'를 여인(여성)으로 의인화하여 '수녀', '정열의 여인', '드리운 치맛자락'으로 표현하고 있다. '파초'와 '여인'을 근본비교 대상으로 삼아, 조국에 대한 향수와 고난 극복 의지를 드러내고 있다.

오답해설
① '조국'은 '파초'가 떠나온 공간이다.
② '밤'이나 '겨울'은 파초의 고난과 역경을 의미하는 대상이다. 그러나 '밤'과 '겨울'이 이 작품에서 다른 모든 비교들을 성립시킨다고 보기 어렵다.
④ 이 시에서는 고향을 떠난 '파초'를 여인(여성)으로 의인화하였다. '조국'은 '파초'가 떠나온 공간이므로, 여인과 조국을 근본비교 대상으로 보기 어렵다.

지문 분석

김동명, 〈파초〉
- 해제: 원산지인 '남국'을 떠나 추운 곳에서 가련하고 외롭게 살아가는 파초에 화자 자신의 처지를 투영하여 고난과 시련의 현실을 견디어 내려는 태도를 노래한 작품이다. 이 작품에서 파초와 화자는 '조국'을 잃은 처지로 '겨울'을 나고 있다는 공통점을 지니고 있다. 화자가 파초를 바라보는 시선은 연민, 위안, 동류의식과 연대 등으로 변화하고 있다. 작품의 창작 연대를 감안할 때, '겨울'은 일제 치하의 암울한 현실을 상징한다고 볼 수 있다.
- 주제: 고난과 시련의 현실을 견디어 나가려는 태도

9 ②
정답해설 고소설 중 영웅소설의 주인공은 적대자에 의해 원점에서 분리되어 고난을 겪고, 「무정」의 이형식 역시 박 진사의 죽음으로 인해 고향 상실을 겪는다. 그들은 이상적 원점을 상실했다는 공통점을 가지고 있는 것이다.

오답해설
① 고소설은 회귀의 크로노토프를 지향한다. 하지만 근대소설 「무정」은 회귀의 크로노토프를 부정한다.
③ 주인공인 이형식이 박영채와 결합하는 것은 새로운 미래로서의 종결점에 도달할 수 있는 방법이 아니라 '이상적 상태의 고향을 회복할 수 있는 유일한 방법'이다. 하지만 근대소설 「무정」은 회귀의 크로노토프를 부정하므로 그들은 끝내 결합하지 못한다. 이형식은 새 시대의 새 인물이 되어야 한다고 생각하며 과거로의 복귀를 거부한 것이다.
④ 고소설 중 가정소설의 원점은 '가장을 중심으로 가족 구성원들이 평화롭게 공존하는 가정'이다. 따라서 가족 구성원들이 평화롭게 공존하는 결말은 상실했던 원점으로 복귀하는 것이다.

10 ③
정답해설 ㉠이 포함된 문맥에서 '돌아가다'는 고소설의 주인공이 상실한 원점(그곳에서 향유했던 이상적 상태)을 회복하는 것을 의미한다. 따라서 '원래의 있던 곳으로 다시 가거나 다시 그 상태가 되다.'라는 의미의 '돌아가다'임을 알 수 있다. 제시된 선지 중 과거로의 회귀를 의미하는 예문을 제시한 선지는 ③뿐이다. 예문 속 '잃어버린 동심'은 지문의 문맥에 제시된 '상실한 원점'에 대응되는 의미를 가지고 있다.

오답해설
① 전쟁은 연합군의 승리로 돌아갔다. – 일이나 형편이 어떤 상태로 끝을 맺다.
② 사과가 한 사람 앞에 두 개씩 돌아간다. – 차례나 몫, 승리, 비난 따위가 개인이나 단체, 기구, 조직 따위의 차지가 되다.
④ 그녀는 자금이 잘 돌아가지 않는다며 걱정했다. – 돈이나 물건 따위의 유통이 원활하다.

11 ①
정답해설 '구보는, 그들을 업신여겨 볼까 하다가, 문득 생각을 고쳐, 그들을 축복하여 주려 하였다. ~ 젊은 부부는 구보에게 좀 다른 의미로서의 부러움을 느끼게 하였는지도 모른다.'를 통해 구보가 그들을 업신여겨 보려다가 부러움을 느꼈다는 것을 알 수 있다. 따라서 '부러움을 느끼다가 그들을 업신여기려한다'는 진술은 적절하지 않다.

오답해설
② 구보는 어느 틈엔가 안전지대에 가 서서, 자신과 달리 다른 사람들은 '갈 곳'을 가지고 있다는 생각을 하고 있다. 이는 목표나 방향이 없는 1930년대 무력한 지식인의 모습이라 볼 수 있다.
③ '자기와 더불어 그곳에 있던 온갖 사람들이 모두 저 차에 오르는 것을 보았을 때, 그는 저 혼자 그곳에 남아 있는 것에 외로움과 애달픔을 맛본다. 구보는, 움직인 전차에 뛰어올랐다.'를 통해 구보가 안전지대에 혼자 남는 것에 외로움을 느꼈기 때문에 전차에 뛰어올랐다는 것을 알 수 있다.
④ '구보는 고독을 느끼고, 사람들 있는 곳으로, 약동하는 무리들이 있는 곳으로, 가고 싶다 생각한다. 그는 눈앞에 경성역을 본다. 그곳에는 마땅히 인생이 있을 게다.'를 통해 구보가 사람들 사이에서 고독을 피하기 위해 경성역으로 향했다는 것을 알 수 있다.

지문 분석

박태원, 〈소설가 구보 씨의 일일〉
- 해제: 이 작품은 작중 인물인 소설가 구보가 뚜렷한 목표 없이 경성 거리를 하루 동안 배회하는 과정을 그리고 있다. 그 과정은 집에서 출발하여 광교, 종로, 화신상회, 조선은행 앞, 경성역, 경찰서 앞 다방, 종각 뒤의 술집, 카페, 종로 네거리를 거쳐 다시 집으로 돌아오는 것으로, 구보는 이 과정에서 우월감과 고독을 느끼며 행복의 가능성을 모색한다. 기존의 소설이 주로 인물 간의 극적 갈등, 사건의 개연적 전개를 중시했다면, 이 소설은 인과적 연관성 없이 순간적으로 떠오르는 내면 의식을 생생하게 드러내는 데 주력한다. 또 1930년대 경성 거리의 풍경과 온갖 군상의 사람들이 살아가는 모습을 세밀하게 그리고 있다. 이것은 작가가 당시의 세태와 풍속을 세세하게 관찰하고 기록한 결과라고 할 수 있다.
- 주제: 구보의 눈에 비친 1930년대 서울의 풍경과 그의 내면
- 줄거리: 구보는 어머니의 잔소리를 피해 집을 나와 동대문행 전차를 탄다. 예전에 선봤던 여자를 거기에서 보지만 모른 척하고 곧 후회한다. 다방으로 자리를 옮긴 구보는 차를 마시며 여행비만 있으면 행복할 것 같다고 생각한다. 이후 구보는 경성역에서 여자를 동행한 중학교 동창을 만나고, 다방에서 시인이자 기자인 친구와 대화를 나눈다. 다방을 나온 구보는 동경에서의 옛사랑을 추억하고 오랜 벗에게서 편지를 받고 싶다는 생각도 한다. 구보는 종로 술집에서 친구와 술을 마신 후 이제는 생활도 갖고 창작도 하리라고 다짐하며 오전 2시의 종로 네거리에서 집으로 돌아온다.

12 ③

정답해설 '남이 함부로 할 수 없는 존재'에서 '존재'는 '다른 사람의 주목을 끌 만한 두드러진 품위나 처지. 또는 그런 대상'의 의미로 쓰인 것이다. 반면, ⓒ에서 '존재'는 '현실에 실제로 있음. 또는 그런 대상'의 의미로 쓰인 것이다.

오답해설
① '처방'은 '일정한 문제를 처리하는 방법'의 의미로 사용되었다.
② '현혹'은 '정신을 빼앗겨 하여야 할 바를 잊어버림. 또는 그렇게 되게 함'이라는 의미로 사용되었다.
④ '섭렵'은 '물을 건너 찾아다닌다는 뜻으로, 많은 책을 널리 읽거나 여기저기 찾아다니며 경험함을 이르는 말'의 의미로 사용되었다.

13 ②

정답해설 글쓴이는 고전을 '지팡이'에 비유하고, '답창애'와 '일야구도하기'의 예시를 통해 '고전을 읽자'는 핵심 논지를 알기 쉽게 전달하고 있다.

오답해설
① 제시문은 예시를 통해 고전의 중요성을 강조하고 있다. 예상 밖의 주제가 도출되지는 않았다.
③ 고전의 상황과 복잡한 정보화 사회를 병렬적으로 배열하여 주제를 전달하고 있다. 그러나 두 내용이 대조적인 것은 아니다.
④ 비교, 대조되는 두 개의 핵심 사건이 없다. 또한, 독자의 판단을 유도하기보다는, 직접적으로 주장을 드러내 설득하고 있다.

14 ①

정답해설 '아는 게 병, 모르는 게 약이다.'가 제시된 글의 전제였다면, 글쓴이는 '답창애'에서 계속 눈을 감은 채 살아가라고 했을 것이다. 글에서 '눈을 감고 집을 찾아가라는 것'은 닥친 문제를 해결하기 위한 처방일 뿐이다. 글쓴이는 '주체적으로 판단하고, 능동적으로 대처할 수 있는 상태를 유지하라'고 했으므로, '아는 게 병, 모르는 게 약이다.'는 글의 전제가 될 수 없다.

오답해설
② 다섯째 문단의 '그러니 지팡이를 짚고서라도 ~ 지팡이가 전혀 필요 없다.'를 통해서 제시된 글이 '일의 처리는 선후를 가려야 함'을 전제로 하고 있음을 알 수 있다.
③ 첫째 문단의 '아주 오래전에 쓰인 고전이 지금도 힘이 있는 것은 인간의 삶이 본질적으로 변한 적이 없기 때문이다.'를 통해 알 수 있다.
④ '답창애'의 '장님이 갑자기 눈을 뜨면서 집을 찾지 못하는 상황', '일야구도하기'의 '황하를 건널 때 거센 물결의 소용돌이를 보면 물에 빠져버리기 때문에 하늘을 보는 이유', 정보화 사회에서 '정보의 양이 너무 많아졌을 때 겪는 어려움'을 제시한 부분을 통해 제시된 글이 '인간은 낯선 상황과 마주치면 쉽게 혼란에 빠짐'을 전제로 하고 있음을 알 수 있다.

Chapter 02 단일 지문 2문항

본문 P.252

1 ③

정답해설 지문은 단작화와 품종의 단순화가 농경지 생태계를 불안정하게 만들었음을 비판하고 있으나, 이에 대한 대안을 제시하지는 않았다.

오답해설
① 첫째 문단에서 작물 재배와 관련하여 윤작, 복작, 단작 등 여러 개념이 제시되었다.
② 첫째 문단의 '단지 6개 품종이 옥수수 생산량의 70% 이상을 차지', 셋째 문단의 '우리나라 논 전체의 70% 이상에서 통일계 품종이 재배' 부분에서 구체적인 수치를 통해 객관성을 확보하고 있다.
④ 첫째 문단에서 전통적인 농업에서는 윤작과 복작이 주류였던 반면, 지난 수십 년 동안 단작이 증대되어 왔음을 설명하고 있다.
⑤ 단작화와 품종의 단순화가 생태계에 가져온 피해와 관련하여 다양한 예시들 중 우리나라의 벼농사 경험을 예로 들어 자세히 설명하고 있다.

2 ⑤

정답해설 셋째 문단에 따르면, '유전적으로 매우 유사한 통일계 품종들이 점차 늘어나자 새로운 도열병 균계가 생겨나 통일계 품종의 저항성이 무너'졌다.

오답해설
① 첫째 문단에 따르면 '복작'은 '공간적으로 매우 다양한 작물과 품종이 재배되는' 것, '단작'은 '한 지역에 대단위로 1년에 한 작물만을 재배하는' 것으로 서로 대비되는 방식에 해당한다.
② 첫째 문단에 따르면, 현대에는 '토착 품종들은 사라지고 유전적으로 개량된 소수의 품종들이 들판을 차지하게 되었다'고 한다. 이를 통해 토착 품종보다는 유전적으로 개량된 소수의 품종들이 현대 농업의 주를 이루고 있다는 것을 알 수 있다.
③ 둘째 문단에 따르면, '현대 농업의 단작화와 품종의 단순화는 농경지 생태계를 매우 불안정하게 만들었다'고 한다. 이를 통해 농업의 단작화가 생태계의 불안정화를 촉진하는 문제점이 있다는 것을 알 수 있다.
④ 셋째 문단에 따르면, 우리나라는 1970년대 초에 통일벼를 육성하고 대대적으로 보급을 하여 1976년에 국민의 염원인 쌀의 자급이 처음으로 이루어졌다. 이를 통해 우리나라는 1970년대에 통일벼를 육성하여 쌀을 자급할 수 있게 되었다는 것을 알 수 있다.

3 ⑤

정답해설 지문에서 설명하는 내용에 대한 실험 결과를 제시하는 부분은 제시되지 않았다.

오답해설
① 둘째 문단, 셋째 문단, 넷째 문단에서 모두 '예를 들어'라는 예시 제시의 상황에서 사용하는 접속어 뒤에 예를 제시하고 있다.
② 둘째 문단에서는 '상황이 사람을 선택하는 경우'에 대해 설명하며 셋째 문단에서는 '사람이 상황을 선택하는 경우'라는 둘째 문단과 서로 다른 대비되는 내용을 제시하고 있다.

③ 셋째 문단에서 '우리가 읽거나 들었던 단어 또는 정보가 우리의 생각이나 행동에 미묘한 변화를 일으킬 수 있는 현상'이라고 설명하며 '점화 효과'에 대한 개념을 제시하고 있다.
④ 둘째 문단과 셋째 문단에서 각각의 상황을 병렬적으로 나열하고 있다.

4 ②

정답해설 넷째 문단에 따르면 '경제적 불균형'에서 상황이 사람을 지배할 수도 있지만, '대부분의 사람들은 스스로 상황을 지배해 나가기 때문에 범죄를 저지르지 않는다'고 한다. 따라서 경제적 불균형에 처하더라도 대부분의 사람들은 스스로 상황을 지배한다.

오답해설
① 첫째 문단에 따르면 '사람과 상황이 서로 영향을 미치는 방식들'을 설명하겠다고 한다. 이후 문단에서 사람과 상황이 서로 영향을 끼치는 상황에 대해 구체적으로 제시한다.
③ 둘째 문단에 따르면 '부모의 학대로 인해 지속적인 피해를 입고 있는 상황처럼 자신의 의지나 책임이 아닌 절대적 상황'이 상황이 사람을 선택하는 경우라 설명한다. 따라서 부모의 학대와 같은 상황을 선택할 수 없는 절대적 상황이다.
④ 셋째 문단에 따르면 '우리는 일상을 살아가면서 굉장히 합리적인 판단을 한다. 예를 들어 몸이 아프면 상황을 설명하고 조퇴를 할 수도 있다'.
⑤ 다섯째 문단에 따르면 '사람들이 공통적으로 갖고 있는 공손함이나 공격성 등은 상황에 따라 점화되는 것이 다르다'.

5 ④

정답해설 개별적인 사실로부터 일반적인 명제를 이끌어 내는 것을 귀납이라 한다. (라)에서는 (다)에서 제시한 현실적인 방법을 더욱 구체화하고 있을 뿐, 개별적 사실로부터 일반적 명제를 이끌어 내지는 않았다.

오답해설
① 화성의 색깔과 토양의 성분 등 화성의 특성을 설명하고, 어떤 과정을 통해서 화성을 인간이 살 수 있는 푸른 별로 바꿀 수 있을지, 즉 '테라포밍'을 화제로 제시하고 있다.
② 영화 〈레드 플래닛〉을 예시로 들며 '테라포밍'에 대한 이해를 돕고 있다.
③ '영화가 아닌 현실에서 화성을 변화시키는 일은 가능할까?'라고 질문을 던지며 테라포밍을 현실화할 수 있는 방법을 제시하고 있다.
⑤ 최소 몇 백 년이 걸릴 수 있지만 언젠가는 테라포밍이 가능해질 것이라고 하며 긍정적 전망을 제시하고 있다.

6 ③

정답해설 (나)에 의하면 이끼가 번식해 화성 표면을 덮으면 그들이 배출하는 산소가 모여 '궁극적으로는' 대기층이 형성된다. 극관을 검은 물질로 덮는 일은 극관을 녹이기 위한 작업이고, 극관을 녹이는 것 또한 화성에 공기를 공급하기 위한 작업이다. 따라서 테라포밍의 최종적인 핵심 작업은 화성에 대기층을 만드는 일임을 알 수 있다.

7 ②

정답해설 지문에서는 '또한', '또' 등의 병렬적 접속사를 통해 당시의 사건들을 나열하고 있으며 대부분의 문장이 '~때였다.'로 끝난다. 즉, 다양한 사건을 나열함으로써 당시의 시대적 상황을 서술하고 있음을 알 수 있다.

8 ⑤

정답해설 '준엄'은 '조금도 타협함이 없이 매우 엄격함, 형편이 매우 어렵고 엄함'을 의미한다.
'태도나 상황 따위가 튼튼하고 굳음'은 '확고(確固)'의 뜻이다.

9 ①

정답해설 지문의 중심 화제는 '챗지피티'이고, 지문에서는 '오픈 에이아이 챗지피티'를 소개한 뒤, '챗지피티'와 같은 대형 언어 모델 기반의 에이아이 산업 생태계의 유형에 대해 설명하였다. 또한 현재는 그중 서비스 기업들이 부상하고 있고 우리나라에서도 많은 서비스 기업이 나와 국가 경쟁력을 높이길 바란다며 글을 마무리하였다. 따라서 위 글의 제목으로 가장 적절한 것은 '챗지피티, 이제 서비스다'이다.

오답해설
② 첫째 문단에서 알파고 모멘텀에 대한 이야기가 제시되었지만 이는 글의 전체를 포괄하는 내용이 아니므로 적절하지 않다.
③ 셋째 문단에서 챗지피티가 킬러 애플리케이션이라고 제시하였지만 이는 글의 전체를 포괄하는 내용이 아니므로 제목으로 적절하지 않다.
④ 마지막 문단에서는 대형 언어 모델을 만드는 빅테크 기업이 주목받고 있지만 실리콘밸리에서는 서비스 기업들이 부상 중이라고 하였다. 따라서 빅테크 기업보다 서비스 기업에 더 주목하여야 한다.

10 ③

정답해설 넷째 문단에 따르면 챗지피티는 정보를 종합하고 추론하는 능력이 우수한 '언어 모델'로, 최신 지식은 부족하다.

오답해설
① 둘째 문단에 따르면 알파고와 챗지피티의 다른 점은 대중성이라고 하였다. 이를 통해 챗지피티는 알파고보다 훨씬 더 대중적인 놀라움을 주고 있다는 것을 알 수 있다.
② 셋째 문단에 따르면 많은 사람들은 챗지피티가 모든 산업에 지각 변동을 불러일으킬 것으로 기대한다.
④ 마지막 문단에 따르면 현재는 대형 언어 모델을 만드는 빅테크 기업들이 주목받고 있지만 실리콘밸리에서는 서비스 기업들이 부상 중이라고 하였다.

11 ③

정답해설 셋째 문단의 '위기지학' 정신에 따르면 공부의 목적은 성인이 되는 데 있지, 출세하여 부귀영화를 누리기 위함이 아니다. 그리고 이런 정신은 신진 사대부들에게 큰 힘을 주었다고 하였다. 따라서 신진 사대부는 관직에 진출하기 위해 주자학을 공부한 것이라 볼 수 없다.

오답해설
① 셋째 문단과 넷째 문단에 따르면, 주자의 가르침 가운데 신진 사대부들의 마음을 사로잡았던 구절 중 하나는 위기지학의 이념이며 다른 하나는 격물치지의 정신이라고 하였다. 따라서 주자학은 위기지학과 격물치지의 학문이다.
② 첫째 문단에 따르면 주자는 자연과학과 심리학의 도움으로 도덕 이론을 더 정확하게 설명하기 위해서 주자학을 만들었다고 하였다.

따라서 주자학은 자연과학과 심리학의 영향을 받았다는 것을 알 수 있다.
④ 첫째 문단에 따르면 공자와 맹자의 말씀은 소박한 가르침에 지나지 않았으며 주자는 이를 철학적으로 훨씬 세련되게 다듬었다고 하였다.

12 ③

정답해설 ㄴ. '주자학이란 무엇일까?'라고 물은 뒤, '주자학은 한마디로 ~이라 할 수 있다.'라고 답하며 논의를 전개하고 있다.
ㄷ. '극기복례', '충서' 등과 같은 어려운 용어를 '자신을 누르고 예의에 맞게 행동하라', '사람들에게 진심으로 대하고 늘 배려하라'와 같이 풀어서 독자의 이해를 돕고 있다.

오답해설
ㄱ. 지문에 유추의 방법으로 대상의 특징을 밝힌 부분은 제시되지 않았다.
• 유추: 생소한 어떤 개념이나 현상을 친숙한 대상에 빗대어 설명하는 방식
ㄹ. 지문에 은유와 상징은 제시되지 않았다.
• 은유법: 원관념과 보조 관념을 연결어 없이 'A는 B이다.'의 형식으로 나타내는 것
• 상징: 원관념은 숨긴 채 보조 관념만으로 원관념을 나타내는 것

13 ②

정답해설 글쓴이는 인류가 '우주의 가장자리'에 있으며 '진화는 자연의 우연한 산물'이므로 우주적 관점에서 인간과 동물을 차등 지을 수 없다고 하였다. 또한 자연은 인간과 동물의 '어머니', '젖줄'이라며 인간이 자연을 배워야 하고 자연이 감사와 보존의 대상이라 하였다. 따라서 글쓴이는 자연주의자다.

참고
• 낭만주의: 꿈이나 공상의 세계를 동경하고 감상적인 정서를 중시하는 창작 태도.
• 신비주의: 우주를 움직이는 신비스러운 힘의 감지자인 신이나 존재의 궁극 원인과의 합일은 합리적 추론이나 정하여진 교리 및 의식의 실천을 통하여서는 이루어질 수 없고 초이성적 명상이나 비의(祕儀)를 통하여서만 가능하다고 보는 종교나 사상.
• 실용주의: 19세기 후반 이후 미국을 중심으로, 실제 결과가 진리를 판단하는 기준이라고 주장하는 철학 사상. 행동을 중시하며, 사고나 관념의 진리성은 실험적인 검증을 통하여 객관적으로 타당한 것이어야 한다는 주장.

14 ③

정답해설 글쓴이는 지문의 서두에서 인류의 가치가 동물의 가치와 차별되지 않고 존엄성 역시 차등 지을 수 없다는 내용을 제시하며 자연의 위대함에 대해 주장하였다. 하지만 이 글을 통해 글쓴이가 궁극적으로 말하고자 하는 바는 지문의 마지막에 제시된 인간이 자연에 대해 가져야 할 자세이다. '자연은 ~ 인간이 배워야 할 진리이며 모든 행동의 도덕적 및 실용적 규범이며 지침이며 길이다. ~ 감사와 보존의 대상이다.'는 부분이 궁극적인 주제이므로 글쓴이는 '미괄식' 구성 방식을 통해 지문을 전개하는 것이다.

오답해설
① '두괄식'은 '글의 첫머리에 중심 내용이 오는 산문 구성 방식'으로 지문에서 사용되지 않았다.
② '양괄식'은 '글의 중심 내용이 앞부분과 끝부분에 반복하여 나타나는 문장 구성 방식'으로 지문에서 사용되지 않았다.
④ '중괄식'은 '글의 중간 부분에 중심 내용이 오는 산문 구성 방식'으로 지문에서 사용되지 않았다.

15 ②

정답해설 신이 인간을 위해 지상에 내려와 왕이 되는 것은 '한국 무속신화'의 특징이 아니라, '한국 건국신화'의 특징이다. 무속신화에서는 인간이었던 주인공이 신과의 결합을 통해 신적 존재로 거듭나게 됨으로써 존재론적으로 상승하게 된다.

오답해설
① 지문에 따르면, '히브리 신화'는 한국 신화와 달리 신과 인간의 관계가 위계적이고 종속적이다. 히브리 신화에서 인간은 유일신에 대해 원초적 부채감을 지니고 있으며, 신이 언제나 인간의 우위에 있다는 내용이 제시되어 있다.
③ 지문에 따르면, 한국 신화에서 신은 인간과의 결합을 통해 결핍을 해소함으로써 완전한 존재가 된다고 하였다. 한국 건국신화에서 신은 지상에 내려와 인간 여성과의 결합을 통해 자식을 낳음으로써 결핍을 메운다. 이는 인간과의 결합을 통해 완전한 존재가 되는 것이라 볼 수 있다.
④ 지문에 따르면, '신체 화생 신화'는 신이 죽음을 맞게 된 후 그 신체가 해체되면서 인간 세계가 만들어지게 된다는 것이다. 이는 인간이 신에게 철저히 종속되어 있다는 입장으로, 한국 신화에 보이는 상호의존적이고 호혜적인 관계와는 다른 입장이다.

16 ③

정답해설 ⓒ 거듭나다: 지금까지의 방식이나 태도를 버리고 <u>새롭게 시작하다</u>.
복귀하다(復歸하다): 본디의 자리나 상태로 <u>되돌아가다</u>.
復 돌아올 복, 歸 돌아올 귀

오답해설
① ㉠ 견주다: 둘 이상의 사물을 질(質)이나 양(量) 따위에서 어떠한 차이가 있는지 알기 위하여 서로 대어 보다.
비교하다(比較하다): 둘 이상의 사물을 <u>견주어</u> 서로 간의 유사점, 차이점, 일반 법칙 따위를 고찰하다.
比 견줄 비, 較 견줄 교
② ㉡ 바라다: 생각이나 바람대로 어떤 일이나 상태가 이루어지거나 그렇게 되었으면 하고 생각하다.
희망하다(希望하다): 어떤 일을 이루거나 하기를 <u>바라다</u>.
希 바랄 희, 望 바랄 망
④ ㉣ 퍼지다: 어떤 물질이나 현상 따위가 넓은 범위에 미치다.
분포되다(分布되다): 일정한 범위에 흩어져 <u>퍼져</u> 있다.
分 나눌 분, 布 베 포

17 ④

정답해설 첫째 문단에 따르면 방각본 출판업자들은 작품의 분량이 많으면 생산 비용이 올라가 책값이 비싸지기 때문에 분량이 적은 작품을 선호하였다. 반면 둘째 문단에 따르면, 세책업자들은 '한 작품의 분량이 많아서 여러 책으로 나뉘어 있으면 그만큼 세책료를 더 받을 수 있'어 선호하였다.

오답해설
① 첫째 문단에 따르면, 방각본 출판업자들은 '생산 비용이 올라가

책값이 비싸지기 때문에' 분량이 적은 작품을 선호하고 규모가 큰 작품을 기피하였다. 둘째 문단에 따르면 세책업자들은 '한 작품의 분량이 많아서 여러 책으로 나뉘어 있으면 그만큼 세책료를 더 받을 수 있어' 책의 권수를 늘리기도 했고, 여러 종류의 작품을 가지고 있는 편이 유리해 규모가 큰 작품도 환영하였다.

② 둘째 문단의 '한 작품의 분량이 많아서 여러 책으로 나뉘어 있으면 그만큼 세책료를 더 받을 수 있으니, 세책업자들은 스토리를 재미나게 부연하여 책의 권수를 늘리기도 했다'는 부분에서 세책업자는 분량이 많은 작품을 선호하였음을 알 수 있다.

③ 첫째 문단에 따르면, 방각본 출판업자들은 생산 비용을 줄이기 위해 축약적 윤색을 가하기도 하였다. 둘째 문단에 따르면, 세책업자들이 많은 종류의 작품을 모으기 위해 원본의 확장 및 개작을 시도하였다.

18 ①

정답해설 지문의 '올라가'는 '올라가다'의 활용형으로, '값이나 수치, 온도, 성적 따위가 이전보다 많아지거나 높아지다.'의 의미로 사용되었으며 유의어로는 '상승하다' 등이 있다.
①의 습도가 '올라가는' 것은 역시 같은 의미로 사용되었다.

오답해설
② 반려견이 하늘나라로 '올라갔다'는 것은 '길을 떠나다'의 의미로 사용된 것이다.
③ 승진해서 본사로 '올라가게' 된 것은 '지위나 신분 따위를 얻게 되다'의 의미로 사용된 것이다.
④ 시험을 보러 서울로 '올라갔다'는 것은 '길을 떠나다'의 의미로 사용된 것이다.

19 ①

정답해설 마지막 문단에 따르면 인간의 인두는 '여섯 번째 목뼈에까지 이'르는 반면, 개의 경우 '두 번째 목뼈를 넘지 않'는다. 이를 통해 개의 인두 길이가 인간의 인두 길이보다 짧음을 추론할 수 있다.

오답해설
② 둘째 문단에 따르면 '침팬지는 인간과 게놈의 98%를 공유'하지만, 발성 기관에는 차이가 있다. 마지막 문단에 따르면 침팬지는 성대, 후두, 혀, 입술, 입천장을 인간만큼 정확하게 통제하지 못하며, 인두 길이 또한 다르다.
③ 첫째 문단에 따르면 녹색원숭이는 포식자의 접근을 알리기 위해 소리를 지르며, 침팬지는 다양한 감정을 표현할 때 각각 다른 소리를 내는 것을 알 수 있다. 하지만 이 내용만으로 녹색원숭이와 침팬지가 의사소통을 할 수 있는지는 알 수 없다.
④ 마지막 문단에 따르면 인간의 발성 기관은 아주 정교하게 작용하여 초당 십여 개의 소리를 쉽게 만들어 낼 수 있는데, 침팬지는 인간만큼 정교하게 통제할 수 없어 불가능하다고 한다. 이를 통해 침팬지는 인간처럼 초당 십여 개의 소리를 '쉽게' 만들어 낼 수 없다는 것은 추론할 수 있다. 하지만 침팬지가 초당 십여 개의 소리를 만들어 낼 수 있는지 없는지는 지문을 통해 알 수 없다.

20 ①

정답해설 (가)의 소리는 인간이 정교하게 만들어 내는 소리를 의미한다. ㉠은 침팬지가 내는 소리이므로, (가)의 소리에 해당하지 않는다.

오답해설
② ㉡은 말한다는 것을 단어에 대해 소리 낸다는 의미로 볼 때, 이 '소리'는 발성 기관을 통제해 만들어 내는 (가)의 소리에 해당한다.
③ ㉢은 인간의 발성 기관이 정교하게 작용하여 내는 소리이므로 (가)의 소리를 의미한다는 것을 알 수 있다.
④ ㉣은 인간의 인두가 공명 상자 기능을 하여 세밀하게 통제되는 소리를 만들어 낸다고 하였으므로, 이는 정교한 소리인 (가)의 소리를 의미한다는 것을 알 수 있다.

21 ③

정답해설 둘째 문단에 따르면, '특정한 종류의 플라스틱은 높은 열이나 전자레인지에 노출되면 환경 호르몬이 검출'되는 경우가 있다. 하지만 반대로 저온에 노출되었을 때 환경 호르몬이 검출되는 플라스틱이 있는지는 지문을 통해 알 수 없다.

오답해설
① 첫째 문단에 따르면, 1950년부터 2015년까지 만들어 낸 플라스틱의 양이 83억 톤이라고 한다. 1950년이 플라스틱이 처음 만들어진 해가 아니므로, 2015년까지의 누적 플라스틱 생산량은 최소 83억 톤을 넘을 것이다.
② 첫째 문단의 '1950년 한 해 약 200만 톤이던 플라스틱 생산량은 갈수록 증가해 2020년에는 약 4억 톤이 되었다.'를 통해 플라스틱 생산량이 1950년 이후 지속적으로 증가하는 추세임을 알 수 있다.
④ 넷째 문단에 따르면 '패스트 패션은 유행하는 디자인의 옷을 마치 패스트푸드처럼 매우 신속하게 제작, 유통, 판매하는 패션 산업을 가리킨다'는 것을 알 수 있다.

22 ①

정답해설 셋째 문단에 따르면 '플라스틱의 생산량과 폐기량을 비교했을 때 오차가 너무 크다'는 이유로 연구를 시작하여 존재를 발견한 것이지, 미세 플라스틱 자체가 플라스틱 폐기량이 생산량보다 많은 이유가 되지는 않는다.

오답해설
② 셋째 문단에 따르면 '미세 플라스틱은 우리가 마시는 물과 소금으로 흘러들고, 물고기 먹이가 되어 식탁 위에 올라 우리 입속으로 들어오'기도 한다.
③ 넷째 문단에 따르면 '미세 플라스틱은 미세 섬유에서도 만들어진다.'는 것을 알 수 있는데, 이 미세 섬유는 '합성 섬유로 만든 옷을 세탁기에 넣고 빨' 때 나오는 물질이다.
④ 넷째 문단에 따르면 '미세 플라스틱 오염의 약 1/3은 미세 섬유 때문'이라고 하는데, 이를 통해 미세 섬유의 양이 많아지면 미세 플라스틱의 양이 더 많아진다는 것을 알 수 있다. 이때 미세 섬유는 합성 섬유로 만든 옷을 빨 때 나오는 물질이므로, 합성 섬유의 사용이 늘어나면 미세 플라스틱이 증가할 수 있다는 것을 알 수 있다.

23 ②

정답해설 둘째 문단에 따르면 휘발성 유기화합물(VOC)은 폴리스티렌(PS)으로 만들어진 음료 컵 뚜껑에서 발견되는데, 이 때문에 많은 나라에서 이를 폴리프로필렌(PP)으로 교체하였다. 이를 통해 새로 교체한 폴리프로필렌(PP)에서는 휘발성 유기화합물(VOC)이 검출되지 않을 것임을 알 수 있다.

오답해설
① 둘째 문단에 따르면, '플라스틱은 생산되는 순간부터 사라질 때까지 온갖 환경 호르몬과 유해 물질을 꾸준히 배출'한다. 플라스틱은 잘 썩지 않아 지구에 계속해서 쌓이는 것이며 썩는 과정에서 환경 호르몬을 계속 배출한다는 것을 알 수 있다. 따라서 잘 썩는 플라스틱을 개발한다고 해서 환경 호르몬이 적게 방출되는 것이 아니므로 환경 호르몬 문제는 해결되지 않을 것이라는 것을 알 수 있다.
③ 셋째 문단에 따르면 미세 플라스틱은 '수증기와 함께 하늘로 올라가 비와 눈이 되어 전 지구에 내리'기도 한다.
④ 마지막 문단에 따르면 '무턱대고 플라스틱 사용을 금지하기보다는 신중한 접근이 필요하다'고 주장하며, 모든 경우에 대해 묻고 또 물어야 한다고 말한다. 환경 오염을 줄이기 위해 단순히 우선적으로 기업의 플라스틱 사용을 금지해야 한다는 것은 지문을 통해 찾을 수 있는 결론과는 거리가 멀다.

24 ③

정답해설 마지막 문단에서는 '돈' 때문에 가짜 뉴스를 생산한다는 내용과 함께 그 과정을 설명한다. 이를 통해 가짜 뉴스는 '과정이야 어떻든 이윤만 내면 성공이기 때문'에 '비윤리적이어도 개의치 않고 자극적인 요소들을 자연스럽게 포함'하며, 결국 '혐오나 선동과 같은 자극적 요소를 담게 되고, 이렇게 만들어진 가짜 뉴스는 사회 구성원들의 통합을 방해하고 극단주의를 초래'한다는 것을 확인할 수 있다.

오답해설
① 마지막 문단에 따르면 '모든 광고는 광고 중개 서비스를 통하'며, '광고주가 중개 업체에 돈을 지불하면 중개 업체는 금액에 따라 광고를 배치'하는 역할을 한다. 하지만 이 내용만을 통해 가짜 뉴스 생산의 원동력이 돈이라는 것이 광고주와 중개 업체 사이에 위계 관계를 발생시키는지는 알 수 없다.
② 마지막 문단에 따르면 가짜 뉴스는 경제적 이유 때문에 생산되는데, 그저 잘 팔리는 뉴스가 되기 위해, 소비자의 눈길을 끌어 선택받기 위해 대중을 속이고 자극적인 요소를 포함한다. 즉 가짜 뉴스 생산의 원동력이 '돈'인 것은 소비자가 주체적으로 선택과 집중을 할 수 있는 긍정적인 결과를 가져오는 것이 아니라, 가짜 뉴스를 자극적으로 제작하여 소비자가 반강제적으로 선택을 하게끔 만든다는 문제점을 가지고 있다.
④ 마지막 문단에 가짜 뉴스를 경제적 이유 때문에 생산한다는 내용은 제시되어 있으나, 이로 인해 소비자가 높은 금액을 지불하고 읽어야 하는 가짜 뉴스가 생산된다는 내용은 찾아볼 수 없다.

25 ①

정답해설 첫째 문단에서 '전문가들은 가짜 뉴스의 기준을 정하고 범위를 좁히지 않으면 비생산적인 논란만 가중될 수밖에 없다고 지적'하였다는 내용은 제시되었으나, 이 기준과 범위를 정하기 어려운 이유를 지문에서 제시하지 않았다.

오답해설
② 첫째 문단의 마지막 부분에 '한국언론학회와 한국언론진흥재단이 주최한 세미나'에서 정의한 가짜 뉴스의 개념을 제시하고 있다.
③ 첫째 문단에서 '거짓이 사실을 압도하는 사회'라거나 '탈진실의 시대'라는, 가짜 뉴스가 사회적 논란거리로 떠오른 시대적 배경을 제시하고 있다.
④ 셋째 문단에서 '대중이 뉴스를 접하는 채널이 신문·방송 같은 전통적 매체에서 포털, SNS 등의 디지털 매체로 옮겨 가면서 쉽게 유통되고 확산된다'라는 특징을 가지고 있음을 소개하고 있다.

26 ③

정답해설 둘째 문단의 '1923년 관동 대지진이 났을 때 일본 내무성이 조선인에 대해 악의적으로 허위 정보를 퍼뜨린 일은 가짜 뉴스가 잔인한 학살로 이어진 사건이다'를 통해 가짜 뉴스로 인해 많은 사람이 실제로 사망하는 사건이 벌어지기도 했다는 것을 알 수 있다.

오답해설
① 셋째 문단에 따르면 '가짜 뉴스는 더 이상 동요나 입소문을 통해 퍼지지 않고 '포털, SNS 등의 디지털 매체'를 통해 유통되고 확산된다.
② 첫째 문단에 따르면 2016년 옥스퍼드 사전은 '탈진실화가 국지적 현상이 아니라 세계적으로 나타나는 시대적 특성이라고 진단'한 것을 알 수 있다.
④ 둘째 문단에 따르면 가짜 뉴스는 역사 속에서 늘 반복되던 것이지만, '최근 일어나는 가짜 뉴스 현상을 돌아보면 이전의 사례와는 확연히 다른 점을 발견할 수 있다'라고 하였다. 또한 셋째 문단을 통해 '가짜 뉴스는 더 이상 동요나 입소문을 통해 퍼지'는 것이 아닌, '포털, SNS 등의 디지털 매체로 옮겨 가면서 쉽게 유통되고 확산'되는 특징을 지닌다는 것을 알 수 있다.

27 ③

정답해설 기업전략의 구체적인 예시로 기업 다각화 전략을 제시한 후, 기업 다각화 전략에 해당하는 내용을 상세하게 설명하고 있다.

오답해설
① 기업전략의 정의와 기업전략의 구체적인 예시를 들어 지문을 전개하고 있을 뿐, 성립하게 된 배경이나 역사적 의의를 서술하지 않았다.
② 기업 다각화와 다각화된 기업의 장점을 설명하고 있지만, 단점을 소개하지 않았으며 단점을 극복하는 방안 또한 서술하지 않았다.
④ 미국의 다각화 기업을 구분하는 한 학자의 견해가 제시되었지만, 다양한 학자들의 견해를 소개하지 않았으며 비교하거나 절충안을 도출하지 않았다.

28 ①

정답해설 (a) 다각화를 통해 경기 순환에서 오는 위험을 줄일 수 있다. 기업의 주력 사업이 불경기와 호경기가 반복적으로 순환되는 사업 분야일수록, 기업은 경기 순환에 크게 영향을 받지 않는 비관련 분야의 다각화를 해야 한다. 따라서 a에는 '비관련'이 들어가는 것이 적절하다.
(b) 불경기와 호경기가 반복적으로 순환되는 사업이 주력 사업인 기업은 비관련 분야의 다각화를 통해 경기가 불안정할 때에도 자금 순환의 안정성을 비교적 확보할 수 있다. 따라서 b에는 '확보'가 들어가는 것이 적절하다.

29 ③

정답해설 넷째 문단의 '새로운 인력을 채용하여 ~ 신규 기업에 비해 훨씬 우월한 위치에서 경쟁'한다는 부분을 통해 확인할 수 있다.

오답해설
① 셋째 문단의 '범위의 경제성이란 하나의 기업이 동시에 ~ 총비용이 적고 효율적'이라는 부분에서 알 수 있듯이 범위의 경제성에 의하면 한 기업이 제품 A, 제품 B를 모두 생산하는 것이 서로 다른 두 기업이 각각 제품 A, 제품 B를 생산하는 것보다 효율적이다.
② 넷째 문단에 따르면 다각화된 기업은 여러 사업부에서 나오는 자금을 통합하여 활용할 수 있는 내부 자본시장을 갖추었다.

④ 둘째 문단에 따르면 리처드 러멜트는 관련 사업에서 70% 이상의 매출을 올리는 기업을 관련 다각화 기업으로 명명했음을 알 수 있다.

30 ③

🟢 **정답해설** '창출하다'는 사전적 의미로 '전에 없던 것을 처음으로 생각하여 지어내거나 만들어 냄'을 의미한다. '사업 따위를 처음으로 이루어 시작함'은 '창업하다'의 사전적 의미이다.

창출하다: 전에 없던 것을 처음으로 생각하여 지어내거나 만들어 내다.
창업하다: 「1」 나라나 왕조 따위를 처음으로 세우다.
「2」 사업 따위를 처음으로 이루어 시작하다.

❌ **오답해설**
① **구성하다**: 몇 가지 부분이나 요소들을 모아서 일정한 전체를 짜 이루다.
② **기여하다**: 도움이 되도록 이바지하다.
④ **우월하다**: 다른 것보다 낫다.

MEMO